高等学校教材

# 人工智能 及其应用

## Artificial Intelligence : Principles and Applications

## 第五版

主 编 王万良 王 铮

中国教育出版传媒集团

高等教育出版社·北京

内容简介

　　人工智能是解决复杂工程问题的重要工具,是许多高新技术产品中的核心技术。读者通过学习本书,能够掌握人工智能的基本内容,了解人工智能研究的一些最新的前沿内容,为深入研究与应用人工智能技术奠定基础。

　　全书共 12 章,分别为人工智能的基本概念与主要研究领域、知识表示与知识图谱、确定性推理方法、不确定性推理方法、搜索求解策略、进化算法(包括遗传算法、差分进化算法、量子进化算法)及其应用、群智能算法(包括粒子群优化算法、量子粒子群优化算法、蚁群算法)及其应用、机器学习、专家系统、人工神经网络(包括神经元模型、BP 神经网络、Hopfield 神经网络)及其应用、深度学习与生成式人工智能(包括卷积神经网络、胶囊网络、循环神经网络、生成对抗网络、自编码器、受限玻尔兹曼机)、大语言模型及其应用。附录中给出了本书实验指导书。本书为新形态教材,通过扫描二维码可观看本书重难点视频及部分习题答案。

　　本书主要作为计算机类、自动化类、电气类、电子信息类、机械类等专业高年级本科生、研究生,特别是智能科学与技术、人工智能、数据科学与大数据技术专业学习人工智能基础课程的教材,也适合希望掌握人工智能技术的研究人员与工程技术人员自学。由于书中几大部分内容相对独立,可以容易地根据课程计划学时选择部分内容学习,仍可保持课程体系结构的完整性。

**图书在版编目(CIP)数据**

人工智能及其应用 / 王万良,王铮主编. -- 5 版.
北京: 高等教育出版社, 2025. 9. -- ISBN 978-7-04
-065385-4

Ⅰ. TP18

中国国家版本馆 CIP 数据核字第 2025D8Q216 号

RENGONG ZHINENG JIQI YINGYONG

| | | | | | | | |
|---|---|---|---|---|---|---|---|
| 策划编辑 | 平庆庆 | 责任编辑 | 平庆庆 | 封面设计 | 王琰 | 版式设计 | 童丹 |
| 责任绘图 | 邓超 | 责任校对 | 张薇 | 责任印制 | 高峰 | | |

| | | | | |
|---|---|---|---|---|
| 出版发行 | 高等教育出版社 | 网　　址 | http://www.hep.edu.cn | |
| 社　　址 | 北京市西城区德外大街 4 号 | | http://www.hep.com.cn | |
| 邮政编码 | 100120 | 网上订购 | http://www.hepmall.com.cn | |
| 印　　刷 | 北京顶佳世纪印刷有限公司 | | http://www.hepmall.com | |
| 开　　本 | 787mm×1092mm　1/16 | | http://www.hepmall.cn | |
| 印　　张 | 27 | 版　　次 | 2005 年 3 月第 1 版 | |
| 字　　数 | 660 千字 | | 2025 年 9 月第 5 版 | |
| 购书热线 | 010-58581118 | 印　　次 | 2025 年 9 月第 1 次印刷 | |
| 咨询电话 | 400-810-0598 | 定　　价 | 62.00 元 | |

## 新形态教材网使用说明

**人工智能及其应用**

**第五版**

主　编　王万良　王　铮

1　计算机访问 https://abooks.hep.com.cn/65385 或手机微信扫描下方二维码进入新形态教材网。

2　注册并登录后，计算机端进入"个人中心"，点击"绑定防伪码"，输入图书封底防伪码（20位密码，刮开涂层可见），完成课程绑定；或手机端点击"扫码"按钮，使用"扫码绑图书"功能，完成课程绑定。

3　在"个人中心"→"我的学习"或"我的图书"中选择本书，开始学习。

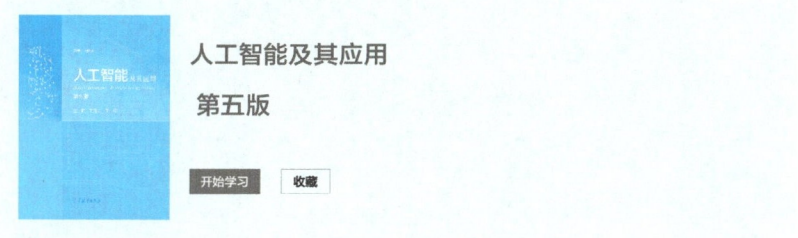

　　受硬件限制，部分内容可能无法在手机端显示，请按照提示通过计算机访问学习。

　　如有使用问题，请直接在页面点击答疑图标进行咨询。

https://abooks.hep.com.cn/65385

# 前言

人工智能技术近年来席卷全球,成为发展最迅速的新兴学科,已经是许多高新技术产品中的核心技术,人工智能产业迅猛发展。人工智能在 Internet 时代获得了前所未有的发展机遇,web 环境下智能信息处理技术,特别是大数据技术,成为推动人工智能在网络环境中发展的一大动力。由于人工智能是模拟人类智能解决问题的方法,是解决复杂工程问题的重要工具,几乎在所有领域都具有非常广泛的应用,所以,目前不仅许多专业的研究生开设人工智能课程,而且许多专业的本科生,特别是计算机类、自动化类、电气类、电子信息类、机械类等专业本科生,都开设了人工智能必修课程。

## 1. 本书的形成

本书作者从 1989 年开始从事人工智能及其应用方面的研究,主持完成了 30 多项人工智能研究方面的国家、省部级科研项目以及众多的企业产品开发课题。从 1993 年开始从事人工智能方面的教学,为控制科学与工程、计算机科学与技术、机械工程等专业硕士和博士研究生讲授"人工智能原理与应用""智能自动化系统理论与技术""现代人工智能理论与方法"等课程,为计算机类、自动化类等专业本科生讲授"人工智能导论""人工智能基础"等课程,还为全校工学、理学、经济学、管理学、哲学、文学、法学等学科门类专业学生开设人工智能公选课和通识课。

在多年的教学实践中,面对庞杂的迅猛发展的人工智能理论与方法,深感需要编著一本内容比较基础、可读性好、适合讲授的人工智能教材。本书作者根据自己的学习心得和科研实践,在自己多年来的讲稿基础上,于 2005 年编写出版了《人工智能及其应用》,2008 年、2016 年、2020 年相继修订出版了《人工智能及其应用》的第二版、第三版和第四版,作为研究生和高年级本科生的人工智能教材,被许多高校选用。为了适应飞速发展的人工智能技术,作者在《人工智能及其应用》(第四版)的基础上进一步修订,使语言更加准确,讲解更加清楚,教材更加成熟,特别是将一些最新的人工智能前沿技术引进教材,包括迅速发展的深度学习、生成式人工智能、大语言模型等,增补了目前广为应用的机器学习典型算法,其目的是既使学生学习和掌握人工智能的基本概念和基本原理,又跟踪人工智能的前沿,为今后在相关领域的人工智能研究与应用奠定基础。

## 2. 主要内容

全书共 12 章。第 1 章除了介绍人工智能的基本概念、发展简史,着重介绍目前人工智能的主要研究内容与各种应用领域,特别是深度学习、大语言模型等当前人工智能最前沿内容。

第 2 章至第 9 章介绍人工智能的符号主义理论以及智能计算。第 2 章介绍一阶谓词逻辑、产生式、框架、语义网络、知识图谱等基本的知识表示方法。第 3 章介绍基于谓词逻辑的确定性推理方法,详细介绍了在自动定理证明中具有重要地位的鲁滨逊归结原理。通过多个典型例题说明将谓词公式化为子句集的步骤,详细讲述了利用归结原理证明定理和求解问题的方法。第 4 章介绍不确定性推理方法,主要介绍了比较实用的主观 Bayes、可信度、证据理论、模糊逻辑推理等方法。第 5 章介绍了基于搜索的问题求解策略,包括蒙特卡洛树搜索算法。第 6 章介绍进化算法,介绍了遗传算法为代表的适用于大规模优化的进化计算,包括差分进化算法、量子进化算法。第 7 章介绍群智能算法,包括粒子群优化算法、量子粒子群优化算法、蚁群算法等。第 8

章介绍机器学习,包括机器学习的概念、线性回归、K-近邻、决策树、支持向量机、K均值聚类等经典机器学习算法。第9章简要介绍专家系统,包括专家系统的概念、工作原理、建立方法、典型的专家系统实例以及开发工具。

第10至12章介绍目前掀起人工智能热潮的连接主义理论。第10章人工神经网络,着重介绍应用广泛的BP神经网络及其学习算法和Hopfield神经网络及其在联想记忆与优化求解中的应用。介绍了神经网络在软测量与求解旅行商问题、生产调度等复杂工程优化问题中的应用,启发读者如何应用神经网络解决复杂工程实际问题。第11章介绍深度学习与生成式人工智能,着重介绍了卷积神经网络、胶囊网络、循环神经网络、生成对抗网络、自编码器、受限玻尔兹曼机及其应用。第12章介绍大语言模型及其应用,着重介绍大语言模型的概念与发展、大语言模型提示工程、知识蒸馏技术、注意力机制、Transformer,简要介绍生成式人工智能在图像处理、机器翻译、语音识别、视频生成、语言处理等中的应用。

附录中给出了人工智能课程实验指导书,供开设实验课时使用。

### 3. 编写特色

(1) **语言简明,可读性好**。本书尽量用通俗的语言深入浅出地讲解,语言流畅,使读者能够有兴趣、有耐心阅读本教材,领略人工智能的思想与基本方法。

(2) **内容先进,注重应用**。由于人工智能正处于迅速发展阶段,内容非常庞杂。本书在内容选择上,既考虑基本实用的内容,又兼顾先进的人工智能方法,如深度学习、生成式人工智能、大语言模型等。学生学习这些内容后,能够很容易阅读其他专门的书籍,深入掌握更广更深的内容。书中尽可能理论联系实际,引导学生学习应用新理论解决工程问题的方法。

(3) **精选例题和习题,引导学生解答**。本书精选了一些例题,有助于人工智能理论与方法的理解。精选了习题,对有些难题给出了比较详细的解答,也弥补了现有许多人工智能教材中习题解答和人工智能习题集少的缺陷。

(4) **编排醒目,有利于学习**。每章开始设置了导读,使读者在学习该章之前就知道为什么要学习该章内容,以及该章主要介绍哪些内容。每章最后扼要总结了该章的重要概念、公式、定理与方法。

(5) **增加了实验指导书**。目前部分学校开设了实验,为了方便实验教学,附录中给出了人工智能课程常用的实验指导书,供开设实验时使用。

(6) **制作微视频,供读者自学**。为了配合该书的教与学,作者制作了高质量的教学课件,录制了由作者主讲的本书全部教学内容的录像,制作成微视频,读者通过"扫一扫"可以在线观看,或通过计算机登录新形态教材网进行观看,供读者自学使用。

### 4. 读者如何使用本教材

本书主要作为计算机类、自动化类、电气类、电子信息类、机械类等专业高年级本科生、研究生,特别是人工智能、智能科学与技术、数据科学与大数据技术专业学习人工智能基础课程的教材。本书也可供希望掌握人工智能技术的研究人员与工程技术人员学习参考。

(1) **看作者的讲课视频**。本书是新形态教材,通过扫描书中的二维码,能够观看相应内容的讲课录像,不仅丰富了学习内容,而且特别适合读者自学人工智能。作者将慕课的思想引进教材,每段视频5~15分钟,讲解一个概念或者方法。

(2) **理解书中的公式**。读者学习人工智能时,往往习惯于像学其他课程那样努力推导书中的公式,但许多时候不知道如何推导出这些公式。其实,人工智能中的许多方法是模拟人的思维方法,无法用推导得到的。许多公式是按照人处理问题的基本思路构建的,可以构建不同的公式,只要符合处理问题的基本思想就行。

(3)学习内容的选择。本书用于人工智能及其应用课程的学习。由于书中几大部分内容相对独立,读者可以容易地根据自己的兴趣与需要学习其中的部分内容,课程体系结构仍可保持完整性。建议读者首先完整阅读本书第1章,对人工智能的领域有一个总体的了解。特定兴趣和学习时间有限的读者,可以仅仅学习书中的相应章节,而不必循序学习。

**5. 教师如何使用本教材**

人工智能处于迅速发展的阶段,具有非常广泛的应用,教师可以开展丰富多彩的教学活动。

(1)进行工程案例教学。人工智能具有非常广泛的应用,可以结合教材中人工智能应用实例,或者再选择一些能够为本科生理解的人工智能应用实例,引导学生应用新理论解决工程问题。教师可以结合自己人工智能的科学研究与工程实践增加一些工程案例,或者选择自己比较熟悉、符合所教专业的一些人工智能案例作为补充内容进行介绍,从而丰富教学内容,增加学生兴趣,培养学生创新能力。

(2)开展项目式教学。人工智能应用可以复杂也可以简单,非常适合进行项目式教学实践。在课程教学中可以选择一些简单的人工智能应用项目,要求学生进行人工智能技术设计。

(3)开展研究型教学。人工智能是模拟人解决问题的方法,非常适合进行研究型教学。启发学生将人的思维形式化,研究新的人工智能算法,提高学生创新能力。

**6. 致谢**

衷心感谢韩力群教授在百忙之中认真审阅全书,并提出了许多宝贵意见。

**7. 联系作者**

本书内容虽然经过多年使用和修改,仍会存在许多缺点和错误,欢迎使用本书的教师和读者提出宝贵意见。使用本书作为教材的教师可与作者直接联系,免费获取电子教案等教学资源。联系地址:wwl@zjut.edu.cn

王万良
2025 年 6 月于深圳理工大学

# 目录

# 第1章 绪 论

人工智能(artificial intelligence, AI)是在计算机科学、控制论、信息论、神经心理学、哲学、语言学等多学科研究的基础上发展起来的一门综合性很强的交叉学科，是一门新思想、新观念、新理论、新技术不断出现的新兴学科以及正在迅速发展的前沿学科。自1956年正式提出人工智能这个术语并把它作为一门新兴科学的名称以来，人工智能获得了迅速的发展，并取得了惊人的成就，引起了人们的高度重视，受到了很高的评价，它与空间技术、原子能技术一起被誉为20世纪三大科学技术成就。特别是近年来迅猛发展的深度学习推动了产业革命。有人称它为继三次工业革命后的又一次革命，认为前三次工业革命主要是延长了人手的功能，把人类从繁重的体力劳动中解放出来，而人工智能则是延伸了人脑的功能，实现了脑力劳动的自动化。

AI课程特点讲课
视频▲

本章将首先介绍人工智能的基本概念以及人工智能的发展简史，然后简要介绍当前人工智能的主要研究内容及其应用领域，以开阔读者的视野，使读者对人工智能非常广阔的研究与应用领域有总体的了解。

## 1.1 人工智能的基本概念

### 1.1.1 智能的概念

人工智能的目标是用机器实现人类的部分智能。因此，下面首先讨论人类的智能行为。

智能的概念讲课
视频▲

智能及智能的本质是古今中外许多哲学家、脑科学家一直在努力探索和研究的问题，但至今仍然没有完全了解，以致智能的发生与物质的本质、宇宙的起源、生命的本质一起被列为自然界的四大奥秘。

近年来，随着脑科学、神经心理学等研究的进展，人们对人脑的结构和功能有了初步认识，但对整个神经系统的内部结构和作用机制，特别是脑的功能原理还没有认识清楚，有待进一步的探索。因此，很难对智能给出确切的定义。

目前，根据对人脑已有的认识，结合智能的外在表现，从不同的角度、不同的侧面、用不同的方法对智能进行研究，提出了几种不同的观点，其中影响较大的观点有思维理论、知识阈值理论及进化理论等。

#### 1. 思维理论

认为智能的核心是思维，人的一切智能都来自大脑的思维活动，人类的一切知识都是人类思维的产物，因而通过对思维规律与方法的研究有望揭示智能的本质。

#### 2. 知识阈值理论

认为智能行为取决于知识的数量及其一般化的程度，一个系统之所以有智能是因为它具有可运用的知识。因此,知识阈值理论把智能定义为:智能就是在巨大的搜索空间中迅速找到一个满意解的能力。这一理论在人工智能的发展史中有着重要的影响,知识工程、专家系统等都是在这一理论的影响下发展起来的。

### 3. 进化理论

认为人的本质能力是在动态环境中的行走能力、对外界事物的感知能力、维持生命和繁衍生息的能力。正是这些能力对智能的发展提供了基础,因此智能是某种复杂系统所浮现的性质,是由许多部件交互作用产生的,智能仅仅由系统总的行为以及行为与环境的联系所决定,它可以在没有明显的可操作的内部表达的情况下产生,也可以在没有明显的推理系统出现的情况下产生。该理论的核心是用控制取代表示,从而取消概念、模型及显式表示的知识,否定抽象对于智能及智能模拟的必要性,强调分层结构对于智能进化的可能性与必要性。这是由美国麻省理工学院(MIT)的布鲁克(R. A. Brook)教授提出来的。1991 年他提出了“没有表达的智能”,1992 年又提出了“没有推理的智能”,这是他根据对人造机器动物的研究和实践提出的与众不同的观点。目前这一观点尚未形成完整的理论体系,有待进一步的研究,但由于它与人们的传统看法完全不同,因而引起了人工智能界的注意。

综合上述各种观点,可以认为:智能是知识与智力的总和。其中,知识是一切智能行为的基础,而智力是获取知识并应用知识求解问题的能力。

## 1.1.2　智能的特征

智能具有如下显著的特征。

### 1. 具有感知能力

感知能力是指通过视觉、听觉、触觉、味觉、嗅觉等感觉器官感知外部世界的能力。

感知是人类获取外部信息的基本途径,人类的大部分知识都是通过感知获取,然后经过大脑加工获得的。如果没有感知,人们就不可能获得知识,也不可能引发各种智能活动。因此,感知是产生智能活动的前提。

根据有关研究,视觉与听觉在人类感知中占有主导地位,80%以上的外界信息是通过视觉得到的,有 10%是通过听觉得到的。因此,在人工智能的机器感知研究方面,主要研究机器视觉及机器听觉。

### 2. 具有记忆与思维能力

记忆与思维是人脑最重要的功能,是人有智能的根本原因。记忆用于存储由感知器官感知到的外部信息以及由思维所产生的知识;思维用于对记忆的信息进行处理,即利用已有的知识对信息进行分析、计算、比较、判断、推理、联想及决策等。思维是一个动态过程,是获取知识以及运用知识求解问题的根本途径。

思维可分为逻辑思维、形象思维以及顿悟思维等。

(1)逻辑思维

又称为抽象思维,它是一种根据逻辑规则对信息进行处理的理性思维方式。人们首先通过感觉器官获得外部事物的感性认识,将它们存储于大脑中,然后通过匹配选出相应的逻辑规则,并且作用于已经表示成一定形式的已知信息,进行相应的逻辑推理。这种推理一般都比较复杂,通常不是用一条规则做一次推理就能够解决问题的,而是要对第一次推出的结果再运用新的规则进行新一轮的推理。推理是否成功取决于两个因素：一是用于推理的规则是否完备；二是已知的信息是否完善、可靠。如果推理规则是完备的，由感性认识获得的初始信息是完善、可靠的，则通过逻辑思维就可以得到合理、可靠的结论。

逻辑思维具有如下特点：

① 依靠逻辑进行思维。

② 思维过程是串行的，表现为一个线性过程。

③ 容易形式化，其思维过程可以用符号串表达出来。

④ 思维过程具有严密性、可靠性，能对事物未来的发展给出逻辑上合理的预测，可使人们对事物的认识不断深化。

（2）形象思维

又称为直感思维，它是一种以客观现象为思维对象、以感性形象认识为思维材料、以意象为主要思维工具、以指导创造物化形象的实践为主要目的的思维活动。思维过程有两次飞跃：

第一次飞跃是从感性形象认识到理性形象认识的飞跃，即把对事物的感觉组合起来，形成反映事物多方面属性的整体性认识（即知觉），再在知觉的基础上形成具有一定概括性的感觉反映形式（即表象），然后经形象分析、形象比较、形象概括及组合形成对事物的理性形象认识。

第二次飞跃是从理性形象认识到实践的飞跃，即对理性形象认识进行联想、想象等加工，在大脑中形成新的意象，然后回到实践中，接受实践的检验。这个过程不断循环，就构成了形象思维从低级到高级的运动发展。

形象思维具有如下特点：

① 主要是依据直觉，即感觉形象进行思维。

② 思维过程是并行协同式的，表现为一个非线性过程。

③ 形式化困难，没有统一的形象联系规则，对象不同、场合不同，形象的联系规则亦不相同，不能直接套用。

④ 在信息变形或缺少的情况下仍有可能得到比较满意的结果。

由于逻辑思维与形象思维分别具有不同的特点，因而可分别用于不同的场合。当要求迅速作出决策而不要求十分精确时，可用形象思维，但当要求进行严格的论证时，就必须用逻辑思维；当要对一个问题进行假设、猜想时，需用形象思维，而当要对这些假设或猜想进行论证时，则要用逻辑思维。人们在求解问题时，通常把这两种思维方式结合起来，首先用形象思维给出假设，然后再用逻辑思维进行论证。

（3）顿悟思维

又称为灵感思维，它是一种显意识与潜意识相互作用的思维方式。当我们遇到一个无法解决的问题时，会"苦思冥想"，这时大脑处于一种极为活跃的思维状态，会从不同的角度、用不同的方法去寻求解决问题的方法。有时一个"想法"从大脑中涌现出来，使人"茅塞顿开"，问题便迎刃而解。像这样用于沟通有关知识或信息的"想法"通常被称为灵感。灵感也是一种信息，可能是与问题直接有关的一个重要信息，也可能是一个与问题并不直接相关且不起眼的信息，只是由于它的到来使解决问题的智慧被启动起来了。顿悟思维比形象思维更复杂，至今人们还不能确切地描述灵感的机理。例如，1830年奥斯特在指导学生实验时，看见电流能使磁针偏转，从而发现了电磁关系。当然，虽然发现很偶然，但也是在他10年探索的基础上发现的。

顿悟思维具有如下特点：

① 具有不定期的突发性。

② 具有非线性的独创性及模糊性。

③ 它穿插于形象思维与逻辑思维之中,起着突破、创新及升华的作用。

应该指出,人的记忆与思维是不可分的,总是相随相伴的。它们的物质基础都是由神经元组成的大脑皮质,通过相关神经元此起彼伏的兴奋与抑制实现记忆与思维活动。

### 3. 具有学习能力

学习是人的本能。人人都在通过与环境的相互作用不断地学习,从而积累知识,适应环境的变化。学习既可能是自觉的、有意识的,也可能是不自觉的、无意识的;既可以是有教师指导的,也可以是通过自己实践的。

### 4. 具有行为能力

人们通常用语言或者某个表情、眼神及形体动作来对外界的刺激作出反应,传达某个信息,这些称为行为能力或表达能力。如果把人们的感知能力看作是用于信息的输入,那么行为能力就可以看作是信息的输出。它们都受到神经系统的控制。

## 1.1.3    人工智能

所谓人工智能就是用人工的方法在机器(计算机)上实现的智能,或者说是人们使机器具有类似于人的智能。由于人工智能是在机器上实现的,因此,又称为机器智能(machine intelligence)。

AI 的发展简史讲
课视频 ▲

关于"人工智能"的含义,早在它被正式提出之前,就由英国数学家艾伦·图灵(A. M. Turing)提出了。1950 年他发表了题为《计算机与智能》(*Computing Machinery and Intelligence*)的论文,文章以"机器能思维吗?"开始,论述并提出了著名的"图灵测试"(Turing test),形象地指出了什么是人工智能以及机器应该达到的智能标准,现在许多人仍把它作为衡量机器智能的准则。图灵在这篇论文中指出不要问机器是否能思维,而是要看它能否通过如下测试:让人与机器分别在两个房间里,他们可以通话,但彼此都看不到对方,如果通过对话,作为人的一方不能分辨对方是人还是机器,那么就可以认为对方的那台机器达到了人类智能的水平。为了进行这个测试,图灵还设计了一个很有趣且智能性很强的对话内容,称为"图灵的梦想"。

现在许多人仍把图灵测试作为衡量机器智能的准则。但也有许多人认为图灵测试仅仅反映了结果,没有涉及思维过程。即使机器通过了图灵测试,也不能认为机器就有智能。针对图灵测试,哲学家约翰·塞尔勒(Searle)在 1980 年设计了"中文屋思想实验"以说明这一观点。在中文屋思想实验中,一个完全不懂中文的人在一间密闭的屋子里,有一本中文处理规则的书。他不必理解中文就可以使用这些规则。屋外的测试者不断通过门缝给他写一些有中文语句的纸条。他在书中查找处理这些中文语句的规则,根据规则将一些中文字符抄在纸条上作为对相应语句的回答,并将纸条递出房间。这样,从屋外的测试者看来,仿佛屋里的人是一个懂中文的人,但他实际上并不理解他所处理的中文,也不会在此过程中提高自己对中文的理解。用计算机模拟这个系统,可以通过图灵测试。这说明一个按照规则执行的计算机程序不能真正理解其输入、输出的意义。许多人对塞尔勒的中文屋思想实验进行了反驳,但还没有人能够彻底将其驳倒。

实际上,要使机器达到人类智能的水平,是非常困难的,但是,人工智能的研究正朝着这个方向前进,图灵的梦想总有一天会变成现实。特别是在专业领域内,人工智能能够充分利用计算机的特点,具有显著的优越性。2014 年图灵测试举办方英国雷丁大学宣称居住在美国的俄罗斯人弗拉基米尔·维西罗夫(Vladimir Veselov)创立的 AI 软件尤金·古斯特曼(Eugene Goostman)通过了图灵测试。尤金让 33% 的测试者相信它是人类。

人工智能是一门研究如何构造智能机器(智能计算机)或智能系统,使它能模拟、延伸、扩展人类智能的学科。通俗地说,人工智能就是要研究如何使机器具有能听、会说、能看、会写、能思维、会学习、能适应环境变化、能解决各种面临的实际问题等功能的一门学科。

### 1.1.4 专用人工智能和通用人工智能

人工智能大体可分为专用人工智能和通用人工智能。目前的人工智能主要是面向特定任务(比如下围棋)的专用人工智能,处理的任务需求明确、应用边界清晰、领域知识丰富,在局部智能水平的单项测试中往往能够超越人类智能。例如,阿尔法狗(AlphaGo)在围棋比赛中战胜人类冠军,人工智能程序在大规模图像识别和人脸识别中达到了超越人类的水平,人工智能系统识别医学图片等达到专业医生水平。

相对于专用人工智能技术的发展,通用人工智能尚处于起步阶段。事实上,人的大脑是一个通用的智能系统,可处理视觉、听觉、判断、推理、学习、思考、规划、设计等各类问题。人工智能的发展方向应该是从专用智能向通用智能。

实际上,人工智能不是要搞出一个比人类还聪明的怪物来奴役人类,而是运用人工智能技术去解决问题,造福人类,就像 100 多年前的"电气化"一样。人类现在的绝大部分职业将会被智能设备取代。

## 1.2 人工智能的发展简史

回顾人工智能的发展历史,可归结为孕育、形成和发展三个阶段。

### 1.2.1 孕育(1956 年之前)

自古以来,人们就一直试图用各种机器来代替人的部分脑力劳动,以提高人们征服自然的能力。其中对人工智能的产生、发展有重大影响的主要研究成果有以下几个方面:

① 早在公元前 384 年到公元前 322 年,伟大的哲学家和思想家亚里士多德(Aristotle)就在他的名著《工具论》中提出了形式逻辑的一些主要定律,他提出的三段论至今仍是演绎推理的基本依据。

② 英国哲学家培根(F. Bacon)曾系统地提出了归纳法,还提出了"知识就是力量"的警句。这对于研究人类的思维过程,以及自 20 世纪 70 年代人工智能转向以知识为中心的研究都产生了重要影响。

③ 德国数学家和哲学家莱布尼茨(G. W. Leibnitz,1646—1716 年)提出了万能符号和推理计

算的思想,他认为可以建立一种通用的符号语言以及在此符号语言上进行推理的演算。这一思想不仅为数理逻辑的产生和发展奠定了基础,而且是现代机器思维设计思想的萌芽。

④ 英国逻辑学家布尔(G. Boole)致力于使"思维规律"形式化和实现机械化,并创立了布尔代数。他在《思维法则》一书中首次用符号语言描述了思维活动的基本推理法则。

⑤ 英国数学家图灵在 1936 年提出了一种理想计算机的数学模型,即图灵机,为后来电子数字计算机的问世奠定了理论基础。

⑥ 美国神经生理学家麦克洛奇(W. McCulloch)与匹兹(W. Pitts)在 1943 年建成了第一个神经网络模型(M-P 模型),开创了微观人工智能的研究工作,为后来人工神经网络的研究奠定了基础。

⑦ 美国爱荷华州立大学的阿塔纳索夫(Atanasoff)教授和他的研究生贝瑞(Berry)在 1937 年至 1941 年间开发了世界上第一台电子计算机"阿塔纳索夫-贝瑞计算机(Atanasoff-Berry computer,ABC)"以后,电子计算机迅速发展,为人工智能的研究奠定了物质基础。

需要说明的是:世界上第一台计算机不是许多书上所说的由美国的莫利克和埃柯在 1946 年发明的。

由上面的发展过程可以看出,人工智能的产生和发展绝不是偶然的,它是科学技术发展的必然产物。

### 1.2.2　形成（1956—1969 年）

1956 年夏季,由当时达特茅斯学院(Dartmouth College)的年轻数学助教、现任斯坦福大学教授麦卡锡(J. McCarthy)联合他的三位朋友:哈佛大学年轻数学家和神经学家、现任麻省理工学院教授明斯基(M. L. Minsky)、IBM 公司信息研究中心负责人罗切斯特(N. Rochester)、贝尔实验室信息部数学研究员香农(C. E. Shannon)共同发起,邀请普林斯顿大学的莫尔(T. Moore)和 IBM 公司的塞缪尔(A. L. Samuel)、麻省理工学院的塞尔夫里奇(O. Selfridge)和索罗莫夫(R. Solomonff)以及兰德(RAND)公司和卡内基-梅隆大学的纽厄尔(A. Newell)、西蒙(H. A. Simon)等 10 名年轻学者向洛克菲勒基金会(Rockefeller Foundation)申请资助,在美国达特茅斯大学召开了一次为时两个月的人工智能夏季学术研讨会,讨论关于机器智能的问题。会上经麦卡锡提议正式采用了"人工智能"这一术语,麦卡锡因而被称为人工智能之父。这是一次具有历史意义的重要会议,它标志着人工智能作为一门新兴学科正式诞生了。此后,美国形成了多个人工智能研究组织,如纽厄尔和西蒙的 Carnegie RAND 协作组,明斯基和麦卡锡的 MIT 研究组,塞缪尔的 IBM 工程研究组等。

达特茅斯会议的发起建议书中提出了人工智能的预期目标:"制造一台机器,该机器可以模拟学习或者智能的所有方面,只要这些方面可以精确描述。"(Every aspect of learning or any other feature of intelligence can in principle be so precisely described that a machine can be made to simulate it)。该预期曾经被当作人工智能的定义使用,其对人工智能的发展起到了举足轻重的作用。

人工智能的英文名称是"artificial intelligence",有文献可考的记录是出自 1956 年的达特茅斯会议。在此之前,即使有相关的名词术语,也不是大家对人工智能学科的命名共识。比如图灵曾经命名的机器智能(machine intelligence),虽早于人工智能这个概念,但如今已经较少使用。

自这次会议之后的 10 多年间,掀起了人工智能发展的第一个高潮。人工智能的研究在机器学习、定理证明、模式识别、问题求解、专家系统及人工智能语言等方面都取得了许多令人瞩目的成就,例如:

① 在机器学习方面,1957 年 Rosenblatt 研制成功了感知器。这是一种将神经元用于识别的系统,它的学习功能引起了科学家们广泛的兴趣,推动了连接机制的研究,但人们很快发现了感知器的局限性。最早的感知器存放在美国史密森尼博物院(Smithsonian Museum)。

② 在定理证明方面,美籍华人数理逻辑学家王浩于 1958 年在 IBM−704 机器上用 3~5 min 证明了《数学原理》中有关命题演算的全部定理(220 条),并且还证明了谓词演算中 150 条定理的 85%;1965 年鲁滨逊(J. A. Robinson)提出了归结原理,为定理的机器证明作出了突破性的贡献。

③ 在模式识别方面,1959 年塞尔夫里奇推出了一个模式识别程序;1965 年罗伯特(Roberts)编制出了可分辨积木构造的程序。

④ 在问题求解方面,1960 年纽厄尔等人通过心理学试验总结出了人们求解问题的思维规律,编制了通用问题求解程序 GPS,可以用来求解 11 种不同类型的问题。

⑤ 在专家系统方面,美国斯坦福大学的费根鲍姆(E. A. Feigenbaum)领导的研究小组自 1965 年开始专家系统 DENDRAL 的研究,1968 年完成并投入使用。该专家系统能根据质谱仪的实验,通过分析推理决定化合物的分子结构,其分析能力已接近于甚至超过有关化学专家的水平,在美、英等国得到了实际的应用。该专家系统的研制成功不仅为人们提供了一个实用的专家系统,而且对知识表示、存储、获取、推理及利用等技术是一次非常有益的探索,为以后专家系统的建造树立了榜样,对人工智能的发展产生了深刻的影响,其意义远远超过了系统本身在实用上所创造的价值。

⑥ 在人工智能语言方面,1960 年麦卡锡研制出了人工智能语言 LISP,成为建造智能系统的重要工具。

1969 年成立的国际人工智能联合会议(International Joint Conferences on Artificial Intelligence,IJCAI)是人工智能发展史上一个重要的里程碑,它标志着人工智能这门新兴学科已经得到了世界的肯定和公认。1970 年创刊的国际性的《人工智能》杂志对推动人工智能的发展,促进研究者们的交流起到了重要的作用。

## 1.2.3 艰难发展(1970—2010 年)

进入 20 世纪 70 年代,许多国家都开展了人工智能的研究,涌现出了大量的研究成果。例如,1972 年法国马赛大学的科麦瑞尔(A. Comerauer)提出并实现了逻辑程序设计语言 PROLOG,斯坦福大学的肖特利夫(E. H. Shortliffe)等人从 1972 年开始研制用于诊断和治疗感染性疾病的专家系统 MYCIN。

但是,和其他新兴学科的发展一样,人工智能的发展道路也不是平坦的。例如,机器翻译的研究没有像人们最初想象的那么容易。当时人们总以为只要一部双向词典及一些词法知识就可以实现两种语言文字间的互译,后来发现机器翻译远非这么简单。实际上,由机器翻译出来的文字有时会出现十分荒谬的错误。例如,当把"眼不见,心不烦"的英语"Out of sight, out of mind"翻译成俄语时变成"又瞎又疯";当把"心有余而力不足"的英语句子"The spirit is willing but the flesh is weak"翻译成俄语,然后再翻译回来时竟变成了"The wine is good but the meat is spoiled",即"酒是好的,但肉变质了";当把"光阴似箭"的英语句子"Time flies like an arrow"翻译成日语,然后再翻译回来的时候,竟变成了"苍蝇喜欢箭"。由于机器翻译出现的这些问题,1960年美国政府顾问委员会的一份报告裁定:"还不存在通用的科学文本机器翻译,也没有很近的实现前景"。因此,英国、美国当时中断了对大部分机器翻译项目的资助。在其他方面,如问题求解、神经网络、机器学习等也都遇到了困难,使人工智能的研究一时陷入了困境,史称进入"人工智能的第一个冬天"。

人工智能研究的先驱者们认真反思,总结前一段研究的经验和教训。1977 年费根鲍姆在第五届国际人工智能联合会议上提出了"知识工程"的概念,对以知识为基础的智能系统的研究与建造起到了重要的作用。大多数人接受了费根鲍姆关于以知识为中心展开人工智能研究的观点。从此,人工智能的研究又迎来了蓬勃发展的以知识为中心的新时期。这个时期也称为知识应用期。费根鲍姆被称为知识工程之父,1994 年获图灵奖。

这个时期中,专家系统的研究在多个领域中取得了重大突破,各种不同功能、不同类型的专家系统如雨后春笋般地建立起来,产生了巨大的经济效益及社会效益。例如,1976 年,斯坦福大学的杜达等人研制的地矿勘探专家系统 PROSPECTOR 拥有 15 种矿藏知识,能根据岩石标本及地质勘探数据对矿藏资源进行估计和预测,能对矿床分布、储藏量、品位及开采价值等进行推断,制定合理的开采方案,应用该系统成功地找到了超亿美元的钼矿。1972 年到 1976 年,费根鲍姆等人研制的专家系统 MYCIN 能识别 51 种病菌,正确地处理 23 种抗生素,可协助医生诊断、治疗细菌感染性血液病,为患者提供最佳处方,该系统成功地处理了数百病例,并通过了严格的测试,显示出了较高的医疗水平。美国 DEC 公司的专家系统 XCON 能根据用户要求确定计算机的配置,由专家做这项工作一般需要 3 小时,而该系统只需要 0.5 分钟,速度提高了300 多倍。DEC 公司还建立了另外一些专家系统,由此产生的净收益每年超过 4 000 万美元。信用卡认证辅助决策专家系统 American Express 能够防止不应有的损失,据说每年可节省2 700 万美元左右。

专家系统的成功,逐步改变了人工智能发展的方向,使人们越来越清楚地认识到知识是智能的基础,对人工智能的研究必须以知识为中心来进行。由于对知识的表示、利用及获取等的研究取得了较大的进展,特别是对不确定性知识的表示与推理取得了突破,建立了主观 Bayes 理论、确定性理论、证据理论等,对人工智能中模式识别、自然语言理解等领域的发展提供了支持,解决了许多理论及技术上的问题。80 年代中期,在神经网络研究方面,相继提出了 BP 算法,Hopfield 神经网络等,取得了重要进展。

1986 年之后也称为集成发展时期。计算智能(CI)弥补了人工智能中在数学理论和计算上的不足,更新和丰富了人工智能理论框架,使人工智能进入了一个新的发展时期。但专家系统、神经网络学习等的局限性使人工智能处于低速发展期,史称"人工智能第二个冬天"。

人工智能在博弈中的成功应用也令举世瞩目。人们对博弈的研究一直抱有极大的兴趣,早在 1956 年人工智能刚刚作为一门学科问世时,塞缪尔就研制出了跳棋程序。这个程序能从棋谱中学习,也能从下棋实践中提高棋艺,1959 年它击败了塞缪尔本人,1962 年又击败了一个州的冠军。1991 年 8 月在悉尼举行的第 12 届国际人工智能联合会议上,IBM 公司研制的深思(Deep Thought)计算机系统就与澳大利亚象棋冠军约翰森(D. Johansen)举行了两场人机对抗赛,结果以1∶1平局告终。1957年西蒙曾预测10年内计算机可以击败人类的世界冠军。虽然在10年内没有实现,但40年后"深蓝"计算机击败国际象棋棋王卡斯帕罗夫(Kasparov),仅仅比预测推迟了30年。

1996年2月10日至17日,为了纪念世界上第一台电子计算机诞生50周年,美国IBM公司出巨资邀请国际象棋棋王卡斯帕罗夫(Kasparov)与IBM公司的"深蓝"(Deep Blue)计算机系统进行了六局"人机大战"。这场比赛被人们称为"人脑与电脑的世界决战"。参赛的双方分别代表了人脑和电脑的世界最高水平。当时的"深蓝"是一台运算速度达1亿次/s的超级计算机。第一盘,"深蓝"就给卡斯帕罗夫一个下马威,赢了这位世界冠军,给世界棋坛以极大的震动。但卡斯帕罗夫总结经验,稳扎稳打,在剩下的五盘中赢三盘,平两盘,最后以总比分4∶2获胜。一年后,即1997年5月3日至11日,"深蓝"再次挑战卡斯帕罗夫。这时,"深蓝"是一台拥有32个处理器和强大并行计算能力的RS/6000 SP/2的超级计算机,运算速度达2亿次/s。计算机里存储了百余年来世界顶尖棋手的棋局。5月3日棋王卡斯帕罗夫首战击败"深蓝",5月4日"深蓝"扳回一盘,之后双方平三局。双方的决胜局于5月11日拉开了帷幕,卡斯帕罗夫在这盘比赛中仅仅走了19步便放弃了抵抗,比赛用时只有1个多小时。这样,"深蓝"最终以3.5∶2.5的总比分获得了这场世人瞩目的"人机大战"的胜利。"深蓝"的胜利表明了人工智能所达到的成就。尽管它的棋路还远非真正地对人类思维方式的模拟,但它已经向世人说明,电脑能够以人类远远不能企及的速度和准确性,实现属于人类思维的大量任务。"深蓝"精湛的残局战略使观战的国际象棋专家们大为惊讶。卡斯帕罗夫也表示:"这场比赛中有许多新的发现,其中之一就是计算机有时也可以走出人性化的棋步。在一定程度上,我不能不赞扬这台机器,因为它对盘势因素有着深刻的理解,我认为这是一项杰出的科学成就。"因为这场胜利,IBM的股价上涨了10美元,创下了历史新高。

此后的十年里,人类与机器在国际象棋比赛中互有胜负,直到2006年棋王卡拉姆尼克被国际象棋软件深弗里茨(Deep Fritz)击败后,人类就再也没有击败电脑。

我国自1978年开始也把"智能模拟"作为国家科学技术发展规划的主要研究课题之一,并在1981年成立了中国人工智能学会(CAAI),目前在专家系统、模式识别、机器人学及汉语的机器理解等方面都取得了很多研究成果。

## 1.2.4 大数据驱动人工智能发展期(2011年至今)

随着大数据、云计算、物联网等信息技术的发展,以及深度学习的提出,人工智能在算法、算力和算料(数据)等"三算"方面取得了重要突破,直接支撑了图像分类、语音识别、知识问答、人机对弈、无人驾驶等人工智能的复杂应用,人工智能进入以深度学习为代表的大数据驱动人工智能发展期。

2006年,针对BP学习算法训练过程存在严重的梯度扩散现象、局部最优和计算量大等问题,Hinton等根据生物学的重要发现,提出了著名的深度学习方法。深度学习正在取得重大进展,解决了人工智能界的尽最大努力很多年仍没有进展的问题。它能够被应用于科学、商业和政府等领域。目前已经在博弈、主题分类、图像识别、人脸识别、机器翻译、语音识别、自动问答、情感分析等领域取得突出的成果。

深度学习理论本身也不断取得重大进展。针对广泛应用的卷积神经网络训练数据需求大、环境适应能力弱、可解释性差、数据分享难等不足,2017年10月,Hinton等进一步提出了胶囊网络。胶囊网络的工作机理比卷积网络更接近人脑的工作方式,能够发现高维数据中的复杂结构。2019年,牛津大学博士生 Adam R. Kosiorek 等提出了堆叠胶囊自动编码器(SCAE)。深度学习创始人、图灵奖得主 Hinton 称赞它是一种非常好的胶囊网络新版本。2023年,随着大语言模型的爆发,人工智能的发展又进入新的时代。

目前,全球产业界充分认识到人工智能技术引领新一轮产业变革的重大意义,把人工智能技术作为许多高技术产品的引擎,占领人工智能产业发展的战略高地。大量的人工智能应用促进了人工智能理论的深入研究。

## 1.3  人工智能研究的基本内容

### 1. 知识表示

AI研究的基本内容讲课视频▲

世界上的每一个国家或民族都有自己的语言和文字,它是人们表达思想、交流信息的工具,促进了人类的文明及社会的进步。人类语言和文字是人类知识表示的最优秀、最通用的方法,但人类语言和文字的知识表示方法并不适合于计算机处理。

人工智能研究的目的是要建立一个能模拟人类智能行为的系统。为达到这个目的就必须研究人类智能行为在计算机上的表示形式,只有这样才能把知识存储到计算机中去,供求解现实问题使用。

对于知识表示方法的研究,离不开对知识的研究与认识。由于目前对人类知识的结构及机制还没有完全搞清楚,因此关于知识表示的理论及规范尚未建立起来。尽管如此,人们在对智能系统的研究及建立过程中,还是结合具体研究提出了一些知识表示方法。

知识表示方法可分为如下两大类:符号表示法,连接机制表示法。

符号表示法是用各种包含具体含义的符号,以各种不同的方式和顺序组合起来表示知识的一类方法。它主要用来表示逻辑性知识,本书第2章中将要讨论的各种知识表示方法都属于这一类。

连接机制表示法是用神经网络表示知识的一种方法。它把各种物理对象以不同的方式及顺序连接起来,并在其间互相传递及加工各种包含具体意义的信息,以此来表示相关的概念和知识。相对于符号表示法而言,连接机制表示法是一种隐式的知识表示方法。在这里,知识并不像在产生式系统中表示为若干条规则,而是将某个问题的若干知识在同一个网络中表示。因此,特别适用于表示各种形象性的知识。

目前用得较多的知识表示方法有:一阶谓词逻辑表示法、产生式表示法、框架表示法、语义网络表示法、状态空间表示法、神经网络表示法、脚本表示法、过程表示法、Petri 网络表示法及面向对象表示法等。知识图谱是当前的热点研究方向。

### 2. 机器感知

所谓机器感知就是使机器(计算机)具有类似于人的感知能力,其中以机器视觉和机器听觉为主。机器视觉是让机器能够识别并理解文字、图像、物景等;机器听觉是让机器能识别并理解语言、声响等。

机器感知是机器获取外部信息的基本途径,是使机器具有智能不可缺少的组成部分。正如人的智能离不开感知一样,为了使机器具有感知能力,就需要为它配置上能"听"、会"看"的感觉器官,对此人工智能中已经形成了两个专门的研究领域,即模式识别与自然语言理解,包括图像识别、人脸识别、机器翻译、语言识别等。

### 3. 机器思维

所谓机器思维是指对通过感知得来的外部信息及机器内部的各种工作信息进行有目的的处理。正如人的智能是来自大脑的思维活动一样,机器智能也主要是通过机器思维实现的。因此,机器思维是人工智能研究中最重要、最关键的部分。它使机器能模拟人类的思维活动,能像人那样既可以进行逻辑思维,又可以进行形象思维。

### 4. 机器学习

知识是智能的基础,要使计算机有智能,就必须使它有知识。人们可以把有关知识归纳、整理在一起,并用计算机可接受、处理的方式输入到计算机中,使计算机具有知识。显然,这种方法不能及时地更新知识,特别是计算机不能适应环境的变化。为了使计算机具有真正的智能,必须使计算机像人类那样,具有获得新知识,学习新技巧并在实践中不断完善、改进的能力,最终实现自我完善。

机器学习(machine learning)就是研究如何使计算机具有类似于人的学习能力,使它能通过学习自动地获取知识。计算机可以直接向书本学习,通过与人谈话和对环境的观察学习,并在实践中实现自我完善。

机器学习是一个难度较大的研究领域,它与脑科学、神经心理学、计算机视觉、计算机听觉等都有密切联系,依赖于这些学科的共同发展。因此,经过近些年的研究,机器学习研究虽然已经取得了很大的进展,提出了很多学习方法,特别是深度学习的研究取得了长足的进步,机器能根据以往的经验不断优化算法,但并未从根本上解决问题。

### 5. 机器行为

与人的行为能力相对应,机器行为主要是指计算机的表达能力,即"说""写""画"等能力,例如,语言合成、人机对话等。对于智能机器人,它还应具有人的四肢功能,即能走路、能取物、能操作等。

## 1.4　人工智能的三大学派

在人工智能发展的长河中,不同背景的科学家对人工智能有着不同的认识和理解,在研究工作中采用了不同的方法,逐步形成了人工智能的三大学派:符号主义学派、连接主义学派和行为主义学派。

### 1.4.1　符号主义

符号主义是人工智能最早的主流学派,从模拟人的心智入手,强调知识的表示和推理,经历了从启发式算法到专家系统,再到知识工程,为人工智能的发展作出了重要贡献,特别是专家系统的成功应用,对人工智能从理论走向工程应用作出了重要贡献。

符号主义起源于数理逻辑,是一种基于逻辑推理的智能模拟方法,所以又称为逻辑主义、心理学派或计算机学派。逻辑学的源头,最早可追溯到公元前亚里士多德提出的三段论。数理逻辑从 19 世纪末得到迅速发展,20 世纪 30 年代开始用于描述智能行为。随着计算机的出现,很快就在计算机上实现了逻辑演绎系统,从而在计算机上研究人类的思维过程和智能活动。

符号主义的观点:

① 认知的基元是符号。

② 认知的过程就是符号运算。

③ 智能的基础是知识,核心是知识表示与推理。

④ 知识可用符号表示,也可用符号进行推理。

符号主义学派的开创性工作是自动定理证明。作为一种确定性推理方法,自动定理证明是将数学知识表示为谓词公式,然后通过逻辑运算进行推理。1954 年,美国逻辑学家马丁·戴维斯(Martin Davis)在普林斯顿大学的一台电子管计算机中,编写了人类历史上第一个定理自动证明的程序——实现了普利斯博格算术(Presburger)的判定过程,从此拉开了自动定理的序幕。

1958 年,美籍华人科学家、洛克菲勒大学教授王浩在 IBM 704 机器上设计的自动定理证明程序证明了《数学原理》中一阶逻辑全部定理 150 条定理和 200 条命题逻辑定理。1960 年,王浩在《IBM 研究与发展杂志》发表了《迈向数学机械化》(*Toward Mechanical Mathematics*)文章。王浩是逻辑系列定理机器证明的先驱,曾经被国际人工智能联合会授予定理证明"里程碑奖"。我国科学家吴文俊院士在几何定理机器证明方面取得突出成果。他开创了几何定理机器证明的先河,其所创立的"吴式方法"在国际机器证明领域产生很大影响,当前国际流行的主要符号计算软件(如 Mathematica)都实现了"吴算法"。自动定理证明领域最具影响力的成果,是 1965 年提出的鲁滨逊归结原理,使机器定理证明进入实用阶段。但符号主义也存在一些缺陷,仅计算量就使当前的算力难以实现,定理证明的复杂度都是超指数级别的。即便对于简单的命题,机器证明过程都可能引发参数空间的指数爆炸。

目前,符号主义仍然是人工智能的主要研究领域之一,特别是进入 21 世纪,知识图谱的提出与广泛应用,使符号法又成为人工智能的热点前沿。

## 1.4.2　连接主义

连接主义学派,又称仿生学派或生理学派,是一种基于神经网络和网络间的连接机制与学习算法的智能模拟方法。

连接主义学派,从模拟人脑的结构入手,采用人工神经网络模拟人脑工作机理,取得突出成果。连接主义认为,大脑神经元机器连接机制是一切智能的基础。自 20 世纪 40 年代起,科学家们开展对大脑科学的研究。1943 年,神经生理学家沃伦·麦克洛克(McCulloch)和数学家沃尔特·皮茨(Pitts),发表了一篇开创性论文,提出了"M-P 神经元模型",其核心思想是通过模拟大脑皮层神经网络,来模拟大脑神经元的行为,他们的研究工作,开创了人工神经网络方法。

从感知器到 BP 学习算法,直到目前的深度学习,人工智能随着人工神经网络的发展不断掀起高潮。目前,以深度学习为基础的大模型成为人工智能最富有成效的研究领域。

## 1.4.3　行为主义

行为主义(actionism),又称进化主义(evolutionism)或控制论学派,它是控制论向人工智能领域渗透的产物,是一种基于"感知－行动"的行为智能模拟方法。

行为主义最早来源于 20 世纪初的一个心理学流派,认为行为是有机体用以适应环境变化的各种身体反应的组合,它的目标在于预测和控制行为。

行为主义的理论基础是控制论。1948 年,控制论之父维纳(Norbert Wiener)在其著作《控制论——关于在动物和机器中控制和通信的科学》指出:"控制论是在自控理论、统计信息论和生物学的基础上发展起来的,机器的自适应、自组织、自学习功能是由系统的输入输出反馈行为决定的",从而将心理学的某些成果引入到控制理论中。

行为主义试图把神经系统的工作原理与信息论联系在一起,着重研究模拟人在控制过程中的智能行为和作用。该学派认为:

① 传统人工智能所推崇的知识形式化表达和模型化方法是有问题的,它们反而可能是实现人工智能的重要障碍之一。

② 智能取决于感知和行为之间的映射规则,所以应直接利用机器对环境的作用,然后以环境对作用的影响作为获取智能的原动力。

③ 智能只能通过与现实世界和周围环境的交互作用,才能体现出来。

④ 人工智能可以像人类智能一样逐步得以进化(也就是进化主义名称的由来),分阶段发展和增强。

进化主义学派的观点简单说就是:感知周围环境,与现实进行交互的作用,通过进化算法适应环境。智能机器人就是进化主义的典型代表。

## 1.5  人工智能的主要研究领域

目前,随着人工智能研究的发展和计算机网络技术的广泛应用,人工智能技术已经应用到越来越多的领域,特别是人工智能产业链正在迅速发展,但人工智能的研究更多是结合具体领域进行的。下面简要介绍几个主要研究领域。

### 1. 自动定理证明

自动定理证明是人工智能中最先进行研究并得到成功应用的一个研究领域,同时它也为人工智能的发展起到了重要的推动作用。实际上,除了数学定理证明,医疗诊断、信息检索、问题求解等许多非数学领域问题,都可以转化为定理证明问题。

AI 的主要研究领域讲课视频 1 ▲

定理证明的实质是证明由前提 $P$ 得到结论 $Q$ 的永真性。但是,要直接证明 $P \rightarrow Q$ 的永真性一般来说是很困难的,通常采用的方法是反证法。在这方面海伯伦(Herbrand)与鲁滨逊(Robinson)先后进行了卓有成效的研究,提出了相应的理论及方法,为自动定理证明奠定了理论基础。尤其是鲁滨逊提出的归结原理使定理证明得以在计算机上实现,对机器推理作出了重要贡献。我国吴文俊院士提出并实现的几何定理机器证明"吴氏方法",是机器证明领域的一项标志性成果。

2021 年,微软研发的数学计算机定理证明器 Lean 参加了国际数学奥林匹克竞赛(IMO)。OpenAI 为 Lean 创建了一个神经定理证明器,用于解决各种具有挑战性的高中奥林匹克问题。Lean 用一个语言模型来寻找形式化命题的证明。每次发现一个新的证明,研究者就把它作为新的训练数据,改善神经网络,从而在迭代中找到越来越难的命题的解决方案,证明了深度学习模型在与形式系统交互时能够进行重要的数学推理。

### 2. 博弈

诸如下棋、打牌、战争等一类竞争性的智能活动称为博弈(game playing)。下棋是一个斗智斗策的过程,不仅要求参赛者具有超凡的记忆能力、丰富的下棋经验,而且要求有很强的思维能力,能对瞬息万变的随机情况迅速地作出反应,及时采取有效的措施。对于人类来说,博弈是一种智能性很强的竞争活动。

著名人工智能研究者、图灵奖获得者约翰·麦卡锡在 20 世纪 50 年代就开始从事计算机下棋方面的研究工作,并提出了著名的 $\alpha-\beta$ 剪枝算法。很长时间内,该算法成了计算机下棋程序的核心算法,著名的国际象棋程序"深蓝"采用的就是该算法框架。

人工智能研究博弈的目的并不是为了让计算机与人进行下棋、打牌之类的游戏,而是通过对博弈的研究来检验某些人工智能技术是否能实现对人类智慧的模拟,促进人工智能技术深入一步的研究。正如俄罗斯人工智能学者亚历山大·克隆罗德所说"象棋是人工智能中的果蝇",将象棋在人工智能研究中的作用类比于果蝇在生物遗传研究中作为实验对象所起的作用。

2016 年 3 月,阿尔法狗(AlphaGo)是第一个战胜围棋世界冠军李世石的人工智能机器人,由谷歌(Google)旗下 DeepMind 公司开发。2016 年末 2017 年初,该程序在中国棋类网站上以"大师"(Master)为注册账号与中日韩数十位围棋高手进行快棋对决,连续 60 局无一败绩。2017 年10 月 18 日,DeepMind 团队公布了最强版阿尔法狗,代号 AlphaGo Zero。

阿尔法狗与"深蓝"等此前的所有类似软件相比,最本质的不同是什么?这就是"深蓝"等此前的所有类似软件是要向人类师傅学习的,也就是采用的是监督学习;而阿尔法狗采用的是无监督学习,不需要人类师傅,甚至不需要看任何人类棋谱,它采用深度学习,能够根据以往的经验来不断优化算法,梳理决策模式,吸取比赛经验,并通过自己与自己下棋来强化学习。

### 3. 模式识别

模式识别(pattern recognition)是一门研究对象描述和分类方法的学科。分析和识别的模式可以是信号、图像或者普通数据。

模式是对一个物体或者某些其他感兴趣实体定量或者结构的描述,而模式类是指具有某些共同属性的模式集合。用机器进行模式识别的主要内容是研究一种自动技术,依靠这种技术,机器可以自动或者尽可能少需要人工干预地把模式分配到它们各自的模式类中去。

传统的模式识别方法有统计模式识别与结构模式识别等类型。近年来迅速发展的模糊数学及人工神经网络技术已经应用到模式识别中,形成了模糊模式识别、神经网络模式识别等方法,其应用领域包括医学图像识别、手写体识别、语音识别、生物特征识别、人脸识别、指纹识别、虹膜识别等,展示了巨大的发展潜力。特别是基于深度学习等人工智能技术的 X 光、核磁、CT、超声等医疗影像多模态大数据的分析技术,能够提取二维或三维医疗影像隐含的疾病特征,辅助医生识别诊断。

### 4. 机器视觉

机器视觉(machine vision)或者计算机视觉(computer vision)用机器代替人眼睛进行测量和判断,是模式识别研究的一个重要方面。计算机视觉通常分为低层视觉与高层视觉两类。低层视觉主要执行预处理功能,如边缘检测、移动目标检测、纹理分析、立体造型以及曲面色彩等,主要目的是使得看见的对象更突出。这时还不是理解阶段。高层视觉主要是理解对象,需要掌握与对象相关的知识。机器视觉的前沿课题包括:实时图像的并行处理,实时图像的压缩、传输与复原,三维景物的建模识别,动态和时变视觉等。

机器视觉系统是指通过图像摄取装置将被摄取的目标转换成图像信号,传送给专用的图像处理系统,根据像素分布和宽度、颜色等信息,转换成数字信号,图像系统对这些信号进行各种运算,抽取目标的特征,进而根据判断的结果来控制现场的设备动作。

机器视觉的主要研究目标是使计算机具有通过二维图像认知三维环境信息的能力,能够感知与处理三维环境中物体的形状、位置、姿态、运动等几何信息。

机器视觉与模式识别存在很大程度的交叉性,两者的主要区别是机器视觉更注重三维视觉信息的处理,而模式识别仅仅关心模式的类别。此外,模式识别还包括听觉等非视觉信息。

目前,机器视觉的应用相当普及,主要集中在半导体及电子、汽车、冶金、食品饮料、零配件装配及制造、制药、印刷、包装等行业。随着先进制造业的快速发展,对于产品检测和质量要求不断提高,各行各业对图像和机器视觉技术的工业自动化需求将越来越大,在未来制造业中将会有很大的发展空间。

### 5. 自然语言理解

人们使用计算机时,大多是用计算机的高级语言(如 C、Java、Python 等语言)编制程序来告诉计算机"做什么"以及"怎么做"。计算机目前已逐步能够"听懂""看懂"人类自身的语言(如汉语、英语等),使计算机具有更广泛的用途,特别是大大推进机器人技术的发展。自然语言理解(natural language understanding)就是研究如何让计算机理解人类自然语言,是人工智能中十分重要的一个研究领域。它是研究能够实现人与计算机之间用自然语言进行通信的理论与方法。具体地说,它要达到如下三个目标:

AI 的主要研究领域讲课视频 2▲

① 计算机能正确理解人们用自然语言输入的信息,并能正确回答输入信息中的有关问题。

② 对输入信息,计算机能够产生相应的摘要,能用不同词语复述输入信息的内容。

③ 计算机能把用某一种自然语言表示的信息自动地翻译为用另一种自然语言表示的相同信息。

关于自然语言理解的研究可以追溯到 20 世纪 50 年代初期。当时由于通用计算机的出现,人们开始考虑用计算机把一种语言翻译成另一种语言的可能性,在此之后,机器翻译一直是自然语言理解中的主要研究课题。

2006 年以来,深度学习成为人工智能研究领域发展最为迅速、性能最为优秀的技术之一。应用深度学习方法构造的神经机器翻译系统,相比于统计机器翻译系统,翻译速度与准确率大幅度提高,机器翻译进入了神经机器翻译阶段。

### 6. 语音识别

用语音实现人与计算机之间的交互,主要包括语音识别(speech recognition)、自然语言理解和语音合成(speech synthesis)。语音识别是完成语音到文字的转换。自然语言理解是完成文字到语义的转换。语音合成是用语音方式输出用户想要的信息。

现在已经有许多场合允许使用者用语音对计算机发命令,但是,目前还仅仅是使用有限词汇的简单句子,计算机还无法接受复杂句子的语音命令,而需要研究基于自然语言理解的语音识别技术。

相对于机器翻译，语音识别是更加困难的问题。机器翻译系统的输入通常是印刷文本，计算机能清楚地区分单词和单词串，而语音识别系统的输入是语音，其复杂度要大得多。口语有很多的不确定性。人与人交流时，往往是根据上下文提供的信息猜测对方所说的是哪一个单词，还可以根据对方使用的音调、面部表情和手势等来得到很多信息。特别是说话者会经常更正所说过的话，而且会使用不同的词来重复某些信息。

按照服务对象划分，语音识别系统可以是只针对某个用户的，称为特定人工作方式。如果系统是针对任何人的，则称为非特定人工作方式。通俗地说，特定人的语音识别是要识别说话人是谁，而非特定人语音识别是要识别说的什么话。

### 7. 智能信息检索

数据库系统是存储大量信息的计算机系统。随着计算机应用的发展，存储的信息量越来越庞大，研究智能信息检索系统具有重要的理论意义和实际应用价值。

智能信息检索系统应具有下述功能：

① 能理解自然语言，允许用户使用自然语言提出检索要求和询问。

② 具有推理能力，能根据数据库存储的事实，推理产生用户要求和询问的答案。

③ 系统拥有一定的常识性知识，根据这些常识性知识和专业知识能演绎推理出专业知识中没有包含的答案。例如，某单位的人事档案数据库中有下列事实："张强是采购部工作人员""李明是采购部经理"。如果系统具有"部门经理是该部门工作人员的领导"这一常识性知识，就可以对询问"谁是张强的领导"演绎推理出答案"李明"。

站在智能信息检索研究最前沿的，自然是各类商业搜索引擎，如百度、谷歌和必应等。随着知识图谱（knowledge graph/vault）相关技术的快速发展，近年来，学术界和产业界也开始对知识图谱在搜索引擎中的应用进行积极的探索。知识图谱旨在描述客观世界的概念、实体、事件及其之间的关系。比如说，谁是谁的父亲，中国有哪些省份等，这些概念之间的关系。

如果说知识是人类进步的阶梯，那么知识图谱可能就是 AI 进步的阶梯。知识图谱和之前搜索引擎中使用的数据有很大的不同。首先，知识图谱是图结构式的数据，而传统搜索引擎中使用的数据多为网页或文本；其次，知识图谱中的信息更加语义化。在智能搜索中使用知识图谱，需要把知识图谱，即将语义中的实体和搜索引擎对接起来。

### 8. 数据挖掘与知识发现

随着计算机网络的飞速发展，计算机处理的信息量越来越大。数据库中包含的大量信息无法得到充分的利用，造成信息浪费，甚至变成大量的数据垃圾。因此，人们开始考虑以数据库作为新的知识源。数据挖掘（data mining）和知识发现（knowledge discovery）是 20 世纪 90 年代初期崛起的一个活跃的研究领域。

知识发现系统通过各种学习方法，自动处理数据库中大量的原始数据，提炼出具有必然性且有意义的知识，从而揭示出蕴含在这些数据背后的内在联系和本质规律，实现知识的自动获取。知识发现是从数据库中发现知识的全过程，而数据挖掘则是这个全过程的一个特定的、关键的步骤。

数据挖掘的目的是从数据库中找出有意义的模式。这些模式可以是一组规则、聚类、决策树、依赖网络或其他方式表示的知识。一个典型的数据挖掘过程可以分成 4 个阶段，即数据预处理、建模、模型评估及模型应用。数据预处理阶段主要包括数据的理解、属性选择、连续属性离散化、数据中噪声及丢失值处理、实例选择等。建模包括学习算法的选择、算法参数的确定等。模型评估是进行模型训练和测试,对得到的模型进行评价。在得到满意的模型后,就可以运用此模型对新数据进行解释。

知识获取是人工智能的关键问题之一。因此,知识发现和数据挖掘成为当前人工智能的一个研究热点。

### 9. 专家系统

专家系统是目前人工智能中最活跃、最有成效的一个研究领域。自 1965 年费根鲍姆等研制出第一个专家系统 DENDRAL 以来,它已获得了迅速的发展,广泛地应用于医疗诊断、地质勘探、石油化工、教学及军事等各个方面,产生了巨大的社会效益和经济效益。

专家系统是一个智能的计算机程序,运用知识和推理步骤来解决只有专家才能解决的困难问题。因此,可以这样来定义:专家系统是一种具有特定领域内大量知识与经验的程序系统,它应用人工智能技术、模拟人类专家求解问题的思维过程求解领域内的各种问题,其水平可以达到甚至超过人类专家的水平。

在 1991 年的海湾危机中,美国军队使用专家系统用于自动的后勤规划和运输日程安排。这项工作同时涉及 50 000 个车辆、货物和人,而且必须考虑到起点、目的地、路径以及解决所有参数之间的冲突。AI 规划技术使得一个计划可以在几小时内产生,而用旧的方法需要花费几个星期。

### 10. 自动程序设计

自动程序设计是将自然语言描述的程序自动转换成可执行程序的技术。自动程序设计与一般的编译程序不同,编译程序只能把用高级程序设计语言编写的源程序翻译成目标程序,而不能处理自然语言类的高级形式语言。

自动程序设计包括程序综合与程序正确性验证两个方面的内容。程序综合用于实现自动编程,即用户只需要告诉计算机要"做什么",无须说明"怎么做",计算机就可自动实现程序的设计。程序正确性的验证是要研究出一套理论和方法,通过运用这套理论和方法就可以证明程序的正确性。目前常用的验证方法是用一组已知其结果的数据对程序进行测试,如果程序的运行结果与已知结果一致,就认为程序是正确的。这种方法对于简单程序来说未必不可,但对于一个复杂系统来说就很难行得通。因为复杂程序总存在着纵横交错的复杂关系,形成难以计数的通路,用于测试的数据即使很多,也难以保证对每一条通路都能进行测试,这就不能保证程序的正确性。自动程序设计是人工智能与软件工程相结合的课题。

随着 ChatGPT 等大语言模型的出现,自动程序设计取得了长足的发展,不仅能够生成不是非常复杂的程序代码,而且能生成代码注释,包括函数和变量的描述、算法思路的解释,帮助人类程序员更好地理解代码,辅助程序员进行代码重构、调试和测试工作,提高代码的可读性和可维护性。

### 11. 智能机器人

1920 年,捷克斯洛伐克作家卡雷尔·恰佩克在他的科幻小说中,根据 robota(捷克文,原意为"劳役、苦工")和 roboinik(波兰文,原意为"工人"),创造出"机器人"这个词。1954 年,美国人乔治·德沃尔制造出世界上第一台可编程的机器人。这种机械手能按照不同的程序从事不同的工作,因此具有通用性和灵活性。

机器人是指可模拟人类行为的机器。人工智能的所有技术几乎都可以在它身上得到应用,因此,它可作为人工智能理论、方法、技术的实验场地。反过来,对机器人的研究又可大大地推动人工智能研究的发展。

自20世纪60年代初研制出尤尼梅特和沃莎特兰这两种机器人以来,机器人的研究已经从低级到高级经历了三代的发展历程。从程序控制机器人(第一代)发展到自适应机器人(第二代),目前正发展到智能机器人,即具有类似于人的智能机器人。它具有感知环境的能力,配备有视觉、听觉、触觉、嗅觉等感觉器官,能从外部环境中获取有关信息;具有思维能力,能对感知到的信息进行处理,以控制自己的行为;具有作用于环境的行为能力,能通过传动机构使自己的"手""脚"等肢体行动起来,正确、灵巧地执行思维机构下达的命令。目前研制的机器人大都只具有部分智能,真正的智能机器人还处于研究之中,但现在已经迅速发展为新兴的高技术产业。

目前,机器人已经活跃在各种生产线,涉及自动化、金属加工、食品和塑料等诸多行业。亚马逊机器人物流系统中,机器人取代仓库工人,从早到晚不断地抬起150磅(1磅=0.454千克)的重物,分好类,然后装上卡车。柯马(COMAU)公司开发的生产线上分布着250个机器人,没有一个工人。每个工位的机器人相互合作,对生产线源头进入的汽车空壳进行焊接、上底板、上螺丝等。目前,公司已经用机器人生产机器人。

自动驾驶作为轮式机器人的典型应用已经走向实用化。2012年3月1日美国内华达州立法机关允许自动驾驶车辆上路生效。2012年5月7日,内华达州机动车辆管理局(DMV)批准了美国首个自动驾驶车辆许可证。据专家预测,到2026年,无人驾驶汽车将占全美汽车总量的10%。到2050年,大多数货车将实现无人驾驶。无人驾驶汽车拥有巨大潜力,可大幅增加安全性,减少温室气体排放,同时改变交通模式。

由于无线网络和移动终端的普及,使得机器人可以连接网络而不用考虑由于其自身运动和复杂任务而带来的网络布线困难,同时将多机器人网络互连给机器人协作提供了方便。云机器人系统充分利用网络的泛在性,采用开源、开放和众包的开发策略,极大地扩展了早期的在线机器人和网络化机器人概念,提升了机器人的能力。在云计算、物联网环境下的机器人在开展认知学习的过程中必然面临大数据的机遇与挑战。大数据通过对海量数据的存取和统计,智能化的分析和推理,并经过机器的深度学习后,可以有效推动机器人认知技术的发展。而云计算让机器人可以在云端随时处理海量数据。

### 12. 人工神经网络

人工神经网络是一个用大量简单处理单元经广泛连接而组成的人工网络,用来模拟大脑神经系统的结构和功能。早在1943年,神经和解剖学家麦克洛奇(W. S. McCulloch)和数学家皮兹(W. Pitts)就提出了神经元的数学模型(M-P模型),从此开创了神经科学理论研究的时代。20世纪60年代至70年代,由于神经网络研究自身的局限性,致使其研究陷入了低潮。1957年,康奈尔大学心理学教授Frank Rosenblatt发明了感知器(perceptron),这是第一个可以由人工算法精确描述的人工神经网络。特别是著名人工智能学者明斯基(Minsky)等人在1969年以批评的观点编写的很有影响的《感知器》一书,直接导致了神经网络的研究进入萧条时期。具有讽刺意味的是Bryson和Ho在1969年就已经提出了BP算法。到20世纪80年代,对神经网络的研究取得突破性进展,特别是鲁梅尔哈特(Rumelhart)和麦克莱兰(Meclelland)等人于1985年提出多层前向神经网络的

BP 学习算法,霍普菲尔德(J.J.Hopfield)提出霍普菲尔德神经网络模型,有力地推动了神经网络的研究,由此又使人工神经网络的研究进入了一个新的发展时期,取得了许多研究成果。

2006 年,加拿大多伦多大学 Hinton 教授和他的学生在著名学术刊物《科学》上发表了深度学习算法,掀起了深度学习的浪潮,在计算机视觉、自然语言处理等多个领域取得了突破性的进展。特别是随着物联网、云计算、大数据技术的发展,深度学习具有更加广阔的应用。

现在,神经网络已经成为人工智能中一个极其重要的研究领域。对神经网络模型、算法、理论分析和硬件实现的大量研究,特别是深度学习与大语言模型为神经网络走向应用提供了物质基础,使神经网络获得日益广泛的应用。

### 13. 分布式人工智能与多智能体

随着物联网技术的飞速发展,集中式智能架构已经不能满足大型复杂系统的协同工作需求,需要向分布式协同工作发展,形成分布式体系的智联网。

分布式人工智能(distributed artificial intelligence,DAI)是分布式计算与人工智能结合的结果。分布式人工智能系统以鲁棒性作为控制系统质量的标准,并具有互操作性,即不同的异构系统在快速变化的环境中,具有交换信息和协同工作的能力。

AI 的主要研究领域讲课视频 3 ▲

分布式人工智能的研究目标是要创建一种描述自然系统和社会系统的精确概念模型。DAI 中的智能并非独立存在,只能在团体协作中实现,因而其主要研究问题是各智能体(agent)之间的合作与对话,包括分布式问题求解(distributed problem solving,DPS)和多智能体系统(multi-agent system,MAS)两个领域。分布式问题求解把一个具体的求解问题划分为多个相互合作和知识共享的模块或者结点,多智能体系统则研究各智能体之间行为的协调。这两个研究领域都要研究知识、资源和控制的划分问题。分布式问题求解往往含有一个全局的概念模型、问题和成功标准,而 MAS 则含有多个局部的概念模型、问题和成功标准。多智能体系统更能够体现人类的社会智能,具有更大的灵活性和适应性,更适合开放和动态的世界环境。目前,AI agent 成为人工智能领域的研究热点。

### 14. 智能控制

智能控制就是把人工智能技术引入控制领域,建立智能控制系统。自从国际知名美籍华裔科学家傅京孙(K S.Fu)在 1965 年首先提出把人工智能的启发式推理规则用于学习控制系统以来,到 20 世纪 80 年代中叶,智能控制新学科的形成条件已经逐渐成熟。1985 年 8 月,IEEE 在美国纽约召开了新一届智能控制学术讨论会。会上集中讨论了智能控制原理和智能控制系统的结构。

智能控制具有两个显著的特点:

① 智能控制是同时具有知识表示的非数学广义世界模型和传统数学模型混合表示的控制过程,也往往是含有复杂性、不完全性、模糊性或不确定性以及不存在已知算法的过程,并以知识进行推理,以启发来引导求解过程。

② 智能控制的核心在高层控制,即组织级控制,其任务在于对实际环境或过程进行组织,即决策与规划,以实现广义问题求解。

智能控制系统的智能可归纳为以下几方面:

① 先验智能:有关控制对象及干扰的先验知识,可以从一开始就考虑到控制系统的设计中。

② 反应性智能：在实时监控、辨识及诊断的基础上，对系统及环境变化的正确反应能力。

③ 优化智能：包括对系统性能的先验性优化及反应性优化。

④ 组织与协调智能：表现为对并行耦合任务或子系统之间的有效管理与协调。

智能控制主要有以下几类方法：

① 基于专家系统的专家智能控制。

② 基于模糊推理和计算的模糊控制。

③ 基于人工神经网络的神经网络控制。

④ 综合以上三种方法的综合型智能控制。

### 15. 智能仿真

智能仿真就是将人工智能技术引入仿真领域，建立智能仿真系统，我们知道，仿真是对动态模型的实验，即行为产生器在规定的实验条件下驱动模型，从而产生模型行为。具体地说，仿真是在三种类型知识——描述性知识、目的性知识及处理知识的基础上产生另一种形式的知识——结论性知识。因此可以将仿真看作一个特殊的知识变换器，从这个意义上讲，人工智能与仿真有着密切的关系。

利用人工智能技术能对整个仿真过程（包括建模、实验运行及结果分析）进行指导，能改善仿真模型的描述能力，在仿真模型中引进知识表示将为研究面向目标的建模语言打下基础，提高仿真工具面向用户、面向问题的能力。从另一方面讲，仿真与人工智能相结合可使仿真更有效地用于决策，更好地用于分析、设计及评价知识库系统，从而推动人工智能技术的发展。正是基于这些方面，近年来，将人工智能特别是专家系统与仿真相结合，就成为仿真领域中一个十分重要的研究方向，引起了大批仿真专家的关注。

### 16. 智能CAD

智能CAD（简称ICAD）就是把人工智能技术引入计算机辅助设计领域，建立智能CAD系统。事实上，AI几乎可以应用到CAD技术的各个方面。从目前发展的趋势来看，至少有下述四个方面：

① 设计自动化。

② 智能交互。

③ 智能图形学。

④ 自动数据采集。

从具体技术来看，ICAD技术大致可以分为如下几种方法：

① 规则生成法。

② 约束满足方法。

③ 搜索法。

④ 知识工程方法。

⑤ 形象思维方法。

### 17. 智能CAI

智能CAI即人工智能赋能教学就是把人工智能技术引入计算机辅助教学领域，建立智能CAI系统，即ICAI。近年来，依托人工智能、大数据、云计算、物联网、虚拟现实等新一代信息技术，获取教学与管理过程中的多源异构数据、信息和知识，解析学习行为和教学行为的认知过程，研究知识个性化推荐机制,打造以智能化、感知化为特点的智慧教育。ICAI 的特点是能对学生因材施教地进行指导。为此,ICAI 应具备下列智能特征:

① 自动生成各种问题与练习。

② 根据学生的水平和学习情况自动选择与调整教学内容与进度。

③ 在理解教学内容的基础上自动解决问题生成解答。

④ 具有自然语言生成和理解能力。

⑤ 对教学内容有理解咨询能力。

⑥ 能诊断学生错误,分析原因并采取纠正措施。

⑦ 能评价学生的学习行为。

⑧ 能不断地在教学中改善教学策略。

为了实现上述 ICAI 系统,一般把整个系统分成专门知识、教导策略和学生模型三个基本模块和一个自然语言的智能接口。

总之,ICAI 已是人工智能的一个重要应用领域和研究方向,引起了人工智能界和教育界的极大关注和共同兴趣。特别是 20 世纪 80 年代以来,由于知识工程、专家系统技术的进展,使得 ICAI 与专家系统的关系日益密切。近几届美国与国际人工智能会议都把 ICAI 的研究列入议程,甚至还召集了专门的智能教学系统会议。

### 18. 智能管理与智能决策

智能管理是现代管理科学技术发展的新动向。智能管理是人工智能与管理科学、系统工程、计算机技术及通信技术等多学科、多技术互相结合、互相渗透而产生的一门新技术、新学科。

智能管理就是把人工智能技术引入管理领域,建立智能管理系统,研究如何提高计算机管理系统的智能水平,以及智能管理系统的设计理论、方法与实现技术。

智能管理系统是在管理信息系统、办公自动化系统、决策支持系统的功能集成和技术集成的基础上,应用人工智能专家系统、知识工程、模式识别、人工神经网络等方法和技术,进行智能化、集成化、协调化,设计和实现的新一代的计算机管理系统。

智能决策就是把人工智能技术引入决策过程,建立智能决策支持系统。智能决策支持系统是在 20 世纪 80 年代初提出来的。它是决策支持系统与人工智能,特别是专家系统中知识及知识处理的特长,既可以进行定量分析,又可以进行定性分析,能有效地解决半结构化和非结构化的问题。从而,扩大了决策支持系统的范围,提高了决策支持系统的能力。

智能决策支持系统是在传统决策支持系统的基础上发展起来的,由传统决策支持系统再加上相应的智能部件就构成了智能决策支持系统。智能部件可以有多种模式,例如专家系统模式、知识库模式等。专家系统模式是把专家系统作为智能部件,这是目前比较流行的一种模式。该模式适合于以知识处理为主的问题,但它与决策支持系统的接口比较困难。知识库系统模式是以知识库作为智能部件。在这种情况下,决策支持系统就是由模型库、方法库、知识库、数据库组成的四库系统。

### 19. 组合优化问题

有许多实际问题是属于组合优化问题。例如,旅行商问题、生产计划与调度、通信路由调度等都是属于这一类问题。

组合优化问题一般是 NP 完全问题。NP 完全问题是指用目前知道的最好的方法求解,问题求解需要花费的时间（或称为问题求解的复杂性）是随问题规模增大以指数关系增长。至今还不知道对 NP 完全问题是否有花费时间较少的求解方法，例如，可使求解时间随问题规模按多项式关系增长。

随着求解问题规模的增大，问题求解程序的复杂性（用于求解程序运行所需的时间和空间或求解步数）可随问题规模按线性关系、多项式关系或指数关系增长，大多数组合优化问题求解程序都面临着组合爆炸问题。因此，经典的优化方法难以求解大规模组合优化问题，需要研究人工智能求解方法。目前已经提出了许多有效的方法，特别是遗传算法、神经网络方法等。

组合优化问题的求解方法已经应用于生产计划与调度、通信路由调度、交通运输调度、列车组编、空中交通管制和军事指挥自动化等系统。

### 20. 智能多媒体系统

多媒体技术是当前计算机最为热门的研究领域之一。多媒体计算机系统就是能综合处理文字、图形、图像和声音等多种媒体信息的计算机系统。智能多媒体就是将人工智能技术引入多媒体系统，使其功能和性能得到进一步发展和提高。事实上，多媒体技术与人工智能所研究的机器感知、机器理解等技术也不谋而合。所以，智能多媒体实际上是人工智能与多媒体技术的有机结合。人工智能的计算机视听觉、语音识别与理解、语音对译、信息智能压缩等技术运用于多媒体系统，将会使现在的多媒体系统产生质的飞跃。目前，基于视频的动画技术、对环境感知的动画生成、虚拟中文打字机等都成为热点研究课题。

### 21. 智能操作系统与智能计算机

智能操作系统就是将人工智能技术引入计算机的操作系统之中，从质上提高操作系统的性能和效率。

智能操作系统的基本模型，将以智能机为基础，并能支撑外层的 AI 应用程序，实现多用户的知识处理和并行推理。智能操作系统主要有三大特点：并行性、分布性和智能性。并行性是指能够支持多用户、多进程，同时进行逻辑推理和知识处理；分布性是指把计算机的硬件和软件资源分散而又有联系地组织起来，能支持局域网和远程网处理；智能性又体现于三个方面：一是操作系统所处理的对象是知识对象，具有并行推理和知识操作功能，支持智能应用程序的运行；二是操作系统本身的绝大部分程序也将使用 AI 程序（规则和事实）编制，充分利用硬件并行推理功能；三是其系统管理应具有较高智能程序的自动管理维护功能，如故障的监控分析等，以帮助系统维护人员作出必要的决策。

智能计算机系统就是人们正在研制的新一代计算机系统。这种计算机系统从基本元件到体系结构，从处理对象到编程语言，从使用方法到应用范围，同当前的冯·诺依曼型计算机相比，都有质的飞跃和提高，它将全面支持智能应用开发，且自身就具有智能。

### 22. 云端人工智能

云端人工智能（cloud AI）是将云计算的运作模式与人工智能深度融合，在云端集中使用和共享机器学习工具的技术。

云端人工智能将人工智能算法部署在公共云之上，为各种人工智能研究与产品提供服务，将巨大的人工智能运行成本（主要是运算和运维）转移到云平台，从而能够有效地降低终端设备使用人工智能技术的门槛，有利于扩大用户群体，未来将广泛应用于医疗、制造、能源、教育等多个行业和领域。

云端人工智能系统主要包括人工智能基础设施和人工智能服务两大部分。人工智能基础设施包括各种数据和数据库、大数据平台等。AI 服务部分提供各种应用程序接口(API)和人机交互接口,用户无须自己创建自定义的机器学习模型,而是由云服务提供商提供。除了提供 AI 服务,云服务商还提供一系列的开发工具。

目前,著名的云服务商主要有阿里云、华为云、腾讯云、百度云、亚马逊 AWS,微软 Azure、谷歌云平台等。

### 23. 脑机接口

脑机接口(brain-computer interface,BCI)是在人或动物脑与外部设备间建立的直接连接通路。这里的"脑"是指有机生命形式的脑或神经系统,"机"是指任何处理或计算的设备,其形式可以从简单电路到硅芯片。在 MIT 的"21 世纪能改变世界的 10 大技术"排行榜中,脑机接口技术排名第一位。

脑机接口分为单向脑机接口和双向脑机接口。单向脑机接口只允许脑和外部设备间的单向信息交换,即计算机或者接受脑传来的命令,或者发送信号到脑,但不能同时发送和接收信号。而双向脑机接口允许脑和外部设备间的双向信息交换。

脑机接口技术在以前还只存在于科幻小说之中。目前,在多年来动物实验的实践基础上,应用于人体的早期植入设备被设计及制造出来,用于恢复损伤听觉、视觉和肢体运动能力,甚至是认知的能力。

人工耳蜗是迄今为止最成功、临床应用最普及的恢复损伤听觉的脑机接口。视觉修复的脑机接口技术尚在研发之中,主要困难在于视觉传递信息量的巨大、外周感觉器官(视网膜)和中枢视觉系统在功能上的相对复杂性。

### 24. 具身智能

具身智能是当前人工智能研究的热点。具身智能的概念最早在 1950 年提出。他认为像人一样能够和环境交互感知,具备自主决策和行动能力的机器人是人工智能的终极形态。

具身智能是指通过身体和环境的相互作用来实现智能行为的能力。具身智能认为智能不仅仅是大脑内部的思考和计算过程,还涉及与外部环境的交互。通过感知环境、运动控制和与环境的实时交互,智能体能够适应和应对复杂的情境和任务。

因此,具身智能可以看作是人工智能的一种延伸。人工智能更侧重于模拟和实现人类智能的各种算法和技术,而具身智能则更关注于将智能与身体、感知和环境互动结合起来,通过引入身体感知和运动能力,使智能系统更接近人类的交互方式和行为方式。

具身智能使人工智能所能执行的任务扩展到更多领域,例如,使机器人智能地执行无人驾驶、家政服务等任务。通过赋予机器人身体感知和运动能力,使其能够更好地理解环境、与环境进行交互,并通过实际操作来学习和解决问题。现在尝试将大语言模型作为机器人的大脑,以完成更多更复杂的任务。

### 25. 人工生命

1987 年,计算机科学家克里斯·兰顿(Christopher Langton)博士在美国洛斯·阿莫斯国家实验室(Los Alamos national laboratory)召开的"生成以及模拟生命系统的国际会议"上首先提出人工生命(artificial life,AL)的概念。

人工生命是以计算机为研究工具,模拟自然界的生命现象,生成表现自然生命系统行为特点的仿真系统。主要研究天体生物学、宇宙生物学、自催化系统、分子自装配系统、分子信息处理等的生命自组织和自复制;研究多细胞发育、基因调节网络、自然和人工的形态形成理论;生命系统的复杂性;研究进化的模式和方式、人工仿生学、进化博弈、分子进化、免疫系统进化和学习等;具有自治性、智能性、反应性、预动性和社会性的智能主体的形式化模型、通信方式、协作策略;研究生物感悟的机器人、自治和自适应机器人、进化机器人、人工脑。

## 1.6    小结

人类智能是自然界四大奥秘之一,很难给出确切的定义,目前有思维理论、知识阈值理论、进化理论等学派。简单地说,智能是知识与智力的总和。知识是一切智能行为的基础,智力是获取知识并应用知识求解问题的能力。

智能具有感知能力、记忆与思维能力、学习能力、行为能力等显著特征。

人工智能是用人工的方法在机器(计算机)上实现的智能。人工智能的发展历史,可归结为孕育、形成和发展三个阶段。

人工智能研究的基本内容为知识表示、机器感知、机器思维、机器学习、机器行为等几个方面。

人工智能的应用领域非常广泛。

## 思考题

1.1    什么是人类智能? 它有哪些特点?

1.2    什么是人工智能? 它在发展过程中经历了哪些阶段?

1.3    人工智能研究的基本内容有哪些?

1.4    人工智能有哪些主要的研究领域?

1.5    人工智能与物联网、大数据、云计算等技术如何相互促进?

# 第 2 章　知识表示与知识图谱

　　人类的智能活动主要是获得并运用知识。知识是智能的基础。为了使计算机具有智能，使它能模拟人类的智能行为，就必须使它具有知识。但知识需要用适当的模式表示出来才能存储到计算机中去并能被运用，因此，知识的表示成为人工智能中一个十分重要的研究课题。

　　本章首先介绍知识与知识表示的概念，然后介绍一阶谓词逻辑、产生式、框架、语义网络等当前人工智能中应用比较广泛的知识表示方法，并简要介绍知识图谱的定义、架构与构建、知识抽取，为后面介绍推理方法、专家系统等奠定基础。

## 2.1　知识与知识表示的概念

### 2.1.1　知识的概念

　　人们最早使用的知识定义是柏拉图在《泰阿泰德篇》中给出的定义：被证实的，真的和被相信的陈述，简称知识的 JTB 条件。可是非常不幸的是，这个延续了两千多年的定义在 1963 年被哲学家盖梯尔否定了。盖梯尔提出了一个著名的悖论（简称盖梯尔悖论）。该悖论说明柏拉图给出的知识定义存在严重缺陷。知识的柏拉图定义被否定之后，后来人们给出了很多知识的替代定义，到现在也没有统一的定论。

知识表示讲课视频 ▲

　　通俗地说，知识是人们在长期的生活及社会实践中、在科学研究及实验中积累起来的对客观世界的认识与经验。人们把实践中获得的信息关联在一起，就形成了知识。信息之间有多种关联形式，其中用得最多的一种是用"如果……，则……"表示的关联形式。在人工智能中，这种知识称为"规则"，它反映了信息间的某种因果关系。例如，我国北方的人们经过多年的观察发现，每当冬天要来临的时候，就会看到有一批批的大雁向南方飞去，于是把"大雁向南飞"与"冬天就要来临了"这两个信息关联在一起，就得到了如下一条知识：如果大雁向南飞，则冬天就要来临了。

　　知识反映了客观世界中事物之间的关系，不同事物或者相同事物间的不同关系形成了不同的知识。例如，"雪是白色的"是一条知识，它反映了"雪"与"白色"之间的一种关系。又如"如果头痛且流涕，则有可能患了感冒"是一条知识，它反映了"头痛且流涕"与"可能患了感冒"之间的一种因果关系。在人工智能中，把前一种知识称为"事实"，而把后一种知识，即用"如果……，则……"关联起来所形成的知识称为"规则"。在下面将对它们做进一步讨论。

### 2.1.2　知识的特性

　　知识主要具有如下一些特性。

### 1. 相对正确性

知识是人类对客观世界认识的结晶,并且受到长期实践的检验。因此,在一定的条件及环境下,知识一般是正确的。这里,"一定的条件及环境"是必不可少的,它是知识正确性的前提。因为任何知识都是在一定的条件及环境下产生的,因而也就只有在这种条件及环境下才是正确的。例如,牛顿力学在一定的条件下才是正确的。再如,1+1=2,这是一条妇幼皆知的正确知识,但它也只是在十进制的前提下才是正确的,如果是二进制,它就不正确了。

在人工智能中,知识的相对正确性更加突出。除了人类知识本身的相对正确性外,在建造专家系统时,为了减少知识库的规模,通常将知识限制在所求解问题的范围内,也就是说,只要这些知识对所求解的问题是正确的就行。例如,在动物识别系统中,如果仅仅识别虎、金钱豹、斑马、长颈鹿、企鹅、鸵鸟、信天翁七种动物,那么,知识"IF 该动物是鸟 AND 善飞,则该动物是信天翁"就是正确的。

### 2. 不确定性

由于现实世界的复杂性,信息可能是精确的,也可能是不精确的、模糊的;关联可能是确定的,也可能是不确定的。这就使得知识并不总是只有"真"与"假"这两种状态,而是在"真"与"假"之间还存在许多中间状态,即存在为"真"的程度问题。知识的这一特性称为不确定性。

造成知识具有不确定性的原因是多方面的,主要有以下几种情况:

① 由随机性引起的不确定性。由随机事件所形成的知识不能简单地用"真"或"假"来刻画,它是不确定的。就以前面所说的"如果头痛且流涕,则有可能患了感冒"这一条知识来说,其中的"有可能"实际上就是反映了"头痛且流涕"与"患了感冒"之间的一种不确定的因果关系,因为具有"头痛且流涕"的人不一定都是"患了感冒",因此它是一条具有不确定性的知识。

② 由模糊性引起的不确定性。由于某些事物客观上存在的模糊性,使得人们无法把两个类似的事物严格地区分开来,不能明确地判定一个对象是否符合一个模糊概念;又由于某些事物之间存在着模糊关系,使人们不能准确地判定它们之间的关系究竟是"真"还是"假"。像这样由模糊概念、模糊关系所形成的知识显然是不确定的。

③ 由经验性引起的不确定性。知识一般是由领域专家提供的,这种知识大都是领域专家在长期的实践及研究中积累起来的经验性知识。尽管领域专家能够得心应手地运用这些知识,正确地解决领域内的有关问题,但若让他们精确地表述出来却是相当困难的。这是引起知识不确定性的一个原因。另外,由于经验性本身就蕴含着不精确性及模糊性,这就形成了知识不确定性。因此,在专家系统中大部分知识都具有不确定性这一特性。

④ 由不完全性引起的不确定性。人们对客观世界的认识是逐步提高的,只有在积累了大量的感性认识后才能升华到理性认识的高度,形成某种知识。因此,知识有一个逐步完善的过程。在此过程中,或者由于客观事物表露得不够充分,致使人们对它的认识不够全面,或者对充分表露的事物一时抓不住本质,使人们对它的认识不够准确。这种认识上的不完全、不准确必然导致相应的知识是不精确、不确定的。因而不完全性是使知识具有不确定性的一个重要原因。

### 3. 可表示性与可利用性

知识的可表示性是指知识可以用适当形式表示出来,如用语言、文字、图形、神经网络等,这样才能被存储、传播。知识的可利用性是指知识可以被利用,这是不言而喻的,我们每个人天天都在利用自己掌握的知识解决所面临的各种问题。

### 2.1.3 知识的分类

#### 1. 按知识的作用范围划分为常识性知识和领域性知识

常识性知识是通用性知识,是人们普遍知道的知识,适用于所有领域。

领域性知识是面向某个具体领域的知识,是专业性的知识,只有相应专业的人员才能掌握并用来求解领域内的有关问题。例如,"1 个字节由 8 个位构成""1 个扇区有 512 个字节的数据"等都是计算机领域的知识。

#### 2. 按知识的作用及表示划分为事实性知识、过程性知识和控制性知识

事实性知识用于描述领域内的有关概念、事实、事物的属性及状态等。例如:

糖是甜的。

西安是一个古老的城市。

一年有春、夏、秋、冬四个季节。

这些都是事实性知识。事实性知识一般采用直接表达的形式,如用谓词公式表示等。

过程性知识主要是指有关系统状态变化、问题求解过程的操作、演算和行动的知识。过程性知识一般是通过对领域内的各种问题的比较与分析得出的规律性的知识,由领域内的规则、定律、定理及经验构成。

控制性知识又称为深层知识或者元知识,它是关于如何运用已有的知识进行问题求解的知识,因此又称为"关于知识的知识"。例如问题求解中的推理策略(如正向推理及逆向推理)、信息传播策略(如不确定性的传递算法)、搜索策略(如广度优先、深度优先、启发式搜索等)、求解策略(求第一个解、全部解、严格解、最优解等)及限制策略(规定推理的限度)等。

例如,从北京到上海是乘飞机还是坐火车的问题可以表示如下:

事实性知识:北京、上海、飞机、火车、时间、费用。

过程性知识:乘飞机、坐火车。

控制性知识:乘飞机较快、较贵,坐火车较慢、较便宜。

#### 3. 按知识的结构及表现形式划分为逻辑性知识和形象性知识

逻辑性知识是反映人类逻辑思维过程的知识,例如人类的经验性知识等。这种知识一般都具有因果关系及难以精确描述的特点,它们通常是基于专家的经验,以及对一些事物的直观感觉。在下面将要讨论的知识表示方法中,一阶谓词逻辑表示法、产生式表示法等都是用来表示这种知识的。

人类的思维过程除了逻辑思维,还有一种称为"形象思维"的思维方式。例如,若问"什么是树?",如果用文字来回答这个问题,那将是十分困难的,但若指着一棵树说"这就是树",就容易在人们的头脑中建立起"树"的概念。像这样通过事物的形象建立起来的知识称为形象性知识。目前人们正在研究用神经网络来表示这种知识。

#### 4. 按知识的确定性划分为确定性知识和不确定性知识

确定性知识是指可指出其真值为"真"或"假"的知识,它是精确性的知识。

不确定性知识是指具有不精确、不完全及模糊性等特性的知识。

### 2.1.4 知识的表示

尽管近些年人工智能得到了长足的发展,在某些任务上取得超越人类的成绩,但离一台机

器拥有一个两三岁小孩的智力这样一个目标还有一段距离。这距离的背后很大一部分原因是机器缺少知识。

知识表示(knowledge representation)就是将人类知识形式化或者模型化。实际上就是对知识的一种描述,或者说是一组约定,一种计算机可以接受的用于描述知识的数据结构。

已有知识表示方法大都是在进行某项具体研究时提出来的,有一定的针对性和局限性,应用时需根据实际情况做适当的改变,有时还需要把几种表示模式结合起来。在建立一个具体的智能系统时,究竟采用哪种表示模式,目前还没有统一的标准,也不存在一个万能的知识表示模式。但一般来说,在选择知识表示方法时,应从以下几个方面进行考虑。

### 1. 充分表示领域知识

知识表示模式的选择和确定往往要受到领域知识自然结构的制约,要视具体情况而定。确定一个知识表示模式时,首先应该考虑的是它能否充分地表示领域知识。为此,需要深入了解领域知识的特点以及每一种表示模式的特征,以便做到"对症下药"。例如,在医疗诊断领域中,其知识一般具有经验性、因果性的特点,适合于用产生式表示法来表示;而在设计类(如机械产品设计)领域中,由于一个部件一般由多个子部件组成,部件与子部件既有相同的属性又有不同的属性,即它们既有共性又有特性,因而在进行知识表示时,应该把这个特点反映出来,此时单用产生式模式来表示就不能反映出知识间的这种结构关系,这就需要把框架表示法与产生式表示法结合起来。

### 2. 有利于对知识的利用

知识的表示与利用是密切相关的两个方面。"表示"的作用是把领域内的相关知识形式化并用适当的内部形式存储到计算机中去,而"利用"是使用这些知识进行推理,求解现实问题。显然,"表示"的目的是"利用",而"利用"的基础是"表示"。为了使一个智能系统能有效地求解领域内的各种问题,除了必须具备足够的知识,还必须使其表示形式便于对知识的利用。合适的表示方法应该便于对知识的利用,能方便、充分、有效地组织推理,确保推理的正确性,提高推理的效率。如果一种表示模式过于复杂或者难于理解,使推理不便于进行匹配、冲突消解及不确定性的计算等处理,那就势必影响到推理效率,从而降低系统求解问题的能力。

### 3. 便于对知识的组织、维护与管理

对知识的组织与表示方法是密切相关的,不同的表示方法对应于不同的组织方式,这就要求在设计或选择知识表示方法时,应充分考虑将要对知识进行的组织方式。另外,在一个智能系统初步建成后,经过对一定数量实例的运行,可能会发现其知识在质量、数量或性能方面存在某些问题,此时或者需要增补一些新知识,或者需要修改甚至删除某些已有的知识。在进行这些工作时,又需要进行多方面的检测,以保证知识的一致性、完整性等,这称为对知识的维护与管理。在确定知识的表示模式时,应充分考虑维护与管理的方便性。

### 4. 便于理解与实现

一种知识表示模式应是人们容易理解的,这就要求它符合人们的思维习惯。至于实现上的方便性,更是显然的。如果一种表示模式不便于在计算机上实现,那它就没有任何实用价值。

## 2.2  一阶谓词逻辑表示法

1847 年,英国数学家布尔(George Boole)完成了形式逻辑的数学化,即命题逻辑,或称为布

尔逻辑。德国数学家弗雷格于 1879 年扩展了布尔逻辑,使其包含对象和关系,创建了一阶谓词逻辑。

人工智能中用到的逻辑可划分为两大类。一类是经典命题逻辑和一阶谓词逻辑,其特点是任何一个命题的真值或者为"真",或者为"假",二者必居其一。因为它只有两个真值,因此又称为二值逻辑。另一类是泛指经典逻辑外的那些逻辑,主要包括三值逻辑、多值逻辑、模糊逻辑等,统称为非经典逻辑。

命题逻辑与谓词逻辑是最先应用于人工智能的两种逻辑,对于知识的形式化表示,特别是定理的自动证明发挥了重要作用,在人工智能的发展史中占有重要地位。

命题与谓词概念
讲课视频 ▲

### 2.2.1  命题

谓词逻辑是在命题逻辑基础上发展起来的,命题逻辑可看作是谓词逻辑的一种特殊形式。下面首先讨论命题的概念。

**定义 2.1**  命题(proposition)是一个非真即假的陈述句。

判断一个句子是否为命题,首先应该判断它是否为陈述句,再判断它是否有唯一的真值。没有真假意义的语句(如感叹句、疑问句等)不是命题。

若命题的意义为真,称它的真值为真,记作 $T(True)$;若命题的意义为假,称它的真值为假,记作 $F(False)$。例如,"北京是中华人民共和国的首都""3<5"都是真值为 $T$ 的命题;"太阳从西边升起""煤球是白色的"都是真值为 $F$ 的命题。

一个命题不能同时既为真又为假,但可以在一种条件下为真,在另一种条件下为假。例如,"1+1 = 10"在二进制情况下是真值为 $T$ 的命题,但在十进制情况下是真值为 $F$ 的命题。同样,对于命题"今天是晴天",也要看当天的实际情况才能决定其真值。

在命题逻辑中,命题通常用大写的英文字母表示,例如,可用英文字母 $P$ 表示"西安是个古老的城市"这个命题。

英文字母表示的命题既可以是一个特定的命题,称为命题常量,也可以是一个抽象的命题,称为命题变元。对于命题变元而言,只有把确定的命题代入后,它才可能有明确的真值。

简单陈述句表达的命题称为简单命题或原子命题。引入否定、合取、析取、条件、双条件等连接词,可以将原子命题构成复合命题。可以定义命题的推理规则和蕴含式,从而进行简单的逻辑证明。这些内容和谓词逻辑类似,可以参看有关书籍。

命题逻辑表示法有较大的局限性,它无法把它所描述的事物的结构及逻辑特征反映出来,也不能把不同事物间的共同特征表述出来。例如,对于"老李是小李的父亲"这一命题,若用英文字母 $P$ 表示,则无论如何也看不出老李与小李的父子关系。又如对于"李白是诗人""杜甫也是诗人"这两个命题,用命题逻辑表示时,也无法把两者的共同特征(都是诗人)形式地表示出来。由于这些原因,在命题逻辑的基础上发展起来了谓词逻辑。

### 2.2.2  谓词

谓词(predicate)逻辑是基于命题中谓词分析的一种逻辑。一个谓词可分为谓词名与个体两个部分。个体表示某个独立存在的事物或者某个抽象的概念;谓词名用于刻画个体的性质、状态或个体间的关系。

谓词的一般形式是

$$P(x_1, x_2, \cdots, x_n)$$

其中,$P$ 是谓词名,$x_1, x_2, \cdots, x_n$ 是个体。

谓词中包含的个体数目称为谓词的元数。$P(x)$ 是一元谓词,$P(x,y)$ 是二元谓词,$P(x_1, x_2, \cdots, x_n)$ 是 $n$ 元谓词。

谓词名是由使用者根据需要人为定义的,一般用具有相应意义的英文单词表示,或者用大写的英文字母表示,也可以用其他符号,甚至中文表示。个体通常用小写的英文字母表示。例如对于谓词 $S(x)$,既可以定义它表示"$x$ 是一个学生",也可以定义它表示"$x$ 是一只船"。

在谓词中,个体可以是常量,也可以是变元,还可以是一个函数。个体常量、个体变元、函数统称为"项"。

个体是常量,表示一个或者一组指定的个体。例如,"老张是一个教师"这个命题,可表示为一元谓词 $Teacher(Zhang)$。其中,$Teacher$ 是谓词名,$Zhang$ 是个体,$Teacher$ 刻画了 $Zhang$ 的职业是教师这一特征。又如,"5>3"这个不等式命题,可表示为二元谓词 $Greater(5,3)$。其中,$Greater$ 是谓词名,5 和 3 是个体,$Greater$ 刻画了 5 与 3 之间的"大于"关系。"$Smith$ 作为一个工程师为 IBM 工作"这个命题,可表示为三元谓词 $Works(Smith, IBM, Engineer)$。

一个命题的谓词表示也不是唯一的。例如,"老张是一个教师"这个命题,也可表示为二元谓词 $Is\text{-}a(Zhang, Teacher)$。

个体是变元,表示没有指定的一个或者一组个体。例如,"$x<5$"这个命题,可表示为 $Less(x,5)$。其中,$x$ 是变元。

当变量用一个具体的个体的名字代替时,则变量被常量化。当谓词中的变元都用特定的个体取代时,谓词就具有一个确定的真值:$T$ 或 $F$。

个体变元的取值范围称为个体域。个体域可以是有限的,也可以是无限的。例如,若用 $I(x)$ 表示"$x$ 是整数",则个体域是所有整数,它是无限的。

个体是函数,表示一个个体到另一个个体的映射。例如,"小李的父亲是教师",可表示为一元谓词 $Teacher(father(Li))$;"小李的妹妹与小张的哥哥结婚",可表示为二元谓词 $Married(sister(Li), brother(Zhang))$。其中,$sister(Li)$,$brother(Zhang)$ 是函数。

1922 年,现代逻辑的奠基人戈特洛布·弗雷格(Gottlob Frege)在他的《逻辑》一书中,最早提出使用函数来表示谓词。

函数可以递归调用。例如,"小李的祖父"可以表示为 $father(father(Li))$。

函数与谓词表面上很相似,容易混淆,其实这是两个完全不同的概念。谓词的真值是"真"或"假",而函数的值是个体域中的某个个体,函数无真值可言,它只是在个体域中从一个个体到另一个个体的映射。

在谓词 $P(x_1, x_2, \cdots, x_n)$ 中,若 $x_i(i=1, \cdots, n)$ 都是个体常量、变元或函数,称它为一阶谓词。如果某个 $x_i$ 本身又是一个一阶谓词,则称它为二阶谓词,余者类推。例如,"$Smith$ 作为一个工程师为 IBM 工作"这个命题,可表示为二阶谓词 $Works(Engineer(Smith), IBM)$,因为其中个体 $Engineer(Smith)$ 也是一个一阶谓词。本书讨论的都是一阶谓词。

### 2.2.3 谓词公式

#### 1. 连接词(连词)

无论是命题逻辑还是谓词逻辑,均可用下列连接词把一些简单命题连接起来构成一个复合命题,以表示一个比较复杂的含义。

谓词公式讲课
视频▲

(1) ¬ 称为"否定"(negation)或者非。它表示否定位于它后面的命题。当命题 $P$ 为真时,¬$P$ 为假;当 $P$ 为假时,¬$P$ 为真。

例如,"机器人不在 2 号房间内",可表示为

$$¬ INROOM(Robot, R2)。$$

(2) ∨ 称为"析取"(disjunction)。它表示被它连接的两个命题具有**或关系**。

例如,"李明打篮球或踢足球",可表示为

$$Plays(LiMing, Basketball) ∨ Plays(LiMing, Football)。$$

(3) ∧ 称为"合取"(conjunction)。它表示它连接的两个命题具有**与关系**。

例如,"我喜爱音乐和绘画",可表示为

$$Like(I, Music) ∧ Like(I, Painting)。$$

某些较简单的句子也可以用∧构成复合形式,如"李住在一幢黄色的房子里",可表示为

$$LIVES(LI, HOUSE-1) ∧ COLOR(HOUSE-1, YELLOW)$$

(4) → 称为"蕴含"(implication)或者"条件"(condition)。$P→Q$ 表示"$P$ 蕴含 $Q$",即表示"如果 $P$,则 $Q$"。其中,$P$ 称为条件的前件,$Q$ 称为条件的后件。例如:

"如果刘华跑得最快,那么他取得冠军",可表示为

$$RUNS(LIUHUA, FASTER) → WINS(LIUHUA, CHAMPION)$$

"如果该书是李明的,那么它是蓝色(封面)的",可表示为

$$OWNS(LIMING, BOOK-1) → COLOR(BOOK-1, BLUE)$$

"如果 Jones 制造了一个传感器,且这个传感器不能用,那么他或者在晚上进行修理,或者第二天把它交给工程师",可表示为

$$Produces(Jones, Sensor) ∧ ¬ Works(Sensor) → Fix(Jones, Sensor, Evening) ∨ Give(Sensor, Engineer, Next-day)$$

如果后项取值 $T$(不管其前项的值如何),或者前项取值 $F$(不管后项的值如何),则蕴含取值 $T$,否则蕴含取值 $F$。注意,只有前项为真,后项为假时,蕴含才为假,其余均为真,如表 2.1 所示。

表 2.1 谓词逻辑真值表

| $P$ | $Q$ | ¬$P$ | $P∨Q$ | $P∧Q$ | $P→Q$ | $P↔Q$ |
|---|---|---|---|---|---|---|
| $T$ | $T$ | $F$ | $T$ | $T$ | $T$ | $T$ |
| $T$ | $F$ | $F$ | $T$ | $F$ | $F$ | $F$ |
| $F$ | $T$ | $T$ | $T$ | $F$ | $T$ | $F$ |
| $F$ | $F$ | $T$ | $F$ | $F$ | $T$ | $T$ |

"蕴含"与汉语中的"如果……,则……"有区别,汉语中前后要有联系,而命题中可以毫无关

系。例如,如果"太阳从西边出来",则"雪是白的",是一个真值为 $T$ 的命题。

(5) ↔称为"等价"(equivalence)或"双条件"(bicondition)。$P↔Q$ 表示"$P$ 当且仅当 $Q$"。以上连词的真值由表 2.1 给出。

**2. 量词(quantifier)**

为刻画谓词与个体间的关系,在谓词逻辑中引入了两个量词:全称量词和存在量词。

(1) 全称量词(universal quantifier)($∀x$)表示"对个体域中的所有(或任一个)个体 $x$"。例如:

"所有的机器人都是灰色的",可表示为

$$( ∀ x)[ ROBOT( x)→COLOR( x,GRAY)]$$

"所有的车工都操作车床",可表示为

$$( ∀ x)[ Turner( x)→Operates( x,Lathe)]$$

(2) 存在量词(existential quantifier)($∃x$)表示"在个体域中存在个体 $x$"。例如:

"1 号房间有个物体",可表示为

$$( ∃ x)INROOM( x,r1)$$

"某个工程师操作车床",可表示为

$$( ∃ x)[ Engineer( x)→Operates( x,Lathe)]$$

全称量词和存在量词可以出现在同一个命题中。例如,设谓词 $F(x,y)$ 表示 $x$ 与 $y$ 是朋友,则:

$( ∀ x)( ∃ y)F( x,y)$ 表示对于个体域中的任何个体 $x$,都存在个体 $y$,$x$ 与 $y$ 是朋友。

$( ∃ x)( ∀ y)F( x,y)$ 表示在个体域中存在个体 $x$,与个体域中的任何个体 $y$ 都是朋友。

$( ∃ x)( ∃ y)F( x,y)$ 表示在个体域中存在个体 $x$ 与个体 $y$,$x$ 与 $y$ 是朋友。

$( ∀ x)( ∀ y)F( x,y)$ 表示对于个体域中的任何两个个体 $x$ 和 $y$,$x$ 与 $y$ 都是朋友。

当全称量词和存在量词出现在同一个命题中时,这时量词的次序将影响命题的意思。例如:

$( ∀ x)( ∃ y)( Employee( x)→Manager( y,x))$ 表示"每个雇员都有一个经理"

而

$( ∃ y)( ∀ x)( Employee( x)→Manager( y,x))$ 表示"有一个人是所有雇员的经理"

**3. 谓词公式的定义**

**定义 2.2** 可按下述规则得到谓词公式。

① 单个谓词是谓词公式,称为原子谓词公式。

② 若 $A$ 是谓词公式,则 $¬A$ 也是谓词公式。

③ 若 $A,B$ 是谓词公式,则 $A∧B,A∨B,A→B,A↔B$ 也是谓词公式。

④ 若 $A$ 是谓词公式,则 $( ∀ x)A,( ∃ x)A$ 也都是谓词公式。

⑤ 有限步应用①~④生成的公式也是谓词公式。

谓词公式的概念:谓词演算(predicate calculus)是由谓词符号、常量符号、变量符号、函数符号以及括号、逗号等一串按一定语法规则组成的字符串的表达式。

在谓词公式中,连接词的优先级别从高到低排列是

$$¬ , ∧ , ∨ , → , ↔$$

**4. 量词的辖域**

位于量词后面的单个谓词或者用括号括起来的谓词公式称为量词的辖域,辖域内与量词中

同名的变元称为约束变元,不受约束的变元称为自由变元。

例如

$$(\exists x)(P(x,y) \rightarrow Q(x,y)) \lor R(x,y)$$

其中,$(P(x,y) \rightarrow Q(x,y))$ 是 $(\exists x)$ 的辖域,辖域内的变元 $x$ 是受 $(\exists x)$ 约束的变元,而 $R(x,y)$ 中的 $x$ 是自由变元。公式中的所有 $y$ 都是自由变元。

在谓词公式中,变元的名字是无关紧要的,可以把一个名字换成另一个名字。但必须注意,当对量词辖域内的约束变元更名时,必须把同名的约束变元都统一改成相同的名字,且不能与辖域内的自由变元同名;当对辖域内的自由变元改名时,不能改成与约束变元相同的名字。例如,对于公式 $(\forall x)P(x,y)$,可改名为 $(\forall z)P(z,t)$,这里把约束变元 $x$ 改成了 $z$,把自由变元 $y$ 改成了 $t$。

### 2.2.4 谓词公式的性质

#### 1. 谓词公式的解释

谓词公式的性质
讲课视频 ▲

在命题逻辑中,对命题公式中各个命题变元的一次真值指派称为命题公式的一个解释。一旦命题确定后,根据各连接词的定义就可以求出命题公式的真值($T$ 或 $F$)。

在谓词逻辑中,由于公式中可能有个体变元以及函数,因此不能像命题公式那样直接通过真值指派给出解释,必须首先考虑个体变元和函数在个体域中的取值,然后才能针对变元与函数的具体取值为谓词分别指派真值。由于存在多种组合情况,所以一个谓词公式的解释可能有很多个。对于每一个解释,谓词公式都可求出一个真值($T$ 或 $F$)。

#### 2. 谓词公式的永真性、可满足性、不可满足性

**定义 2.3**    如果谓词公式 $P$ 对个体域 $D$ 上的任何一个解释都取得真值 $T$,则称 $P$ 在 $D$ 上是永真的;如果 $P$ 在每个非空个体域上均永真,则称 $P$ 永真。

**定义 2.4**    如果谓词公式 $P$ 对个体域 $D$ 上的任何一个解释都取得真值 $F$,则称 $P$ 在 $D$ 上是永假的;如果 $P$ 在每个非空个体域上均永假,则称 $P$ 永假。

可见,为了判定某个公式永真,必须对每个个体域上的每个解释逐个判定。当解释的个数为无限时,公式的永真性就很难判定了。

**定义 2.5**    对于谓词公式 $P$,如果至少存在一个解释使得公式 $P$ 在此解释下的真值为 $T$,则称公式 $P$ 是可满足的,否则,则称公式 $P$ 是不可满足的。

#### 3. 谓词公式的等价性

**定义 2.6**    设 $P$ 与 $Q$ 是两个谓词公式,$D$ 是它们共同的个体域,若对 $D$ 上的任何一个解释,$P$ 与 $Q$ 都有相同的真值,则称公式 $P$ 和 $Q$ 在 $D$ 上是等价的。如果 $D$ 是任意个体域,则称 $P$ 和 $Q$ 是等价的,记作 $P \Leftrightarrow Q$。

下面列出今后要用到的一些主要等价式。

（1）交换律

$$P \lor Q \Leftrightarrow Q \lor P$$

$$P \land Q \Leftrightarrow Q \land P$$

（2）结合律

$$(P \lor Q) \lor R \Leftrightarrow P \lor (Q \lor R)$$

$$(P \wedge Q) \wedge R \Leftrightarrow P \wedge (Q \wedge R)$$

（3）分配律

$$P \vee (Q \wedge R) \Leftrightarrow (P \vee Q) \wedge (P \vee R)$$
$$P \wedge (Q \vee R) \Leftrightarrow (P \wedge Q) \vee (P \wedge R)$$

（4）德·摩根律（De. Morgen）

$$\neg (P \vee Q) \Leftrightarrow \neg P \wedge \neg Q$$
$$\neg (P \wedge Q) \Leftrightarrow \neg P \vee \neg Q$$

（5）双重否定律（对合律）

$$\neg \neg P \Leftrightarrow P$$

（6）吸收律

$$P \vee (P \wedge Q) \Leftrightarrow P$$
$$P \wedge (P \vee Q) \Leftrightarrow P$$

（7）补余律（否定律）

$$P \vee \neg P \Leftrightarrow T$$
$$P \wedge \neg P \Leftrightarrow F$$

（8）连接词化归律

$$P \rightarrow Q \Leftrightarrow \neg P \vee Q$$
$$P \leftrightarrow Q \Leftrightarrow (P \rightarrow Q) \wedge (Q \rightarrow P)$$
$$P \leftrightarrow Q \Leftrightarrow (P \wedge Q) \vee (\neg P \wedge \neg Q)$$

（9）逆否律

$$P \rightarrow Q \Leftrightarrow \neg Q \rightarrow \neg P$$

（10）量词转换律

$$\neg (\exists x) P \Leftrightarrow (\forall x)(\neg P)$$
$$\neg (\forall x) P \Leftrightarrow (\exists x)(\neg P)$$

（11）量词分配律

$$(\forall x)(P \wedge Q) \Leftrightarrow (\forall x) P \wedge (\forall x) Q$$
$$(\exists x)(P \vee Q) \Leftrightarrow (\exists x) P \vee (\exists x) Q$$

**4. 谓词公式的永真蕴含**

**定义 2.7**　对于谓词公式 $P$ 与 $Q$，如果 $P \rightarrow Q$ 永真，则称公式 $P$ 永真蕴含 $Q$，记作 $P \Rightarrow Q$，且称 $Q$ 为 $P$ 的逻辑结论，$P$ 为 $Q$ 的前提。

下面列出今后要用到的一些主要永真蕴含式。

（1）化简律

$$P \wedge Q \Rightarrow P$$
$$P \wedge Q \Rightarrow Q$$

（2）附加律

$$P \Rightarrow P \vee Q$$
$$Q \Rightarrow P \vee Q$$
$$Q \Rightarrow P \rightarrow Q$$

（3）假言推理

$$P, P \rightarrow Q \Rightarrow Q$$

即由 $P$ 为真及 $P \rightarrow Q$ 为真，可推出 $Q$ 为真。

（4）拒取式推理

$$\neg Q, P \rightarrow Q \Rightarrow \neg P$$

即由 $Q$ 为假及 $P \rightarrow Q$ 为真，可推出 $P$ 为假。

（5）假言三段论

$$P \rightarrow Q, \quad Q \rightarrow R \Rightarrow P \rightarrow R$$

即由 $P \rightarrow Q, Q \rightarrow R$ 为真，可推出 $P \rightarrow R$ 为真。

（6）析取三段论

$$\neg P, P \vee Q \Rightarrow Q$$

（7）二难推理

$$P \vee Q, P \rightarrow R, Q \rightarrow R \Rightarrow R$$

（8）全称固化

$$(\forall x) P(x) \Rightarrow P(y)$$

其中，$y$ 是个体域中的任一个体，利用此永真蕴含式可消去公式中的全称量词。

（9）存在固化

$$(\exists x) P(x) \Rightarrow P(y)$$

其中，$y$ 是个体域中某一个可使 $P(y)$ 为真的个体。利用此永真蕴含式可消去公式中的存在量词。

上面列出的等价式及永真蕴含式是进行演绎推理的重要依据，因此这些公式又称为推理规则。谓词逻辑中还有如下一些推理规则：

① $P$ 规则：在推理的任何步骤上都可引入前提。

② $T$ 规则：在推理过程中，如果前面步骤中有一个或多个公式永真蕴含公式 $S$，则可把 $S$ 引入推理过程中。

③ $CP$ 规则：如果能从 $R$ 和前提集合中推出 $S$ 来，则可从前提集合推出 $R \rightarrow S$ 来。其中，$R$ 为任意引入的命题。

④ 反证法：$P \Rightarrow Q$，当且仅当 $P \wedge \neg Q \Leftrightarrow F$，即，$Q$ 为 $P$ 的逻辑结论，当且仅当 $P \wedge \neg Q$ 是不可满足的。因此有以下定理：

**定理** $Q$ 为 $P_1, P_2, \cdots, P_n$ 的逻辑结论，当且仅当 $(P_1 \wedge P_2 \wedge \cdots \wedge P_n) \wedge \neg Q$ 是不可满足的。

该定理是归结反演的理论依据。

### 2.2.5 一阶谓词逻辑知识表示方法

从前面介绍的谓词逻辑的例子可见，用谓词公式表示知识的一般步骤为

① 定义谓词及个体，确定每个谓词及个体的确切定义；

② 根据要表达的事物或概念，为谓词中的变元赋以特定的值；

③ 根据语义用适当的连接符号将各个谓词连接起来，形成谓词公式。

实际上，关系数据库也可以用一阶谓词表示。

**例 2.1** 用一阶谓词逻辑表示下列关系数据库。

一阶谓词逻辑知识表示方法讲课视频 ▲

| 住户 | 房间 | 电话号码 | 房间 |
|------|------|----------|------|
| Zhang | 201 | 491 | 201 |
| Li | 201 | 492 | 201 |
| Wang | 202 | 451 | 202 |
| Zhao | 203 | 451 | 203 |

表中有两个关系：

*OCCUPANT*(给定用户和房间的居住关系)

*TELEPHONE*(给定电话号码和房间的电话关系)

用一阶谓词表示为

*OCCUPANT*(*Zhang*,201),*OCCUPANT*(*Li*,201),···

*TELEPHONE*(491,201),*TELEPHONE*(492,201),···

谓词逻辑与关系数据库有密切关系。在关系数据库中，逻辑代数表达式是谓词表达式之一。因此，如果采用谓词逻辑作为系统的理论背景，则可将数据库系统扩展改造成知识库。

## 2.2.6　一阶谓词逻辑表示法的特点

### 1. 一阶谓词逻辑表示法的优点

（1）自然性

谓词逻辑是一种接近自然语言的形式语言，用它表示的知识比较容易理解。

（2）精确性

谓词逻辑是二值逻辑，其谓词公式的真值只有"真"与"假"，因此可用它表示精确的知识，并可保证演绎推理所得结论的精确性。

（3）严密性

谓词逻辑具有严格的形式定义及推理规则，利用这些推理规则及有关定理证明技术可从已知事实推出新的事实，或证明所作的假设。

（4）容易实现

用谓词逻辑表示的知识可以比较容易地转换为计算机的内部形式，易于模块化，便于对知识进行增加、删除及修改。

### 2. 一阶谓词逻辑表示法的局限性

（1）不能表示不确定的知识

谓词逻辑只能表示精确性的知识，不能表示不精确、模糊性的知识，但人类的知识不同程度地具有不确定性，这就使得它表示知识的范围受到了限制。

（2）组合爆炸

在其推理过程中，随着事实数目的增大及盲目地使用推理规则，有可能形成组合爆炸。目前人们在这一方面做了大量的研究工作，出现了一些比较有效的方法，如定义一个过程或启发式控制策略来选取合适的规则等。

（3）效率低

用谓词逻辑表示知识时，其推理是根据形式逻辑进行的，把推理与知识的语义割裂了开来，这就使得推理过程冗长,降低了系统的效率。谓词表示越细,越清楚,则推理越慢,效率越低。

尽管谓词逻辑表示法有以上一些局限性,但它仍是一种重要的表示方法,许多专家系统的知识表达都采用谓词逻辑表示。例如,格林等人研制的用于求解化学等方面问题的 QA3 系统,菲克斯等人研制的 STRIPS 机器人行动规划系统,菲尔曼等人研制的 FOL 机器证明系统。

## 2.3 产生式表示法

产生式表示法又称为产生式规则(production rule)表示法。

“产生式”这一术语是由美国数学家波斯特(E. Post)在 1943 年首先提出来的。他根据串替代规则提出了一种称为波斯特机的计算模型,模型中的每一条规则称为一个产生式。在此之后,几经修改与充实,如今已被用到多个领域中。例如用它来描述形式语言的语法,表示人类心理活动的认知过程等。1972年纽厄尔和西蒙在研究人类的认知模型中开发了基于规则的产生式系统。目前它已成为人工智能中应用最多的一种知识表示模型,许多成功的专家系统都用它来表示知识。例如,费根鲍姆等人研制的化学分子结构专家系统 DENDRAL,肖特里菲等人研制的诊断感染性疾病的专家系统 MYCIN 等。

产生式表示法讲
课视频 ▲

### 2.3.1 产生式

产生式通常用于表示事实、规则以及它们的不确定性度量,适合于表示事实性知识和规则性知识。

#### 1. 确定性规则知识的产生式表示

确定性规则知识的产生式表示的基本形式是

$$\text{IF} \quad P \quad \text{THEN} \quad Q$$

或者

$$P \rightarrow Q$$

其中,$P$ 是产生式的前提,用于指出该产生式是否可用的条件;$Q$ 是一组结论或操作,用于指出当前提 $P$ 所指示的条件满足时,应该得出的结论或应该执行的操作。整个产生式的含义是:如果前提 $P$ 被满足,则可得到结论 $Q$ 或执行 $Q$ 所规定的操作。例如

$r_4$:IF　动物会飞　AND　会下蛋　THEN　该动物是鸟

就是一个产生式。其中,$r_4$ 是该产生式的编号,“动物会飞 AND 会下蛋”是前提 $P$,“该动物是鸟”是结论 $Q$。

#### 2. 不确定性规则知识的产生式表示

不确定性规则知识的产生式表示的基本形式是

$$\text{IF} \quad P \quad \text{THEN} \quad Q(\text{置信度})$$

或者

$$P \rightarrow Q(\text{置信度})$$

例如在专家系统 MYCIN 中有这样一条产生式:

　　IF　　本微生物的染色斑是革兰氏阴性,

本微生物的形状呈杆状,

病人是中间宿主

　　　THEN　　　该微生物是绿脓杆菌,置信度为 0.6

它表示当前提中列出的各个条件都得到满足时,结论"该微生物是绿脓杆菌"可以相信的程度为 0.6。这里,用 0.6 指出了知识的强度。

### 3. 确定性事实性知识的产生式表示

确定性事实一般用三元组表示

$$(对象,属性,值)$$

或者

$$(关系,对象1,对象2)$$

例如,老李年龄是 40 岁,表示为 $(Li,Age,40)$。老李和老王是朋友,表示为 $(Friend,Li,Wang)$。

### 4. 不确定性事实性知识的产生式表示

不确定性事实一般用四元组表示

$$(对象,属性,值,置信度)$$

或者

$$(关系,对象1,对象2,置信度)$$

例如,老李年龄很可能是 40 岁,表示为 $(Li,Age,40,0.8)$。老李和老王不大可能是朋友,表示为 $(Friend,Li,Wang,0.1)$。

产生式又称为规则或产生式规则;产生式的"前提"有时又称为"条件""前提条件""前件""左部"等;其"结论"部分有时称为"后件"或"右部"等。今后将不加区分地使用这些术语,不再作单独说明。

产生式与谓词逻辑中的蕴含式的基本形式相同,但蕴含式只是产生式的一种特殊情况,理由有二:

① 除逻辑蕴含之外,产生式还包括各种操作、规则、变换、算子、函数等。例如,"如果炉温超过上限,则立即关闭风门"是一个产生式,但不是一个蕴含式。产生式描述了事物之间的一种对应关系(包括因果关系和蕴含关系),其外延十分广泛。逻辑中的逻辑蕴含式和等价式、程序设计语言中的文法规则、数学中的微分和积分公式、化学中分子结构式的分解变换规则,甚至体育比赛中的规则、国家的法律条文、单位的规章制度等,都可以用产生式表示。

② 蕴含式只能表示确定性知识,其真值或者为真,或者为假,而产生式不仅可以表示确定性知识,还可以表示不确定性知识。决定一条知识是否可用,需要检查当前是否有已知事实可与前提中所规定的条件匹配。对谓词逻辑的蕴含式来说,其匹配总要求是精确的。在产生式表示知识的系统中,匹配可以是精确的,也可以是不精确的,只要按某种算法求出的相似度落在预先指定的范围内就认为是可匹配的。

由于产生式与蕴含式存在这些区别,导致它们在处理方法及应用等方面都有较大的差别。

为了严格地描述产生式,下面用巴科斯范式 BNF(Backus normal form)给出它的形式描述及语义:

<产生式>::=<前提>→<结论>

<前提>::=<简单条件>|<复合条件>

&lt;结 论&gt;∷=&lt;事实&gt;|&lt;操作&gt;

&lt;复合条件&gt;∷=&lt;简单条件&gt;AND&lt;简单条件&gt;[AND&lt;简单条件&gt;…]

           |&lt;简单条件&gt;OR&lt;简单条件&gt;[OR&lt;简单条件&gt;…]

&lt;操 作&gt;∷=&lt;操作名&gt;[(&lt;变元&gt;,…)]

其中,符号"∷="表示"定义为";符号"|"表示"或者是";符号"[ ]"表示"可缺省"。

### 2.3.2 产生式系统

把一组产生式放在一起,让它们互相配合、协同作用,一个产生式生成的结论可以供另一个产生式作为已知事实使用,以求得问题的解,这样的系统称为产生式系统。

一般来说,一个产生式系统由规则库、综合数据库、控制系统(推理机)三部分组成。它们之间的关系如图 2.1 所示。

#### 1. 规则库

用于描述相应领域内知识的产生式集合称为规则库。

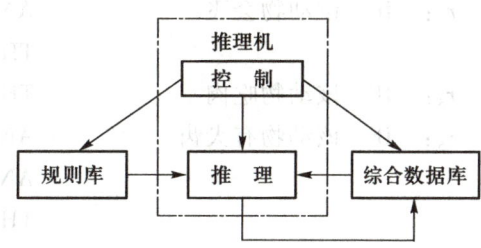

图 2.1 产生式系统的基本结构

显然,规则库是产生式系统求解问题的基础,其知识是否完整、一致,表达是否准确、灵活,对知识的组织是否合理等,将直接影响到系统的性能。因此,需要对规则库中的知识进行合理的组织和管理,检测并排除冗余及矛盾的知识,保持知识的一致性。采用合理的结构形式,可使推理避免访问那些与求解当前问题无关的知识,从而提高求解问题的效率。

#### 2. 综合数据库

综合数据库又称为事实库、上下文、黑板等。它是一个用于存放问题求解过程中各种当前信息的数据结构,例如问题的初始状态、原始证据、推理中得到的中间结论及最终结论。当规则库中某条产生式的前提可与综合数据库的某些已知事实匹配时,该产生式就被激活,并把它推出的结论放入综合数据库中,作为后面推理的已知事实。显然,综合数据库的内容是在不断变化的。

#### 3. 推理机

推理机由一组程序组成,除了推理算法,还控制整个产生式系统的运行,实现对问题的求解。粗略地说,推理机要做以下几项工作:

① 推理。按一定的策略从规则库中选择与综合数据库中的已知事实进行匹配。所谓匹配是指把规则的前提条件与综合数据库中的已知事实进行比较,如果两者一致,或者近似一致且满足预先规定的条件,则称匹配成功,相应的规则可被使用;否则称为匹配不成功。

② 冲突消解。匹配成功的规则可能不止一条,这称为发生了冲突。此时,推理机构必须调用相应的解决冲突策略进行消解,以便从匹配成功的规则中选出一条执行。

③ 执行规则。如果某一规则的右部是一个或多个结论,则把这些结论加入综合数据库中;如果规则的右部是一个或多个操作,则执行这些操作。对于不确定性知识,在执行每一条规则时还要按一定的算法计算结论的不确定性。

④ 检查推理终止条件。检查综合数据库中是否包含了最终结论,决定是否停止系统的运行。

### 2.3.3　产生式系统的例子——动物识别系统

下面以一个动物识别系统为例,介绍产生式系统求解问题的过程。这个动物识别系统是识别虎、金钱豹、斑马、长颈鹿、企鹅、鸵鸟、信天翁等七种动物的产生式系统。

首先根据这些动物识别的专家知识,建立如下规则库:

| | | | | |
|---|---|---|---|---|
| $r_1$: | IF | 该动物有毛发 | THEN | 该动物是哺乳动物 |
| $r_2$: | IF | 该动物有奶 | THEN | 该动物是哺乳动物 |
| $r_3$: | IF | 该动物有羽毛 | THEN | 该动物是鸟 |
| $r_4$: | IF | 该动物会飞 | AND | 会下蛋 |
| | | | THEN | 该动物是鸟 |
| $r_5$: | IF | 该动物吃肉 | THEN | 该动物是食肉动物 |
| $r_6$: | IF | 该动物有犬齿 | AND | 有爪 |
| | | | AND | 眼盯前方 |
| | | | THEN | 该动物是食肉动物 |
| $r_7$: | IF | 该动物是哺乳动物 | AND | 有蹄 |
| | | | THEN | 该动物是有蹄类动物 |
| $r_8$: | IF | 该动物是哺乳动物 | AND | 是咀嚼反刍动物 |
| | | | THEN | 该动物是有蹄类动物 |
| $r_9$: | IF | 该动物是哺乳动物 | AND | 是食肉动物 |
| | | | AND | 是黄褐色 |
| | | | AND | 身上有暗斑点 |
| | | | THEN | 该动物是金钱豹 |
| $r_{10}$: | IF | 该动物是哺乳动物 | AND | 是食肉动物 |
| | | | AND | 是黄褐色 |
| | | | AND | 身上有黑色条纹 |
| | | | THEN | 该动物是虎 |
| $r_{11}$: | IF | 该动物是有蹄类动物 | AND | 有长脖子 |
| | | | AND | 有长腿 |
| | | | AND | 身上有暗斑点 |
| | | | THEN | 该动物是长颈鹿 |
| $r_{12}$: | IF | 该动物是有蹄类动物 | AND | 身上有黑色条纹 |
| | | | THEN | 该动物是斑马 |
| $r_{13}$: | IF | 该动物是鸟 | AND | 有长脖子 |
| | | | AND | 有长腿 |
| | | | AND | 不会飞 |
| | | | AND | 有黑白二色 |
| | | | THEN | 该动物是鸵鸟 |

| $r_{14}$: | IF | 该动物是鸟 | AND | 会游泳 |
|---|---|---|---|---|
| | | | AND | 不会飞 |
| | | | AND | 有黑白二色 |
| | | | THEN | 该动物是企鹅 |
| $r_{15}$: | IF | 该动物是鸟 | AND | 善飞 |
| | | | THEN | 该动物是信天翁 |

由上述产生式规则可以看出,虽然系统是用来识别七种动物的,但它并不是简单地只设计7条规则,而是设计了15条。其基本想法是,首先根据一些比较简单的条件,如"有毛发""有羽毛""会飞"等对动物进行比较粗的分类,如"哺乳动物""鸟"等,然后随着条件的增加,逐步缩小分类范围,最后给出识别七种动物的规则。这样做有两个好处:一是当已知的事实不完全时,虽不能推出最终结论,但可以得到分类结果;二是当需要增加对其他动物(如牛、马等)的识别时,规则库中只需增加关于这些动物个性方面的知识,如 $r_9$ 至 $r_{15}$ 那样,而对 $r_1$ 至 $r_8$ 可直接利用,这样增加的规则就不会太多。$r_1,r_2,\cdots,r_{15}$ 分别是对各产生式规则所做的编号,以便于对它们的引用。

设在综合数据库中存放有下列已知事实:

该动物身上有暗斑点,长脖子,长腿,奶,蹄

并假设综合数据库中的已知事实与规则库中的知识是从第一条(即 $r_1$)开始逐条进行匹配的,则当推理开始时,推理机的工作过程是

① 从规则库中取出第一条规则 $r_1$,检查其前提是否可与综合数据库中的已知事实匹配成功。由于综合数据库中没有"该动物有毛发"这一事实,所以匹配不成功,$r_1$ 不能被用于推理。然后取第二条规则 $r_2$ 进行同样的工作。显然,$r_2$ 的前提"该动物有奶"可与综合数据库中的已知事实"该动物有奶"匹配。再检查 $r_3$ 至 $r_{15}$ 均不能匹配。因为只有 $r_2$ 一条规则被匹配,所以 $r_2$ 被执行,并将其结论部分"该动物是哺乳动物"加入综合数据库中,并且将 $r_2$ 标注已经被选用过的记号,避免下次再被匹配。

此时综合数据库的内容变为

该动物特征有暗斑点,长脖子,长腿,奶,蹄,哺乳动物

检查综合数据库中的内容,没有发现要识别的任何一种动物,所以要继续进行推理。

② 分别用 $r_1,r_3,r_4,r_5,r_6$ 与综合数据库中的已知事实进行匹配,均不成功。但当用 $r_7$ 与之匹配时,获得了成功。再检查 $r_8$ 至 $r_{15}$ 均不能匹配。因为只有 $r_7$ 一条规则被匹配,所以执行 $r_7$,并将其结论部分"该动物是有蹄类动物"加入综合数据库中,并且将 $r_7$ 标注已经被选用过的记号,避免下次再被匹配。

此时综合数据库的内容变为

该动物特征有暗斑点,长脖子,长腿,奶,蹄,哺乳动物,有蹄类动物

检查综合数据库中的内容,没有发现要识别的任何一种动物,所以还要继续进行推理。

③ 在此之后,除已经匹配过的 $r_2,r_7$ 外,只有 $r_{11}$ 可与综合数据库中的已知事实匹配成功,所以将 $r_{11}$ 的结论加入综合数据库,此时综合数据库的内容变为

该动物身上有暗斑点,长脖子,长腿,奶,蹄,哺乳动物,有蹄类动物,长颈鹿

检查综合数据库中的内容,发现要识别的对象之一长颈鹿已经包含在了综合数据库中,所以推出了"该动物是长颈鹿"这一最终结论。至此,问题的求解过程就结束了。

上述问题的求解过程是一个不断地从规则库中选择可用规则与综合数据库中的已知事实进行匹配的过程,规则的每一次成功匹配都使综合数据库增加了新的内容,并朝着问题的解决方向前进了一步,这一过程称为推理,是专家系统中的核心内容。当然,上述过程只是一个简单的推理过程,后面将对推理的有关问题展开全面的讨论。

可以使用普通编程语言(如 C、C++)中的 if 语句实现产生式系统,但当产生式规则较多时会产生新的问题。例如,检查哪条规则被匹配需要很长时间遍历所有规则。因此,采用快速算法(如 RETE)匹配规则触发条件的专用产生式系统已经被开发出来。这种系统内嵌了消解多个冲突的算法。近年来,开发了专门用于计算机游戏开发的 RC++,它是 C++语言的超集,加入了控制角色行为的产生式规则,提供了反应式控制器的专用子集。

### 2.3.4　产生式表示法的特点

#### 1. 产生式表示法的主要优点

（1）自然性

产生式表示法用"如果……,则……"的形式表示知识,这是人们常用的一种表达因果关系的知识表示形式,既直观、自然,又便于进行推理。正是由于这一原因,才使得产生式表示法成为人工智能中最重要且应用最多的一种知识表示方法。

（2）模块性

产生式是规则库中最基本的知识单元,它们同推理机构相对独立,而且每条规则都具有相同的形式,这就便于对其进行模块化处理,为知识的增、删、改带来了方便,为规则库的建立和扩展提供了可管理性。

（3）有效性

产生式表示法既可表示确定性知识,又可表示不确定性知识;既有利于表示启发式知识,又可方便地表示过程性知识。目前已建造成功的专家系统大部分是用产生式来表达其过程性知识的。

（4）清晰性

产生式有固定的格式。每一条产生式规则都由前提与结论(操作)这两部分组成,而且每一部分所含的知识量都比较少。这就既便于对规则进行设计,又易于对规则库中知识的一致性及完整性进行检测。

#### 2. 产生式表示法的主要缺点

（1）效率不高

在产生式系统求解问题的过程中,首先要用产生式的前提部分与综合数据库中的已知事实进行匹配,从规则库中选出可用的规则,此时选出的规则可能不止一个,这就需要按一定的策略进行"冲突消解",然后把选中的规则启动执行。因此,产生式系统求解问题的过程是一个反复进行"匹配—冲突消解—执行"的过程。鉴于规则库一般都比较庞大,而匹配又是一件十分费时的工作,因此其工作效率不高,而且大量的产生式规则容易引起组合爆炸。

（2）不能表达具有结构性的知识

产生式适合于表达具有因果关系的过程性知识,是一种非结构化的知识表示方法,所以,对具有结构关系的知识无能为力,它不能把具有结构关系的事物间的区别与联系表示出来。后面介绍的框架表示法可以解决这方面的问题。因此,产生式表示法除了可以独立作为一种知识表示模式,还经常与其他表示法结合起来表示特定领域的知识。例如,在专家系统 PROSPECTOR 中用产生式与语义网络相结合,在 Aikins 中把产生式与框架表示法结合起来,等等。

### 3. 产生式表示法适合表示的知识

由上述关于产生式表示法的特点,可以看出产生式表示法适合于表示具有下列特点的领域知识:

① 由许多相对独立的知识元组成的领域知识,彼此间关系不密切,不存在结构关系。例如化学反应方面的知识。

② 具有经验性及不确定性的知识,而且相关领域中对这些知识没有严格、统一的理论。例如医疗诊断、故障诊断等方面的知识。

③ 领域问题的求解过程可被表示为一系列相对独立的操作,而且每个操作可被表示为一条或多条产生式规则。

知识常常是一种很复杂的结构化的信息集合。谓词逻辑和产生式规则虽然是重要的知识表示方法,但难以表达比较复杂结构的知识,可以采用结构表示法的框架和语义网络知识表示方法。

## 2.4 框架表示法

1975 年美国著名的人工智能学者明斯基提出了框架理论。该理论认为人们对现实世界中各种事物的认识都是以一种类似于框架的结构存储在记忆中的。当面临一个新事物时,就从记忆中找出一个合适的框架,并根据实际情况对其细节加以修改、补充,从而形成对当前事物的认识。例如,一个人走进一个教室之前就能依据以往对“教室”的认识,想象到这个教室一定有四面墙,有

框架表示法讲课
视频▲

门、窗,有天花板和地板,有课桌、凳子、讲台、黑板等。尽管他对这个教室的大小、门窗的个数、桌凳的数量和颜色等细节还不清楚,但对教室的基本结构是可以预见到的。因为他通过以往看到的教室,已经在记忆中建立了关于教室的框架。该框架不仅指出了相应事物的名称(教室),而且还指出了事物各有关方面的属性(如有四面墙,有课桌,有黑板……),通过对该框架的查找就很容易得到教室的各个特征。在他进入教室后,经观察得到了教室的大小、门窗的个数、桌凳的数量和颜色等细节,把它们填入到教室框架中,就得到了教室框架的一个具体事例。这是他关于这个具体教室的视觉形象,称为事例框架。

框架表示法是一种结构化的知识表示方法,现已在多种系统中得到应用。

### 2.4.1 框架的一般结构

框架(frame)是一种描述所论对象(一个事物、事件或概念)属性的数据结构。

一个框架由若干个被称为“槽”(slot)的结构组成,每一个槽又可根据实际情况划分为若干个“侧面”。一个槽用于描述所论对象某一方面的属性,一个侧面用于描述相应属性的一个方面。槽和侧面所具有的属性值分别被称为槽值和侧面值。在一个用框架表示知识的系统中一般都含有多个框架,一个框架一般都含有多个不同槽、不同侧面,分别用不同的框架名、槽名及

侧面名表示。无论是对框架、槽或侧面，都可以为其附加上一些说明性的信息，一般是一些约束条件，用于指出什么样的值才能填入到槽和侧面中去。

下面给出框架的一般表示形式：

---

〈框架名〉

| 槽名 1: | 侧面名$_{11}$ | 侧面值$_{111}$,侧面值$_{112}$,…,侧面值$_{11p_1}$ |
| | 侧面名$_{12}$ | 侧面值$_{121}$,侧面值$_{122}$,…,侧面值$_{12p_2}$ |
| | ⋮ | |
| | 侧面名$_{1m}$ | 侧面值$_{1m1}$,侧面值$_{1m2}$,…,侧面值$_{1mp_m}$ |
| 槽名 2: | 侧面名$_{21}$ | 侧面值$_{211}$,侧面值$_{212}$,…,侧面值$_{21p_1}$ |
| | 侧面名$_{22}$ | 侧面值$_{221}$,侧面值$_{222}$,…,侧面值$_{22p_2}$ |
| | ⋮ | |
| | 侧面名$_{2m}$ | 侧面值$_{2m1}$,侧面值$_{2m2}$,…,侧面值$_{2mp_m}$ |
| 槽名 $n$: | 侧面名$_{n1}$ | 侧面值$_{n11}$,侧面值$_{n12}$,…,侧面值$_{n1p_1}$ |
| | 侧面名$_{n2}$ | 侧面值$_{n21}$,侧面值$_{n22}$,…,侧面值$_{n2p_2}$ |
| | ⋮ | |
| | 侧面名$_{nm}$ | 侧面值$_{nm1}$,侧面值$_{nm2}$,…,侧面值$_{nmp_m}$ |
| 约束: | 约束条件$_1$ | |
| | 约束条件$_2$ | |
| | ⋮ | |
| | 约束条件$_n$ | |

---

由上述表示形式可以看出，一个框架可以有任意有限数目的槽，一个槽可以有任意有限数目的侧面，一个侧面可以有任意有限数目的侧面值。槽值或侧面值既可以是数值、字符串、布尔值，也可以是一个满足某个给定条件时要执行的动作或过程，还可以是另一个框架的名字，从而实现一个框架对另一个框架的调用，表示出框架之间的横向联系。约束条件是任选的，当不指出约束条件时，表示没有约束。

除了原始类型的值，还可以有缺省值（default value）、如果需要值（if-needed value）、如果加入值（if-added value）。将这些值分别填入相应的侧面中，这样每个槽可以表示为

SLOT（槽）　VALUE　（值侧面）
　　　　　　DEFAULT　（缺省值侧面）
　　　　　　IF-NEEDED　（如果需要值侧面）
　　　　　　IF-ADDED　（如果加入值侧面）

"缺省"值：当缺少有关事物的信息，同时又无直接反面证据时，就假设按惯例或者一般情况下的填充值。例如，不知道张三的身高，又没有证据说明张三为畸形，则"缺省"值可以按照男子的平均身高。

"如果需要"值：过程信息。例如，不知道张三的体重，但知道他的身高，根据经验可以从身高求得体重的近似值，则"如果需要"值可以按照身高计算体重的经验公式。

"如果加入"值：应该做什么的信息。槽中的信息所包含的类型并不是固定的，其数量也不

是受限制的,设计者可以根据需要加以考虑。例如,怎样使用这个框架,预计下一步将发生什么情况,以及当情况与预计不符时应做些什么等;还可以表现为复杂的条件,反映多个框架对应的事情之间的关系。

## 2.4.2　用框架表示知识的例子

下面举些例子,说明建立框架的基本方法。

**例 2.2**　教师框架

---
框架名:〈教师〉

　　姓名:单位(姓、名)

　　年龄:单位(岁)

　　性别:范围(男、女)

　　　　缺省:男

　　职称:范围(教授,副教授,讲师,助教)

　　　　缺省:讲师

　　部门:单位(系,教研室)

　　住址:〈住址框架〉

　　工资:〈工资框架〉

　　开始工作时间:单位(年,月)

　　截止时间:单位(年,月)

　　　　缺省:现在

---

该框架共有九个槽,分别描述了"教师"九个方面的情况,或者说关于"教师"的九个属性。在每个槽里都指出了一些说明性的信息,用于对槽的填值给出某些限制。"范围"指出槽的值只能在指定的范围内挑选,例如对"职称"槽,其槽值只能是"教授""副教授""讲师""助教"中的某一个,不能是"工程师"等别的职称;"缺省"表示当相应槽不填入槽值时,就以缺省值作为槽值,这样可以节省一些填槽的工作。例如对"性别"槽,当不填入"男"或"女"时,就默认它是"男",这样对男性教师就可以不填入这个槽的槽值。

对于上述这个框架,当把具体的信息填入槽或侧面后,就得到了相应框架的一个事例框架。例如把某教师的一组信息填入"教师"框架的各个槽,就可得到

---
框架名:〈教师-1〉

　　姓名:夏冰

　　年龄:36

　　性别:女

　　职称:副教授

　　部门:计算机系软件教研室

　　住址:〈adr-1〉

　　工资:〈sal-1〉

　　开始工作时间:1988,9

　　截止时间:1996,7

---

例 2.3    教室框架

---

框架名:〈教室〉
　　墙数:
　　窗数:
　　门数:
　　座位数:
　　前墙:〈墙框架〉
　　后墙:〈墙框架〉
　　左墙:〈墙框架〉
　　右墙:〈墙框架〉
　　门:〈门框架〉
　　窗:〈窗框架〉
　　黑板:〈黑板框架〉
　　天花板:〈天花板框架〉
　　讲台:〈讲台框架〉

---

该框架共有 13 个槽,分别描述了"教室"的 13 个方面的情况或者属性。

例 2.4    关于自然灾害的新闻报道中所涉及的事实经常是可以预见的,这些可预见的事实就可以作为代表所报道的新闻中的属性。例如,将下列一则地震消息用框架表示:"某年某月某日,某地发生 6.0 级地震,若以膨胀注水孕震模式为标准,则三项地震前兆中的波速比为 0.45,水氡含量为 0.43,地形改变为 0.60。"

解    地震消息的框架如图 2.2 所示。"地震框架"也可以是"自然灾害框架"的子框架,"地震框架"中的值也可以是一个子框架,如图中的"地形改变"就是一个子框架。

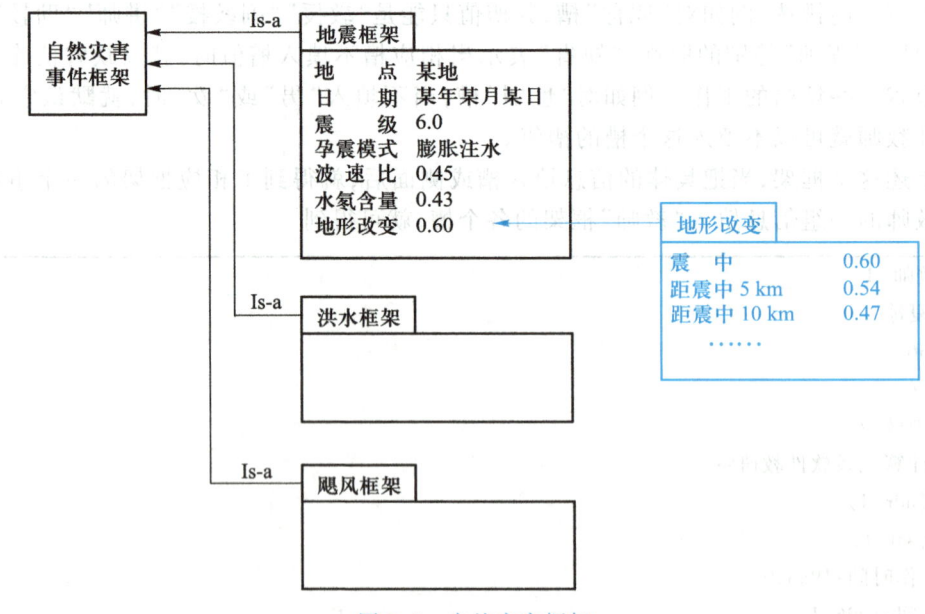

图 2.2    自然灾害框架

### 2.4.3 框架表示法的特点

#### 1. 结构性

框架表示法最突出的特点是便于表达结构性知识,能够将知识的内部结构关系及知识间的联系表示出来,因此它是一种结构化的知识表示方法。这是产生式知识表示方法不具备的,产生式系统中的知识单位是产生式规则,这种知识单位太小而难于处理复杂问题,也不能将知识间的结构关系表示出来。产生式规则只能表示因果关系,而框架表示法不仅可以通过 Infer 槽或者 Possible-reason 槽表示因果关系,还可以通过其他槽表示更复杂的关系。

#### 2. 继承性

框架表示法通过使槽值为另一个框架的名字实现不同框架间的联系,建立起表示复杂知识的框架网络。在框架网络中,下层框架可以继承上层框架的槽值,也可以进行补充和修改,这样不仅减少了知识的冗余,而且较好地保证了知识的一致性。

#### 3. 自然性

框架表示法与人在观察事物时的思维活动是一致的,比较自然。

## 2.5 语义网络表示法

### 2.5.1 语义网络

语义网络(semantic network)是一种出现比较早的知识表示形式,在人工智能中得到了比较广泛的应用。语义网络最早是 1968 年奎廉(Quillian)在他的博士论文中作为人类联想记忆的一个显式心理学模型提出的。1972 年,西蒙(Simmon)正式提出语义网络的概念,讨论了它和一阶谓词的关系,并将语义网络应用到自然语言理解的研究中。

语义网络是一种采用网络形式表示人类知识的方法。一个语义网络是一个带标识的有向图。其中,带有标识的结点表示问题领域中的物体、概念、事件、动作或者态势。

在语义网络知识表示中,结点一般划分为实例结点和类结点两种类型。结点之间带有标识的有向弧表示结点之间的语义联系,是语义网络组织知识的关键。

### 2.5.2 基本命题的语义网络表示

由于语义联系的丰富性,不同应用系统所需的语义联系的种类及其解释也不尽相同。比较典型的语义联系有:

#### 1. 以个体为中心组织知识的语义联系

（1）实例联系

实例联系用于表示类结点与所属实例结点之间的联系,通常标识为 ISA。例如,"张三是一名教师"可以表示为如图 2.3 所示的语义网络。

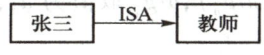

图 2.3　ISA 联系的例子

　　一个实例结点可以通过 ISA 与多个类结点相连接,多个实例结点也可通过 ISA 与一个类结点相连接。

　　对概念进行有效分类有利于语义网络的组织和理解。将同一类实例结点中的共性成分在它们的类结点中加以描述,可以减少网络的复杂程度,增强知识的共享性;而不同的实例结点通过与类结点的联系,可以扩大实例结点之间的相关性,从而将分立的知识片断组织成语义丰富的知识网络结构。

　　（2）泛化联系

　　泛化联系用于表示一种类结点（如鸟）与更抽象的类结点（如动物）之间的联系,通常用 AKO(a kind of)表示。通过 AKO 可以将问题领域中的所有类结点组织成一个 AKO 层次网络。图 2.4 给出了动物分类系统中的部分概念类型之间的 AKO 联系描述。

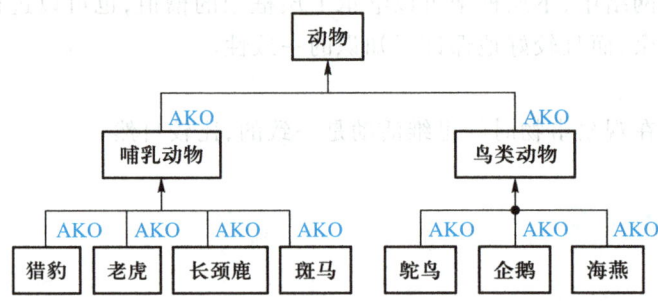

图 2.4    AKO 联系的例子

　　泛化联系允许低层类型继承高层类型的属性,这样可以将公用属性抽象到较高层次。由于这些共享属性不在每个结点上重复,减少了对存储空间的要求。

　　（3）聚集联系

　　聚集联系用于表示某一个体与其组成成分之间的联系,通常用 part-of 表示。聚集联系基于概念的分解性,将高层概念分解为若干低层概念的集合。这里,可以把低层概念看作是高层概念的属性。例如,"两只手是人体的一部分"表示为如图 2.5 所示的语义网络。

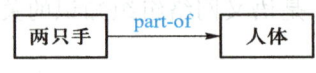

图 2.5    聚集联系的例子

　　（4）属性联系

　　属性联系用于表示个体、属性及其取值之间的联系。通常用有向弧表示属性,用这些弧指向的结点表示各自的值。如图 2.6 所示,约翰（John）的性别是男性,年龄为 30 岁,身高 180 cm,职业是程序员。

　　**2. 以谓词或关系为中心组织知识的语义联系**

　　设有 $n$ 元谓词或关系 $R(arg_1, \cdots, arg_n)$ ,$arg_1$ 取值为 $a_1, \cdots, arg_n$ 取值为 $a_n$,把 $R$ 化成等价的一组二元关系如下:

$$arg_1(R, a_1), arg_2(R, a_2), \cdots, arg_n(R, a_n)$$

因此,只要把关系 $R$ 也作为语义结点,其对应的关系语义网络便可以表示为图 2.7 所示的形式。

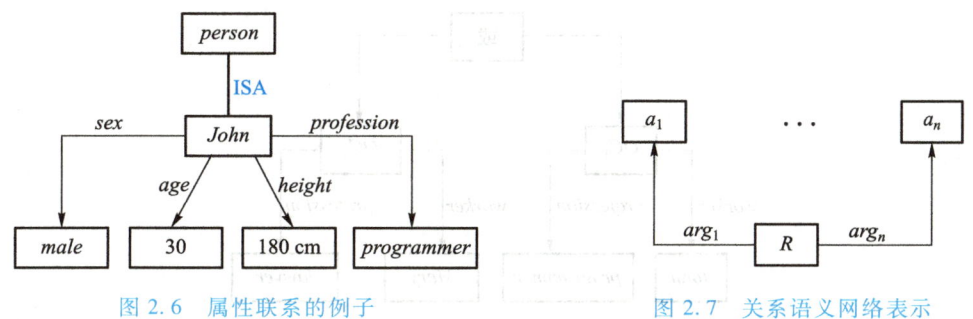

图 2.6　属性联系的例子　　　　　　图 2.7　关系语义网络表示

与个体结点一样,关系结点同样划分为类结点和实例结点两种。实例关系结点与类关系结点之间关系为 ISA。

### 2.5.3　连接词在语义网络中的表示方法

任何具有表达谓词公式能力的语义网络,除具备表达基本命题的能力外,还必须具备表达命题之间的**与、或、非**以及"蕴含"关系的能力。

（1）合取

在语义网络中,合取命题通过引入**与**结点来表示。事实上这种合取关系网络就是由**与**结点引出的弧构成的多元关系网络。例如命题

$$give(John, Mary, \text{"War and Peace"}) \wedge read(Mary, \text{"War and Peace"})$$

可以表示为图 2.8 所示的带**与**结点的语义网络。

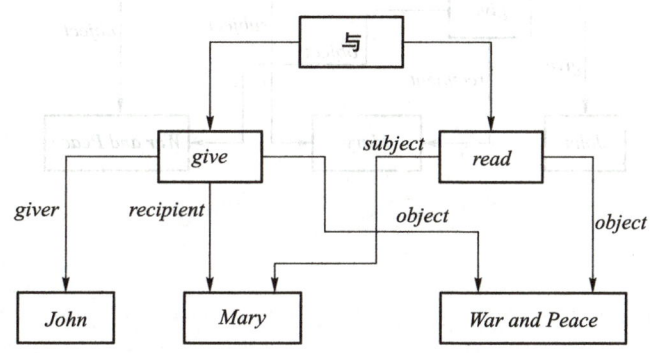

图 2.8　带与结点的语义网络的例子

（2）析取

析取命题通过引入**或**结点表示。例如命题

John is a programmer or Mary is a lawyer.

可以表示为图 2.9 所示的语义网络。其中,$OC_1$、$OC_2$ 为两个具体的职业关系,分别对应 John 为 programmer 及 Mary 为 lawyer。

在命题的**与**、**或**关系相互嵌套的情况下,明显地标识**与**、**或**结点,对于正确地构造和理解语义网络的含义是非常有用的。

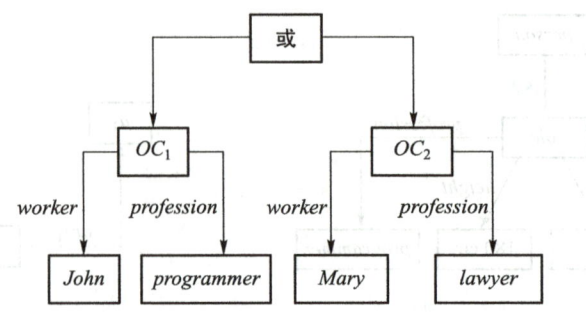

图 2.9　带**或**结点的语义网络的例子

（3）否定

在语义网络中,对于基本联系的否定,可以直接采用¬ ISA、¬ AKO 及¬ part-of 的有向弧来标注。对于一般情况,则需要通过引进非结点来表示。例如命题

$$¬ give(John,Mary,"War\ and\ Peace") \wedge read(Mary,"War\ and\ Peace")$$

可以表示为图 2.10 所示的语义网络。

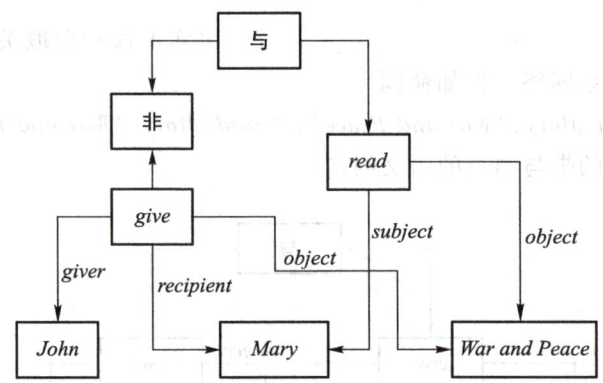

图 2.10　带非结点的语义网络的例子

（4）蕴含

在语义网络中,通过引入蕴含关系结点来表示规则中前提条件和结论之间的因果联系。从蕴含关系结点出发,一条弧指向命题的前提条件,记为 $ANTE$,另一条弧指向该规则的结论,记为 $CONSE$。

如规则"如果车库起火,那么用 $CO_2$ 或沙来灭火",可以表示为图 2.11 所示的语义网络。

图 2.11 中, $event1$ 表示特指的车库起火事件,它是一般事件的一个实例。任一事件包含地点属性（ $loc$ ）及事件状态属性（ $state$ ）。在抽象的 $EVENT$ 类型结点中,用 $A$ 表示一个地点,它是地点（ $ADDRESS$ ）类的一个实例;用 $S$ 表示一个状态,它是状态（ $STATE$ ）类的一个实例。

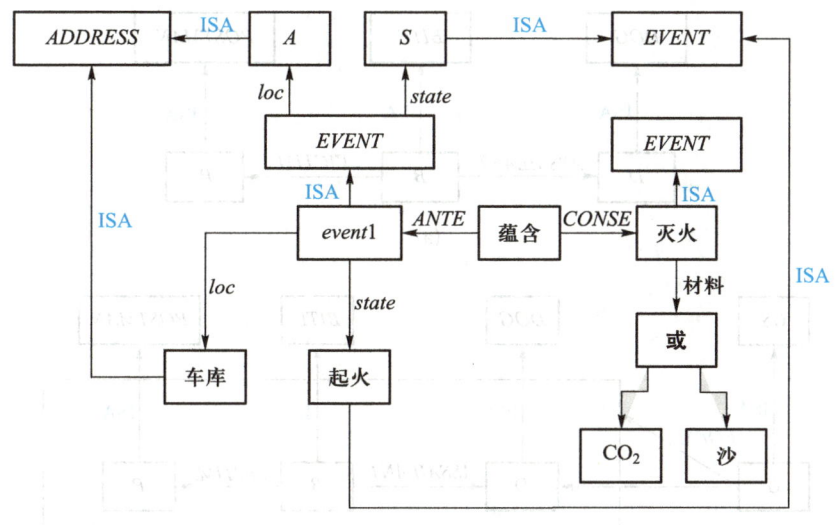

图 2.11　带蕴含结点的语义网络的例子

### 2.5.4　变元和量词在语义网络中的表示方法

存在量词在语义网络中直接用 ISA 弧表示,而全称量词就要用分块方法来表示。例如命题

**The dog bit the postman.**

这句话意味着所涉及的是存在量词。图 2.12(a)给出了相应的语义网络。网络中 $D$ 结点表示一特定的狗,$P$ 表示一特定的邮递员,$B$ 表示一特定的咬人事件。咬人事件 $B$ 包括两部分,一部分是攻击者,另一部分是受害者。结点 $D$、$B$ 和 $P$ 都用 $ISA$ 弧与概念结点 $DOG$,$BITE$ 以及 $POSTMAN$ 相连,因此表示的是存在量词。

如果进一步表示

**Every dog has bitten a postman.**

这个事实,用谓词逻辑可表示为

$$(\forall x)(DOG(x) \rightarrow (\exists y)(POSTMAN(y) \land BITE(x,y)))$$

上述谓词公式中包含有全称量词。用语义网络来表达知识的主要困难之一是如何处理全称量词。解决这个问题的一种方法是把语义网络分割成空间分层集合。每一个空间对应于一个或几个变量的范围。图 2.12(b)是上述事实的语义网络。其中,空间 $S_1$ 是一个特定的分割,表示一个断言 A dog has bitten a postman。

因为这里的狗应是指每一条狗,所以把这个特定的断言认作是断言 $G$。断言 $G$ 有两部分:第一部分是断言本身,说明所断定的关系,称为格式($FORM$);第二部分代表全称量词的特殊弧 $\forall$,一根 $\forall$ 弧可表示一个全称量化的变量。$GS$ 结点是一个概念结点,表示具有全称量化的一般事件,$G$ 是 $GS$ 的一个实例。在这个实例中,只有一个全称量化的变量 $D$,这个变量可代表 $DOGS$ 这类物体中的每一个成员,而其他两个变量 $B$ 和 $P$ 仍被理解为存在量化的变量。换句话说,这样的语义网络表示对每一条狗存在一个咬人事件 $B$ 和一个邮递员 $P$,使得 $D$ 是 $B$ 中的攻击者,而 $P$ 是受害者。

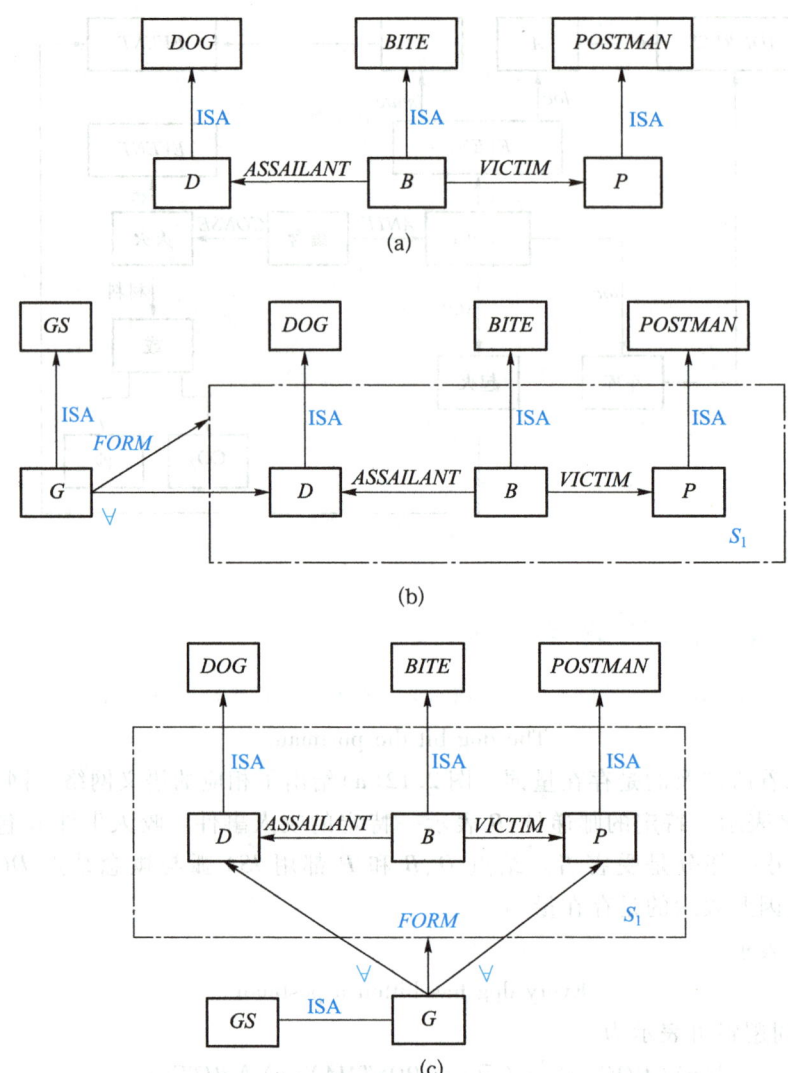

图 2.12　量词在语义网络中的表示

　　为进一步说明分割如何表示量化变量,可考虑如何表示下述事实

Every dog has bitten every postman.

　　只需对图 2.12(b)作简单修改,用 ∀ 弧与结点 P 相连。这样做的含义是每条狗咬了每个邮递员,如图 2.12(c)所示。

## 2.5.5　语义网络表示法示例

　　下面给出两个语义网络表示法的例子。

　　例 2.5　图 2.13 所示是关于桌子描述的语义网络。该语义网络中包含实例、泛化、聚集和属性四种联系。

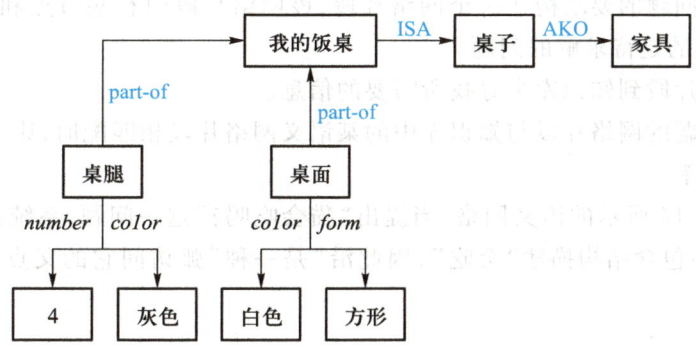

图 2.13　描述桌子的语义网络

由图 2.13 可见,以个体为中心来组织知识,其结点一般都是名词性个体或概念,并通过 ISA、AKO、part-of 等基本联系以及属性联系作为有向弧来描述有关结点概念之间的语义联系。

**例 2.6**　设有如图 2.14 所示动物分类网络片段,现在要求证明小贝贝是灰色的。

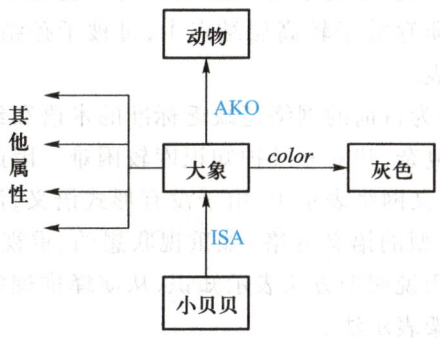

图 2.14　证明小贝贝是灰色的网络

由于在事实网络中不存在从"小贝贝"指向"灰色"的 *color* 弧,因此不能得到显式匹配。为此,沿分类网络 ISA 弧向上移到"大象"的结点,在那里有一条通向"灰色"的 *color* 弧,因而匹配是成功的。这里,网络匹配过程中利用了小贝贝继承大象 *color* 属性的性质。

### 2.5.6　语义网络的推理过程

语义推理指的是依据词项之间的语义关系而进行的推理。例如,从"张明是上海人"可推出"有人是上海人"和"张明是中国人"等。这种推理不同于命题逻辑或谓词逻辑中的形式推理,这种推理所依据的是词项"张明"与"人"、"上海人"与"中国人"之间具体的语义关系。

语义网络的推理过程主要有两种:

(1) 继承:把对事物的描述从抽象节点传递到具体节点,通常是沿着 IS-a、A-Kind-of 等继承弧进行。通过继承可以得到所需节点的一些属性值。例如:猫是动物,继承了动物的会运动和会吃的属性值。

(2) 匹配:在知识库的语义网络中寻找与待求解问题相符的语义网络模式,匹配的主要过程如下:

① 根据待求解问题的要求构造一个网络片段,该网络片段中有些节点和弧的标识是空的,成为询问处,它反映的是待求解的问题。

② 根据该语义片段到知识库中寻找所需要的信息。

③ 当待求解问题的网络片段与知识库中的某语义网络片段相匹配时,则与询问处相匹配的事实就是该问题的解。

例如,对于图 2.14 所示的语义网络,当提出"猫会吃吗?"这一问题,系统首先访问语义网络中的"猫"结点,它不包含结构描述"会吃",因此沿"是一种"弧访问它的父点"动物",于是得到解答"猫会吃"。

### 2.5.7　语义网络表示法的特点

语义网络的主要优点是可以用来表示复杂的知识结构,它侧重于表示语义关系知识,还体现了联想思维过程,给我们提供了很自然的知识表示构架。人们基于联想记忆模型,可执行语义搜索,把相关事实从其直接相连的结点中推导出来,而不必遍历整个庞大的知识库,从而避免了组合爆炸。人们可以利用等级关系建立分类层次结构实现继承推理;也可利用继承特性,实现信息共享,将结点的公共性质存放于较高层结点中,可被子孙结点继承。因此语义网络很适合表示专业领域知识,如叙词表。

语义网络的主要缺点是因为目前的网络还缺乏标准的术语和约定,语义解释取决于操作网络的程序,所以造成网络结构复杂,建立和维护知识库较困难。因此网络搜索、调控的执行效率需要制定强有力的原则。在语义网络表示中,由于没有形式语义,没有统一的结构模型,人们根据不同的需求可以构成不同类型的语义网络(如重视联想的、重视推理的、表示词语的等)。人们在应用过程中,一部分网络用说明型方法表示知识,从演绎推理的角度来研究,发展成为另一类实用的知识表示方法,如框架表示法。

## 2.6　知识图谱

由于互联网内容的大规模、异质多元、组织结构松散的特点,给人们有效获取信息和知识提出了挑战。谷歌为了利用网络多源数据构建的知识库来增强语义搜索,提升搜索引擎返回的答案质量和用户查询的效率,于 2012 年 5 月 16 日首先发布了知识图谱(knowledge graph)。

知识图谱是一种互联网环境下的知识表示方法。在表现形式上,知识图谱和语义网络相似,但语义网络更侧重于描述概念与概念之间的关系,而知识图谱则更偏重于描述实体之间的关联。除了语义网络,万维网之父 Tim Berners Lee 于 1998 年提出的语义网(semantic Web)即以语义为基础的知识图或知识表示,都可以说是知识图谱的前身。

知识图谱的目的是提高搜索引擎的能力,改善用户的搜索质量以及搜索体验。随着人工智能的技术发展和应用,知识图谱作为关键技术之一,已被广泛应用于智能搜索、智能问答、个性化推荐、内容分发等领域。现在的知识图谱已被用来泛指各种大规模的知识库。Google、百度和搜狗等搜索引擎公司为了改进搜索质量,纷纷构建知识图谱,分别称为知识图谱、知心和知立方。

### 2.6.1 知识图谱的定义

知识图谱（knowledge graph/vault），又称科学知识图谱，用各种不同的图形等可视化技术描述知识资源及其载体，挖掘、分析、构建、绘制和显示知识及它们之间的相互联系。

知识图谱以结构化的形式描述客观世界中概念、实体间的复杂关系，将互联网的信息表达成更接近人类认知世界的形式，提供了一种更好的组织、管理和理解互联网海量信息的能力。它把复杂的知识领域通过数据挖掘、信息处理、知识计量和图形绘制而显示出来，揭示知识领域的动态发展规律。

目前，知识图谱还没有一个标准的定义。简单地说，知识图谱是由一些相互连接的实体及其属性构成的。

知识图谱也可被看作是一张图，图中的节点表示实体或概念，而图中的边则由属性或关系构成。图 2.15 是一个典型的知识图谱。

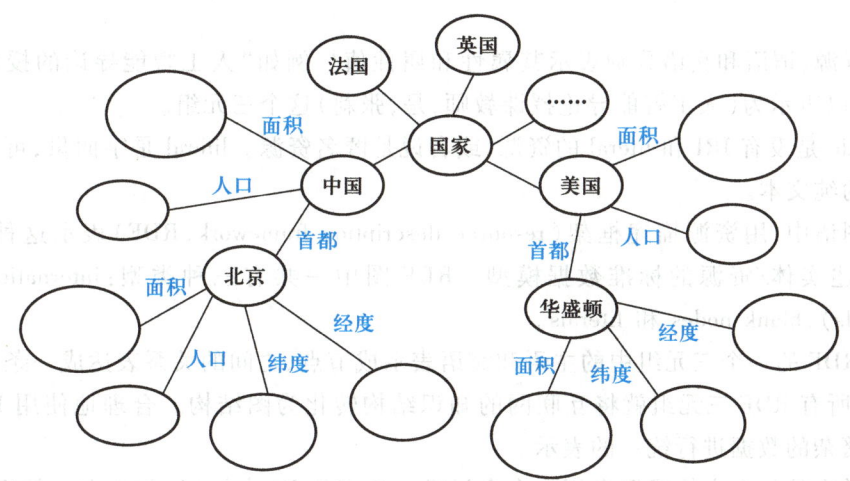

图 2.15　知识图谱示例

（1）实体：具有可区别性且独立存在的某种事物。如"中国""美国""日本"等，又如某个人、某个城市、某个大学、某种植物、某种商品等。

实体是知识图谱中的最基本元素，不同的实体间存在不同的关系。

（2）概念（语义类）：具有同种特性的实体构成的集合。如国家、民族、书籍、电脑等。概念主要指集合、类别、对象类型、事物的种类，例如人物、地理等。

（3）内容：通常作为实体和语义类的名字、描述、解释等，可以由文本、图像、音视频等来表达。

（4）属性（值）：描述资源之间的关系，即知识图谱中的关系。不同的属性类型对应于不同类型属性的边。属性值主要指对象指定属性的值。如城市的属性包括面积、人口、所在国家、地理位置等。属性值主要指对象指定属性的值，例如多少人等。

（5）关系：把 $k$ 个图节点（实体、语义类、属性值）映射到布尔值的函数。

三元组是知识图谱的一种通用表示方式。三元组的基本形式主要分为两种形式：

（1）（实体 1-关系-实体 2）

（中国-首都-北京）是一个（实体 1-关系-实体 2）的三元组样例。

（2）（实体-属性-属性值）

北京是一个实体，人口是一种属性，圆圈里要填入的是属性值。这样就构成一个（实体-属性-属性值）的三元组样例。

知识图谱是由一条条知识组成的，每条知识表示为一个主谓宾 SPO（subject-predicate-object）三元组，如图 2.16 所示。

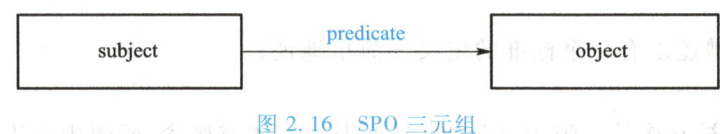

图 2.16　SPO 三元组

主语 subject 可以是国际化资源标识符（internationalized resource identifiers，IRI）或空白节点（blank node）。

主语是资源，谓语和宾语分别表示其属性和属性值。例如"人工智能导论的授课教师是张三老师"就可以表示为（人工智能导论授课教师，是，张莉）这个三元组。

blank node 是没有 IRI 和 literal 的资源，或者说是匿名资源。literal 是字面量，可以看作是带有数据类型的纯文本。

在知识图谱中，用资源描述框架（resource description framework，RDF）表示这种三元关系。RDF 用于描述实体/资源的标准数据模型。RDF 图中一共有三种类型：international resource identifiers（IRIs），blank nodes 和 literals。

如果将 RDF 的一个三元组中的主语和宾语表示成节点，之间的关系表达成一条从主语到宾语的有向边，所有 RDF 三元组就将互联网的知识结构转化为图结构。合理地使用 RDF 能够将网络上各种繁杂的数据进行统一的表示。

知识图谱中的每个实体或概念用一个全局唯一确定的 ID 来标识，称为它们的标识符（identifier）。每个属性-值对（attribute-value pair，AVP）用来刻画实体的内在特性，而关系用来连接两个实体，刻画它们之间的关联。

在知识图谱中，对实体之间存在的关系进行推理，能够从现有的知识中发现新的知识，称为知识图谱推理。例如，从（奥巴马-出生地-夏威夷）和（夏威夷-属于-美国）两个三元组可以推出（奥巴马-国籍-美国）。

## 2.6.2　知识图谱的架构与构建

知识图谱的架构包括自身的逻辑结构以及构建知识图谱所采用的体系架构。

### 1. 知识图谱的逻辑结构

知识图谱在逻辑上可分为模式层与数据层。

数据层主要由一系列的事实组成，而知识以事实为单位进行存储。如果用（实体 1-关系-实体 2）和（实体-属性-属性值）这样的三元组来表达事实，可选择图数据库作为存储介质。

模式层构建在数据层之上，是知识图谱的核心。通常采用本体库来管理知识图谱的模式层。本体是结构化知识库的概念模板,通过本体库而形成的知识库不仅层次结构较强,并且冗余程度较小。

### 2. 知识图谱的体系架构

知识图谱的体系架构是指构建模式结构,如图 2.17 所示。其中点画线框内的部分为知识图谱的构建过程,也包含知识图谱的更新过程。

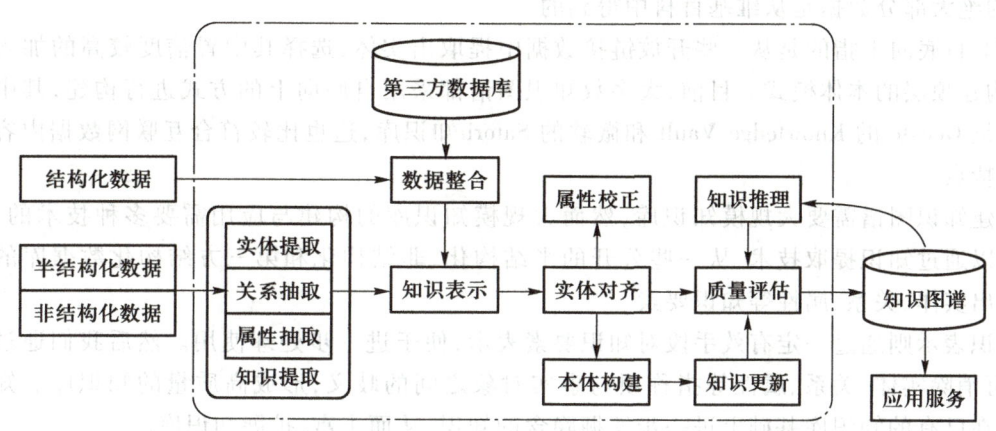

图 2.17　知识图谱的体系架构

获取知识的资源对象大体可分为结构化数据、半结构化数据和非结构化数据三类。

结构化数据是指知识定义和表示都比较完备的数据。如 DBpedia 和 Freebase 等已有知识图谱、特定领域内的数据库资源等。

半结构化数据是指部分数据是结构化的,但存在大量结构化程度较低的数据。在半结构化数据中,虽然知识的表示和定义并不一定规范统一,其中部分数据(如信息框、列表和表格等)仍遵循特定表示以较好的结构化程度呈现,但仍存在大量结构化程度较低的数据。半结构化数据的典型代表是百科类网站,一些领域的介绍和描述类页面往往也都归在此类,如电脑、手机等电子产品的参数性能分析介绍。

非结构化数据则是指没有定义和规范约束的"自由"数据。例如,最广泛存在的自然语言文本、音视频等。

### 3. 知识图谱的构建

知识图谱经历了由人工和群体智慧构建,到面向互联网利用机器学习和信息抽取技术自动获取的过程。早期知识资源通过人工添加和合作编辑获得,如英文 WordNet、CYC 和中文的 HowNet。自动构建知识图谱的特点是面向互联网的大规模、开放、异构环境,利用机器学习和信息抽取技术自动获取互联网上的信息。例如,华盛顿大学图灵中心的 KnowItAll 和 TextRunner、卡内基梅隆大学的"永不停歇的语言学习者"(never-ending language learner, NELL)都是这种类型的知识库。目前,大多数通用的知识图谱均是通过对维基百科进行结构化来构建的。

知识图谱构建从最原始的数据(包括结构化、半结构化、非结构化数据)出发,采用一系列自动或者半自动的技术手段,从原始数据库和第三方数据库中提取知识事实,并将其存入知识库的数据层和模式层,这一过程包含:信息抽取、知识表示、知识融合、知识推理四个过程,每一次更新迭代均包含这四个阶段。

知识图谱主要有自顶向下(top-down)与自底向上(bottom-up)两种构建方式。

(1)自顶向下指的是先为知识图谱定义好本体与数据模式,再将实体加入知识库。该构建方式需要利用一些现有的结构化知识库作为其基础知识库,例如 Freebase 项目就是采用这种方式,它的绝大部分数据是从维基百科中得到的。

(2)自底向上指的是从一些开放链接数据中提取出实体,选择其中置信度较高的加入知识库,再构建顶层的本体模式。目前,大多数知识图谱都采用自底向上的方式进行构建,其中最典型的就是 Google 的 Knowledge Vault 和微软的 Satori 知识库,这也比较符合互联网数据内容知识产生的特点。

构建知识图谱需要大规模知识库,然而大规模知识库的构建与应用需要多种技术的支持。我们可以通过知识提取技术,从一些公开的半结构化、非结构化和第三方结构化数据库的数据中提取出实体、关系、属性等知识要素。

知识表示则通过一定有效手段对知识要素表示,便于进一步处理使用。然后我们通过知识融合,可消除实体、关系、属性等指称项与事实对象之间的歧义,形成高质量的知识库。知识推理则是在已有的知识库基础上进一步挖掘隐含的知识,从而丰富、扩展知识库。

下面以知识抽取、知识表示、知识融合以及知识推理技术为重点,选取代表性的方法,说明知识图谱构建过程中的相关技术。

## 2.6.3  知识抽取

知识抽取是从不同来源、不同结构的数据中进行知识提取,形成知识(结构化数据)存入知识图谱。

知识抽取主要是面向开放的链接数据,典型的输入是自然语言文本、图像或者视频多媒体内容文档等。然后通过自动化或者半自动化技术抽取出可用的知识单元。知识单元主要包括实体(概念的外延)、关系以及属性三个知识要素。

### 1. 实体抽取

实体抽取也称为命名实体学习(named entity learning)或命名实体识别(named entity recognition),是从原始数据语料中自动识别出命名实体。例如人名、地名、机构名、专有名词等。

由于实体是知识图谱中的最基本元素,其抽取的完整性、准确率、召回率等将直接影响到知识图谱构建的质量。

实体抽取是知识抽取中最为基础与关键的一步。实体抽取方法分为四种:

(1)基于百科或垂直站点抽取方法

基于百科或垂直站点提取方法是从维基百科、百度百科、互动百科等百科类站点的标题和链接中抽取实体名。

基于百科或垂直站点实体抽取方法是最常规和最基本的实体抽取方法。这种方法的优点是可以得到开放互联网中最常见的实体名,其缺点是对于中低频的覆盖率低。与一般通用网站相比,垂直类站点的实体抽取可以获取特定领域的实体。例如从豆瓣的音乐、读书、电影等各频道抽取各种实体列表。这种方法主要是基于爬取技术来抽取。

（2）基于规则与词典的实体抽取方法

基于规则与词典的实体抽取方法通常需要为目标实体编写模板，然后在原始语料中进行匹配。

早期的实体抽取是在限定文本领域、限定语义单元类型的条件下进行的，主要采用的是基于规则与词典的方法，例如使用已定义的规则，抽取出文本中的人名、地名、组织机构名、特定时间等实体。

基于规则模板的方法不仅需要依靠大量的专家来编写规则或模板，覆盖的领域范围有限，而且很难适应数据变化的新需求。

（3）基于统计机器学习的实体抽取方法

基于统计机器学习的实体抽取方法主要是通过机器学习的方法对原始语料进行训练，然后再利用训练好的模型去识别实体。

单纯的监督学习算法在性能上不仅受到训练集合的限制，并且算法的准确率（precision）与召回率（recall）都不够理想。随着深度学习的兴起应用，基于深度学习的命名实体识别得到广泛应用。

（4）面向开放域的实体抽取方法

面向开放域的实体抽取方法是从少量实体实例中自动发现具有区分力的模式，然后扩展到海量文本去给实体做分类与聚类。例如，通过少量的实体实例建立特征模型，再将该模型应用于新的数据集得到新的命名实体。

**2. 语义类抽取**

语义类抽取是指从文本中自动抽取信息来构造语义类并建立实体和语义类的关联，作为实体层面上的规整和抽象。

语义类抽取方法包含三个模块：并列相似度计算、上下位关系抽取以及语义类生成。

（1）并列相似度计算

并列相似度是词和词之间的相似性信息度量。例如三元组（苹果，梨，s1）表示苹果和梨的并列相似度是 s1。

两个词有较高的并列相似度的条件是它们具有并列关系，即同属于一个语义类，并且有较大的关联度。例如，北京和上海具有较高的并列相似度，而北京和汽车的并列相似度很低，因为它们不属于同一个语义类。对于海淀、朝阳、闵行三个市辖区来说，海淀和朝阳的并列相似度大于海淀和闵行的并列相似度，因为前两者的关联度更高。

当前主流的并列相似度计算方法有分布相似度法（distributional similarity）和模式匹配法（pattern matching）。它们都可以用来在数以百亿计的句子中或者数以十亿计的网页中抽取词的相似性信息。

分布相似度方法基于哈里斯（Harris）的分布假设（distributional hypothesis），即经常出现在类似的上下文环境中的两个词具有语义上的相似性。分布相似度方法分三个步骤：

① 定义上下文。

② 把每个词表示成一个特征向量，向量每一维代表一个不同的上下文，向量的值表示本词相对于上下文的权重。

③ 计算两个特征向量之间的相似度，将其作为它们所代表的词之间的相似度。

模式匹配法的基本思想是把一些模式作用于源数据，得到一些词和词之间共同出现的信息,然后把这些信息聚集起来生成单词之间的相似度。模式可以是手工定义的,也可以是根据一些种子数据而自动生成的。

### (2) 上下位关系抽取

上下位关系抽取是从文档中抽取词的上下位关系信息,生成(下义词,上义词)数据对。例如(狗,动物)、(悉尼,城市)。

抽取上下位关系最简单的方法是解析百科类站点的分类信息,如维基百科的"分类"和百度百科的"开放分类"。

上下位关系抽取方法的主要缺点:

① 不是所有分类词条都代表上位词。例如,百度百科中"狗"的开放分类"养殖"就不是其上位词。

② 生成的关系图中没有权重信息,因此不能区分同一个实体所对应的不同上位词的重要性。

③ 覆盖率偏低,即很多上下位关系并没有包含在百科站点的分类信息中。

### (3) 语义类生成

语义类生成包括聚类和语义类标定两个子模块。聚类的结果决定了要生成哪些语义类以及每个语义类包含哪些实体,而语义类标定是给一个语义类附加一个或者多个上位词作为其成员的公共上位词。

### 3. 属性和属性值抽取

属性抽取的任务是为每个语义类构造属性列表,而属性值抽取则为一个语义类的实体附加属性值。属性和属性值的抽取能够形成完整的实体概念的知识图谱维度。

常见的属性和属性值抽取方法包括从百科类站点中抽取,从垂直网站中生成模版抽取,从网页表格中抽取,以及利用手工定义或自动生成的模式从句子和查询日志中抽取。

### (1) 从百科类站点中抽取属性

通过解析百科类站点中的半结构化信息抽取常见的语义类/实体的属性/属性值。

百科类站点中的半结构化信息如维基百科的信息盒和百度百科的属性表格等。尽管这种方法能够得到许多属性,但需要采用其他方法来增加覆盖率,即为语义类增加更多属性以及为更多的实体添加属性值。

知识图谱除了基于维基类知识资源构造的知识图谱,还有很多其他类型的知识图谱。如特定领域知识图谱用来描述限定领域内的概念和关系等。

### (2) 从垂直网站中生成模版抽取属性

垂直网站(vertical website)注意力集中在某些特定的领域或某种特定的需求,提供有关这个领域或需求的全部深度信息和相关服务。垂直网站如电子产品网站、图书网站、电影网站、音乐网站等。

垂直网站包含有大量实体的属性信息,例如图书的网页中包含了图书的作者、出版社、出版时间、评分等信息。可以从垂直站点中生成模版抽取属性信息。

模版生成方法分为手工法、有监督方法、半监督法以及无监督法。

考虑到需要从大量不同的网站中抽取信息,并且网站模版可能会更新等因素,无监督模版生成方法更加重要。无监督模版生成的基本思路是利用对同一个网站下面多个网页的超文本标签树的对比来生成模版。不同网页的公共部分往往对应于模版或者属性名,不同的部分则可能是属性值,而同一个网页中重复的标签块则预示着重复的记录。

### (3)从网页表格中抽取属性

属性抽取的另一个信息源是网页表格。表格的内容对于人来说一目了然,而对于机器而言则要复杂得多。由于表格类型千差万别,很多表格制作不规则,加上机器缺乏人所具有的背景知识等原因,从网页表格中提取高质量的属性信息是困难的。

### (4)从句子和查询日志中抽取属性

上述三种方法的共同点是通过挖掘原始数据中的半结构化信息来获取属性和属性值。与通过"阅读"句子进行信息抽取的方法相比,这些方法绕开了自然语言理解的困难。但只有一部分的人类知识是以半结构化形式体现的,而更多的知识则隐藏在自然语言句子中,因此最好能直接从句子中抽取信息。

当前从句子和查询日志中抽取属性和属性值的基本手段是模式匹配和对自然语言的浅层处理。此过程通过将输入的模式作用到句子上而生成一些(词,属性)元组,根据语义类将这些数据元组进行合并而生成(语义类,属性)关系图。

在输入中包含种子列表或者语义类相关模式的情况下,整个方法是一个半监督的自举过程,分三个步骤:

① 模式生成:在句子中匹配种子列表中的词和属性从而生成模式。模式通常由词和属性的环境信息而生成;

② 模式匹配;

③ 模式评价与选择:通过生成的(语义类,属性)关系图对自动生成的模式的质量进行自动评价并选择高分值的模式作为下一轮匹配的输入。

### 4. 关系抽取

关系抽取是把实体间的关系从文本中提取出来。关系抽取的目标是解决实体语义链接的问题。关系的基本信息包括参数类型、满足此关系的元组模式等。

例如关系 be capital of 表示一个国家的首都的基本信息如下:

参数类型:(capital,country)

模式:

{0} be the capital of {1}

{0} be the capital in {1}

……

元组:(北京,中国);(华盛顿,美国);capital 和 country 表示首都和国家两个语义类。

现在的关系抽取方式有开放式实体关系抽取和基于联合推理的实体关系抽取。

## 2.6.4 知识图谱的典型应用

维基百科(Wikipedia)是由维基媒体基金会负责运营的一个自由内容、自由编辑的多语言知识库。全球各地的志愿者们通过互联网和 Wiki 技术合作编撰。目前维基百科一共有 285 种语言版本,其中英语、德语、法语、荷兰语、意大利语、波兰语、西班牙语、俄语、日语版本已经有超过100 万篇条目,而中文版本和葡萄牙语也有超过 90 万篇条目。维基百科中每一个词条包含对应语言的客观实体、概念的文本描述,以及各自丰富的属性、属性值。

2012 年启动的 WikiData 不仅继承了 Wikipedia 的众包协作的机制,而且支持以事实三元组为基础的知识条目编辑,截至 2017 年底已经包含超过 2 500 万个词条。WikidData 支持标准格式导出,并可链接到数据网上的其他开放数据集。

DBpedia 作为开放链接数据(LOD)的核心,最早由 2007 年德国柏林自由大学以及莱比锡大学的研究者发起的一项从维基百科里萃取结构化知识的项目开始建立。2016 年 10 月的英文最新版共包含 660 万实体,其中 550 万被合理分类,包括人物 150 万、地点 84 万、音乐电影游戏等 49.6 万、组织机构 28.6 万、动物 30.6 万和植物 5.8 万。共包含约 130 亿三元组,其中 17 亿来源于英文版的维基百科,66 亿来自其他语言版本的维基,48 亿来自 Wikipedia Commons 和 WikiData。

YAGO 是由德国马克斯-普朗克研究所(Max Planck Institute,MPI)构建的大型多语言的语义知识库,源自维基百科、WordNet 和 GeoNames,从 10 个维基百科以不同语言提取事实和事实的组合。YAGO 拥有超过 1 000 万个实体的知识,并且包含有关这些实体的超过 1.2 亿条事实三元组。

BabelNet 是最大的多语言百科全书式的字典和语义网络,由罗马大学计算机科学系的计算语言学实验室所创建。BabelNet 不仅是一个多语言的百科全书式的字典,用词典的方式编纂百科词条,同时 BabelNet 也是一个大规模的语义网络,概念和实体通过丰富的语义关系连接。BabelNet 由同义词集合构成,一共包含 15 788 626 个同义词集合,每个同义词集合表示一个具体的语义,包含不同语言下所有表达这个语义的同义词。BabelNet 4.0 版本包含 284 种语言,6 117 108 个概念,9 671 518 个实体,1 307 706 673 个词汇和语义关系。

XLORE 是由清华大学知识工程研究室自主构建的基于中、英文维基和百度百科的开放知识平台,是第一个中英文知识规模较为平衡的大规模中英文知识图谱。XLORE 通过维基内部的跨语言链接发现更多的中英文等价关系,并基于概念与实例间的 isA 关系验证提供更精确的语义关系。截至 2017 年底,XLORE 共有超过 1 400 万个实体、130 万个概念和 50 万个实例与概念间关系。

AMiner 是清华大学研发的一个科技情报知识服务引擎,它集成了来自多个数据源的近亿级的学术文献数据,从海量文献及互联网信息中,通过信息抽取方法自动获取研究者的教育背景、基本介绍等相关信息、论文引用关系、知识实体以及相关的学术会议和期刊等内容,并利用数据挖掘和社会网络分析与挖掘技术,提供面向话题的专家搜索、权威机构搜索、话题发现和趋势分析、基于话题的社会影响力分析、研究者社会网络关系识别、审稿人推荐、跨领域合作者推荐等功能。

知识图谱能够增强搜索结果,改善用户搜索体验。Watson 是 IBM 公司研发团队历经十余年努力开发出的基于知识图谱的智能机器人,最初的目的是参加美国的一档智力游戏节目《Jeopardy!》,并于 2011 年以绝对优势赢得了人机对抗比赛。除去大规模并行化的部分,Watson 工作原理的核心部分是概率化基于证据的答案生成,根据问题线索不断缩小在结构化知识图谱上的搜索空间,并利用非结构化的文本内容寻找证据支持。对于复杂问题,Watson 采用分治策略,递归地将问题分解为更简单的问题来解决。

知识图谱还可以应用于知识问答,领域大数据分析等。美国 Netflix 公司利用基于其订阅用户的注册信息和观看行为构建的知识图谱,通过分析受众群体、观看偏好、电视剧类型、导演与演员的受欢迎程度等信息,了解到用户很喜欢 Fincher 导演的作品,同时了解到 Spacey 主演的作品总体收视率不错及英剧版的《纸牌屋》很受欢迎这些信息,因此决定拍摄了美剧《纸牌屋》,最终在美国及 40 多个国家成为热门的在线剧集。

### 2.6.5 知识图谱的深度学习方法

传统的知识图谱知识表示方法主要是以资源描述框架 RDF 的三元组 SPO 来符号性描述实体之间的关系。这种表示方法通用简单,受到广泛认可,但是其在计算效率、数据稀疏性等方面面临诸多问题。

近年来,深度学习取得了重要的进展,可以将实体的语义信息表示为稠密低维实值向量,进而在低维空间中高效计算实体、关系及其之间的复杂语义关联,对知识库的构建、推理、融合以及应用均具有重要的意义。

#### 1. 代表模型

代表模型主要有距离模型、单层神经网络模型、双线性模型、神经张量模型、矩阵分解模型、翻译模型等。

(1)距离模型

距离模型是知识库中实体以及关系的结构化表示方法(structured embedding,SE)。

距离模型的基本思想:首先将实体用向量进行表示,然后通过关系矩阵将实体投影到与实体关系对应的向量空间中,最后通过计算投影向量之间的距离来判断实体间已存在的关系的置信度。

距离模型的缺点是由于距离模型中的关系矩阵是两个不同的矩阵,使得协同性较差。

(2)单层神经网络模型

单层神经网络的非线性模型(single layer model,SLM)为知识库中每个三元组(h,r,t)定义了一个评价函数。

单层神经网络模型的非线性操作虽然能够进一步刻画实体在关系下的语义相关性,但它大大增加了计算量。

(3)双线性模型

双线性模型又叫隐变量模型(latent factor model,LFM),主要是通过基于实体间关系的双线性变换来刻画实体在关系下的语义相关性。

双线性模型不仅形式简单,易于计算,还能够有效刻画实体间的协同性。

(4)神经张量模型

神经张量模型在不同的维度下,将实体联系起来,表示实体间复杂的语义联系。神经张量模型在构建实体的向量表示时,是将该实体中的所有单词的向量取平均值。

神经张量模型一方面可以重复使用单词向量构建实体,另一方面将有利于增强低维向量的稠密程度以及实体与关系的语义计算。

(5)矩阵分解模型

矩阵分解模型是通过矩阵分解的方式得到低维的向量表示。知识库中的三元组集合被表示为一个三阶张量,如果该三元组存在,张量中对应位置的元素被置 **1**,否则置为 **0**。

(6)翻译模型

翻译模型将知识库中实体之间的关系看成从实体间的某种平移,并用向量表示。

翻译模型的参数较少,计算的复杂度显著降低。与此同时,翻译模型在大规模稀疏知识库上也同样具有较好的性能和可扩展性。

### 2. 复杂关系模型

知识库中的实体关系类型可分为 1-to-1、1-to-$N$、$N$-to-1、$N$-to-$N$ 等 4 种类型,而复杂关系主要指的是 1-to-$N$、$N$-to-1、$N$-to-$N$ 的 3 种关系类型。

#### (1) TransH 模型

TransH 模型通过不同的形式表示不同关系中的实体结构,对于同一个实体而言,它在不同的关系下也扮演着不同的角色。TransH 使不同的实体在不同的关系下拥有不同的表示形式。由于实体向量被投影到了关系的语义空间中,故它们具有相同的维度。

#### (2) TransR 模型

由于实体、关系是不同的对象,不同的关系所关注的实体的属性也不尽相同,将它们映射到同一个语义空间,在一定程度上就限制了模型的表达能力。TransR 模型首先将知识库中的每个三元组 $(h,r,t)$ 的头实体与尾实体向关系空间中投影,然后希望满足给定的约束关系,最后计算损失函数。

#### (3) TransD 模型

考虑到在知识库的三元组中,头实体和尾实体表示的含义、类型以及属性可能有较大差异,之前的 TransR 模型使它们被同一个投影矩阵进行映射,在一定程度上就限制了模型的表达能力。除此之外,将实体映射到关系空间体现的是从实体到关系的语义联系,而 TransR 模型中提出的投影矩阵仅考虑了不同的关系类型,而忽视了实体与关系之间的交互。因此,TransD 模型分别定义了头实体与尾实体在关系空间上的投影矩阵。

#### (4) TransG 模型

TransG 模型认为一种关系可能会对应多种语义,而每一种语义都可以用一个高斯分布表示。TransG 模型考虑到了关系 r 的不同语义,使用高斯混合模型来描述知识库中每个三元组 $(h,r,t)$ 头实体与尾实体之间的关系,具有较高的实体区分。

## 2.7　小结

### 1. 知识的概念

把有关信息关联在一起所形成的信息结构称为知识。

知识主要具有相对正确性、不确定性、可表示性与可利用性等特性。

造成知识具有不确定性的原因主要有:随机性、模糊性、经验性、不完全性。

### 2. 命题与一阶谓词公式

命题是一个非真即假的陈述句。

谓词的一般形式是:$P(x_1, x_2, \cdots, x_n)$,其中,$P$ 是谓词名,$x_1, x_2, \cdots, x_n$ 是个体。个体可以是常量、变元、函数。

用否定、析取、合取、蕴含、等价等连接词以及全称量词、存在量词把一些简单命题连接起来构成一个复合命题,以表示一个比较复杂的含义。

位于量词后面的单个谓词或者用括弧括起来的谓词公式称为量词的辖域,辖域内与量词中同名的变元称为约束变元,不受约束的变元称为自由变元。

对于谓词公式 $P$,如果至少存在一个解释使得公式 $P$ 在此解释下的真值为 $T$,则称公式 $P$ 是可满足的,否则,则称公式 $P$ 是不可满足的。

当且仅当 $(P_1 \wedge P_2 \wedge \cdots \wedge P_n) \wedge \neg Q$ 是不可满足的,则 $Q$ 为 $P_1, P_2, \cdots, P_n$ 的逻辑结论。

一阶谓词逻辑表示法具有自然、精确、严密、容易实现等优点,但有不能表示不确定的知识、组合爆炸、效率低等缺点。

### 3. 产生式表示法

产生式表示法是目前应用最多的一种知识表示模型,许多成功的专家系统都用它来表示知识。

产生式通常用于表示事实、规则以及它们的不确定性度量。谓词逻辑中的蕴含式只是产生式的一种特殊情况。

产生式不仅可以表示确定性规则,还可以表示各种操作、规则、变换、算子、函数等。产生式不仅可以表示确定性知识,还可以表示不确定性知识。

产生式表示法具有自然性、模块性、有效性、清晰性等优点,但存在效率不高、不能表达具有结构性的知识等缺点,适合表示由许多相对独立的知识元组成的领域知识、具有经验性及不确定性的知识,也可以表示为一系列相对独立的求解问题的操作。

一个产生式系统由规则库、综合数据库、控制系统(推理机)三部分组成。产生式系统求解问题的过程是一个不断地从规则库中选择可用规则与综合数据库中的已知事实进行匹配的过程,规则的每一次成功匹配都使综合数据库增加新的内容,并朝着问题的解决方向前进一步。这一过程称为推理,是专家系统中的核心内容。

### 4. 框架表示法

框架是一种描述所论对象(一个事物、事件或概念)属性的数据结构。

一个框架由若干个被称为"槽"(slot)的结构组成,每一个槽又可根据实际情况划分为若干个"侧面"(faced)。一个槽用于描述所论对象某一方面的属性。一个侧面用于描述相应属性的一个方面。槽和侧面所具有的属性值分别被称为槽值和侧面值。

框架表示法具有结构性、继承性、自然性的特点。

### 5. 语义网络表示法

语义网络是带标识的有向图。其中,带有标识的结点表示问题领域中的物体、概念、事件、动作或者态势。结点之间带有标识的有向弧表示结点之间的语义联系。

比较典型的语义联系有:以个体为中心组织知识的语义联系,包括实例联系、泛化联系、聚集联系、属性联系;以谓词或关系为中心组织知识的语义联系。

语义网络可以表达谓词公式中析取、合取、否定、蕴含以及存在量词、全称量词等关系。

语义推理指的是依据词项之间的语义关系而进行的推理。

### 6. 知识图谱

知识图谱是一种互联网环境下的知识表示方法。知识图谱是由一些相互连接的实体及其属性构成的。

知识图谱的三元组的基本形式主要分为两种形式:(实体1-关系-实体2)、(实体-属性-属性值)。

知识图谱在逻辑上可分为模式层与数据层。数据层主要是由一系列的事实组成,而知识以事实为单位进行存储。模式层构建在数据层之上,是知识图谱的核心。

知识图谱主要有自顶向下与自底向上两种构建方式。自顶向下指的是先为知识图谱定义好本体与数据模式,再将实体加入知识库。自底向上指的是从一些开放链接数据中提取出实体,选择其中置信度较高的加入知识库,再构建顶层的本体模式。

知识抽取是从不同来源、不同结构的数据中进行知识提取,形成知识存入知识图谱。

知识图谱的深度学习方法将实体的语义信息表示为稠密低维实值向量,进而在低维空间中高效计算实体、关系及其之间的复杂语义关联。

## 思考题

2.1　什么是知识？它有哪些特性？有哪几种分类方法？引起知识不确定性的主要原因有哪些？

2.2　什么是知识表示？如何选择知识表示方法？

2.3　什么是命题？请写出三个真值为 $T$ 及真值为 $F$ 的命题。

2.4　什么是谓词？什么是谓词个体及个体域？函数与谓词的区别是什么？

2.5　谓词逻辑和命题逻辑的关系如何？有何异同？

2.6　什么是谓词的项？什么是谓词的阶？请写出谓词的一般形式。

2.7　什么是谓词公式？什么是谓词公式的解释？

2.8　一阶谓词逻辑表示法是结构化知识还是非结构化知识？适合于表示哪种类型的知识？它有哪些特点？

2.9　请写出用一阶谓词逻辑表示法表示知识的步骤。

2.10　产生式的基本形式是什么？它与谓词逻辑中蕴含式有什么共同处和不同处。产生式如何表示知识的不确定性？

2.11　产生式系统由哪几部分组成？

2.12　试述产生式系统求解问题的一般步骤。

2.13　产生式系统中,推理机的推理方式有哪几种？在产生式推理过程中,如果发生策略冲突？如何解决？

2.14　试述产生式表示法的特点。

2.15　框架的一般表示形式是什么？

2.16　框架表示法有何特点？请叙述用框架表示法表示知识的步骤。

2.17　试构造一个描述你的办公室或卧室的框架系统。

2.18　试构造一个描述计算机主机的框架系统。

2.19　在基于语义网络的推理系统中,一般有几种推理方法？简述它们的推理过程。

2.20　给出一个知识图谱实例。

## 习题

2.1　设有下列语句,请用相应的谓词公式把它们表示出来:

（1）有的人喜欢梅花,有的人喜欢菊花,有的人既喜欢梅花又喜欢菊花。

（2）他每天下午都去玩足球。

（3）所有人都有饭吃。

（4）喜欢玩篮球的人必喜欢玩排球。

（5）要想出国留学,必须通过外语考试。

2.2 分别指出下列谓词公式中各量词的辖域,并指出哪些是约束变元,哪些是自由变元。

（1）$(\forall x)(P(x,y) \lor (\exists y)(Q(x,y) \land R(x,y)))$

（2）$(\exists z)(\forall y)(P(z,y) \lor Q(z,x)) \lor R(u,v)$

（3）$(\forall x)(\neg P(x,f(x)) \lor (\exists z)(Q(x,z) \land \neg R(z,y)))$

（4）$(\forall z)((\exists y)((\exists t)(P(z,t) \lor Q(y,t))) \land R(z,y))$

2.3 设 $D=\{1,2\}$,试给出谓词公式 $(\exists x)(\forall y)(P(x,y) \rightarrow Q(x,y))$ 的一个解释,并且指出该谓词公式的真值。

2.4 试用谓词逻辑表达描述下列推理:

（1）如果张三比李四大,那么李四比张三小。

（2）甲和乙结婚了,则或者甲为男,乙为女;或者甲为女,乙为男。

（3）如果一个人是老实人,他就不会说谎;张三说谎了,所以张三不是一个老实人。

2.5 将下列一则消息用框架表示:"今天,一次强度为里氏 8.5 级的强烈地震袭击了下斯洛文尼亚（Low Slabovia）地区,造成 25 人死亡和 5 亿美元的财产损失。下斯洛文尼亚地区的主席说:多年来,靠近萨迪壕金斯（Sadie Haw Kins）断层的重灾区一直是一个危险地区。这是本地区发生的第 3 号地震。"

2.6 用产生式表示:

（1）**异或**（XOR）逻辑。

（2）如果一个人发烧、呕吐、出现黄疸,那么得肝炎的可能性为 7 成。

2.7 把下列语句表示成语义网络描述:

（1）All men are mortal.

（2）Every cloud has a silver lining.

（3）All branch managers of DEC participate in a profit-sharing plan.

2.8 用语义网络表示下列知识:

（1）所有的鸽子都是鸟;

（2）所有的鸽子都有翅膀;

（3）信鸽是一种鸽子,它有翅膀。

2.9 用语义网络表示下列知识:

（1）知更鸟是一种鸟;

（2）鸵鸟是一种鸟;

（3）鸟是会飞的;

（4）鸵鸟不会飞;

（5）CLYDE 是一只知更鸟;

（6）CLYDE 从春天到秋天占一个巢。

2.10 对下列命题分别画出它的语义网络:

（1）每个学生都有多本书；

（2）孙老师从 2 月至 7 月给计算机应用专业讲"网络技术"课程；

（3）王丽萍是天发电脑公司的经理，她 35 岁，住在南内环街 68 号。

2.11　把下列命题用一个语义网络表示出来：

（1）猪和羊都是动物；

（2）猪和羊都是偶蹄动物和哺乳动物；

（3）野猪是猪，但生长在森林中；

（4）山羊是羊，且头上长着角；

（5）绵羊是一种羊，它能生产羊毛。

2.12　把下列命题用一个语义网络表示出来：

（1）树和草都是植物；

（2）树和草是有根和叶子的；

（3）水草是草，且长在水中；

（4）果树是树，且会结果；

（5）苹果树是一种果树，且会结苹果。

第 2 章习题解答

# 第3章　确定性推理方法

前面讨论了知识表示方法。这样就可以把知识用某种模式表示出来存储到计算机中。但是,为使计算机具有智能,仅仅使计算机拥有知识是不够的,还必须使它具有思维能力,即能运用知识求解问题。推理是求解问题的一种重要方法。因此,推理方法成为人工智能的一个重要研究课题。目前,人们已经对推理方法进行了比较多的研究,提出了多种可在计算机上实现的推理方法。

下面首先讨论关于推理的基本概念,然后着重介绍鲁滨逊归结原理及其在机器定理证明和问题求解中的应用。其基本思想是先将要证明的定理表示为谓词公式,并化为子句集,然后再进行归结,如果归结出空子句,则定理得证。鲁滨逊归结原理使定理证明能够在计算机上实现。

## 3.1　推理的基本概念

### 3.1.1　推理的定义

人们在对各种事物进行分析、综合并最后作出决策时,通常是从已知的事实出发,通过运用已掌握的知识,找出其中蕴含的事实,或归纳出新的事实,这一过程通常称为推理,即从初始证据出发,按某种策略不断运用知识库中的已知知识,逐步推出结论的过程称为推理。

推理的定义与分类
讲课视频▲

在人工智能系统中,推理是由程序实现的,称为推理机。已知事实和知识是构成推理的两个基本要素。已知事实又称为证据,用以指出推理的出发点及推理时应该使用的知识;而知识是使推理得以向前推进,并逐步达到最终目标的依据。例如,在医疗诊断专家系统中,专家的经验及医学常识以某种表示形式存储于知识库中。为病人诊治疾病时,推理机就是从存储在综合数据库中的病人症状及化验结果等初始证据出发,按某种搜索策略在知识库中搜寻可与之匹配的知识,推出某些中间结论,然后再以这些中间结论为证据,在知识库中搜索与之匹配的知识,推出进一步的中间结论,如此反复进行,直到最终推出结论,即病人的病因与治疗方案为止。

### 3.1.2　推理方式及其分类

人类的智能活动有多种思维方式。人工智能作为对人类智能的模拟,相应地也有多种推理方式。下面分别从不同的角度对它们进行分类。

#### 1. 演绎推理、归纳推理、默认推理

若从推出结论的途径来划分,推理可分为演绎推理、归纳推理和默认推理。

演绎推理(deductive reasoning)是从全称判断推导出单称判断的过程,即由一般性知识推出适合于某一具体情况的结论。这是一种从一般到个别的推理。

演绎推理是人工智能中一种重要的推理方式。许多智能系统中采用了演绎推理。演绎推理有多种形式,经常用的是三段论式。它包括:

① 大前提:已知的一般性知识或假设。

② 小前提:关于所研究的具体情况或个别事实的判断。

③ 结论:由大前提推出的适合于小前提所示情况的新判断。

下面是一个三段论推理的例子:

① 大前提:足球运动员的身体都是强壮的。

② 小前提:高波是一名足球运动员。

③ 结论:高波的身体是强壮的。

归纳推理(inductive reasoning)是从足够多的事例中归纳出一般性结论的推理过程,是一种从个别到一般的推理。

若从归纳时所选事例的广泛性来划分,归纳推理又可分为完全归纳推理和不完全归纳推理两种。

所谓完全归纳推理是指在进行归纳时考察了相应事物的全部对象,并根据这些对象是否都具有某种属性,从而推出这个事物是否具有这个属性。例如,某厂进行产品质量检查,如果对每一件产品都进行了严格检查,并且都是合格的,则推导出结论“该厂生产的产品合格”。

所谓不完全归纳推理是指考察了相应事物的部分对象,就得出了结论。例如,检查产品质量时,只是随机地抽查了部分产品,只要它们都合格,就得出了“该厂生产的产品合格”的结论。

不完全归纳推理推出的结论不具有必然性,属于非必然性推理,而完全归纳推理是必然性推理。但由于要考察事物的所有对象通常都比较困难,因而大多数归纳推理都是不完全归纳推理。归纳推理是人类思维活动中最基本、最常用的一种推理形式。人们在由个别到一般的思维过程中经常要用到它。

默认推理又称为缺省推理(default reasoning)。它是在知识不完全的情况下假设某些条件已经具备所进行的推理。

例如,在条件 $A$ 已成立的情况下,如果没有足够的证据能证明条件 $B$ 不成立,则默认 $B$ 是成立的,并在此默认的前提下进行推理,推导出某个结论。

由于这种推理允许默认某些条件是成立的,所以在知识不完全的情况下也能进行。在默认推理的过程中,如果到某一时刻发现原先所作的默认不正确,则要撤销所作的默认以及由此默认推出的所有结论,重新按新情况进行推理。

### 2. 确定性推理、不确定性推理

若按推理时所用知识的确定性来划分,推理可分为确定性推理和不确定性推理。

所谓确定性推理是指推理时所用的知识与证据都是确定的,推出的结论也是确定的,其真值或者为真,或者为假,没有第三种情况出现。

本章将讨论的经典逻辑推理就属于这一类。经典逻辑推理是最先提出的一类推理方法,是根据经典逻辑(命题逻辑及一阶谓词逻辑)的逻辑规则进行的一种推理,主要有自然演绎推理、归结演绎推理及与/或形演绎推理等。由于这种推理是基于经典逻辑的,其真值只有“真”和“假”两种,因此它是一种确定性推理。

所谓不确定性推理是指推理时所用的知识与证据不都是确定的,推出的结论也是不确定的。

现实世界中的事物和现象大都是不确定的,或者模糊的,很难用精确的数学模型来表示与处理。不确定性推理又分为似然推理与近似推理或模糊推理,前者是基于概率论的推理,后者是基于模糊逻辑的推理。人们经常在知识不完全、不精确的情况下进行推理,因此,要使计算机能模拟人类的思维活动,就必须使它具有不确定性推理的能力。

**3. 单调推理、非单调推理**

若按推理过程中推出的结论是否越来越接近最终目标来划分,推理又分为单调推理和非单调推理。

单调推理是在推理过程中随着推理向前推进及新知识的加入,推出的结论越来越接近最终目标。

在单调推理的推理过程中不会出现反复的情况,即不会由于新知识的加入否定了前面推出的结论,从而使推理又退回到前面的某一步。本章将要讨论的基于经典逻辑的演绎推理属于单调推理。

非单调推理是在推理过程中由于新知识的加入,不仅没有加强已推出的结论,反而要否定它,使推理退回到前面的某一步,然后重新开始。

非单调推理一般是在知识不完全的情况下发生的。由于知识不完全,为使推理进行下去,就要先做某些假设,并在假设的基础上进行推理,当以后由于新知识的加入发现原先的假设不正确时,就需要推翻该假设以及以此假设推出的所有结论,再用新知识重新进行推理。显然,默认推理是一种非单调推理。

在人们的日常生活及社会实践中,很多情况下进行的推理都是非单调推理。明斯基举了一个非单调推理的例子:当知道 $X$ 是一只鸟时,一般认为 $X$ 会飞,但之后又知道 $X$ 是企鹅,而企鹅是不会飞的,则取消先前加入的 $X$ 能飞的结论,而加入 $X$ 是不会飞的结论。

**4. 启发式推理、非启发式推理**

若按推理中是否运用与推理有关的启发性知识来划分,推理可分为启发式推理(heuristic inference)和非启发式推理。

如果推理过程中运用启发式知识,则称为启发式推理,否则,称为非启发式推理。

所谓启发性知识是指与问题有关且能加快推理过程、求得问题最优解的知识。例如推理的目标是要在脑膜炎、肺炎、流感这三种疾病中选择一个,又设有 $r_1$、$r_2$、$r_3$ 这三条产生式规则可供使用,其中 $r_1$ 推出的是脑膜炎,$r_2$ 推出的是肺炎,$r_3$ 推出的是流感。如果希望尽早地排除脑膜炎这一危险疾病,应该先选用 $r_1$;如果本地区目前正在盛行流感,则应考虑首先选择 $r_3$。这里,"脑膜炎危险"及"目前正在盛行流感"是与问题求解有关的启发性信息。

## 3.1.3　推理的方向

推理过程是求解问题的过程。问题求解的质量与效率不仅依赖于所采用的求解方法(如匹配方法、不确定性的传递算法等),还依赖于求解问题的策略,即推理的控制策略。

推理的控制策略主要包括推理方向、搜索策略、冲突消解策略、求解策略及限制策略等。

推理方向分为正向推理、逆向推理、混合推理及双向推理四种。

推理的方向讲课
视频▲

### 1. 正向推理

正向推理是以已知事实作为出发点的一种推理。

正向推理的基本思想:从用户提供的初始已知事实出发,在知识库KB中找出当前可适用的知识,构成可适用知识集KS,然后按某种冲突消解策略从KS中选出一条知识进行推理,并将推出的新事实加入数据库中作为下一步推理的已知事实,此后再在知识库中选取可适用知识进行推理,如此重复这一过程,直到求得了问题的解或者知识库中再无可适用的知识为止。

由于这种推理方法是从规则的前提向结论进行推理,所以称之为正向推理。由于正向推理是通过动态数据库中的数据来"触发"规则进行推理的,所以又称之为数据驱动的推理。

正向推理的推理过程可用如下算法描述:

① 将用户提供的初始已知事实送入数据库DB。

② 检查数据库DB是否已经包含了问题的解,若有,则求解结束,并成功退出;否则,执行下一步。

③ 根据数据库DB中的已知事实,扫描知识库KB,检查KB中是否有可适用(即可与DB中已知事实匹配)的知识,若有,则转向④,否则转向⑥。

④ 把KB中所有的适用知识都选出来,构成可适用知识集KS。

⑤ 若KS不空,则按某种冲突消解策略从中选出一条知识进行推理,并将推出的新事实加入DB中,然后转向②;若KS空,则转向⑥。

⑥ 询问用户是否可进一步补充新的事实,若可补充,则将补充的新事实加入DB中,然后转向③;否则表示求不出解,失败退出。

以上算法如图3.1所示。

为了实现正向推理,有许多具体问题需要解决。例如,要从知识库中选出可适用的知识,就要用知识库中的知识与数据库中已知事实进行匹配,为此就需要确定匹配的方法。匹配通常难以做到完全一致,因此还需要解决怎样才算是匹配成功的问题。

### 2. 逆向推理

逆向推理是以某个假设目标作为出发点的一种推理。

逆向推理的基本思想是:首先选定一个假设目标,然后寻找支持该假设的证据,若所需的证据都能找到,则说明原假设成立;若无论如何都找不到所需要的证据,说明原假设不成立;为此需要另作新的假设。

由于逆向推理是先假设求解目标成立,然后逆向使用规则进行推理的,所以又称为目标驱动的推理。

逆向推理过程可用如下算法描述:

① 提出要求证的目标(假设)。

② 检查该目标是否已在数据库DB中,若在,则该目标成立,退出推理或者对下一个假设目标进行验证;否则,转下一步。

③ 判断该目标是否是证据,即它是否为应由用户证实的原始事实,若是,则询问用户;否则,转下一步。

④ 在知识库KB中找出所有能导出该假设的知识,形成适用的知识集KS,然后转下一步。

⑤ 从KS中选出一条知识,并将该知识的一个运用条件作为新的假设目标,然后转向②。

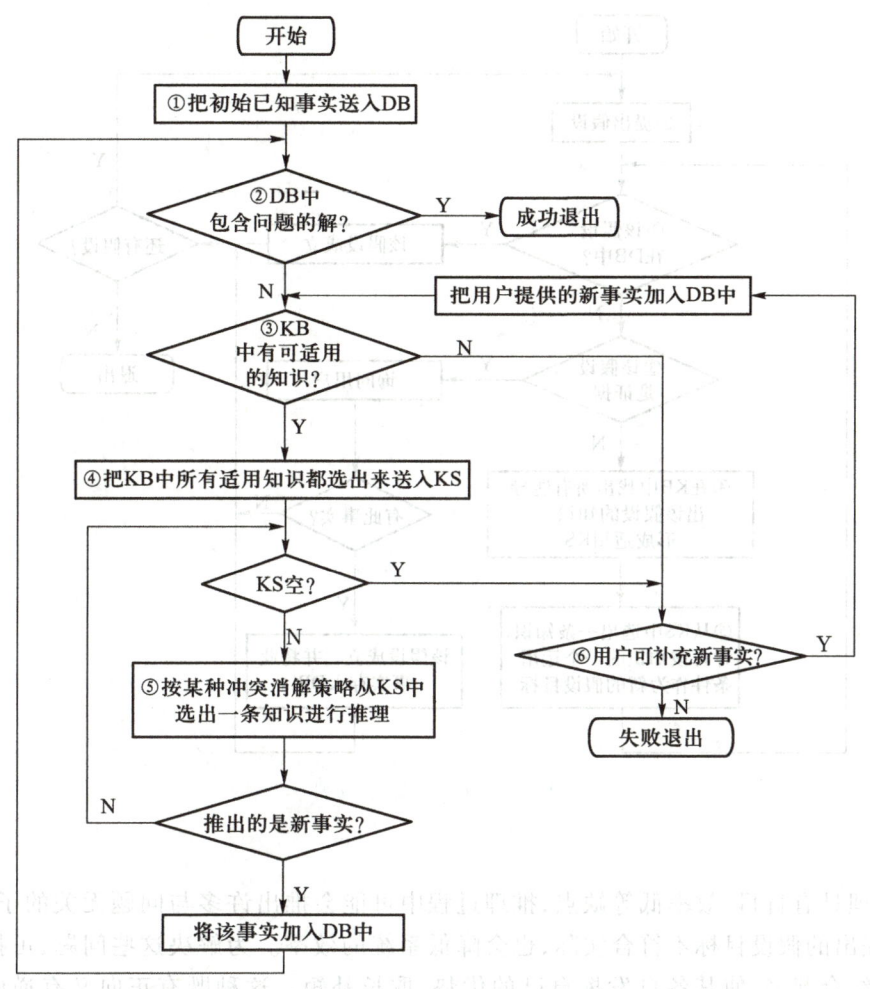

图 3.1　正向推理示意图

该算法可用图 3.2 示意。

与正向推理相比,逆向推理更复杂一些,上述算法只是描述了它的大致过程,许多细节没有反映出来。例如,如何判断一个假设是否是证据? 当导出假设的知识有多条时,如何确定先选哪一条? 另外,一条知识的运用条件一般有多个,当其中的一个经验证成立后,如何自动地换为对另一个的验证? 其次,在验证一个运用条件时,需要把它当作新的假设,并查找可导出该假设的知识,这样就又会产生一组新的运用条件,形成一个树状结构,当到达叶结点(即数据库中有相应的事实或者用户可肯定相应事实存在)时,又需逐层向上返回,返回过程中有可能又要下到下一层,这样上上下下重复多次,才会导出原假设是否成立的结论。这是一个比较复杂的推理过程。

逆向推理的主要优点是不必使用与目标无关的知识,目的性强,同时它还有利于向用户提供解释。其主要缺点是起始目标的选择有盲目性,若不符合实际,就要多次提出假设,影响到系统的效率。

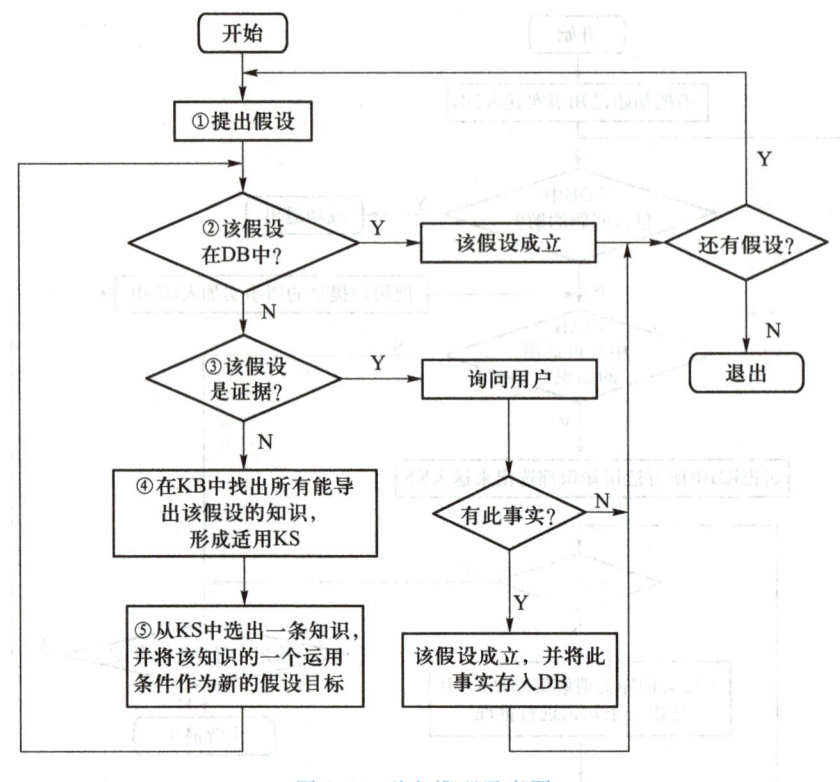

图 3.2   逆向推理示意图

### 3. 混合推理

正向推理具有盲目、效率低等缺点,推理过程中可能会推出许多与问题无关的子目标;逆向推理中,若提出的假设目标不符合实际,也会降低系统的效率。为解决这些问题,可把正向推理与逆向推理结合起来,使其各自发挥自己的优势,取长补短。这种既有正向又有逆向的推理称为混合推理。另外,在下述几种情况下,通常也需要进行混合推理。

（1）已知的事实不充分

当数据库中的已知事实不够充分时,若用这些事实与知识的运用条件进行匹配进行正向推理,可能连一条适用知识都选不出来,这就使推理无法进行下去。此时,可通过正向推理先把其运用条件不能完全匹配的知识都找出来,并把这些知识可导出的结论作为假设,然后分别对这些假设进行逆向推理。由于在逆向推理中可以向用户询问有关证据,这就有可能使推理进行下去。

（2）正向推理推出的结论可信度不高

用正向推理进行推理时,虽然推出了结论,但可信度可能不高,达不到预定的要求。因此为了得到一个可信度符合要求的结论,可用这些结论作为假设,然后进行逆向推理,通过向用户询问进一步的信息,有可能得到一个可信度较高的结论。

（3）希望得到更多的结论

在逆向推理过程中,由于要与用户进行对话,有针对性地向用户提出询问,这就有可能获得一些原来不掌握的有用信息。这些信息不仅可用于证实要证明的假设,同时还有助于推出一些其他结论。因此,在用逆向推理证实了某个假设之后,可以再用正向推理推出另外一些结论。例如在医疗诊断系统中,先用逆向推理证实某病人患有某种病,然后再利用逆向推理过程中获得的信息进行正向推理,就有可能推出该病人还患有别的什么病。

由以上讨论可以看出,混合推理分为两种情况:一种是先进行正向推理,帮助选择某个目标,即从已知事实演绎出部分结果,然后再用逆向推理证实该目标或提高其可信度;另一种情况是先假设一个目标进行逆向推理,然后再利用逆向推理中得到的信息进行正向推理,以推出更多的结论。

先正向后逆向混合推理过程如图 3.3 所示。

先逆向后正向混合推理过程如图 3.4 所示。

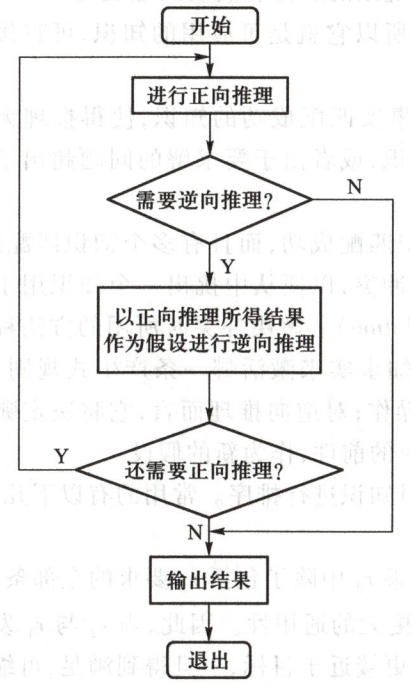 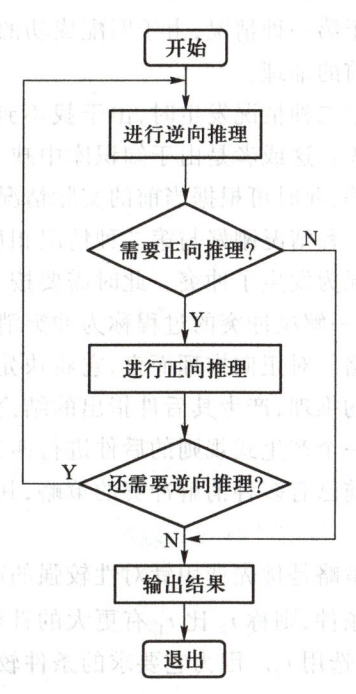

图 3.3　先正向后逆向混合推理过程　　　　图 3.4　先逆向后正向混合推理过程

### 4. 双向推理

在定理的机器证明等问题中,经常采用双向推理。所谓双向推理是指正向推理与逆向推理同时进行,且在推理过程中的某一步骤上"碰头"的一种推理。其基本思想是:一方面根据已知事实进行正向推理,但并不推到最终目标;另一方面从某假设目标出发进行逆向推理,但并不推至原始事实,而是让它们在中途相遇,即由正向推理所得到的中间结论恰好是逆向推理此时所要求的证据,这时推理就可结束,逆向推理时所做的假设就是推理的最终结论。

双向推理的困难在于"碰头"判断。另外,如何权衡正向推理与逆向推理的比重,即如何确定"碰头"的时机也是一个困难问题。

### 3.1.4 冲突消解策略

冲突消解策略讲
课视频▲

在推理过程中,系统要不断地用当前已知的事实与知识库中的知识进行匹配。此时,可能发生如下三种情况:

① 已知事实恰好只与知识库中的一个知识匹配成功。

② 已知事实不能与知识库中的任何知识匹配成功。

③ 已知事实可与知识库中的多个知识匹配成功;或者多个(组)已知事实都可与知识库中的某一个知识匹配成功;或者有多个(组)已知事实可与知识库中的多个知识匹配成功。

这里已知事实与知识库中的知识匹配成功的含义,对正向推理而言,是指产生式规则的前件和已知事实匹配成功;对逆向推理而言,是指产生式规则的后件和假设匹配成功。

对于第一种情况,由于匹配成功的知识只有一个,所以它就是可应用的知识,可直接把它应用于当前的推理。

当第二种情况发生时,由于找不到可与当前已知事实匹配成功的知识,使得推理无法继续进行下去。这或者是由于知识库中缺少某些必要的知识,或者由于要求解的问题超出了系统功能范围等,此时可根据当前的实际情况作相应的处理。

第三种情况刚好与第二种情况相反,它不仅有知识匹配成功,而且有多个知识匹配成功,称这种情况为发生了冲突。此时需要按一定的策略解决冲突,以便从中挑出一个知识用于当前的推理,这一解决冲突的过程称为冲突消解(conflict resolution)。解决冲突时所用的方法称为冲突消解策略。对正向推理而言,它将决定选择哪一组已知事实来激活哪一条产生式规则,使它用于当前的推理,产生其后件指出的结论或执行相应的操作;对逆向推理而言,它将决定哪一个假设与哪一个产生式规则的后件进行匹配,从而推出相应的前件,作为新的假设。

目前已有多种消解冲突的策略,其基本思想都是对知识进行排序。常用的有以下几种。

#### 1. 按规则的针对性排序

本策略是优先选用针对性较强的产生式规则。如果 $r_2$ 中除了包括 $r_1$ 要求的全部条件,还包括其他条件,则称 $r_2$ 比 $r_1$ 有更大的针对性,$r_1$ 比 $r_2$ 有更大的通用性。因此,当 $r_2$ 与 $r_1$ 发生冲突时,优先选用 $r_2$。因为它要求的条件较多,其结论一般更接近于目标,一旦得到满足,可缩短推理过程。

#### 2. 按已知事实的新鲜性排序

在产生式系统的推理过程中,每应用一条产生式规则就会得到一个或多个结论或者执行某个操作,数据库就会增加新的事实。另外,在推理时还会向用户询问有关的信息,也使数据库的内容发生变化。人们把数据库中后生成的事实称为新鲜的事实,即后生成的事实比先生成的事实具有较大的新鲜性。若一条规则被应用后生成了多个结论,则既可以认为这些结论有相同的新鲜性,也可以认为排在前面(或后面)的结论有较大的新鲜性,根据情况决定。

设规则 $r_1$ 可与事实组 $A$ 匹配成功,规则 $r_2$ 可与事实组 $B$ 匹配成功,则 $A$ 与 $B$ 中哪一组较新鲜,与它匹配的产生式规则就先被应用。

如何衡量 $A$ 与 $B$ 中哪一组事实更新鲜呢? 常用的方法有以下三种:

① 把 $A$ 与 $B$ 中的事实逐个比较其新鲜性,若 $A$ 中包含的更新鲜的事实比 $B$ 多,就认为 $A$ 比

$B$ 新鲜。例如,设 $A$ 与 $B$ 中各有五个事实,而 $A$ 中有三个事实比 $B$ 中的事实更新鲜,则认为 $A$ 比 $B$ 新鲜。

② 以 $A$ 中最新鲜的事实与 $B$ 中最新鲜的事实相比较,哪一个更新鲜,就认为相应的事实组更新鲜。

③ 以 $A$ 中最不新鲜的事实与 $B$ 中最不新鲜的事实相比较,哪一个更不新鲜,就认为相应的事实组有较小的新鲜性。

### 3. 按匹配度排序

在不确定性推理中,需要计算已知事实与知识的匹配度,当其匹配度达到某个预先规定的值时,就认为它们是可匹配的。若产生式规则 $r_1$ 与 $r_2$ 都可匹配成功,则优先选用匹配度较大的产生式规则。

### 4. 按条件个数排序

如果有多条产生式规则生成的结论相同,则优先应用条件少的产生式规则,因为条件少的规则匹配时花费的时间较少。

在具体应用时,可对上述几种策略进行组合,尽量减少冲突的发生,使推理有较快的速度和较高的效率。

### 5. 按上下文限制排序

把产生式规则按它们所描述的上下文分成若干组,在不同的条件下,只能从相应的组中选取有关的产生式规则。这样,不仅可以减少冲突的发生,而且由于缩小了搜索范围从而提高了推理的效率。例如食品装袋系统 BAGGER 就是这样做的。它把食品装袋过程分成核对订货、大件物品装袋、中件物品装袋、小件物品装袋四个阶段,每个阶段都有一组产生式规则与之对应。在装袋的不同阶段,只能应用对应组中的产生式规则,指示机器人做相应的工作。

### 6. 按冗余限制排序

如果一条产生式规则被应用后产生冗余知识,就降低它被应用的优先级,产生的冗余知识越多,优先级降低越多。

### 7. 根据领域问题的特点排序

对某些领域问题,事先已知道它的某些特点,则可根据这些特点把知识排成固定的顺序。例如:

① 当领域问题有固定的解题次序时,可按该次序排列相应的知识,排在前面的知识优先被应用。

② 当已知某些产生式规则被应用后会明显地有利于问题的求解时,就使这些产生式规则优先被应用。

### 8. 随机选择

一种最简单的方法是随机选一条产生式规则执行。在逆向推理中也存在冲突消解问题,可采用与正向推理一样的方法解决。

## 3.2 自然演绎推理

从一组已知为真的事实出发,直接运用经典逻辑的推理规则推出结论的过程称为自然演绎推理。其中,基本的推理是 $P$ 规则、$T$ 规则、假言推理、拒取式推理等。

假言推理的一般形式是

$$P, P{\rightarrow}Q{\Rightarrow}Q$$

它表示：由 $P{\rightarrow}Q$ 及 $P$ 为真，可推出 $Q$ 为真。

例如，由"如果 $x$ 是金属，则 $x$ 能导电"及"铜是金属"可推出"铜能导电"的结论。

拒取式推理的一般形式是

$$P{\rightarrow}Q, \neg Q{\Rightarrow}\neg P$$

它表示：由 $P{\rightarrow}Q$ 为真及 $Q$ 为假，可推出 $P$ 为假。

例如，由"如果下雨，则地上就湿"及"地上不湿"可推出"没有下雨"的结论。

这里，应该注意避免如下两类错误：一种是肯定后件（$Q$）的错误，另一种是否定前件（$P$）的错误。

所谓肯定后件是指，当 $P{\rightarrow}Q$ 为真时，希望通过肯定后件 $Q$ 为真来推出前件 $P$ 为真，这是不允许的。

例如伽利略在论证哥白尼的日心说时，曾使用了如下推理：

① 如果行星系统是以太阳为中心的，则金星会显示出位相变化。

② 金星显示出位相变化（肯定后件）。

③ 所以，行星系统是以太阳为中心。

因为这里使用了肯定后件的推理，违反了经典逻辑规则，他为此遭到非难。

所谓否定前件是指，当 $P{\rightarrow}Q$ 为真时，希望通过否定前件 $P$ 来推出后件 $Q$ 为假，这也是不允许的。例如下面的推理就是使用了否定前件的推理，违反了逻辑规则：

① 如果下雨，则地上是湿的。

② 没有下雨（否定前件）。

③ 所以，地上不湿。

这显然是不正确的。因为当地上洒水时，地上也会湿。事实上，只要仔细分析蕴含 $P{\rightarrow}Q$ 的定义，就会发现当 $P{\rightarrow}Q$ 为真时，肯定后件或否定前件所得的结论既可能为真，也可能为假，不能确定。

下面举例说明自然演绎推理方法。

**例 3.1**　设已知如下事实：

（1）凡是容易的课程小王（Wang）都喜欢；

（2）C 班的课程都是容易的；

（3）ds 是 C 班的一门课程。

求证：小王喜欢 ds 这门课程。

**证明**　首先定义谓词：

$EASY(x)$：$x$ 是容易的；

$LIKE(y, x)$：$y$ 喜欢 $x$；

$C(x)$：$x$ 是 C 班的一门课程。

把上述已知事实及待求证的问题用谓词公式表示出来：

$(\forall x)(EASY(x){\rightarrow}LIKE(Wang, x))$　　凡是容易的课程小王都是喜欢的；

$(\forall x)(C(x){\rightarrow}EASY(x))$　　　　　　　C 班的课程都是容易的；

$$C(ds)$$
$$LIKE(Wang,ds)$$

ds 是 C 班的课程；

小王喜欢 ds 这门课程,这是待求证的问题。

应用推理规则进行推理:

因为

$$(\forall x)(EASY(x)\rightarrow LIKE(Wang,x))$$

所以由全称固化得

$$EASY(z)\rightarrow LIKE(Wang,z)$$

因为

$$(\forall x)(C(x)\rightarrow EASY(x))$$

所以由全称固化得

$$C(y)\rightarrow EASY(y)$$

由 P 规则及假言推理得

$$C(ds),C(y)\rightarrow EASY(y)\Rightarrow EASY(ds)$$
$$EASY(ds),EASY(z)\rightarrow LIKE(Wang,z)$$

由 T 规则及假言推理得

$$LIKE(Wang,ds)$$

即小王喜欢 ds 这门课程。

一般来说,由已知事实推出的结论可能有多个,只要其中包括了待证明的结论,就认为问题得到了解决。

自然演绎推理的优点是表达定理证明过程自然,容易理解,而且它拥有丰富的推理规则,推理过程灵活,便于在它的推理规则中嵌入领域启发式知识。其缺点是容易产生组合爆炸,推理过程得到的中间结论一般呈指数形式递增,这对于一个大的推理问题来说是十分不利的。

## 3.3 谓词公式化为子句集的方法

在谓词逻辑中,有下述定义:

原子(atom)谓词公式是一个不能再分解的命题。

原子谓词公式及其否定,统称为文字(literal)。$P$ 称为正文字,$\neg P$ 称为负文字。$P$ 与 $\neg P$ 为互补文字。

任何文字的析取式称为子句(clause)。任何文字本身也都是子句。

由子句构成的集合称为子句集。

不包含任何文字的子句称为空子句,表示为 $NIL$。

由于空子句不含有文字,它不能被任何解释满足,所以,空子句是永假的、不可满足的。

在谓词逻辑中,任何一个谓词公式都可以通过应用等价关系及推理规则化成相应的子句集,从而能够比较容易地判定谓词公式的不可满足性。下面结合具体的例子,说明把谓词公式化为子句集的步骤。

归结演绎推理讲

课视频 ▲

谓词公式化成子
句集讲课视频▲

**例 3.2**　将下列谓词公式化为子句集：

$$(\forall x)((\forall y)P(x,y)\rightarrow\neg(\forall y)(Q(x,y)\rightarrow R(x,y)))$$

**解**　（1）消去谓词公式中的"→"和"↔"符号

利用谓词公式的等价关系

$$P\rightarrow Q\Leftrightarrow\neg P\vee Q$$
$$P\leftrightarrow Q\Leftrightarrow(P\wedge Q)\vee(\neg P\wedge\neg Q)$$

上例等价变换为

$$(\forall x)(\neg(\forall y)P(x,y)\vee\neg(\forall y)(\neg Q(x,y)\vee R(x,y)))$$

（2）把否定符号移到紧靠谓词的位置上

利用谓词公式的等价关系

双重否定律　$\neg(\neg P)\Leftrightarrow P$

德·摩根律　$\neg(P\wedge Q)\Leftrightarrow\neg P\vee\neg Q$

$\qquad\qquad\neg(P\vee Q)\Leftrightarrow\neg P\wedge\neg Q$

量词转换律　$\neg(\forall x)P\Leftrightarrow(\exists x)\neg P$

$\qquad\qquad\neg(\exists x)P\Leftrightarrow(\forall x)\neg P$

把否定符号移到紧靠谓词的位置上，减少了否定符号的辖域。

上例等价变换为

$$(\forall x)((\exists y)\neg P(x,y)\vee(\exists y)(Q(x,y)\wedge\neg R(x,y)))$$

（3）变量标准化

所谓变量标准化就是重新命名变元，使每个量词采用不同的变元，从而使不同量词的约束变元有不同的名字。这是因为在任一量词辖域内，受到该量词约束的变元为一哑元（虚构变量），它可以在该辖域内被另一个没有出现过的任意变元统一代替，而不改变谓词公式的值

$$(\forall x)P(x)\equiv(\forall y)P(y)$$
$$(\exists x)P(x)\equiv(\exists y)P(y)$$

上例等价变换为

$$(\forall x)((\exists y)\neg P(x,y)\vee(\exists z)(Q(x,z)\wedge\neg R(x,z)))$$

（4）消去存在量词

分两种情况：

一种情况是存在量词不出现在全称量词的辖域内。此时只要用一个新的个体常量替换受该存在量词约束的变元，就可以消去存在量词。因为如原谓词公式为真，则总能够找到一个个体常量，替换后仍然使谓词公式为真。这里的个体常量就是不含变量的 Skolem 函数。

另一种情况是存在量词出现在一个或者多个全称量词的辖域内。此时要用 Skolem 函数替换受该存在量词约束的变元，从而消去存在量词。这里认为所存在的 $y$ 依赖于 $x$ 值，它们的依赖关系由 Skolem 函数所定义。

对于一般情况

$$(\forall x_1)(\forall x_2)\cdots(\forall x_n)(\exists y)P(x_1,x_2,\cdots,x_n,y)$$

存在量词 $y$ 的 Skolem 函数记为

$$y=f(x_1,x_2,\cdots,x_n)$$

Skolem 函数所使用的函数符号必须是新的。可见,Skolem 函数把每个 $x_1, x_2, \cdots, x_n$ 值,映射到存在的那个 $y$。

用 Skolem 函数代替每个存在量词量化的变量的过程称为 Skolem 化。

对于上面的例子,存在量词( $\exists y$ )及( $\exists z$ )都位于全称量词( $\forall x$ )的辖域内,所以都需要用 Skolem 函数代替。设 $y$ 和 $z$ 的 Skolem 函数分别记为 $f(x)$ 和 $g(x)$,则替换后得到

$$(\forall x)(\neg P(x, f(x)) \vee (Q(x, g(x)) \wedge \neg R(x, g(x))))$$

(5) 化为前束形

所谓前束形,就是把所有的全称量词都移到公式的前面,使每个量词的辖域都包括公式后的整个部分,即

$$前束形 = (前缀)\{母式\}$$

其中,(前缀)是全称量词串,$\{母式\}$是不含量词的谓词公式。

对于上面的例子,因为只有一个全称量词,而且已经位于公式的最左边,所以,这一步不需要做任何工作。

(6) 化为 Skolem 标准形

Skolem 标准形的一般形式是

$$(\forall x_1)(\forall x_2)\cdots(\forall x_n)M$$

其中,$M$ 是子句的合取式,称为 Skolem 标准形的母式。

一般利用

$$P \vee (Q \wedge R) \Leftrightarrow (P \vee Q) \wedge (P \vee R)$$

或

$$P \wedge (Q \vee R) \Leftrightarrow (P \wedge Q) \vee (P \wedge R)$$

把谓词公式化为 Skolem 标准形。

对于上面的例子,有

$$(\forall x)((\neg P(x, f(x)) \vee Q(x, g(x))) \wedge (\neg P(x, f(x)) \vee \neg R(x, g(x))))$$

(7) 略去全称量词

由于公式中所有变量都是全称量词量化的变量,因此,可以省略全称量词。母式中的变量仍然认为是全称量词量化的变量。

对于上面的例子,有

$$(\neg P(x, f(x)) \vee Q(x, g(x))) \wedge (\neg P(x, f(x)) \vee \neg R(x, g(x)))$$

(8) 消去合取词,把母式用子句集表示

对于上面的例子,有

$$\{\neg P(x, f(x)) \vee Q(x, g(x)), \neg P(x, f(x)) \vee \neg R(x, g(x))\}$$

(9) 子句变量标准化,即使每个子句中的变量符号不同

这是由于谓词公式的性质

$$(\forall x)[P(x) \wedge Q(x)] \equiv (\forall x)P(x) \wedge (\forall y)Q(y)$$

对于上面的例子,有

$$\{\neg P(x, f(x)) \vee Q(x, g(x)), \neg P(y, f(y)) \vee \neg R(y, g(y))\}$$

注意:在子句集中各子句之间是合取关系。

上面介绍了将谓词公式化为子句集的步骤。下面再举几个例子进一步说明。

**例 3.3**　将下列谓词公式化为子句集：

$$(\forall x)\{[\neg P(x)\lor\neg Q(x)]\to(\exists y)[S(x,y)\land Q(x)]\}\land(\forall x)[P(x)\lor B(x)]$$

**解**　(1) 消去蕴含符号

$$(\forall x)\{\neg[\neg P(x)\lor\neg Q(x)]\lor(\exists y)[S(x,y)\land Q(x)]\}\land(\forall x)[P(x)\lor B(x)]$$

谓词公式化为子句集举例讲课视频▲

(2) 把否定符号移到每个谓词前面

$$(\forall x)\{[P(x)\land Q(x)]\lor(\exists y)[S(x,y)\land Q(x)]\}\land(\forall x)[P(x)\lor B(x)]$$

(3) 变量标准化

$$(\forall x)\{[P(x)\land Q(x)]\lor(\exists y)[S(x,y)\land Q(x)]\}\land(\forall w)[P(w)\lor B(w)]$$

(4) 消去存在量词

设 $y$ 的 Skolem 函数是 $f(x)$，则

$$(\forall x)\{[P(x)\land Q(x)]\lor[S(x,f(x))\land Q(x)]\}\land(\forall w)[P(w)\lor B(w)]$$

(5) 化为前束形

$$(\forall x)(\forall w)\{\{[P(x)\land Q(x)]\lor[S(x,f(x))\land Q(x)]\}\land[P(w)\lor B(w)]\}$$

(6) 化为 Skolem 标准形

根据

$$P\land(Q\lor R)\Leftrightarrow(P\land Q)\lor(P\land R)$$

或者

$$(P\land Q)\lor(P\land R)\Leftrightarrow P\land(Q\lor R)$$

可以得到

$$(\forall x)(\forall w)\{\{[Q(x)\land P(x)]\lor[Q(x)\land S(x,f(x))]\}\land[P(w)\lor B(w)]\}$$
$$(\forall x)(\forall w)\{Q(x)\land[P(x)\lor S(x,f(x))]\land[P(w)\lor B(w)]\}$$

(7) 略去全称量词

$$Q(x)\land[P(x)\lor S(x,f(x))]\land[P(w)\lor B(w)]$$

(8) 消去合取词，把母式用子句集表示

$$\{Q(x),P(x)\lor S(x,f(x)),P(w)\lor B(w)\}$$

(9) 子句变量标准化，即使每个子句中的变量符号不同

$$\{Q(x),P(y)\lor S(y,f(y)),P(w)\lor B(w)\}$$

**例 3.4**　将下列谓词公式化为子句集：

$$(\forall x)\{P(x)\to\{(\forall y)[P(y)\to P(f(x,y))]\land\neg(\forall y)[Q(x,y)\to P(y)]\}\}$$

**解**　(1) 消去蕴含符号

$$(\forall x)\{\neg P(x)\lor\{(\forall y)[\neg P(y)\lor P(f(x,y))]\land\neg(\forall y)[\neg Q(x,y)\lor P(y)]\}\}$$

(2) 把否定符号移到每个谓词前面

$$(\forall x)\{\neg P(x)\lor\{(\forall y)[\neg P(y)\lor P(f(x,y))]\land(\exists y)\{\neg[\neg Q(x,y)\lor P(y)]\}\}\}$$
$$(\forall x)\{\neg P(x)\lor\{(\forall y)[\neg P(y)\lor P(f(x,y))]\land(\exists y)[Q(x,y)\land\neg P(y)]\}\}$$

（3）变量标准化

$$(\forall x)\{\neg P(x)\vee\{(\forall y)[\neg P(y)\vee P(f(x,y))]\wedge(\exists w)[Q(x,w)\wedge\neg P(w)]\}\}$$

（4）消去存在量词

设 $w$ 的 Skolem 函数是 $g(x)$，则

$$(\forall x)\{\neg P(x)\vee\{(\forall y)[\neg P(y)\vee P(f(x,y))]\wedge[Q(x,g(x))\wedge\neg P(g(x))]\}\}$$

（5）化为前束形

$$(\forall x)(\forall y)\{\neg P(x)\vee\{[\neg P(y)\vee P(f(x,y))]\wedge[Q(x,g(x))\wedge\neg P(g(x))]\}\}$$

（6）化为 Skolem 标准形

$$(\forall x)(\forall y)\{[\neg P(x)\vee\neg P(y)\vee P(f(x,y))]\wedge$$
$$[\neg P(x)\vee Q(x,g(x))]\wedge[\neg P(x)\vee\neg P(g(x))]\}$$

（7）略去全称量词

$$\{[\neg P(x)\vee\neg P(y)\vee P(f(x,y))]\wedge[\neg P(x)\vee Q(x,g(x))]\wedge[\neg P(x)\vee\neg P(g(x))]\}$$

（8）消去合取词，把母式用子句集表示

$$\{\neg P(x)\vee\neg P(y)\vee P(f(x,y)),\neg P(x)\vee Q(x,g(x)),\neg P(x)\vee\neg P(g(x))\}$$

（9）子句变量标准化，即使每个子句中的变量符号不同

$$\{\neg P(x_1)\vee\neg P(y)\vee P(f(x_1,y)),\neg P(x_2)\vee Q(x_2,g(x_2)),\neg P(x_3)\vee\neg P(g(x_3))\}$$

**例 3.5**　将下列谓词公式化为不含存在量词的前束形：

$$(\exists x)(\forall y)((\forall z)(P(z)\wedge\neg Q(x,z))\to R(x,y,f(a)))$$

**解**　消去存在量词，得

$$(\forall y)((\forall z)(P(z)\wedge\neg Q(b,z))\to R(b,y,f(a)))$$

消去蕴含符号，得

$$(\forall y)(\neg(\forall z)(P(z)\wedge\neg Q(b,z))\vee R(b,y,f(a)))$$
$$(\forall y)((\exists z)(\neg P(z)\vee Q(b,z))\vee R(b,y,f(a)))$$

设 $z$ 的 Skolem 函数是 $g(y)$，则

$$(\forall y)(\neg P(g(y))\vee Q(b,g(y))\vee R(b,y,f(a)))$$

上面把谓词公式化成了相应的子句集，下面的定理表明两者的不可满足性是等价的。

**定理 3.1**　谓词公式不可满足的充要条件是其子句集不可满足。

由此定理可知，要证明一个谓词公式是不可满足的，只要证明相应的子句集是不可满足的就可以了。如何证明一个子句集是不可满足的呢？下面分别介绍海伯伦定理及鲁宾孙归结原理。

## 3.4 海伯伦定理

从前面的分析可以看出，谓词公式的不可满足性分析可以转化为子句集中子句的不可满足性分析。为了判定子句集的不可满足性，就需要对子句集中的子句进行判定。而为了判定一个子句的不可满足性，需要对个体域上的一切解释逐个地进行判定，只有当子句对任何非空个体域上的任何一个解释都是不可满足时，才能判定该子句是不可满足的，这是一件非常困难的工作。针对这一情况，1930 年，法国数学家海伯伦（Herbrand）构造了一个特殊的域，称为海伯

海伯伦定理讲课
视频▲

伦域,并证明只要对子句在海伯伦域上的一切解释进行判定,就可得知子句集是否不可满足,从而使问题得到简化。

下面给出海伯伦域的定义及其构造方法。

**定义 3.1** 设 $S$ 为子句集,则按下述方法构造的域 $H_\infty$ 称为海伯伦域,简记为 $H$ 域。

① 令 $H_0$ 是 $S$ 中所有个体常量的集合,若 $S$ 中不包含个体常量,则令 $H_0 = \{a\}$,其中 $a$ 为任意指定的一个个体常量。

② 令 $H_{i+1} = H_i \cup \{S$ 中所有 $n$ 元函数 $f(x_1, \cdots, x_n) \mid x_j (j = 1, \cdots, n)$ 是 $H_i$ 中的元素$\}$,其中,$i = 0, 1, 2, \cdots$。

可见,$H$ 是一个可数无穷集。

下面用例子说明海伯伦域的构造方法。

**例 3.6** 求子句集 $S = \{P(x) \lor Q(x), R(f(y))\}$ 的 $H$ 域。

**解** 在此例中没有个体常量,根据 $H$ 域的定义可以任意指定一个常量 $a$ 作为个体常量,于是得到

$H_0 = \{a\}$

$H_1 = H_0 \cup \{f(a)\} = \{a\} \cup \{f(a)\} = \{a, f(a)\}$

$H_2 = H_1 \cup \{f(a), f(f(a))\} = \{a, f(a), f(f(a))\}$

$H_3 = \{a, f(a), f(f(a)), f(f(f(a)))\}$

$\vdots$

$H_\infty = \{a, f(a), f(f(a)), f(f(f(a))), \cdots\}$

**例 3.7** 求子句集 $S = \{P(a), Q(b), R(f(x))\}$ 的 $H$ 域。

**解** 根据 $H$ 域的定义得到

$H_0 = \{a, b\}$

$H_1 = H_0 \cup \{f(a), f(b)\} = \{a, b, f(a), f(b)\}$

$H_2 = H_1 \cup \{f(a), f(b), f(f(a)), f(f(b))\} = \{a, b, f(a), f(b), f(f(a)), f(f(b))\}$

$\vdots$

**例 3.8** 求子句集 $S = \{P(a), Q(f(x)), R(g(y))\}$ 的 $H$ 域。

**解** 根据 $H$ 域的定义得到

$H_0 = \{a\}$

$H_1 = \{a, f(a), g(a)\}$

$H_2 = \{a, f(a), g(a), f(g(a)), g(f(a)), f(f(a)), g(g(a))\}$

$\vdots$

**例 3.9** 求子句集 $S = \{P(x), Q(y) \lor R(y)\}$ 的 $H$ 域。

**解** 由于该子句中既无个体常量,又无函数,所以可以任意指定一个常量 $a$ 作为个体常量,从而得到

$$H_0 = H_1 = \cdots = H_\infty = \{a\}$$

如果用 $H$ 域中的元素代换子句中的变元,则所得子句称为基子句,其中的谓词称为基原子。子句集中所有基原子构成的集合称为原子集。子句集 $S$ 在 $H$ 域上的解释就是对 $S$ 中出现的常量、函数及谓词取值,一次取值就是一个解释。下面给出 $S$ 在 $H$ 域上解释的定义。

**定义 3.2**　子句集 $S$ 在 $H$ 域上的一个解释 $I$ 满足下列条件：

① 在解释 $I$ 下，常量映射到自身。

② $S$ 中的一个 $n$ 元函数是 $H^n \rightarrow H$ 的映射，即设 $h_1, h_2, \cdots, h_n \in H$，则 $f(h_1, h_2, \cdots, h_n) \in H$。

③ $S$ 中的任一个 $n$ 元谓词是 $H^n \rightarrow \{T, F\}$ 的映射，即谓词的真值可以指派为 $T$，也可以指派为 $F$。

**例 3.10**　设子句集 $S = \{P(a), Q(f(x))\}$，它的 $H$ 域为 $\{a, f(a), f(f(a)), \cdots\}$。$S$ 的原子集为 $\{P(a), Q(f(a)), Q(f(f(a))), \cdots\}$，则 $S$ 的解释为

$$I_1 = \{P(a), Q(f(a)), Q(f(f(a))), \cdots\}$$
$$I_2 = \{P(a), \neg Q(f(a)), Q(f(f(a))), \cdots\}$$
$$\vdots$$

一般来说，一个子句集的基原子有无限多个，它在 $H$ 域上的解释也有无限多个。可以证明，对给定域 $D$ 上的任一个解释，总能在 $H$ 域上构造一个解释与它对应。如果 $D$ 域上的解释能满足子句集 $S$，则在 $H$ 域上的相应解释也能满足 $S$。子句集 $S$ 不可满足的充要条件是 $S$ 对 $H$ 域上的一切解释都为假。由此可推出如下海伯伦定理。

**定理 3.2**　（海伯伦定理）子句集 $S$ 不可满足的充要条件是存在一个有限的不可满足的基子句集 $S'$。

**证明**　（1）充分性证明

设子句集 $S$ 有一个不可满足的基子句集 $S'$，因为它不可满足，所以一定存在一个解释 $I'$ 使 $S'$ 为假。根据 $H$ 域上的解释与 $D$ 域上的解释的对应关系，可知在 $D$ 域上一定存在一个解释使 $S$ 不可满足，即子句集 $S$ 是不可满足的。

（2）必要性证明

设子句集 $S$ 不可满足，因此 $S$ 对 $H$ 域上的一切解释都为假，这样必然存在一个基子句集 $S'$，且它是不可满足的。

海伯伦定理奠定了推理算法的理论基础，但由上面的讨论不难看出，海伯伦只是从理论上给出了证明子句不可满足性的可行性，但要在计算机上实现其证明过程却是很困难的。直到 1965 年鲁滨逊提出了归结原理，大大简化了判定步骤，使推理算法达到了可实用的程度，才使机器定理证明达到了应用阶段。

海伯伦定理是逻辑推理中的一个核心定理。人工智能定理证明的最高奖就是以 Herbrand 命名的。

## 3.5　鲁滨逊归结原理

鲁滨逊归结原理（Robinson resolution principle）又称为消解原理，是鲁滨逊提出的一种证明子句集不可满足性，从而实现定理证明的理论及方法。它是机器定理证明的基础。

由谓词公式转化为子句集的过程可以看出，在子句集中子句之间是合取关系，其中只要有一个子句不可满足，则子句集就不可满足。由于空子句是不可

鲁滨逊归结原理
讲课视频 ▲

满足的,所以,若一个子句集中包含空子句,则这个子句集一定是不可满足的。鲁滨逊归结原理就是基于这个思想提出来的。其基本方法是:检查子句集 $S$ 中是否包含空子句,若包含,则 $S$ 不可满足;若不包含,就在子句集中选择合适的子句进行归结,一旦通过归结得到空子句,就说明子句集 $S$ 是不可满足的。

下面对命题逻辑及谓词逻辑分别给出归结的定义。

### 3.5.1  命题逻辑中的归结原理

**定义 3.3**  设 $C_1$ 与 $C_2$ 是子句集中的任意两个子句,如果 $C_1$ 中的文字 $L_1$ 与 $C_2$ 中的文字 $L_2$ 互补,那么从 $C_1$ 和 $C_2$ 中分别消去 $L_1$ 和 $L_2$,并将两个子句中余下的部分析取,构成一个新子句 $C_{12}$,这一过程称为归结。$C_{12}$ 称为 $C_1$ 和 $C_2$ 的归结式,$C_1$ 和 $C_2$ 称为 $C_{12}$ 的亲本子句。

下面举例说明具体的归结方法。

例如,在子句集中取两个子句 $C_1 = P, C_2 = \neg P$,可见,$C_1$ 与 $C_2$ 是互补文字,则通过归结可得归结式 $C_{12} = NIL$。这里 $NIL$ 代表空子句。

又如,设 $C_1 = \neg P \vee Q \vee R, C_2 = \neg Q \vee S$,可见,这里 $L_1 = Q, L_2 = \neg Q$,通过归结可得归结式 $C_{12} = \neg P \vee R \vee S$。

例如,设 $C_1 = \neg P \vee Q, C_2 = \neg Q \vee R, C_3 = P$。

首先对 $C_1$ 和 $C_2$ 进行归结,得到

$$C_{12} = \neg P \vee R$$

然后再用 $C_{12}$ 与 $C_3$ 进行归结,得到

$$C_{123} = R$$

如果首先对 $C_1$ 和 $C_3$ 进行归结,然后再把其归结式与 $C_2$ 进行归结,将得到相同的结果。

归结可用一棵树直观地表示出来。上面的归结过程可用图 3.5 表示。

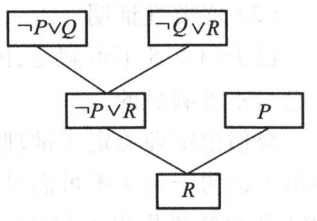

图 3.5  归结过程的树形表示

**定理 3.3**  归结式 $C_{12}$ 是其亲本子句 $C_1$ 与 $C_2$ 的逻辑结论。即如果 $C_1$ 与 $C_2$ 为真,则 $C_{12}$ 为真。

**证明**  设 $C_1 = L \vee C_1', C_2 = \neg L \vee C_2'$,通过归结可以得到 $C_1$ 和 $C_2$ 的归结式 $C_{12} = C_1' \vee C_2'$。

因为
$$C_1' \vee L \Leftrightarrow \neg C_1' \rightarrow L$$
$$\neg L \vee C_2' \Leftrightarrow L \rightarrow C_2'$$

所以
$$C_1 \wedge C_2 = (\neg C_1' \rightarrow L) \wedge (L \rightarrow C_2')$$

根据假言三段论得到
$$(\neg C_1' \rightarrow L) \wedge (L \rightarrow C_2') \Rightarrow \neg C_1' \rightarrow C_2'$$

因为
$$\neg C_1' \rightarrow C_2' \Leftrightarrow C_1' \vee C_2' = C_{12}$$

所以
$$C_1 \wedge C_2 \Rightarrow C_{12}$$

由逻辑结论的定义即由 $C_1 \wedge C_2$ 的不可满足性可推出 $C_{12}$ 的不可满足性,可知 $C_{12}$ 是其亲本子句 $C_1$ 和 $C_2$ 的逻辑结论。

(证毕)

这个定理是归结原理中的一个很重要的定理。由它可得到如下两个重要的推论。

**推论 1**　设 $C_1$ 与 $C_2$ 是子句集 $S$ 中的两个子句，$C_{12}$ 是它们的归结式，若用 $C_{12}$ 代替 $C_1$ 和 $C_2$ 后得到新子句集 $S_1$，则由 $S_1$ 不可满足性可推出原子句集 $S$ 的不可满足性，即

$$S_1 \text{ 的不可满足性} \Rightarrow S \text{ 的不可满足性}$$

**推论 2**　设 $C_1$ 与 $C_2$ 是子句集 $S$ 中的两个子句，$C_{12}$ 是它们的归结式，若把 $C_{12}$ 加入原子句集 $S$ 中，得到新子句集 $S_2$，则 $S$ 与 $S_2$ 在不可满足的意义上是等价的，即

$$S_2 \text{ 的不可满足性} \Leftrightarrow S \text{ 的不可满足性}$$

这两个推论说明：为要证明子句集 $S$ 的不可满足性，只要对其中可进行归结的子句进行归结，并把归结式加入子句集 $S$，或者用归结式替换它的亲本子句，然后对新子句集（$S_1$ 或 $S_2$）证明不可满足性就可以了。注意到空子句是不可满足的，因此，如果经过归结能得到空子句，则立即可得到原子句集 $S$ 是不可满足的结论。这就是用归结原理证明子句集不可满足性的基本思想。

在命题逻辑中，对不可满足的子句集 $S$，归结原理是完备的，即若子句集不可满足，则必然存在一个从 $S$ 到空子句的归结演绎；若存在一个从 $S$ 到空子句的归结演绎，则 $S$ 一定是不可满足的。但是对于可满足的子句集 $S$，用归结原理则得不到任何结果。

### 3.5.2　谓词逻辑中的归结原理

在谓词逻辑中，由于子句中含有变元，所以不像命题逻辑那样可直接消去互补文字，而需要先用最一般合一对变元进行代换，然后才能进行归结。

例如，设有如下两个子句

$$C_1 = P(x) \vee Q(x)$$
$$C_2 = \neg P(a) \vee R(y)$$

由于 $P(x)$ 与 $P(a)$ 不同，所以 $C_1$ 与 $C_2$ 不能直接进行归结，但若用最一般合一

$$\sigma = \{a/x\}$$

对两个子句分别进行代换

$$C_1\sigma = P(a) \vee Q(a)$$
$$C_2\sigma = \neg P(a) \vee R(y)$$

就可对它们进行直接归结，消去 $P(a)$ 与 $\neg P(a)$，得到如下归结式

$$Q(a) \vee R(y)$$

下面给出谓词逻辑中关于归结的定义。

**定义 3.4**　设 $C_1$ 与 $C_2$ 是两个没有相同变元的子句，$L_1$ 和 $L_2$ 分别是 $C_1$ 和 $C_2$ 中的文字，若 $\sigma$ 是 $L_1$ 和 $\neg L_2$ 的最一般合一，则称

$$C_{12} = (C_1\sigma - \{L_1\sigma\}) \vee (C_2\sigma - \{L_2\sigma\})$$

为 $C_1$ 和 $C_2$ 的二元归结式。

**例 3.11**　设 $C_1 = P(a) \vee \neg Q(x) \vee R(x)$，$C_2 = \neg P(y) \vee Q(b)$，求其二元归结式。

**解**　若选 $L_1 = P(a)$，$L_2 = \neg P(y)$，则 $\sigma = \{a/y\}$ 是 $L_1$ 与 $\neg L_2$ 的最一般合一。因此，

$$C_1\sigma = P(a) \vee \neg Q(x) \vee R(x)$$

$$C_2\sigma = \neg\, P(a) \vee Q(b)$$

根据定义可得

$$
\begin{aligned}
C_{12} &= (C_1\sigma - \{L_1\sigma\}) \vee (C_2\sigma - \{L_2\sigma\}) \\
&= (\{P(a), \neg\, Q(x), R(x)\} - \{P(a)\}) \vee (\{\neg\, P(a), Q(b)\} - \{\neg\, P(a)\}) \\
&= (\{\neg\, Q(x), R(x)\}) \vee (\{Q(b)\}) \\
&= \{\neg\, Q(x), R(x), Q(b)\} \\
&= \neg\, Q(x) \vee R(x) \vee Q(b)
\end{aligned}
$$

若选 $L_1 = \neg\, Q(x), L_2 = Q(b), \sigma = \{b/x\}$，则可得

$$
\begin{aligned}
C_{12} &= (\{P(a), \neg\, Q(b), R(b)\} - \{\neg\, Q(b)\}) \vee (\{\neg\, P(y), Q(b)\} - \{Q(b)\}) \\
&= (\{P(a), R(b)\}) \vee (\{\neg\, P(y)\}) \\
&= \{P(a), R(b), \neg\, P(y)\} \\
&= P(a) \vee R(b) \vee \neg\, P(y)
\end{aligned}
$$

**例 3.12** 设 $C_1 = P(x) \vee Q(a), C_2 = \neg\, P(b) \vee R(x)$，求其二元归结式。

**解** 由于 $C_1$ 与 $C_2$ 有相同的变元，不符合定义的要求。为了进行归结，需修改 $C_2$ 中的变元的名字，令 $C_2 = \neg\, P(b) \vee R(y)$。此时，$L_1 = P(x), L_2 = \neg\, P(b)$。

$L_1$ 与 $\neg\, L_2$ 的最一般合一 $\sigma = \{b/x\}$。则

$$
\begin{aligned}
C_{12} &= (\{P(b), Q(a)\} - \{P(b)\}) \vee (\{\neg\, P(b), R(y)\} - \{\neg\, P(b)\}) \\
&= \{Q(a), R(y)\} \\
&= Q(a) \vee R(y)
\end{aligned}
$$

如果在参加归结的子句内部含有可合一的文字，则在归结之前应对这些文字先进行合一。

**例 3.13** 设有两个子句 $C_1 = P(x) \vee P(f(a)) \vee Q(x), C_2 = \neg\, P(y) \vee R(b)$，求其二元归结式。

**解** 在 $C_1$ 中有可合一的文字 $P(x)$ 与 $P(f(a))$，若用它们的最一般合一 $\theta = \{f(a)/x\}$ 进行代换，得到 $C_1\theta = P(f(a)) \vee Q(f(a))$。此时可对 $C_1\theta$ 和 $C_2$ 进行归结，从而得到 $C_1$ 与 $C_2$ 的二元归结式。

对 $C_1\theta$ 和 $C_2$ 分别选 $L_1 = P(f(a)), L_2 = \neg\, P(y)$。$L_1$ 和 $\neg\, L_2$ 的最一般合一是 $\sigma = \{f(a)/y\}$，则 $C_{12} = R(b) \vee Q(f(a))$。

在上例中，把 $C_1\theta$ 称为 $C_1$ 的因子。一般来说，若子句 $C$ 中有两个或两个以上的文字具有最一般的合一 $\sigma$，则称 $C\sigma$ 为子句 $C$ 的因子。如果 $C\sigma$ 是一个单文字，则称它为 $C$ 的单元因子。

应用因子的概念，可对谓词逻辑中的归结原理给出如下定义。

**定义 3.5** 子句 $C_1$ 和 $C_2$ 的归结式是下列二元归结式之一：

① $C_1$ 与 $C_2$ 的二元归结式。

② $C_1$ 的因子 $C_1\sigma_1$ 与 $C_2$ 的二元归结式。

③ $C_1$ 与 $C_2$ 的因子 $C_2\sigma_2$ 的二元归结式。

④ $C_1$ 的因子 $C_1\sigma_1$ 与 $C_2$ 的因子 $C_2\sigma_2$ 的二元归结式。

与命题逻辑中的归结原理相同，对于谓词逻辑，归结式是其亲本子句的逻辑结论。用归结式取代它在子句集 $S$ 中的亲本子句所得到的新子句集仍然保持着原子句集 $S$ 的不可满足性。

另外，对于一阶谓词逻辑，从不可满足的意义上说，归结原理也是完备的。即若子句集是不可满足的，则必存在一个从该子句集到空子句的归结演绎；若从子句集存在一个到空子句的演绎，则该子句集是不可满足的。关于归结原理的完备性可用海伯伦的有关理论进行证明，这里不再讨论。

需要指出的是,如果没有归结出空子句,则既不能说 $S$ 不可满足,也不能说 $S$ 是可满足的。因为,可能 $S$ 是可满足的,而归结不出空子句,也可能没有找到合适的归结演绎步骤,而归结不出空子句。但是,如果确定不存在任何方法归结出空子句,则可以确定 $S$ 是可满足的。

## 3.6　归结反演

归结原理给出了证明子句集不可满足性的方法。根据第 2 章的知识可知,如欲证明 $Q$ 为 $P_1,P_2,\cdots,P_n$ 的逻辑结论,只需证明

$$(P_1 \wedge P_2 \wedge \cdots \wedge P_n) \wedge \neg Q$$

归结反演讲课视频▲

是不可满足的。再根据定理 3.1 可知,在不可满足的意义上,谓词公式的不可满足性与其子句集的不可满足性是等价的。因此,可用归结原理进行定理的自动证明。

应用归结原理证明定理的过程称为归结反演。归结反演的一般步骤是:

① 将已知前提表示为谓词公式 $F$。

② 将待证明的结论表示为谓词公式 $Q$,并否定得到 $\neg Q$。

③ 把谓词公式集 $\{F, \neg Q\}$ 化为子句集 $S$。

④ 应用归结原理对子句集 $S$ 中的子句进行归结,并把每次归结得到的归结式都并入到 $S$ 中。如此反复进行,若出现了空子句,则停止归结,此时就证明了 $Q$ 为真。

**例 3.14**　已知

$F:(\forall x)((\exists y)(A(x,y) \wedge B(y)) \rightarrow (\exists y)(C(y) \wedge D(x,y)))$

$Q:\neg (\forall x)C(x) \rightarrow (\forall x)(\forall y)(A(x,y) \rightarrow \neg B(y))$

求证:$Q$ 是 $F$ 的逻辑结论。

**证明**　首先把 $F$ 化为子句集:

消去蕴含符号

$$(\forall x)(\neg (\exists y)(A(x,y) \wedge B(y)) \vee (\exists y)(C(y) \wedge D(x,y)))$$

将否定符号移到谓词前面

$$(\forall x)((\forall y)(\neg A(x,y) \vee \neg B(y)) \vee (\exists y)(C(y) \wedge D(x,y)))$$

取 Skolem 函数为 $y = f(x)$,则

$$(\forall x)(\forall y)((\neg A(x,y) \vee \neg B(y)) \vee (C(f(x)) \wedge D(x,f(x))))$$

$$(\forall x)(\forall y)((\neg A(x,y) \vee \neg B(y) \vee C(f(x)) \wedge (\neg A(x,y) \vee \neg B(y) \vee D(x,f(x))))$$

子句集为

(1) $\neg A(x,y) \vee \neg B(y) \vee C(f(x))$

(2) $\neg A(u,v) \vee \neg B(v) \vee D(u,f(u))$

把 $\neg Q$ 化为子句集

$$\neg (\neg (\forall x)C(x) \rightarrow (\forall x)(\forall y)(A(x,y) \rightarrow \neg B(y)))$$

$$\neg (\neg (\forall x)C(x) \rightarrow (\forall x)(\forall y)(\neg A(x,y) \vee \neg B(y)))$$

$$\neg (\forall z)C(z) \vee (\forall x)(\forall y)(\neg A(x,y) \vee \neg B(y))$$

$$(\exists z)\neg C(z) \wedge (\exists x)(\exists y)(A(x,y) \wedge B(y))$$

$$\neg C(a_1) \wedge A(a_2,a_3) \wedge B(a_3)$$

子句集为

（3）¬$C(a_1)$

（4）$A(a_2,a_3)$

（5）$B(a_3)$

下面进行归结

（6）¬$A(x,y) \lor$ ¬$B(y)$　　　　由（1）与（3）归结，$\{f(x)/a_1\}$

（7）¬$B(a_3)$　　　　　　　　由（4）与（6）归结，$\{a_2/x, a_3/y\}$

（8）$NIL$（空子句）　　　　由（5）与（7）归结

上述归结过程可用图 3.6 所示的归结树表示。

**例 3.15**　某公司招聘工作人员，$A,B,C$ 三人应试，经面试后公司表示如下想法：

（1）三人中至少录取一人；

（2）如果录取 $A$ 而不录取 $B$，则一定录取 $C$；

（3）如果录取 $B$，则一定录取 $C$。

求证：公司一定录取 $C$。

**证明**　设用谓词 $P(x)$ 表示录取 $x$，则把公司的想法用谓词公式表示如下：

（1）$P(A) \lor P(B) \lor P(C)$

（2）$P(A) \land$ ¬$P(B) \to P(C)$

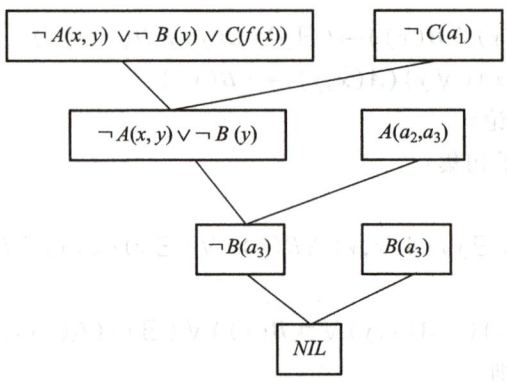

图 3.6　例 3.14 的归结树

（3）$P(B) \to P(C)$

把要求证的结论用谓词公式表示出来并否定，得

（4）¬$P(C)$

把上述公式化成子句集

（1）$P(A) \lor P(B) \lor P(C)$

（2）¬$P(A) \lor P(B) \lor P(C)$

（3）¬$P(B) \lor P(C)$

（4）¬$P(C)$

应用归结原理进行归结

$(5)\ P(B) \lor P(C)$　　　　（1）与（2）归结

$(6)\ P(C)$　　　　　　　　（3）与（5）归结

$(7)\ NIL$　　　　　　　　　（4）与（6）归结

所以公司一定录取 $C$。

上述归结过程可用图 3.7 所示的归结树表示。

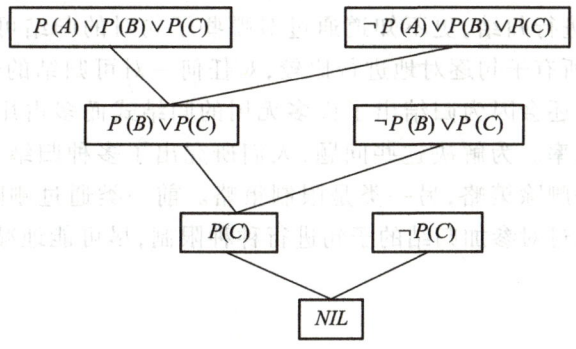

图 3.7　例 3.15 的归结树

**例 3.16**　已知：

规则 1：任何人的兄弟不是女性；

规则 2：任何人的姐妹必是女性。

事实：Mary 是 Bill 的姐妹。

求证：Mary 不是 Tom 的兄弟。

**解**　定义谓词：

$brother(x,y)$　　　$x$ 是 $y$ 的兄弟

$sister(x,y)$　　　　$x$ 是 $y$ 的姐妹

$woman(x)$　　　　$x$ 是女性

规则 1：$\forall x \forall y (brother(x,y) \rightarrow \neg woman(x))$

规则 2：$\forall x \forall y (sister(x,y) \rightarrow woman(x))$

事实：$sister(Mary, Bill)$

求证：$\neg brother(Mary, Tom)$

化规则 1 为子句

$$\forall x \forall y (\neg brother(x,y) \lor \neg woman(x))$$
$$C_1 = \neg brother(x,y) \lor \neg woman(x)$$

化规则 2 为子句

$$\forall x \forall y (\neg sister(x,y) \lor woman(x))$$
$$C_2 = \neg sister(u,v) \lor woman(u)$$

事实原来就是子句形式

$$C_3 = sister(Mary, Bill)$$

$C_2$ 与 $C_3$ 归结为

$$C_{23} = woman(Mary)$$

$C_{23}$ 与 $C_1$ 归结为

$$C_{123} = \neg \; brother(Mary, y)$$

设 $C_4 = brother(Mary, Tom)$,则

$$C_{1234} = NIL$$

所以,得证。

对子句集进行归结时,关键的一步是从子句集中找出可以进行归结的一对子句。由于事先不知道哪两个子句可以进行归结,更不知道通过对哪些子句对的归结可以尽快地得到空子句,因而必须对子句集中的所有子句逐对地进行比较,对任何一对可归结的子句对都进行归结。这样不仅要耗费许多时间,还会因为归结出了许多无用的归结式而多占用了许多存储空间,造成了时空的浪费,降低了效率。为解决这些问题,人们研究出了多种归结策略。这些归结策略大致可分为两大类:一类是删除策略,另一类是限制策略。前一类通过删除某些无用的子句来缩小归结的范围;后一类通过对参加归结的子句进行种种限制,尽可能地减少归结的盲目性,使其尽快地归结出空子句。

## 3.7 应用归结原理求解问题

应用归结原理求解
问题讲课视频▲

归结原理除了可用于定理证明,还可用来求取问题的答案,其思想与定理证明类似。下面给出应用归结原理求解问题的步骤:

① 把已知前提用谓词公式表示出来,并且化为相应的子句集,设该子句集的名字为 $S$。

② 把待求解的问题也用谓词公式表示出来,然后把它否定并与答案谓词 ANSWER 构成析取式,ANSWER 是一个为了求解问题而专设的谓词,其变元必须与问题公式的变元完全一致。

③ 把②中得到的析取式化为子句集,并把该子句集并入到子句集 $S$ 中,得到子句集 $S'$。

④ 对 $S'$ 应用归结原理进行归结,并把每次归结得到的归结式都并入到 $S'$ 中。如此反复进行,若得到归结式 ANSWER,则答案就在 ANSWER 中。

**例 3.17** 已知:

$F_1$:王(Wang)先生是小李(Li)的老师。

$F_2$:小李与小张(Zhang)是同班同学。

$F_3$:如果 $x$ 与 $y$ 是同班同学,则 $x$ 的老师也是 $y$ 的老师。

求小张的老师是谁。

**解** 首先定义谓词:

$T(x,y)$:$x$ 是 $y$ 的老师。

$C(x,y)$:$x$ 与 $y$ 是同班同学。

把已知前提及待求解的问题表示成谓词公式:

$F_1$:$T(Wang, Li)$

$F_2$:$C(Li, Zhang)$

$F_3$:$(\forall x)(\forall y)(\forall z)(C(x,y) \wedge T(z,x) \rightarrow T(z,y))$

把待求解的问题表示成谓词公式,并把它否定后与谓词 $ANSWER(x)$ 析取,得

$G{:}\neg(\exists x)T(x,Zhang)\vee ANSWER(x)$

把上述公式化为子句集

(1) $T(Wang,Li)$

(2) $C(Li,Zhang)$

(3) $\neg C(x,y)\vee\neg T(z,x)\vee T(z,y)$

(4) $\neg T(u,Zhang)\vee ANSWER(u)$

应用归结原理进行归结

(5) $\neg C(Li,y)\vee T(Wang,y)$                (1)与(3)归结

(6) $\neg C(Li,Zhang)\vee ANSWER(Wang)$                (4)与(5)归结

(7) $ANSWER(Wang)$                (2)与(6)归结

由 $ANSWER(Wang)$ 得知小张的老师是王先生。

上述归结过程可用图 3.8 所示的归结树表示。

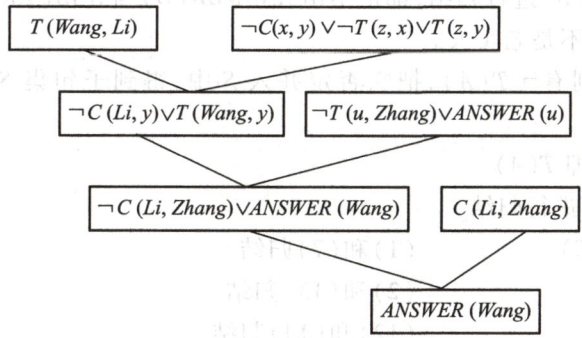

图 3.8 例 3.17 的归结树

例 3.18 设 $A,B,C$ 三人中有人从不说真话,也有人从不说假话,某人向这三人分别提出同一个问题:谁是说谎者? $A$ 答:"$B$ 和 $C$ 都是说谎者";$B$ 答:"$A$ 和 $C$ 都是说谎者";$C$ 答:"$A$ 和 $B$ 中至少有一个是说谎者"。求谁是老实人,谁是说谎者。

解 设用 $T(x)$ 表示 $x$ 说真话。

如果 $A$ 说真话,则有

$$T(A)\rightarrow\neg T(B)\wedge\neg T(C)$$

如果 $A$ 说的是假话,则有

$$\neg T(A)\rightarrow T(B)\vee T(C)$$

对 $B$ 和 $C$ 说的话作相同的处理,可得

$$T(B)\rightarrow\neg T(A)\wedge\neg T(C)$$

$$\neg T(B)\rightarrow T(A)\vee T(C)$$

$$T(C)\rightarrow\neg T(A)\vee\neg T(B)$$

$$\neg T(C)\rightarrow T(A)\wedge T(B)$$

把上面这些公式化成子句集,得到 $S$

(1) $\neg T(A)\vee\neg T(B)$

(2) $\neg T(A) \lor \neg T(C)$

(3) $T(A) \lor T(B) \lor T(C)$

(4) $\neg T(B) \lor \neg T(C)$

(5) $\neg T(C) \lor \neg T(A) \lor \neg T(B)$

(6) $T(C) \lor T(A)$

(7) $T(C) \lor T(B)$

下面首先求谁是老实人。把 $\neg T(x) \lor ANSWER(x)$ 并入 $S$ 得到 $S_1$。即 $S_1$ 比 $S$ 多如下一个子句:

(8) $\neg T(x) \lor ANSWER(x)$

应用归结原理对 $S_1$ 进行归结

(9) $\neg T(A) \lor T(C)$ 　　　　　　(1)和(7)归结

(10) $T(C)$ 　　　　　　　　　　　(6)和(9)归结

(11) $ANSWER(C)$ 　　　　　　　 (8)和(10)归结

所以 $C$ 是老实人,即 $C$ 从不说假话。

事实上,无论如何对 $S_1$ 进行归结,都推不出 $ANSWER(B)$ 与 $ANSWER(A)$。

下面来证明 $A$ 和 $B$ 不是老实人。

设 $A$ 不是老实人,则有 $\neg T(A)$,把它否定并入 $S$ 中,得到子句集 $S_2$,即 $S_2$ 比 $S$ 多如下一个子句:

(12) $\neg (\neg T(A))$ 即 $T(A)$

应用归结原理对 $S_2$ 进行归结

(13) $\neg T(A) \lor T(C)$ 　　　　　　(1)和(7)归结

(14) $\neg T(A)$ 　　　　　　　　　　(2)和(13)归结

(15) $NIL$ 　　　　　　　　　　　　(12)和(14)归结

所以 $A$ 不是老实人。

同理,可证明 $B$ 也不是老实人。

由上面的例子可以看出,在归结过程中,一个子句可以多次被用来进行归结,也可以不被用来归结。在归结时并不一定要把子句集的全部子句都用到,只要在定理证明时能归结出空子句,在求取问题答案时能归结出 $ANSWER$ 就可以了。

关于归结策略可以参看有关书籍。

## 3.8　小结

### 1. 推理的概念

从初始证据出发,按某种策略不断运用知识库中的已知知识,逐步推出结论的过程称为推理。

演绎推理是从一般性知识推出适合于某一具体情况的结论。这是一种从一般到个别的推理。归纳推理是从足够多的事例中归纳出一般性结论的推理过程,是一种从个别到一般的推理。默认推理是在知识不完全的情况下假设某些条件已经具备所进行的推理。

所谓确定性推理是指推理时所用的知识与证据都是确定的,推出的结论也是确定的。所谓不确定性推理是指推理时所用的知识与证据不都是确定的,推出的结论也是不确定的。

单调推理是在推理过程中随着推理向前推进及新知识的加入,推出的结论越来越接近最终目标。非单调推理是在推理过程中由于新知识的加入,不仅没有加强已推出的结论,反而要否定它,使推理退回到前面的某一步,然后重新开始。

若按推理中是否运用与推理有关的启发性知识来划分,推理可分为启发式推理与非启发式推理。

正向推理是以已知事实作为出发点的一种推理。逆向推理是以某个假设目标作为出发点的一种推理。既有正向又有逆向的推理称为混合推理。

### 2. 推理的方法

从一组已知为真的事实出发,直接运用经典逻辑的推理规则推出结论的过程称为自然演绎推理。

原子谓词公式及其否定,称为文字。任何文字的析取式称为子句。

可以把谓词公式化成子句集。谓词公式不可满足的充要条件是其子句集不可满足。

鲁滨逊归结原理是机器定理证明的基础,是一种证明子句集不可满足性,从而实现定理证明的理论及方法。它的基本方法是:将要证明的定理表示为谓词公式,并化为子句集,然后进行归结,一旦归结出空子句,则定理得证。

应用归结原理求解问题的方法:把已知前提用谓词公式表示出来,并且化为相应的子句集,把待求解的问题也用谓词公式表示出来,然后把它否定并与谓词 $ANSWER$ 构成析取式,化为子句集;对子句集进行归结,若得到归结式 $ANSWER$,则答案就在 $ANSWER$ 中。

## 思考题

3.1　什么是推理、正向推理、逆向推理、混合推理? 试列出常用的几种推理方式并列出每种推理方式的特点。

3.2　什么是冲突? 在产生式系统中解决冲突的策略有哪些?

3.3　什么是子句? 什么是子句集? 请写出求谓词公式子句集的步骤。

3.4　谓词公式与它的子句集等价吗? 在什么情况下它们才会等价?

3.5　为什么要引入 Herbrand 理论? 什么是 $H$ 域? 如何求子句集的 $H$ 域?

3.6　什么是子句集在域 $D$ 上的解释? 什么是 $H$ 域的解释? 如何用 $D$ 域上的一个解释 $I$ 构造 $H$ 域上的解释 $I^*$?

3.7　引入鲁滨逊归结原理有何意义? 什么是归结原理? 什么是归结式?

3.8　请写出利用归结原理求解问题答案的步骤。

## 习题

3.1　设已知下述事实:$A$;$B$;$A \rightarrow C$;$B \wedge C \rightarrow D$;$D \rightarrow Q$。求证:$Q$ 为真。

3.2　将下列谓词公式化为相应的子句集。

$$\neg (\exists x)(\forall y)(\exists z)(\forall w)P(x,y,z,w)$$

**3.3** 化下列逻辑表达式为不含存在量词的前束形。

$$(\exists x)(\forall y)[(\forall z)P(x,z)\rightarrow R(x,y,f(a))]$$

**3.4** 把下列谓词公式分别化为相应的子句集。

(1) $(\forall z)(\forall y)(P(z,y)\wedge Q(z,y))$

(2) $(\forall x)(\forall y)(P(x,y)\rightarrow Q(x,y))$

(3) $(\forall x)(\exists y)(P(x,y)\vee Q(x,y)\rightarrow R(x,y))$

(4) $(\forall x)(\forall y)(P(x,y)\vee Q(x,y)\rightarrow R(x,y))$

(5) $(\forall x)(\forall y)(\exists z)(P(x,y)\rightarrow Q(x,y)\vee R(x,z))$

(6) $(\exists x)(\exists y)(\forall z)(\exists u)(\forall v)(\exists w)(P(x,y,z,u,v,w)\wedge(Q(x,y,z,u,v,w)\vee\neg R(x,z,w)))$

(7) $(\forall x)\{(\forall y)P(x,y)\rightarrow\neg(\forall y)[Q(x,y)\rightarrow R(x,y)]\}$

**3.5** 判断下列子句集中哪些是不可满足的。

(1) $S=\{\neg P\vee Q,\neg Q,P,\neg P\}$

(2) $S=\{P\vee Q,\neg P\vee Q,P\vee\neg Q,\neg P\vee\neg Q\}$

(3) $S=\{P(y)\vee Q(y),\neg P(f(x))\vee R(a)\}$

(4) $S=\{\neg P(x)\vee Q(x),\neg P(y)\vee R(y),P(a),S(a),\neg S(z)\vee\neg R(z)\}$

(5) $S=\{\neg P(x)\vee\neg Q(y)\vee\neg L(x,y),P(a),\neg R(z)\vee L(a,z),R(b),Q(b)\}$

**3.6** 对下列各题分别证明 $G$ 为 $F_1,F_2,\cdots,F_n$ 的逻辑结论。

(1) $F_1:(\exists x)(\exists y)P(x,y)$

$\quad G:(\forall y)(\exists x)P(x,y)$

(2) $F_1:(\forall x)(P(x)\wedge(Q(a)\vee Q(b)))$

$\quad G:(\exists x)(P(x)\wedge Q(x))$

(3) $F_1:(\exists x)(\exists y)(P(f(x))\wedge Q(f(y)))$

$\quad G:P(f(a))\wedge P(y)\wedge Q(y)$

(4) $F_1:(\forall x)(P(x)\rightarrow(\forall y)(Q(y)\rightarrow\neg L(x,y)))$

$\quad F_2:(\exists x)(P(x)\wedge(\forall y)(R(y)\rightarrow L(x,y)))$

$\quad G:(\forall x)(R(x)\rightarrow\neg Q(x))$

(5) $F_1:(\forall x)(P(x)\rightarrow(Q(x)\wedge R(x)))$

$\quad F_2:(\exists x)(P(x)\wedge S(x))$

$\quad G:(\exists x)(S(x)\wedge R(x))$

(6) $F_1:(\forall z)(A(z)\wedge\neg B(z)\rightarrow(\exists y)(D(z,y)\wedge C(y)))$

$\quad F_2:(\exists z)(E(z)\wedge A(z)\wedge(\forall y)(D(z,y)\rightarrow E(y)))$

$\quad F_3:(\forall z)(E(z)\rightarrow\neg B(z))$

$\quad G:(\exists z)(E(z)\wedge C(z))$

**3.7** 已知:

(1) 能够阅读的都是有文化的;

(2) 海豚是没有文化的;

(3) 某些海豚是有智能的。

用归结原理证明:某些有智能的并不能阅读。

**3.8** 已知前提:每个储蓄钱的人都获得利息。

用归结原理证明:如果没有利息,那么就没有人去储蓄钱。

3.9 已知:每个使用 Internet 的人都想从网络获得信息。

用归结原理证明:如果没有信息就不会有人使用 Internet。

3.10 设有如下关系:

(1) 如果 $x$ 是 $y$ 的父亲,$y$ 又是 $z$ 的父亲,则 $x$ 是 $z$ 的祖父;

(2) 老李是大李的父亲;

(3) 大李是小李的父亲。

用归结原理回答:上述人员中谁和谁是祖孙关系?

3.11 已知:

$F_1$:如果小张(Zhang)在哪里,则小李(Li)就去哪里。

$F_2$:小张在学校里。

用归结原理回答:小李在哪里?

3.12 设 TONY、MIKE 和 JOHN 属于 ALPINE 俱乐部,ALPINE 俱乐部的成员不是滑雪运动员就是登山运动员。登山运动员不喜欢雨,而且任何不喜欢雪的人不是滑雪运动员。MIKE 讨厌 TONY 所喜欢的一切东西,而喜欢 TONY 所讨厌的一切东西。TONY 喜欢雨和雪。试用谓词公式的集合表示这段知识,用归结原理回答问题:"谁是 ALPINE 俱乐部的一个成员? 他是一个登山运动员但不是一个滑雪运动员吗?"

第 3 章习题解答

# 第4章　不确定性推理方法

上一章讨论了建立在经典逻辑基础上的确定性推理。这是一种运用确定性知识,从确定的事实或证据进行精确推理得到确定性结论的推理方法。但现实世界中的事物以及事物之间的关系是极其复杂的。由于客观上存在的随机性、模糊性以及某些事物或现象暴露得不充分性,人们对它们的认识往往是不精确、不完全的,具有一定程度的不确定性。这种认识上的不确定性反映到知识以及由观察所得到的证据上来,就分别形成了不确定性的知识及不确定性的证据。人们通常是在信息不完善、不精确的情况下,运用不确定性知识进行思维、求解问题的,推出的结论也是不确定的。因而还必须对不确定性知识的表示及推理进行研究。这就是本章将要讨论的不确定性推理。目前,人们对不确定性推理已经进行了比较多的研究,提出了多种表示和处理不确定性的方法。

下面首先讨论不确定性推理中的基本问题,然后着重介绍基于概率论的有关理论发展起来的不确定性推理方法,包括概率方法、主观 Bayes 方法、可信度方法、证据理论等,最后介绍目前在专家系统、信息处理、自动控制等领域广泛应用的依据模糊理论发展起来的模糊推理方法。

## 4.1　不确定性推理中的基本问题

不确定性推理中
的基本问题讲课
视频▲

不确定性推理是从不确定性的初始证据出发,通过运用不确定性的知识,最终推出具有一定程度的不确定性,却是合理或者近乎合理的结论的思维过程。

在不确定性推理中,知识和证据都具有某种程度的不确定性,这就为推理机的设计与实现增加了复杂性和难度。它除了必须解决推理方向、推理方法、控制策略等基本问题,一般还需要解决不确定性的表示与度量、不确定性匹配、不确定性的传递算法以及不确定性的合成等重要问题。

### 1. 不确定性的表示与度量

在不确定性推理中,"不确定性"一般分为两类:一是知识的不确定性;二是证据的不确定性。它们都要求有相应的表示方式和度量标准。

（1）知识不确定性的表示

知识的表示与推理是密切相关的两个方面,不同的推理方法要求有相应的知识表示模式与之对应。在不确定性推理中,由于要进行不确定性的计算,因而必须用适当的方法把不确定性及不确定的程度表示出来。

在确立不确定性的表示方法时,有两个直接相关的因素需要考虑:一是要能根据领域问题的特征把其不确定性比较准确地描述出来,满足问题求解的需要;二是要便于推理过程中对不确定性的推算。只有把这两个因素结合起来统筹考虑,相应的表示方法才是实用的。

目前,在专家系统中知识的不确定性一般是由领域专家给出的,通常是一个数值,它表示相应知识的不确定性程度,称为知识的静态强度。

静态强度可以是相应知识在应用中成功的概率,也可以是该条知识的可信程度或其他,其值的大小范围因其意义与使用方法的不同而不同。今后在讨论各种不确定性推理模型时,将具体地给出静态强度的表示方法及其含义。

（2）证据不确定性的表示

在推理中,有两种来源不同的证据:一种是用户在求解问题时提供的初始证据,例如病人的症状、化验结果等;另一种是在推理中用前面推出的结论作为当前推理的证据。对于前一种情况,即用户提供的初始证据,由于这种证据多来源于观察,因而通常是不精确、不完全的,即具有不确定性。对于后一种情况,由于所使用的知识及证据都具有不确定性,因而推出的结论当然也具有不确定性,当把它用作后面推理的证据时,它亦是不确定性的证据。

一般来说,证据不确定性的表示方法应与知识不确定性的表示方法保持一致,以便于推理过程中对不确定性进行统一的处理。在有些系统中,为便于用户的使用,对初始证据的不确定性与知识的不确定性采取了不同的表示方法,但这只是形式上的,在系统内部亦做了相应的转换处理。

证据的不确定性通常也用一个数值表示。它代表相应证据的不确定性程度,称之为动态强度。对于初始证据,其值由用户给出;对于用前面推理所得结论作为当前推理的证据,其值由推理中不确定性的传递算法通过计算得到。

（3）不确定性的度量

对于不同的知识及不同的证据,其不确定性的程度一般是不相同的,需要用不同的数据表示其不确定性的程度,同时还需要事先规定它的取值范围,只有这样每个数据才会有确定的意义。例如,在专家系统 MYCIN 中,用可信度表示知识及证据的不确定性,取值范围为 $[-1,1]$。当可信度取大于零的数值时,其值越大表示相应的知识或证据越接近于“真”;当可信度的取值小于零时,其值越小表示相应的知识或证据越接近于“假”。

在确定一种度量方法及其范围时,应注意以下几点:

① 度量要能充分表达相应知识及证据不确定性的程度。

② 度量范围的指定应便于领域专家及用户对不确定性的估计。

③ 度量要便于对不确定性的传递进行计算,而且对结论算出的不确定性度量不能超出度量规定的范围。

④ 度量的确定应当是直观的,同时应有相应的理论依据。

**2. 不确定性匹配算法及阈值**

推理是一个不断运用知识的过程。在这一过程中,为了找到所需的知识,需要用知识的前提条件与数据库中已知的证据进行匹配,只有匹配成功的知识才有可能被应用。

对于不确定性推理,由于知识和证据都具有不确定性,而且知识所要求的不确定性程度与证据实际具有的不确定性程度不一定相同,因而就出现了“怎么才算匹配成功?”的问题。对于这个问题,目前常用的解决方法是,设计一个算法用来计算匹配双方相似的程度,另外再指定一个相似的“限度”,用来衡量匹配双方相似的程度是否落在指定的限度内。如果落在指定的限度内,就称它们是可匹配的,相应知识可被应用,否则就称它们是不可匹配的,相应知识不可应用。上述中,用来计算匹配双方相似程度的算法称为不确定性匹配算法,用来指定相似的"限度"称为阈值。

### 3. 组合证据不确定性的算法

在基于产生式规则的系统中,知识的前提条件既可以是简单条件,也可以是用 AND 或 OR 把多个简单条件连接起来构成的复合条件。进行匹配时,一个简单条件对应于一个单一的证据,一个复合条件对应于一组证据,称这一组证据为组合证据。在不确定性推理中,由于结论的不确定性通常是通过对证据及知识的不确定性进行某种运算得到的,因而需要有合适的算法计算组合证据的不确定性。目前,关于组合证据不确定性的计算已经提出了多种方法,如最大最小方法、Hamacher 方法、概率方法、有界方法、Einstein 方法等。每种方法都有相应的适应范围和使用条件,如概率方法只能在事件之间完全独立时使用。

### 4. 不确定性的传递算法

不确定性推理的根本目的是根据用户提供的初始证据,通过运用不确定性知识,最终推出不确定性的结论,并推算出结论的不确定性程度。因此,需要解决下面两个问题:

① 在每一步推理中,如何把证据及知识的不确定性传递给结论。

② 在多步推理中,如何把初始证据的不确定性传递给最终结论。

对于第一个问题,在不同的不确定性推理方法中所采用的处理方法各不相同,这将在下面的几节中分别进行讨论。

对于第二个问题,各种方法所采用的处理方法基本相同,即把当前推出的结论及其不确定性度量作为证据放入数据库中,供以后推理使用。由于最初那一步推理的结论是用初始证据推出的,其不确定性包含了初始证据的不确定性对它所产生的影响,因而当它又用作证据推出进一步的结论时,其结论的不确定性仍然会受到初始证据的影响。由此一步步地进行推理,必然就会把初始证据的不确定性传递给最终结论。

### 5. 结论不确定性的合成

推理中有时会出现这样一种情况:用不同知识进行推理得到了相同的结论,但不确定性的程度却不相同。此时,需要用合适的算法对它们进行合成。在不同的不确定性推理方法中所采用的合成方法各不相同。

以上简要地列出了不确定性推理中一般应该考虑的一些基本问题,但这并不是说任何一个不确定性推理都必须包括上述各项内容。

长期以来,概率论的有关理论和方法都被用作度量不确定性的重要手段,因为它不仅有完善的理论,还为不确定性的合成与传递提供了现成的公式,因而它被最早用于不确定性知识的表示与处理,像这样纯粹用概率模型来表示和处理不确定性的方法称为纯概率方法或概率方法。

纯概率方法虽然有严密的理论依据,但它通常要求给出事件的先验概率和条件概率,而这些数据又不易获得,因此其应用受到了限制。为了解决这个问题,人们在概率理论的基础上发展起来了一些新的方法及理论,主要有主观 Bayes 方法、可信度方法、证据理论等。

基于概率的方法虽然可以表示和处理现实世界中存在的某些不确定性,在人工智能的不确定性推理方面占有重要地位,但它们都没有把事物自身所具有的模糊性反映出来,也不能对其客观存在的模糊性进行有效的处理。扎德等人提出的模糊集理论及其在此基础上发展起来的模糊逻辑弥补了这一缺憾,对由模糊性引起的不确定性的表示及处理开辟了一种新途径,得到了广泛应用。

下面详细讨论几种主要的不确定性推理方法。

## 4.2 概率方法

### 4.2.1 经典概率方法

设有如下产生式规则:

$$\text{IF} \quad E \quad \text{THEN} \quad H_i \quad i = 1, 2, \cdots, n$$

其中,$E$ 为前提条件,$H_i$ 为结论,具有随机性。

在经典概率方法中,根据概率论中条件概率的含义,用条件概率 $P(H_i|E)$ 表示上述产生式规则的不确定性程度,即表示为在证据 $E$ 出现的条件下,结论 $H_i$ 成立的确定性程度。

对于复合条件

$$E = E_1 \quad \text{AND} \quad E_2 \quad \text{AND} \quad \cdots \quad \text{AND} \quad E_m$$

可以用条件概率 $P(H_i|E_1, E_2, \cdots, E_m)$ 作为在证据 $E_1, E_2, \cdots, E_m$ 出现时结论 $H$ 的确定程度。

显然,经典概率方法是一种很简单的方法,只能用于简单的不确定性推理。另外,由于它只考虑证据为"真"或"假"这两种极端情况,因而使其应用受到了限制。

### 4.2.2 逆概率方法

#### 1. 逆概率方法的基本思想

经典概率方法要求给出在证据 $E$ 出现情况下结论 $H_i$ 的条件概率 $P(H_i|E)$。这在实际应用中是相当困难的。逆概率方法是根据 Bayes 定理,用逆概率 $P(E|H_i)$ 来求原概率 $P(H_i|E)$。确定逆概率 $P(E|H_i)$ 比确定原概率 $P(H_i|E)$ 要容易些。例如,若以 $E$ 代表咳嗽,以 $H_i$ 代表支气管炎,如欲得到条件概率 $P(H_i|E)$,就需要统计在咳嗽的人中有多少是患支气管炎的,统计工作量较大,而要得到逆概率 $P(E|H_i)$ 相对容易些,因为这时仅仅需要统计在患支气管炎的人中有多少人是咳嗽的,患支气管炎的人毕竟比咳嗽的人少得多。

#### 2. 单个证据的情况

如果用产生式规则

$$\text{IF} \quad E \quad \text{THEN} \quad H_i \quad i = 1, 2, \cdots, n$$

中的前提条件 $E$ 代替 Bayes 公式中的 $B$,用 $H_i$ 代替公式中的 $A_i$,就可得到

$$P(H_i|E) = \frac{P(E|H_i)P(H_i)}{\sum_{j=1}^{n} P(E|H_j)P(H_j)} \qquad i = 1, 2, \cdots, n \tag{4.1a}$$

这就是说,当已知结论 $H_i$ 的先验概率 $P(H_i)$,并且已知结论 $H_i(i=1, 2, \cdots, n)$ 成立时前提条件 $E$ 所对应的证据出现的条件概率 $P(E|H_i)$,就可用式(4.1a)求出相应证据出现时结论 $H_i$ 的条件概率 $P(H_i|E)$。

**例 4.1** 设 $H_1, H_2, H_3$ 分别是三个结论,$E$ 是支持这些结论的证据,且已知

$$P(H_1) = 0.3, \quad P(H_2) = 0.4, \quad P(H_3) = 0.5$$

$$P(E \mid H_1) = 0.5, \quad P(E \mid H_2) = 0.3, \quad P(E \mid H_3) = 0.4$$

求 $P(H_1 \mid E)$，$P(H_2 \mid E)$ 及 $P(H_3 \mid E)$ 的值各是多少。

**解**　根据公式(4.1a)可得

$$
\begin{aligned}
P(H_1 \mid E) &= \frac{P(H_1)P(E \mid H_1)}{P(H_1)P(E \mid H_1) + P(H_2)P(E \mid H_2) + P(H_3)P(E \mid H_3)} \\
&= \frac{0.3 \times 0.5}{0.3 \times 0.5 + 0.4 \times 0.3 + 0.5 \times 0.4} \\
&= 0.32
\end{aligned}
$$

同理可得

$$P(H_2 \mid E) = 0.26$$

$$P(H_3 \mid E) = 0.43$$

由此例可以看出，由于证据 $E$ 的出现，$H_1$ 成立的可能性略有增加，$H_2$，$H_3$ 成立的可能性有不同程度的下降。

### 3. 多个证据的情况

对于有多个证据 $E_1, E_2, \cdots, E_m$ 和多个结论 $H_1, H_2, \cdots, H_n$，并且每个证据都以一定程度支持结论的情况，上面的式(4.1a)可进一步扩充为

$$P(H_i \mid E_1 E_2 \cdots E_m) = \frac{P(E_1 \mid H_i)P(E_2 \mid H_i) \cdots P(E_m \mid H_i)P(H_i)}{\sum\limits_{j=1}^{n} P(E_1 \mid H_j)P(E_2 \mid H_j) \cdots P(E_m \mid H_j)P(H_j)} \tag{4.1b}$$

$$i = 1, 2, \cdots, n$$

此时，只要已知 $H_i$ 的先验概率 $P(H_i)$ 以及 $H_i$ 成立时证据 $E_1, E_2, \cdots, E_m$ 出现的条件概率 $P(E_1 \mid H_i)$，$P(E_2 \mid H_i)$，$\cdots$，$P(E_m \mid H_i)$，就可利用上式计算出在 $E_1, E_2, \cdots, E_m$ 出现情况下 $H_i$ 的条件概率 $P(H_i \mid E_1 E_2 \cdots E_m)$。

**例 4.2**　设已知

$$P(H_1) = 0.4, \quad\quad P(H_2) = 0.3, \quad\quad P(H_3) = 0.3,$$

$$P(E_1 \mid H_1) = 0.5, \quad P(E_1 \mid H_2) = 0.6, \quad P(E_1 \mid H_3) = 0.3,$$

$$P(E_2 \mid H_1) = 0.7, \quad P(E_2 \mid H_2) = 0.9, \quad P(E_2 \mid H_3) = 0.1,$$

求 $P(H_1 \mid E_1 E_2)$、$P(H_2 \mid E_1 E_2)$ 及 $P(H_3 \mid E_1 E_2)$ 的值各是多少。

**解**　根据上述公式可得

$P(H_1 \mid E_1 E_2)$

$$
\begin{aligned}
&= \frac{P(E_1 \mid H_1)P(E_2 \mid H_1)P(H_1)}{P(E_1 \mid H_1)P(E_2 \mid H_1)P(H_1) + P(E_1 \mid H_2)P(E_2 \mid H_2)P(H_2) + P(E_1 \mid H_3)P(E_2 \mid H_3)P(H_3)} \\
&= \frac{0.5 \times 0.7 \times 0.4}{0.5 \times 0.7 \times 0.4 + 0.6 \times 0.9 \times 0.3 + 0.3 \times 0.1 \times 0.3} \\
&= 0.45
\end{aligned}
$$

同理可得

$$P(H_2 \mid E_1 E_2) = 0.52$$

$$P(H_3 \mid E_1 E_2) = 0.03$$

由此例可以看出,由于证据 $E_1$ 和 $E_2$ 的出现,$H_1$ 和 $H_2$ 成立的可能性有不同程度的增加,$H_3$ 成立的可能性下降了。

#### 4. 逆概率方法的优缺点

在实际应用中,这种方法有时是很有用的。例如,如果把 $H_i(i=1,2,\cdots,n)$ 当作一组可能发生的疾病,把 $E_j(j=1,2,\cdots,m)$ 当作相应的症状,$P(H_i)$ 是从大量实践中经统计得到的疾病 $H_i$ 发生的先验概率,$P(E_j \mid H_i)$ 是疾病 $H_i$ 发生时观察到的症状 $E_j$ 的条件概率,则当对某病人观察到有症状 $E_1,E_2,\cdots,E_m$ 时,应用上述 Bayes 公式就可计算出 $P(H_i \mid E_1 E_2 \cdots E_m)$,从而得知病人患疾病 $H_i$ 的可能性。

逆概率方法的优点是它有较强的理论背景和良好的数学特征,当证据及结论都彼此独立时计算的复杂度比较低。其缺点是要求给出结论 $H_i$ 的先验概率 $P(H_i)$ 及证据 $E_j$ 的条件概率 $P(E_j \mid H_i)$,尽管有些时候 $P(E_j \mid H_i)$ 比 $P(H_i \mid E_j)$ 相对容易得到,但总地来说,要想得到这些数据仍然是一件相当困难的工作。另外,Bayes 公式的应用条件是很严格的,它要求各事件互相独立等。如若证据间存在依赖关系,就不能直接使用这个方法。

## 4.3 主观 Bayes 方法

主观 Bayes 方法讲
课视频▲

由上一节的讨论可知,直接使用逆概率方法求结论 $H_i$ 在证据 $E$ 存在情况下的条件概率 $P(H_i \mid E)$ 时,不仅需要已知 $H_i$ 的先验概率 $P(H_i)$,还需要知道结论 $H_i$ 成立的情况下,证据 $E$ 出现的条件概率 $P(E \mid H_i)$。这在实际应用中也是相当困难的。为此,1976 年杜达(R. O. Duda)、哈特(P. E. Hart)等人在 Bayes 公式的基础上经适当改进提出了主观 Bayes 方法,建立了相应的不确定性推理模型,并在地矿勘探专家系统 PROSPECTOR 中得到了成功的应用。

### 4.3.1 知识不确定性的表示

在主观 Bayes 方法中,知识是用产生式规则表示的,具体形式为

$$\text{IF} \quad E \quad \text{THEN} \quad (LS, LN) \quad H \quad (P(H))$$

其中:

① $E$ 是该知识的前提条件。它既可以是一个简单条件,也可以是复合条件。

② $H$ 是结论。$P(H)$ 是 $H$ 的先验概率,它指出在没有任何证据情况下的结论 $H$ 为真的概率,即 $H$ 的一般可能性。其值由领域专家根据以往的实践及经验给出。

③ $(LS, LN)$ 为规则强度。在统计学中称为似然比(likelihood ratio)。其值由领域专家给出。$LS, LN$ 相当于知识的静态强度。其中 $LS$ 称为规则成立的充分性度量,用于指出 $E$ 对 $H$ 的支持程度,取值范围为 $[0,+\infty)$,其定义为

$$LS = \frac{P(E \mid H)}{P(E \mid \neg H)} \tag{4.2a}$$

$LN$ 为规则成立的必要性度量,用于指出 $\neg E$ 对 $H$ 的支持程度,即 $E$ 对 $H$ 为真的必要性程度,取值范围为 $[0,+\infty]$,其定义为

$$LN = \frac{P(\neg E \mid H)}{P(\neg E \mid \neg H)} = \frac{1-P(E \mid H)}{1-P(E \mid \neg H)} \tag{4.2b}$$

$(LS,LN)$ 既考虑了证据 $E$ 的出现对其结论 $H$ 的支持，又考虑了证据 $E$ 的不出现对其结论 $H$ 的影响。它所表示的物理意义将在下面进行讨论。

### 4.3.2    证据不确定性的表示

在主观 Bayes 方法中，证据的不确定性也是用概率表示的。例如对于初始证据 $E$，由用户根据观察 $S$ 给出概率 $P(E \mid S)$。它相当于动态强度。但由于 $P(E \mid S)$ 不太直观，因而在具体的应用系统中往往采用符合一般经验的比较直观的方法，如在地矿勘测专家系统 PROSPECTOR 中就引进了可信度的概念，让用户在 -5 至 5 之间的 11 个整数中根据实际情况选一个数作为初始证据的可信度，表示他对所提供的证据可以相信的程度。然后再从可信度 $C(E \mid S)$ 计算出概率 $P(E \mid S)$。

可信度 $C(E \mid S)$ 与概率 $P(E \mid S)$ 的对应关系如下：

$C(E \mid S) = -5$，表示在观察 $S$ 下证据 $E$ 肯定不存在，即 $P(E \mid S) = 0$。

$C(E \mid S) = 0$，表示观察 $S$ 与证据 $E$ 无关，应该仍然是先验概率，即 $P(E \mid S) = P(E)$。

$C(E \mid S) = 5$，表示在观察 $S$ 下证据 $E$ 肯定存在，即 $P(E \mid S) = 1$。

$C(E \mid S)$ 为其他数时与 $P(E \mid S)$ 的对应关系，则通过对上述三点进行分段线性插值得到，如图 4.1 所示。

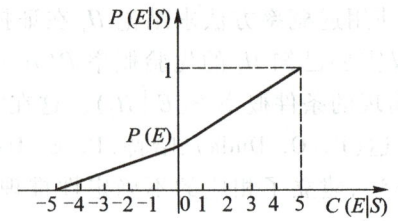

图 4.1    $C(E \mid S)$ 与 $P(E \mid S)$ 的对应关系

由图 4.1 可得到如下 $C(E \mid S)$ 与 $P(E \mid S)$ 的关系式

$$P(E \mid S) = \begin{cases} \dfrac{C(E \mid S) + P(E) \times (5 - C(E \mid S))}{5} & \text{若 } 0 \leqslant C(E \mid S) \leqslant 5 \\[3mm] \dfrac{P(E) \times (C(E \mid S) + 5)}{5} & \text{若} -5 \leqslant C(E \mid S) < 0 \end{cases}$$

这样，用户只要对初始证据给出相应的可信度 $C(E \mid S)$，就可由上式将它转换为相应的概率 $P(E \mid S)$。

### 4.3.3    组合证据不确定性的算法

当组合证据是多个单一证据的合取时，即

$$E = E_1 \quad \text{AND} \quad E_2 \quad \text{AND} \quad \cdots \quad \text{AND} \quad E_n$$

则组合证据的概率取各个单一证据的概率的最小值，即

$$P(E \mid S) = \min\{P(E_1 \mid S), P(E_2 \mid S), \cdots, P(E_n \mid S)\}$$

当组合证据是多个单一证据的析取时，即

$$E = E_1 \quad \text{OR} \quad E_2 \quad \text{OR} \quad \cdots \quad \text{OR} \quad E_n$$

则组合证据的概率取各个单一证据的概率的最大值,即

$$P(E \mid S) = \max\{P(E_1 \mid S), P(E_2 \mid S), \cdots, P(E_n \mid S)\}$$

对于非运算,则用下式计算:

$$P(\neg E \mid S) = 1 - P(E \mid S)$$

### 4.3.4 不确定性的传递算法

在主观 Bayes 方法的表示中,$P(H)$ 是专家对结论 $H$ 给出的先验概率,它是在没有考虑任何证据的情况下根据经验给出的。随着新证据的获得,对 $H$ 的信任程度应该有所改变。主观 Bayes 方法推理的任务就是根据证据 $E$ 的概率 $P(E)$ 及 $LS$,$LN$ 的值,把 $H$ 的先验概率 $P(H)$ 更新为后验概率 $P(H \mid E)$ 或 $P(H \mid \neg E)$。即

不确定性的传递算
法讲课视频▲

$$P(H) \xrightarrow{P(E),\ LS,\ LN} P(H \mid E) \text{ 或 } P(H \mid \neg E)$$

由于一条知识所对应的证据可能是肯定存在的,也可能是肯定不存在的,或者是不确定的,而且在不同情况下确定后验概率的方法不同,所以下面分别进行讨论。

#### 1. 证据肯定存在的情况

在证据肯定存在时,$P(E) = P(E \mid S) = 1$。

由 Bayes 公式可得证据 $E$ 成立的情况下,结论 $H$ 成立的概率为

$$P(H \mid E) = P(E \mid H) \times P(H) \mid P(E) \tag{4.3}$$

同理证据 $E$ 成立的情况下,结论 $H$ 不成立的概率为

$$P(\neg H \mid E) = P(E \mid \neg H) \times P(\neg H) \mid P(E) \tag{4.4}$$

用式(4.3)除以式(4.4),可得

$$\frac{P(H \mid E)}{P(\neg H \mid E)} = \frac{P(E \mid H)}{P(E \mid \neg H)} \times \frac{P(H)}{P(\neg H)} \tag{4.5}$$

为简洁起见,引入几率(odds)函数 $O(x)$,它与概率 $P(x)$ 的关系为

$$O(x) = \frac{P(x)}{P(\neg x)} = \frac{P(x)}{1 - P(x)} \tag{4.6a}$$

或者

$$P(x) = \frac{O(x)}{1 + O(x)} \tag{4.6b}$$

概率和几率的取值范围是不同的,概率 $P(x) \in [0,1]$,几率 $O(x) \in [0,\infty)$。显然,$P(x)$ 与 $O(x)$ 有相同的单调性。即,若 $P(x_1) < P(x_2)$,则 $O(x_1) < O(x_2)$,反之亦然。可见,虽然几率函数和概率函数有着不同的形式,但一样可以表示证据的不确定性。它们的变化趋势是相同的,当证据为真的程度越大时,几率函数的值也越大。

由 $LS$ 的定义式(4.1),以及概率与几率的关系式(4.6),可将式(4.5)写为 Bayes 修正公式

$$O(H \mid E) = LS \times O(H) \tag{4.7}$$

这就是在证据肯定存在时,把先验几率(prior odds)$O(H)$ 更新为后验几率(posterior odds)$O(H \mid E)$ 的计算公式。如果用式(4.6)把几率换成概率,就可得到

$$P(H \mid E) = \frac{LS \times P(H)}{(LS-1) \times P(H) + 1} \tag{4.8}$$

这是把先验概率 $P(H)$ 更新为后验概率 $P(H/E)$ 的计算公式。

由以上讨论可以看出充分性度量 $LS$ 的意义：

① 当 $LS>1$ 时，由式（4.7）可得

$$O(H \mid E) > O(H)$$

由 $P(x)$ 与 $O(x)$ 具有相同单调性，可知

$$P(H \mid E) > P(H)$$

这表明，当 $LS>1$ 时，由于证据 $E$ 的存在，将增大结论 $H$ 为真的概率，而且 $LS$ 越大，$P(H \mid E)$ 就越大，即 $E$ 对 $H$ 为真的支持越强。当 $LS \to \infty$ 时，$O(H \mid E) \to \infty$，即 $P(H \mid E) \to 1$，表明由于证据 $E$ 的存在，将导致 $H$ 为真，由此可见，$E$ 的存在对 $H$ 为真是充分的，故称 $LS$ 为充分性度量。

② 当 $LS=1$ 时，由式（4.7）可得

$$O(H \mid E) = O(H)$$

这表明 $E$ 与 $H$ 无关。

③ 当 $LS<1$ 时，式（4.7）可得

$$O(H/E) < O(H)$$

这表明，由于证据 $E$ 的存在，将使 $H$ 为真的可能性下降。

④ 当 $LS=0$ 时，由式（4.7）可得

$$O(H/E) = 0$$

这表明，由于证据 $E$ 的存在，将使 $H$ 为假。

上述关于 $LS$ 的讨论可作为领域专家为 $LS$ 赋值的依据。当证据 $E$ 越是支持 $H$ 为真时，应使相应 $LS$ 的值越大。

### 2. 证据肯定不存在的情况

在证据肯定不存在时，$P(E) = P(E \mid S) = 0, P(\neg E) = 1$。

由于

$$P(H \mid \neg E) = P(\neg E \mid H) \times P(H) \mid P(\neg E)$$

$$P(\neg H \mid \neg E) = P(\neg E \mid \neg H) \times P(\neg H) \mid P(\neg E)$$

两式相除得到

$$\frac{P(H \mid \neg E)}{P(\neg H \mid \neg E)} = \frac{P(\neg E \mid H)}{P(\neg E \mid \neg H)} \times \frac{P(H)}{P(\neg H)}$$

由 $LN$ 的定义式（4.2b），以及概率与几率的关系式（4.6），可将上式写为 Bayes 修正公式

$$O(H \mid \neg E) = LN \times O(H) \tag{4.9}$$

这就是在证据 $E$ 肯定不存在时，把先验几率 $O(H)$ 更新为后验几率 $O(H \mid \neg E)$ 的计算公式。如果用式（4.6）把几率换成概率，就可得到

$$P(H \mid \neg E) = \frac{LN \times P(H)}{(LN-1) \times P(H) + 1} \tag{4.10}$$

这是把先验概率 $P(H)$ 更新为后验概率 $P(H \mid \neg E)$ 的计算公式。

由以上讨论可以看出必要性度量 $LN$ 的意义。

（1）当 $LN>1$ 时，由式（4.9）可得

$$O(H\mid\neg E)>O(H)$$

由 $P(x)$ 与 $O(x)$ 具有相同单调性，可知

$$P(H\mid\neg E)>P(H)$$

这表明，当 $LN>1$ 时，由于证据 $E$ 不存在，将增大结论 $H$ 为真的概率，而且 $LN$ 越大，$P(H\mid\neg E)$ 就越大，即 $\neg E$ 对 $H$ 为真的支持越强。当 $LN\to\infty$ 时，$O(H\mid\neg E)\to\infty$，即 $P(H\mid\neg E)\to1$，表明由于证据 $E$ 不存在，将导致 $H$ 为真。

（2）当 $LN=1$ 时，由式（4.9）可得

$$O(H\mid\neg E)=O(H)$$

这表明 $\neg E$ 与 $H$ 无关。

（3）当 $LN<1$ 时，由式（4.9）可得

$$O(H\mid\neg E)<O(H)$$

这表明，由于证据 $E$ 不存在，将使 $H$ 为真的可能性下降，或者说由于证据 $E$ 不存在，将反对 $H$ 为真。由此可以看出 $E$ 对 $H$ 为真的必要性。

（4）当 $LN=0$ 时，由式（4.9）可得

$$O(H\mid\neg E)=0$$

这表明，由于证据 $E$ 不存在，将导致 $H$ 为假。由此也可以看出 $E$ 对 $H$ 为真的必要性，故称 $LN$ 为必要性度量。

依据上述讨论，领域专家可为 $LN$ 赋值，若证据 $E$ 对 $H$ 越是必要，则相应 $LN$ 的值越小。

另外，由于 $E$ 和 $\neg E$ 不可能同时支持 $H$ 或同时反对 $H$，所以在一条知识中的 $LS$ 和 $LN$ 一般不应该出现如下情况中的任何一种：

① $LS>1,LN>1$。
② $LS<1,LN<1$。

只有如下情况存在：

① $LS\geqslant1$ 且 $LN\leqslant1$。
② $LS\leqslant1$ 且 $LN\geqslant1$。

**例 4.3** 设有如下知识：

$r_1$：IF　$E_1$　THEN　（10,1）　$H_1$　（0.03）
$r_2$：IF　$E_2$　THEN　（20,1）　$H_2$　（0.05）
$r_3$：IF　$E_3$　THEN　（1,0.002）　$H_3$　（0.3）

求：当证据 $E_1,E_2,E_3$ 存在及不存在时，$P(H_i\mid E_i)$ 及 $P(H_i\mid\neg E_i)$ 的值各是多少？

**解**　由于 $r_1$ 和 $r_2$ 中的 $LN=1$，所以 $E_1$ 与 $E_2$ 不存在时对 $H_1$ 和 $H_2$ 不产生影响，即不需要计算 $P(H_1\mid\neg E_1)$ 和 $P(H_2\mid\neg E_2)$；因它们的 $LS>1$，所以在 $E_1$ 与 $E_2$ 存在时需要计算 $P(H_1\mid E_1)$ 和 $P(H_2\mid E_2)$。由公式（4.8）可计算 $P(H_1\mid E_1)$ 和 $P(H_2\mid E_2)$。

后验概率：
$$P(H_1\mid E_1)=\frac{LS_1\times P(H_1)}{(LS_1-1)\times P(H_1)+1}$$
$$=\frac{10\times0.03}{(10-1)\times0.03+1}$$
$$=0.24$$

$$\frac{P(H_1 \mid E_1)}{P(H_1)} = \frac{0.24}{0.03} = 8$$

$$P(H_2 \mid E_2) = \frac{LS_2 \times P(H_2)}{(LS_2 - 1) \times P(H_2) + 1}$$

$$= \frac{20 \times 0.05}{(20-1) \times 0.05 + 1}$$

$$= 0.51$$

$$\frac{P(H_2 \mid E_2)}{P(H_2)} = \frac{0.51}{0.05} = 10.2$$

由此可以看出,由于 $E_1$ 的存在使 $H_1$ 为真的可能性比先验概率增加了 8 倍;由于 $E_2$ 的存在使 $H_2$ 为真的可能性增加了 10 多倍。

对于 $r_3$,由于 $LS=1$,所以 $E_3$ 的存在对 $H_3$ 无影响,不需要计算 $P(H_3 \mid E_3)$,但因它的 $LN<1$,所以当 $E_3$ 不存在时需计算 $P(H_3 \mid \neg E_3)$。

由公式(4.10)可计算 $P(H_3 \mid \neg E_3)$ 如下:

$$P(H_3 \mid \neg E_3) = \frac{LN_3 \times P(H_3)}{(LN_3 - 1) \times P(H_3) + 1}$$

$$= \frac{0.002 \times 0.3}{(0.002-1) \times 0.3 + 1}$$

$$= 0.00086$$

$$\frac{P(H_3)}{P(H_3 \mid \neg E_3)} \approx 350$$

由此可以看出,由于 $E_3$ 不存在使 $H_3$ 为真的可能性削弱了近 350 倍。

例 4.4   设有如下知识:

$$r_1: \quad E_1 \rightarrow H \quad LS_1 = 20 \quad LN_1 = 1$$

$$r_2: \quad E_2 \rightarrow H \quad LS_2 = 300 \quad LN_2 = 1$$

$$P(H) = 0.03$$

若 $E_1, E_2$ 依次出现,求 $P(H \mid E_1, E_2)$ 的值。

解
$$P(H \mid E_1) = \frac{LS_1 \times P(H)}{(LS_1 - 1) \times P(H) + 1}$$

$$= \frac{20 \times 0.03}{(20-1) \times 0.03 + 1}$$

$$= 0.382$$

$$P(H \mid E_1, E_2) = \frac{LS_2 \times P(H \mid E_1)}{(LS_2 - 1) \times P(H \mid E_1) + 1}$$

$$= \frac{300 \times 0.382}{(300-1) \times 0.382 + 1}$$

$$= 0.995$$

### 3. 证据不确定的情况

上面讨论了在证据肯定存在和肯定不存在情况下把 $H$ 的先验概率更新为后验概率的方法。在现实中,这种证据肯定存在和肯定不存在的极端情况是不多的,更多的是介于两者之间的不确定情况。因为对初始证据来说,由于客观事物或现象是不精确的,因而用户所提供的证据是不确定的;另外,一条知识的证据往往来源于由另一条知识推出的结论,一般也具有某种程度的不确定性。例如用户告知只有 60% 的把握说明证据 $E$ 是真的,这就表示初始证据 $E$ 为真的程度为 0.6,即 $P(E|S)=0.6$。这里 $S$ 是对 $E$ 的有关观察。现在要在 $0<P(E|S)<1$ 的情况下确定 $H$ 的后验概率 $P(H|S)$。

在证据不确定的情况下,不能再用上面的公式计算后验概率,而要用杜达等人 1976 年证明了的如下公式:

$$P(H|S)=P(H|E)\times P(E|S)+P(H|\neg E)\times P(\neg E|S) \tag{4.11}$$

下面分四种情况讨论这个公式。

(1) $P(E|S)=1$

当 $P(E|S)=1$ 时,$P(\neg E|S)=0$。此时公式(4.11)变成

$$P(H|S)=P(H|E)=\frac{LS\times P(H)}{(LS-1)\times P(H)+1}$$

这就是证据肯定存在的情况,见式(4.8)。

(2) $P(E|S)=0$

当 $P(E|S)=0$ 时,$P(\neg E|S)=1$。此时公式(4.11)变成

$$P(H|S)=P(H|\neg E)=\frac{LN\times P(H)}{(LN-1)\times P(H)+1}$$

这就是证据肯定不存在的情况,见式(4.10)。

(3) $P(E|S)=P(E)$

当 $P(E|S)=P(E)$ 时,表示 $E$ 与 $S$ 无关。利用全概率公式 $P(B)=\sum_{i=1}^{n}P(A_i)P(B|A_i)$ 就将公式(4.11)变为

$$P(H|S)=P(H|E)\times P(E)+P(H|\neg E)\times P(\neg E)=P(H)$$

(4) $P(E|S)$ 为其他值。

上面已经得到了三种特殊情况的结果,当 $P(E|S)$ 为其他值时,可以根据这三个特殊点,通过分段线性插值得到计算 $P(H|S)$ 的公式。

$$P(H|S)=\begin{cases}P(H|\neg E)+\dfrac{P(H)-P(H|\neg E)}{P(E)}\times P(E|S), & \text{若 } 0\leqslant P(E|S)<P(E) \\[2mm] P(H)+\dfrac{P(H|E)-P(H)}{1-P(E)}\times[P(E|S)-P(E)], & \text{若 } P(E)\leqslant P(E|S)\leqslant 1\end{cases}$$

该公式称为 EH 公式或 UED 公式,如图 4.2 所示。

对于初始证据,由于其不确定性是用可信度 $C(E|S)$ 给出的,此时只要把 $P(E|S)$ 与 $C(E|S)$ 的对应关系转换公式代入 EH 公式,就可得到用可信度 $C(E|S)$ 计算 $P(H|S)$ 的公式

$$P(H\mid S)=\begin{cases}P(H\mid\neg E)+[P(H)-P(H\mid\neg E)]\times\left[\dfrac{1}{5}C(E\mid S)+1\right], & 若\ C(E\mid S)\leqslant0\\[3mm]P(H)+[P(H\mid E)-P(H)]\times\dfrac{C(E\mid S)}{5}, & 若\ C(E\mid S)>0\end{cases}$$

该公式称为 CP 公式。

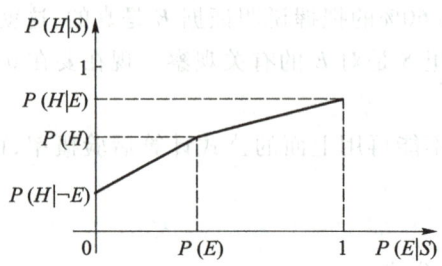

图 4.2   EH 公式的分段线性插值

这样,当用初始证据进行推理时,根据用户告知的 $C(E\mid S)$,通过运用 CP 公式就可求出 $P(H\mid S)$;当用推理过程中得到的中间结论作为证据进行推理时,通过运用 EH 公式就可求出 $P(H/S)$。

### 4.3.5   结论不确定性的合成算法

结论不确定性的合
成算法讲课视频▲

若有 $n$ 条知识都支持相同的结论,而且每条知识的前提条件所对应的证据 $E_i(i=1,2,\cdots,n)$ 都有相应的观察 $S_i$ 与之对应,则只要先对每条知识分别求出 $O(H\mid S_i)$,然后就可运用下述公式求出 $O(H\mid S_1,S_2,\cdots,S_n)$。

$$O(H\mid S_1,S_2,\cdots,S_n)=\frac{O(H\mid S_1)}{O(H)}\times\frac{O(H\mid S_2)}{O(H)}\times\cdots\times\frac{O(H\mid S_n)}{O(H)}\times O(H)$$

$$(4.12)$$

为了熟悉主观 Bayes 方法的推理过程,下面给出一个例子。

**例 4.5**   设有如下知识:

$r_1$:   IF      $E_1$   THEN   $(2,0.001)$   $H_1$

$r_2$:   IF      $E_2$   THEN   $(100,0.001)$   $H_1$

$r_3$:   IF      $H_1$   THEN   $(200,0.01)$   $H_2$

已知:$O(H_1)=0.1$,   $O(H_2)=0.01$

$C(E_1\mid S_1)=2$,   $C(E_2\mid S_2)=1$

求 $O(H_2\mid S_1,S_2)$。

**解**   (1) 计算 $O(H_1\mid S_1)$

$$\begin{aligned}P(H_1)&=\frac{O(H_1)}{1+O(H_1)}\\&=\frac{0.1}{1+0.1}\\&=0.09\end{aligned}$$

$$P(H_1 \mid E_1) = \frac{O(H_1 \mid E_1)}{1 + O(H_1 \mid E_1)}$$

$$= \frac{LS_1 \times O(H_1)}{1 + LS_1 \times O(H_1)}$$

$$= \frac{2 \times 0.1}{1 + 2 \times 0.1}$$

$$= 0.17$$

因为 $C(E_1 \mid S_1) = 2 > 0$，所以使用 CP 公式的后半部计算 $P(H_1 \mid S_1)$。

$$P(H_1 \mid S_1) = P(H_1) + [P(H_1 \mid E_1) - P(H_1)] \frac{1}{5} C(E_1 \mid S_1)$$

$$= 0.09 + (0.17 - 0.09) \times \frac{2}{5}$$

$$= 0.122$$

$$O(H_1 \mid S_1) = \frac{P(H_1 \mid S_1)}{1 - P(H_1 \mid S_1)}$$

$$= \frac{0.122}{1 - 0.122}$$

$$= 0.14$$

（2）计算 $O(H_1 \mid S_2)$

由上面的计算得知 $P(H_1) = 0.09$

$$P(H_1 \mid E_2) = \frac{O(H_1 \mid E_2)}{1 + O(H_1 \mid E_2)}$$

$$= \frac{LS_2 \times O(H_1)}{1 + LS_2 \times O(H_1)}$$

$$= \frac{100 \times 0.1}{1 + 100 \times 0.1}$$

$$= 0.91$$

因为 $C(E_2 \mid S_2) = 1 > 0$，所以用 CP 公式的后半部计算 $P(H_1 \mid S_2)$。

$$P(H_1 \mid S_2) = P(H_1) + [P(H_1 \mid E_2) - P(H_1)] \frac{1}{5} C(E_2 \mid S_2)$$

$$= 0.09 + (0.91 - 0.09) \times \frac{1}{5}$$

$$= 0.254$$

$$O(H_1 \mid S_2) = \frac{P(H_1 \mid S_2)}{1 - P(H_1 \mid S_2)}$$

$$= \frac{0.254}{1 - 0.254}$$

$$= 0.34$$

（3）计算 $O(H_1 \mid S_1, S_2)$

$$O(H_1 \mid S_1, S_2) = \frac{O(H_1 \mid S_1)}{O(H_1)} \frac{O(H_1 \mid S_2)}{O(H_1)} O(H_1)$$

$$= \frac{0.14}{0.1} \times \frac{0.34}{0.1} \times 0.1$$

$$= 0.476$$

（4）计算 $P(H_2 \mid S_1, S_2)$ 及 $O(H_2 \mid S_1, S_2)$

为了确定应用 EH 公式的哪一部分，需要判断 $P(H_1)$ 及 $P(H_1 \mid S_1, S_2)$ 的大小关系。

因为 $O(H_1 \mid S_1, S_2) = 0.476, O(H_1) = 0.1$，显然 $O(H_1 \mid S_1, S_2) > O(H_1)$，所以 $P(H_1 \mid S_1, S_2) > P(H_1)$，因此，选用 EH 公式的后半部分，即

$$P(H_2 \mid S_1, S_2) = P(H_2) + \frac{P(H_1 \mid S_1, S_2) - P(H_1)}{1 - P(H_1)} [P(H_2 \mid H_1) - P(H_2)]$$

因为

$$P(H_2) = \frac{O(H_2)}{1 + O(H_2)}$$

$$= \frac{0.01}{1 + 0.01}$$

$$= 0.01$$

$$P(H_1 \mid S_1, S_2) = \frac{O(H_1 \mid S_1, S_2)}{1 + O(H_1 \mid S_1, S_2)}$$

$$= \frac{0.476}{1 + 0.476}$$

$$= 0.32$$

$$P(H_2 \mid H_1) = \frac{O(H_2 \mid H_1)}{1 + O(H_2 \mid H_1)}$$

$$= \frac{LS_3 \times O(H_2)}{1 + LS_3 \times O(H_2)}$$

$$= \frac{200 \times 0.01}{1 + 200 \times 0.01}$$

$$= 0.67$$

可得

$$P(H_2 \mid S_1, S_2) = 0.01 + \frac{0.32 - 0.09}{1 - 0.09} \times (0.67 - 0.01)$$

$$= 0.177$$

所以

$$O(H_2 \mid S_1, S_2) = \frac{P(H_2 \mid S_1, S_2)}{1 - P(H_2 \mid S_1, S_2)}$$

$$= \frac{0.177}{1 - 0.177}$$

$$= 0.215$$

$H_2$ 原先的几率是 0.01，通过运用知识 $r_1, r_2, r_3$ 及初始证据的可信度 $C(E \mid S_1), C(E \mid S_2)$ 进

行推理,最后算出 $H_2$ 的后验几率是 0.212,相当于几率增加了 20 多倍。

主观 Bayes 方法的主要优点是:

① 主观 Bayes 方法中的计算公式大多是在概率的基础上推导出来的,具有较坚实的理论基础。

② 知识的静态强度 LS 及 LN 是由领域专家根据实践经验给出的,这就避免了大量的数据统计工作。另外,它既用 LS 指出了证据 E 对结论 H 的支持程度,即指出了 E 对 H 的充分性程度,又用 LN 指出了 E 对 H 的必要性程度,这就比较全面地反映了证据与结论间的因果关系,符合现实世界中某些领域的实际情况,使推出的结论比较准确。

③ 主观 Bayes 方法不仅给出了在证据肯定存在或肯定不存在情况下由 H 的先验概率更新为后验概率的方法,还给出了在证据不确定情况下更新先验概率为后验概率的方法。另外,由其推理过程可以看出,它确实实现了不确定性的逐级传递。因此,可以说主观 Bayes 方法是一种比较实用且较灵活的不确定性推理方法。

它的主要缺点是:

① 它要求领域专家在给出知识时,同时给出 H 的先验概率 $P(H)$,这是比较困难的。

② Bayes 定理中关于事件独立性的要求使主观 Bayes 方法的应用受到了限制。

## 4.4 可信度方法

可信度方法是肖特里菲(E. H. Shortliffe)等人在确定性理论(theory of confirmation)的基础上,结合概率论等提出的一种不确定性推理方法。它首先在专家系统 MYCIN 中得到了成功的应用。由于该方法比较直观、简单,而且效果也比较好,因而受到人们的重视。目前,许多专家系统都是基于这一方法建造起来的。

可信度方法讲课
视频▲

### 4.4.1 可信度的概念

人们在长期的实践活动中,对客观世界的认识积累了大量的经验,当面临一个新事物或新情况时,往往可用这些经验对问题的真、假或为真的程度作出判断。这种根据经验对一个事物或现象为真的相信程度称为可信度(certainty)。

显然,可信度带有较大的主观性和经验性,其准确性难以把握。但由于人工智能所面向的多是结构不良的复杂问题,难以给出精确的数学模型,先验概率及条件概率的确定又比较困难,因而用可信度来表示知识及证据的不确定性仍不失为一种可行的方法。另外,由于领域专家有丰富的专业知识及实践经验,也不难对领域内的知识给出其可信度。

### 4.4.2 C-F 模型

C-F 模型是基于可信度表示的不确定性推理的基本方法,其他可信度方法都是在此基础上发展起来的。

#### 1. 知识不确定性的表示

在 C-F 模型中,知识是用产生式规则表示的,其一般形式为

$$\text{IF} \quad E \quad \text{THEN} \quad H \quad (CF(H,E))$$

其中,$CF(H,E)$ 是该条知识的可信度,称为可信度因子( certainty factor)。$CF(H,E)$ 反映了前提条件与结论的联系强度。它指出当前提条件 $E$ 所对应的证据为真时,它对结论 $H$ 为真的支持程度,$CF(H,E)$ 的值越大,就越支持结论 $H$ 为真。例如

$$\text{IF　头痛　AND　流涕　THEN　感冒　(0.7)}$$

表示当病人确实有"头痛"及"流涕"的症状时,则有七成的把握认为他是患了感冒。

$CF(H,E)$ 在 $[-1,1]$ 上取值,$CF(H,E)$ 的值要求领域专家直接给出。其原则是:若由于相应证据的出现增加结论 $H$ 为真的可信度,则取 $CF(H,E)>0$,证据的出现越是支持 $H$ 为真,就使 $CF(H,E)$ 的值越大;反之,取 $CF(H,E)<0$,证据的出现越是支持 $H$ 为假,就使 $CF(H,E)$ 的值越小;若证据的出现与否与 $H$ 无关,则取 $CF(H,E)=0$。

**2. 证据不确定性的表示**

在 C-F 模型中,证据的不确定性也是用可信度因子表示的。例如,$CF(E)=0.6$ 表示 $E$ 的可信度为 0.6。

证据可信度值的来源分两种情况:对于初始证据,其可信度的值由提供证据的用户给出;对于用先前推出的结论作为当前推理的证据,其可信度的值在推出该结论时通过不确定性传递算法计算得到。

证据 $E$ 的可信度 $CF(E)$ 也是在 $[-1,1]$ 上取值的。对于初始证据,若对它的所有观察 $S$ 能肯定它为真,则取 $CF(E)=1$;若肯定它为假,则取 $CF(E)=-1$;若它以某种程度为真,则取 $CF(E)$ 为 $(0,1)$ 中的某一个值,即 $0<CF(E)<1$;若它以某种程度为假,则取 $CF(E)$ 为 $(-1,0)$ 中的某一个值,即 $-1<CF(E)<0$;若它还未获得任何相关的观察,此时可看作观察 $S$ 与它无关,则取 $CF(E)=0$。

在该模型中,尽管知识的静态强度与证据的动态强度都是用可信度因子 $CF$ 表示的,但它们所表示的意义不相同。静态强度 $CF(H,E)$ 表示的是知识的强度,即当 $E$ 所对应的证据为真时对 $H$ 的影响程度,而动态强度 $CF(E)$ 表示的是证据 $E$ 当前的不确定性程度。

**3. 组合证据不确定性的算法**

当组合证据是多个单一证据的合取时,即

$$E=E_1 \text{ AND } E_2 \text{ AND } \cdots \text{ AND } E_n$$

若已知 $CF(E_1),CF(E_2),\cdots,CF(E_n)$,则

$$CF(E) = \min\{CF(E_1),CF(E_2),\cdots,CF(E_n)\} \tag{4.13}$$

当组合证据是多个单一证据的析取时,即

$$E=E_1 \text{ OR } E_2 \text{ OR } \cdots \text{ OR } E_n$$

若已知 $CF(E_1),CF(E_2),\cdots,CF(E_n)$,则

$$CF(E) = \max\{CF(E_1),CF(E_2),\cdots,CF(E_n)\} \tag{4.14}$$

**4. 不确定性的传递算法**

C-F 模型中的不确定性推理从不确定的初始证据出发,通过运用相关的不确定性知识,最终推出结论并求出结论的可信度值。其中,结论 $H$ 的可信度由下式计算

$$CF(H) = CF(H,E) \times \max\{0,CF(E)\} \tag{4.15}$$

由上式可以看出,当相应证据以某种程度为假,即 $CF(E)<0$ 时,则

$$CF(H) = 0$$

这说明在该模型中没有考虑证据为假时对结论 $H$ 所产生的影响。另外,当证据为真,即 $CF(E)=1$ 时,由上式可推出:

$$CF(H)=CF(H,E)$$

这说明知识中的规则强度 $CF(H,E)$ 实际上就是在前提条件对应的证据为真时结论 $H$ 的可信度。或者说,当知识的前提条件所对应的证据存在且为真时,结论 $H$ 有 $CF(H,E)$ 大小的可信度。

### 5. 结论不确定性的合成算法

若由多条不同知识推出了相同的结论,但可信度不同,则可用合成算法求出综合可信度。由于对多条知识的综合可通过两两的合成实现,所以下面只考虑两条知识的情况。

设有如下知识:

$$\text{IF} \quad E_1 \quad \text{THEN} \quad H \quad (CF(H,E_1))$$
$$\text{IF} \quad E_2 \quad \text{THEN} \quad H \quad (CF(H,E_2))$$

则结论 $H$ 的综合可信度可分为如下两步算出:

(1)分别对每一条知识求出 $CF(H)$

$$CF_1(H)=CF(H,E_1)\times\max\{0,CF(E_1)\}$$
$$CF_2(H)=CF(H,E_2)\times\max\{0,CF(E_2)\}$$

(2)用下述公式求出 $E_1$ 与 $E_2$ 对 $H$ 的综合影响所形成的可信度 $CF_{1,2}(H)$

$$CF_{1,2}(H)=\begin{cases} CF_1(H)+CF_2(H)-CF_1(H)CF_2(H) & \text{若 } CF_1(H)\geqslant 0, \quad CF_2(H)\geqslant 0 \\ CF_1(H)+CF_2(H)+CF_1(H)CF_2(H) & \text{若 } CF_1(H)<0, \quad CF_2(H)<0 \\ \dfrac{CF_1(H)+CF_2(H)}{1-\min\{|CF_1(H)|,|CF_2(H)|\}} & \text{若 } CF_1(H)CF_2(H)<0 \end{cases} \quad (4.16)$$

**例 4.6** 设有如下一组知识:

$r_1:$ IF $E_1$ THEN $H$ (0.8)
$r_2:$ IF $E_2$ THEN $H$ (0.6)
$r_3:$ IF $E_3$ THEN $H$ (-0.5)
$r_4:$ IF $E_4$ AND $(E_5$ OR $E_6)$ THEN $E_1$ (0.7)
$r_5:$ IF $E_7$ AND $E_8$ THEN $E_3$ (0.9)

已知:$CF(E_2)=0.8,CF(E_4)=0.5,CF(E_5)=0.6,CF(E_6)=0.7,CF(E_7)=0.6,CF(E_8)=0.9$。求 $CF(H)$。

**解** 第一步:对每一条规则求出 $CF(H)$。

由 $r_4$ 得到

$$\begin{aligned} CF(E_1)&=0.7\times\max\{0,CF[E_4 \quad \text{AND} \quad (E_5 \quad \text{OR} \quad E_6)]\} \\ &=0.7\times\max\{0,\min\{CF(E_4),CF(E_5 \quad \text{OR} \quad E_6)\}\} \\ &=0.7\times\max\{0,\min\{CF(E_4),\max\{CF(E_5),CF(E_6)\}\}\} \\ &=0.7\times\max\{0,\min\{0.5,\max\{0.6,0.7\}\}\} \\ &=0.35 \end{aligned}$$

由 $r_5$ 得到

$$CF(E_3) = 0.9 \times \max\{0, CF(E_7 \quad \text{AND} \quad E_8)\}$$
$$= 0.9 \times \max\{0, \min\{CF(E_7), CF(E_8)\}\}$$
$$= 0.9 \times \max\{0, \min\{0.6, 0.9\}\}$$
$$= 0.54$$

由 $r_1$ 得到

$$CF_1(H) = 0.8 \times \max\{0, CF(E_1)\}$$
$$= 0.8 \times \max\{0, 0.35\}$$
$$= 0.28$$

由 $r_2$ 得到

$$CF_2(H) = 0.6 \times \max\{0, CF(E_2)\}$$
$$= 0.6 \times \max\{0, 0.8\}$$
$$= 0.48$$

由 $r_3$ 得到

$$CF_3(H) = -0.5 \times \max\{0, CF(E_3)\}$$
$$= -0.5 \times \max\{0, 0.54\}$$
$$= -0.27$$

第二步：根据结论不确定性的合成算法得到

$$CF_{1,2}(H) = CF_1(H) + CF_2(H) - CF_1(H) \times CF_2(H)$$
$$= 0.28 + 0.48 - 0.28 \times 0.48$$
$$= 0.63$$

$$CF_{1,2,3}(H) = \frac{CF_{1,2}(H) + CF_3(H)}{1 - \min\{|CF_{1,2}(H)|, |CF_3(H)|\}}$$
$$= \frac{0.63 - 0.27}{1 - \min\{0.63, 0.27\}}$$
$$= \frac{0.36}{1 - 0.27}$$
$$= 0.49$$

即综合可信度为

$$CF(H) = 0.49$$

## 4.5  证据理论

证据理论(theory of evidence)是由德普斯特(A. P. Dempster)于 20 世纪 60 年代首先提出，并由沙佛(G. Shafer)在 20 世纪 70 年代中期进一步发展起来的一种处理不确定性的理论，所以，又称为 D-S 理论。1981 年巴纳特(J. A. Barnett)把该理论引入专家系统中，同年卡威(J. Garvey)等人用它实现了不确定性推理。由于该理论能够区分"不确定"与"不知道"的差异，并能处理由"不知道"引起的不确定性，具有较大的灵活性，因而受到了人们的重视。目前，在证据理论的基础上已经发展了多种不确定性推理模型。本节简单介绍几种不确定性推理模型。

### 4.5.1　概率分配函数

证据理论是用集合表示命题的。

设 $D$ 是变量 $x$ 所有可能取值的集合,且 $D$ 中的元素是互斥的,在任一时刻 $x$ 都取且只能取 $D$ 中的某一个元素为值,则称 $D$ 为 $x$ 的样本空间。

在证据理论中,$D$ 的任何一个子集 $A$ 都对应于一个关于 $x$ 的命题,称该命题为"$x$ 的值是在 $A$ 中"。例如,用 $x$ 代表打靶时所击中的环数,$D=\{1,2,\cdots,10\}$,则 $A=\{5\}$ 表示"$x$ 的值是 5"或者"击中的环数为 5";$A=\{5,6,7,8\}$ 表示"击中的环数是 5,6,7,8 中的某一个"。又如,用 $x$ 代表所看到的颜色,$D=\{$红,黄,蓝$\}$,则 $A=\{$红$\}$ 表示"$x$ 是红色";若 $A=\{$红,蓝$\}$,则它表示"$x$ 或者是红色,或者是蓝色"。

证据理论中,为了描述和处理不确定性,引入了概率分配函数、信任函数及似然函数等概念。下面首先介绍概率分配函数的概念。

设 $D$ 为样本空间,领域内的命题都用 $D$ 的子集表示,则概率分配函数(basic probability assignment function)定义如下:

**定义 4.1**　设函数 $M:2^D\to[0,1]$,即对任何一个属于 $D$ 的子集 $A$,命它对应一个数 $M\in[0,1]$,且满足

$$M(\varnothing)=0$$
$$\sum_{A\subseteq D}M(A)=1$$

则称 $M$ 是 $2^D$ 上的基本概率分配函数,$M(A)$ 称为 $A$ 的基本概率数。

关于概率分配函数的定义有以下几点说明:

(1)设样本空间 $D$ 中有 $n$ 个元素,则 $D$ 中子集的个数为 $2^n$ 个,定义中的 $2^D$ 就是表示这些子集的。例如,设

$$D=\{$红,黄,蓝$\}$$

则它的子集个数刚好是 $2^3=8$ 个,具体为

$$A_1=\{$红$\},\quad A_2=\{$黄$\},\quad A_3=\{$蓝$\},\quad A_4=\{$红,黄$\},$$
$$A_5=\{$红,蓝$\},\quad A_6=\{$黄,蓝$\},\quad A_7=\{$红,黄,蓝$\},\quad A_8=\varnothing$$

其中,$\varnothing$ 表示空集。

(2)概率分配函数的作用是把 $D$ 的任意一个子集 $A$ 都映射为 $[0,1]$ 上的一个数 $M(A)$。概率分配函数实际上是对 $D$ 的各个子集进行信任分配,$M(A)$ 表示分配给 $A$ 的那一部分。例如,设

$$A=\{$红$\},\quad M(A)=0.3$$

它表示对命题"$x$ 是红色"的正确性的信任度是 0.3。

当 $A$ 由多个元素组成时,$M(A)$ 不包括对 $A$ 的子集的信任度,而且也不知道该对它如何进行分配。例如,在

$$M(\{$红,黄$\})=0.2$$

中不包括对 $A=\{$红$\}$ 的信任度 0.3,而且也不知道该把这个 0.2 分配给 $\{$红$\}$ 还是分配给 $\{$黄$\}$。

当 $A=D$ 时,$M(A)$ 是对 $D$ 的各子集进行信任分配后剩下的部分,它表示不知道该对这部分如何进行分配。例如,当

$$M(D) = M(\{红,黄,蓝\}) = 0.1$$

时,它表示不知道该对这个 0.1 如何分配,但它不是属于 $\{红\}$ ,就一定是属于 $\{黄\}$ 或 $\{蓝\}$ ,只是由于存在某些未知信息,不知道应该如何分配。

(3)概率分配函数与概率不同。例如,设

$$D = \{红,黄,蓝\}$$

且设

$$M(\{红\}) = 0.3, M(\{黄\}) = 0, M(\{蓝\}) = 0.1, M(\{红,黄\}) = 0.2,$$
$$M(\{红,蓝\}) = 0.2, M(\{黄,蓝\}) = 0.1, M(\{红,黄,蓝\}) = 0.1, M(\varnothing) = 0$$

显然,$M$ 符合概率分配函数的定义,但是

$$M(\{红\}) + M(\{黄\}) + M(\{蓝\}) = 0.4$$

若按概率的要求,这三者的和应等于 1。

## 4.5.2　信任函数

**定义 4.2**　命题的信任函数(belief function)$Bel : 2^D \to [0,1]$ ,且

$$Bel(A) = \sum_{B \subseteq A} M(B) \qquad 对所有的 A \subseteq D \tag{4.17}$$

其中 $2^D$ 表示 $D$ 的所有子集。

$Bel$ 函数又称为下限函数,$Bel(A)$ 表示对命题 $A$ 为真的总的信任程度。

由信任函数及概率分配函数的定义容易推出

$$Bel(\varnothing) = M(\varnothing) = 0$$
$$Bel(D) = \sum_{B \subseteq D} M(B) = 1$$

根据上面给出的数据,可以求得

$$Bel(\{红\}) = M(\{红\}) = 0.3$$
$$Bel(\{红,黄\}) = M(\{红\}) + M(\{黄\}) + M(\{红,黄\})$$
$$= 0.3 + 0 + 0.2$$
$$= 0.5$$
$$Bel(\{红,黄,蓝\}) = M(\{红\}) + M(\{黄\}) + M(\{蓝\}) +$$
$$M(\{红,黄\}) + M(\{红,蓝\}) + M(\{黄,蓝\}) + M(\{红,黄,蓝\})$$
$$= 0.3 + 0 + 0.1 + 0.2 + 0.2 + 0.1 + 0.1$$
$$= 1$$

## 4.5.3　似然函数

似然函数(plausibility function)又称为不可驳斥函数或上限函数,下面给出它的定义。

**定义 4.3**　似然函数 $Pl : 2^D \to [0,1]$ ,且

$$Pl(A) = 1 - Bel(\neg A) \qquad 对所有的 A \subseteq D \tag{4.18}$$

现在我们来讨论似然函数的含义。由于 $Bel(A)$ 表示对 $A$ 为真的信任程度,所以 $Bel(\neg A)$ 就表示对 $\neg A$ 为真,即 $A$ 为假的信任程度,由此可推出 $Pl(A)$ 表示对 $A$ 为非假的信任程度。下面来看两个例子,其中用到的基本概率数仍为上面给出的数据。

$$Pl(\{红\}) = 1 - Bel(\neg\{红\})$$
$$= 1 - Bel(\{黄,蓝\})$$
$$= 1 - [M(\{黄\}) + M(\{蓝\}) + M(\{黄,蓝\})]$$
$$= 1 - [0 + 0.1 + 0.1]$$
$$= 0.8$$
$$Pl(\{黄,蓝\}) = 1 - Bel(\neg\{黄,蓝\})$$
$$= 1 - Bel(\{红\})$$
$$= 1 - 0.3$$
$$= 0.7$$

另外,由于与$\{红\}$相交不为空集的那些子集

$$\sum_{\{红\}\cap B\neq\varnothing} M(B) = M(\{红\}) + M(\{红,黄\}) + M(\{红,蓝\}) + M(\{红,黄,蓝\})$$
$$= 0.3 + 0.2 + 0.2 + 0.1$$
$$= 0.8$$

$$\sum_{\{黄,蓝\}\cap B\neq\varnothing} M(B) = M(\{黄\}) + M(\{蓝\}) + M(\{黄,蓝\}) + M(\{红,蓝\}) +$$
$$M(\{红,黄\}) + M(\{红,黄,蓝\})$$
$$= 0 + 0.1 + 0.1 + 0.2 + 0.2 + 0.1$$
$$= 0.7$$

可见 $Pl(\{红\})$,$Pl(\{黄,蓝\})$亦可分别用下面的式子计算

$$Pl(\{红\}) = \sum_{\{红\}\cap B\neq\varnothing} M(B)$$
$$Pl(\{黄,蓝\}) = \sum_{\{黄,蓝\}\cap B\neq\varnothing} M(B)$$

推广到一般情况可以得出

$$Pl(A) = \sum_{A\cap B\neq\varnothing} M(B) \tag{4.19}$$

这可证明如下:

因为
$$Pl(A) - \sum_{A\cap B\neq\varnothing} M(B) = 1 - Bel(\neg A) - \sum_{A\cap B\neq\varnothing} M(B)$$
$$= 1 - \left(Bel(\neg A) + \sum_{A\cap B\neq\varnothing} M(B)\right)$$
$$= 1 - \left(\sum_{C\subseteq\neg A} M(C) + \sum_{A\cap B\neq\varnothing} M(B)\right)$$
$$= 1 - \sum_{E\subseteq D} M(E)$$
$$= 0$$

所以
$$Pl(A) = \sum_{A\cap B\neq\varnothing} M(B)$$

## 4.5.4　信任函数与似然函数的关系

因为
$$Bel(A) + Bel(\neg A) = \sum_{B\subseteq A} M(B) + \sum_{C\subseteq\neg A} M(C)$$

$$\leqslant \sum_{E \subseteq D} M(E) = 1$$

所以
$$Pl(A) - Bel(A) = 1 - Bel(\neg A) - Bel(A)$$
$$= 1 - (Bel(\neg A) + Bel(A))$$
$$\geqslant 0$$

所以
$$Pl(A) \geqslant Bel(A)$$

由于 $Bel(A)$ 表示对 $A$ 为真的信任程度,$Pl(A)$ 表示对 $A$ 为非假的信任程度,因此可分别称 $Bel(A)$ 和 $Pl(A)$ 为对 $A$ 信任程度的下限与上限,记为
$$A(Bel(A), Pl(A))$$

下面用例子进一步说明下限与上限的意义:

$A(0,0)$:由于 $Bel(A) = 0$,说明对 $A$ 为真不信任;另外,由于 $Bel(\neg A) = 1 - Pl(A) = 1 - 0 = 1$,说明对 $\neg A$ 信任。所以 $A(0,0)$ 表示 $A$ 为假。

$A(0,1)$:由于 $Bel(A) = 0$,说明对 $A$ 为真不信任;另外,由于 $Bel(\neg A) = 1 - Pl(A) = 1 - 1 = 0$,说明对 $\neg A$ 也不信任。所以 $A(0,1)$ 表示对 $A$ 一无所知。

$A(1,1)$:由于 $Bel(A) = 1$,说明对 $A$ 为真信任;另外,由于 $Bel(\neg A) = 1 - Pl(A) = 1 - 1 = 0$,说明对 $\neg A$ 不信任。所以 $A(1,1)$ 表示 $A$ 为真。

$A(0.25,1)$:由于 $Bel(A) = 0.25$,说明对 $A$ 为真有一定程度的信任,信任度为 0.25;另外,由于 $Bel(\neg A) = 1 - Pl(A) = 0$,说明对 $\neg A$ 不信任。所以,$A(0.25,1)$ 表示对 $A$ 为真有 0.25 的信任度。

$A(0,0.85)$:由于 $Bel(A) = 0$,而 $Bel(\neg A) = 1 - Pl(A) = 1 - 0.85 = 0.15$,所以 $A(0,0.85)$ 表示对 $A$ 为假有一定的信任,信任度为 0.15。

$A(0.25,0.85)$:由于 $Bel(A) = 0.25$,说明对 $A$ 为真有 0.25 的信任度;由于 $Bel(\neg A) = 1 - 0.85 = 0.15$,说明对 $A$ 为假有 0.15 的信任度。所以 $A(0.25,0.85)$ 表示对 $A$ 为真的信任度比对 $A$ 为假的信任度稍高一些。

在上面的讨论中已经指出,$Bel(A)$ 表示对 $A$ 为真的信任程度;$Bel(\neg A)$ 表示对 $\neg A$,即 $A$ 为假的信任程度;$Pl(A)$ 表示对 $A$ 为非假的信任程度。那么,$Pl(A) - Bel(A)$ 表示对 $A$ 不知道的程度,即既非对 $A$ 信任又非不信任的那部分。在上例的 $A(0.25,0.85)$ 中,$0.85 - 0.25 = 0.60$ 就表示了对 $A$ 不知道的程度。

### 4.5.5    概率分配函数的正交和(证据的组合)

有时对同样的证据会得到两个不同的概率分配函数,例如,对样本空间
$$D = \{a, b\}$$
从不同的来源分别得到如下两个概率分配函数
$$M_1(\{a\}) = 0.3, \quad M_1(\{b\}) = 0.6, \quad M_1(\{a,b\}) = 0.1, \quad M_1(\varnothing) = 0$$
$$M_2(\{a\}) = 0.4, \quad M_2(\{b\}) = 0.4, \quad M_2(\{a,b\}) = 0.2, \quad M_2(\varnothing) = 0$$

证据理论讲课视频▲

此时需要对它们进行组合,德普斯特(A. P. Dempster)提出的组合方法就是对这两个概率分配函数进行正交和运算。

**定义 4.4**    设 $M_1$ 和 $M_2$ 是两个概率分配函数;则其正交和 $M = M_1 \oplus M_2$ 为

$$M(\varnothing)=0$$
$$M(A)=K^{-1}\sum_{x\cap y=A}M_1(x)M_2(y) \tag{4.20}$$

其中，$K$ 由下式计算

$$K=1-\sum_{x\cap y=\varnothing}M_1(x)M_2(y)=\sum_{x\cap y\neq\varnothing}M_1(x)M_2(y) \tag{4.21}$$

如果 $K\neq0$，则正交和 $M$ 也是一个概率分配函数；如果 $K=0$，则不存在正交和 $M$，即没有可能存在概率函数，称 $M_1$ 与 $M_2$ 矛盾。

对于多个概率分配函数 $M_1,M_2,\cdots,M_n$，如果它们可以组合，也可通过正交和运算将它们组合为一个概率分配函数，其定义如下。

**定义 4.5**　设 $M_1,M_2,\cdots,M_n$ 是 $n$ 个概率分配函数，则其正交和 $M=M_1\oplus M_2\oplus\cdots\oplus M_n$ 为

$$M(\varnothing)=0$$
$$M(A)=K^{-1}\sum_{\cap A_i=A}\prod_{1\leqslant i\leqslant n}M_i(A_i) \tag{4.22}$$

其中，$K$ 由下式计算

$$K=\sum_{\cap A_i\neq\varnothing}\prod_{1\leqslant i\leqslant n}M_i(A_i) \tag{4.23}$$

下面举例说明求正交和的方法。

设 $D=\{黑,白\}$，且设

$$M_1(\{黑\},\{白\},\{黑,白\},\varnothing)=(0.3,0.5,0.2,0)$$
$$M_2(\{黑\},\{白\},\{黑,白\},\varnothing)=(0.6,0.3,0.1,0)$$

则由定义 4.4 得到

$$K=1-\sum_{x\cap y=\varnothing}M_1(x)M_2(y)$$
$$=1-[M_1(\{黑\})M_2(\{白\})+M_1(\{白\})M_2(\{黑\})]$$
$$=1-[0.3\times0.3+0.5\times0.6]$$
$$=0.61$$

$$M(\{黑\})=K^{-1}\sum_{x\cap y=\{黑\}}M_1(x)M_2(y)$$
$$=\frac{1}{0.61}[M_1(\{黑\})M_2(\{黑\})+M_1(\{黑\})M_2(\{黑,白\})+M_1(\{黑,白\})M_2(\{黑\})]$$
$$=\frac{1}{0.61}\times[0.3\times0.6+0.3\times0.1+0.2\times0.6]=0.54$$

同理可得

$$M(\{白\})=0.43$$
$$M(\{黑,白\})=0.03$$

所以，经对 $M_1$ 与 $M_2$ 进行组合后得到的概率分配函数为

$$M(\{黑\},\{白\},\{黑,白\},\varnothing)=(0.54,0.43,0.03,0)$$

### 4.5.6 基于证据理论的不确定性推理

基于证据理论的不确定性推理,大体可分为以下步骤:

① 建立问题的样本空间 $D$;

② 由经验给出,或者由随机性规则和事实的信度度量计算求得幂集 $2^D$ 的基本概率分配函数;

③ 计算所关心的子集 $A \in 2^D$ 的信任函数值 $Bel(A)$ 或者似然函数值 $Pl(A)$;

④ 由 $Bel(A)$ 或者 $Pl(A)$ 得出结论。

证据理论推理讲
课视频▲

下面通过实例进行说明。

**例 4.7** 设有规则:

(1) 如果 流鼻涕 则 感冒但非过敏性鼻炎(0.9)

或 过敏性鼻炎但非感冒(0.1)

(2) 如果 眼发炎 则 感冒但非过敏性鼻炎(0.8)

或 过敏性鼻炎但非感冒(0.05)

又有事实:

(1) 小王流鼻涕(0.9)

(2) 小王发眼炎(0.4)

括号中的数字表示规则和事实的可信度。

用证据理论推理小王患的什么病。

**解** 首先,取样本空间

$$D = \{h_1, h_2, h_3\}$$

其中,$h_1$ 表示"感冒但非过敏性鼻炎",$h_2$ 表示"过敏性鼻炎但非感冒",$h_3$ 表示"同时得了两种病"。

由式(4.15)可以计算该问题的样本空间的基本概率分配函数。根据第一条规则和第一个事实的可信度,得到基本概率分配函数为

$$M_1(\{h_1\}) = 0.9 \times 0.9 = 0.81$$

$$M_1(\{h_2\}) = 0.9 \times 0.1 = 0.09$$

$$M_1(h_3) = 0.9 \times 0 = 0$$

$$M_1(h_1, h_2) = 0$$

$$M_1(h_1, h_3) = 0$$

$$M_1(h_2, h_3) = 0$$

$$M_1(\{h_1, h_2, h_3\}) = 1 - M_1(\{h_1\}) - M_1(\{h_2\}) - M_1(h_3) - M_1(h_1, h_2) - M_1(h_1, h_3) - M_1(h_2, h_3)$$

$$= 1 - 0.81 - 0.09 = 0.1$$

根据第二条规则和第二个事实的可信度,得到基本概率分配函数为

$$M_2(\{h_1\}) = 0.4 \times 0.8 = 0.32$$

$$M_2(\{h_2\}) = 0.4 \times 0.05 = 0.02$$

$$M_2(h_3) = 0.4 \times 0 = 0$$

$$M_2(h_1, h_2) = 0$$

$$M_2(h_2,h_3)=0$$
$$M_2(h_1,h_3)=0$$
$$M_2(\{h_1,h_2,h_3\})=1-M_2(\{h_1\})-M_2(\{h_2\})-M_2(h_3)-M_2(h_1,h_2)-M_2(h_1,h_3)-M_2(h_2,h_3)$$
$$=1-0.32-0.02=0.66$$

用证据理论将上述两个由不同规则得到的概率分配函数组合,得

$$K=1-[M_1(\{h_1\})M_2(\{h_2\})+M_1(\{h_2\})M_2(\{h_1\})]$$
$$=1-[0.81\times0.02+0.09\times0.32]=0.955$$
$$M(\{h_1\})=K^{-1}[M_1(\{h_1\})M_2(\{h_1\})+M_1(\{h_1\})M_2(\{h_1,h_2,h_3\})+$$
$$M_1(\{h_1,h_2,h_3\})M_2(\{h_1\})]$$
$$=\frac{1}{0.955}\times0.825\ 8=0.865$$
$$M(\{h_2\})=K^{-1}[M_1(\{h_2\})M_2(\{h_2\})+M_1(\{h_2\})M_2(\{h_1,h_2,h_3\}+$$
$$M_1(\{h_1,h_2,h_3\})M_2(\{h_2\})]$$
$$=\frac{1}{0.955}\times0.063\ 2=0.066$$
$$M(\{h_1,h_2,h_3\})=1-M(\{h_1\})-M(\{h_2\})=1-0.865-0.066=0.069$$

由信任函数的定义式(4.17)得

$$Bel(\{h_1\})=M(\{h_1\})=0.865$$
$$Bel(\{h_2\})=M(\{h_2\})=0.066$$

由似然函数的定义式(4.18)得

$$Pl(\{h_1\})=1-Bel(\neg\{h_1\})=1-Bel(\{h_2,h_3\})$$
$$=1-[M(\{h_2\}+M(\{h_3\})]$$
$$=1-[0.066+0]=0.934$$
$$Pl(\{h_2\})=1-Bel(\neg\{h_2\})=1-Bel(\{h_1,h_3\})$$
$$=1-[M(\{h_1\}+M(\{h_3\})]$$
$$=1-[0.865+0]=0.135$$

综合上述结果得:

"感冒但非过敏性鼻炎"为真的信任度为 0.865,非假的信任度为 0.934;

"过敏性鼻炎但非感冒"为真的信任度为 0.066,非假的信任度为 0.135。因此,患者是感冒了而非过敏性鼻炎。

# 4.6 模糊推理方法

## 4.6.1 模糊逻辑的提出与发展

"模糊"是人类感知万物,获取知识,思维推理,决策实施的重要特征。"模糊"比"清晰"所拥有的信息容量更大,内涵更丰富,更符合客观世界。为了用数学方法描述和处理自然界出现的不精确、不完整的信息,如人类语言信息和

模糊逻辑的提出与
发展讲课视频▲

图像信息,1965 年美国著名学者加利福尼亚大学教授扎德(L. A. Zadeh)发表了题为 *fuzzy set* 的论文,首先提出了模糊理论。

在刚提出模糊理论的年代,由于科学技术尤其是计算机技术发展的限制,以及科技界对"模糊"含义的误解,使得模糊理论没有得到应有的发展。在美国、欧洲一些国家、中国和日本,只有少数科学家研究模糊理论。在 20 世纪 80 年代之前,虽然理论文章发表了约 5 000 篇,但实际应用却寥寥无几。

模糊理论成功的应用首先是在自动控制领域。1974 年,英国伦敦大学教授 Mamdani 首次将模糊理论应用于热电厂的蒸汽机控制,揭开了模糊理论在控制领域应用的新篇章,充分展示了模糊控制技术的应用前景。1976 年,Mamdani 又将模糊理论应用于水泥旋转炉的控制。在所有应用中,模糊控制在欧洲主要用于工业自动化,在美国主要用于军事领域。尽管在此之后的 10 多年内,模糊控制技术应用取得了很好的效果,然而,没有取得根本上的突破。

到 20 世纪 80 年代,随着计算机技术的发展,日本科学家将模糊理论成功地运用于工业控制和消费品控制,在世界范围内掀起了模糊控制应用高潮。1983 年日本 Fuji Electric 公司实现了饮水处理装置的模糊控制。1987 年日本 Hitachi 公司研制出地铁的模糊控制系统。1987—1990 年在日本申报的模糊产品专利就达 319 种,分布在过程控制、汽车电子、图像识别/图像数据处理、测量技术/传感器、机器人、诊断、家用电器控制等领域。

目前,各种模糊产品充满日本、西欧一些国家和美国市场,如模糊洗衣机、模糊吸尘器、模糊电冰箱和模糊摄像机等。各国都将模糊技术作为本国重点发展的关键技术。

在日常生活中,人们往往用"较少""较多""小一些""很小"等模糊语言来进行控制。例如,当我们拧开水阀向水桶放水时,有这样的经验:桶里没有水或水较少时,水阀应开大一些;桶里的水比较多时,水阀应开小一些;水桶快满时应把阀门开得很小;水桶里的水满时,应迅速关掉水阀。这里的水阀开"大一些""小一些",水桶里的水"比较多""快满""比较少"等都是模糊概念。

常规控制一般都要求系统有精确的数学模型。但大多数的工业过程的参数呈现极强的时变非线性特性,一般很难建立数学模型,所以对于不确定性系统,采用常规控制很难实现有效控制,而模糊控制可以利用语言信息却不需要精确的数学模型,从而可以实现对不确定性系统较好的控制。模糊控制技术是由模糊数学、计算机科学、人工智能、知识工程等多门学科相互渗透,且理论性很强的科学技术。

模糊控制是以模糊数学为基础,运用语言规则知识表示方法和先进的计算机技术,由模糊推理进行决策的一种高级控制策略。它无疑属于智能控制范畴,而且发展至今已成为人工智能领域中的一个重要分支。

在人工智能领域里,特别是在知识表示方面,模糊逻辑有相当广阔的应用前景。目前在自动控制、模式识别、自然语言理解、机器人及专家系统研制等方面,应用模糊逻辑取得了一定的成果,引起了本领域越来越多专家学者的关注。

## 4.6.2 模糊集合

### 1. 模糊集合的定义

模糊集合(fuzzy sets)是经典集合的扩充。下面首先介绍集合论中的几个名词。

论域:所讨论的全体对象称为论域。一般用 $U$、$E$ 等大写字母表示论域。

元素:论域中的每个对象。一般常用 $a$, $b$, $c$, $x$, $y$, $z$ 等小写字母表示集合中的元素。

集合:论域中具有某种相同属性的、确定的、可以彼此区别的元素的全体,常用 $A$, $B$, $C$, $X$, $Y$, $Z$ 等表示集合。如 $A = \{x \mid f(x) > 0\}$。

模糊集合讲课视频▲

在经典集合中,元素 $a$ 和集合 $A$ 的关系只有两种:$a$ 属于 $A$ 或 $a$ 不属于 $A$,即只有两个真值"真"和"假"。

例如,若定义 18 岁以上的人为"成年人"集合,则一位超过 18 岁的人属于"成年人"集合,而另外一位不足 18 岁的人,哪怕只差一天也不属于该集合。

经典集合可用特征函数表示。例如,"成年人"集合可以表示为

$$\mu_{\text{成年人}}(x) = \begin{cases} 1 & x \geq 18 \\ 0 & x < 18 \end{cases}$$

如图 4.3 所示。这是一种对事物的二值描述即二值逻辑。

经典集合只能描述确定性的概念,而不能描述现实世界中模糊的概念。例如,"天气很热"等概念。模糊逻辑模仿人类的智慧,引入隶属度(degree of membership)的概念,描述介于"真"与"假"中间的过程。

模糊集合中每一个元素被赋予一个介于 0 和 1 之间的实数,描述其元素属于一个集合的强度,该实数称为元素属于一个模糊集合的隶属度。

模糊集合中所有元素的隶属度全体构成集合的隶属函数。如上述例子中,一个人变成"成年人"的过程可用一连续曲线表示,如图 4.4 所示。

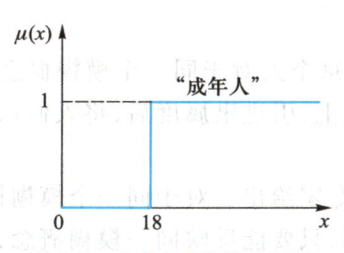

图 4.3 "成年人"特征函数　　　　图 4.4 "成年人"隶属函数

模糊集合是经典集合的推广。实际上,经典集合是模糊集合中隶属度只取 0 或 1 的特例。

### 2. 模糊集合的表示方法

与经典集合表示不同的是,模糊集合中不仅要列出属于这个集合的元素,而且要注明这个元素属于这个集合的隶属度。

当论域中元素数目有限时,模糊集合 $A$ 的数学描述为

$$A = \{(x, \mu_A(x)), x \in X\} \tag{4.24}$$

模糊集合表示讲课视频▲

其中,$\mu_A(x)$ 为元素 $x$ 属于模糊集 $A$ 的隶属度,$X$ 是元素 $x$ 的论域。

(1) Zadeh 表示法

① 当论域是离散且元素数目有限时,常采用模糊集合的 Zadeh 表示法

$$A = \mu_A(x_1)/x_1 + \mu_A(x_2)/x_2 + \cdots + \mu_A(x_n)/x_n = \sum_{i=1}^{n} \mu_A(x_i)/x_i \tag{4.25}$$

其中，$x_i$ 表示模糊集合所对应的论域中的元素，而 $\mu_A(x_i)$ 表示相应的隶属度，"/"只是一个分隔符号，并不表示分数的意思。符号"+"或者"$\sum$"也不表示求和，而是表示模糊集合在论域上的整体。

上式也可以等价地表示为

$$A = \{\mu_A(x_1)/x_1, \mu_A(x_2)/x_2, \cdots, \mu_A(x_n)/x_n\} \tag{4.26}$$

② 当论域是连续的，或者其中元素数目无限时，Zadeh 将模糊集合 $A$ 表示为

$$A = \int_{x \in U} \mu_A(x)/x \tag{4.27}$$

这里的"$\int$"不是数学中的积分符号，也不是求和，只是表示论域中各元素与其隶属度对应关系的总括，是一个记号。

（2）序偶表示法

$$A = \{(\mu_A(x_1), x_1), (\mu_A(x_2), x_2), \cdots, (\mu_A(x_n), x_n)\} \tag{4.28}$$

（3）向量表示法

$$A = [\mu_A(x_1), \mu_A(x_2), \cdots, \mu_A(x_n)] \tag{4.29}$$

在向量表示法中，因为默认模糊集合中的元素依次是 $x_1, x_2, \cdots, x_n$，所以，隶属度为 0 的项不能省略。

### 3. 隶属函数

模糊集合中所有元素的隶属度全体构成模糊集合的隶属函数（membership function）。

正确地确定隶属函数是运用模糊集合理论解决实际问题的基础。隶属函数是对模糊概念的定量描述。我们遇到的模糊概念不胜枚举，然而准确地反映模糊集合的隶属函数，却无法找到统一的模式。

隶属函数的确定过程，本质上说应该是客观的，但每个人对于同一个模糊概念的认识理解又有差异。因此，隶属函数的确定又带有主观性。实际上，引进隶属度后，将人们认识事物的模糊性转化为确定隶属函数的主观性。

隶属函数一般根据经验或统计进行确定，也可由专家给出。对于同一个模糊概念，不同的人会建立不完全相同的隶属函数，尽管形式不完全相同，只要能反映同一模糊概念，在解决和处理实际模糊信息的问题中仍然殊途同归。常见的隶属函数有高斯型、三角形和梯形等。

例如，以年龄作论域，取 $U = [0, 200]$，扎德给出了"年老"$O$ 与"年青"$Y$ 两个模糊集合的隶属函数为

$$\mu_O(u) = \begin{cases} 0 & 0 \leqslant u \leqslant 50 \\ \left[1 + \left(\dfrac{5}{u-50}\right)^2\right]^{-1} & 50 < u \leqslant 200 \end{cases}$$

$$\mu_Y(u) = \begin{cases} 1 & 0 \leqslant u \leqslant 25 \\ \left[1 + \left(\dfrac{u-25}{5}\right)^2\right]^{-1} & 25 < u \leqslant 200 \end{cases}$$

采用 Zadeh 表示法，"年老"$O$ 与"年青"$Y$ 两个模糊集合可以表示为

$$O = \int_{50 < u \leqslant 200} \left[1 + \left(\frac{5}{u-50}\right)^{-2}\right]^{-1} / u$$

$$Y = \int_{0 \leqslant u \leqslant 25} 1/u + \int_{25 < u \leqslant 200} \left[ 1 + \left( \frac{u-25}{5} \right)^2 \right]^{-1} \Big/ u$$

隶属函数确定方法：

① 模糊统计法。

② 专家经验法。

③ 二元对比排序法。

④ 基本概念扩充法。

常见模糊隶属函数有：正态分布、三角分布、梯形分布等。

### 4.6.3　模糊集合的运算

模糊集合是经典集合的推广，所以，经典集合的运算可以推广到模糊集合。但由于模糊集合要由它的隶属函数加以确定，所以，需要重新定义模糊集合的基本运算。

模糊集合运算讲
课视频▲

（1）模糊集合的包含关系

若 $\mu_A(x) \geqslant \mu_B(x)$，则称 $A$ 包含 $B$，记作 $A \supseteq B$。

（2）模糊集合的相等关系

若 $\mu_A(x) = \mu_B(x)$，则称 $A$ 与 $B$ 相等，记作 $A = B$。

（3）模糊集合的交并补运算

设 $A$、$B$ 是论域 $U$ 中的两个模糊集：

① 交运算（intersection）$A \cap B$：

$$\mu_{A \cap B}(x) = \min\{\mu_A(x), \mu_B(x)\} = \mu_A(x) \wedge \mu_B(x)$$

② 并运算（union）$A \cup B$：

$$\mu_{A \cup B}(x) = \max\{\mu_A(x), \mu_B(x)\} = \mu_A(x) \vee \mu_B(x)$$

③ 补运算（complement）$\overline{A}$ 或者 $A^c$：

$$\mu_{\overline{A}}(x) = 1 - \mu_A(x)$$

其中，$\wedge$ 表示取小运算；$\vee$ 表示取大运算。

**例 4.8**　设论域 $U = \{x_1, x_2, x_3, x_4\}$，$A$ 及 $B$ 是论域 $U$ 上的两个模糊集合，已知

$$A = 0.3/x_1 + 0.5/x_2 + 0.7/x_3 + 0.4/x_4$$

$$B = 0.5/x_1 + 1/x_2 + 0.8/x_3$$

求 $\overline{A}$、$\overline{B}$、$A \cap B$、$A \cup B$。

**解**

$$\overline{A} = 0.7/x_1 + 0.5/x_2 + 0.3/x_3 + 0.6/x_4$$

$$\overline{B} = 0.5/x_1 + 0.2/x_3 + 1/x_4$$

$$A \cap B = \frac{0.3 \wedge 0.5}{x_1} + \frac{0.5 \wedge 1}{x_2} + \frac{0.7 \wedge 0.8}{x_3} + \frac{0.4 \wedge 0}{x_4}$$

$$= 0.3/x_1 + 0.5/x_2 + 0.7/x_3$$

$$A \cup B = \frac{0.3 \vee 0.5}{x_1} + \frac{0.5 \vee 1}{x_2} + \frac{0.7 \vee 0.8}{x_3} + \frac{0.4 \vee 0}{x_4}$$
$$= 0.5/x_1 + 1/x_2 + 0.8/x_3 + 0.4/x_4$$

（4）模糊集合的代数运算

设 $A$、$B$ 是论域 $U$ 中的两个模糊集：

① 代数积

$$\mu_{A \cdot B}(x) = \mu_A(x) \mu_B(x)$$

② 代数和

$$\mu_{A+B}(x) = \mu_A(x) + \mu_B(x) - \mu_{A \cdot B}(x)$$

③ 有界和

$$\mu_{A \oplus B}(x) = \min\{1, \mu_A(x) + \mu_B(x)\} = 1 \wedge [\mu_A(x) + \mu_B(x)]$$

④ 有界积

$$\mu_{A \otimes B}(x) = \max\{0, \mu_A(x) + \mu_B(x) - 1\} = 0 \vee [\mu_A(x) + \mu_B(x) - 1]$$

**例 4.9**  设论域 $U = \{x_1, x_2, x_3, x_4, x_5\}$，$A$ 及 $B$ 是论域上的两个模糊集合，已知

$$A = 0.2/x_1 + 0.4/x_2 + 0.9/x_3 + 0.5/x_5$$
$$B = 0.1/x_1 + 0.7/x_3 + 1.0/x_4 + 0.3/x_5$$

求 $A \cdot B$、$A+B$、$A \oplus B$、$A \otimes B$。

**解**

$$A \cdot B = 0.02/x_1 + 0.63/x_3 + 0.15/x_5$$
$$A+B = 0.28/x_1 + 0.4/x_2 + 0.97/x_3 + 1.0/x_4 + 0.65/x_5$$
$$A \oplus B = 0.3/x_1 + 0.4/x_2 + 1.0/x_3 + 1.0/x_4 + 0.8/x_5$$
$$A \otimes B = 0.6/x_3$$

（5）模糊集合运算的基本性质

设 $A$、$B$ 是论域 $U$ 中的两个模糊集：

① 幂等律：

$$A \cup A = A$$
$$A \cap A = A$$

② 交换律：

$$A \cup B = B \cup A$$
$$A \cap B = B \cap A$$

③ 结合律：

$$(A \cup B) \cup C = A \cup (B \cup C)$$
$$(A \cap B) \cap C = A \cap (B \cap C)$$

④ 分配律：

$$(A \cup B) \cap C = (A \cap C) \cup (B \cap C)$$
$$(A \cap B) \cup C = (A \cup C) \cap (B \cup C)$$

⑤ 吸收律：

$$(A \cup B) \cap A = A$$
$$(A \cap B) \cup A = A$$

⑥ 同一律:

$$A \cup U = U$$
$$A \cap U = A$$
$$A \cup \varnothing = A$$
$$A \cap \varnothing = \varnothing$$

⑦ 复原律:

$$(A^c)^c = A$$

⑧ 对偶律:

$$(A \cup B)^c = A^c \cap B^c$$
$$(A \cap B)^c = A^c \cup B^c$$

注意:模糊集合一般不满足互补律,即 $A \cup A^c \neq U$,$A \cap A^c \neq \varnothing$,这是因为模糊集合没有明确的边界,$A^c$ 也没有明确的边界。

### 4.6.4 模糊关系与模糊关系的合成

#### 1. 模糊关系

在模糊集合论中,模糊关系占有重要地位。模糊关系是普通关系的推广。普通关系是描述两个集合中的元素之间是否有关联。模糊关系则描述两个模糊集合中的元素之间的关联程度。当论域为有限时,可以采用模糊矩阵表示模糊关系。

模糊关系讲课视频 ▲

例 4.10    某地区人的身高论域 $X = \{140, 150, 160, 170, 180\}$(单位:cm),体重论域 $Y = \{40, 50, 60, 70, 80\}$(单位:kg)。身高与体重两个集合的元素之间没有确定的关系,只有一定程度的关联。它们之间的关联程度如表 4.1 所示。

表 4.1    身高与体重的模糊关系

| R (Y / X) | 40 | 50 | 60 | 70 | 80 |
|---|---|---|---|---|---|
| 140 | 1 | 0.8 | 0.2 | 0.1 | 0 |
| 150 | 0.8 | 1 | 0.8 | 0.2 | 0.1 |
| 160 | 0.2 | 0.8 | 1 | 0.8 | 0.2 |
| 170 | 0.1 | 0.2 | 0.8 | 1 | 0.8 |
| 180 | 0 | 0.1 | 0.2 | 0.8 | 1 |

它是从 $X$ 到 $Y$ 的一个模糊关系 $\boldsymbol{R}$,可用模糊矩阵表示为

$$\boldsymbol{R} = \begin{bmatrix} 1 & 0.8 & 0.2 & 0.1 & 0 \\ 0.8 & 1 & 0.8 & 0.2 & 0.1 \\ 0.2 & 0.8 & 1 & 0.8 & 0.2 \\ 0.1 & 0.2 & 0.8 & 1 & 0.8 \\ 0 & 0.1 & 0.2 & 0.8 & 1 \end{bmatrix}$$

下面给出模糊关系的定义。

设 $A$、$B$ 为两个模糊集合,在模糊数学中,模糊关系可用叉积(cartesian product)表示

$$\boldsymbol{R}:A\times B\rightarrow[0,1]$$

每一数对 $(a,b)$ 都对应介于 0 和 1 中的一个实数,它描述了该数对相互之间关系的强弱。在模糊逻辑中,这种叉积常用最小算子运算,即

$$\mu_{A\times B}(a,b)=\min\{\mu_A(a),\mu_B(b)\} \tag{4.30}$$

若 $A$、$B$ 为离散模糊集合,其隶属函数分别为

$$\mu_A=[\mu_A(a_1),\mu_A(a_2),\cdots,\mu_A(a_n)]$$
$$\mu_B=[\mu_B(b_1),\mu_B(b_2),\cdots,\mu_B(b_n)]$$

则其叉积运算为

$$\mu_{A\times B}(a,b)=\mu_A^{\mathrm{T}}\circ\mu_B \tag{4.31}$$

其中“∘”为模糊向量乘积。

上述定义的模糊关系,又称为二元模糊关系。通常所谓的模糊关系 $\boldsymbol{R}$,一般是指二元模糊关系。下面举例说明模糊关系的具体求取方法。

**例 4.11**　已知输入的模糊集合 $A$ 和输出的模糊集合 $B$ 分别为

$$A=1.0/a_1+0.8/a_2+0.5/a_3+0.2/a_4+0.0/a_5$$
$$B=0.7/b_1+1.0/b_2+0.6/b_3+0.0/b_4$$

求 $A$ 到 $B$ 的模糊关系 $\boldsymbol{R}$。

**解**

$$\boldsymbol{R}=A\times B=\mu_A^{\mathrm{T}}\circ\mu_B=\begin{bmatrix}1.0\\0.8\\0.5\\0.2\\0.0\end{bmatrix}\circ[0.7\ 1.0\ 0.6\ 0.0]$$

$$=\begin{bmatrix}1.0\wedge0.7 & 1.0\wedge1.0 & 1.0\wedge0.6 & 1.0\wedge0.0\\0.8\wedge0.7 & 0.8\wedge1.0 & 0.8\wedge0.6 & 0.8\wedge0.0\\0.5\wedge0.7 & 0.5\wedge1.0 & 0.5\wedge0.6 & 0.5\wedge0.0\\0.2\wedge0.7 & 0.2\wedge1.0 & 0.2\wedge0.6 & 0.2\wedge0.0\\0.0\wedge0.7 & 0.0\wedge1.0 & 0.0\wedge0.6 & 0.0\wedge0.0\end{bmatrix}$$

$$=\begin{bmatrix}0.7 & 1.0 & 0.6 & 0.0\\0.7 & 0.8 & 0.6 & 0.0\\0.5 & 0.5 & 0.5 & 0.0\\0.2 & 0.2 & 0.2 & 0.0\\0.0 & 0.0 & 0.0 & 0.0\end{bmatrix}$$

可以看出,两个模糊向量的叉积,类似于两个向量的乘积,只是其中的乘积运算用取小运算代替。

### 2. 模糊关系的合成

模糊关系的合成是普通关系合成的推广,定义为:

设 $U$、$V$、$W$ 是论域,$Q$ 是 $U$ 到 $V$ 的一个模糊关系,$R$ 是 $V$ 到 $W$ 的一个模糊关系,则模糊关系 $Q$ 与模糊关系 $R$ 的合成 $Q \circ R$ 是 $U$ 到 $W$ 的一个模糊关系,它具有隶属函数

$$\mu_{Q \circ R}(u,w) = \bigcup_{v \in V} \left( \mu_Q(u,v) \wedge \mu_R(v,w) \right) \tag{4.32}$$

当论域 $U$、$V$、$W$ 为有限时,模糊关系的合成可用模糊矩阵的合成表示。设 $Q$、$R$、$S$ 三个模糊关系对应的模糊矩阵分别为

$$Q = (q_{ij})_{n \times m}, \quad R = (r_{jk})_{m \times l}, \quad S = (s_{ik})_{n \times l}$$

则有

$$s_{ik} = \bigcup_{j=1}^{m} (q_{ij} \wedge r_{jk}) \tag{4.33}$$

模糊关系 $Q$ 与模糊关系 $R$ 的合成 $S$ 是模糊矩阵的叉乘 $Q \circ R$。

模糊矩阵的合成可以由多种计算方法得到。例如下列常用的几种计算方法:

① 最大-最小合成法:写出矩阵乘积 $QR$ 中的每个元素,然后将其中的乘积运算用取小 $\wedge$ 运算代替,求和运算用取大 $\vee$ 运算代替。

② 最大-代数积合成法:写出矩阵乘积 $QR$ 中的每个元素,然后将其中的求和运算用取大 $\vee$ 运算代替,而乘积运算不变。

**例 4.12** 设模糊集合 $X$、$Y$、$Z$ 分别为 $X = \{x_1, x_2, x_3, x_4\}$,$Y = \{y_1, y_2, y_3\}$,$Z = \{z_1, z_2\}$,设 $Q \in X \times Y$,$R \in Y \times Z$,$S \in X \times Z$,求 $S$。

$$Q = \begin{bmatrix} 0.5 & 0.6 & 0.3 \\ 0.7 & 0.4 & 1 \\ 0 & 0.8 & 0 \\ 1 & 0.2 & 0.9 \end{bmatrix} \qquad R = \begin{bmatrix} 0.2 & 1 \\ 0.8 & 0.4 \\ 0.5 & 0.3 \end{bmatrix}$$

**解** (1) 最大-最小合成法

$$S = Q \circ R = \begin{bmatrix} 0.5 & 0.6 & 0.3 \\ 0.7 & 0.4 & 1 \\ 0 & 0.8 & 0 \\ 1 & 0.2 & 0.9 \end{bmatrix} \circ \begin{bmatrix} 0.2 & 1 \\ 0.8 & 0.4 \\ 0.5 & 0.3 \end{bmatrix}$$

$$= \begin{bmatrix} (0.5 \wedge 0.2) \vee (0.6 \wedge 0.8) \vee (0.3 \wedge 0.5) & (0.5 \wedge 1) \vee (0.6 \wedge 0.4) \vee (0.3 \wedge 0.3) \\ (0.7 \wedge 0.2) \vee (0.4 \wedge 0.8) \vee (1 \wedge 0.5) & (0.7 \wedge 1) \vee (0.4 \wedge 0.4) \vee (1 \wedge 0.3) \\ (0 \wedge 0.2) \vee (0.8 \wedge 0.8) \vee (0 \wedge 0.5) & (0 \wedge 1) \vee (0.8 \wedge 0.4) \vee (0 \wedge 0.3) \\ (1 \wedge 0.2) \vee (0.2 \wedge 0.8) \vee (0.9 \wedge 0.5) & (1 \wedge 1) \vee (0.2 \wedge 0.4) \vee (0.9 \wedge 0.3) \end{bmatrix}$$

$$= \begin{bmatrix} 0.6 & 0.5 \\ 0.5 & 0.7 \\ 0.8 & 0.4 \\ 0.5 & 1 \end{bmatrix}$$

（2）最大-代数积合成法

$$S = Q \circ R = \begin{bmatrix} 0.5 & 0.6 & 0.3 \\ 0.7 & 0.4 & 1 \\ 0 & 0.8 & 0 \\ 1 & 0.2 & 0.9 \end{bmatrix} \circ \begin{bmatrix} 0.2 & 1 \\ 0.8 & 0.4 \\ 0.5 & 0.3 \end{bmatrix}$$

$$= \begin{bmatrix} (0.5 \times 0.2) \vee (0.6 \times 0.8) \vee (0.3 \times 0.5) & (0.5 \times 1) \vee (0.6 \times 0.4) \vee (0.3 \times 0.3) \\ (0.7 \times 0.2) \vee (0.4 \times 0.8) \vee (1 \times 0.5) & (0.7 \times 1) \vee (0.4 \times 0.4) \vee (1 \times 0.3) \\ (0 \times 0.2) \vee (0.8 \times 0.8) \vee (0 \times 0.5) & (0 \times 1) \vee (0.8 \times 0.4) \vee (0 \times 0.3) \\ (1 \times 0.2) \vee (0.2 \times 0.8) \vee (0.9 \times 0.5) & (1 \times 1) \vee (0.2 \times 0.4) \vee (0.9 \times 0.3) \end{bmatrix}$$

$$= \begin{bmatrix} 0.48 & 0.5 \\ 0.5 & 0.7 \\ 0.64 & 0.32 \\ 0.45 & 1 \end{bmatrix}$$

不能用模糊矩阵表达的模糊关系也可以进行合成运算,也遵循最大、最小原则。例如,设 $R$, $S$ 为 $X \times Y$ 和 $Y \times Z$ 上的模糊关系,且不能用矩阵表示,其隶属函数分别为 $\mu_R(x,y)$ 和 $\mu_S(y,z)$,则 $R \circ S$ 的隶属函数为

$$\mu_{R \circ S}(x,z) = \bigvee_{y \in Y} (\mu_R(x,y) \wedge \mu_S(y,z)) \tag{4.34}$$

### 4.6.5　模糊推理

#### 1. 模糊知识表示

模糊推理讲课
视频 ▲

人类思维判断的基本形式是:

如果(条件)→则(结论)

其中的条件和结论常常是模糊的。

例如,对下列模糊知识

如果　压力较高且温度在上升　则　阀门略开

可以用模糊集合表示这个知识中压力、温度和阀门值的不确定性。

许多模糊规则实际上是一组多重条件语句,可以表示为从条件论域到结论论域的模糊关系矩阵 $R$。通过条件模糊向量与模糊关系 $R$ 的合成进行模糊推理,得到结论的模糊向量,然后采用"清晰化"方法将模糊结论转换为精确量。

根据模糊集合和模糊关系理论,对于不同类型的模糊规则可用不同的模糊推理方法。

#### 2. 对 IF　A　THEN　B 类型的模糊规则的推理

若已知输入为 $A$,则输出为 $B$;若现在已知输入为 $A'$,则输出 $B'$ 用合成规则求取

$$B' = A' \circ R \tag{4.35}$$

其中 $R$ 为 $A$ 到 $B$ 的模糊关系。

**例 4.13**　对于例 4.11 所示模糊系统,当输入为

$$A' = 0.4/a_1 + 0.7/a_2 + 1.0/a_3 + 0.6/a_4 + 0.0/a_5$$

时,求系统的输出 $B'$。

**解** 在例 4.11 中已经得到模糊关系 $R$。下面进行模糊合成,得到模糊输出。

$$B' = A' \circ R = \begin{bmatrix} 0.4 \\ 0.7 \\ 1.0 \\ 0.6 \\ 0.0 \end{bmatrix}^{\mathrm{T}} \circ \begin{bmatrix} 0.7 & 1.0 & 0.6 & 0.0 \\ 0.7 & 0.8 & 0.6 & 0.0 \\ 0.5 & 0.5 & 0.5 & 0.0 \\ 0.2 & 0.2 & 0.2 & 0.0 \\ 0.0 & 0.0 & 0.0 & 0.0 \end{bmatrix}$$

$$= [(0.4 \wedge 0.7) \vee (0.7 \wedge 0.7) \vee (1.0 \wedge 0.5) \vee (0.6 \wedge 0.2) \vee (0.0 \wedge 0.0),$$

$$(0.4 \wedge 1.0) \vee (0.7 \wedge 0.8) \vee (1.0 \wedge 0.5) \vee (0.6 \wedge 0.2) \vee (0.0 \wedge 0.0),$$

$$(0.4 \wedge 0.6) \vee (0.7 \wedge 0.6) \vee (1.0 \wedge 0.5) \vee (0.6 \wedge 0.2) \vee (0.0 \wedge 0.0),$$

$$(0.4 \wedge 0.0) \vee (0.7 \wedge 0.0) \vee (1.0 \wedge 0.0) \vee (0.6 \wedge 0.0) \vee (0.0 \wedge 0.0)]$$

$$= [(0.4 \vee 0.7 \vee 0.5 \vee 0.2 \vee 0.0), (0.4 \vee 0.7 \vee 0.5 \vee 0.2 \vee 0.0),$$

$$(0.4 \vee 0.6 \vee 0.5 \vee 0.2 \vee 0.0), (0.0 \vee 0.0 \vee 0.0 \vee 0.0 \vee 0.0)]$$

$$= (0.7, 0.7, 0.6, 0.0)$$

则

$$B' = 0.7/b_1 + 0.7/b_2 + 0.6/b_3 + 0.0/b_4$$

系统的控制规则库一般是由若干条规则组成的,对于每一条推理规则都可以得到一个相应的模糊关系,$n$ 条规则就有 $n$ 个模糊关系:$R_1, R_2, \cdots, R_n$,对于整个系统的全部控制规则所对应的模糊关系 $R$,可通过对 $n$ 个模糊关系 $R_i (i = 1, 2, \cdots, n)$ 取"并"操作得到,即

$$R = R_1 \cup R_2 \cup \cdots \cup R_n = \bigcup_{i=1}^{n} R_i \tag{4.36}$$

**3. 对 IF $x$ is $A$ AND$\cdots$AND $y$ is $B$ THEN $z$ is $C$ 类型的模糊规则的推理**

对于 MIMO 系统,专家知识可以表达为下列一般形式

$$R = \{R_{MIMO}^1, R_{MIMO}^2, \cdots, R_{MIMO}^N\} \tag{4.37}$$

其中

$$R_{MIMO}^i : \mathrm{IF} \ (x \ is \ A_i \ \mathrm{AND} \cdots \mathrm{AND} \ y \ is \ B_i) \ \mathrm{THEN} \ (z_1 \ is \ C_i, \cdots, z_q \ is \ D_i)$$

显然,MIMO 的规则 $R_{MIMO}^i$ 可以分解为 $q$ 条 MISO 规则

$$R_{MISO}^1 : (x \ is \ A_i \ \mathrm{AND} \cdots \mathrm{AND} \ y \ is \ B_i) \ \mathrm{THEN} \ (z_1 \ is \ C_i)$$

$$\vdots \tag{4.38}$$

$$R_{MISO}^q : (x \ is \ A_i \ \mathrm{AND} \cdots \mathrm{AND} \ y \ is \ B_i) \ \mathrm{THEN} \ (z_q \ is \ D_i)$$

可见,对 MIMO 系统的模糊推理,可以转化为 MISO 系统的模糊推理。因此,下面讨论 MISO 系统的模糊推理。不失一般性,讨论两个输入一个输出的模糊系统

$$R_1 : \mathrm{IF} \quad x \ is \ A_1 \quad \mathrm{AND} \quad y \ is \ B_1 \quad \mathrm{THEN} \quad z \ is \ C_1$$

$$\text{also}\quad R_2:\text{IF}\quad x\ is\ A_2\quad \text{AND}\quad y\ is\ B_2\quad \text{THEN}\quad z\ is\ C_2$$

$$\vdots$$

$$\text{also}\quad R_n:\text{IF}\quad x\ is\ A_n\quad \text{AND}\quad y\ is\ B_n\quad \text{THEN}\quad z\ is\ C_n$$

当输入:$x\ is\ A'$ AND $y\ is\ B'$

求输出:$z\ is\ C'$

模糊控制规则"IF $x\ is\ A_i$ AND $y\ is\ B_i$ THEN $z\ is\ C_i$"的模糊蕴含关系 $R_i$ 定义为

$$R_i=(A_i\ \text{AND}\ B_i)\to C_i \tag{4.39}$$

即

$$\mu_{R_i}=[\mu_{A_i}(x)\ \text{AND}\ \mu_{B_i}(y)]\to\mu_{C_i}(z) \tag{4.40}$$

考虑 $n$ 条模糊控制规则的总的模糊蕴含关系为

$$R=R_1\cup R_2\cup\cdots\cup R_n=\bigcup_{i=1}^{n}R_i \tag{4.41}$$

最后,求得推理的结论为

$$C'=(A'\ \text{AND}\ B')\circ R \tag{4.42}$$

其中

$$\mu_{(A'\ \text{AND}\ B')}(x,y)=\mu_{A'}(x)\wedge\mu_{B'}(y) \tag{4.43}$$

下面举例说明公式(4.39)-(4.43)的含义,以及具体的推理过程。

**例 4.14** 已知一个双输入单输出的模糊系统,其输入量为 $x$ 和 $y$,输出量为 $z$,其输入输出关系可以用如下两条模糊规则描述

$$R_1:\text{IF}\quad x\ is\ A_1\quad \text{AND}\quad y\ is\ B_1\quad \text{THEN}\quad z\ is\ C_1$$

$$\text{also}\quad R_2:\text{IF}\quad x\ is\ A_2\quad \text{AND}\quad y\ is\ B_2\quad \text{THEN}\quad z\ is\ C_2$$

现已知 $x\ is\ A'$ AND $y\ is\ B'$,求输出量 $z$。已知

$$A_1=\frac{1.0}{a_1}+\frac{0.5}{a_2}+\frac{0.0}{a_3},\qquad B_1=\frac{1.0}{b_1}+\frac{0.6}{b_2}+\frac{0.2}{b_3},\qquad C_1=\frac{1.0}{c_1}+\frac{0.4}{c_2}+\frac{0.0}{c_3},$$

$$A_2=\frac{0.0}{a_1}+\frac{0.5}{a_2}+\frac{1.0}{a_3},\qquad B_2=\frac{0.2}{b_1}+\frac{0.6}{b_2}+\frac{1.0}{b_3},\qquad C_2=\frac{0.0}{c_1}+\frac{0.4}{c_2}+\frac{1.0}{c_3},$$

$$A'=\frac{0.5}{a_1}+\frac{1.0}{a_2}+\frac{0.5}{a_3},\qquad B'=\frac{0.6}{b_1}+\frac{1.0}{b_2}+\frac{0.6}{b_3}。$$

**解** (1) 求每条规则的蕴含关系

$R_i=(A_i\ \text{AND}\ B_i)\to C_i\quad (i=1,2)$

$$A_1\ \text{AND}\ B_1=A_1\times B_1=\mu_{A_1}^{\text{T}}\circ\mu_{B_1}=\begin{bmatrix}1.0\\0.5\\0.0\end{bmatrix}\circ[1.0\quad 0.6\quad 0.2]=\begin{bmatrix}1.0 & 0.6 & 0.2\\0.5 & 0.5 & 0.2\\0 & 0 & 0\end{bmatrix}$$

$$\overline{R}_{A_1 \times B_1} = \begin{bmatrix} 1.0 & 0.6 & 0.2 & 0.5 & 0.5 & 0.2 & 0 & 0 & 0 \end{bmatrix}$$

则

$$\boldsymbol{R}_1 = (A_1 \text{ AND } B_1) \rightarrow C_1 = \overline{R}^{\mathrm{T}}_{A_1 \times B_1} \circ C_1$$

$$= \begin{bmatrix} 1.0 \\ 0.6 \\ 0.2 \\ 0.5 \\ 0.5 \\ 0.2 \\ 0 \\ 0 \\ 0 \end{bmatrix} \circ \begin{bmatrix} 1.0 & 0.4 & 0 \end{bmatrix} = \begin{bmatrix} 1.0 & 0.4 & 0 \\ 0.6 & 0.4 & 0 \\ 0.2 & 0.2 & 0 \\ 0.5 & 0.4 & 0 \\ 0.5 & 0.4 & 0 \\ 0.2 & 0.2 & 0 \\ 0 & 0 & 0 \\ 0 & 0 & 0 \\ 0 & 0 & 0 \end{bmatrix}$$

同样可以求得

$$\boldsymbol{R}_2 = (A_2 \text{ and } B_2) \rightarrow C_2 = \begin{bmatrix} 0 & 0 & 0 \\ 0 & 0 & 0 \\ 0 & 0 & 0 \\ 0 & 0.2 & 0.2 \\ 0 & 0.4 & 0.5 \\ 0 & 0.4 & 0.5 \\ 0 & 0.2 & 0.2 \\ 0 & 0.4 & 0.6 \\ 0 & 0.4 & 1.0 \end{bmatrix}$$

（2）求总的模糊蕴含关系 $\boldsymbol{R}$

$$\boldsymbol{R} = \boldsymbol{R}_1 \cup \boldsymbol{R}_2 = \begin{bmatrix} 1.0 & 0.4 & 0 \\ 0.6 & 0.4 & 0 \\ 0.2 & 0.2 & 0 \\ 0.5 & 0.4 & 0.2 \\ 0.5 & 0.4 & 0.5 \\ 0.2 & 0.4 & 0.5 \\ 0 & 0.2 & 0.2 \\ 0 & 0.4 & 0.6 \\ 0 & 0.4 & 1.0 \end{bmatrix}$$

（3）计算输入量的模糊集合 $A' \text{ AND } B'$

$$A' \text{ AND } B' = A' \times B' = A'^{\mathrm{T}} \circ B' = \begin{bmatrix} 0.5 \\ 1.0 \\ 0.5 \end{bmatrix} \circ \begin{bmatrix} 0.6 & 1.0 & 0.6 \end{bmatrix} = \begin{bmatrix} 0.5 & 0.5 & 0.5 \\ 0.6 & 1.0 & 0.6 \\ 0.5 & 0.5 & 0.5 \end{bmatrix}$$

$$\overline{R}_{A' \times B'} = \begin{bmatrix} 0.5 & 0.5 & 0.5 & 0.6 & 1.0 & 0.6 & 0.5 & 0.5 & 0.5 \end{bmatrix}$$

（4）计算输出量的模糊集合

$$C' = (A' \text{ AND } B') \circ \boldsymbol{R} = \overline{\boldsymbol{R}}_{A' \times B'} \circ \boldsymbol{R}$$

$$= [0.5 \quad 0.5 \quad 0.5 \quad 0.6 \quad 1.0 \quad 0.6 \quad 0.5 \quad 0.5 \quad 0.5] \circ \begin{bmatrix} 1.0 & 0.4 & 0 \\ 0.6 & 0.4 & 0 \\ 0.2 & 0.2 & 0 \\ 0.5 & 0.4 & 0.2 \\ 0.5 & 0.4 & 0.5 \\ 0.2 & 0.4 & 0.5 \\ 0 & 0.2 & 0.2 \\ 0 & 0.4 & 0.6 \\ 0 & 0.4 & 1.0 \end{bmatrix}$$

$$= [0.5 \quad 0.4 \quad 0.5]$$

即，输出量的模糊集合为

$$C' = \frac{0.5}{c_1} + \frac{0.4}{c_2} + \frac{0.5}{c_3}$$

### 4.6.6    模糊决策

模糊决策讲课视频▲

由上述模糊推理得到的结论或者操作是一个模糊向量，不能直接应用，需要先转化为确定值。将模糊推理得到的模糊向量，转化为确定值的过程称为"模糊决策"，或者"模糊判决""反模糊化""清晰化"等。下面介绍几种简单、实用的模糊决策方法。

#### 1. 最大隶属度法

最大隶属度法是在模糊向量中，取隶属度最大的量作为推理结果。

例如，当得到模糊向量为

$$U' = 0.1/2 + 0.4/3 + 0.7/4 + 1.0/5 + 0.7/6 + 0.3/7$$

由于推理结果隶属于等级 5 的隶属度为最大，所以取结论为

$$U = 5$$

如果有两个以上的元素均为最大（一般依次相邻），则可以取它们的平均值。例如

$$U' = 0.5/-3 + 0.5/-2 + 0.5/-1 + 0.0/0 + 0.0/1 + 0.0/2 + 0.0/3$$

则

$$U = \frac{-3 - 2 - 1}{3} = -2$$

这种方法的优点是简单易行，缺点是完全排除了其他隶属度较小的量的作用，没有充分利用推理过程取得的信息。

#### 2. 加权平均判决法

为了克服最大隶属度法的缺点，可以采用加权平均判决法，即

$$U = \frac{\sum\limits_{i=1}^{n} \mu(U_i) U_i}{\sum\limits_{i=1}^{n} \mu(U_i)} \tag{4.44}$$

例如

$$U' = 0.1/2 + 0.6/3 + 0.5/4 + 0.4/5 + 0.2/6$$

则

$$U = \frac{2\times0.1 + 3\times0.6 + 4\times0.5 + 5\times0.4 + 6\times0.2}{0.1 + 0.6 + 0.5 + 0.4 + 0.2} = 4$$

### 3. 中位数法

论域上把隶属函数曲线与横坐标围成的面积平分为两部分的元素称为模糊集的中位数。

中位数法就是把模糊集的中位数作为系统控制量。

当论域为有限离散点时，中位数 $U^*$ 可以用下列公式求取

$$\sum_{U_1}^{U^*} \mu(U_i) = \sum_{U^*+1}^{U_n} \mu(U_j) \tag{4.45}$$

例如，$U' = 0.1/-4 + 0.5/-3 + 0.1/-2 + 0.0/-1 + 0.1/0 + 0.2/1 + 0.4/2 + 0.5/3 + 0.1/4$，由于 $U_1 = -4$，$U_9 = 4$，则当 $U^* = U_6$ 时，$\sum\limits_{U_1}^{U_6} \mu(U_i) = \sum\limits_{U_7}^{U_9} \mu(U_i) = 1$，所以中位数为 $U^* = U_6 = 1$，则 $U = 1$。

如果该点在有限元素之间，例如

$$U' = 0.1/-4 + 0.5/-3 + 0.3/-2 + 0.1/-1 + 0.1/0 + 0.4/1 + 0.5/2 + 0.1/3 + 0.2/4$$

$\sum\limits_{u_1}^{u_5} \mu(u_i) = 1.1$，$\sum\limits_{u_6}^{u_9} \mu(u_i) = 1.2$，显然，$U^*$ 在 0 和 1 之间。可以简单地取 $U^* = 0$ 或者 $U^* = 1$。

与最大隶属度法相比，这种方法利用了更多的信息，但计算比较复杂，特别是在连续隶属函数时，需要求解积分方程，因此应用场合要比加权平均判决法少。

加权平均判决法比中位数法具有更佳的性能，而中位数法的动态性能要优于加权平均法，静态性能则略逊于加权平均判决法。使用中位数法的模糊控制器类似于多级继电器控制，加权平均判决法则类似于 PI 控制器。一般情况下，它们都优于最大隶属度法。

## 4.6.7 模糊推理的应用

**例 4.15** 设有模糊控制规则："如果温度低，则将风门开大"。设温度和风门开度的论域为 $\{1, 2, 3, 4, 5\}$。"温度低"和"风门大"的模糊量可以表示为

$$\text{"温度低"} = 1.0/1 + 0.6/2 + 0.3/3 + 0.0/4 + 0.0/5$$

$$\text{"风门大"} = 0.0/1 + 0.0/2 + 0.3/3 + 0.6/4 + 1.0/5$$

已知事实"温度较低"，可以表示为

$$\text{"温度较低"} = 0.8/1 + 1.0/2 + 0.6/3 + 0.3/4 + 0.0/5$$

试用模糊推理确定风门开度。

解    （1）确定模糊关系 **R**

$$\boldsymbol{R} = \begin{bmatrix} 1.0 \\ 0.6 \\ 0.3 \\ 0.0 \\ 0.0 \end{bmatrix} \circ [0.0 \quad 0.0 \quad 0.3 \quad 0.6 \quad 1.0]$$

$$= \begin{bmatrix} 1.0 \wedge 0.0 & 1.0 \wedge 0.0 & 1.0 \wedge 0.3 & 1.0 \wedge 0.6 & 1.0 \wedge 1.0 \\ 0.6 \wedge 0.0 & 0.6 \wedge 0.0 & 0.6 \wedge 0.3 & 0.6 \wedge 0.6 & 0.6 \wedge 1.0 \\ 0.3 \wedge 0.0 & 0.3 \wedge 0.0 & 0.3 \wedge 0.3 & 0.3 \wedge 0.6 & 0.3 \wedge 1.0 \\ 0.0 \wedge 0.0 & 0.0 \wedge 0.0 & 0.0 \wedge 0.3 & 0.0 \wedge 0.6 & 0.0 \wedge 1.0 \\ 0.0 \wedge 0.0 & 0.0 \wedge 0.0 & 0.0 \wedge 0.3 & 0.0 \wedge 0.6 & 0.0 \wedge 1.0 \end{bmatrix}$$

$$= \begin{bmatrix} 0.0 & 0.0 & 0.3 & 0.6 & 1.0 \\ 0.0 & 0.0 & 0.3 & 0.6 & 0.6 \\ 0.0 & 0.0 & 0.3 & 0.3 & 0.3 \\ 0.0 & 0.0 & 0.0 & 0.0 & 0.0 \\ 0.0 & 0.0 & 0.0 & 0.0 & 0.0 \end{bmatrix}$$

（2）模糊推理

$$B' = A' \cdot \boldsymbol{R} = \begin{bmatrix} 0.8 \\ 1.0 \\ 0.6 \\ 0.3 \\ 0.0 \end{bmatrix}^{\mathrm{T}} \cdot \begin{bmatrix} 0.0 & 0.0 & 0.3 & 0.6 & 1.0 \\ 0.0 & 0.0 & 0.3 & 0.6 & 0.6 \\ 0.0 & 0.0 & 0.3 & 0.3 & 0.3 \\ 0.0 & 0.0 & 0.0 & 0.0 & 0.0 \\ 0.0 & 0.0 & 0.0 & 0.0 & 0.0 \end{bmatrix}$$

$$= [0.0, 0.0, 0.3, 0.6, 0.8]$$

（3）模糊决策

用最大隶属度法进行决策得风门开度为5。用加权平均判决法和中位数法进行决策得风门开度为4。

## 4.7    模糊控制

模糊控制已经得到非常广泛的应用，被公认为是简单而有效的控制技术。模糊控制是以模糊数学为基础，运用语言规则表示方法和先进的计算机技术，由模糊推理进行决策的一种高级计算机控制策略。模糊控制系统的组成类同于一般的计算机控制系统，如图 4.5 所示。

模糊控制系统的
组成讲课视频 ▲

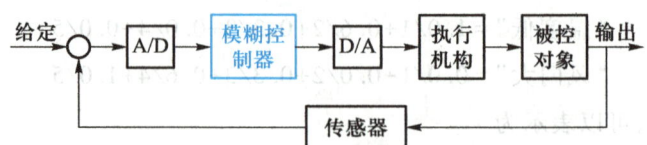

图 4.5    模糊控制系统框图

与一般的计算机控制系统不同的是,模糊控制系统的控制器是模糊控制器。模糊控制器是基于模糊条件语句描述的语言控制规则。下面以二维模糊控制器为例,扼要介绍模糊控制方法。

### 4.7.1 模糊控制器的输入、输出变量

#### 1. 输入、输出变量的选择

模糊控制器是模仿人的一种控制。因此,我们可以考察一下人工控制的过程。在人工控制过程中,一般根据被控量的误差 E、误差的变化 EC 和误差变化的变化 ER(即误差变化的速率)进行决策。人对误差最敏感,其次是误差的变化,再次是误差变化的速率。因此,模糊控制器的输入变量通常取 $E$ 或 $E$、$EC$ 或 $E$、$EC$、$ER$,分别构成所谓一维、二维、三维模糊控制器。一维模糊控制器的动态性能不佳,通常用于一阶被控对象;三维模糊控制器的控制规则相对难以总结。二维模糊控制器的控制性能和控制复杂性都比较好,是目前广泛采用的一种形式。

一般选择控制量的增量作为模糊控制器的输出变量。

#### 2. 描述输入和输出变量的词集

在模糊控制中,不是用具体的数量描述输入、输出变量的大小,而是以语言形式来描述的,因此要选择描述这些变量大小的词汇。

模糊控制的输入、输出变量讲课视频 ▲

日常语言中对各种事物和变量的描述,总是习惯于分为三个等级,如物体的大小分为大、中、小;运动的速度分为快、中、慢;年龄的大小分为老、中、青;人的身高分为高、中、矮;产品的质量分为优、中、劣(或一、二、三等)。所以,一般都选用"大、中、小"三个词汇来描述模糊控制器的输入、输出变量的状态,再加上正负两个方向和零状态,共有七个词汇:

$$\{负大,负中,负小,零,正小,正中,正大\}$$

一般用这些词的英文首字母缩写为

$$\{NB,NM,NS,O,PS,PM,PB\}$$

一般情况下,选择上述七个词汇比较合适,但也可以多选或少选。选择较多的词汇可以精确描述变量,提高控制精度,但使控制规则变得复杂;选择的词汇过少使变量的描述太粗糙,导致控制器性能变坏。

为了提高系统稳态精度,通常在系统控制误差接近于零时增加分辨率,将"零"又细分为"正零"和"负零",因此,描述误差变量的词集一般取为

$$\{负大,负中,负小,负零,正零,正小,正中,正大\}$$

用英文首字母简记为

$$\{NB,NM,NS,NO,PO,PS,PM,PB\}$$

注意:上述"零""负零""正零"与其他词汇一样,都是描述变量的一个区域。

#### 3. 输入、输出变量的模糊化

某个变量变化的实际范围称为该变量的基本论域。记误差的基本论域为 $[-x_e,x_e]$,误差变化的基本论域为 $[-x_c,x_c]$,模糊控制器的输出变量(系统的控制量)的基本论域为 $[-y_u,y_u]$。显然,基本论域内的量是精确量,因而模糊控制器的输入和输出都是精确量,但是模糊控制算法需要模糊量。因此,输入的精确量(数字量)需要转换为模糊量。将输入模糊控制器的精确量转换

为模糊量的过程称为"模糊化"(fuzzification)。

比较实用的模糊化方法是将基本论域分为 $n$ 个档次,即取变量的模糊子集论域为

$$\{-n,-n+1,\cdots,0,\cdots,n-1,n\}$$

从基本论域 $[a,b]$ 到模糊子集论域 $[-n,n]$ 的转换公式为

$$y=\frac{2n}{b-a}\left[x-\frac{a+b}{2}\right] \qquad (a\leqslant x\leqslant b) \qquad (4.46)$$

增加论域中的元素个数可提高控制精度,但增大了计算量,而且模糊控制效果的改善并不显著。一般选择模糊论域中所含元素个数为模糊语言词集总数的两倍以上,以确保模糊集能较好地覆盖论域,避免出现失控现象。例如,在选择上述七个词汇情况下,可选择 $E$ 和 $EC$ 的论域均为

$$\{-6,-5,-4,-3,-2,-1,0,1,2,3,4,5,6\}$$

选择模糊控制器的输出变量即系统的控制量 $U$ 的论域为

$$\{-7,-6,-5,-4,-3,-2,-1,0,1,2,3,4,5,6,7\}$$

为了实现模糊化,要在上述离散化了的精确量与表示模糊语言的模糊量之间建立关系,即确定论域中的每个元素对各个模糊语言变量的隶属度。

隶属度是描述某个确定量隶属于某个模糊语言变量的程度,例如,在上述 $E$ 和 $EC$ 的论域中,$+6$ 隶属于 PB(正大),隶属度为 1.0;$+5$ 也隶属于 PB,但隶属度要比 $+6$ 差,可取为 0.8;$+4$ 隶属于 PB 的程度更小,隶属度可取为 0.4;显然,$-6\sim0$ 就不隶属于 PB 了,所以隶属度取为 0。

确定隶属度要根据实际问题的具体情况。实验研究结果表明,人进行控制活动时的模糊概念一般可以用正态型模糊变量描述。表 4.2~表 4.4 给出了常用的确定模糊变量隶属度 $\mu$ 的赋值表。

表 4.2   模糊变量 $E$ 的赋值表

| $E$ \ $\mu$ \ $e$ | -6 | -5 | -4 | -3 | -2 | -1 | -0 | +0 | +1 | +2 | +3 | +4 | +5 | +6 |
|---|---|---|---|---|---|---|---|---|---|---|---|---|---|---|
| PB | 0 | 0 | 0 | 0 | 0 | 0 | 0 | 0 | 0 | 0 | 0.1 | 0.4 | 0.8 | 1.0 |
| PM | 0 | 0 | 0 | 0 | 0 | 0 | 0 | 0 | 0 | 0.2 | 0.7 | 1.0 | 0.7 | 0.2 |
| PS | 0 | 0 | 0 | 0 | 0 | 0 | 0 | 0.3 | 0.8 | 1.0 | 0.5 | 0.1 | 0 | 0 |
| PO | 0 | 0 | 0 | 0 | 0 | 0 | 0 | 1.0 | 0.6 | 0.1 | 0 | 0 | 0 | 0 |
| N0 | 0 | 0 | 0 | 0 | 0 | 0.1 | 0.6 | 1.0 | 0 | 0 | 0 | 0 | 0 | 0 |
| NS | 0 | 0 | 0.1 | 0.5 | 1.0 | 0.8 | 0.3 | 0 | 0 | 0 | 0 | 0 | 0 | 0 |
| NM | 0.2 | 0.7 | 1.0 | 0.7 | 0.2 | 0 | 0 | 0 | 0 | 0 | 0 | 0 | 0 | 0 |
| NB | 1.0 | 0.8 | 0.4 | 0.1 | 0 | 0 | 0 | 0 | 0 | 0 | 0 | 0 | 0 | 0 |

表 4.3　模糊变量 *EC* 的赋值表

| $\mu$ $\diagdown$ *ec* <br> *EC* | −6 | −5 | −4 | −3 | −2 | −1 | 0 | +1 | +2 | +3 | +4 | +5 | +6 |
|---|---|---|---|---|---|---|---|---|---|---|---|---|---|
| PB | 0 | 0 | 0 | 0 | 0 | 0 | 0 | 0 | 0 | 0.1 | 0.4 | 0.8 | 1.0 |
| PM | 0 | 0 | 0 | 0 | 0 | 0 | 0 | 0 | 0.2 | 0.7 | 1.0 | 0.7 | 0.2 |
| PS | 0 | 0 | 0 | 0 | 0 | 0 | 0 | 0.9 | 1.0 | 0.7 | 0.2 | 0 | 0 |
| O | 0 | 0 | 0 | 0 | 0 | 0.5 | 1.0 | 0.5 | 0 | 0 | 0 | 0 | 0 |
| NS | 0 | 0 | 0.2 | 0.7 | 1.0 | 0.9 | 0 | 0 | 0 | 0 | 0 | 0 | 0 |
| NM | 0.2 | 0.7 | 1.0 | 0.7 | 0.2 | 0 | 0 | 0 | 0 | 0 | 0 | 0 | 0 |
| NB | 1.0 | 0.8 | 0.4 | 0.1 | 0 | 0 | 0 | 0 | 0 | 0 | 0 | 0 | 0 |

表 4.4　模糊变量 *U* 的赋值表

| $\mu$ $\diagdown$ *u* <br> *U* | −7 | −6 | −5 | −4 | −3 | −2 | −1 | 0 | +1 | +2 | +3 | +4 | +5 | +6 | +7 |
|---|---|---|---|---|---|---|---|---|---|---|---|---|---|---|---|
| PB | 0 | 0 | 0 | 0 | 0 | 0 | 0 | 0 | 0 | 0 | 0 | 0.1 | 0.4 | 0.8 | 1.0 |
| PM | 0 | 0 | 0 | 0 | 0 | 0 | 0 | 0 | 0 | 0.2 | 0.7 | 1.0 | 0.7 | 0.2 | 0 |
| PS | 0 | 0 | 0 | 0 | 0 | 0 | 0 | 0.4 | 1.0 | 0.8 | 0.4 | 0.1 | 0 | 0 | 0 |
| O | 0 | 0 | 0 | 0 | 0 | 0 | 0.5 | 1.0 | 0.5 | 0 | 0 | 0 | 0 | 0 | 0 |
| NS | 0 | 0 | 0 | 0.1 | 0.4 | 0.8 | 1.0 | 0.4 | 0 | 0 | 0 | 0 | 0 | 0 | 0 |
| NM | 0 | 0.2 | 0.7 | 1.0 | 0.7 | 0.2 | 0 | 0 | 0 | 0 | 0 | 0 | 0 | 0 | 0 |
| NB | 1.0 | 0.8 | 0.4 | 0.1 | 0 | 0 | 0 | 0 | 0 | 0 | 0 | 0 | 0 | 0 | 0 |

## 4.7.2　模糊控制规则

　　人类思维判断的基本形式是

如果（条件）→则（结论）

其中的条件和结论常常是模糊的。

　　例如，模糊规则

如果　压力较高且温度在缓慢上升　则　阀门略开

　　模糊控制是语言控制，因此要用语言归纳专家的手动控制策略，从而建立模糊控制规则表。手动控制策略一般都可以用条件语句加以描述。条件语句的基本类型为

if（A　or　B）　and　（C　or　D）　then　E

例如水温控制规则之一为

　　若　水温高或偏高，且温度上升快或较快，

　　则　加大冷水流量

模糊控制规则讲
课视频 ▲

用条件语句表达为

$$\text{if}\quad E = NB \ \text{or}\ NM \ \text{and}\ EC = NB \ \text{or}\ NM$$
$$\text{then}\quad U = PB$$

下面推荐一种根据系统输出的误差和误差的变化趋势,来消除误差的模糊控制规则。该规则用下述 21 条模糊条件语句来描述,基本总结了众多的被控对象手动操作过程中,各种可能出现的情况和相应的控制策略。其中误差 $E$、误差变化 $EC$ 和控制量 $U$ 对于不同的被控对象有着不同的物理意义。例如,锅炉的压力与加热的关系,汽轮机转速与阀门开度的关系,反应堆的热交换关系,飞机、轮船的航向与舵的关系,卫星的姿态与作用力的关系等。

1. if　$E = NB$　or　$NM$　and　$EC = NB$　or　$NM$　then　$U = PB$
2. if　$E = NB$　or　$NM$　and　$EC = NS$　or　$O$　then　$U = PB$
3. if　$E = NB$　or　$NM$　and　$EC = PS$　　　then $U = PM$
4. if　$E = NB$　or　$NM$　and　$EC = PM$　or　$PB$　then　$U = O$
5. if　$E = NS$　　　　and　$EC = NB$　or　$NM$　then　$U = PM$
6. if　$E = NS$　　　　and　$EC = NS$　or　$O$　then　$U = PM$
7. if　$E = NS$　　　　and　$EC = PS$　　　then　$U = O$
8. if　$E = NS$　　　　and　$EC = PM$　or　$PB$　then　$U = NS$
9. if　$E = NO$　or　$PO$　and　$EC = NB$　or　$NM$　then　$U = PM$
10. if　$E = NO$　or　$PO$　and　$EC = NS$　　　then　$U = PS$
11. if　$E = NO$　or　$PO$　and　$EC = O$　　　then　$U = O$
12. if　$E = NO$　or　$PO$　and　$EC = PS$　　　then　$U = NS$
13. if　$E = NO$　or　$PO$　and　$EC = PM$　or　$PB$　then　$U = NM$
14. if　$E = PS$　　　　and　$EC = NB$　or　$NM$　then　$U = PS$
15. if　$E = PS$　　　　and　$EC = NS$　　　then　$U = O$
16. if　$E = PS$　　　　and　$EC = O$　or　$PS$　then　$U = NM$

17. if　$E = PS$　　　　and　$EC = PM$　or　$PB$　then　$U = NM$
18. if　$E = PM$　or　$PB$　and　$EC = NB$　or　$NM$　then　$U = O$
19. if　$E = PM$　or　$PB$　and　$EC = NS$　　　then　$U = NM$
20. if　$E = PM$　or　$PB$　and　$EC = O$　or　$PS$　then　$U = NB$
21. if　$E = PB$　or　$PB$　and　$EC = PM$　or　$PB$　then　$U = NB$

上述 21 条模糊条件语句可以归纳为模糊控制规则表 4.5。

### 表 4.5　模糊控制规则表

| $U$ ~ $EC$ / $E$ | PB | PM | PS | O | NS | NM | NB |
|---|---|---|---|---|---|---|---|
| PB | NB | NB | NB | NB | NM | O | O |
| PM | NB | NB | NB | NB | NM | O | O |
| PS | NM | NM | NM | NM | O | PS | PS |

| EC<br>U<br>E | PB | PM | PS | O | NS | NM | NB |
|---|---|---|---|---|---|---|---|
| PO | NM | NM | NS | O | PS | PM | PM |
| NO | NM | NM | NS | O | PS | PM | PM |
| NS | NS | NS | O | PM | PM | PM | PM |
| NM | O | O | PM | PB | PB | PB | PB |
| NB | O | O | PM | PB | PB | PB | PB |

### 4.7.3　模糊推理与决策

模糊控制规则库一般是由若干条规则组成的。对于每一条规则可以表示为从误差论域到控制量论域的模糊关系矩阵 $R$。对于 $n$ 条规则就有 $n$ 个模糊关系：$R_1, R_2, \cdots, R_n$，对于整个系统的全部控制规则所对应的模糊关系 $R$，可通过对 $n$ 个模糊关系 $R_i (i=1,2,\cdots,n)$ 取"并"操作得到，即

$$R = R_1 \cup R_2 \cup \cdots \cup R_n = \bigcup_{i=1}^{n} R_i \tag{4.47}$$

通过误差的模糊向量 $E'$ 和误差变化的模糊向量 $EC'$ 与模糊关系 $R$ 的合成进行模糊推理，得到控制量的模糊向量，然后采用"清晰化"方法将模糊控制向量转换为精确量。

显然，实际的控制量 $u$ 应为从控制表中查到的量化等级 $U$ 乘以比例因子。设实际的控制量 $u$ 的变化范围为 $[a,b]$，量化等级为 $\{-n, -n+1, \cdots, 0, \cdots, n-1, n\}$，则实际的控制量应为

$$u = \frac{a+b}{2} + \frac{b-a}{2n}U \tag{4.48a}$$

若 $a = -y_u, b = y_u$，则

$$u = \frac{y_u}{n}U \tag{4.48b}$$

例如，在上述二维模糊控制器中当 $E$ 和 $EC$ 的量化等级分别为 $-3, +1$ 时，由控制表查得 $U=3$，模糊控制器输出的实际控制量应为 $u = \frac{3}{7} y_u$。

根据上述模糊控制原理，可以用多种方法实现模糊控制算法。

在大型的模糊控制系统中常采用软件模糊推理法。这种方法是将模糊控制的全过程用软件实现，在线进行输入量模糊化、模糊推理、模糊决策过程。目前美、日、德等国已经研制了多种模糊控制软件，以供各种应用程序的移植。

为了提高模糊控制的实时性，在许多成熟的产品中采用模糊控制器专用芯片。用硬件实现模糊控制的特点是实时性好、控制精度高。目前模糊控制器专用芯片已经商品化，在伺服系统、机器人、汽车等控制中得到广泛应用。随着模糊控制的广泛应用，模糊控制专用芯片的价格将

不断降低。

在许多实际模糊控制系统中,特别是像采用单片机实现的模糊控制器中,通常采用查表法。这是模糊控制应用最早、最广的方法。这种方法是离线完成模糊推理,得到模糊控制表,然后将模糊控制表存入计算机,在线控制时只要进行简单的查表操作,一般的单片机就能完成,而且实时性好。目前模糊控制家电产品大都采用这种方法。查表法的缺点是当改变模糊控制规则和隶属函数时,则需要重新计算模糊控制表。

模糊关系、模糊推理以及模糊判决的运算可以离线进行,最后得到模糊控制器输入量的量化等级 $E$、$EC$ 与输出量即系统控制量的量化等级 $U$ 之间的确定关系,这种关系通常称为"控制表"。

对应于前面介绍的 21 条控制规则的"控制表"如表 4.6。

表 4.6   模糊控制表

| $E$ \ $EC$ → ($U$) | −6 | −5 | −4 | −3 | −2 | −1 | 0 | +1 | +2 | +3 | +4 | +5 | +6 |
|---|---|---|---|---|---|---|---|---|---|---|---|---|---|
| −6 | 7 | 6 | 7 | 6 | 7 | 7 | 7 | 4 | 4 | 2 | 0 | 0 | 0 |
| −5 | 6 | 6 | 6 | 6 | 6 | 6 | 6 | 4 | 4 | 2 | 0 | 0 | 0 |
| −4 | 7 | 6 | 7 | 6 | 7 | 7 | 7 | 4 | 4 | 2 | 0 | 0 | 0 |
| −3 | 7 | 6 | 6 | 6 | 6 | 6 | 6 | 3 | 2 | 0 | −1 | −1 | −1 |
| −2 | 4 | 4 | 4 | 5 | 4 | 4 | 4 | 1 | 0 | 0 | −1 | −1 | −1 |
| −1 | 4 | 4 | 4 | 5 | 4 | 4 | 1 | 0 | 0 | 0 | −3 | −2 | −1 |
| −0 | 4 | 4 | 4 | 5 | 1 | 1 | 0 | −1 | −1 | −1 | −4 | −4 | −4 |
| +0 | 4 | 4 | 4 | 5 | 1 | 1 | 0 | −1 | −1 | −1 | −4 | −4 | −4 |
| +1 | 2 | 2 | 2 | 2 | 0 | 0 | −1 | −4 | −4 | −3 | −4 | −4 | −4 |
| +2 | 1 | 2 | 1 | 2 | 0 | −3 | −4 | −4 | −4 | −3 | −4 | −4 | −4 |
| +3 | 0 | 0 | 0 | 0 | −3 | −3 | −6 | −6 | −6 | −6 | −6 | −6 | −6 |
| +4 | 0 | 0 | 0 | −2 | −4 | −4 | −7 | −7 | −7 | −6 | −7 | −6 | −7 |
| +5 | 0 | 0 | 0 | −2 | −4 | −4 | −6 | −6 | −6 | −6 | −6 | −6 | −6 |
| +6 | 0 | 0 | 0 | −2 | −4 | −4 | −7 | −7 | −7 | −6 | −7 | −6 | −7 |

模糊控制表可以离线求出,作为文件存储在计算机中,计算机实时控制时只要将 A/D 得到的误差 $e$ 和误差的变化 $ec$ 进行量化,得到相应的等级 $E$ 和 $EC$,然后从文件中直接查询所需采取的控制量的等级。

## 4.7.4   全自动洗衣机的模糊控制

传统的全自动洗衣机是按事先设定好的参数进行顺序控制,属于开环控制系统。它实际上不是"全自动",不能根据具体的情况和条件的变化来改变控制参数。应用模糊控制技术的洗衣机,能根据所洗衣服的数量、种类和脏的程度等自动确定水的多少、水流的强度和洗衣的时间等控制参数,以达到在洗干净衣服的前提下尽量不损伤衣服、省电、省水、省时等目的。

下面以一种模糊控制洗衣机为例来介绍实现模糊控制的原理和方法。

### 1. 模糊控制洗衣机的检测

模糊控制洗衣机的结构剖面图大致如图4.6所示。它由洗涤缸、电动机、搅拌轮、进水阀、排水阀和各种传感器构成。要对洗衣机进行控制,首先要用各种传感器不断地检测洗衣过程中的相关状态,并将它们作为控制器的输入量。为了实现模糊控制,需要检测的主要参数有以下几方面。

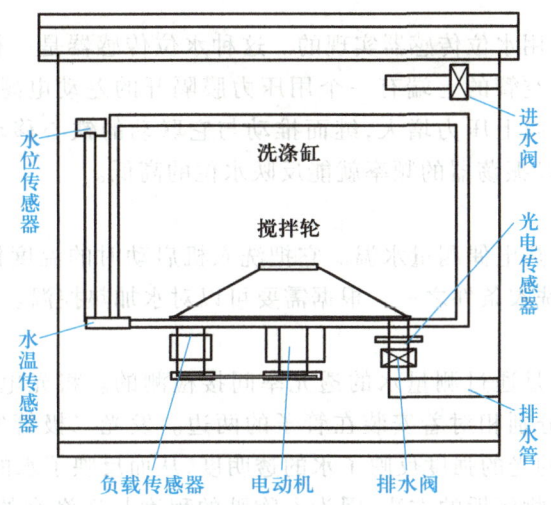

图 4.6　模糊控制洗衣机的结构剖面图

#### (1) 衣物量检测

主要用来检测所洗衣物的多少以决定洗涤缸里的水位。一般通过检测电动机的负载来间接测量所洗衣物的多少。目前有多种实现方法。可以用测量正常运转时的驱动电流来计量电动机负载,也可以用测量电动机断电后的反电动势的大小及波形来测量电动机负载。

下面介绍测量断电后反电动势大小来间接测量电动机负载的方法。当衣服投入洗涤缸中后,先加入适量的水,然后启动电动机旋转若干圈后断电,测量电动机线圈两端的反电动势,经 A/D 转换器变换成数字量后送入计算机处理判断,以决定洗涤缸里衣物的多少。一般而言,衣物重,负载大,其反电动势也大,但是跌落也快,即惯性转动的时间也短;反之亦然。

另外一种测量衣物量的方法:放入待洗衣物后,放水并启动电动机,反复用脉冲电压(如开 0.3 s、关 0.7 s)驱动电动机很短时间(如 32 s)。在此过程中用光耦合器发送和接收的脉冲来计量在关断期间轮盘的惯性转动的圈数。由于衣物越多转动时间越短,计量的脉冲数 $M$ 也越少,反之则越多。

#### (2) 质料检测

质料检测主要用来区分所洗衣物是棉制品还是化纤制品,是柔软布料还是粗厚布料。

区分棉制品与化纤制品的方法。放入待洗衣物后,放水并启动电动机,同时用脉冲电压(如开 0.3 s、关 0.7 s)驱动电动机很短时间(如 32 s)。在此过程中用光耦合器发送和接收的脉冲数来计量在关断期间轮盘的惯性转动的圈数。由于衣物越多惯性转动时间越短,计量

的脉冲数 $M$ 也越少。在负载检测的基础上,把水放掉一点,同样用脉冲电压驱动电动机很短时间,记下脉冲数为 $N$;根据 $N-M$ 值就可判断质料分布比例的大体情况。棉制品越多,$N-M$ 的值越大,反之越小。

区分柔软布料与牛仔布类的硬厚布料制品的方法。在注水进行脉冲驱动很短时间(如 32 s)后,比较启动前后水的变化量。若变化量较小,说明布料容易吸水,倾向于是毛巾类布料,反之可能是牛仔布类厚布料。因为厚布料吸水慢,往往要搅动一段时间后才能充分吸水,这就会使水位变化量大。

### (3) 水位检测

水位检测是用一种专用水位传感器实现的。这种水位传感器是一根与缸体等高的空管,它与缸体构成一个连通器。空管的上端有一个用压力膜隔开的差动电感器,当缸中有水注入时,管内的空气被压缩使压力膜上压力增大,继而推动与它联动的铁心移动,引起线圈的电感量变化。用此电感器构成的 $LC$ 振荡器的频率就能反映水位的高低。

### (4) 水温检测

可以采用热电阻或者热电偶测量水温。它把洗衣机启动时的温度作为当时的室温,然后再检测供水的温度,以作为洗衣条件之一。根据需要可以对水加热控温。

### (5) 衣物污垢的检测

被洗衣物的污垢程度是通过测量水的透光率间接检测的。将光电传感器安排在排水管出口,发光二极管和光敏管分别相对着安装在管子的两边。发光二极管发出的光经聚焦后,透过水被光敏管接收,接收到的光的强度反映了水的透明度,从而反映了水的污浊的程度。

这是一种间接测量衣物污垢的方法,因为衣物脏的程度与洗涤水的污浊度有关。开始注入清水时,水的透明度很高,随着污垢析出,水逐渐变浊,透明度下降,最后达到一个饱和稳定值。根据透光率的变化形态和过程,可以知道污垢的性质和程度。对于泥污类的污垢,一般分离得快,较早进入水中,故其透光率进入饱和状态的时间较短;而油污类污垢分离得相对较慢,因此透光率的变化速率小,达到饱和值的时间也较长。饱和值的高低反映了衣物脏的程度;透光率下降到饱和值的时间长短反映了污垢的性质。

洗衣机的模糊控制
讲课视频 ▲

### 2. 洗衣机的模糊控制结构

图 4.7 所示为一种模糊控制洗衣机电路框图。它以单片机为核心,由电动机负载检测电路、电动机驱动电路、水位传感器、温度传感器、模数转换器、光电传感器,以及键盘、显示电路组成。

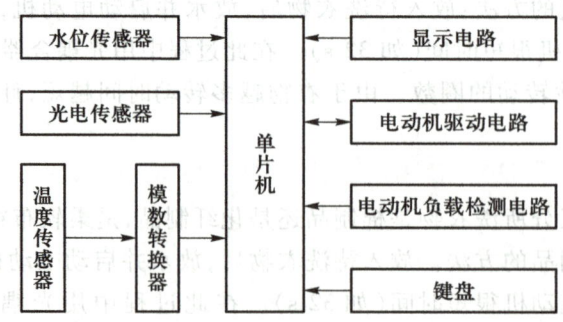

图 4.7  模糊控制洗衣机电路框图

　　模糊控制洗衣机是多输入、多输出控制系统,其模糊控制器以衣物量、质料、水位、水温、污垢程度与类型等多种检测信息为输入量,进行模糊化处理后,根据模糊规则进行推理,对推理结果进行模糊决策,以确定最适当的水流、水位、洗涤时间、清洗时间和脱水时间。

　　模糊控制洗衣机的控制结构如图4.8所示。

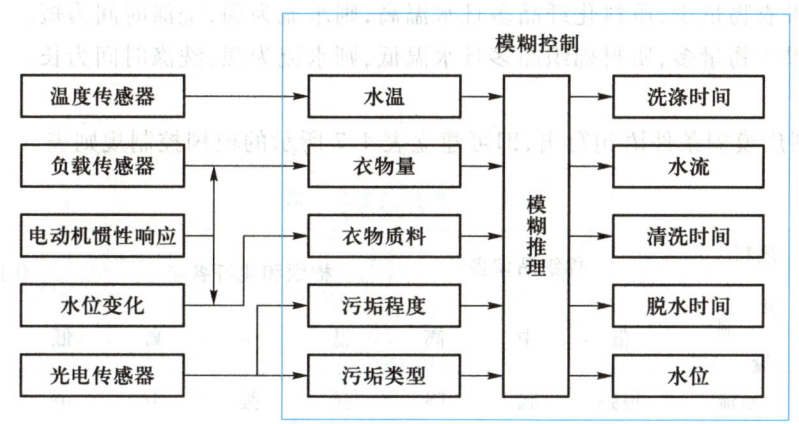

图 4.8　模糊控制洗衣机的控制结构

### 3. 洗衣机控制输入、输出的模糊化

　　衣物量、质料、水温各输入语言变量均采用大、中、小(或高、中、低)3 级语言值,并采用简单的三角形隶属函数,如图4.9 所示。水流强度、洗涤时间等输出语言变量采用4 级或5 级语言值,如很强、强、中、弱、很弱(或者很长、长、中、短、很短)5 级。也用简单的三角形隶属函数,如图4.10 所示。由此可建立各语言变量的赋值表。

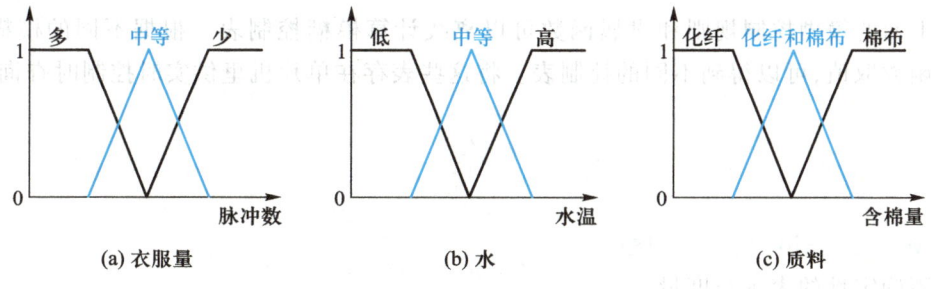

图 4.9　输入变量的隶属度函数

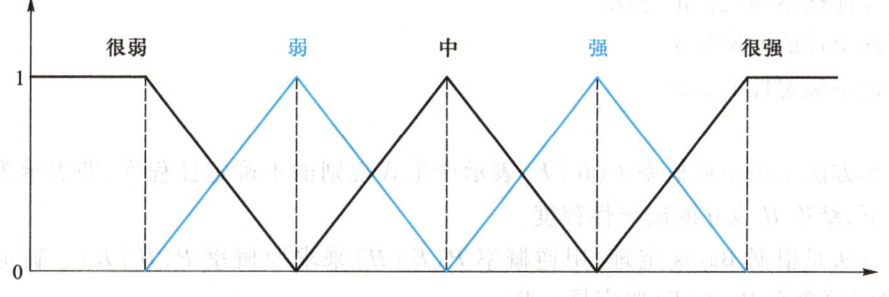

图 4.10　输出变量的隶属度函数

#### 4. 洗衣机的模糊控制规则

下面仅介绍模糊控制洗衣机如何根据衣物量、质料、水温采用模糊推理确定水流和洗涤时间。实际上,洗涤剂浓度也可以用模糊推理确定。

根据输入语言变量的所有组合,写出相应的洗涤控制规则,形式如下:

规则 1:如果衣物量少,质料化纤品多且水温高,则水流为弱,洗涤时间为短。

规则 2:如果衣物量多,质料棉织品多且水温低,则水流为强,洗涤时间为长。

……

将上述规则用模糊条件语句写出,即可建立表 4.7 所示的模糊控制规则表。

表 4.7　模糊控制规则表

| 衣物量　控制量　水温量 | | 棉织品偏多 | | | 棉织和化纤各半 | | | 化纤品偏多 | | |
|---|---|---|---|---|---|---|---|---|---|---|
| | | 低 | 中 | 高 | 低 | 中 | 高 | 低 | 中 | 高 |
| 多 | 水流 | 很强 | 强 | 强 | 强 | 强 | 中 | 中 | 中 | 中 |
| | 时间 | 很长 | 长 | 中 | 长 | 长 | 中 | 长 | 中 | 中 |
| 中 | 水流 | 强 | 中 | 中 | 中 | 中 | 中 | | 弱 | 弱 |
| | 时间 | 长 | 中 | 短 | 长 | 中 | 中 | 中 | | 短 |
| 少 | 水流 | 弱 | 弱 | 弱 | 弱 | 弱 | 弱 | 弱 | 弱 | 很弱 |
| | 时间 | 中 | 中 | 短 | 中 | 短 | 短 | 中 | 短 | 很短 |

根据上面的模糊控制规则和隶属函数可以离线计算模糊控制表。根据不同的模糊控制规则和隶属函数取值,可以得到不同的控制表。将这些表存在单片机里供实时控制时查询。

## 4.8　小结

#### 1. 不确定性推理中的基本问题

(1) 不确定性的表示与度量

(2) 不确定性匹配算法及阈值

(3) 组合证据不确定性的算法

(4) 不确定性的传递算法

(5) 结论不确定性的合成

#### 2. 概率方法

经典概率方法是用条件概率 $P(H \mid E)$ 表示产生式规则的不确定性程度,即表示为在证据 $E$ 出现的条件下,结论 $H$ 成立的确定性程度。

逆概率方法是根据 Bayes 定理,用逆概率 $P(E \mid H)$ 来求原概率 $P(H \mid E)$。确定逆概率 $P(E \mid H)$ 比确定原概率 $P(H \mid E)$ 要容易一些。

### 3. 主观 Bayes 方法

主观 Bayes 方法的主要理论基础是概率论中的 Bayes 理论,在缺乏大量统计数据的情况下,用专家主观估计的规则强度 $LS$ 和 $LN$ 表示知识的不确定性,用用户对证据的相信程度,即可信度求取相应的证据的概率。

对于证据肯定存在的情况,Bayes 修正公式为

$$O(H \mid E) = LS \times O(H)$$

对于证据肯定不存在的情况,Bayes 修正公式为

$$O(H \mid \neg E) = LN \times O(H)$$

对于证据不确定的情况,计算后验概率的公式为

$$P(H \mid S) = P(H \mid E) \times P(E \mid S) + P(H \mid \neg E) \times P(\neg E \mid S)$$

### 4. 可信度方法

可信度因子 $CF(H,E)$ 在 $[-1,1]$ 上取值,反映了前提条件与结论的联系强度,具体值由领域专家直接给出。其原则是:若由于相应证据的出现增加结论 $H$ 为真的可信度,则取 $CF(H,E) > 0$,证据的出现越是支持 $H$ 为真,就使 $CF(H,E)$ 的值越大;反之,取 $CF(H,E) < 0$,证据的出现越是支持 $H$ 为假,就使 $CF(H,E)$ 的值越小;若证据的出现与否与 $H$ 无关,则取 $CF(H,E) = 0$。

证据 $E$ 的可信度 $CF(E)$ 也是在 $[-1,1]$ 上取值的。对于初始证据,若对它的所有观察 $S$ 能肯定它为真,则取 $CF(E) = 1$;若肯定它为假,则取 $CF(E) = -1$;若它以某种程度为真,则取 $CF(E)$ 为 $(0,1)$ 中的某一个值;若它以某种程度为假,则取 $CF(E)$ 为 $(-1,0)$ 中的某一个值;若它还未获得任何相关的观察,此时可看作观察 $S$ 与它无关,则取 $CF(E) = 0$。

### 5. 证据理论

证据理论引入概率分配函数、信任函数而非采用概率来度量不确定性,引用似然函数来处理由不知道而引起的不确定性。用概率分配函数的正交和来进行证据组合。

### 6. 模糊推理

在模糊逻辑中,给集合中每一个元素赋予一个介于 0 和 1 之间的实数,描述其属于一个集合的程度,该实数称为元素属于一个集合的隶属度。模糊集合中所有元素的隶属度全体构成集合的隶属函数。

模糊关系描述两个模糊集合中的元素之间关联程度的多少。当论域为有限时,可以采用模糊矩阵表示模糊关系。

当论域为有限时,模糊关系的合成可用模糊矩阵的合成表示。模糊矩阵的合成可以由多种计算方法得到。例如下列常用的几种计算方法。

(1)最大-最小合成法

写出矩阵乘积中的每个元素,然后将其中的乘积运算用取小运算代替,求和运算用取大运算代替。

(2)最大-代数积合成法

写出矩阵乘积中的每个元素,然后将其中的求和运算用取大运算代替,而乘积运算不变。

通过条件模糊向量与模糊关系 $R$ 的合成进行模糊推理,得到结论的模糊向量,然后采用模糊决策将模糊结论转换为精确量。

模糊决策方法有最大隶属度法、加权平均判决法、中位数法等。

### 7. 模糊控制

模糊控制器是基于模糊条件语句描述的语言控制规则。

模糊控制器一般采用被控量的误差 E、误差的变化 EC 和误差变化的变化即误差变化的速率 ER 进行决策,分别构成所谓一维、二维、三维模糊控制器。

一般选择控制量的增量作为模糊控制器的输出变量。

模糊控制规则实际上是一组多重条件语句,可以表示为从误差论域到控制量论域的模糊关系矩阵 $R$。通过误差的模糊向量 $E'$ 和误差变化的模糊向量 $EC'$ 与模糊关系 $R$ 的合成进行模糊推理,得到控制量的模糊向量 $B' = A' \cdot R$,然后采用模糊判决方法将模糊控制向量转换为精确量。

实际的控制量 $u$ 的变化范围为 $[a, b]$,量化等级为 $\{-n, -n+1, \cdots, 0, \cdots, n-1, n\}$,则实际的控制量应为 $u = \dfrac{a+b}{2} + \dfrac{b-a}{2n} U$。

许多实际模糊控制采用查表法,即离线完成模糊推理,得到模糊控制表,然后将模糊控制表存入计算机,在线控制时只要进行简单的查表操作。

## 思考题

**4.1**　什么是不确定性推理? 有哪几类不确定性推理方法? 不确定性推理中需要解决的基本问题有哪些?

**4.2**　什么是可信度? 由可信度因子 $CF(H, E)$ 的定义说明它的含义。

**4.3**　什么是信任增长度? 什么是不信任增长度? 根据定义说明它们的含义。

**4.4**　简述求取问题结论可信度的步骤。

**4.5**　说明主观 Bayes 方法中 $LS$ 与 $LN$ 的含义。

**4.6**　说明概率分配函数、信任函数、似然函数的含义。

**4.7**　概率分配函数与概率相同吗? 为什么?

**4.8**　如何用证据理论描述假设、规则和证据的不确定性,并实现不确定性的推理的组合?

**4.9**　什么是模糊性? 它与随机性有什么区别? 试举出几个日常生活中的模糊概念。

**4.10**　模糊推理的一般过程是什么?

## 习题

**4.1**　设有三个独立的结论 $H_1, H_2, H_3$ 及两个独立的证据 $E_1, E_2$,它们的先验概率和条件概率分别为

$$P(H_1) = 0.4, P(H_2) = 0.3, P(H_3) = 0.3, P(E_1 | H_1) = 0.5, P(E_1 | H_2) = 0.3,$$

$$P(E_1 | H_3) = 0.5, P(E_2 | H_1) = 0.7, P(E_2 | H_2) = 0.9, P(E_2 | H_3) = 0.1$$

利用概率方法分别求出:

(1) 当只有证据 $E_1$ 出现时,$P(H_1 | E_1)$、$P(H_2 | E_1)$、$P(H_3 | E_1)$ 的值;并说明 $E_1$ 的出现对证据 $H_1, H_2$ 和 $H_3$ 的影响。

(2) 当 $E_1$ 和 $E_2$ 同时出现时,$P(H_1 | E_1 E_2)$、$P(H_2 | E_1 E_2)$、$P(H_3 | E_1 E_2)$ 的值;并说明 $E_1$ 和 $E_2$ 同时出现对证据 $H_1, H_2$ 和 $H_3$ 的影响。

**4.2** 已知如下推理规则

$r_1$:   IF    $E_1$        THEN    $(100, 0.1)$    $H_1$

$r_2$:   IF    $E_2$        THEN    $(15, 1)$      $H_2$

$r_3$:   IF    $E_3$        THEN    $(1, 0.05)$    $H_3$

且已知 $P(H_1) = 0.02, P(H_2) = 0.4, P(H_3) = 0.06$。

当证据 $E_1$、$E_2$、$E_3$ 存在或不存在时，$P(H_i|E_i)$ 或 $P(H_i|\neg E_i)$    $(i=1,2,3)$ 各是多少？

**4.3** 设有如下推理规则

$r_1$:   IF    $E_1$        THEN    $(2, 0.0001)$      $H_1$

$r_2$:   IF    $E_2$        THEN    $(100, 0.0001)$    $H_1$

$r_3$:   IF    $E_3$        THEN    $(200, 0.001)$     $H_2$

$r_4$:   IF    $H_1$        THEN    $(50, 0.01)$       $H_2$

且已知 $P(H_1) = 0.1, P(H_2) = 0.01, C(E_1|S_1) = 3, C(E_2|S_2) = 1, C(E_3|S_3) = 2$，用主观 Bayes 方法求 $P(H_2|S_1, S_2, S_3)$ 的值。

**4.4** 有如下知识

$r_1$:   IF    $E_1$        THEN    $(2, 0.01)$    $H$

$r_2$:   IF    $E_2$        THEN    $(20, 1)$     $H$

$r_3$:   IF    $E_3$        THEN    $(65, 1)$     $H$

$r_4$:   IF    $E_4$        THEN    $(3, 1)$      $H$

已知：结论 $H$ 的先验概率 $P(H) = 0.06$。当证据 $E_1, E_2, E_3, E_4$ 必然发生后，用结论不确定性的合成算法计算结论 $H$ 的概率变化。

**4.5** 设有如下一组推理规则

$r_1$:   IF    $E_1$              THEN    $E_2$    $(0.6)$

$r_2$:   IF    $E_2$    AND    $E_3$    THEN    $E_4$    $(0.8)$

$r_3$:   IF    $E_4$              THEN    $H$      $(0.7)$

$r_4$:   IF    $E_5$              THEN    $H$      $(0.9)$

且已知 $CF(E_1) = 0.5, CF(E_3) = 0.6, CF(E_5) = 0.4$，结论 $H$ 的初始可信度一无所知。求 $CF(H)$ 为多少？

**4.6** 已知：规则可信度为

$r_1$:   IF    $E_1$                THEN    $H_1$    $(0.7)$

$r_2$:   IF    $E_2$                THEN    $H_1$    $(0.6)$

$r_3$:   IF    $E_3$                THEN    $H_1$    $(0.4)$

$r_4$:   IF $(H_1$ AND $E_4)$    THEN    $H_2$    $(0.2)$

证据可信度为：$CF(E_1) = CF(E_2) = CF(E_3) = CF(E_4) = 0.5$，$H_1$ 的初始可信度一无所知，$H_2$ 的初始可信度 $CF_0(H_2) = 0.3$，计算结论 $H_2$ 的可信度 $CF(H_2)$。

**4.7** 设有如下规则

$r_1$:   IF    $E_1$              THEN    $H_1$    $(0.8)$

$r_2$:   IF    $E_2$              THEN    $H_1$    $(0.9)$

$r_3$:   IF    $E_3$    AND    $E_4$    THEN    $E_1$    $(0.9)$

$r_4$:   IF    $E_5$              THEN    $E_2$    $(0.7)$

$r_5$:    IF    $E_6$         OR    $E_7$    THEN    $E_2$    $(-0.3)$

并已知初始证据的可信度为 $CF(E_3) = 0.8, CF(E_4) = 0.9, CF(E_5) = 0.8, CF(E_6) = 0.1, CF(E_7) = 0.5$,试画出推理网络,并用可信度法计算 $CF(H_1)$。

4.8    设样本空间 $D = \{a, b, c, d\}$,$M_1, M_2$ 为定义在 $2^D$ 上的概率分布函数:

$M_1$: $M_1(\{b, c, d\}) = 0.7, M_1(\{a, b, c, d\}) = 0.3$,$M_1$ 的其余基本概率数均为 0;

$M_2$: $M_2(\{a, b\}) = 0.6, M_2(\{a, b, c, d\}) = 0.4$,$M_2$ 的其余基本概率数均为 0。

求它们的正交和 $M = M_1 \oplus M_2$。

4.9    设有论域 $U = \{x_1, x_2, x_3, x_4, x_5\}$,$A$、$B$ 是 $U$ 上的两个模糊集,且有

$$A = 0.85/x_1 + 0.7/x_2 + 0.9/x_3 + 0.9/x_4 + 0.7/x_5$$
$$B = 0.5/x_1 + 0.65/x_2 + 0.8/x_3 + 0.98/x_4 + 0.77/x_5$$

求 $A \cap B$、$A \cup B$ 和 $\bar{A}$。

4.10    设有如下两个模糊关系

$$A = \begin{bmatrix} 0.7 & 0.6 & 0.3 \\ 0.7 & 0.6 & 0.2 \\ 0.5 & 0.5 & 0.2 \end{bmatrix} \quad B = \begin{bmatrix} 0.8 & 0.4 \\ 0.6 & 0.2 \\ 0.9 & 0.4 \end{bmatrix}$$

求 $A \circ B$。

4.11    设有如下两个模糊关系

$$R_1 = \begin{bmatrix} 0.2 & 0.8 & 0.4 \\ 0.4 & 0 & 1.0 \\ 1.0 & 0.5 & 0 \\ 0.7 & 0.6 & 0.5 \end{bmatrix} \quad R_2 = \begin{bmatrix} 0.7 & 0.3 \\ 0.4 & 0.8 \\ 0.2 & 0.9 \end{bmatrix}$$

求两个模糊关系的合成 $R_1 \circ R_2$。

4.12    设有如下三个模糊关系

$$R_1 = \begin{bmatrix} 1.0 & 0.0 & 0.7 \\ 0.3 & 0.2 & 0.0 \\ 0.0 & 0.5 & 1.0 \end{bmatrix} \quad R_2 = \begin{bmatrix} 0.6 & 0.6 & 0.0 \\ 0.0 & 0.6 & 0.1 \\ 0.0 & 0.1 & 0.0 \end{bmatrix} \quad R_3 = \begin{bmatrix} 1.0 & 0.0 & 0.7 \\ 0.0 & 1.0 & 0.0 \\ 0.7 & 0.0 & 1.0 \end{bmatrix}$$

求模糊关系的合成 $R_1 \circ R_2, R_1 \circ R_3, R_1 \circ R_2 \circ R_3$。

4.13    用 $X = \{x_1, x_2, x_3\}$ 表示病人集合,$Y = \{y_1, y_2, y_3, y_4, y_5\}$ 表示病人症状集合,$Z = \{z_1, z_2, z_3\}$ 表示病名集合。已知病人集合 $X$ 与病人症状集合 $Y$ 之间的模糊关系 $Q$、病人症状集合 $Y$ 与病名集合 $Z$ 之间的模糊关系 $R$ 分别为

$$Q = \begin{bmatrix} 0.1 & 0.8 & 0.2 & 0.6 & 0.1 \\ 0.7 & 0.2 & 0.1 & 0.1 & 0.8 \\ 0.8 & 0.2 & 0.6 & 0.2 & 0.1 \end{bmatrix} \quad R = \begin{bmatrix} 0.3 & 0.7 & 1.0 \\ 1.0 & 0.3 & 0.2 \\ 0.3 & 1.0 & 1.0 \\ 1.0 & 0.3 & 0.2 \\ 0.3 & 1.0 & 0.7 \end{bmatrix}$$

确定病人集合 $X$ 与病名集合 $Z$ 之间的模糊关系 $S$。

4.14    由 4 名运动员分别组成运动员水平和比赛得分论域 $U = V = \{a, b, c, d, \}$。设有模糊规则:If $x$ is 运动水平较高 then $y$ is 得分较多;其中 $x \in U$,$y \in V$。如果对运动员的模糊评价为:运动

水平较高, $A = 1/a+0.5/b$; 得分较多, $B = 1/a+0.6/b+0.4/c$。求解以下问题:

(1) 确定模糊规则"if $x$ is 运动水平较高 then $y$ is 得分较多"的模糊关系 $R$;

(2) 根据一场比赛的表现, 若运动员的水平模糊评价为: $A' = 1/a+0.4/b+0.2/c$, 应用模糊推理(采用最大最小合成法), 求 4 名运动员得分能力的模糊评价;

(3) 根据(2)得出的模糊评价, 采用最大隶属度法, 确定哪名运动员得分能力最强。

第 4 章习题解答

# 第5章 搜索求解策略

对图搜索的研究最早可以追溯到18世纪，年仅29岁的大数学家欧拉提出了哥尼斯堡七桥问题。在求解一个问题时，涉及两个方面：一是该问题的表示，如果一个问题找不到一个合适的表示方法，就谈不上对它求解；二是选择一种相对合适的求解方法。在人工智能中，问题求解的基本方法有搜索法、归约法、归结法、推理法及产生式等。由于绝大多数需要用人工智能方法求解的问题缺乏直接求解的方法，因此，搜索不失为一种求解问题的一般方法。搜索求解的应用非常广泛，例如在下棋等游戏软件中。

下面首先讨论搜索的基本概念，然后着重介绍状态空间知识表示和搜索策略，主要有回溯策略、宽度优先搜索、深度优先搜索等盲目的图搜索策略，以及 A 及 A* 搜索算法、蒙特卡罗树搜索算法等启发式图搜索策略，最后简要介绍**与/或**图搜索策略。

## 5.1 搜索的概念

搜索的概念讲课
视频▲

### 5.1.1 搜索的基本问题与主要过程

#### 1. 搜索中需要解决的基本问题
① 搜索过程是否一定能找到一个解。
② 搜索过程是否终止运行或是否会陷入一个死循环。
③ 当搜索过程找到一个解时，找到的是否是最佳解。
④ 搜索过程的时间与空间复杂性如何。

#### 2. 搜索的主要过程
① 从初始或目的状态出发，并将它作为当前状态。
② 扫描操作算子集，将适用当前状态的一些操作算子作用于当前状态而得到新的状态，并建立指向其父结点的指针。
③ 检查所生成的新状态是否满足结束状态，如果满足，则得到问题的一个解，并可沿着有关指针从结束状态反向到达开始状态，给出一解答路径；否则，将新状态作为当前状态，返回第②步再进行搜索。

### 5.1.2 搜索策略

#### 1. 搜索的方向
（1）从初始状态出发的正向搜索，也称为数据驱动

正向搜索是从问题给出的条件——一个用于状态转换的操作算子集合出发的。搜索过程为：应用操作算子从给定的条件中产生新条件，再用操作算子从新条件产生更多的新条件，这个过程一直持续到有一条满足目的要求的路径产生为止。数据驱动就是用问题给定数据中的约束知识指导搜索，使其沿着那些已知是正确的线路前进。

（2）从目的状态出发的逆向搜索，也称为目的驱动

逆向搜索则是先从想达到的目的入手，看哪些操作算子能产生该目的以及应用这些操作算子产生该目的时需要哪些条件，这些条件就成为要达到的新目的，即子目的。逆向搜索就是通过不断产生子目的，直至所产生的子目的需要的条件为问题给定的条件为止。这样就找到了一条从数据到目的的操作算子所组成的链。

（3）双向搜索

结合上述两种方式的搜索称为双向搜索，即从开始状态出发作正向搜索，同时又从目的状态出发作逆向搜索，直到两条路径在中间的某处汇合为止。

### 2. 盲目搜索与启发式搜索

根据搜索过程中是否运用与问题有关的信息，可以将搜索方法分为启发式搜索和盲目搜索。

所谓盲目搜索（blind search）是指在对特定问题不具有任何有关信息的条件下，按固定的步骤（依次或随机调用操作算子）进行的搜索，它能快速地调用一个操作算子。

所谓启发式搜索（heuristic search）则是考虑特定问题领域可应用的知识，动态地确定调用操作算子的步骤，优先选择较适合的操作算子，尽量减少不必要的搜索，以求尽快地到达结束状态，提高搜索效率。

盲目搜索中，由于没有可参考的信息，只要能匹配的操作算子都需运用，从而搜索出更多的状态，生成较大的状态空间显示图；而启发式搜索中，运用一些启发信息，只采用少量的操作算子，生成较小的状态空间显示图，就能搜索到一个解，但是每使用一个操作算子便需作更多的计算与判断。启发式搜索一般要优于盲目搜索，但不可过于追求更多的甚至完整的启发信息。

## 5.1.3 人工智能中主要搜索策略

按问题的表示方式，搜索还可以分为状态空间搜索和与/或图搜索。状态空间搜索是指用状态空间法求解问题时进行的搜索。与/或图搜索是指用归约法求解问题时进行的搜索。常用的有：

（1）求任一解的搜索策略

　　爬山法（hill climbing）

　　深度优先法（depth-first search）

　　限定范围搜索法（beam search）

　　回溯法（back-tracking）

　　最好优先法（best-first search）

（2）求最佳解的搜索策略

　　大英博物馆法（British museum）

　　宽度优先法（breadth-first search）

　　分支定界法（branch and bound）

　　动态规划法（dynamic programming）

　　最佳图搜索法（$A*$）

（3）求与/或关系解图的搜索法

　　一般的与/或图解搜索法（$AO*$）

　　极大极小法（minimax）

$\alpha-\beta$ 剪枝法（alpha-beta pruning）

启发式剪枝法（heuristic pruning）

## 5.2   状态空间知识表示方法

### 5.2.1   状态空间表示法

状态空间（state space）表达法是知识表示的一种基本方法。

所谓状态是用来表示系统状态、事实等叙述型知识的一组变量或数组

$$Q = [q_1, q_2, \cdots, q_n]^{\mathrm{T}} \qquad (5.1)$$

所谓操作是用来表示引起状态变化的过程型知识的一组关系或函数

$$F = \{f_1, f_2, \cdots, f_m\} \qquad (5.2)$$

状态空间是利用状态变量和操作符号，表示系统或问题的有关知识的符号体系。状态空间可以用一个四元组表示：

$$(S, O, S_0, G)$$

其中，$S$ 是状态集合，$S$ 中每一元素表示一个状态，状态是某种结构的符号或数据；$O$ 是操作算子的集合，利用算子可将一个状态转换为另一个状态；$S_0$ 是包含问题的初始状态，是 $S$ 的非空子集，$S_0 \subset S$；$G$ 是包含问题的目的状态，是 $S$ 的非空子集，$G \subset S$。$G$ 可以是若干具体状态，也可以是满足某些性质的路径信息描述。

从 $S_0$ 结点到 $G$ 结点的路径称为求解路径。求解路径上的操作算子序列为状态空间的一个解。例如，操作算子序列 $O_1, O_2, \cdots, O_k$ 使初始状态转换为目标状态：

$$S_0 \xrightarrow{O_1} S_1 \xrightarrow{O_2} S_2 \xrightarrow{O_3} \cdots \xrightarrow{O_k} G$$

则 $O_1, O_2, \cdots, O_k$ 即为状态空间的一个解。当然，解往往不是唯一的。

任何类型的数据结构都可以用来描述状态，如符号、字符串、向量、多维数组、树和表格等。所选用的数据结构形式要与状态所蕴含的某些特性具有相似性。例如对八数码问题，一个 $3 \times 3$ 的阵列便是一个合适的状态描述方式。

**例 5.1**   八数码问题的状态空间表示。

八数码问题（重排九宫问题）是在一个 $3 \times 3$ 的方格盘上，放有 $1 \sim 8$ 的数码，余下一格为空。空格四周上下左右的数码可移到空格。需要找到一个数码移动序列使初始的无序数码转变为一些特殊的排列。例如，下面初始状态为问题的一个布局，需要找到一个数码移动序列使这个初始布局转变为目标状态排列：

| 2 | 3 | 1 |
|---|---|---|
| 5 |   | 8 |
| 4 | 6 | 7 |

初始状态

| 1 | 2 | 3 |
|---|---|---|
| 8 |   | 4 |
| 7 | 6 | 5 |

目标状态

该问题可以用状态空间来表示。此时八数码的任何一种摆法就是一个状态,所有的摆法即为状态集 $S$,它们构成了一个状态空间,其数目为 9!。而 $G$ 是指定的某个或某些状态。如着眼在数码上,相应的操作算子就是数码的移动,其操作算子共有 4(方向)×8(数码)= 32 个,如着眼在空格上,即空格在方格盘上的每个可能位置的上下左右移动,其操作算子可简化成仅 4 个:

如果空格上边有数字,则将空格向上移 Up
如果空格左边有数字,则将空格向左移 Left
如果空格下边有数字,则将空格向下移 Down
如果空格右边有数字,则将空格向右移 Right

移动时要确保空格不会移出方格盘之外,因此并不是在任何状态下都能运用这 4 个操作算子。如空格在方格盘的右上角时,只能运用两个操作算子——向左移 Left 和向下移 Down。

## 5.2.2　状态空间的图描述

状态空间可用有向图来描述,图的结点表示问题的状态,图的弧表示状态之间的关系,就是求解问题的步骤。初始状态对应于实际问题的已知信息,是图中的根结点。问题的状态空间描述中,寻找从一种状态转换为另一种状态的某个操作算子序列就等价于在一个图中寻找某一路径。

如图 5.1 所示用有向图描述的状态空间。图中表示对状态 $S_0$,允许使用操作算子 $O_1$,$O_2$ 及 $O_3$,并分别使 $S_0$ 转换为 $S_1$,$S_2$ 及 $S_3$。这样一步步利用操作算子转换下去,如 $S_{10} \in G$,则 $O_2$,$O_6$,$O_{10}$ 就是一个解。

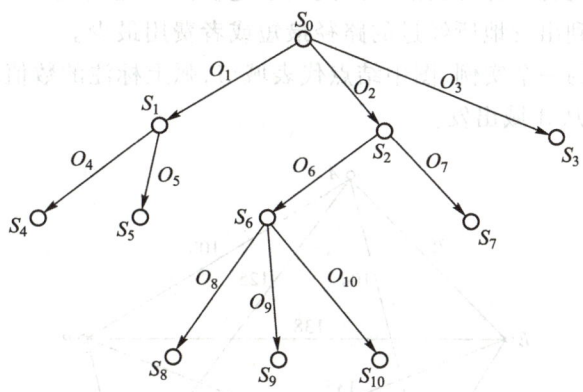

图 5.1　状态空间的有向图描述

上面是较为形式化的说明,下面再以八数码问题为例,讨论具体问题的状态空间的有向图描述。

在某些问题中,各种操作算子的执行是有不同费用的。如在旅行商问题中,两两城市之间的距离通常是不相等的,那么,在图中只需要给各弧线标注距离或费用即可。

例 5.2　对于八数码问题,如果给出问题的初始状态,就可以用图来描述其状态空间。其中的弧可用表明空格的 4 种可能移动的 4 个操作算子来标注,即空格向上移 Up、向左移 Left、向下移 Down、向右移 Right。该图的部分描述如图 5.2 所示。

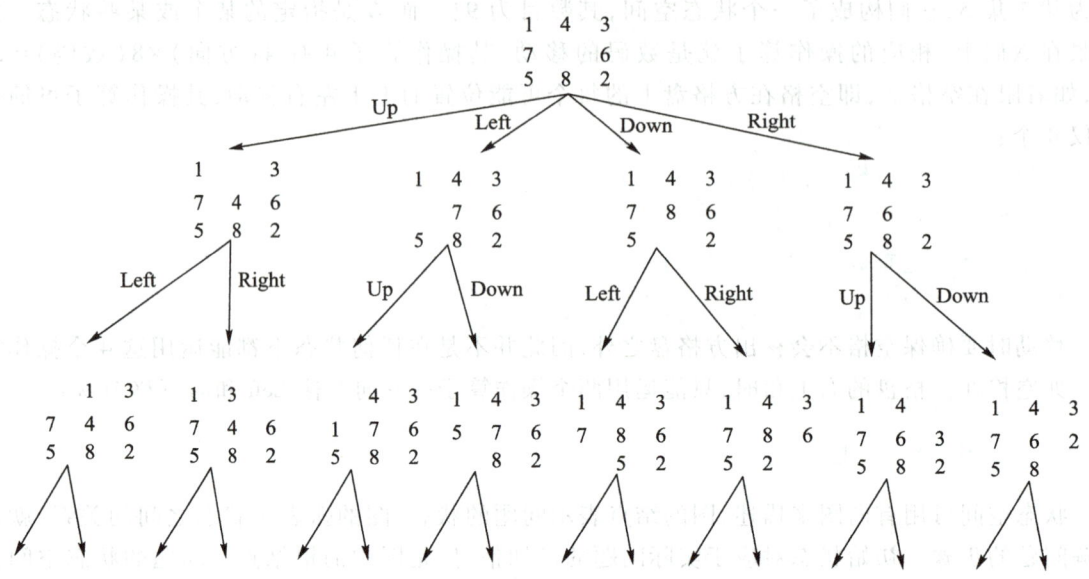

图 5.2    八数码状态空间图（部分）

下面以旅行商问题为例说明这类状态空间的图描述，其终止条件则是用解路径本身的特点来描述，即经过图中所有城市的最短路径找到时搜索便结束。

例 5.3    旅行商问题（traveling salesman problem，TSP）或推销员路径问题是假设一个推销员从出发地，到若干个城市去推销产品，然后回到出发地。问题是要找到一条最好的路径，使得推销员访问每个城市后回到出发地所经过的路径最短或者费用最少。

图 5.3 是这个问题的一个实例，图中结点代表城市，弧上标注的数值表示经过该路径的距离（或费用）。假定推销员从 A 城出发。

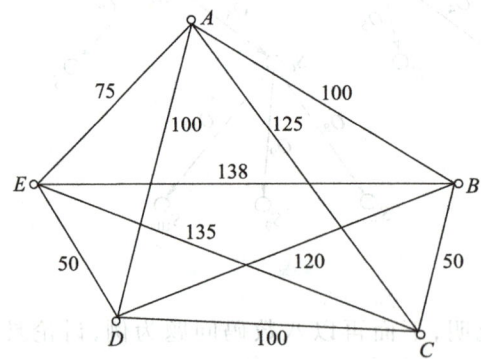

图 5.3    旅行商问题的一个实例

可能的路径有很多，例如，距离为 375 的路径 $(A,B,C,D,E,A)$ 就是一个可能的旅行路径，但目的是要找具有最小距离的旅行路径。注意，这里对目的的描述是关注整个路径的特性而不是单个状态的特性。

图 5.4 是该问题的部分状态空间表示。

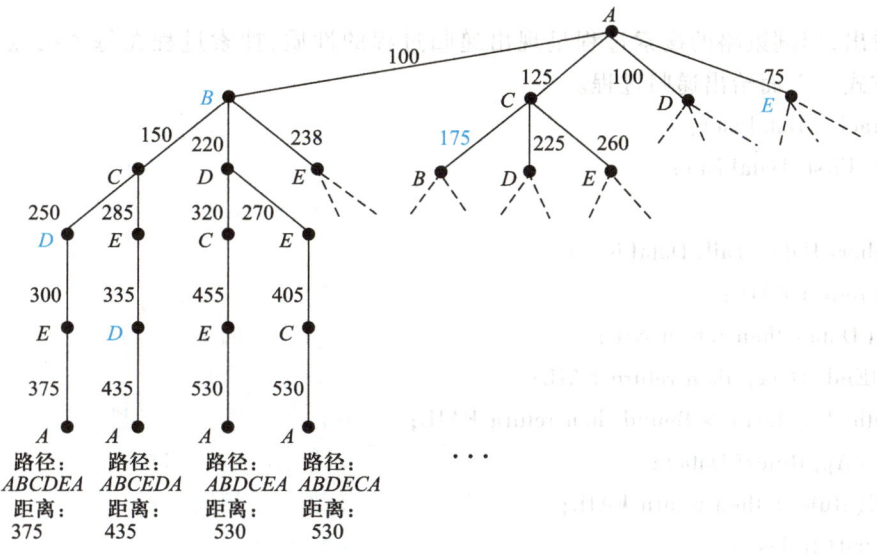

图 5.4  旅行商问题的状态空间图(部分)

上面两个例子中,只绘出了问题的部分状态空间图,当然,完全可以绘出问题的全部状态空间图,但对实际问题,要在有限的时间内绘出问题的全部状态图是不可能的。因此,这类显示描述对于大型问题的描述是不切实际的,而对于具有无限结点集合的问题则是不可能的。因此,要研究能在有限时间内搜索到较好解的搜索算法。

状态空间搜索是搜索某个状态空间以求得操作算子序列的一个解答的过程。这种搜索是状态空间问题求解的基础。

搜索策略的主要任务是确定选取操作算子的方式。它有两种基本方式:盲目搜索和启发式搜索。

## 5.3  盲目的图搜索策略

### 5.3.1  回溯策略

不管是正向搜索还是逆向搜索求解问题,都是在状态空间图中找到从初始状态到目的状态的路径。路径上弧的序列对应于解题的步骤。若在选择操作算子求解问题时,能给出绝对可靠的预测或者绝对正确的选择策略,一次性地成功穿过状态空间而达到目的,构造出一条解题路径,那就不需要所谓的搜索了。但事实上,不可能给出绝对可靠的预测,求解实际问题时必须尝试多条路径直到找到目的为止。回溯策略是一种系统地尝试状态空间中各种不同路径的技术。

带回溯策略的搜索是从初始状态出发,不停地、试探性地寻找路径,直到它到达目的或"不可解结点",即"死胡同"为止。

回溯策略是当遇到不可解结点时就回溯到路径中最近的父结点上,查看该结点是否还有其他的子结点未被扩展。若有,则沿这些子结点继续搜索;如果找到目标,就成功退出搜索,返回解题路径。

可以看出,回溯策略的搜索过程呈现出递归过程的性质,搜索过程在每个结点上的检查遵循着递归方式。下面给出递归过程。

Step Track (DataList):

Data:= First(DataList);　　　　　　　　* 当前状态为状态序列表中

　　　　　　　　　　　　　　　　　　　　　　第一个状态

if Member(Data, Tail(DataList))

　　then return FAIL;　　　　　　　　* 回老路,退回

if Goal(Data) then return NIL;　　　　* 到达目的地,成功返回

if DeadEnd(Data) then return FAIL;　　* 到达不合理状态,退回

if Length(DataList) > Bound then return FAIL;　* 已到深度限制,退回

Rules:= AppRules(Data);　　　　　　　* 得出可应用的规则集

Loop:if Null(Rules) then return FAIL;　　* 进入死胡同,退回

R:= First(Rules);　　　　　　　　　* 取出第一条可用规则

Rules:= Tail(Rules);

Newdata:= Gen(R,Data);　　　　　　* 运用规则,生成新状态

NewDataList:= Cons(Newdata, DataList);

Path:= Back Track(NewDataList);　　　* 递归

If Path:= FAIL then go Loop

　　　　else return Cons(R, Path);

说明:变量符号 Data, DataList, Rules, R, Newdata, NewdataList, Path 分别表示当前状态、状态序列表、规则集序列表、当前运用的规则、生成的新状态、生成的新状态序列表、当前解路径表;常量符号 FAIL, NIL, Bound, Loop 分别表示回溯点标记、空表、深度限制值、循环标号;函数 First($y$)表示在 $y$ 表中取第一个元素,函数 Tail($x$)是取除了第一个元素的 $x$ 表的其余部分,函数 Member($x,y$)表示变量 $x$ 是否为 $y$ 表的一个元素,函数 Goal($x$)表示变量状态 $x$ 是否为目的状态,函数 DeadEnd($x$)表示变量状态 $x$ 是否为解路径上的状态,函数 Length($x$)是取 $x$ 表的表长度,函数 AppRules($x$)是求出在变量状态 $x$ 上可运用的规则集,函数 Null($x$)表示 $x$ 表是否为空表,函数 Gen($x,y$)是求 $x$ 规则运用在 $y$ 状态后所生成的新状态,函数 Cons($x,y$)是将变量状态 $x$ 加在 $y$ 表的前部。

从递归过程可以看出,如当前状态 $S$ 未达到目的的要求,就对它的第一个子状态 $S_{child1}$ 递归调用回溯过程。如果在以 $S_{child1}$ 为根的子图中未找到目的,就对它的兄弟子状态 $S_{child2}$ 递归调用回溯过程。这样重复进行,直到某个子状态的后裔是目的状态或者所有子状态都搜索完为止。若 $S$ 的子状态中没有一个能达到目的,则回溯到 $S$ 的父状态。这样算法就可以对 $S$ 的兄弟状态进行搜索。算法就以这种方式搜索直到找到目的状态或遍历了状态空间为止。图 5.5 给出了一个状态空间中应用回溯搜索的示意过程,图中虚线箭头的方向表示搜索的轨迹,结点边的数字表示被搜索到的次序。

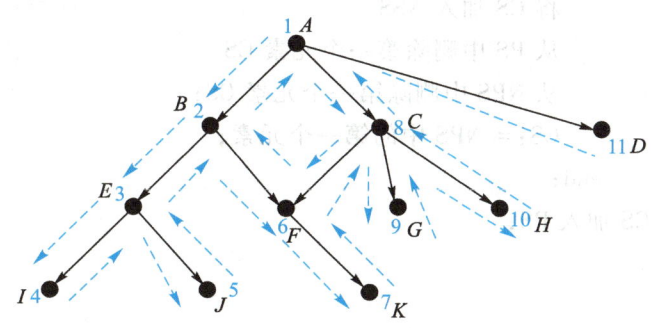

图 5.5　回溯搜索示意图

至此,可以定义一个回溯搜索的算法。

算法用三张表来保存状态空间中的不同性质结点:

(1) 路径状态(path states)表 PS

保存当前搜索路径上的状态。如果找到了目的,PS 就是解路径上的状态有序集。

(2) 新的路径状态(new path states)表 NPS

新的路径状态表。它包含了等待搜索的状态,其后裔状态还未被搜索到,即未被生成扩展。

(3) 不可解状态(no solvable states)表 NSS

不可解状态集,列出了找不到解路径的状态。如果在搜索中扩展出的状态是它的元素,则可立即将之排除,不必沿该状态继续搜索。

为了避免造成无穷循环搜索,需要检测并删除多次出现的那些状态。具体检测可通过判断每一个新生成的状态是否在 PS、NPS、NSS 三张表中来实现。如果它属于其中一张表,就说明它已被搜索过而不必再考虑。

当前正在被检测的状态,记作 CS(current state)。CS 总是等于最近加入 PS 中的状态,是当前正在探寻解题路径的“前锋”。各种合适的推理规则或其他问题求解操作都可应用于 PS。应用后一般便得到一些新状态,即 PS 的子状态的有序集,然后再将该集合中的第一个子状态作为当前状态 CS,并加入 PS 中,其余的则按序放入 NPS 中,用于以后的搜索。如果应用后 CS 没有子状态,则要从 PS、NPS 中删除它,同时将其加入 NSS,之后回溯查找 NPS 中表首位置的状态。

Function backtrack:

begin

 PS:= [Start]; NPS:= [Start]; NSS:= [　]; CS:= Start; *初始化

 while NPS≠[　] do

  begin

   if CS=目的状态 then return(PS); *成功,返回解题路径

   if CS 没有子状态(不包括 PS,NPS 和 NSS 中已有的状态)

   then

    begin

     while((PS 非空)and(CS=PS 中的第一个元素))do

      begin

将 CS 加入 NSS                         * 标明此状态不可解

从 PS 中删除第一个元素 CS              * 回溯

从 NPS 中删除第一个元素 CS；

CS：= NPS 中的第一个元素；

  end；

将 CS 加入 PS；

end

else

begin

将 CS 子状态(不包括 PS、NPS 和 NSS 中已有的)加入 NPS；

CS：= NPS 中的第一个元素；

将 CS 加入 PS；

end

end；

return FAIL；

end.

图 5.5 的回溯轨迹如下：

初值：PS=[A]；NPS=[A]；NSS=[ ]；CS=A；

| 重复 | CS | PS | NPS | NSS |
|------|------|----------|------------|-----------|
| 0 | $A$ | $[A]$ | $[A]$ | $[\ ]$ |
| 1 | $B$ | $[BA]$ | $[BCDA]$ | $[\ ]$ |
| 2 | $E$ | $[EBA]$ | $[EFBDCA]$ | $[\ ]$ |
| 3 | $I$ | $[IEBA]$ | $[IJEFBCDA]$ | $[\ ]$ |
| 4 | $J$ | $[JEBA]$ | $[JEFBCDA]$ | $[I]$ |
| 5 | $F$ | $[FBA]$ | $[FBCDA]$ | $[EJI]$ |
| 6 | $K$ | $[KFBA]$ | $[KFBCDA]$ | $[EJI]$ |
| 7 | $C$ | $[CA]$ | $[CDA]$ | $[BFKEJI]$ |
| 8 | $G$ | $[GCA]$ | $[GHCDA]$ | $[BFKEJI]$ |

  上面的搜索过程显示出回溯是状态空间中的一个正向搜索。它将初始条件作为初始状态，对其子状态进行搜索以寻找目的。如将目的作为搜索图的根即初始状态，本算法便可看作逆向搜索。如对算法中"成功并返回解路径"的判别条件"CS =目的状态"修改为"搜索路径的性质优劣"，那算法必须通过检查 PS 中的路径来确定是否到达目的。

  回溯是状态空间搜索的一个基本算法。各种图搜索算法，包括深度优先、宽度优先、最好优先搜索等，都有回溯的思想：

  ① 用新的路径状态表(NPS)使算法能返回(回溯)到其中任一状态。

② 用不可解状态表(NSS)来避免算法重新搜索无解的路径。

③ 在路径状态表 PS 中记录当前搜索路径的状态,当满足目的时可以将它作为结果返回。

④ 为避免陷入死循环必须对新生成的子状态进行检查,看它是否在该三张表中。

下面将介绍一些与回溯算法类似的用表来保存搜索空间中状态轨迹的搜索算法。与回溯算法不同的是,它们实现了另外一些搜索策略,因而为解题提供了一个更为灵活的手段。

### 5.3.2 宽度优先搜索策略

一个搜索算法的策略就是要决定树或图中状态的搜索次序。宽度、深度优先搜索是状态空间的最基本的搜索策略。

宽度优先搜索策略是按照图 5.6 所示的次序来搜索状态的。由 $S_0$ 生成状态 1,2,然后扩展状态 1,生成状态 3,4,5,接着扩展状态 2,生成状态 6,7,8,该层扩展完后,再进入下一层,对状态 3 进行扩展,如此一层一层地扩展下去,直到搜索到目的状态(如果目的状态存在)。

在实际宽度优先搜索时为了保存状态空间搜索的轨迹,用到了两个表:open 表和 closed 表。open 表与回溯算法中的 NPS 表相似,包含了已经生成出来但其子状态未被搜索的状态。open 表中状态的排列次序就是搜索的次序。closed 表记录了已被生成扩展过的状态,它相当于回溯算法中 PS 表和 NSS 表的合并。

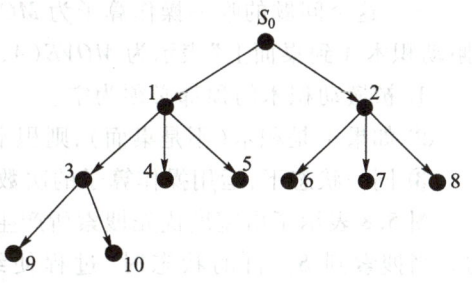

图 5.6 宽度优先搜索策略中搜索状态的次序

下面是宽度优先搜索过程。

```
Procedure breadth_first_search
begin
open := [start]; closed := [ ]                    * 初始化
while open ≠ [ ] do
    begin
        从 open 表中删除第一个状态,称之为 n;
        将 n 放入 closed 表中;
        if n = 目的状态 then return(success);
        生成 n 的所有子状态;
        从 n 的子状态中删除已在 open 或 closed 表中出现的状态;   * 避免循环搜索;
        将 n 的其余子状态,按生成的次序加入 open 表的后段。
    end;
end;
```

注意,open 表是一个队列结构,即先进先出(FIFO)的数据结构;曾在 open 表或 closed 表中出现过的子状态要删去。

如果过程因 while 循环条件(open≠[ ])不满足而结束,则表明已搜索完整个状态空间但未搜索到目的状态,说明搜索失败了。

如果整个状态空间是无限的并不能满足 while 的循环条件即无解,过程便会一直搜索下去,所以在过程中应增加"搜索超时而结束"的终止部分。

下面举一个宽度优先搜索的例子。

**例 5.4**　如图 5.7 所示,通过搬动积木块,希望从初始状态达到一个目的状态,即三块积木堆叠在一起。积木 $A$ 在顶部,积木 $B$ 在中间,而积木 $C$ 在底部。

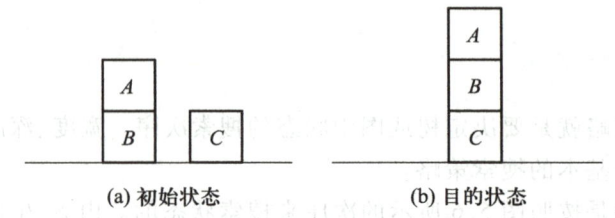

(a) 初始状态　　　　　　(b) 目的状态

图 5.7　积木问题

**解**　这个问题的唯一操作算子为 $MOVE(X, Y)$,即把积木 $X$ 搬到 $Y$(积木或桌面)上面。如"搬动积木 $A$ 到桌面上"表示为 $MOVE(A, Table)$。该操作算子可运用的先决条件是:

① 被搬动积木的顶部必须为空。

② 如果 $Y$ 是积木(不是桌面),则积木 $Y$ 的顶部也必须为空。

③ 同一状态下,运用操作算子的次数不得多于一次(可从 open 表和 closed 表加以检查)。

图 5.8 表示了由宽度优先搜索所产生的搜索树。各结点是以产生和扩展的先后次序编下标的。当搜索到 $S_{10}$ 目的状态时,过程便结束。此时,open 表包含 $S_6$ 至 $S_{10}$,而 closed 表包含 $S_0$ 至 $S_5$。

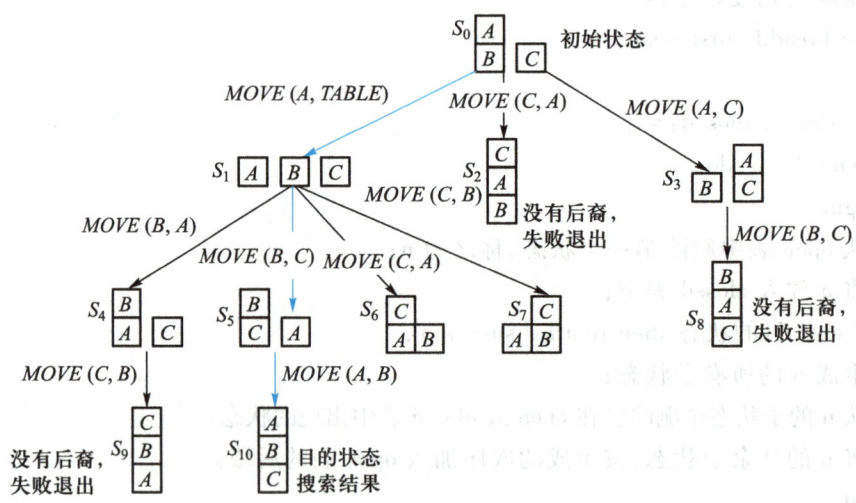

图 5.8　积木问题的宽度优先搜索树

由于宽度优先搜索总是在生成扩展完 $N$ 层的所有结点之后才转向 $N+1$ 层,所以它总能找到最好的解(如有解),但当图的分支数太多,即状态的后裔数的平均值较大,这种组合爆炸就会使算法耗尽资源,从而在可利用的空间中找不到解。这是由于每层搜索中所有生成的未扩展的结点都要保存到 open 表中,如果解题路径较长,这个数目将会大得使搜索无法进行。

### 5.3.3　深度优先搜索策略

深度优先搜索策略是按图 5.9 所示的次序来搜索状态的。

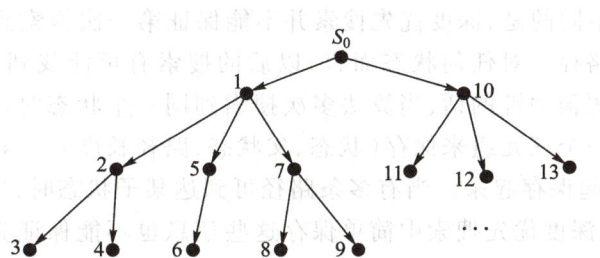

深度优先搜索策
略讲课视频 ▲

图 5.9　深度优先搜索策略中状态的搜索次序

搜索从 $S_0$ 出发,沿一个方向一直扩展下去,如状态 $1,2,3,\cdots$,直到达到一定的深度(这里假定为 3 层)。如果未找到目的状态或无法再扩展时,便回溯到另一条路径(状态 4)继续搜索;若还未找到目的状态或无法再扩展时,再回溯到另一条路径(状态 5,6)搜索……

在深度优先搜索中,当搜索到某一个状态时,它所有的子状态以及子状态的后裔状态都必须先于该状态的兄弟状态被搜索。深度优先搜索在搜索空间时应尽量往深处去,只有再也找不出某状态的后裔状态时,才能考虑它的兄弟状态。

很明显,深度优先搜索不一定能找到最优解,并且可能由于深度的限制,会找不到解(待求问题存在着解),然而,如果不加深度限制值,则可能会沿着一条路径无限地扩展下去,这当然是不希望的。为了保证找到解,那就应选择合适的深度限制值,或采取不断加大深度限制值的办法,反复搜索,直到找到解。

修改宽度优先搜索过程便可得到深度优先搜索过程:

Procedure depth_first_search

　　begin

　　open:=[start];closed:=[ ];d:=深度限制值

　　while open≠[ ] do

　　　　begin

　　　　从 open 表中删除第一个状态,称之为 n;

　　　　将 n 放入 closed 表中;

　　　　if　n=目的状态 then return(success);

　　　　if　n 的深度<d then continue;

　　　　生成 n 的所有子状态;

　　　　从 n 的子状态中删除已在 open 或 closed 表中出现的状态;

　　　　将 n 的其余子状态,按生成的次序加入 open 表的前端。

　　　　end

end。

注意:open 表是一个堆栈结构,即先进后出(FILO)的数据结构。open 表用堆栈实现的方法使得搜索偏向于最后生成的状态,曾在 open 表或 closed 表中出现过的子状态要删去。和 breadth_first_search 中一样,此处 open 表列出了所有已生成但未做扩展的状态(搜索的"前锋"),closed 表记录了已扩展过的状态。同 breadth_first_search 一样,两个算法都可以把每个结点同它的父结点一起保存,以便构造一条从起始状态到目的状态的路径。

与宽度优先搜索不同的是,深度优先搜索并不能保证第一次搜索到的某个状态时的路径是到这个状态的最短路径。对任何状态而言,以后的搜索有可能找到另一条通向它的路径。如果路径的长度对解题很关键的话,当算法多次搜索到同一个状态时,它应该保留最短路径。具体可把每个状态用一个三元组来保存(状态,父状态,路径长度)。当生成子状态时,将路径长度加 1,与子状态一起保存起来。当有多条路径可到达某子状态时,这些信息可帮助选择最优的路径。必须指出,深度优先搜索中简单保存这些信息也不能保证算法能得到的解题路径是最优的。

下面举一深度优先搜索的例子。

**例 5.5**　卒子穿阵问题,要求一卒子从顶部通过图 5.10 所示的阵列到达底部。卒子行进中不可进入到代表敌兵驻守的区域(标注 **1**),并不准后退。假定深度限制值为 5。

| 行 | 1 | 2 | 3 | 4 | 列 |
|---|---|---|---|---|---|
| 1 | 1 | 0 | 0 | 0 | |
| 2 | 0 | 0 | 1 | 0 | |
| 3 | 0 | 1 | 0 | 0 | |
| 4 | 1 | 0 | 0 | 0 | |

图 5.10　阵列图

由深度优先搜索产生的搜索树如图 5.11 所示。在结点 $S_0$,卒子还没有进入阵列,在其他结点,其所处的阵列位置用一对数字(行号,列号)表示,结点的编号代表搜索的次序。

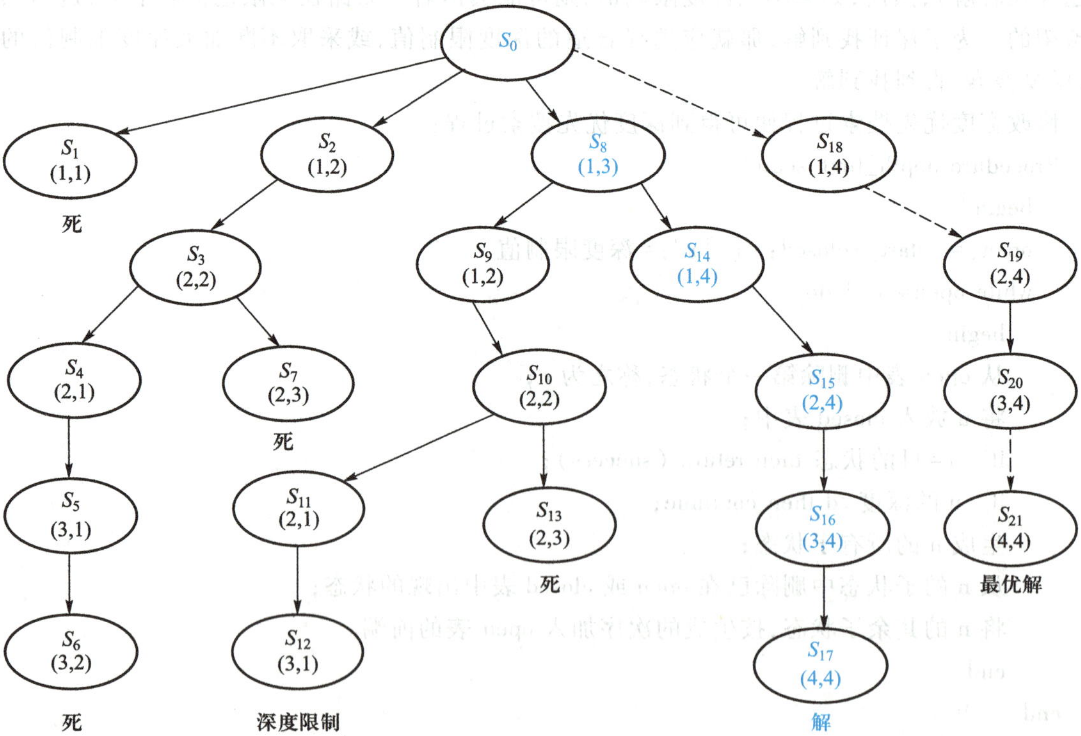

图 5.11　卒子穿阵的深度优先搜索树

当搜索过程终止时，open 表含有结点 $S_{17}$（为一目的结点）和 $S_{18}$，而其他结点（$S_0 \sim S_{16}$）都在 closed 表中。很明显，所求得的解路（$S_0, S_8, S_{14}, S_{15}, S_{16}, S_{17}$）比最优路径（从（1，4）进入）多走一步。

此外，由于本算法把状态空间作为搜索树来考虑，而不是当作一般的搜索图考虑，所以，忽略了两个不同的结点 $S_2$ 和 $S_9$ 实际上是代表了同一个状态这个问题。因而，从结点 $S_9$ 向下的搜索实际是在重复从结点 $S_2$ 向下的搜索，但如果是沿着 $S_0, S_8, S_9, S_{10}, S_{11}, S_{12}$ 这条路径时，搜索到 $S_{12}$ 就遇到了"深度限制"。

深度优先搜索能尽快地深入下去，如果已知解题路径很长，深度搜索就不会在开始状态的周围即"浅层"状态上浪费时间；但另一方面，深度优先搜索会在搜索的深处"迷失方向"，找不到通向目的的更短路径或陷入一个不通往目的的无限长的路径中。深度优先搜索在搜索有大量分支的状态空间时有相当高的效率，它不需要把某一层上的所有结点都进行扩展。

## 5.4 启发式图搜索策略

启发式图搜索策略讲课视频 ▲

前节所介绍的大部分搜索方法都是盲目搜索方法，其搜索的复杂性往往是很高的。为了提高算法的效率，必须放弃利用纯数学的方法来决定搜索结点的次序，而需要对具体问题作具体分析，利用与问题有关的信息，从中得到启发来引导搜索，以达到减少搜索量的目的，这就是启发式搜索。

本节先对启发及启发式策略所涉及的问题作一介绍，然后具体介绍启发式图搜索算法——$A$ 及 $A*$ 搜索算法，最后讨论启发式搜索算法的性质。

### 5.4.1 启发式策略

**启发式（heuristic）策略是利用与问题有关的启发信息引导搜索。**

在状态空间搜索中，启发式被定义成一系列操作算子，并能从状态空间中选择最有希望到达问题解的路径。

问题求解系统可在两种基本情况下运用启发式策略：

① 由于在问题陈述和数据获取方面存在模糊性，可能会使一个问题没有一个确定的解，这就要求系统能运用启发式策略作出最有可能的解释。

② 虽然一个问题可能有确定解，但是其状态空间特别大，搜索中生成扩展的状态数会随着搜索的深度呈指数级增长。穷尽式搜索策略如宽度优先或深度优先搜索，在一个给定的较实际的时空内很可能得不到最终的解，而启发式策略则通过引导搜索向最有希望的方向进行来降低搜索复杂度。

但是，启发式策略也是极易出错的。在解决问题过程中启发仅仅是下一步将要采取措施的一个猜想，它常常根据经验和直觉来判断。由于启发式搜索只利用特定问题的有限的信息，很难准确地预测下一步在状态空间中采取的具体的搜索行为。一个启发式搜索可能得到一个次优解，也可能一无所获。这是启发式搜索固有的局限性，而这种局限性不可能由所谓更好的启发式策略或更有效的搜索算法来彻底消除。

在问题求解中，需要用启发式知识来剪枝减少状态空间的大小，否则只能求解一些小规模问题。因此,启发式搜索策略及算法设计一直是人工智能的核心问题。

启发式搜索通常由两部分组成:启发方法和使用该方法搜索状态空间的算法。

**例 5.6**    一字棋游戏。在九宫棋盘(即 3×3 的方格盘)上,从空棋盘开始,双方轮流在棋盘上摆各自的棋子×或○(每次一枚),谁先取得三子一线(一行、一列或一条对角线)的结果就取胜。

×和○在棋盘中摆成的各种不同的棋局,每种棋局就是问题空间中的不同状态。在 9 个位置上摆放{空,×,○}有 $3^9$ 种棋局。当然,其中大多数不会在实际对局中出现。任一方的摆棋就是状态空间中的一条弧。由于第三层及更底层的某些状态可以通过不同路径到达,所以其状态空间是图而不是树。但图中不会出现回路,因为弧具有方向性(下棋时不允许悔棋)。这样搜索路径时就不必检测是否有回路。

在一字棋游戏中,第一步有 9 个空格便有 9 种可能的走法,第二步 8 种,第三步 7 种,……,如此递减,所以共有 9×8×7×…×1 即 9! 种不同的棋局状态,其状态空间较大,穷尽搜索的组合数较大。

可以利用启发式知识来剪枝以减少状态空间的大小。根据棋盘的对称性可以减少搜索空间的大小。棋盘上很多棋局是等价的,如第一步实际上只有 3 种走法,角、边的中央和棋盘正中,这时状态空间的大小为 3×8!。在状态空间的第二层上,由对称性还可进一步减少到 3×2×7! 种,当然还可以再进一步减少状态空间的大小。

此外,使用启发方法进行搜索可以简化搜索过程。最初的三种状态显示在图 5.12 中。这样的话,可设计一种算法(完全实现启发式搜索),它选择具有最高启发值的棋局状态放棋子。例如,对于图 5.12(a)×方有 8 种布子成一线,而○方只有 5 种布子成一线,所以×方赢的几率为 8-5=3;对于图 5.12(b),○方有 6 种布子成一线,所以×方赢的几率为 8-6=2;对于图 5.12(c),○方有 4 种布子成一线,所以×方赢的几率为 8-4=4,是×方的最佳走步。因此,在本例的这种情况下,只需搜索×占据棋盘正中位置的棋局状态,而其他的各种棋局状态连同它们的延伸棋局状态都不必再考虑了。如图 5.13 所示 2/3 的状态空间就不必搜索了。

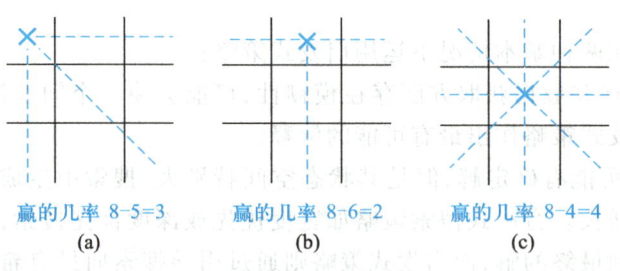

赢的几率 8-5=3    赢的几率 8-6=2    赢的几率 8-4=4
(a)                    (b)                    (c)

图 5.12    启发式策略的运用

第一步棋下完后,对方只能有两种走法。无论选择哪种走法,我方均可以通过启发式搜索来选择下一步可能的走法。在搜索过程中,每一步只需估价单个结点的子结点便可决定下哪步棋。图 5.13 显示了游戏前三步简化了的搜索过程。每种状态都标记了它的启发值。图中实线表示最佳走步。

要精确地计算待搜索的状态数目比较难,但可以大致计算它的上限。一盘棋最多走 9 步,每步的下一步平均有四、五种走法,这样大约就是 4.5×9,近 40 种状态,这比原来 9! 大小的状态空间缩小了很多,如图 5.13 所示。

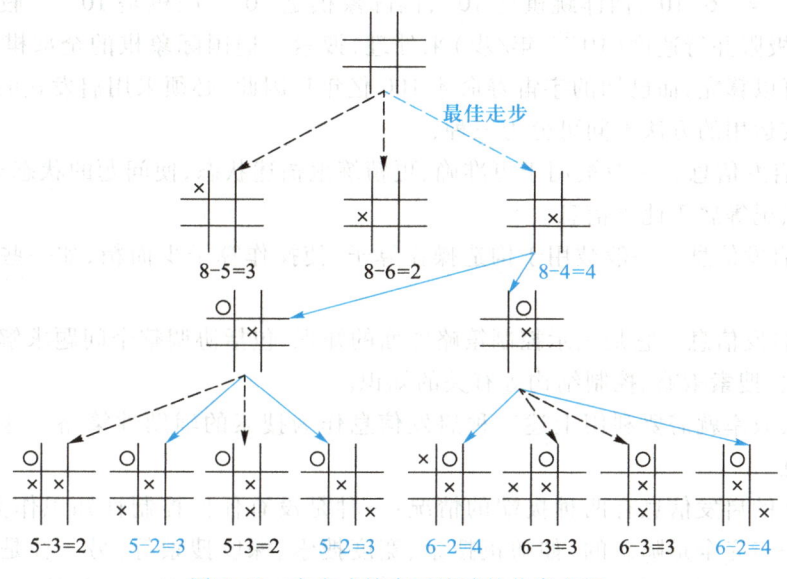

图 5.13　启发式搜索下缩减的状态空间

国际象棋软件采用启发式搜索算法,在搜索棋局时加入剪枝策略。谷歌开发的 AlphaGo 利用深度学习算法学习人类的棋谱,模拟人类选择几个优势点,然后通过蒙特卡罗搜索,穷举计算这几个胜率,从中优选。AlphaGo 中有两个深度神经网络,value networks(价值网络)和 policy networks(策略网络)。其中 value networks 评估棋盘选点位置,policy networks 选择落子。深度神经网络不仅向人类专家学习,而且能自己和自己下棋(self-play),进行强化学习,不断提高棋艺。

### 5.4.2　启发信息和估价函数

在解决一个实际问题时,人们常常把一个复杂的实际问题抽象化,保留某些主要因素,忽略大量次要因素,从而将这个实际问题转化成具有明确结构的有限或无限的状态空间问题。这个状态空间中的状态和变换规律都是已知的集合,因此可以找到一个求解该问题的算法。

在具体求解中,启发式搜索能够利用与该问题有关的信息来简化搜索过程,称此类信息为启发信息。然而,在求解问题中能利用的大多不是具有完备性的启发信息,而是非完备的启发信息。其原因是:

① 大多数情况下,求解问题系统不可能知道与实际问题有关的全部信息,因而无法知道该问题的全部状态空间,也不可能用一套算法来求解所有的问题。这样就只能依靠部分状态空间、一些特殊的经验和有关信息来求解其中的部分问题。

② 有些问题在理论上虽然存在着求解算法,但是在工程实践中,这些算法不是效率太低,就是无法实现。为了提高求解问题的效率,不得不放弃使用这些“完美的”算法,而求助于一些启发信息来进行启发式搜索。

如在博弈问题中,计算机为了保证最后胜利,可以将所有可能的走法都试一遍,然后选择最佳走步。这样的算法是可以找到的,但计算所需的时空代价十分惊人。对于可能有的棋局数来说,一字棋是 $9! \approx 3.6 \times 10^5$,西洋跳棋是 $10^{78}$,国际象棋是 $10^{120}$,围棋是 $10^{761}$。假设每步可以搜索一个棋局,用极限并行速度($10^{-104}$ 年/步)来处理,搜索一遍国际象棋的全部棋局也得 $10^{16}$ 年即 1 亿亿年才可以算完,而已知的宇宙寿命才 100 亿年!因此,必须采用启发式的求解方法。

启发信息按运用的方法不同可分为三种:

① 陈述性启发信息。一般被用于更准确、更精练地描述状态,使问题的状态空间缩小,如待求问题的特定状况等属于此类信息。

② 过程性启发信息。一般被用于构造操作算子,使操作算子少而精,如一些规律性知识等属于此类信息。

③ 控制性启发信息。它是表示控制策略方面的知识,包括协调整个问题求解过程中所使用的各种处理方法、搜索策略、控制结构等有关的知识。

为提高搜索效率就需要利用上述三种启发信息作为搜索的辅助性策略。这里主要介绍控制性的启发信息。

利用控制性的启发信息有两种极端的情况:一种是没有任何控制性知识作为搜索的依据,因而搜索的每一步完全是随意的,如随机搜索、宽度搜索、深度搜索等;另一种是有充分的控制知识作为依据,因而搜索的每一步选择都是正确的,但这是不现实的。一般情况介于二者之间。在搜索过程中需要根据这些启发信息估计各个结点的重要性。

用估价函数(evaluation function)估计待搜索结点的"有希望"程度,并依次给它们排定次序。估价函数 $f(x)$ 可以是任意一种函数,如定义为结点 $x$ 处于最佳路径上的概率,或是 $x$ 结点和目的结点之间的距离或差异,或是 $x$ 格局的得分等。

一般来说,估计一个结点的价值,必须综合考虑两方面的因素:已经付出的代价和将要付出的代价。因此,估价函数 $f(n)$ 定义为从初始结点经过 $n$ 结点到达目的结点的路径的最小代价估计值,其一般形式是

$$f(n) = g(n) + h(n) \tag{5.3}$$

其中,$g(n)$ 是从初始结点到 $n$ 结点的实际代价,而 $h(n)$ 是从 $n$ 结点到目的结点的最佳路径的估计代价。因为实际代价 $g(n)$ 可以根据已生成的搜索树实际计算出来,而估计代价 $h(n)$ 是对未生成的搜索路径作某种经验性的估计。这种估计来源于对问题解的某些特性的认识,希望依靠这些特性来更快地找到问题的解,因此,主要是 $h(n)$ 体现了搜索的启发信息。$h(n)$ 称为启发函数。

$g(n)$ 的作用一般是不可忽略的。因为它代表了从初始结点经过 $n$ 结点到达目的结点的总代价估值中实际已付出的那一部分。保持 $g(n)$ 项就保持了搜索的宽度优先成分,$g(n)$ 的比重越大,越倾向于宽度优先搜索方式。这有利于搜索的完备性,但会影响搜索的效率。$h(n)$ 的比重越大,表示启发性能越强。在特殊情况下,如果只希望找到达到目的结点的路径而不关心会付出什么代价,则 $g(n)$ 的作用可以忽略。另外,当 $h(n) \gg g(n)$ 时,也可忽略 $g(n)$,这时有 $f(n) = h(n)$,有利于提高搜索的效率,但影响搜索的完备性。

给定一个问题后,根据该问题的特性和解的特性,可以有多种方法定义估价函数,用不同的估价函数指导搜索,其效果可以相差很远。因此,必须尽可能选择最能体现问题特性的、最佳的估价函数。

**例 5.7**　八数码问题的估价函数。它的设计方法有多种,并且不同的估价函数对求解八数码问题有不同的影响。

① 估价函数是一格局与目的格局位置不符的数码数目。这是最简单的设计方法。直观感觉认为这种估价函数很有效,因为在其他条件相同的情况下,某格局位置不符的数码数目越少,则它和最终目的越接近,因而它是下一个搜索格局。但是,这种估价函数并没有充分利用所能获得的信息。它没有考虑数码所需移动的距离。

② 估价函数是各数码移到目的位置所需移动的距离的总和。

这两种估价函数都没有考虑数码逆转(与目的格局中数码排列的先后顺序)的情况。如果两块数码相邻但与目标格局相比位置相反,则至少需移动 3 次才能将它们移到正确的位置上。

③ 估价函数对每一对逆转数码乘以一个倍数。

④ 估价函数是位置不符数码数目的总和与 3 倍数码逆转数目相加。它克服了仅计算数码逆转数目策略的局限。

这个例子说明,设计一个好的估价函数具有相当的难度。设计估价函数的目标就是利用有限的信息作出一个较精确的估价函数。好的估价函数的设计是一个经验问题,判断和直觉是很重要的因素,但是衡量其好坏的最终标准是在具体应用时的搜索效果。

### 5.4.3　A 搜索算法

A 搜索算法讲课
视频 ▲

启发式图搜索算法的关键是如何寻找并设计一个与问题有关的 $h(n)$ 及构造出 $f(n)=g(n)+h(n)$,然后以 $f(n)$ 的大小来排列待扩展状态的次序,每次选择 $f(n)$ 值最小者进行扩展。

与宽度优先及深度优先搜索算法一样,启发式图搜索算法使用两张表记录状态信息:在 open 表中保留所有已生成而未扩展的状态;在 closed 表中记录已扩展过的状态。算法中有一步是根据某些启发信息来排列 open 表的。它既不同于宽度优先所使用的队列(先进先出),也不同于深度优先所使用的堆栈(先进后出),而是一个按状态的启发估价函数值的大小排列的一个表。进入 open 表的状态不是简单地排在队尾(或队首),而是根据其估值的大小插入到表中合适的位置,每次从表中优先取出启发估价函数值最小的状态加以扩展。

A 搜索算法是基于估价函数的一种加权启发式图搜索算法,具体步骤如下:

步骤 1　把附有 $f(S_0)$ 的初始结点 $S_0$ 放入 open 表;

步骤 2　若 open 表为空,则搜索失败,退出;

步骤 3　移出 open 表中第一个结点 $N$ 放入 closed 表中,并顺序编号 $n$;

步骤 4　若目标结点把附有 $f(S_0)$ 的初始 $S_g=N$,则搜索成功,结束;

步骤 5　若 $N$ 不可扩展,则转步骤 2;

步骤 6　扩展 $N$,生成一组附有 $f(x)$ 的子结点,对这组子结点做如下处理。

① 考察是否有已在 open 表或 closed 表中存在的结点。若有则再考察其中有无 $N$ 的先辈结点,若有则删除之,对于其余结点也删除之,但由于它们又被第二次生成,因此需要考虑是否修改已经存在于 open 表或 closed 表中的这些结点及其后裔的返回指针和 $f(x)$ 的值。修改原则是:选 $f(x)$ 值小的路径走。

② 为其余子结点配上指向 $N$ 的返回指针后放入 open 表中,并对 open 表按 $f(x)$ 值以升序排

序,转步骤 2。

启发式图搜索的 *A* 搜索算法描述如下:

procedure heuristic_search

open: = [start];closed: = [ ];f(s): = g(s)+h(s); * 初始化

while open ≠ [ ] do

begin

从 open 表中删除第一个状态,称之为 n;

if n = 目的状态 then return(success);

生成 n 的所有子状态;

if n 没有任何子状态 then continue;

for n 的每个子状态 do

case 子状态 is not already on open 表 or closed 表;

begin

计算该子状态的估价函数值;

将该子状态加到 open 表中;

end;

case 子状态 is already on open 表:

if 该子状态是沿着一条比在 open 表已有的更短路径而到达

then 记录更短路径走向及其估价函数值;

case 子状态 is already on closed 表:

if 该子状态是沿着一条比在 closed 表已有的更短路径而到达

then

begin

将该子状态从 closed 表移到 open 表中;

记录更短路径走向及其估价函数值;

end;

case end;

将 n 放入 closed 表中;

根据估价函数值,从小到大重新排列 open 表;

end;　　　　　　　　　　　　　　　　　　　 * open 表中结点已耗尽

return(failure);

end.

从上面的描述可见,在 *A* 搜索算法中,从 open 表中取出第一个状态,如果该状态满足目的条件,则算法返回到该状态的搜索路径,在这里,每个状态都保留了其父状态的信息,以保证能返回完整的搜索路径。

如果 open 表的第一个状态不是目的状态,则算法利用与之相匹配的一系列操作算子进行相应的操作来产生它的子状态。如果某个子状态已在 open 表(或 closed 表)中出现过,即该状态再一次被发现时,则通过刷新它的祖先状态的历史记录,使算法极有可能找到到达目的状态的更短的路径。

接着,用 A 搜索算法计算 open 表中每个状态的估价函数值,按照值的大小重新排序,将值最小的状态放在表头,使其第一个被扩展。

图 5.14 是一个层次式状态空间,有些状态还用括号标上了相应的估价函数值。标上值的那些状态都是在 A 搜索中实际生成的。在这个图中,A 搜索算法扩展的状态都已显示,可以看出 A 搜索算法无法搜索所有的状态空间。A 搜索算法的目标是尽可能地减小搜索空间而得到解,一般地说,启发信息给得越多即估价函数值越大,需搜索处理的状态数就越少。

A 搜索算法总是从 open 表中选取估价函数值最小的状态进行扩展。但是,在图 5.14 中假定 P 是目的状态,而到 P 的路径上的状态有较小的估价函数值,从而可以看出,启发信息难免会有错误,状态 O 比 P 的估价函数值小而先被搜索扩展。然而,A 搜索算法本身具有纠错功能,能从不理想的状态跳转到正确的状态,即从 B 跳到 C 上来进行搜索。

因此,A 搜索算法并不丢弃其他所生成的状态而把它们保留到 open 表中。当某一个启发信息将搜索导向错误路径时,算法可以从 open 表中检索出先前生成的"次最好"状态,并且将搜索方向转向状态空间的另一部分上。如图 5.14 所示,当算法发现状态 F 的子状态的估价函数值很差时,搜索便转移到 C,但 F 的子状态 L 和 M 都保留在 open 表中,以防算法在未来的某一步再一次转向它们。

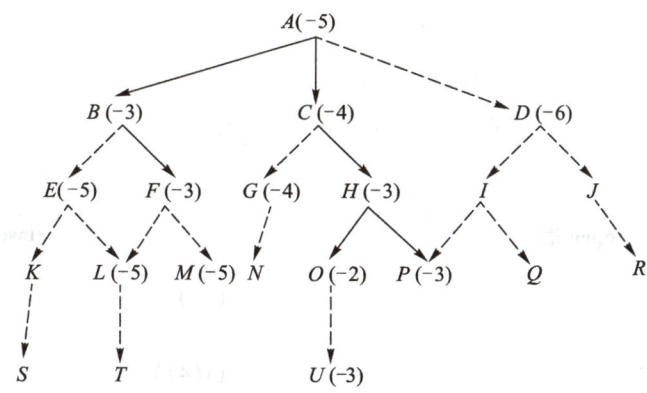

图 5.14 启发式图搜索示意

**例 5.8** 图 5.15 给出了利用 A 搜索算法求解八数码问题的搜索树,解的路径为 $s, B, E, I, K$, $L$。图中状态旁括号内的数字表示该状态的估价函数值,其估价函数定义为

$$f(n) = d(n) + w(n)$$

其中,$d(n)$ 代表状态的深度,每步为单位代价;$w(n)$ 表示以"不在位"的数码数作为启发信息的度量。例如,A 的状态深度为 1,不在位的数码数为 5,所以 A 的启发函数值为 6。又如,E 的状态深度为 2,不在位的数码数为 3,所以 E 的启发函数值为 5。

搜索过程中 open 表和 closed 表内状态排列的变化情况如表 5.1 所示。

前面已提到启发信息给得越多即估价函数值越大,则 A 搜索算法须搜索处理的状态数就越少,其效率就越高。但也不是估价函数值越大越好,因为估价函数值太大会使 A 搜索算法不一定能搜索到最优解。

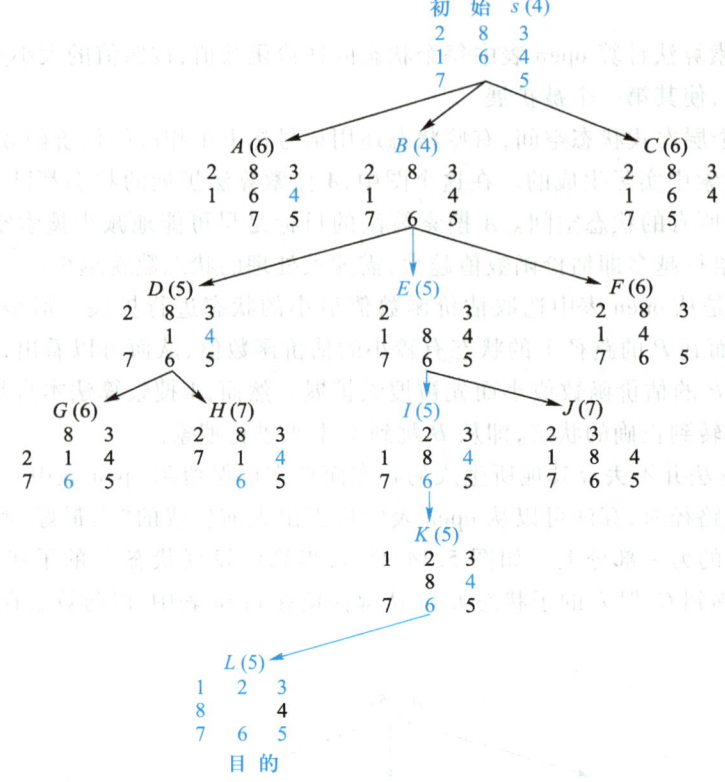

图 5.15   八数码问题的 A 搜索树

表 5.1   搜索过程中 open 表和 closed 表内状态排列的变化情况

| open 表 | closed 表 |
|---|---|
| 初始化:$(s(4))$ | ( ) |
| 一次循环后: | |
| $(B(4)\quad A(6)\quad C(6))$ | |
| 二次循环后: | $(s(4))$ |
| $(D(5)\quad E(5)\quad A(6)\quad C(6)\quad F(6))$ | |
| 三次循环后: | $(s(4)\quad B(4))$ |
| $(E(5)\quad A(6)\quad C(6)\quad F(6)\quad G(6)\quad H(7))$ | |
| 四次循环后: | $(s(4)\quad B(4)\quad D(5))$ |
| $(I(5)\quad A(6)\quad C(6)\quad F(6)\quad G(6)\quad H(7)\quad J(7))$ | |
| 五次循环后: | $(s(4)\quad B(4)\quad D(5)\quad E(5))$ |
| $(K(5)\quad A(6)\quad C(6)\quad F(6)\quad G(6)\quad H(7)\quad J(7))$ | |
| | $(s(4)\quad B(4)\quad D(5)\quad E(5)\quad I(5))$ |
| 六次循环后: | |
| $(L(5)\quad A(6)\quad C(6)\quad F(6)\quad G(6)\quad H(7)\quad J(7)\quad M(7))$ | $(s(4)\quad B(4)\quad D(5)\quad E(5)\quad I(5)\quad K(5))$ |
| 七次循环后: | $(s(4)\quad B(4)\quad D(5)\quad E(5)\quad I(5)\quad K(5))$ |
| $L$ 为目的状态,则成功退出,结束搜索 | $L(5))$ |

### 5.4.4　$A^*$ 搜索算法及其特性分析

定义 $h*(n)$ 为状态 $n$ 到目的状态的最优路径的代价,则当 $A$ 搜索算法的启发函数 $h(n)$ 小于等于 $h*(n)$,即满足

$$h(n) \leqslant h*(n),对所有结点 n \tag{5.4}$$

时,$A$ 搜索算法被称为 $A^*$ 搜索算法。

$A^*$ 搜索算法讲课
视频▲

$A^*$ 搜索算法是由著名的人工智能学者 Nilsson 提出的,它是目前最有影响的启发式图搜索算法,也称为最佳图搜索算法。

如果某一问题有解,那么利用 $A^*$ 搜索算法对该问题进行搜索则一定能搜索到解,并且一定能搜索到最优解。例 5.8 八数码问题中的 $w(n)$ 即为 $h(n)$。它表示了"不在位"的数码数。这个 $w(n)$ 满足了 $h(n) \leqslant h*(n)$ 的条件,因此,图 5.15 的八数码 $A$ 搜索树也是 $A^*$ 搜索树,所得的解路 $(s,B,E,I,K,L)$ 为最优解路,其步数为状态 $L(5)$ 上所标注的 5,因为这时不在位的数码数为 0。

$A^*$ 搜索算法比 $A$ 搜索算法好。它不仅能得到目标解,并且还一定能找到最优解(只要问题有解)。

在一些问题求解中,只要搜索到一个解,就会想得到最优解,关键是提高搜索效率。那么,是否还有更好的启发式策略? 在什么意义上称某一启发式策略比另一个好? 另外,当通过启发式搜索得到某一状态的路径代价时,是否能保证在以后的搜索中不会出现到达该状态有更小的代价?

就上面这些问题,下面讨论 $A^*$ 搜索算法的有关特性。

#### 1. 可采纳性

对于可解状态空间图,如果一个搜索算法在有限步内终止,并能得到最优解,就称该搜索算法是可采纳的。

通过估价函数 $f(n) = g(n) + h(n)$,可归纳出一类可采纳性的启发式搜索策略的特征。若 $n$ 是状态空间图中的一个状态,$g(n)$ 是衡量某一状态在图中的深度,$h(n)$ 是 $n$ 到目的状态代价的估计值,此时 $f(n)$ 则是从起点出发,通过 $n$ 到达目标的路径的总代价的估计值。

定义最优估价函数

$$f*(n) = g*(n) + h*(n) \tag{5.5}$$

式中,$g*(n)$ 为起点到 $n$ 状态的最短路径代价值;$h*(n)$ 是 $n$ 状态到目的状态的最短路径的代价值。这样,$f*(n)$ 就是起点出发通过 $n$ 状态而到达目的状态的最佳路径的总代价值。

尽管在绝大部分实际问题中并不存在 $f*(n)$ 这样的先验函数,但可以将 $f(n)$ 作为 $f*(n)$ 的一个近似估价函数。在 $A$ 及 $A^*$ 搜索算法中,$g(n)$ 作为 $g*(n)$ 的近似估价,可能两者并不相等,但有 $g(n) \geqslant g*(n)$。仅当搜索过程已发现了到达 $n$ 状态的最佳路径时,它们才相等。

同样,可以用 $h(n)$ 代替 $h*(n)$ 作为 $n$ 状态到目的状态的最小代价估计值。虽然在绝大多数情况下无法计算 $h*(n)$,但是要判别某一 $h(n)$ 是否大于 $h*(n)$ 还是可能的。

可以证明,所有的 $A^*$ 搜索算法都是可采纳的。

宽度优先算法是 $A^*$ 搜索算法的一个特例,是一个可采纳的搜索算法。该算法相当于 $A^*$ 搜索算法中取 $h(n) = 0$ 和 $f(n) = g(n)$。宽度优先搜索时对某一状态只考虑它同起始状态的距离

代价。这是由于该算法在考虑 $n+1$ 层状态之前,已考察了 $n$ 层中的任意一种状态,所以每个目的状态都是沿着最短的可能路径而找到的。但宽度优先搜索算法的搜索效率太低。

### 2. 单调性

在 $A^*$ 搜索算法中并不要求 $g(n) = g*(n)$,这意味着要采纳的启发式算法可能会沿着一条非最佳路径搜索到某一中间状态。如果对启发函数 $h(n)$ 加上单调性的限制,可以减少比较代价和调整路径的工作量,从而减少搜索代价。

下面介绍启发函数单调性的概念。

如果某一启发函数满足:

① 对所有状态 $n_i$ 和 $n_j$,其中 $n_j$ 是 $n_i$ 的后裔,满足 $h(n_i) - h(n_j) \leqslant \cos t(n_i, n_j)$,其中 $\cos t(n_i, n_j)$ 是从 $n_i$ 到 $n_j$ 的实际代价。

② 目的状态的启发函数值为 0 或 $h(Goal) = 0$。

则称该启发函数 $h(n)$ 是单调的。

搜索算法的单调性可这样描述:在整个搜索空间都是局部可采纳的。一个状态和任一个子状态之间的差由该状态与其子状态之间的实际代价所限定,这就是说,启发式策略无论在何处都是可采纳的,总是从祖先状态沿着最佳路径到达任一状态。

于是,由于算法总是在第一次发现该点时就已经发现了到达该点状态的最短路径,所以当某一状态被重新搜索时,就无须检验新的路径是否更短,那是不可能的,这就意味着当某一状态被重新搜索时,可以将其立即从 open 表或 closed 表中删除,而无须修改路径的信息。

容易证明单调性启发式策略是可采纳的。这意味着单调性启发式策略中的 $h(n)$,满足 $A^*$ 搜索算法的下界要求,算法是可采纳的。

### 3. 信息性

在两个 $A^*$ 搜索算法的 $h_1$ 和 $h_2$ 中,如果对搜索空间中的任一状态 $n$ 都有 $h_1(n) \leqslant h_2(n)$,就称 $h_2$ 比 $h_1$ 具有更多的信息性。如果某一搜索算法的 $h(n)$ 越大,则它所搜索的状态要少得多。

如果 $h_2$ 的信息性比 $h_1$ 多,则用 $h_2$ 所搜索的状态集合是用 $h_1$ 所搜索的状态集合的一个子集。因此,$A^*$ 搜索算法的信息性越多,它所搜索的状态数就越少。必须注意的是,更多的信息性需要更多的计算时间,从而有可能抵消减少搜索空间所带来的益处。

对于比较复杂的搜索,如国际象棋游戏等,搜索的时间开销是巨大的,可以采用如 $\alpha$-$\beta$ 剪枝方法等减小搜索空间,以减小时间开销。

## 5.4.5    蒙特卡罗树搜索算法

我们下棋时,每走一步前不可能在脑子里把所有可能的棋步都列出来,而是根据"棋感"大致筛选出了几种"最可能"的走法,然后再比较出自己感觉"最好"的走法。这就是蒙特卡罗树搜索算法的设计思路。

蒙特卡罗树搜索(Monte Carlo tree search, MCTS)算法是雷米·库洛姆(Remi Coulom)在 2006 年在围棋人机对战引擎 Crazy Stone 中首次发明并使用的。蒙特卡罗树搜索是在完美信息博弈场景中进行决策的一种通用技术,除游戏之外,它还在很多现实世界的应用中有着广阔前景。

蒙特卡罗树搜索算法是一种基于树数据结构的启发式搜索算法,是一类树搜索算法的统称。MCTS 并不是一种"模拟人"的算法,而是一种博弈树搜索方法,是通过随机地对游戏进行推演来逐渐建立一棵不对称的搜索树的过程。

在开始阶段,搜索树只有一个结点,称为根结点。搜索树中的每一个结点包含了三个基本信息:代表的局面,被访问的次数,累计评分。

蒙特卡罗树搜索大概可以被分成 4 步:选择(selection),拓展(expansion),模拟(simulation),反向传播(backpropagation)。

### 1. 选择

选择是指从搜索树的根结点开始,也就是要做决策的局面 R 出发,向下选择一个最急需被拓展的结点 N。结点 R 是每一次迭代中第一个被检查到的结点。对于被检查到的结点可能有以下 3 种可能:

(1) 完全展开结点:该结点所有可行动作都已经被拓展过。那么计算该结点所有子结点的 UCT 值,并找到一个值最大的子结点继续检查。反复向下迭代。

(2) 未完全展开结点:该结点有可行动作还未被拓展过。例如有 10 个可行动作,但是在搜索树中才创建了 9 个子结点,那么就认为这个结点是本次迭代的目标结点 N,并找出 N 还未被拓展的结点 L 执行"拓展"步骤。

(3) 未访问结点:该结点所有可行动作都未被拓展过。那么从该结点直接执行"回溯"步骤。

在反复迭代之后,将在搜索树的底端找到一个结点,来继续后面的步骤。

直观的想法:胜率大的结点是最有可能被选择的结点。但这样选择会导致一开始随机走子的时候赢了一盘,就会一直走这个结点了。为了避免这些情况发生,构造一个函数

$$UCT(v_i, v) = \frac{Q(v_i)}{N(v_i)} + c\sqrt{\frac{\log(N(v))}{N(v_i)}} \tag{5.6}$$

其中,$Q(v)$ 是结点 $v$ 赢的次数,$N(v)$ 是结点 $v$ 模拟的次数,$c$ 是一个常数。

从根结点出发,遵循最大最小原则,每次选择己方 UCT 值最优的一个结点,向下搜索,直到找到一个"未完全展开的结点",然后随机选一个结点进行扩展。上式第一部分是模拟的胜率;随着访问次数的增加,第二部分的值会越来越小。因此,会倾向于选择那些还没有怎么被统计过的结点。

### 2. 拓展

如果结点不是一个终止结点,则随机选择一个尚未拓展的结点 $A$,在搜索树中创建一个新的结点 $M$。

### 3. 模拟

从新结点 $M$ 出发,模拟拓展搜索树,直到找到一个终止结点。为了让新的结点 $M$ 得到一个初始的评分,从 $M$ 开始让游戏随机进行,直到得到一个游戏结局,这个结局将作为 $M$ 的初始评分。一般使用胜利或者失败的次数作为评分,例如,模拟了 10 盘,赢了 4 盘,则记为 4/10。

### 4. 反向传播

在 $M$ 的模拟结束后,它的父结点 $N$ 以及从根结点到 $N$ 的路径上的所有结点都会根据本次模拟的结果来添加自己的累计评分。如果在"选择"步骤中直接发现了一个游戏结局的话,根据该结局来更新评分。

每一次迭代都会拓展搜索树,随着迭代次数的增加,搜索树的规模也不断增加。当到了一定的迭代次数或者时间之后结束,选择根结点下最好的子结点作为本次决策的结果。一般来说,最佳走法就是具有最高访问次数的结点。

## 5.5　与/或图搜索策略

与/或图是一种超图,通常为树图的形式,也称为**与/或树**,它基于人们在求解问题时的如下两种思维方法。

### 1. 分解——**与树**

分解是将复杂的大问题分解为一组简单的小问题,将总问题分解为若干子问题。若所有子问题都解决了,则总问题也解决了。这是**与**的逻辑关系。同样,子问题又可分为子子问题。依此类推,可以形成问题分解的树图,称为**与**树,如图 5.16 所示。

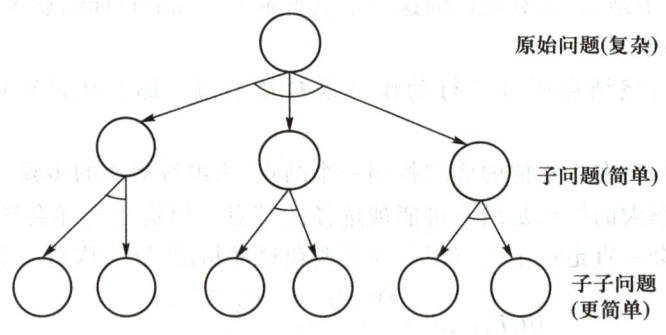

图 5.16　与树问题分解

### 2. 变换——**或树**

变换是将较难的问题变换为较易的等价或等效的问题。若一个困难问题可以等价变换为几个容易问题,则任何一个容易问题解决了,也就解决了原有的困难问题。这是**或**的逻辑关系。而这些容易问题还有可能进一步再等价变换为若干更容易的问题,如此下去,可形成问题变换的**或树**,如图 5.17 所示。

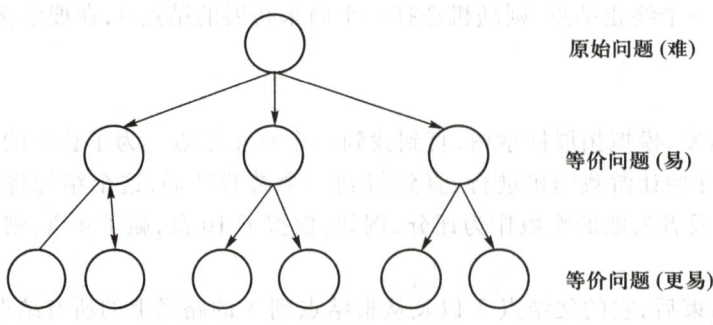

图 5.17　或树问题变换

在实际问题求解过程中,常常是兼用分解和变换方法,因而可用与树和或树相结合的图——与/或图表达法。

**例 5.9**　猴子和香蕉问题。如图 5.18 所示,设猴子位于 $a$ 处,目的物香蕉挂在 $c$ 处上方,猴子想吃香蕉,但高度不够,拿不着。在 $b$ 处有可移动的台子,若猴子站在台子上,就可以拿到香蕉。问题是制定猴子的行动计划,使猴子能拿到香蕉。

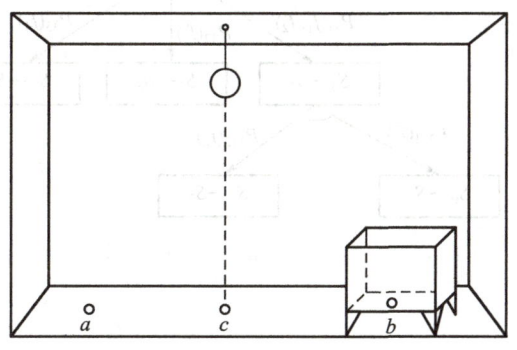

图 5.18　猴子和香蕉问题

先用状态空间法表示上述问题,设系统的状态用四元数组描述

$$S = (w, x, y, z)$$

其中,$w$:猴子所处水平位置;

　　$x$:台子所在水平位置;

　　$y$:猴子是否在台子上($y = 1$,在;$y = 0$,不在);

　　$z$:猴子是否拿到香蕉($z = 1$,拿到;$z = 0$,没有拿到)。

可能出现的状态为:$S_0 = (a, b, 0, 0)$;$S_1 = (b, b, 0, 0)$;$S_2 = (c, c, 0, 0)$;$S_3 = (c, c, 1, 0)$;$S_4 = (c, c, 1, 1)$。其中,$S_0$ 为初始状态,$S_4$ 为目标状态。

允许的操作集为

$$F = \{f_1, f_2, f_3, f_4\}$$

其中,$f_1(u)$ 为猴子走到 $u$ 处:

$$(w, x, 0, z) \rightarrow (u, x, 0, z)$$

$f_2(v)$ 为猴子推台子到 $v$ 处:

$$(x, x, 0, 0) \rightarrow (v, v, 0, 0)$$

$f_3$ 为猴子爬上台子:

$$(x, x, 0, z) \rightarrow (x, x, 1, z)$$

$f_4$ 为猴子拿到香蕉:

$$(c, c, 1, 0) \rightarrow (c, c, 1, 1)$$

比较目标状态($S_4$)与初始状态($S_0$)的差异,来选择主操作。由于 $S_0$ 与 $S_4$ 中的 4 个状态量都有差异,相应的操作为 $f_1$,$f_2$,$f_3$ 和 $f_4$,都可选为主操作。因此,可将原问题变换为 4 个新问题,而新问题又可分为几个子问题及子子问题。这一过程可用与/或树表示,如图 5.19 所示。

与普通图搜索算法相似,与/或图搜索算法有盲目搜索,如宽度优先、深度优先搜索等;也有启发式搜索,如 $AO$ 或 $AO^*$ 搜索。这里不赘述。

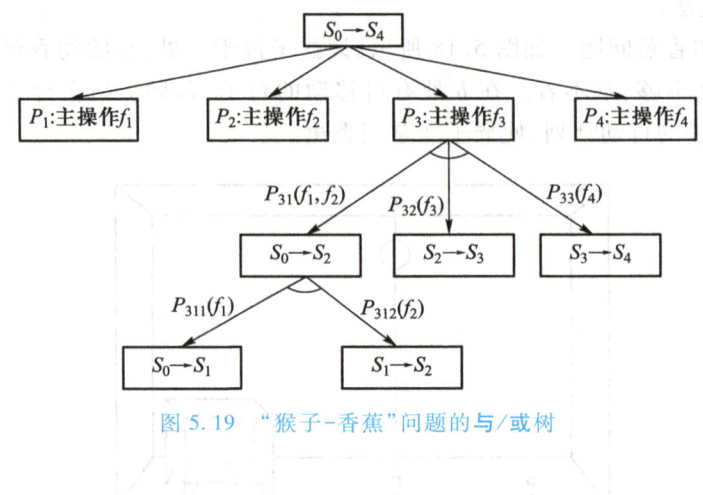

图 5.19　"猴子-香蕉"问题的与/或树

## 5.6　小结

### 1. 搜索的概念

在搜索中需要解决是否一定能找到一个解、是否终止运行、找到的解是否最佳解、搜索过程的时间与空间复杂性如何等基本问题。

搜索的方向有正向搜索、逆向搜索和双向搜索。

盲目搜索是在不具有对特定问题的任何有关信息的条件下,按固定的步骤(依次或随机调用操作算子)进行的搜索。

启发式搜索则是考虑特定问题领域可应用的知识,动态地确定调用操作算子的步骤,优先选择较适合的操作算子。

### 2. 状态空间知识表示方法

状态空间是利用状态变量和操作符号,表示系统或问题的有关知识的符号体系,状态空间是一个四元组 $(S, O, S_0, G)$。

任何类型的数据结构都可以用来描述状态,如符号、字符串、向量、多维数组、树和表格等。

从 $S_0$ 结点到 $G$ 结点的路径被称为求解路径。状态空间的一个解是一个有限的操作算子序列,它使初始状态转换为目标状态。

### 3. 回溯策略

带回溯策略的搜索是从初始状态出发,不停地、试探性地寻找路径,若它遇到不可解结点就回溯到路径中最近的父结点上,查看该结点是否还有其他的子结点未被扩展。若有,则沿这些子结点继续搜索;如果找到目标,就成功退出搜索,返回解题路径。

回溯是状态空间搜索的一个基本算法。各种图搜索算法,包括深度优先、宽度优先、最好优先搜索等,都有回溯的思想。

### 4. 宽度优先搜索策略

宽度优先搜索策略是由 $S_0$ 生成新状态,然后依次扩展这些状态,再生成新状态,该层扩展完后,再进入下一层,如此一层一层地扩展下去,直到搜索到目的状态(如果目的状态存在)。

### 5. 深度优先搜索策略

深度优先搜索策略是从 $S_0$ 出发,沿一个方向一直扩展下去,直到达到一定的深度。如果未找到目的状态或无法再扩展时,便回溯到另一条路径继续搜索;若还未找到目的状态或无法再扩展时,再回溯到另一条路径搜索……

### 6. 启发式图搜索策略

在具体求解中,能够利用与该问题有关的信息来简化搜索过程,称此类信息为启发信息,而称这种利用启发信息的搜索过程为启发式搜索。

$A$ 搜索算法是寻找并设计一个与问题有关的 $h(n)$ 及构造出 $f(n)=g(n)+h(n)$,然后以 $f(n)$ 的大小来排列待扩展状态的次序,每次选择 $f(n)$ 值最小者进行扩展。

定义 $h*(n)$ 为状态 $n$ 到目的状态的最优路径的代价。对于一具体问题,只要有解,则一定存在 $h*(n)$。当要求估价函数中的 $h(n)$ 都小于等于 $h*(n)$ 时,$A$ 搜索算法就成为 $A^*$ 搜索算法。

## 思考题

5.1　什么是搜索? 有哪两大类不同的搜索方法? 两者的区别是什么?

5.2　什么是启发式搜索? 什么是启发信息?

5.3　用状态空间法表示问题时,什么是问题的解? 求解过程的本质是什么,什么是最优解? 最优解唯一吗?

5.4　请写出状态空间图的一般搜索过程。在搜索过程中 open 表和 closed 表的作用分别是什么? 有何区别?

5.5　什么是盲目搜索? 主要有几种盲目搜索策略?

5.6　在深度优先搜索中,每一个结点的子结点是按某种次序生成和扩展的,在决定生成子状态的最优次序时,应该用什么标准来衡量?

5.7　宽度优先搜索与深度优先搜索有何不同? 分析深度和宽度优先搜索的优缺点。在何种情况下,宽度优先搜索优于深度优先搜索? 在何种情况下,深度优先搜索优于宽度优先搜索?

5.8　什么是 $A^*$ 搜索算法? 它的估价函数是如何确定的? $A^*$ 搜索算法与 $A$ 搜索算法的区别是什么?

## 习题

5.1　修道士和野人的问题。设有 3 个修道士和 3 个野人来到河边,打算用一条船从河的左岸渡到河的右岸。但该船每次只能装载 2 个人,在任何岸边野人的数目都不得超过修道士的人数,否则修道士就会被野人吃掉。假设野人服从任何一种过河安排,如何规划过河计划才能把所有人安全地渡过河去? 用状态空间表示法表示修道士和野人的问题,画出状态空间图。

5.2　用状态空间表示法求解农夫、狐狸、鸡、小米问题。农夫、狐狸、鸡、小米都在一条河的左岸,现在要把它们全部送到右岸去,农夫有一条船,过河时,除农夫外,船上至多能载狐狸、鸡和小米中的一样。狐狸要吃鸡,鸡要吃小米,除非农夫在那里。试规划出一个确保全部安全的过河计划。(提示:a. 用四元组(农夫、狐狸、鸡、小米)表示状态,其中每个元素都可为 0 或 1。0 表示在左岸,1 表示在右岸。b. 每次过河的一种安排作为一个算符,每次过河都必须有农夫,因为只有他可以划船。)

5.3　用有界深度优先搜索方法求解图题 5.3 所示八数码难题。初始状态为 $S_0$,目标状态为 $S_g$,要求寻找从初始状态到目标状态的路径。

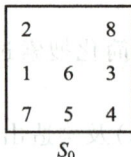

图题 5.3

5.4　用 $A^*$ 搜索算法求解图题 5.3 所示八数码难题。

5.5　试证明定理:平行四边形的两条对角线彼此相交后相互等分。应用**与/或**树画出搜索求证步骤,并指明构成此定理证明的解树。

第 5 章习题解答

# 第6章　进化算法及其应用

受自然界和生物界规律的启迪，人们根据其原理模仿设计了许多求解问题的算法，包括人工神经网络、模糊逻辑、遗传算法、DNA计算、模拟退火算法、禁忌搜索算法、免疫算法、膜计算、量子计算、粒子群优化算法、蚁群算法、人工蜂群算法、人工鱼群算法以及细菌群体优化算法等，这些算法称为智能计算，也称为计算智能（computational intelligence，CI）。智能优化方法通常包括进化计算和群智能等两大类方法，是一种典型的元启发式随机优化方法，已经广泛应用于组合优化、机器学习、智能控制、模式识别、规划设计、网络安全等领域，是21世纪有关智能计算中的重要技术之一。

进化算法是以达尔文的进化论思想为基础，通过模拟生物进化过程与机制的求解问题的自组织、自适应的人工智能技术，是一类借鉴生物界自然选择和自然遗传机制的随机搜索算法，这些方法本质上从不同的角度对达尔文的进化原理进行了不同的运用和阐述，非常适用于处理传统搜索方法难以解决的复杂和非线性优化问题。

本章首先简要介绍进化算法的概念，详细介绍基本遗传算法，这是进化算法的基本框架。然后介绍双倍体、双种群、自适应等比较典型的改进遗传算法及其应用。最后，介绍了差分进化算法和量子进化算法及其应用。

## 6.1　进化算法的产生与发展

### 6.1.1　进化算法的概念

进化算法（evolutionary algorithms，EA）是基于自然选择和自然遗传等生物进化机制的一种搜索算法。生物进化是通过繁殖、变异、竞争和选择实现的；而进化算法则主要通过选择、重组和变异这三种操作实现优化问题的求解。

进化算法是一个"算法簇"，包括遗传算法（genetic algorithms，GA）、遗传规划（genetic programming）、进化策略（evolution strategies）和进化规划（evolution programming）等。尽管它有很多的变化，有不同的遗传基因表达方式，不同的交叉和变异算子，特殊算子的引用，以及不同的再生和选择方法，但它们产生的灵感都来自大自然的生物进化，进化算法的基本框架是遗传算法所描述的框架。

与普通搜索算法一样，进化算法也是一种迭代算法。不同的是在最优解的搜索过程中，普通搜索算法是从某个单一的初始点开始搜索，而进化算法是从原问题的一组解出发改进到另一组较好的解，再从这组改进的解出发进一步改进。而且，进化算法不是直接对问题的具体参数进行处理，而是要求当原问题的优化模型建立后，还必须对原问题的解进行编码。

进化算法在搜索过程中利用结构化和随机性的信息，使最满足目标的决策获得最大的生存可能，是一种概率型的算法。在进化搜索中用目标函数值的信息，可以不必用目标函数的导数信息或与具体问题有关的特殊知识，因而进化算法具有广泛的应用性、高度的非线性、易修改性和可并行性。因此,与传统的基于微积分的方法和穷举法等优化算法相比,进化算法是一种具有高鲁棒性和广泛适用性的全局优化方法,具有自组织、自适应、自学习的特性,能够不受问题性质的限制,能适应不同的环境和不同的问题,有效地处理传统优化算法难以解决的大规模复杂优化问题。

## 6.1.2　进化算法的生物学背景

进化算法的产生与
发展讲课视频▲

进化算法类似于生物进化,需要经过长时间的成长演化,最后收敛到最优化问题的一个或者多个解。因此,了解一些生物进化过程,有助于理解遗传算法的工作过程。

"适者生存"揭示了大自然生物进化过程中的一个规律:最适合自然环境的个体产生后代的可能性大。生物进化的基本过程如图 6.1 所示。

生物的遗传物质的主要载体是染色体(chromosome),DNA 是其中最主要的遗传物质。染色体中基因的位置称作基因座,而基因所取的值又叫作等位基因。基因和基因座决定了染色体的特征,也决定了生物个体(individual)的性状。如头发的颜色是黑色、棕色或者金黄色等。

以一个初始生物群体(population)为起点,经过竞争后,一部分个体被淘汰而无法再进入这个循环圈,而另一部分则成为种群。竞争过程遵循生物进化中"适者生存,优胜劣汰"的基本规律,所以都有一个竞争标准,或者生物适应环境的评价标准。适应程度高的并不一定进入种群,只是进入种群的可能性比较大。而适应程度低的并不一定被淘汰,只是进入种群的可能性比较小。这一重要特性保证了种群的多样性。

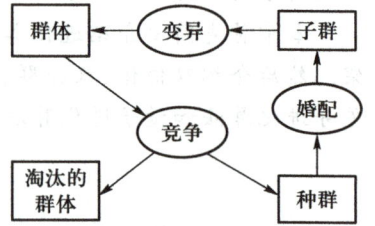

图 6.1　生物进化的基本过程

生物进化中种群经过婚配产生子代群体(简称子群)。在进化的过程中,可能会因为变异而产生新的个体。每个基因编码了生物机体的某种特征,如头发的颜色、耳朵的形状等。综合变异的作用,子群成长为新的群体而取代旧群体。在新的一个循环过程中,新的群体代替旧的群体而成为循环的开始。

## 6.1.3　进化算法的设计原则

一般来说,进化算法的求解包括以下几个步骤:给定一组初始解;评价当前这组解的性能;从当前这组解中选择一定数量的解作为迭代后的解的基础;再对其进行操作,得到迭代后的解;若这些解满足要求则停止,否则将这些迭代得到的解作为当前解重新操作。

设计进化算法的基本原则:

(1)适用性原则:一个算法的适用性是指该算法所能适用的问题种类,它取决于算法所需的限制与假定。优化问题不同,则相应的处理方式也不同。

(2)可靠性原则:一个算法的可靠性是指算法对于所设计的问题,以适当的精度求解其中大多数问题的能力。因为演化计算的结果带有一定的随机性和不确定性,所以,在设计算法时应尽量经过较大样本的检验,以确认算法是否具有较大的可靠度。

(3)收敛性原则:指算法能否收敛到全局最优。在收敛的前提下,希望算法具有较快的收敛速度。

（4）稳定性原则：指算法对其控制参数及问题的数据的敏感度。如果算法对其控制参数或问题的数据十分敏感，则依据它们取值的不同，将可能产生不同的结果，甚至过早地收敛到某一局部最优解。所以，在设计算法时应尽量使得算法对一组固定的控制参数能在较广泛的问题的数据范围内解题，而且对一组给定的问题数据，算法对其控制参数的微小扰动不很敏感。

（5）生物类比原则：因为进化算法的设计思想是基于生物演化过程的，所以那些在生物界被认为是有效的方法及操作可以通过类比的方法引入到算法中，有时会带来较好的结果。

## 6.2　基本遗传算法

对于自然界中生物遗传与进化机理的模仿，针对不同的问题设计了许多不同的编码方法来表示问题的可行解，产生了多种不同的遗传算子来模仿不同环境下的生物遗传特性。这样，由不同的编码方法和不同的遗传算子就构成了各种不同的遗传算法。但这些遗传算法都具有共同的特点，即通过对生物遗传和进化过程中选择、交叉、变异机理的模仿，来完成对问题最优解的自适应搜索过程。基于这个共同的特点，Goldberg 总结出了基本遗传算法（simple genetic algorithms，SGA），只使用选择算子、交叉算子和变异算子三种基本遗传算子，其遗传进化操作过程简单，容易理解，它给各种遗传算法提供了一个基本框架。进化算法的基本框架也是基本遗传算法所描述的框架。

### 6.2.1　遗传算法的基本思想

遗传算法主要借用生物进化中"适者生存"的规律。在遗传算法中，染色体对应的是数据或数组，通常是由一维的串结构数据来表示的。串上各个位置对应上述的基因座，而各位置上所取的值对应上述的等位基因。遗传算法处理的是染色体，或者称为基因型个体。一定数量的个体组成了群体。群体中个体的数量称为种群的大小，也叫种群的规模。各个个体对环境的适应程度叫适应度。适应度大的个体被选择进行遗传操作产生新个体，体现了生物遗传中适者生存的原理。选择两个染色体进行交叉产生一组新的染色体的过程，类似生物遗传中的婚配。编码的某一个分量发生变化的过程，类似生物遗传中的变异。

遗传算法包含两个数据转换操作，一个是从表现型到基因型的转换，将搜索空间中的参数或解转换成遗传空间中的染色体或个体，这个过程称为编码（coding）。另一个是从基因型到表现型的转换，即将个体转换成搜索空间中的参数，这个过程称为译码（decode）。

遗传算法在求解问题时从多个解开始，然后通过一定的法则进行逐步迭代以产生新的解。这多个解的集合称为一个种群，记为 $p(t)$。这里 $t$ 表示迭代步，称为演化代。一般地，$p(t)$ 中元素的个数在整个演化过程中是不变的，可将群体的规模记为 $N$。$p(t)$ 中的元素称为个体或染色体，记为 $x_1(t)$，$x_2(t)$，……在进行演化时，要选择当前解进行交叉以产生新解。这些当前解称为新解的父解（parent），产生的新解称为后代解（offspring）。

### 6.2.2　遗传算法的发展历史

遗传算法的研究兴起在 20 世纪 80 年代末和 90 年代初，但它的历史起源可追溯到 60 年代初期。早期的研究大多以对自然遗传系统的计算机模拟为主,其特点是侧重于对某些复杂操作的研究。虽然其中像自动博弈、生物模拟、模式识别和函数优化等给人以深刻的印象,但总地来说,这是一个无明确目标的发展时期,缺乏带有指导性的理论和计算工具的开拓。这种现象直到 20 世纪 70 年代中期,由于美国密歇根大学霍兰(J. Holland)和德容(DeJong)的创造性研究成果的发表才得到改观。当然,早期的研究成果对于遗传算法的发展仍然有一定的影响,尤其是其中一些有代表性的技术和方法已被后来的遗传算法所吸收和发展。

在遗传算法作为搜索方法用于人工智能系统中之前,已有不少生物学家用计算机来模拟自然遗传系统,尤其是弗雷泽(Fraser)的模拟研究。Fraser 于 1962 年提出了和现在的遗传算法十分相似的概念和思想,但是,他和其他一些学者并未认识到自然遗传算法可以转化为人工遗传算法,而 Holland 教授和他的学生不久就认识到这一转化的重要性。Holland 认为比起寻找这种或那种具体的求解问题的方法来说,开拓一种能模拟自然选择遗传机制的带有一般性的理论和方法更有意义。在这一时期,Holland 不但发现了基于适应度的人工遗传选择的基本作用,还对群体操作等进行了认真的研究。1965 年,他首次提出了人工遗传操作的重要性,并把这些应用于自然系统和人工系统中。

1967 年,Holland 教授的学生 Bagley 在他的博士论文中首次提出了遗传算法这一术语,并讨论了遗传算法在博弈中的应用。他所提出的选择、交叉和变异操作与目前遗传算法中的相应操作十分接近,尤其是他对选择做了十分有意义的研究。他认识到,在遗传进化过程的前期和后期,选择概率应合适地变动。为此,他引入了适应度定标概念。他还首次提出了遗传算法自我调整概念,即把交叉和变异的概率融于染色体本身的编码中,从而可使算法自我调整优化。尽管 Bagley 没有进行计算机模拟实验,但这些思想对于后来遗传算法的发展具有重要的意义。

在同一时期,罗森伯格(Rosenberg)也对遗传算法进行了研究。他的研究依然是以模拟生物进化为主,但他在遗传操作方面提出了不少独特的设想。1970 年,卡维基奥(Cavicchio)把遗传算法应用于模式识别中,实际上他并未直接涉及模式识别,而仅用遗传算法设计一组应用于识别的检测器。Cavicchio 对于遗传操作以及遗传算法的自动调整也做了不少有特色的研究。

1971 年,霍尔斯汀(Hollstien)第一个把遗传算法用于函数优化。他在论文《计算机控制系统中人工遗传自适应方法》中阐述了遗传算法用于数字反馈控制的方法,但实际上,主要讨论了对于二变量函数的优化问题,其中,对于优势基因控制、交叉和变异以及各种编码技术进行了深入的研究。

1975 年是遗传算法研究历史上十分重要的一年。这一年,美国 J. Holland 出版了他的专著《自然系统和人工系统的适配》,系统地阐述了遗传算法的基本理论和方法,并提出了对遗传算法的理论研究和发展极为重要的模式理论。同年,DeJong 完成了重要论文《遗传自适应系统的行为分析》,把 Holland 的模式理论与他的计算实验结合起来。这是遗传算法发展中的又一个里程碑。尽管 DeJong 和 Hollstien 一样主要侧重于函数优化的应用研究,但他将选择、交叉和变异操作进一步完善和系统化,同时又提出了诸如代沟等新的遗传操作技术。DeJong 的研究工作为遗传算法及其应用打下了坚实的基础,他所得出的许多结论具有普遍的指导意义。

20 世纪 80 年代以后,遗传算法进入兴盛发展时期,无论是理论研究还是应用研究都成了十分热门的课题。遗传算法广泛应用于自动控制、生产计划、图像处理、机器人等研究领域。

### 6.2.3 编码

遗传算法编码讲课视频▲

遗传算法中包含了五个基本要素:参数编码、初始群体的设定、适应度函数的设计、遗传操作设计、控制参数设定。

遗传算法求解问题不是直接作用在问题的解空间上,而是作用于解的某种编码。因此,必须通过编码将要求解的问题表示成遗传空间的染色体或者个体。它们由基因按一定结构组成。由于遗传算法的鲁棒性,对编码表示方式的要求一般并不苛刻,但有时对算法的性能、效率等会产生很大影响。编码原则是要能覆盖全部解空间。

#### 1. 位串编码

将问题空间的参数编码为一维排列的染色体的方法,称为一维染色体编码方法。一维染色体编码中最常用的符号集是二值符号集 $\{0,1\}$,即采用二进制编码。

(1)二进制编码

二进制编码是用若干二进制数表示一个个体,将原问题的解空间映射到位串空间 $R=\{0,1\}$ 上,然后在位串空间上进行遗传操作。

设某一个参数 $u$ 的变化范围为 $[u_{\min}, u_{\max}]$,其编码后的值为 $a$,编码长度为 $n$,则编码精度为

$$\delta = \frac{u_{\max} - u_{\min}}{2^n - 1} \tag{6.1a}$$

参数 $u$ 与其编码存在如下关系

$$u = u_{\min} + \frac{a(u_{\max} - u_{\min})}{2^n - 1} \tag{6.1b}$$

二进制编码的优点:二进制编码类似于生物染色体的组成,从而使算法易于用生物遗传理论来解释,并使得遗传操作如交叉、变异等很容易实现。另外,采用二进制编码时,算法处理的模式数最多。

二进制编码的缺点:

① 相邻整数的二进制编码可能具有较大的汉明(Hamming)距离。例如,15 和 16 的二进制表示为 01111 和 10000,因此,算法要从 15 改进到 16 则必须改变所有的位。这种缺陷造成了 Hamming 悬崖(Hamming cliffs),将降低遗传算子的搜索效率。

② 二进制编码时,一般要先给出求解的精度。但求解的精度确定后,就很难在算法执行过程中进行调整,从而使算法缺乏微调(fine-tuning)的功能。若在算法一开始就选取较高的精度,那么串长就很大,这样也将降低算法的效率。

③ 在求解高维优化问题时,二进制编码串将非常长,从而使得算法的搜索效率很低。

(2)Gray 编码

Gray 编码是将二进制编码通过一个变换进行转换得到的编码。设二进制串 $\langle \beta_1 \beta_2 \ldots \beta_n \rangle$ 对应的 Gray 串 $\langle \gamma_1 \gamma_2 \ldots \gamma_n \rangle$,则从二进制编码到 Gray 编码的变换为

$$\gamma_k = \begin{cases} \beta_1, & k=1 \\ \beta_{k-1} \oplus \beta_k, & k>1 \end{cases} \tag{6.2a}$$

式中, $\oplus$ 表示模 2 的加法。从一个 Gray 串到二进制串的变换为

$$\beta_k = \sum_{i=1}^{k} \gamma_i (\bmod 2) = \begin{cases} \gamma_1, & k=1 \\ \beta_{k-1} \oplus \gamma_k, & k>1 \end{cases} \tag{6.2b}$$

Gray 编码的优点是克服了二进制编码的 Hamming 悬崖的缺点。因为任意两个正整数的差是这两个正整数所对应的 Gray 码值之间的 Hamming 距离。

### 2. 实数编码

为克服二进制编码的缺点,对问题的变量是实向量的情形,可以直接采用实数编码。

实数编码是用若干实数表示一个个体,然后在实数空间上进行遗传操作。

采用实数表达法不必进行数制转换,可直接在解的表现型上进行遗传操作。从而可引入与问题领域相关的启发式信息来增加算法的搜索能力。近年来,遗传算法在求解高维或复杂优化问题时一般使用实数编码。

### 3. 多参数级联编码

对于多参数优化问题的遗传算法,常采用多参数级联编码。其基本思想是把每个参数先进行二进制或其他编码得到子串,再把这些子串连成一个完整的染色体。多参数级联编码中的每个子串对应各自的编码参数,所以,可以有不同的串长度和参数的取值范围。

### 4. 有序串编码

对很多组合优化问题,目标函数的值不仅与表示解的字符串的值有关,而且与其所在字符串的位置有关。这样的问题称为有序问题。例如,采用顶点排列表示的旅行商问题即是一个纯有序问题。用遗传算法求解有序问题时,传统的遗传操作将可能产生非法的后代。因此,对这类问题需要针对具体问题专门设计有效且能保证后代合法的遗传算子。这类编码方案较多地用在组合优化问题之中。

### 5. 结构式编码

在自然界生物进化过程中,染色体的长度不是固定不变的,越是高等生物其染色体越长。基于这种机制,戈德伯格(Goldberg)等提出一种称为 MessyGA(mGA)的遗传算法编码方法。

## 6.2.4　群体设定

由于遗传算法是对群体进行操作的,所以,必须为遗传操作准备一个由若干初始解组成的初始群体。群体设定主要包括以下两个方面:初始种群的产生;种群规模的确定。

### 1. 初始种群的产生

遗传算法中初始群体中的个体可以是随机产生的,但最好采用如下策略设定:

① 根据问题固有知识,设法把握最优解所占空间在整个问题空间中的分布范围,然后,在此分布范围内设定初始群体。

② 先随机产生一定数目的个体,然后从中挑选最好的个体加到初始群体中。这种过程不断迭代,直到初始群体中个体数目达到了预先确定的规模。

### 2. 种群规模的确定

群体中个体的数量称为种群规模。

群体规模影响遗传优化的结果和效率。当群体规模太小时,遗传算法的优化性能一般不会太好,容易陷入局部最优解;而当群体规模太大时,则计算复杂。

群体规模的确定受遗传操作中选择操作的影响很大。模式定理表明:若群体规模为 $M$,则遗传操作可从这 $M$ 个个体中生成和检测 $M^3$ 个模式,并在此基础上能够不断形成和优化积木块,直到找到最优解。

显然,群体规模越大,遗传操作所处理的模式就越多,产生有意义的积木块并逐步进化为最优解的机会就越高。群体规模太小,会使遗传算法的搜索空间范围有限,因而搜索有可能停止在未成熟阶段,出现未成熟收敛现象,使算法陷入局部最优解。因此,必须保持群体的多样性,即群体规模不能太小。

另一方面,群体规模太大会带来若干弊病:一是群体越大,其适应度评估次数增加,所以计算量也增加,从而影响算法效率;二是群体中个体生存下来的概率大多采用和适应度成比例的方法,当群体中个体非常多时,少量适应度很高的个体会被选择而生存下来,但大多数个体却被淘汰,这会影响配对库的形成,从而影响交叉操作。

适应度函数讲课
视频▲

## 6.2.5　适应度函数

遗传算法遵循自然界优胜劣汰的原则,在进化搜索中基本上不用外部信息,而是用适应度值表示个体的优劣,作为遗传操作的依据。个体的适应度高,则被选择的概率就高,反之就低。适应度函数(fitness function)是用来区分群体中的个体好坏的标准,是算法演化过程的驱动力,是进行自然选择的唯一依据。改变种群内部结构的操作都是通过适应值加以控制的。因此,适应度函数设计非常重要。

在具体应用中,适应度函数的设计要结合求解问题本身的要求而定。一般而言,适应度函数是由目标函数变换得到的,但要保证适应度函数是最大化问题和非负性。下面讨论将目标函数变换成适应度函数的方法。

### 1. 将目标函数映射成适应度函数的方法

最直观的方法是直接将待求解优化问题的目标函数作为适应度函数。

若目标函数 $f(x)$ 为最大化问题,则适应度函数可以取为

$$Fit(f(x)) = f(x) \tag{6.3a}$$

若目标函数 $f(x)$ 为最小化问题,则适应度函数可以取为

$$Fit(f(x)) = \frac{1}{f(x)} \tag{6.3b}$$

由于遗传算法中,要比较个体的适应度进行排序,并在此基础上计算选择概率,所以,适应度函数的值要取正值。但在许多优化问题求解中,不能保证所有的目标函数值都有非负值。因此,在不少场合采用问题的目标函数作为个体的适应性度量时,必须将目标函数转换为求最大值的形式,而且保证函数值必须非负。转换可采用以下的方法进行:

若目标函数为最小化问题,则适应度函数可以取为

$$Fit(f(x)) = \begin{cases} C_{max} - f(x) & f(x) < C_{max} \\ 0 & \text{其他情况} \end{cases} \tag{6.4a}$$

式中, $C_{max}$ 为 $f(x)$ 的最大估计值,可以是一个合适的输入值,也可采用迄今为止过程中 $f(x)$ 的最大值或当前群体中 $f(x)$ 的最大值,当然 $C_{max}$ 也可以是前 $K$ 代中 $f(x)$ 的最大值。显然,存在多种方式来选择系数 $C_{max}$,但 $C_{max}$ 最好与群体无关。

若目标函数为最大化问题,则适应度函数可以取为

$$Fit(f(x)) = \begin{cases} f(x) - C_{\min} & f(x) > C_{\min} \\ 0 & \text{其他情况} \end{cases} \tag{6.4b}$$

式中,$C_{\min}$ 为 $f(x)$ 的最小估计值。$C_{\min}$ 可以是一个合适的输入值,或者是当前一代或前 $K$ 代中 $f(x)$ 的最小值,也可以是群体方差的函数。

上述方法称为界限构造法。使用这些方法时,有时存在界限值预选估计困难或者不能精确估计的问题。转换也可以采用以下的方法进行:

若目标函数为最小化问题,则适应度函数可以取为

$$Fit(f(x)) = \frac{1}{1 + c + f(x)} \quad c \geqslant 0, \quad c + f(x) \geqslant 0 \tag{6.5a}$$

若目标函数为最大化问题,则适应度函数可以取为

$$Fit(f(x)) = \frac{1}{1 + c - f(x)} \quad c \geqslant 0, \quad c - f(x) \geqslant 0 \tag{6.5b}$$

式中,$c$ 为目标函数界限的保守估计值。

### 2. 适应度函数的尺度变换

在遗传算法中,将所有妨碍适应度值高的个体产生,从而影响遗传算法正常工作的问题统称为欺骗问题(deceptive problem)。

在设计遗传算法时,群体的规模一般在几十至几百,与实际物种的规模相差很远。因此,个体繁殖数量的调节在遗传操作中就显得比较重要。如果群体中出现了超级个体,即该个体的适应值大大超过群体的平均适应值,则当按照适应值比例进行选择时,该个体很快就会在群体中占有绝对的比例,从而导致算法较早地收敛到一个局部最优点,这种现象称为过早收敛,是一种欺骗问题。为了防止出现过早收敛问题应该缩小这些个体的适应度,以降低这些超级个体的竞争力。另一方面,在搜索过程的后期,虽然群体具有足够的多样性,但群体的平均适应值可能会接近群体的最优适应值,群体中实际上已不存在竞争,从而搜索目标也难以得到改善,出现了停滞现象,也是一种欺骗问题。在这两种情况下,都应该改变原始适应值的比例关系,以提高个体之间的竞争力。

对适应度函数值域的某种映射变换称为适应度函数的尺度变换(fitness scaling)或者定标。

(1)线性变换

设原适应度函数为 $f$,定标后的适应度函数为 $f'$,则线性变换可采用下式表示

$$f' = af + b \tag{6.6}$$

式中,系数 $a$ 和 $b$ 可以有多种途径设定,但要满足两个条件:

① 变换后适应度函数的平均值 $f'_{\text{avg}}$ 要等于原适应度平均值 $f_{\text{avg}}$,以保证适应度为平均值的个体在下一代的期望复制数为 1,即

$$f'_{\text{avg}} = f_{\text{avg}} \tag{6.7a}$$

② 变换后适应度函数的最大值 $f'_{\text{max}}$ 要等于原适应度函数平均值 $f_{\text{avg}}$ 的指定倍数,以控制适应度最大的个体在下一代中的复制数。

$$f'_{\text{max}} = C_{\text{mult}} \cdot f_{\text{avg}} \tag{6.7b}$$

式中,$C_{\text{mult}}$ 是为得到所期待的最优群体个体的复制数。实验表明,对于不太大的群体($n = 50 \sim$

100），$C_{mult}$ 可在 1.2～2.0 范围内取值。

根据上述条件，可以确定线性变换的系数。

$$a = \frac{(C_{mult} - 1)f_{avg}}{f_{max} - f_{avg}} \tag{6.8a}$$

$$b = \frac{(f_{max} - C_{mult}\,f_{avg})f_{avg}}{f_{max} - f_{avg}} \tag{6.8b}$$

线性变换法变换了适应度之间的差距，保持了种群的多样性，计算简便，易于实现。如果种群里某些个体适应度远远低于平均值时，有可能出现变换后适应度值为负的情况。为满足最小适应度值非负的条件，可以进行如下变换：

$$a = \frac{f_{avg}}{f_{avg} - f_{min}} \tag{6.9a}$$

$$b = \frac{-f_{min}\,f_{avg}}{f_{avg} - f_{min}} \tag{6.9b}$$

（2）幂函数变换法

变换公式为

$$f' = f^K \tag{6.10}$$

式中，幂指数 $K$ 与求解问题有关，而且在算法过程中可按需要修正。

（3）指数变换法

变换公式为

$$f' = e^{-af} \tag{6.11}$$

这种变换方法的基本思想来源于模拟退火过程，式中的系数 $a$ 决定了复制的强制性，其值越小，复制的强制性就越趋向于那些具有最大适应度的个体。

### 6.2.6　选择

选择操作讲课视频▲

选择操作也称为复制（reproduction）操作，是从当前群体中按照一定概率选出优良的个体，使它们有机会作为父代繁殖下一代子孙。判断个体优良与否的准则是各个个体的适应度值。显然这一操作借用了达尔文适者生存的进化原则，即个体适应度越高，其被选择的机会就越多。选择操作的实现方法很多。这里，介绍几种常用的选择方法。

#### 1. 个体选择概率分配方法

在遗传算法中，哪个个体被选择进行交叉是按照概率进行的。适应度大的个体被选择的概率大，但不是说一定能够选上。同样，适应度小的个体被选择的概率小，但也可能被选上。所以，首先要根据个体的适应度确定被选择的概率。个体选择概率的常用分配方法有以下两种：

（1）适应度比例方法

适应度比例方法（fitness proportional model）也称为蒙特卡罗法（Monte Carlo），是目前遗传算法中最基本也是最常用的选择方法。适应度比例法中，各个个体被选择的概率和其适应度值成比例。设群体规模大小为 $M$，个体 $i$ 的适应度值为 $f_i$，则这个个体被选择的概率为

$$p_{si} = \frac{f_i}{\sum\limits_{i=1}^{M} f_i} \tag{6.12}$$

（2）排序方法

排序方法（rank-based model）是计算每个个体的适应度后，根据适应度大小顺序对群体中个体进行排序，然后把事先设计好的概率按排序分配给个体，作为各自的选择概率。在排序方法中，选择概率仅仅取决于个体在种群中的序位，而不是实际的适应度值。排在前面的个体有较多的被选择的机会。

它的优点是克服了适应值比例选择策略的过早收敛和停滞现象，而且对于极大值或极小值问题，不需要进行适应值的标准化和调节，可以直接使用原始适应值进行排名选择。排序方法比比例方法具有更好的鲁棒性，是一种比较好的选择方法。

① 线性排序

线性排序选择最初由 J. E. Baker 提出，他首先假设群体成员按适应值大小从好到坏依次排列为 $x_1, x_2, \cdots, x_M$，然后根据一个线性函数给第 $i$ 个个体 $x_i$ 分配选择概率 $p_i$

$$p_i = \frac{a-bi}{M(M+1)} \tag{6.13}$$

式中，$a, b$ 是常数。

② 非线性排序

Z. Michalewicz 提出将群体成员按适应值从好到坏依次排列，并按下式分配选择概率

$$p_i = \begin{cases} q(1-q)^{i-1} & i=1,2,\cdots,M-1 \\ (1-q)^{M-1} & i=M \end{cases} \tag{6.14}$$

式中，$i$ 为个体排序序号。$q$ 是一个常数，表示最好的个体的选择概率。

也可使用其他非线性函数来分配选择概率 $p_i$，只要满足以下条件：

a. 若 $P = \{x_1, x_2, \cdots, x_M\}$ 且 $f(x_1) \geqslant f(x_2) \geqslant \cdots \geqslant f(x_M)$，则分配的概率 $p_i$ 满足 $p_1 \geqslant p_2 \geqslant \cdots \geqslant p_M$。

b. $\sum\limits_{i=1}^{M} p_i = 1$。

**2. 选择个体方法**

选择操作是根据个体的选择概率确定哪些个体被选择进行交叉、变异等操作。基本的选择方法如下。

（1）轮盘赌选择

轮盘赌选择（roulette wheel selection）策略在遗传算法中使用得最多。

在轮盘赌选择方法中先按个体的选择概率产生一个轮盘，轮盘每个区的角度与个体的选择概率成比例，然后产生一个随机数，它落入轮盘的哪个区域就选择相应的个体交叉。

显然，选择概率大的个体被选中的可能性大，获得交叉的机会就大。

在实际计算时，可以按照个体顺序求出每个个体的累积概率，然后产生一个随机数，它落入累积概率的哪个区域就选择相应的个体交叉。例如，表 6.1 所示 11 个个体的适应度、选择概率和累积概率。为了选择交叉个体，需要进行多轮选择。例如，第 1 轮产生一个随机数为 0.81，落在第 5 个和第 6 个个体之间，则第 6 个个体被选中。第 2 轮产生一个随机数为 0.32，落在第 1 个

和第 2 个个体之间,则第 2 个个体被选中。依此类推。

表 6.1　个体适应度、选择概率和累积概率

| 个体 | 1 | 2 | 3 | 4 | 5 | 6 | 7 | 8 | 9 | 10 | 11 |
|---|---|---|---|---|---|---|---|---|---|---|---|
| 适应度 | 2.0 | 1.8 | 1.6 | 1.4 | 1.2 | 1.0 | 0.8 | 0.6 | 0.4 | 0.2 | 0.1 |
| 选择概率 | 0.18 | 0.16 | 0.14 | 0.13 | 0.11 | 0.09 | 0.07 | 0.05 | 0.04 | 0.02 | 0.01 |
| 累积概率 | 0.18 | 0.34 | 0.48 | 0.61 | 0.72 | 0.81 | 0.88 | 0.93 | 0.97 | 0.99 | 1.00 |

（2）锦标赛选择方法

锦标赛选择方法(tournament selection model)是从群体中随机选择 $k$ 个个体,将其中适应度最高的个体保存到下一代。这一过程反复执行,直到保存到下一代的个体数达到预先设定的数量为止。参数 $k$ 称为竞赛规模。

锦标赛选择方法的优点是克服了基于适应值比例选择和基于排名的选择在群体规模很大时,其额外计算量(如计算总体适应值或排序)很大的问题。它常常比轮盘赌选择得到更加多样化的群体。

显然,这种方式也使得适应值好的个体具有较大的生存机会。同时,由于它只使用适应值的相对值作为选择的标准,而与适应值的数值大小不成直接比例,从而也能避免超级个体的影响,一定程度上避免了过早收敛和停滞现象的发生。

作为锦标赛选择方法的一种特殊情况,随机竞争方法(stochastic tournament)是每次按赌轮选择方法选取一对个体,然后让这两个个体进行竞争,适应度高者获胜。如此反复,直到选满为止。

（3）$(\mu, \lambda)$ 和 $\mu + \lambda$ 选择

$(\mu, \lambda)$ 选择是先从规模为 $\mu$ 的群体中随机选取个体通过交叉和变异生成 $\lambda (\geqslant \mu)$ 个后代,然后再从这些后代中选取 $\mu$ 个最优的后代作为新一代种群。

$\mu + \lambda$ 选择则是从这些后代与其父体共 $\mu + \lambda$ 中选取 $\mu$ 个最优的后代。

（4）Boltzmann 锦标赛选择

首先在种群中随机选取两个个体 $x_1, x_2$,若 $|f(x_1) - f(x_2)| \geqslant \theta$ 则选择适应值好的作为胜者,否则计算概率 $p = \exp[-|f(x_1) - f(x_2)|/T]$,若 $p > \text{random}[0,1)$,选择差解,否则选择好解。这里,$\text{random}[0,1)$ 表示区间 $[0,1)$ 上的一个均匀随机数,$\theta, T$ 是两个控制参数。$\theta$ 称为阈值,是一个常数,而 $T$ 则类似模拟退火算法中的温度,它随着演化的推进逐渐减小。

该算法的缺点是对具体的问题如何选择 $T$ 及 $\theta$ 的冷却进度,才能取得较好的结果,是一个比较难的问题。

（5）最佳个体保存方法

最佳个体保存方法或称为精英选拔方法(elitist model)是把群体中适应度最高的一个或者多个个体不进行交叉而直接复制到下一代中,保证遗传算法终止时得到的最后结果一定是历代出现过的最高适应度的个体。使用这种方法能够明显提高遗传算法的收敛速度,但可能使种群过快收敛,从而只找到局部最优解。实验结果表明:保留种群个体总数的 2%~5% 的适应度最高的个体,效果最理想。

在使用其他选择方法时,一般都同时使用最佳个体保存方法,以保证不会丢失最优个体。

### 6.2.7　交叉

遗传算法中起核心作用的是交叉算子,也称为基因重组(recombination)。交叉操作是对经过选择操作的两个个体进行的。采用的交叉方法应能够使父串的特征遗传给子串。子串应能够部分或者全部地继承父串的结构特征和有效基因。

#### 1. 基本的交叉算子

(1) 一点交叉

一点交叉(single-point crossover)又称为简单交叉。其具体操作是:在个体串中随机设定一个交叉点,实行交叉时,该点前或后的两个个体的部分结构进行互换,并生成两个新的个体。

(2) 二点交叉

二点交叉(two-point crossover)的操作与一点交叉类似,只是设置了两个交叉点(仍然是随机设定),将两个交叉点之间的码串相互交换。

类似于二点交叉,可以采用多点交叉(multiple-point crossover)。

(3) 均匀交叉

均匀交叉(uniform crossover)或一致交叉是按照均匀概率抽取一些位,每一位是否被选取都是随机的,并且独立于其他位。然后将两个个体被抽取位互换组成两个新个体。

基本的交叉算子还有洗牌交叉(shuffle crossover)、缩小代理交叉(crossover with reduced surrogate)等。

下面从模式角度分析点式交叉和均匀交叉算子的优缺点:

(1) 由于点式交叉破坏模式的概率小,从而在搜索过程中能以较大的概率保护好的模式,但它能搜索到的模式数也较小。这样,在群体规模较小时,其搜索能力将受到一定的影响。

(2) 由于均匀交叉在交换位时并不考虑其所在的位置,破坏模式的概率较大。但它能搜索到一些点式交叉无法搜索到的模式。因此,当群体规模较小时,使用均匀交叉比较合适,而当规模较大时,群体内在的多样性使得没有必要搜索更多的模式,可使用点式交叉以加快收敛的速度。

#### 2. 修正的交叉方法

由于交叉,可能出现不满足约束条件的非法染色体。为解决这一问题,可以采取构造惩罚函数的方法,但试验效果不佳,使本已复杂的问题更加复杂。另一种处理方法是对交叉、变异等遗传操作进行适当的修正,使其满足优化问题的约束条件。例如,在 TSP 问题中采用部分匹配交叉(partially matched crossover,PMX),顺序交叉(order crossover,OX)和循环交叉(cycle crossover,CX)等。这些方法对于其他一些问题也同样适用。

(1) 部分匹配交叉 PMX

PMX 是由 Goldberg D. E. 和 R. Lingle(1985)提出的。在 PMX 操作中,先依据均匀随机分布产生两个位串交叉点,定义这两点之间的区域为一匹配区域,并使用位置交换操作交换两个父串的匹配区域。例如,在任务排序问题中,两父串及匹配区域为

$$A = 9 \quad 8 \quad 4 \mid 5 \quad 6 \quad 7 \mid 1 \quad 3 \quad 2$$
$$B = 8 \quad 7 \quad 1 \mid 2 \quad 3 \quad 9 \mid 5 \quad 4 \quad 6$$

首先交换 $A$ 和 $B$ 的两个匹配区域，得到

$$A' = 9 \ 8 \ 4 \ | \ 2 \ 3 \ 9 \ | \ 1 \ 3 \ 2$$
$$B' = 8 \ 7 \ 1 \ | \ 5 \ 6 \ 7 \ | \ 5 \ 4 \ 6$$

显然，$A'$ 和 $B'$ 中出现重复的任务，所以是非法的调度。解决的方法是将 $A'$ 和 $B'$ 中匹配区域外出现的重复任务，按照匹配区域内的位置映射关系进行交换，从而使排列成为可行调度。

$$A'' = 7 \ 8 \ 4 \ | \ 2 \ 3 \ 9 \ | \ 1 \ 6 \ 5$$
$$B'' = 8 \ 9 \ 1 \ | \ 5 \ 6 \ 7 \ | \ 2 \ 4 \ 3$$

（2）顺序交叉 OX

与 PMX 相似，Davis L.（1985）提出了一种 OX 法。在 $A$、$B$ 中选择匹配区域，然后根据匹配区域的映射关系，在其区域外的相应位置标记 $H$，得到

$$A' = H \ 8 \ 4 \ | \ 5 \ 6 \ 7 \ | \ 1 \ H \ H$$
$$B' = 8 \ H \ 1 \ | \ 2 \ 3 \ 9 \ | \ H \ 4 \ H$$

再移动匹配区至起点位置，且在其后预留相等于匹配区域的空间（$H$ 数目），然后将其余的码按其相对次序排列在预留区后面，得到

$$A'' = 5 \ 6 \ 7 \ | \ H \ H \ H \ | \ 1 \ 8 \ 4$$
$$B'' = 2 \ 3 \ 9 \ | \ H \ H \ H \ | \ 4 \ 8 \ 1$$

最后将父串 $A$、$B$ 的匹配区域相互交换，并放置到 $A''$、$B''$ 的预留区内，即可得到两个子代：

$$A''' = 5 \ 6 \ 7 \ | \ 2 \ 3 \ 9 \ | \ 1 \ 8 \ 4$$
$$B''' = 2 \ 3 \ 9 \ | \ 5 \ 6 \ 7 \ | \ 4 \ 8 \ 1$$

（3）循环交叉 CX

Smith D.（1985）提出的 CX 方法与 PMX 方法和 OX 方法有不同之处。CX 是以父串的特征作为参考，使 TSP 问题中每个城市在约束条件下进行重组。

采用较大的交叉概率 $P_c$ 可以增强遗传算法开辟新的搜索区域的能力，但高性能模式遭到破坏的可能性增加。采用太低的交叉概率会使搜索陷入迟钝状态。$P_c$ 一般取为 $0.25 \sim 1.00$。

### 3. 实数编码的交叉方法

对于实数编码，可以采用下列交叉方法。

（1）离散交叉

离散交叉（discrete crossover）分为部分离散交叉和整体离散交叉。

部分离散交叉是在父解向量中选择一部分分量（如一个分量或从某分量以后的所有分量），然后交换这些分量，这相当于二进制的点式交叉。

整体离散交叉则以 0.5 的概率交换父体 $s_1$ 与 $s_2$ 的所有分量，这有点像二进制编码的均匀性交叉，通过生成模板的形式来实现。

（2）算术交叉

算术交叉（arithmetical crossover）可分为部分算术交叉和整体算术交叉。

部分算术交叉是先在父解向量中选择一部分分量，如第 $k$ 个分量以后的所有分量，然后生成 $n-k$ 个 $[0,1]$ 区间的随机数，并将两个后代定义为

$$s_z = (v_1^{(1)}, \cdots, v_k^{(1)}, a_{k+1}v_{k+1}^{(1)} + (1-a_{k+1})v_{k+1}^{(2)}, \cdots, a_n v_n^{(1)} + (1-a_n)v_n^{(2)})$$
$$s_w = (v_1^{(2)}, \cdots, v_k^{(2)}, a_{k+1}v_{k+1}^{(2)} + (1-a_{k+1})v_{k+1}^{(1)}, \cdots, a_n v_n^{(2)} + (1-a_n)v_n^{(1)}) \tag{6.15}$$

这里,可取 $a_{k+1} = \cdots = a_n$,从而只需生成一个随机数。

整体算术交叉是先生成 $n$ 个区间的随机数,则后代分别定义为

$$z_i = a_i v_i^{(1)} + (1-a_i) v_i^{(2)} = v_i^{(2)} + a_i (v_i^{(1)} - v_i^{(2)})$$
$$w_i = a_i v_i^{(2)} + (1-a_i) v_i^{(1)} = v_i^{(1)} + a_i (v_i^{(2)} - v_i^{(1)}) \tag{6.16}$$

这里同样可取 $a_1 = a_2 = \cdots = a_n$。

## 6.2.8 变异

变异的主要目的是维持群体的多样性,为选择、交叉过程中可能丢失的某些遗传基因进行修复和补充。变异算子的基本内容是对群体中的个体串的某些基因座上的基因值作变动。变异操作是按位进行的,即把某一位的内容进行变异。主要变异方法如下。

### 1. 整数编码的变异方法

（1）位点变异

位点变异是指对群体中的个体码串,随机挑选一个或多个基因座,并对这些基因座的基因值以变异概率 $P_m$ 作变动。为了消除非法性,将其他基因所在的基因座上的基因变为被选择的基因。对于二进制编码的个体来说,若某位原为 0,则通过变异操作就变成了 1,反之亦然。对于整数编码,将被选择的基因变为以概率选择的其他基因。

（2）逆转变异

在个体码串中随机选择两点（称为逆转点）,然后将两个逆转点之间的基因值以逆向排序插入到原位置中。

（3）插入变异

在个体码串中随机选择一个码,然后将此码插入随机选择的插入点中间。

（4）互换变异

随机选取染色体的两个基因进行简单互换。

（5）移动变异

随机选取一个基因,向左或者向右移动一个随机位数。

（6）自适应变异

与位点变异的操作内容类似,唯一不同的是变异概率 $P_m$ 不是固定不变,而是随群体中个体的多样性程度而自适应调整。

在遗传算法中,变异属于辅助性的搜索操作。变异概率 $P_m$ 一般不能大,以防止群体中重要的、单一的基因被丢失。事实上,变异概率太大将使遗传算法趋于纯粹的随机搜索。通常取变异概率 $P_m$ 为 0.001 左右。

### 2. 实数编码的变异方法

对于实数编码,可以采用下列变异方法。

（1）均匀性变异

设 $s = (v_1, v_2, \cdots, v_k, \cdots, v_n)$ 是父解,$s' = (v_1, v_2, \cdots, v_k', \cdots, v_n)$ 是变异产生的后代。均匀性变异则是先在父解向量中随机地选择一个分量,假设是第 $k$ 个,然后在区间 $[a_k, b_k]$ 中以均匀概率随机选择一个数 $v_k'$ 代替 $v_k$ 以得到 $s'$,即

$$s' = \begin{cases} v_i, & i \neq k \\ v'_k, & i = k \end{cases} \tag{6.17}$$

也可以先确定一些较小的区间 $[-A_i, A_i]$，$i = 1, 2, \cdots, n$，对 $v_k$ 变异时，均匀随机地在 $[-A_i, A_i]$ 中取一个数 $y$，并令 $v'_k = v_k + y$。这里 $A_i$ 称为变异域，一般取区间 $[a_i, b_i]$ 长度的某个百分比，如取 $A_i = 0.1(b_i - a_i)$。

（2）正态性变异

设群体中的一个个体由一个解向量 $s = (v_1, v_2, \cdots, v_n)$ 和一个摄动向量 $\sigma = (\sigma_1, \sigma_2, \cdots, \sigma_n)$ 组成。这个摄动向量是变异解向量的控制参数，并且它自己也要不断进行变异。假设 $(s, \sigma)$ 是被选个体，正态性变异（normal distributed mutation）按下式变异获得新个体 $(s', \sigma')$：

$$\sigma'_i = \sigma_i \exp(N_i(0, \Delta\sigma)) \tag{6.18}$$

$$v'_i = v_i + N(0, \sigma'_i), \qquad i = 1, 2, \cdots, n$$

式中，$\Delta\sigma \in R$ 称为二级步长控制参数；$N_i(0, \Delta\sigma)$ 是相互独立的均值为 0、方差为 $\Delta\sigma$、符合正态分布的随机数。在进行解向量 $s$ 的变异之前，首先要对标准差进行变异。

（3）非一致性变异

在传统的遗传算法中，算子的作用与代数没有直接关系。因此，当算法演化到一定代数以后，由于缺乏局部搜索，传统的遗传算子将很难获得好的收益。基于上述原因，Z. Michalewicz 首先提出将变异算子的结果与演化代数联系起来。在演化初期，变异范围相对较大，而随着演化的推进，变异范围越来越小，起着一种对演化系统的微调作用。其算法如下：

设 $s = (v_1, v_2, \cdots, v_k, \cdots, v_n)$ 是一个父解，分量 $v_k$ 被选择进行变异，其定义区间是 $[a_k, b_k]$，则变异后的解为 $s' = (v_1, v_2, \cdots, v_{k-1}, v'_k, \cdots, v_n)$，其中

$$v'_k = \begin{cases} v_k + \Delta(t, b_k - v_k) & \text{rnd}(2) = 0 \\ v_k + \Delta(t, b_k - a_k) & \text{rnd}(2) = 1 \end{cases} \tag{6.19}$$

式中，$\text{rnd}(2)$ 表示将随机均匀地产生的正整数模 2 所得的结果；$t$ 为当前演化代数；而函数 $\Delta(t, y)$ 的值域为 $[0, y]$，并使得当 $t$ 增大时，$\Delta(t, y)$ 接近于 0 的概率增加，即 $t$ 的值越大，$\Delta(t, y)$ 取值接近于 0 的值可能性越大，从而使得算法在演化初期能搜索到较大范围，而在后期主要是局部搜索。$\Delta(t, y)$ 函数的具体表达式可取为

$$\Delta(t, y) = y(1 - r^{(1-t/T)^\lambda}) \tag{6.20}$$

式中，$r$ 是 $[0, 1]$ 上的一个随机数；$T$ 表示最大代数；$\lambda$ 是决定非一致性程度的一个参数，它起着调整局部搜索区域的作用，其取值一般为 2 到 5。

（4）自适应变异

尽管非一致性变异加强了算法的局部搜索能力，但局部搜索的范围只与演化代数有关，而与解的质量无关。无论解的质量好或者坏，其搜索范围都是相同的。更为合理的算法应该使适应值大的个体在较小的范围内搜索，而适应值小的个体在较大范围内搜索。基于此，首先引入解的变异温度的概念，定义如下：

设 $s = (v_1, v_2, \cdots, v_n)$ 是解空间的一个向量，$f(s)$ 是它的适应值，$f_{\max}$ 是所解问题的最大适应值，则其变异温度可定义为

$$T = 1 - \frac{f(s)}{f_{\max}} \tag{6.21}$$

由于很多问题是很难确定的,可用当前群体中的最大适应值作为 $f_{\max}$。

自适应变异方式与非一致性变异算子相同,只是将其中的演化代数 $t$ 改为 $T$,函数表达式变为

$$\Delta(T, y) = y(1 - r^{T^\lambda}) \tag{6.22}$$

### 6.2.9　模式定理

在对遗传算法进行分析时,常常还有用到模式(schemata)定理。模式是一个描述字符串集的模板,该字符串集中的串在某些位置上存在相似性。不失一般性,考虑二值字符集 $\{0,1\}$,由此可以产生通常的 0,1 字符串。若我们用 $*$ 表示一个通配符,即在该位置既可取 0 又可取 1,则空间 $V^l = \{0,1,*\}^l$ 表示所有的模式全体,出现在模式中取确定值位置的数目称为模式 $H$ 的阶,记为 $o(H)$,模式中第一个取确定值位置与最后一个取确定值位置之间的距离称为模式的定义长度,记为 $\delta(H)$。

#### 1. 选择操作对模式的作用

假设在第 $t$ 代,群体 $A(t)$ 中模式 $H$ 所能匹配的样本数为 $m$,记作 $m(H,t)$。在选择中,一个串是根据其适应度进行复制的,如以概率 $p_i = f_i / \sum f_j$ 进行选择,其中 $f_i$ 是个体 $A_i(t)$ 的适应度。假设一代中群体大小(群体中个体的总数)为 $n$,且个体两两互不相同,则模式 $H$ 在第 $t+1$ 代中的样本数 $m(H,t+1)$ 为

$$m(H,t+1) = m(H,t) \frac{n f(H)}{\sum f_j} \tag{6.23a}$$

其中,$f(H)$ 是模式 $H$ 所有样本的平均适应度。令群体平均适应度为 $\bar{f} = \sum f_i / n$,则有

$$m(H,t+1) = m(H,t) \frac{f(H)}{\bar{f}} \tag{6.23b}$$

可见,模式的增长(减少),即样本数的增加(减少),依赖于模式的平均适应度与群体平均适应度之比:那些平均适应度高于群体平均适应度的模式将在下一代中得以增长;而那些平均适应度低于群体平均适应度的模式将在下一代中减少。

现在,假定模式 $H$ 的平均适应度一直高于群体平均适应度,且设高出部分为 $c\bar{f}$,$c$ 为常数,则有

$$m(H,t+1) = m(H,t) \cdot (\bar{f} + c\bar{f}) / \bar{f} = m(H,t) \cdot (1+c) \tag{6.24a}$$

假设从 $t=0$ 开始,$c$ 保持为常值,则由式(6.24a)得

$$m(H,t+1) = m(H,0)(1+c)^{t+1} \tag{6.24b}$$

可见,在选择作用下,平均适应度高于群体平均适应度的模式将呈指数级增长;而平均适应度低于群体平均适应度的模式将呈指数级减少。

#### 2. 交叉操作对模式的作用

模式 $H$ 只有当交叉点落在定义距之外才能生存。在简单交叉(单点交叉)下的 $H$ 的生存概率 $P_s = 1 - \delta(H)/(l-1)$。而交叉本身也是以一定的概率 $P_c$ 发生的,所以模式 $H$ 的生存概率为

$$P_s = 1 - P_c \cdot \delta(H)/(l-1) \tag{6.25}$$

现在考虑先前暂且忽略的可能性,即交叉发生在定义距内,模式 $H$ 不被破坏的可能性。式(6.25)给出的生存概率只是一个下界,即有

$$P_s \geqslant 1 - P_c \delta(H)/(l-1) \tag{6.26}$$

式(6.26)描述了模式在交叉算子作用下的生存概率。现在考虑模式 $H$ 在选择和交叉算子的共同作用下的变化。参照式(6.25)和式(6.26),则有

$$m(H,t+1) \geqslant m(H,t) \cdot (f(H)/\bar{f}) \cdot [1 - P_c \delta(H)/(l-1)] \tag{6.27}$$

由式(6.27)可以看出,在选择和交叉算子的共同作用下,模式的增长(减少)取决于两个因素:

① 模式的平均适应度是否高于群体平均适应度;

② 模式是否具有较短的定义距。

显然,那些平均适应度高于群体平均适应度、具有较短定义距的模式将呈指数级增长。

### 3. 变异操作对模式的作用

假定串的某一位置发生改变的概率为 $P_m$,则该位置不变的概率为 $1-P_m$,而模式 $H$ 在变异算子作用下若要不受破坏,则其中所有的确定位置必须保持不变。因此模式 $H$ 保持不变的概率为 $(1-P_m)^{O(H)}$,其中 $O(H)$ 为模式 $H$ 的阶数。当 $P_m \ll 1$ 时,模式 $H$ 在变异算子作用下的生存概率为

$$P_s = (1-P_m)^{O(H)} \approx 1 - O(H) \cdot P_m \tag{6.28}$$

综上所述,模式 $H$ 在遗传算子选择、交叉和变异的共同作用下,其子代的样本数为

$$m(H,t+1) \geqslant m(H,t) \cdot (f(H)/\bar{f}) \cdot [1 - P_c \cdot \delta(H)/(l-1) - O(H) \cdot P_m] \tag{6.29}$$

式(6.29)忽略了极小项 $(P_c \cdot \delta(H)/(l-1) \cdot O(H) \cdot P_m)$。

由式(6.29),可以得到以下模式定理:

模式定理:在遗传算子选择、交叉和变异的作用下,具有低阶、短定义距以及平均适应度高于群体平均适应度的模式在子代中将得以指数级增长。

## 6.2.10　遗传算法的一般步骤

综上所述,遗传算法步骤如下:

步骤1　使用随机方法或者其他方法,产生一个有 $N$ 个染色体的初始群体 $pop(1)$, $t := 1$;

步骤2　对群体 $pop(t)$ 中的每一个染色体 $pop_i(t)$,计算它的适应值

$$f_i = fitness(pop_i(t))$$

步骤3　若满足停止条件,则算法停止;否则,以概率

$$p_i = f_i / \sum_{j=1}^{N} f_j$$

从 $pop(t)$ 中随机选择一些染色体构成一个新种群

$$newpop(t+1) = \{pop_j(t) \mid j = 1, 2, \cdots, N\}$$

步骤4　以概率 $P_c$ 进行交叉产生一些新的染色体,得到一个新的群体

$$crosspop(t+1)$$

步骤5　以一个较小的概率 $P_m$ 使染色体的一个基因发生变异,形成 $mutpop(t+1)$; $t := t+1$,成为一个新的群体 $pop(t) = mutpop(t+1)$;返回 Step 2。

遗传算法的基本流程如图 6.2 所示。

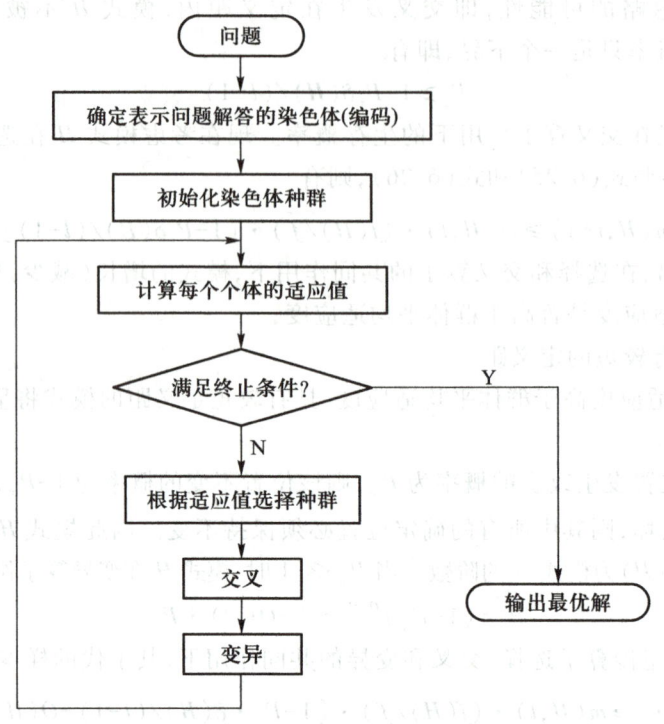

图 6.2    遗传算法的基本流程

## 6.2.11    遗传算法的特点

遗传算法比起其他普通的优化搜索,采用了许多独特的方法和技术。归纳起来,主要有以下几个方面:

① 遗传算法的编码操作使得它可以直接对结构对象进行操作。所谓结构对象泛指集合、序列、矩阵、树、图、链和表等各种一维、二维甚至三维结构形式的对象。因此,遗传算法具有非常广泛的应用领域。

② 遗传算法是一个利用随机技术来指导对一个被编码的参数空间进行高效率搜索的方法,而不是无方向的随机搜索。这与其他随机搜索是不同的。

③ 许多传统搜索方法都是单解搜索算法,即通过一些变动规则,将问题的解从搜索空间中的当前解移到另一解。对于多峰分布的搜索空间,这种点对点的搜索方法常常会陷于局部的某个单峰的优解。而遗传算法采用群体搜索策略,即采用同时处理群体中多个个体的方法,同时对搜索空间中的多个解进行评估,从而使遗传算法具有较好的全局搜索性能,减少了陷于局部优解的风险。同时,遗传算法本身也十分易于并行化。

④ 在基本遗传算法中,基本上不用搜索空间的知识或其他辅助信息,而仅用适应度函数值来评估个体,并在此基础上进行遗传操作,使种群中个体之间进行信息交换。特别是遗传算法的适应度函数不仅不受连续可微的约束,而且其定义域也可以任意设定。对适应度函数的唯一要求是能够算出可以比较的正值。遗传算法的这一特点使它的应用范围大大扩展,非常适合于传统优化方法难以解决的复杂优化问题。

## 6.3 遗传算法的改进算法

为了改进遗传算法的优化性能,人们提出了许多改进算法。下面介绍几种主要的改进算法。

双倍体遗传算法
讲课视频▲

### 6.3.1 双倍体遗传算法

#### 1. 基本思想

Holland 提出的遗传算法通常被称为基本遗传算法(simple genetic algorithms,SGA)。SGA 是一种"单倍体遗传",每个基因型由一条染色体组成。自然界中一些简单的植物采用这种遗传,而大多数动物和高级植物都采用双倍体遗传,即每个基因型由一对染色体组成。

双倍体遗传算法(double chromosomes genetic algorithm,DCGA)采用显性和隐性两个染色体同时进行进化。因此,双倍体遗传算法提供了一种记忆以前有用的基因块的功能:在某些低适应度染色体中,其局部基因块十分有用,是最优解中的基因片段,但由于基因块在当前染色体中的位置不适等因素,导致当前染色体的适应度值不高。保留这些基因块,有利于提高物种的适应能力。

双倍体遗传算法采用显性遗传,如图 6.3 所示。当一对染色体对应的基因块不同时,显性基因遗传给后代,图中大写字母为显性遗传。

Parent1　AbCDe　　　　Offspring
　　　　　　　　　→　　ABCDe
Parent2　ABcDe　→

图 6.3　显性遗传

这种双倍体遗传延长了有用基因块的寿命,提高了算法的收敛能力,并且在变异概率低的情况下,也能保持一定水平的多样性。戈德伯格(Goldberg)用动态背包问题(knapsack problem)进行了比较研究,实验表明双倍体比单倍体的动态跟踪能力强。

#### 2. 双倍体遗传算法的设计

(1) 编码/解码

对于双倍体遗传算法,群体中的每个个体具有两个染色体,一个是显性染色体,一个是隐性染色体。显性染色体、隐性染色体的编码/解码方式与基本遗传算法相同。

(2) 复制算子

当进行复制操作时,计算显性染色体的适应度,按照显性染色体的复制概率将个体复制到下一代群体当中。

(3) 交叉算子

对于交叉操作,从群体中选取两个个体,两个个体的显性染色体进行交叉操作,隐性染色体也同时进行交叉操作。显性交叉率和隐性交叉率可以不同,为了工程实现方便也可将显性交叉率和隐性交叉率设为相同,然后进入下一代群体。

(4) 变异算子

对于变异操作,个体的显性染色体按照正常的变异概率 $P_m$ 执行变异操作;而个体的隐性染色体则按照较大的变异概率执行变异操作,例如按 $\min(2P_m,1)$ 概率变异。

(5) 双倍体遗传算法显隐性重排算子

当三个遗传算子都执行完成以后,将个体的染色体显隐性进行重新排定,个体中适应值较大的染色体设定为显性染色体,适应值较小的染色体设定为隐性染色体。

双倍体遗传算法程序流程如图 6.4 所示。

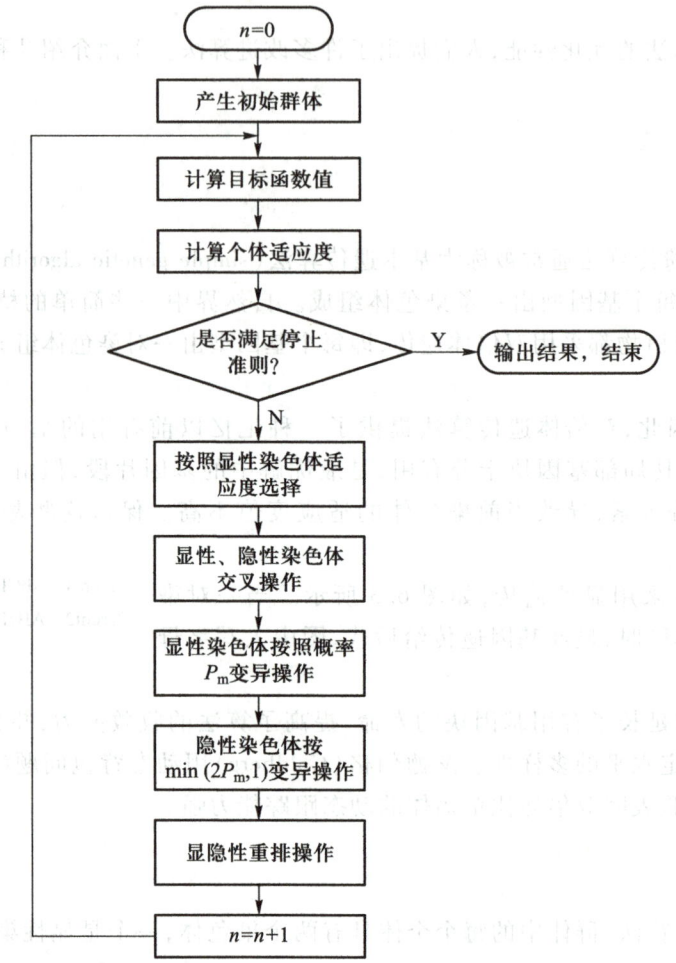

图 6.4    双倍体遗传算法程序流程图

## 6.3.2    双种群遗传算法

### 1. 基本思想

双种群遗传算法
讲课视频 ▲

基本遗传算法针对一个宏观的种群进行复制、交叉、变异三种操作,类似于人类进化过程,一群人随着时间的推移而不断地进化,并具备越来越多的优良品质。然而由于他们的生长、演化、环境和原始祖先的局限性,经过相当长的时间后,他们将逐渐进化到某些特征相对优势的状态,称之为平衡态。当一个种群进化到这种状态,这个种群的特性就不会再有很大的变化。为了解决这个问题,可以在遗传算法中使用多种群同时进化,并交换种群之间优秀个体所携带的遗传信息,以打破种群内的平衡态达到更高的平衡态,有利于算法跳出局部最优。就本质而言,多种群遗传算法是一种并行算法,可以提高算法的效率。

下面介绍双种群遗传算法(double populations genetic algorithm,DPGA)。

### 2. 双种群遗传算法的设计

建立两个遗传算法群体,分别独立地运行复制、交叉、变异操作,同时当每一代运行结束以后,选择两个种群中的随机个体及最优个体分别交换。

(1)编码/解码设计

编码/解码方法与基本遗传算法相同。

(2)交叉算子、变异算子

两个种群分别进行选择、交叉、变异等操作,且交叉概率、变异概率不同。

(3)杂交算子

设种群 A 与种群 B,当 A 与 B 种群都完成了选择、交叉、变异算子后,产生一个随机数 num,随机选择 A 中 num 个个体与 A 中最优个体,随机选择 B 中 num 个个体与 B 中最优个体,交换两者,以打破平衡态。

双种群遗传算法程序流程图如图 6.5 所示。

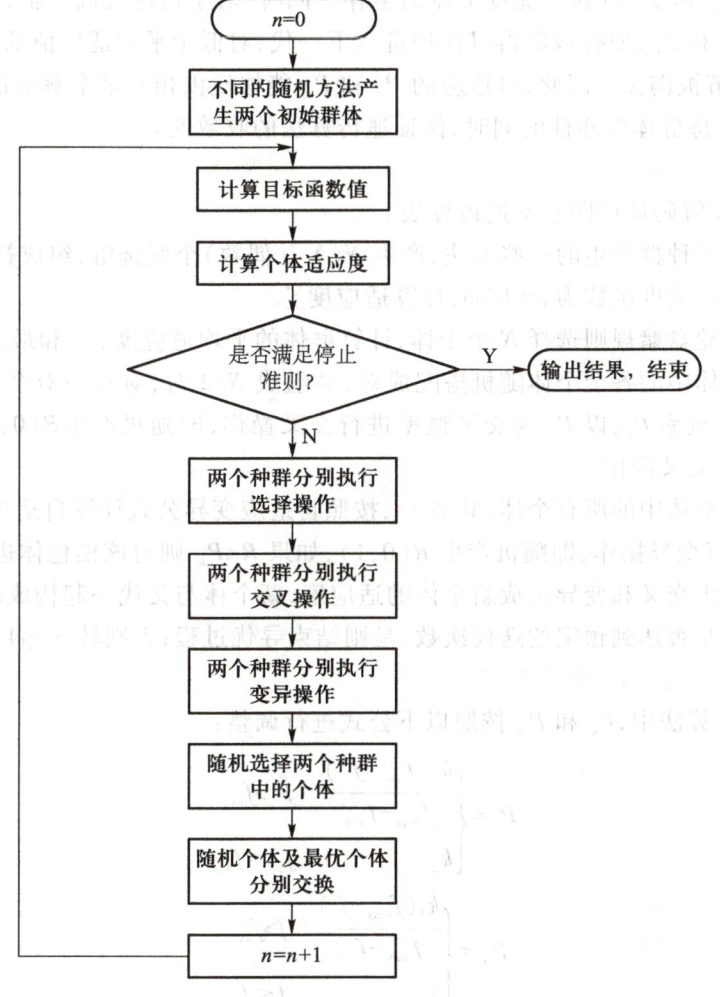

图 6.5 双种群遗传算法程序流程图

### 6.3.3  自适应遗传算法

#### 1. 基本思想

遗传算法的交叉概率 $P_c$ 和变异概率 $P_m$ 是影响遗传算法行为和性能的关键参数，直接影响算法的收敛性。$P_c$ 越大，新个体产生的速度就越快；然而，$P_c$ 过大时遗传模式被破坏的可能性也越大，使得具有高适应度的个体结构很快被破坏；但是如果 $P_c$ 过小，会使搜索过程缓慢，以至停滞不前。对于变异概率 $P_m$，如果 $P_m$ 过小，就不易产生新的个体结构；如果 $P_m$ 取值过大，则遗传算法变成了纯粹的随机搜索算法。针对不同的优化问题，需要反复实验来确定 $P_c$ 和 $P_m$。这是一件烦琐的工作，而且很难找到适应每个问题的最佳值。

Srinivas M，Patnaik L M 等在 1994 年提出一种自适应遗传算法（adaptive genetic algorithms，AGA）。自适应遗传算法使交叉概率 $P_c$ 和变异概率 $P_m$ 能够随适应度自动改变。当种群各个体适应度趋于一致或者趋于局部最优时，使 $P_c$ 和 $P_m$ 增加，以跳出局部最优；而当群体适应度比较分散时，使 $P_c$ 和 $P_m$ 减少，以利于优良个体的生存。同时，对于适应度高于群体平均适应值的个体，选择较低的 $P_c$ 和 $P_m$，使得该解得以保护进入下一代；对低于平均适应值的个体，选择较高的 $P_c$ 和 $P_m$ 值，使该解被淘汰。因此，自适应的 $P_c$ 和 $P_m$ 能够提供相对某个解的最佳 $P_c$ 和 $P_m$。自适应遗传算法在保持群体多样性的同时，保证遗传算法的收敛性。

#### 2. 自适应遗传算法的步骤

步骤1  编码/解码设计同基本遗传算法。

步骤2  用初始种群产生的一些方法，产生 $N$（$N$ 是偶数）个候选解，组成初始解集。

步骤3  定义适应度函数为 $f=1/ob$，计算适应度 $f_i$。

步骤4  按照轮盘赌规则选择 $N$ 个个体，计算群体的平均适应度 $f_{avg}$ 和最大适应度 $f_{max}$。

步骤5  将群体中的各个个体随机搭配成对，共组成 $N/2$ 对，对每一对个体，按照自适应公式计算自适应交叉概率 $P_c$，以 $P_c$ 为交叉概率进行交叉操作，即随机产生 $R(0,1)$，如果 $R<P_c$ 则对该对染色体进行交叉操作。

步骤6  对于群体中的所有个体，共 $N$ 个，按照自适应变异公式计算自适应变异概率 $P_m$，以 $P_m$ 为变异概率进行变异操作，即随机产生 $R(0,1)$，如果 $R<P_m$ 则对该染色体进行变异操作。

步骤7  计算由交叉和变异生成新个体的适应度，新个体与父代一起构成新群体。

步骤8  判断是否达到预定的迭代次数，是则结束寻优过程；否则转 Step4。

#### 3. 自适应的交叉概率与变异概率

在自适应遗传算法中，$P_c$ 和 $P_m$ 按照以下公式进行调整：

$$P_c = \begin{cases} \dfrac{k_1(f_{max}-f')}{f_{max}-f_{avg}} & f'>f_{avg} \\ k_2 & f'\leqslant f_{avg} \end{cases} \tag{6.30a}$$

$$P_m = \begin{cases} \dfrac{k_3(f_{max}-f)}{f_{max}-f_{avg}} & f>f_{avg} \\ k_4 & f\leqslant f_{avg} \end{cases} \tag{6.30b}$$

式中，$f_{max}$ 是群体中最大的适应度值；$f_{avg}$ 是每代群体的平均适应度值；$f'$ 是要交叉的两个个体中较大的适应度值；$f$ 是要变异的个体的适应度值。$k_1, k_2, k_3, k_4$ 是 $(0,1)$ 之间的常数。

普通自适应算法中，当个体适应度值越接近最大适应度值时，交叉概率与变异概率就越小；当等于最大适应度值时，交叉概率和变异概率为零。这种调整方法对于群体处于进化后期比较合适，但对处于进化初期不利，因为进化初期群体中的较优个体（尤其是适应度值接近群体最大适应度值的个体）几乎处于一种不发生变化的状态。这增加了进化走向局部最优的可能性。因此，应该做进一步的改进，如式（6.31）所示，当 $f'=f_{max}$，$P_c = P_{c2} > 0$；当 $f = f_{max}$，$P_m = P_{m2} > 0$，于是，群体中的较优个体相对于普通自适应遗传算法，拥有更高的交叉概率与变异概率。同时，为了保证每一代的最优个体不被破坏，采用最优保存策略，将其直接复制到下一代中。

改进后的交叉概率、变异概率计算公式为

$$P_c = \begin{cases} P_{c1} - \dfrac{(P_{c1}-P_{c2})(f'-f_{avg})}{f_{max}-f_{avg}} & f' > f_{avg} \\ P_{c1} & f' \leqslant f_{avg} \end{cases} \tag{6.31a}$$

$$P_m = \begin{cases} P_{m1} - \dfrac{(P_{m1}-P_{m2})(f-f_{avg})}{f_{max}-f_{avg}} & f > f_{avg} \\ P_{m1} & f \leqslant f_{avg} \end{cases} \tag{6.31b}$$

一般取 $P_{c1} = 0.9$；$P_{c2} = 0.6$；$P_{m1} = 0.1$；$P_{m2} = 0.001$。

这里将其命名为 F-自适应方法。

根据上述的思想：当前代的最优个体不被破坏，仍然保留（最优保存策略）；但较优个体要对应于更高的交叉概率与变异概率。下面给出改进的自适应方法（由于采用了正弦函数，命名为 S-自适应方法）。$P_c$、$P_m$ 计算公式如下：

S-自适应方法交叉概率、变异概率计算公式为

$$P_c = \begin{cases} k_1 \sin\left(\dfrac{\pi}{2} \dfrac{f_{max}-f'}{f_{max}-f_{avg}}\right) & f' > f_{avg} \\ k_2 & f' \leqslant f_{avg} \end{cases} \tag{6.32a}$$

$$P_m = \begin{cases} k_3 \sin\left(\dfrac{\pi}{2} \dfrac{f_{max}-f}{f_{max}-f_{avg}}\right) & f > f_{avg} \\ k_4 & f \leqslant f_{avg} \end{cases} \tag{6.32b}$$

取 $k_1 = 1.0$；$k_2 = 1.0$；$k_3 = 0.5$；$k_4 = 0.5$。

下面给出另一种自适应方法（由于采用了余弦函数，命名为 C-自适应方法）。

C-自适应方法交叉概率、变异概率计算公式为

$$P_c = \begin{cases} 1 - k_1 \cos\left(\dfrac{\pi}{2} \dfrac{f_{max}-f'}{f_{max}-f_{avg}}\right) & f' > f_{avg} \\ k_2 & f' \leqslant f_{avg} \end{cases} \tag{6.33a}$$

$$P_m = \begin{cases} 1 - k_3 \cos\left(\dfrac{\pi}{2} \dfrac{f_{max}-f}{f_{max}-f_{avg}}\right) & f > f_{avg} \\ k_4 & f \leqslant f_{avg} \end{cases} \tag{6.33b}$$

取 $k_1 = 1.0$；$k_2 = 1.0$；$k_3 = 0.5$；$k_4 = 0.5$。

## 6.4    基于遗传算法的生产调度方法

基于遗传算法的
生产调度方法讲
课视频▲

由于生产调度问题的解容易进行编码，而且，遗传算法可以处理大规模问题，所以，遗传算法成为求解生产调度问题的重要方法。

### 6.4.1    基于遗传算法的流水车间调度方法

#### 1. 流水车间调度问题

流水车间调度问题（flow-shop scheduling problem，FSP）是与城市不对称情况下的旅行商问题难度相当的同一类型的 NP 完全问题中最困难的问题之一。自从 Johnson 1954 年发表第一篇关于 FSP 的文章以来，FSP 引起了许多学者的关注。整数规划和分支定界法是寻求最优解的常用方法，但 FSP 是 NP 完全问题，对于一些大规模甚至中等规模的问题，整数规划和分支定界方法仍是很困难的。在多数情况下很难用数学方法求解生产调度问题，数学计算和智能算法的结合往往是有效的。

FSP 一般可以描述为 $n$ 个工件要在 $m$ 台机器上加工，每个工件需要经过 $m$ 道工序，每道工序要求不同的机器，$n$ 个工件在 $m$ 台机器上的加工顺序相同。工件在机器上的加工时间是给定的，设为 $t_{ij}(i=1,\cdots,n;j=1,\cdots,m)$。问题的目标是确定 $n$ 个工件在每台机器上的最优加工顺序，使最大流程时间达到最小。

对该问题常常做如下假设：

① 每个工件在机器上的加工顺序是给定的。

② 每台机器同时只能加工一个工件。

③ 一个工件不能同时在不同的机器上加工。

④ 工序不能预定。

⑤ 工序的准备时间与顺序无关，且包含在加工时间中。

⑥ 工件在每台机器上的加工顺序相同，且是确定的。

令 $c(j_i,k)$ 表示工件 $j_i$ 在机器 $k$ 上的加工完工时间，$\{j_1,j_2,\cdots,j_n\}$ 表示工件的调度，那么，对于无限中间存储方式，$n$ 个工件、$m$ 台机器的流水车间调度问题的完工时间可表示为

$$
\begin{aligned}
&c(j_1,1) = t_{j_1 1}\\
&c(j_1,k) = c(j_1,k-1) + t_{j_1 k}  \quad k=2,\cdots,m\\
&c(j_i,1) = c(j_{i-1},1) + t_{j_i 1}  \quad i=2,\cdots,n\\
&c(j_i,k) = \max\{c(j_{i-1},k), \quad c(j_i,k-1)\} + t_{j_i k}\\
&i=2,\cdots,n;k=2,\cdots,m
\end{aligned}
\tag{6.34}
$$

最大流程时间为

$$
c_{\max} = c(j_n,m)
\tag{6.35}
$$

调度目标为确定 $\{j_1,j_2,\cdots,j_n\}$，使得 $c_{\max}$ 最小。

### 2. 求解 FSP 的遗传算法设计

由于遗传算法所固有的全局搜索与收敛特性,由它得到的次优解往往优于传统方法得到的局部极值解,加之搜索效率比较高,因而被认为是一种切实有效的方法,得到了日益广泛的研究。

下面介绍遗传算法求解 FSP 的编码与适应度函数的设计。

（1）FSP 的编码方法

对于调度问题,通常不采用二进制编码,而采用实数编码。将各个生产任务编码为相应的整数变量。一个调度方案是生产任务的一个排列,其排列中每个位置对应于每个带编号的任务。GA 算法根据一定评价函数,求出最优的排列。

对于 FSP,最自然的编码方式是用染色体表示工件的顺序,例如,对于有四个工件的 FSP,第 $k$ 个染色体 $v_k=[1,2,3,4]$,表示工件的加工顺序为:$j_1,j_2,j_3,j_4$。

（2）FSP 的适应度函数

令 $c_{max}^k$ 表示 $k$ 个染色体 $v_k$ 的最大流程时间,那么,FSP 的适应度函数取为

$$eval(v_k)=\frac{1}{c_{max}^k} \tag{6.36}$$

### 3. 求解 FSP 的遗传算法实例

**例 6.1** 由 Ho 和 Chang(1991)给出的 5 个工件、4 台机器问题的加工时间如表 6.2 所示。

表 6.2 加工时间表

| 工件 $j$ | $t_{j1}$ | $t_{j2}$ | $t_{j3}$ | $t_{j4}$ |
|---|---|---|---|---|
| 1 | 31 | 41 | 25 | 30 |
| 2 | 19 | 55 | 3 | 34 |
| 3 | 23 | 42 | 27 | 6 |
| 4 | 13 | 22 | 14 | 13 |
| 5 | 33 | 5 | 57 | 19 |

为了便于比较,先用穷举法求得最优解为:4-2-5-1-3,加工时间为 213;最劣解为:1-4-2-3-5,加工时间为 294;平均解的加工时间为:265。

下面用遗传算法求解。选择交叉概率 $P_c=0.6$,变异概率 $P_m=0.1$,种群规模为 20,迭代次数 $N=50$。运算结果如表 6.3 和图 6.6~图 6.8 所示。图 6.8 中的 $(i,j,k)$ 三元组表示第 $i$ 个工件的第 $j$ 道工序在第 $k$ 台机器上加工。

表 6.3 遗传算法运行的结果

| 总运行次数 | 最好解 | 最坏解 | 平均 | 最好解的频率 | 最好解的平均代数 |
|---|---|---|---|---|---|
| 20 | 213 | 221 | 213.95 | 0.85 | 12 |

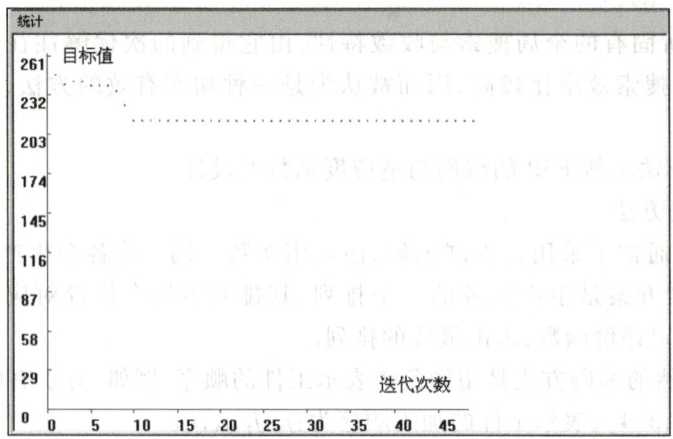

图 6.6 最优解收敛图

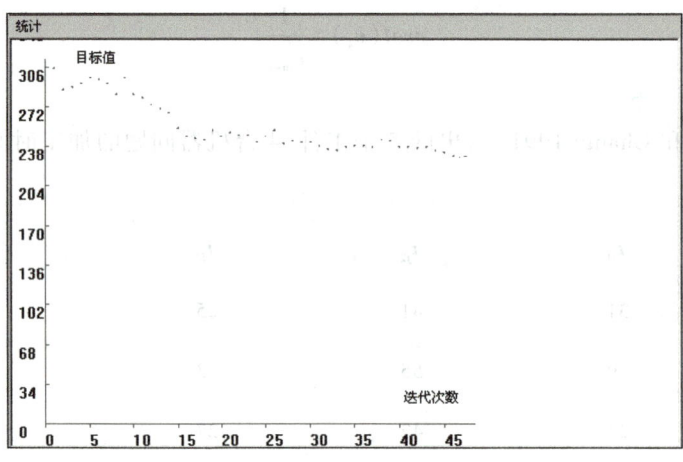

图 6.7 平均值收敛图

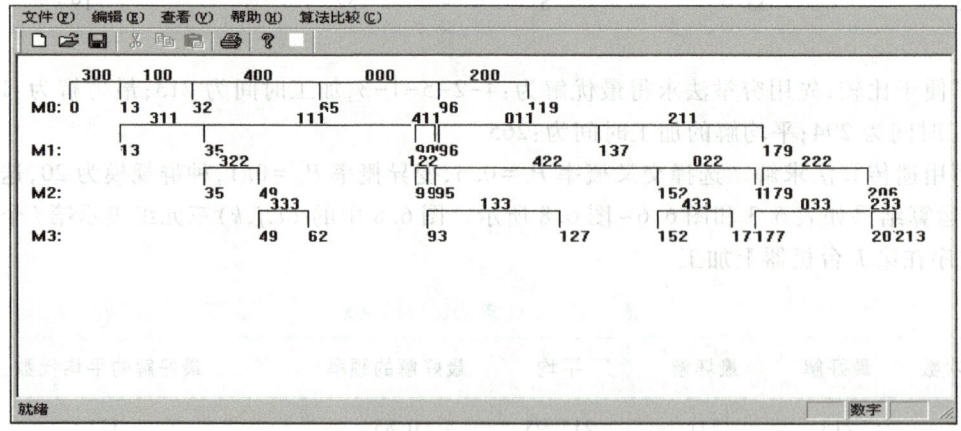

图 6.8 机器甘特图

可见,用 GA 绝大部分都能找到最好解,即使没有找到最好解,找到的最差的解也有 221,比起平均解加工时间 265 还是好了很多。这说明:GA 一般能找到全局最优解,至少能找到比较好的解。

## 6.4.2　基于遗传算法的混合流水车间调度方法

### 1. 混合流水车间调度问题

混合流水车间调度问题(hybrid flow-shop scheduling problem,HFSP)是一般流水车间调度问题的推广,比一般的流水车间调度问题更复杂。它的特征是在某些工序上存在并行机器。它非常具有代表性,相当普遍地存在于化工、钢铁、制药等流程工业中,被称为柔性流水线。

HFSP 可描述为:需要加工多个工件,所有工件的加工路线都相同,都需要依次通过几道工序,在所有工序中至少有一个工序存在着多台并行机器。需要解决的问题是确定并行机器的分配情况以及同一台机器上工件的加工排序。目标是最小化最大流程时间。

对于有 $N$ 个工件,$S$ 个工序,每个工序 $i$ 有 $M_i$ 台并行机器($1 \leqslant i \leqslant S$)的混合 flow-shop 调度问题,已经提出了分支定界算法、启发式算法等,但这些算法都只能解决规模较小的生产调度问题。

下面用遗传算法解 HFSP 的最小化最大流程时间问题。

### 2. 混合 HFSP 的遗传算法编码方法

下面给出一种 HFSP 的编码方法,能很好地处理工序之间的约束关系,使得产生的每个染色体都对应一个可行的调度,而且在进行遗传操作时也不会产生非法解。

假设要加工 $N$ 个工件,每个工件都要依次经过 $S$ 个加工工序,每个工序的并行机器数为 $M_i$,($i = 1, \cdots, S$)。所有工序中至少有一个工序存在并行机,即至少有一个 $M_i$ 大于 1。下面构造一个 $S \times N$ 维的 HFSP 的编码矩阵

$$A_{S \times N} = \begin{bmatrix} a_{11} & a_{12} & \cdots & a_{1N} \\ a_{21} & a_{22} & \cdots & a_{2N} \\ \vdots & \vdots & & \vdots \\ a_{S1} & a_{S2} & \cdots & a_{SN} \end{bmatrix} \tag{6.37}$$

编码矩阵的元素 $a_{ij}$ 为区间 $(1, M_i+1)$ 上的一个实数,表示工件 $j$ 的第 $i$ 个工序在第 $Int(a_{ij})$ 台并行机上加工。函数 $Int(x)$ 表示对实数 $x$ 取整。显然,可能会出现 $Int(a_{ij}) = Int(a_{ik})$,$j \neq k$,这表明多个工件在同一台机器上加工同一个工序。这时,假如是第一个工序($i=1$),则按照 $a_{1j}$ 的升序来加工工件。假如不是第一道工序($i>1$),则根据每个工件的前一个工序的完成时间来确定其加工顺序,前一个工序先完成的先加工。假如完成时间相同,则也按照 $a_{ij}$ 的升序来加工。

根据上述编码矩阵可以确定染色体。染色体由 $S$ 个小段组成。每个小段包括 $N$ 个基因。由编码矩阵的每一行组成一个小段。小段之间用标识符"0"隔开,表示不同的工序。因此,染色体的长度为 $S \times N + S - 1$。染色体可表示为

$$Ind_k = [a_{11}, a_{12}, \cdots, a_{1N}, 0, a_{21}, \cdots, a_{2N}, 0, \cdots, 0, a_{S1}, a_{S2}, \cdots, a_{SN}] \tag{6.38}$$

例如,对于有 3 个工件,3 道工序,各工序的并行机器数分别为 3、2、2 的混合 flow-shop 调度问题,各机器编号如图 6.9 所示。其中,机器 4 表示工序 2 的第一台并行机,机器 5 表示工序 2

的第二台并行机,机器 6 表示工序 3 的第一台并行机,机器 7 表示工序 3 的第二台并行机。

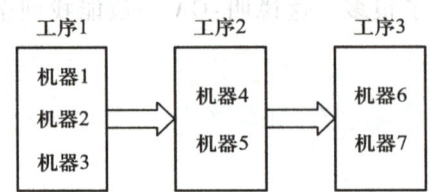

图 6.9　混合 Flow-shop 调度的机器编号

假设产生如下的编码矩阵:

$$A = \begin{bmatrix} 2.1 & 2.4 & 1.9 \\ 1.6 & 2.1 & 2.3 \\ 1.1 & 2.4 & 1.2 \end{bmatrix} \tag{6.39}$$

对矩阵的各元素分别取整,并根据前面各工序上的并行机编号规则,可得到各工件与机器的对应关系:矩阵的第 1 列的 3 个元素分别表示工件 1 的第一个工序在机器 2 上加工,第二个工序在第二个工序中的第 1 台机器即编号为 4 的机器上加工,第三个工序在第三个工序中的第 1 台机器即编号为 6 的机器上加工;矩阵的第二列表示工件 2 的第一个工序在机器 2 上加工,第二个工序在第二个工序的第 2 台机器即编号为 5 的机器上加工,第三个工序在第三个工序中的第 2 台机器即编号为 7 的机器上加工;矩阵的第三列表示工件 3 的第一个工序在机器 1 上加工,第二个工序在第二个工序中的第 2 台机器即编号为 5 的机器上加工,第三个工序在第三个工序的第 1 台机器即编号为 6 的机器上加工。

以上得到的是机器的分配情况,从 3 个工件的加工路径可看出,对于第一个工序,工件 1 和 2 都在机器 2 上加工,则由于 2.1<2.4,所以在机器 2 上先加工工件 1,然后是工件 2。对于机器 5,由于它加工的是工件 2 和 3 的第二个工序,所以要根据工件 2 和 3 的第一工序的完工时间来确定其先后顺序,假如工件 3 的第一个工序的完工时间早于工件 2 的第一个工序的完工时间,则先加工工件 3,然后才加工工件 2,如果相同,则由于 2.1<2.3,则先加工工件 2,然后加工工件 3。对于机器 6 的处理类似于机器 5。

根据上面的编码矩阵(6.39)可得到一个染色体为

[2.1,　2.4,　1.9,　0,　1.6,　2.1,　2.3,　0,　1.1,　2.4,　1.2]

**3. 基于遗传算法的求解方法**

(1)初始群体的产生

根据上述染色体表示方法,随机产生一些编码矩阵,构成染色体组成初始群体。

(2)适应度函数的选择

用最大流程时间的倒数作为适应度函数。

(3)选择

为了防止早熟收敛,采用非线性排名策略来确定个体被复制概率。首先将种群成员按适应值从好到坏依次排列 $f_1 > f_2 > \cdots > f_N$,然后按下式分配复制概率:

$$p_i = \begin{cases} q(1-q)^{i-1} & i=1, 2, \cdots, N-1 \\ (1-q)^{N-1} & i=N \end{cases} \tag{6.40}$$

式中，$q$ 是一个常数，表示最好个体的选择概率。为了加快算法的收敛速度，$q$ 不能取得太小，同时为了使种群在进化过程中保持多样性，$q$ 也不能太大。

（4）交叉操作

根据前面的编码方式，只要满足 $a_{ij} \in (1, M_i+1)$ 这一条件，就可保证个体的合法性，因此，采取分段交叉的方式，对每个小段分别进行两点交叉，每段的交叉点可以相同，也可以不同。

在两个父体的各段中随机选取一部分基因，然后交换，得到子代个体。

（5）变异操作

同样也采取分段的方式，对于第 $i$ 个小段的第 $j$ 个基因 $a_{ij}$，变异步骤为

① $d = \mathrm{Rand}\{-1, 1\}$。

② 若 $d=1$，则 $r = \mathrm{Rand}(0, M_i-a_{ij})$，否则 $r = \mathrm{Rand}(0, a_{ij})$。

③ $a'_{ij} = a_{ij} + d \times r$。

其中，$d$ 是整数，$r$ 是实数，$a_{ij}$ 为要变异个体，$a'_{ij}$ 为变异的结果。

显然这种变异方法使得 $a'_{ij}$ 在保持区间 $(1, M_i+1)$ 之内，从而保证其合法性，同时也使变异具有充分的随机性。

**4. 调度实例**

某汽车发动机厂金加工车间要加工 12 个工件，每个工件都有车、刨、磨 3 个工序，现有 3 台车床，2 台刨床，4 台磨床，每台机床的加工能力不同，具体加工时间如表 6.4 所示。

表 6.4  工件在每个机器上的加工时间

| 工件 | 工序 1 | | | 工序 2 | | 工序 3 | | | |
|---|---|---|---|---|---|---|---|---|---|
| | 机器 1 | 机器 2 | 机器 3 | 机器 4 | 机器 5 | 机器 6 | 机器 7 | 机器 8 | 机器 9 |
| 1 | 2 | 2 | 3 | 4 | 5 | 2 | 2 | 2 | 3 |
| 2 | 4 | 5 | 4 | 3 | 4 | 3 | 4 | 5 | 4 |
| 3 | 6 | 5 | 4 | 4 | 2 | 3 | 4 | 2 | 5 |
| 4 | 4 | 3 | 4 | 6 | 5 | 3 | 6 | 5 | 8 |
| 5 | 4 | 5 | 3 | 3 | 1 | 3 | 4 | 6 | 5 |
| 6 | 2 | 5 | 4 | 2 | 3 | 4 | 3 | 9 | 5 |
| 7 | 5 | 2 | 4 | 4 | 6 | 3 | 4 | 3 | 5 |
| 8 | 3 | 5 | 4 | 7 | 5 | 3 | 3 | 6 | 4 |
| 9 | 2 | 5 | 4 | 1 | 2 | 7 | 6 | 3 | 5 |
| 10 | 3 | 6 | 4 | 3 | 4 | 4 | 8 | 6 | 7 |
| 11 | 5 | 2 | 4 | 3 | 5 | 6 | 7 | 6 | 5 |
| 12 | 6 | 5 | 4 | 5 | 4 | 3 | 4 | 7 | 5 |

算法中使用的参数为 $q=0.7, P_c=0.80, P_m=0.01$,种群规模为30,种群经过100代的进化,目标函数最小值随着种群的进化逐渐地减小,最后收敛于极值,目标函数平均值也随着群体的进化逐渐减少,最后趋近于最优值。

得到的最好的染色体是

[2.77,  3.51,  1.74,  3.52,  2.42,  1.36,  3.28,  3.94,  1.09,  1.22,  2.24, 3.64,  0,  1.60,  1.13,  1.24,  2.97,  1.73,  1.88,  1.08,  2.68,  1.16,  2.69, 2.51,  2.96,  0,  4.99,  3.29,  4.95,  2.35,  1.10,  1.01,  1.73,  1.35,  3.06, 1.20,  4.13,  3.67 ]

相应的甘特图如图 6.10 所示。从甘特图可见,最大流程时间为29,各并行机器的加工任务比较均匀,而且各机器加工时间基本保持连续,这样可以减少加工时间,表明所得到的调度结果是比较合理的。

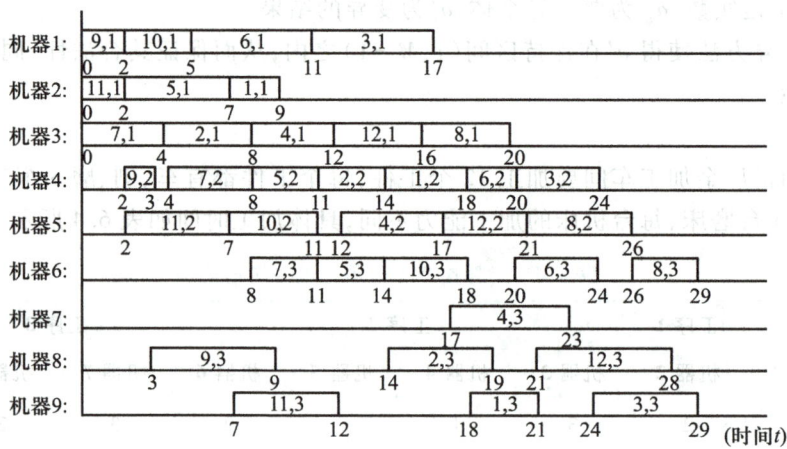

图 6.10　混合 Flow-shop 调度结果甘特图

## 6.5　差分进化算法及其应用

差分进化算法(differential evolution, DE)是一种新兴的进化计算技术,或称为差分演化算法、微分进化算法、微分演化算法、差异演化算法。它是由 Rainer Storn 和 Kenneth Price 于 1995 年为求解切比雪夫多项式而提出的一种采用实数矢量编码在连续空间中进行随机搜索的优化算法。DE 算法的进化个体扰动是通过多个个体的差分信息来体现的。

DE 保留了进化算法基于种群的全局搜索策略,采用实数编码、基于差分的简单变异操作和一对一的淘汰机制来更新种群,降低了遗传操作的复杂性。同时,DE 特有的记忆能力使其可以动态跟踪当前的搜索情况,调整搜索策略,具有较强的全局收敛能力和鲁棒性。

同其他进化算法一样,差分进化算法不利用函数的梯度信息,因此对函数的可导性甚至连续性没有要求,不需要借助问题的特征信息,适于求解一些利用常规的数学规划方法无法求解的复杂优化问题。近年来,DE 以其很强的鲁棒性、稳健性和实数域全局搜索能力在多个领域得到广泛应用。

由于 DE 算法在不同进化阶段个体间的差异性会随之变化,因此不同阶段会出现不同的搜索能力和开发能力。进化初期的个体差异性较大,DE 算法将在较大范围内搜索最优解,因此,这个阶段的搜索能力较强;进化末期,种群趋于收敛的状态,个体间差异性较小,因此,这个阶段的开发能力较强。

## 6.5.1 差分进化算法

差分进化算法是一种基于实数编码的具有保优思想的贪婪遗传算法。与实数编码的遗传算法相似,也包括选择、交叉和变异等操作,但在产生子代的方式上有所不同,DE 在父代个体间的差向量基础上生成变异个体,然后按一定的概率对父代个体与变异个体进行交叉操作,最后采用"贪婪"选择策略产生子代个体。

差分进化算法的要素主要有:初始种群的产生、适应度函数的设计、差分操作(变异、交叉、选择)设计和控制参数设置。

### 1. 初始种群的产生

DE 利用 NP 个维数为 $D$ 的实数值参数向量作为每一代的种群,每个个体表示为:$x_i^t = [x_{i,1}^t, x_{i,2}^t, \cdots, x_{i,D}^t]$。NP 表示种群规模,$D$ 表示问题空间维数,$t$ 表示进化代数。

寻找初始种群的一个方法是从给定边界约束内的值中随机选择。

在 DE 算法中,一般假定所有随机初始化种群均符合均匀概率分布。设参数变量的界限为 $x_j^{(L)} < x_j < x_j^{(U)}$,则

$$x_{i,j}^0 = (x_j^{(U)} - x_j^{(L)}) rand[0,1] + x_j^{(L)}, \quad i = 1,2,\cdots,NP; \quad j = 1,2,\cdots,D \tag{6.41}$$

$rand[0,1]$ 表示在 $[0,1]$ 之间产生的均匀随机数。

如果预先可以得到问题的初始解,初始种群也可以通过对初始解加入正态分布随机偏差来产生。

### 2. 适应度函数的设计

在差分进化算法中,差分操作主要通过适应度函数的导向来实现。通常根据具体问题定义适应度函数。最直观的方法是直接将待求解优化问题的目标函数作为适应度函数。具体方法与遗传算法的适应度函数相似。

### 3. 变异操作

对每个目标个体 $x_i^t, i = 1,2,\cdots,NP$,它的变异个体 $v_i^{t+1}$ 的产生方式根据差向量的个数以及父代基向量的选取方式的不同分为如下几种:

① 以随机选择的个体作为父代基向量(rand),采用一个差向量来生成变异个体:

$$v_i^{t+1} = x_{r_1}^t + F(x_{r_2}^t - x_{r_3}^t) \tag{6.42a}$$

② 以当前种群最优个体作为父代基向量(best),采用一个差向量来生成变异个体:

$$v_i^{t+1} = x_{best}^t + F(x_{r_1}^t - x_{r_2}^t) \tag{6.42b}$$

③ 以随机选择的个体作为父代基向量(rand),采用两个差向量来生成变异个体:

$$v_i^{t+1} = x_{r_1}^t + F[(x_{r_2}^t - x_{r_3}^t) + (x_{r_4}^t - x_{r_5}^t)] \tag{6.42c}$$

④ 以当前种群最优个体作为父代基向量(best),采用两个差向量来生成变异个体:

$$v_i^{t+1} = x_{best}^t + F[(x_{r_1}^t - x_{r_2}^t) + (x_{r_3}^t - x_{r_4}^t)] \tag{6.42d}$$

⑤ 以当前种群最优个体与目标个体的差向量加权后与目标个体的求和作为父代基向量（rand-to-best），采用一个差向量来生成变异个体：

$$v_i^{t+1} = x_i^t + \lambda(x_{\text{best}}^t - x_i^t) + F(x_{r_1}^t - x_{r_2}^t) \tag{6.42e}$$

其中，$r_1$、$r_2$、$r_3$、$r_4$ 和 $r_5$ 表示随机产生的 $[1, NP]$ 之间互异且不等于目标个体序号 $i$ 的自然数。$\lambda \in [0, 1]$ 表示加权因子，控制父代基向量的加权方式。$F \in [0, 2]$ 表示缩放比例因子，是一个实常数因数，控制偏差变量的放大作用。

### 4. 交叉操作

对目标个体 $x_i^t$ 和变异个体 $v_i^{t+1}$ 进行交叉操作生成试验个体 $u_i^{t+1} = [u_{i,1}^{t+1}, u_{i,2}^{t+1}, \cdots, u_{i,D}^{t+1}]$。DE 交叉操作分二项式（bin）交叉和指数（exp）交叉两种交叉方式。

（1）二项式（bin）交叉

随机产生 $[1, D]$ 之间的自然数 $rnbr\_i$。对第 $j$ 位参数，若 $j = rnbr\_i$：取变异个体 $v_i^{t+1}$ 上的第 $j$ 位参数作为试验个体 $u_i^{t+1}$ 上的第 $j$ 位参数；若 $j \neq rnbr\_i$：随机产生 $[0, 1]$ 之间的随机实数 $r_j$，若 $r_j \leqslant CR$，取变异个体 $v_i^{t+1}$ 上的第 $j$ 位参数作为试验个体 $u_i^{t+1}$ 上的第 $j$ 位参数，否则，取目标个体 $x_i^t$ 上的第 $j$ 位参数作为试验个体 $u_i^{t+1}$ 上的第 $j$ 位参数。二项式交叉表示为

$$u_{i,j}^{t+1} = \begin{cases} v_{i,j}^{t+1}, & if \ \ r_j \leqslant CR \ or \ j = rnbr\_i \\ x_{i,j}^t, & otherwise \end{cases} \tag{6.43}$$

其中，$r_j$ 为第 $j$ 个 $[0, 1]$ 之间的随机数；$rnbr\_i$ 为 $[1, D]$ 之间的随机自然数，它确保了 $u_i^{t+1}$ 至少从 $v_i^{t+1}$ 获得一个参数；$CR$ 为交叉概率，取值范围为 $[0, 1]$。

二项式交叉的实例如图 6.11 所示，其交叉方式类似于遗传算法中的均匀交叉。

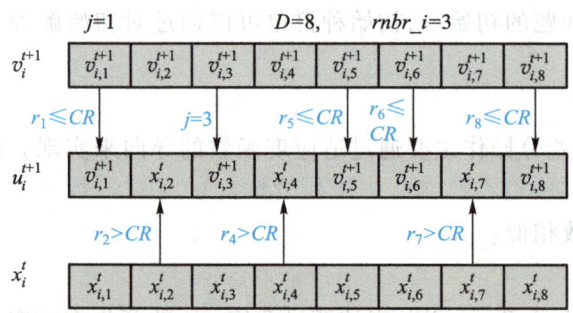

图 6.11    二项式交叉示意图

（2）指数（exp）交叉

随机产生 $[1, D]$ 之间的自然数 $rnbr\_i$。对第 $j$ 位参数，若 $j < rnbr\_i$：取目标个体 $x_i^t$ 上的第 $j$ 位参数作为试验个体 $u_i^{t+1}$ 上的第 $j$ 位参数；若 $j = rnbr\_i$：取变异个体 $v_i^{t+1}$ 上的第 $j$ 位参数作为试验个体 $u_i^{t+1}$ 上的第 $j$ 位参数；若 $j > rnbr\_i$：随机产生 $[0, 1]$ 之间的随机实数 $r_j$，若 $r_j \leqslant CR$，取变异个体 $v_i^{t+1}$ 上的第 $j$ 位参数作为试验个体 $u_i^{t+1}$ 上的第 $j$ 位参数，否则，试验个体 $u_i^{t+1}$ 上剩下的所有参数都从目标个体 $x_i^t$ 继承。

指数交叉示意图如图 6.12 所示，其交叉方式类似于遗传算法中的二点交叉。

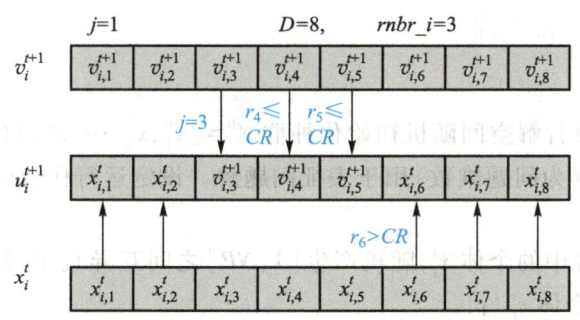

图 6.12   指数交叉示意图

### 5. 选择操作

DE 采用贪婪准则在 $x_i^t$ 和 $u_i^{t+1}$ 之间进行选择,产生下一代个体 $x_i^{t+1}$:

$$x_i^{t+1} = \begin{cases} u_i^{t+1}, & if\ f(u_i^{t+1}) > f(x_i^t) \\ x_i^t, & otherwise \end{cases} \tag{6.44}$$

其中,$f(\cdot)$ 表示目标函数。式(6.44)是针对最大化问题而言,若是最小化问题,那么选择试验个体作为子代个体的条件是 $f(u_i^{t+1}) < f(x_i^t)$。

### 6. 控制参数设置

DE 的搜索性能取决于算法全局探索和局部开发能力的平衡,而这在很大程度上依赖于算法的控制参数的选取。相对其他进化算法而言,DE 所需调节的参数较少,主要包括种群规模、缩放比例因子和交叉概率等。

① 种群规模。必须满足 $NP \geqslant 4$ 以确保 DE 具有足够多不同的变异向量,根据经验,$NP$ 的合理选择在 $5D \sim 10D$($D$ 为问题空间的维数)之间。

② 缩放比例因子。缩放比例因子 $F \in [0,2]$ 是一个实常数,它决定偏差向量的放大比例。$F$ 越大,算法越容易逃出局部极小点而收敛到全局最优点,但是当 $F > 1$ 时,收敛速度将变慢。研究表明,小于 0.4 和大于 1 的 $F$ 值仅偶尔有效,$F = 0.5$ 通常是一个较好的初始选择。若种群过早收敛,那么应该增加 $F$ 或 $NP$。

③ 交叉概率。交叉概率 $CR$ 是一个范围在 $[0,1]$ 的实数,它控制着一个试验向量参数来自变异向量的概率。$CR$ 越大,算法越容易收敛,但易发生早熟现象。$CR$ 的一个较好的选择是 0.3 左右。

④ 最大迭代代数。一般而言,最大迭代代数越大,最优解越精确,但计算时间越长,要根据具体问题设定。一般范围为 $100 \sim 200$ 代。

⑤ 终止条件。除最大进化代数可作为 DE 的终止条件外,有时还需要其他判定准则,一般当目标函数值在连续若干代的变化量小于阈值时程序终止,阈值常选为 $10^{-6}$。

上述参数中,$F$、$CR$ 与 $NP$ 一样,在搜索过程中是常数,一般 $F$ 和 $CR$ 影响搜索过程的收敛速度和鲁棒性,它们的优化值不仅依赖于目标函数的特性,还与 $NP$ 有关。通常可通过在对不同值做一些试验之后利用试验结果找到 $F$、$CR$ 和 $NP$ 的合适值。

### 6.5.2　差分进化算法的流程

基本 DE 的流程如下：

步骤1　在问题的可行解空间随机初始化种群 $X^0 = [x_1^0, x_2^0, \cdots, x_{NP}^0]$（$NP$ 为种群规模），个体 $x_i^0 = [x_{i,1}^0, x_{i,2}^0, \cdots, x_{i,D}^0]$（$D$ 为问题维数）用于表征问题解。设定运行代数 $t = 0$。

步骤2　设置 $j = 1$。

步骤3　对当前种群中的个体 $x_j^t$，随机产生 $[1, NP]$ 之间互异且不等于 $j$ 的自然数 $r_1$、$r_2$、$r_3$，进行变异操作产生变异个体 $v_j^{t+1}$：

$$v_j^{t+1} = x_{r_1}^t + F(x_{r_2}^t - x_{r_3}^t)$$

其中，$x_{r_1}^t$ 为父代基向量；$(x_{r_2}^t - x_{r_3}^t)$ 称作父代差分向量；$F$ 为缩放比例因子。

步骤4　对个体 $x_j^t$ 和变异个体 $v_j^{t+1}$ 实施交叉操作生成试验个体 $u_j^{t+1}$：

$$u_j^{t+1} = [u_{j,1}^{t+1}, u_{j,2}^{t+1}, \cdots, u_{j,D}^{t+1}]$$

$$u_{j,k}^{t+1} = \begin{cases} v_{j,k}^{t+1}, & if(randb(k) \leqslant CR) \; or \quad k = rnbr(j) \\ x_{j,k}^t, & otherwise \end{cases}$$

其中，$randb(k)$ 为 $[0,1]$ 之间随机数发生器的第 $k$ 个估计值；$rnbr(j)$ 为 $[1,D]$ 之间的随机自然数，它确保了 $u_j^{t+1}$ 至少从 $v_j^{t+1}$ 获得一个参数；$CR$ 为交叉概率，取值范围为 $[0,1]$。

步骤5　采用贪婪准则在 $x_j^t$ 和 $u_j^{t+1}$ 之间进行选择，产生下一代个体 $x_j^{t+1}$：

$$x_j^{t+1} = \begin{cases} u_j^{t+1}, & f(u_j^{t+1}) > f(x_j^t) \\ x_j^t, & otherwise \end{cases}$$

若是最小化问题，那么选择试验个体作为子代个体的条件是 $f(u_j^{t+1}) < f(x_j^t)$。

步骤6　$j = j + 1$，若 $j \leqslant NP$，则转至步骤3；否则，执行步骤7。

步骤7　$t = t + 1$，判断是否满足终止条件，若满足，则输出最优解并终止迭代过程；否则，转至步骤2。

### 6.5.3　差分进化算法的改进

DE 的收敛速度远胜于一般的进化算法，但易陷入局部最优，存在早熟收敛现象。为提高算法性能，许多学者提出了改进型的 DE。目前，对 DE 的改进主要可归纳为如下几方面：

① 对进化操作的改进。包括对控制参数的取值、参加变异的父代基向量的选择、差分进化模式以及变异、交叉、选择操作等方面的改进。

② 多种群。主要是将 DE 分成多个子种群，各个子种群独立寻优，在跨种群间实现信息交流，提高算法摆脱局部极值的能力。

③ 嵌入新操作。在 DE 中嵌入有效的局部搜索策略、引入加速和迁移操作以及搜索空间扩展机制等。

④ 与其他算法混合。包括与蚁群算法、遗传算法、粒子群算法、单纯形优进策略、粒子滤波等算法的混合来确定控制参数的取值、动态选择合适的进化操作算子及差分进化模式等，以改

进算法性能。

DE 已经在许多领域得到了应用,譬如人工神经元网络、化工、电力、机械设计、机器人、信号处理、生物学、运筹学、系统辨识与故障诊断等领域。

## 6.6 量子进化算法及其应用

量子计算(quantum computing)是物理学中的量子力学和计算机科学相结合的产物,是一种新兴的计算理论。自 20 世纪 80 年代初 Benioff 和 Feynman 提出了量子计算的概念后,1985 年,David Deutsch 第一次利用量子效应提出了 Deutsch 量子算法,可以认为是量子计算理论的开篇之作。1994 年 Shor 提出大整数质因子分解的量子算法,1996 年 Grover 提出未排序数据库的量子搜索算法,量子计算以其独特的计算性能引起了广泛瞩目,并迅速成为研究的热点。Bennett 于 2000 年在他的专著"量子信息与量子计算"中进行了比较详细的介绍。量子计算理论是一种新型的计算理论,利用量子叠加(superposition)、纠缠(entangle)和干涉(interference)等量子态所特有的特性,并通过量子并行计算(quantum parallelism)求解问题。

理论上已经证明:进化算法能在概率意义上以随机的方式寻求问题的最优解。但在实际应用中也存在着容易产生早熟、收敛速度慢、局部寻优能力差等缺点。最早将量子计算和进化算法相结合的是在 1996 年,Narayanan 和 Moore 将量子的多宇宙理论引入遗传算法,提出量子遗传算法和一种全干扰交叉(interference crossover)思想,设计了量子启发式定点干涉交叉算子,并成功解决了小规模 TSP 问题。Han 在 2000 到 2004 年间,提出了一系列量子进化算法方面的新想法,包括量子遗传算法、并行量子遗传算法、基于移民操作的量子进化算法、基于一种新的终止判断条件的两段式量子进化算法,同时对算法的参数设计问题进行了探讨,并成功应用于背包问题,取得了优于传统遗传算法的效果。

目前,已有量子智能算法除了量子进化算法,还有量子退火算法、量子神经网络、量子聚类、量子贝叶斯网络、量子小波变换等。这些算法都是受到量子计算机制的启发设计的,虽然在当前的计算机上实现有相当的限制,但比其他的智能算法仍具有更强的优势,特别是随着量子计算机的出现将发生革命性的变化。

### 6.6.1 量子进化算法的基本概念

量子进化算法(quantum evolutionary algorithm,QEA),是一种基于量子位、量子叠加态等量子机制的进化算法。

#### 1. 量子位

量子位又称为量子比特(Q-bit),是量子计算中保存信息的最小单元。它可以表示为两个互相独立的基向量"|0>"和"|1>"的线性叠加,其中,"|>"在量子力学中称为 Dirac 符号。传统比特只能表示成 0 或 1 两种状态中的一种。一个量子位可能处于状态 $|0\rangle$,也可能处于状态 $|1\rangle$,还可以是两种状态的线性叠加。因此,一个量子位可以表示为

$$|\psi\rangle = \alpha|0\rangle + \beta|1\rangle \tag{6.45}$$

其中 $\alpha$ 和 $\beta$ 为复数,分别表示状态 $|0\rangle$ 和 $|1\rangle$ 的概率幅,且满足正交性,即满足 $|\alpha|^2 + |\beta|^2 = 1$。

$|\alpha|^2$ 和 $|\beta|^2$ 分别表示该量子位处于状态 $|0\rangle$ 和 $|1\rangle$ 的概率大小。量子比特 $|\psi\rangle$ 可以看作二维复平面中的一个单位向量。

区别于经典比特,量子比特可以处于 0、1 两个本征态的任意叠加状态,而且对量子比特的操作过程中,两态的叠加振幅可以相互干涉,称为量子干涉。对每个叠加分量进行的变换相当于一种经典计算,并且这些经典计算同时完成,并按一定的概率振幅叠加起来,给出量子计算的计算结果,称为量子并行计算。

### 2. 量子个体

在量子进化算法中,量子个体即量子染色体的编码不是用确定的值(如传统的字符串、二进制数、浮点数等)表示,而是采用量子位或者概率幅表示。使用量子比特编码的个体称为量子个体。在量子力学里,概率幅(量子幅)是一个描述粒子的量子行为的复函数。因此,一个染色体长度为 $m$ 的量子个体可表示为

$$\begin{bmatrix} \alpha_1 & \alpha_2 & \dots & \alpha_m \\ \beta_1 & \beta_2 & & \beta_m \end{bmatrix} \tag{6.46a}$$

其中

$$|\alpha_i|^2 + |\beta_i|^2 = 1, \quad i = 1, 2, \cdots, m \tag{6.46b}$$

因此,一个长度为 $m$ 的量子个体能够基于概率同时表示 $2^m$ 种状态。例如,$m=2$,可以有 $[0,0]$、$[0,1]$、$[1,0]$、$[1,1]$ 4 种状态。当 $m=3$,可以有 $[0\,0\,0]$、$[0\,0\,1]$、$[0\,1\,0]$、$[0\,1\,1]$、$[1\,0\,0]$、$[1\,0\,1]$、$[1\,1\,0]$、$[1\,1\,1]$ 8 种状态。

基于量子比特表示与传统表示方法相比,因为一个量子个体可以表示若干个量子位状态的叠加,从而一个小种群的量子个体可以对应于传统表示方法下的大种群的个体。同时,量子门操作的存在使得量子进化算法有着很强的全局搜索能力。两个量子比特可以用 4 个正交基 $|0\,0\rangle$、$|0\,1\rangle$、$|1\,0\rangle$、$|1\,1\rangle$ 张成的希尔伯特空间表示。因此,一个双量子态就是这 4 个基态的线性叠加态,即 $|\psi\rangle = \alpha_{00}|0\,0\rangle + \alpha_{01}|0\,1\rangle + \alpha_{10}|1\,0\rangle + \alpha_{11}|1\,1\rangle$,其中,$|\alpha_{00}|^2 + |\alpha_{01}|^2 + |\alpha_{10}|^2 + |\alpha_{11}|^2 = 1$。可以推广到 $n$ 个量子比特的情况 $|\psi\rangle = \sum \alpha_i|\psi_i\rangle$。另一方面,随着量子进化算法的收敛,各个量子位上取 1 或取 0 的概率幅趋于 1,由量子旋转门驱动的搜索过程自动地由全局搜索变为局部搜索,这些特征正是由量子算法内在的概率机制所决定的。

## 6.6.2    基本量子进化算法

基本量子进化算法在量子位和量子个体的基础上,主要包含了六个基本要素:染色体编码、初始化种群(initialization)、量子观测(observation)、进化操作(evolutionary operation)、量子评价(evaluation)、量子更新(updating)等。

### 1. 染色体编码

量子进化算法中不再使用确定性编码方式,而是根据量子的叠加性,使用一种不确定性的基于量子比特的概率编码方式。

(1)二进制编码

二进制编码的种群 $P(t) = \{p_1^t, \cdots, p_n^t\}$,$p_j^t$ 为第 $t$ 代种群中的第 $j$ 个个体,且 $p_j^t =$

$\begin{bmatrix} \alpha_1^t & \alpha_2^t & \cdots & \alpha_m^t \\ \beta_1^t & \beta_2^t & & \beta_m^t \end{bmatrix}$ 表示一个具有 $m$ 个最小比特位的量子染色体，$m$ 为量子染色体的长度，即个体中量子比特位个数。

根据二进制编码的特点，可以用两个量子位表示 4 个状态，以此类推，用 $m$ 个量子位表示 $2^m$ 个状态。二进制编码中一个量子位表示两种状态，实现简单，但是只适用于能用二进制编码解决的问题，有一定局限性。

（2）多进制编码

多进制编码是将二进制编码扩展到 $n$ 维，每一维都代表一个量子比特，通常用一个量子矩阵表示。矩阵的每一行由一个二进制编码表示，矩阵由 $n$ 列这样的二进制编码组成，采用多个量子位表示一个多状态基因，对实际问题的编码设计通用性好且实现简单。

（3）概率复合位表示

概率复合位表示从另一个角度提出了一种多状态表示方法。一种 $n$ 个状态的染色体可表示为

$$[p_0, p_1, p_2, \cdots, p_{n-1}]^T \tag{6.47a}$$

其中，

$$p_0 + p_1 + p_2 + \cdots + p_{n-1} = 1 \tag{6.47b}$$

其中，$p_0, p_1, p_2, \cdots, p_{n-1}$ 分别表示取 $0, 1, \cdots, n-1$ 的概率。在这种编码下，通过产生一个均匀随机数 $r \in [0, 1]$，以轮盘赌方式确定观测值，并采用一种基于概率值的特有方法进行更新操作。

用量子比特表示的量子染色体的特点就是群体的多样性，因为它可以概率地表示线性叠加状态。例如，一条长度为 3 的量子染色体可以表示为

$$\begin{bmatrix} \dfrac{1}{\sqrt{2}} & \dfrac{1}{\sqrt{2}} & \dfrac{1}{2} \\ \dfrac{1}{\sqrt{2}} & -\dfrac{1}{\sqrt{2}} & \dfrac{\sqrt{3}}{2} \end{bmatrix}$$

根据上面的染色体，可以得到二进制串，例如

$$\frac{1}{4}|000\rangle + \frac{\sqrt{3}}{4}|001\rangle - \frac{1}{4}|010\rangle - \frac{\sqrt{3}}{4}|011\rangle + \frac{1}{4}|100\rangle + \frac{\sqrt{3}}{4}|101\rangle - \frac{1}{4}|110\rangle - \frac{\sqrt{3}}{4}|111\rangle$$

上述结果的意思是状态 $|000\rangle, |001\rangle, |010\rangle, |011\rangle, |100\rangle, |101\rangle, |110\rangle$ 和 $|111\rangle$ 的概率分别为 $\dfrac{1}{16}, \dfrac{3}{16}, \dfrac{1}{16}, \dfrac{3}{16}, \dfrac{1}{16}, \dfrac{3}{16}, \dfrac{1}{16}$ 和 $\dfrac{3}{16}$，因此，3 个量子比特的量子染色体可以包含 8 个状态的信息。那么，长度为 $m$ 的量子染色体可以包含 $2^m$ 个状态的信息。

一个量子个体代表任意线性叠加状态，因此能够表示大量的信息，作用在个体上的操作就具有了并行性，而一般的编码方式只能表示一个具体状态，所以量子进化更容易保持种群的多样性。这个特点使得量子进化算法能够以较小的种群，取得较好的寻优结果。随着 $|\alpha|^2$ 和 $|\beta|^2$

趋于 0,或者 1,这时多样性消失,量子个体也收敛到单一状态。

### 2. 初始化种群

（1）种群规模

① 固定种群规模

传统的遗传算法中染色体与解之间是一对一关系,而量子进化算法则可以采用一个染色体表示多解,因此,算法可以用较小的种群规模表示多个问题解。对多种不同规模种群 QEA 的实验证明,量子染色体种群越大,算法解的鲁棒性就越高。量子进化算法中,固定种群规模的设定依赖于具体的应用问题,量子染色体规模一般设定在 10~100 个之间。

② 可变种群规模

可变种群规模就是在算法迭代过程中,随机或者按照一定原则选择其中的优良种群进行下一次迭代。该算法中,初始种群仅包含 $n$ 个路径生成矩阵,且每个矩阵的每个元素均用量子位表示。算法运行中,量子位表示矩阵生成若干个可行路径矩阵,进行交叉、变异、矩阵内各行随机移动等操作,生成新的个体。种群更新时,选取若干个最优个体,并随机选择一个个体以保持种群多样性。该算法充分利用了量子位表示方法可以表示多个解的特性,保持解种群的分散特性。

（2）染色体初始值

① 基本染色体初始化方法

基本量子进化算法中,量子染色体由量子位组成,并且所有的量子位的初始值均设为 $\begin{bmatrix} \frac{1}{\sqrt{2}} & \frac{1}{\sqrt{2}} \end{bmatrix}$。这种初始化方法十分简单,但是量子染色体的初始化没有考虑到具体的应用问题,因此优化效果有一定的局限性。

② 两阶段初始化方法

量子位的初始值对量子进化算法的性能有着显著的影响,由此提出了一种两阶段的复合量子遗传算法框架。在第一阶段中随机初始化量子位,经过若干次量子进化搜索后,将得到的优良结果用于第二阶段量子遗传算法的初始化,进行进一步的解空间的全局搜索。这里初始解空间的设计主要依靠对问题解决方案的正确把握,并总结出相应的先验知识。

### 3. 量子观测

量子观测是指模拟量子的坍塌对种群中的各个体进行一次测量,使得个体从叠加状态转化到单一的确定状态。

在基本量子进化算法中,量子观测一般采用如下方法:根据 $p_j^t$ 中概率幅的取值情况构造长度为 $m$ 的二进制串 $r_j^t$。构造方法:产生 $[0,1]$ 上的一个随机数 $s$,若 $s>|\alpha_i^t|^2$,则二进制串 $r_j^t$ 第 $i$ 位上取值为 1,否则为 0。由此得到二进制串种群 $R(t)$。

量子观测的结果和作用就是将只有在量子计算机中才能观测的信息转换成在二进制计算机中能表示的信息。这一过程将导致具有 $2^m$ 个状态的量子染色体退变成一个确定的状态,在量子理论中被称为量子坍塌(collapse)。

其中常用的量子观测过程伪代码如下:

**procedure observe（x）**

**begin**

```
        i←0
    while (i <m) do
    begin
        i←i + 1
        if random[0,1] > |α_i|²or|β_i|²
        then x_i←1
        else x_i←0
    end
end
```

### 4. 量子进化

量子进化操作的基本思想就是对通过量子观测所得到的 $R(t)$ 中的个体进行交叉、变异的进化操作，生成新的 $R(t)$。

基本量子进化算法中，由于量子旋转门（quantum rotating gate）更新实际上就相当于对量子染色体进行了相应的进化操作，因此一般认为这些操作可以采用也可以省略。但是，只采用量子旋转门而没有交叉、变异等遗传操作，仍然可能陷于局部极小。基本的量子进化操作主要是量子交叉和量子变异。量子交叉和量子变异的基本思想和进化算法中的交叉和变异相同，不同的只是操作的对象是量子染色体。

### 5. 量子评价

量子评价即根据实际的应用问题，对 $R(t)$ 各个体进行评价并保留最优个体 $b$。该过程与遗传算法等进化算法中的评价适应度函数过程相同。

### 6. 量子更新

量子更新可以采用很多种方法，例如量子**异或**门、量子 Hadamard 变换门等各种量子门。目前应用最多的是采用量子旋转门 $U(\theta)$ 来更新 $P(t)$，称为基于量子旋转门的进化算法。

#### （1）量子门

大多数量子启发算法遵循计算机电路模型作为计算过程的抽象。一般的，在这个模型中，计算机若用不同的门（二进制或量子）的某种方式转换输入。

在量子更新过程中，量子门是最终实现进化操作的执行机构，最常用的为量子旋转门，进化过程由量子旋转门更新量子位概率幅来实现：

$$\begin{bmatrix} \alpha_i' \\ \beta_i' \end{bmatrix} = U(\theta_i)\begin{bmatrix} \alpha_i \\ \beta_i \end{bmatrix} = \begin{bmatrix} \cos(\theta_i) & -\sin(\theta_i) \\ \sin(\theta_i) & \cos(\theta_i) \end{bmatrix}\begin{bmatrix} \alpha_i \\ \beta_i \end{bmatrix} \tag{6.48}$$

其中，$[\alpha_i,\beta_i]^T$ 为第 $i$ 个量子位概率幅，且满足 $\theta_i = s(\alpha_i,\beta_i)\Delta\theta_i$。这里的 $\theta_i$ 为旋转角，$s(\alpha_i,\beta_i)$ 为旋转方向。一般采用查 Lookup 表确定 $\theta_i = s(\alpha_i,\beta_i)\Delta\theta_i$。

$\theta_i$ 根据具体问题设定，通常由 $r_j^t$ 及其对应的函数值与 $b$ 及其对应的函数值的相对关系设计。

Lookup 表的典型结构如表 6.5 所示。在 Lookup 表中，$x_i$ 和 $b_i$ 分别代表当前二进制解决方案和最优解决方案的第 $i$ 位，$f(x)$ 是 $x$ 的适应度值，$\theta_i$ 控制着当前解往最优解收敛的速度，$s(\alpha_i,\beta_i)$ 控制着旋转的方向。

表 6.5　Lookup 表

| $x_i$ | $b_i$ | $f(x) \geqslant f(b)$ | $\Delta\theta_i$ | $s(\alpha_i\beta_i)$ | | | |
|---|---|---|---|---|---|---|---|
| | | | | $\alpha_i\beta_i>0$ | $\alpha_i\beta_i<0$ | $\alpha_i=0$ | $\beta_i=0$ |
| 0 | 0 | false | 0 | 0 | 0 | 0 | 0 |
| 0 | 0 | true | 0 | 0 | 0 | 0 | 0 |
| 0 | 1 | false | 0 | 0 | 0 | 0 | 0 |
| 0 | 1 | true | $0.05\pi$ | $-1$ | $+1$ | $\pm1$ | 0 |
| 1 | 0 | false | $0.01\pi$ | $-1$ | $+1$ | $\pm1$ | 0 |
| 1 | 0 | true | $0.025\pi$ | $+1$ | $-1$ | 0 | $\pm1$ |
| 1 | 1 | false | $0.005\pi$ | $+1$ | $-1$ | 0 | $\pm1$ |
| 1 | 1 | true | $0.025\pi$ | $+1$ | $-1$ | 0 | $\pm1$ |

借助于 Lookup 表,上述过程可用伪代码表示如下:

**procedure update（q）**

**begin**

    i←0

    **while**（i <m）**do**

    **begin**

        i←i + 1

        determine　$\theta_i$　with the lookup table

        obtain$(\alpha_i',\beta_i')$ as $[\alpha_i',\beta_i']^{\mathrm{T}} = U(\theta)[\alpha_i,\beta_i]^{\mathrm{T}}$

    **end**

    q ←q′

**end**

通过上述 Update 操作,量子进化算法完成了一次量子更新,也相当于经典算法中进行一次交叉、变异等的进化操作。

(2) 量子进化更新机制

为什么 Update 操作能引导当前解收敛到最优解? 由于 $|\alpha|^2 + |\beta|^2 = 1$,我们可以想象它们位于一个单位圆中。如果当前条件为 $x_i=0$, $b_i=1$, $f(x)>f(b)$,那么为了获取一个更好的量子染色体,$x_i$ 取 0 的概率应该增大,也就是说 random$[0,1] > |\alpha_i|^2$ 的概率应该变小,即 $|\alpha_i|^2$ 的值应该增大。因此,如果$(\alpha_i,\beta_i)$ 在一、三象限,$\theta_i$ 应该顺时针转动,反之,应当逆时针转动,这样当前二进制解决方案就会更进一步接近最优解。

这里的 Lookup 表实际上就是一种收敛策略,关于 Lookup 表中的 $\Delta\theta_i$ 值的大小,有如下规律:如果 $\Delta\theta_i$ 值过大,则容易产生发散,导致当前解不易收敛到最优解或早熟收敛到局部最优解;而 $\Delta\theta_i$ 值过小又会产生收敛时间长,算法效率低等问题。

各种文献中对具体的 $\Delta\theta_i$ 值也有不同的表述,应该根据具体的应用问题对 $\Delta\theta_i$ 值进行合理的设计。

### （3）量子更新迭代

进化算法的迭代主要集中在如何判断算法的终止条件上，但是也可以通过判断其他条件来满足算法的终止条件。量子进化算法开始于一种全局搜索并自动收敛于一种局部搜索，这主要是量子算法内在的概率机制。基于这一点，判断算法终止条件可以用最优解中各个量子位出现的概率满足某个规定的上限这一条件来取代基本量子进化算法中的算法终止条件 $t < \text{MAX\_GEN}$。

为了改进量子进化算法的优化性能，人们提出了许多改进算法，主要有并行量子进化算法、混合量子进化算法等。

量子进化算法的表示形式决定了种群中的每个个体可以同时表示多个状态，但在基本的量子进化算法中，种群中的每个个体仅由其本身概率幅和当前最优解个体决定，个体与个体之间的联系不紧密。因此，类似于多种群遗传算法，并行量子进化算法是将整个种群划分为若干个子种群，每个子种群独立进行进化操作，并在一定的进化代数之后进行个体的交换，即所谓"移民"（migration）操作以传递信息，如此可实现并行算法。

混合量子进化算法将不同的优化算法互相结合，综合不同优化算法的优点，可以显著提高算法的性能。例如，将量子进化算法与粒子群算法混合、量子进化算法与免疫算法混合等。

## 6.6.3 基本量子进化算法的流程

基本量子进化算法的流程如下：

步骤 1   初始化种群。令 $t = 0$，初始化种群 $P(t) = \{p_1^t, \cdots, p_n^t\}$，可以采用基本染色体初始化方法，或者两阶段初始化方法。

步骤 2   量子观测。根据 $p_j^t$ 中概率幅的取值情况构造长度为 $m$ 的二进制串 $r_j^t$，方法：产生 $[0,1]$ 上的一个随机数 $s$，若 $s > |\alpha_i^t|^2$，则 $r_j^t$ 中该位取值为 1，否则为 0。由此得到二进制串种群 $R(t)$。

步骤 3   进化操作。对 $R(t)$ 中的个体进行交叉、变异的进化操作，生成新的 $R(t)$。

步骤 4   评价。评价 $R(t)$ 中各个体，保留最优个体 $b$。若终止条件满足，算法终止；否则继续。

步骤 5   量子更新。采用量子旋转门 $U(\theta)$ 来更新 $P(t)$。

步骤 6   判断终止条件并迭代。令 $t = t+1$，并返回步骤 2。

量子进化算法的基本流程可以用如下的伪代码表示：

```
procedure QEA
begin
    t←0
    initialize P(t)
    observe P(t) and produce R(t)
    evaluate R(t)
    store the best solution b amongR(t)
    while(t <MAX-GEN) do
    begin
        update P(t)
        t←t + 1
        observe P(t) and produce R(t)
```

**evaluate** R(t)

store the best solution b among R(t)

　　　**end**

**end**

量子进化算法的基本流程如图 6.13 所示。

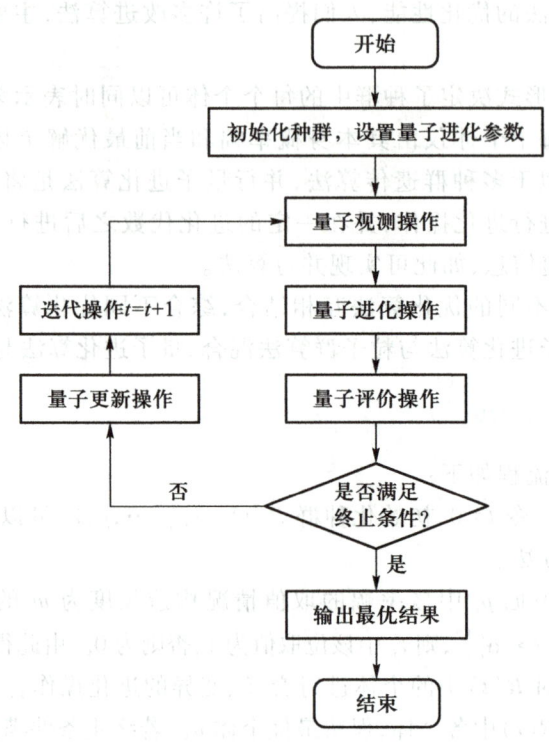

图 6.13　量子进化算法的流程图

## 6.6.4　基于量子进化算法的生产调度方法

　　量子进化算法已经得到越来越广泛的应用。下面介绍量子进化算法应用于求解 flow-shop 生产调度问题。

### 1. 求解 flow-shop 调度问题的量子进化算法设计

　　（1）量子编码：在 FSP 中,采用量子进化算法的基本原则,一个具有 $m$ 个量子比特的量子染色体同样可以表示为

$$\begin{bmatrix} \alpha_1 & \alpha_2 \cdots \alpha_m \\ \beta_1 & \beta_2 \cdots \beta_m \end{bmatrix}$$

其中 $|\alpha_i|^2 + |\beta_i|^2 = 1, i = 1, 2, \cdots, m$。

　　（2）量子选择：所有量子染色体从好到差排序,然后复制前 pop_size/5 项,pop_size 表示种群规模,再用前 pop_size/5 项代替最后 pop_size/5 个个体。

（3）量子交叉：随机产生一个数 $i$（$i$ 小于等于染色体长度），然后交换量子染色体位于位置 $i$ 之后的量子比特位 $\alpha_i, \cdots, \alpha_m$。

（4）量子变异：随机产生一个数 $i$（$i$ 小于等于染色体长度），然后交换量子染色体位于位置 $i$ 的 $\alpha_i, \beta_i$ 的位置。

（5）量子更新：结合量子进化算法中的更新操作和 FSP 本身的特点。在 Flow Shop 调度问题中，可以根据当前最优解各个工件所在位置与种群中个体相应工件所在位置之间的距离 $d$ 确定 $\Delta\theta_i$ 的大小。如果距离大，那么需要增大其相应位置 $\alpha_i$ 的值，距离越大其值就越大。如果距离为 0，那么 $\Delta\theta_i$ 为零。例如，当前最优解为 [2 1 4 3]，种群中的一个个体为 [1 2 3 4]，当前最优解中，工件 2 排在最前面，个体中工件 2 排在第二，那么 $d=1$，为了使种群往当前最优解方向发展，那么就需要增大工件 2 相应位置概率幅的值。$d$ 值越大，相应 $\Delta\theta_i$ 的值就应该越大。

（6）量子观测：通过量子观测，将量子染色体转变成一般的实数染色体。

（7）量子评价：在流水车间调度问题当中，问题的解为所有工件的排列。所以应该把用量子比特表示的量子染色体转化为工件的排列。在量子染色体中，认为 $[\alpha_1 \quad \alpha_2 \quad \cdots \quad \alpha_m]$ 分别表示工件 $1, 2, \cdots, m$ 的概率幅，$m$ 为染色体长度。那么工件 $i$ 排在前面的概率为 $|\alpha_i|^2$，即 $|\alpha_i|^2$ 越大，工件 $i$ 排在前面的可能性越大。例如，三个工件的染色体 $[\alpha_1 \quad \alpha_2 \quad \alpha_3]$，表示工件 1,2,3 排在前的概率分别为 $|\alpha_1|^2, |\alpha_2|^2, |\alpha_3|^2$。如果 $|\alpha_3|^2 > |\alpha_1|^2 > |\alpha_2|^2$，就说明工件的排列顺序为 [3 1 2]，即根据概率大小确定工件的排列。

### 2. flow-shop 调度问题实例

为了测试 QEA 算法的性能，采用由 Carlier 设计的 8 个不同规模的 Benchmark 问题 Car1，Car2，$\cdots$，Car8 进行实验。

仿真时的参数设置为：种群规模 40，最大代数（停止条件）为 J×M，染色体长度为 J，量子交叉概率和遗传交叉概率为 1，量子变异概率和遗传变异概率都为 0.05。

对于每个问题，算法执行 20 次，仿真结果如表 6.6。其中的 RE 表示相对误差，BRE 和 ARE 分别表示最优和平均相对误差。

表 6.6　仿 真 结 果

| 问题 | 工件数，机器数 | $C^*$ | NEH | QEA | |
|------|------|------|------|------|------|
| | | | RE | BRE | ARE |
| Car1 | 11,5 | 7 038 | 0 | 0 | 0 |
| Car2 | 13,4 | 7 166 | 2.93 | 0 | 1.90 |
| Car3 | 12,5 | 7 312 | 1.19 | 1.19 | 1.65 |
| Car4 | 14,4 | 8 003 | 0 | 0 | 0.06 |
| Car5 | 10,6 | 7 720 | 1.49 | 0 | 0.11 |
| Car6 | 8,9 | 8 505 | 3.15 | 0 | 0.19 |
| Car7 | 7,7 | 6 590 | 0 | 0 | 0 |
| Car8 | 8,8 | 8 366 | 2.37 | 0 | 0.03 |

从上表中可以看出，QEA 比经典 NEH 算法具有更好的性能。

## 6.7　小结

### 1. 基本遗传算法

遗传算法主要借用生物进化中"适者生存"的规律。

遗传算法的设计包括:编码、适应度函数、选择、控制参数、交叉与变异等遗传算子等。

遗传算法常用的编码方案有位串编码(二进制编码、Gray 编码)、实数编码、有序串编码、结构式编码等。

遗传算法中初始群体中的个体可以是随机产生的。群体规模太小时,遗传算法的优化性能一般不会太好,容易陷入局部最优解。而当群体规模太大时,则计算复杂。

遗传算法的适应度函数是用来区分群体中的个体好坏的标准。适应度函数一般是由目标函数变换得到的,但必须将目标函数转换为求最大值的形式,而且保证函数值必须非负。为了防止欺骗问题,对适应度函数值域的某种映射变换,称为适应度函数的尺度变换或者定标。

个体选择概率的常用分配方法有适应度比例方法、排序方法等。选择个体方法主要有轮盘赌选择、锦标赛选择方法、最佳个体保存方法等。

遗传算法中起核心作用的是交叉算子。主要有一点交叉、二点交叉、均匀交叉等基本的交叉算子,有部分匹配交叉、顺序交叉、循环交叉等修正的交叉方法。

变异操作主要有位点变异、逆转变异、插入变异、互换变异、移动变异等整数编码的变异方法,有均匀性变异、正态性变异、非一致性变异等实数编码的变异方法。

### 2. 改进遗传算法

双倍体遗传算法群体中的每个个体具有一个显性染色体,一个隐性染色体。每个染色体的编码/解码方式与基本的遗传算法相同。双倍体遗传算法采用显性遗传,即计算显性染色体的适应度,按照显性染色体的适应度进行选择、交叉、变异操作,隐性染色体也同时进行操作。当三个遗传算子都执行完成以后,将个体的染色体显隐性进行重新排定,个体中适应值较大的染色体设定为显性染色体,适应值较小的染色体设定为隐性染色体。

双种群遗传算法建立两个遗传算法群体,分别独立地运行复制、交叉、变异操作,同时当每一代运行结束以后,选择两个种群中的随机个体及最优个体分别交换。

自适应遗传算法的交叉和变异概率能够随适应度自动改变。当种群各个体适应度趋于一致或者趋于局部最优时,使交叉和变异概率增加,以跳出局部最优;而当群体适应度比较分散时,使交叉和变异概率减少,以利于优良个体的生存。

### 3. 差分进化算法

差分进化算法是一种基于实数编码的具有保优思想的贪婪遗传算法,与遗传算法相似,也包括选择、交叉和变异等操作,但在产生子代的方式上有所不同,DE 在父代个体间的差向量基础上生成变异个体,然后按一定的概率对父代个体与变异个体进行交叉操作,最后采用"贪婪"选择策略产生子代个体。

### 4. 基本量子进化算法

量子进化算法建立在量子的态矢量表达基础上,是一种基于量子位、量子叠加态等量子机制的进化算法。它主要包含六个基本要素:染色体编码、初始化种群、量子观测、进化操作、量子评价、量子更新等。

## 思考题

6.1　遗传算法的基本步骤和主要特点是什么？

6.2　适应度函数在遗传算法中的作用是什么？试举例说明如何构造适应函数。

6.3　选择的基本思想是什么？

6.4　遗传算法避免局部最优解的关键技术是什么？

6.5　解释多倍体遗传算法与基本遗传算法的异同。

6.6　解释多种群遗传算法与基本遗传算法的异同。

6.7　解释自适应遗传算法与基本遗传算法的异同。

6.8　简述差分进化算法的流程。

6.9　简述量子进化算法的流程。

## 习题

6.1　编制遗传算法的计算程序，具体求解一个优化问题。记录算法结束时的迭代次数，画出最优个体的适应度变化曲线和群体适应度的平均值变化曲线。

6.2　已知 10 个个体的适应度如题 6.2 表所示，用幂函数变换法求出调整后的适应度值（$K=2$），然后采用适应度比例法分别求出调整前后各个个体的选择概率。

题 6.2 表

| 个体编号 | 原适应度 | 调整后的适应度 | 原选择概率 | 调整后的选择概率 |
|---|---|---|---|---|
| 1 | 2.5 | | | |
| 2 | 1.0 | | | |
| 3 | 3.0 | | | |
| 4 | 1.2 | | | |
| 5 | 2.1 | | | |
| 6 | 0.8 | | | |
| 7 | 2.3 | | | |
| 8 | 1.5 | | | |
| 9 | 0.9 | | | |
| 10 | 1.8 | | | |

6.3    用遗传算法求解下列非线性函数的最小值：

$$f(x_1,x_2) = \frac{-\sin(x_1) + \sqrt{x_1^2 - 4x_2^2}}{x_2}$$

$$0 \leqslant x_i \leqslant 1.5, \quad i = 1,2$$

（1）若采用二进制编码，要求编码精度为 0.01，试确定染色体的长度；

（2）描述二进制编码的优势与特点。

6.4    用遗传算法求解下列非线性函数的最小值：

$$f(x_1,x_2) = \frac{\cos(x_1) + \sin(x_2)}{\sqrt{x_1^2 + x_2^2}}$$

$$0 \leqslant x_i \leqslant 1.5, \quad i = 1,2$$

（1）若采用二进制编码，要求编码精度为 0.1，试确定染色体的长度；

（2）描述二进制编码的优势与特点；

（3）分析交叉概率和变异概率对遗传算法性能的影响。

# 第7章 群智能算法及其应用

智能优化方法中受动物群体智能启发的算法称为群智能算法。本章首先简要介绍群智能算法产生的背景,然后详细介绍粒子群优化算法、量子粒子群优化算法、蚁群算法等群智能算法及其应用。

## 7.1 群智能算法产生的背景

在众多智能计算方法中,受动物群体智能启发的算法称为群智能(swarm intelligence,SI)算法,如图 7.1 所示。

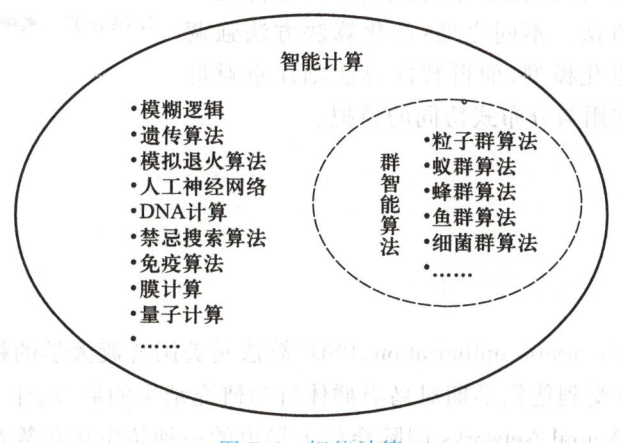

图 7.1 智能计算

自然界中有许多现象令人惊奇,如蚂蚁搬家、鸟群觅食、蜜蜂筑巢等,这些现象不仅吸引生物学家去研究,也让计算机学家痴迷。

鸟群的排列看起来似乎是随机的,其实它们有着惊人的同步性,这种同步性使得鸟群的整体运动非常流畅。有几位科学家对鸟群的运动进行了计算机仿真,他们让每个个体按照特定的规则运动,形成鸟群整体的复杂行为。所提模型成功的关键在于对个体间距离的操作,也就是说群体行为的同步性是因为个体努力维持自身与邻居之间的距离为最优,为此每个个体必须知道自身位置和邻居的信息。生物社会学家 E. O. Wilson 也曾说过"至少从理论上,在搜索食物的过程中群体中的个体成员可以得益于所有其他成员的发现和先前的经历。当食物源不可预测地零星分布时,这种协作带来的优势是决定性的,远大于对食物的竞争带来的劣势。"

这些在由简单个体组成的群落与环境以及个体之间的互动行为,称为"群智能"。群智能算法是基于群体行为对给定的目标进行寻优的启发式搜索算法,其寻优过程体现了随机、并行和分布式等特点。在计算智能领域,群智能算法包括:粒子群优化算法、蚁群算法和人工免疫算法。粒子群优化算法起源于对简单社会系统的模拟。最初设想是用粒子群优化算法模拟鸟群觅食的过程,但后来发现它是一种很好的优化工具。蚁群算法是对蚂蚁群落食物采集过程的模拟,已经成功运用在很多离散优化问题上。

从生物社会学的角度,群智能是蚂蚁、鸟群等社会性动物在觅食、御敌、筑巢等活动中所表现出的一种集体形式的"智能"。从计算机科学的角度,群智能可以定义为由非智能主体组成的系统通过相互之间或环境之间的交互作用表现出的集体智能行为。从应用的角度,群智能是以社会性动物群体行为和人工生命理论为基础,研究各群体行为的内在原理,并以这些原理为基础设计新的问题求解方法。

图 7.2 表示了生物学上的现象与对应的仿生智能计算的关系。

群智能算法与进化算法既有相同之处,也有明显的不同之处。相同之处:首先,群智能算法和进化算法都是受自然现象的启发,基于抽取出的简单自然规则而发展出的计算模型;其次,两者又都是基于种群的方法,且种群中的个体之间、个体与环境之间存在相互作用;最后,两者都是一种元启发式随机搜索方法。不同之处:进化算法方法强调种群的达尔文主义的进化模型,而群智能算法则注重对群体中个体之间的相互作用与分布式协同的模拟。

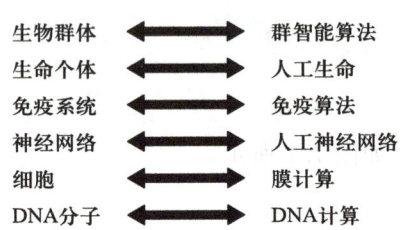

图 7.2　生物层次与仿生智能
计算的对应关系

## 7.2　粒子群优化算法

### 7.2.1　粒子群优化算法的基本原理

粒子群优化(particle swarm optimization,PSO)算法是美国普渡大学的社会心理学家 Kennedy 和电气工程师 Eberhart 受到他们早期对鸟类群体行为研究结果的启发,于 1995 年在 IEEE International Conference on Neural Networks 国际会议上提出的一种仿生优化算法,利用并改进了生物学家的生物群体模型,使粒子能够飞向解空间并在最优解处降落。PSO 算法是一种全局优化算法,通过群体中粒子间的合作与竞争产生的群体智能指导优化搜索。

PSO 算法与其他进化算法相似,也是基于群体的,根据对环境的适应度将群体中的个体移动到好的区域,然而它不像其他进化算法那样对个体使用进化算子,而是将每个个体看作 $n$ 维搜索空间中一个没有体积质量的粒子,在搜索空间中以一定的速度飞行。

粒子群优化算法在 $n$ 维连续搜索空间中,对粒子群中的第 $i(i=1,2,\cdots,m)$ 个粒子,定义 $n$ 维当前位置向量 $\boldsymbol{x}^i(k)=\begin{bmatrix}x_1^i & x_2^i & \cdots & x_n^i\end{bmatrix}^{\mathrm{T}}$ 表示搜索空间中粒子 $i$ 的当前位置,$n$ 维最优位置向量 $\boldsymbol{p}^i(k)=\begin{bmatrix}p_1^i & p_2^i & \cdots & p_n^i\end{bmatrix}^{\mathrm{T}}$ 表示粒子 $i$ 至今所获得的具有最优适应度 $f_p^i(k)$ 的位置。

群体经历过的最优位置(gbest)记为 $\boldsymbol{p}^g(k)=\begin{bmatrix}p_1^g & p_2^g & \cdots & p_n^g\end{bmatrix}^{\mathrm{T}}$,$n$ 维速度向量 $\boldsymbol{v}^i(k)=\begin{bmatrix}v_1^i & v_2^i & \cdots & v_n^i\end{bmatrix}^{\mathrm{T}}$ 表示粒子 $i$ 当前的运行速度,则基本的 PSO 算法为

$$v_j^i(k+1)=\omega(k)v_j^i(k)+\varphi_1 rand(0,a_1)(p_j^i(k)-x_j^i(k))+\varphi_2 rand(0,a_2)(p_j^g(k)-x_j^i(k)) \quad (7.1a)$$

$$x_j^i(k+1)=x_j^i(k)+v_j^i(k+1) \quad (7.1b)$$

$$i=1,2,\cdots,m;\quad j=1,2,\cdots,n$$

其中,$\omega$ 是惯性权重因子。$\varphi_1$、$\varphi_2$ 是加速度常数,均为非负值。$rand(0,a_1)$ 和 $rand(0,a_2)$ 为 $[0,a_1]$、$[0,a_2]$ 范围内的具有均匀分布的随机数,$a_1$ 与 $a_2$ 为相应的控制参数。

式(7.1a)右边的第一部分表示粒子具有惯性,即下一时刻的速度与前一时刻的速度有关;第二部分为个体"认知(cognition)"分量,表示粒子本身的思考,将现有的位置和自己曾经经历过的最优位置相比。第三部分是群体"社会(social)"分量,表示粒子间的信息共享与相互合作。$\varphi_1$ 和 $\varphi_2$ 分别控制个体认知分量和群体社会分量相对贡献的学习率。引入 $rand(0,a_1)$ 和 $rand(0,a_2)$ 将增加认知和社会搜索方向的随机性和算法多样性,避免陷入局部最优解。

基于学习率 $\varphi_1$、$\varphi_2$,Kennedy 给出以下 4 种类型的 PSO 模型:

① 若 $\varphi_1>0$,$\varphi_2>0$,则称该算法为 PSO 全模型。

② 若 $\varphi_1>0$,$\varphi_2=0$,则称该算法为 PSO 认知模型。

③ 若 $\varphi_1=0$,$\varphi_2>0$,则称该算法为 PSO 社会模型。

④ 若 $\varphi_1=0$,$\varphi_2>0$ 且 $g\neq i$,则称该算法为 PSO 无私模型。

标准的粒子群优化算法分为两个版本:全局版和局部版。上面介绍的是全局版粒子群优化算法。局部版与全局版的差别在于,用局部领域内最优邻居的状态代替整个群体的最优状态。局部版的收敛速度比较快,但容易陷入局部极值点,而全局版搜索到的解可能更优,但速度较慢。

粒子群优化算法的流程如下:

① 初始化每个粒子,即在允许范围内随机设置每个粒子的初始位置和速度。

② 评价每个粒子的适应度,计算每个粒子的目标函数。

③ 设置每个粒子经历过的最好位置 $P_i$。对每个粒子,将其适应度与其经历过的最好位置 $P_i$ 对应的适应度进行比较,如果优于 $P_i$,则将其作为该粒子的最好位置 $P_i$。

④ 设置全局最优值 $P_g$。对每个粒子,将其适应度与群体经历过的最好位置 $P_g$ 进行比较,如果优于 $P_g$,则将其作为当前群体的最好位置 $P_g$。

⑤ 根据式(7.1)更新粒子的速度和位置。

⑥ 检查终止条件。如果未达到设定条件(预设误差或者迭代的次数),则返回第②步。

粒子群优化算法的流程图如图 7.3 所示。

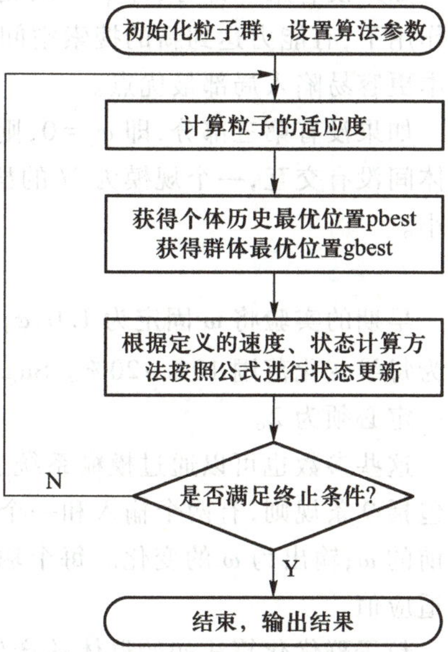

图 7.3　粒子群优化算法流程图

## 7.2.2　粒子群优化算法的参数分析

### 1. PSO 算法的参数

PSO 算法的参数包括:群体规模 $m$,惯性权重 $\omega$,加速度常数 $\varphi_1$、$\varphi_2$,最大速度 $V_{max}$,最大代数 $G_{max}$。

(1) 最大速度 $V_{max}$

对速度 $v_i$,算法中有最大速度 $V_{max}$ 作为限制,如果当前粒子的某维速度大于最大速度 $V_{max}$,则该维的速度就被限制为最大速度 $V_{max}$。

最大速度 $V_{max}$ 决定当前位置与最好位置之间的区域的分辨率(或精度)。如果 $V_{max}$ 太大,粒子可能会飞过好的解;如果 $V_{max}$ 太小,粒子容易陷入局部最优解。

(2) 权重因子

在 PSO 算法中有 3 个权重因子:惯性权重 $\omega$,加速度常数 $\varphi_1$、$\varphi_2$。

惯性权重 $\omega$ 使粒子保持运动惯性,使其有扩展搜索空间的趋势,并有能力搜索新的区域。

加速度常数 $\varphi_1$ 和 $\varphi_2$ 代表将每个粒子推向 $P_i$ 和 $P_g$ 位置的统计加速度项的权重。低的值允许粒子在被拉回之前可以在目标区域外徘徊,而高的值则导致粒子突然冲向或者越过目标区域。

2. 位置更新方程中各部分的影响

对于式(7.1a),如果只有第一部分,而没有后两部分,即 $\varphi_1 = \varphi_2 = 0$,则粒子将保持当前的速度飞行,一直到达边界。由于它只能搜索有限的区域,所以很难找到最优解。

如果没有第一部分,即 $\omega = 0$,则速度只取决于粒子当前位置和其历史最好位置 $P_i$ 和 $P_g$,速度本身没有记忆性。假设一个粒子位于全局最好位置,它将保持静止。而其他粒子则飞向它本身最好位置 $P_i$ 和全局最好位置 $P_g$ 的加权中心。在这种条件下,粒子群将收敛到当前的全局最好位置,更像一个局部算法。加上第一部分后,粒子有扩展搜索空间的趋势,即第一部分有全局搜索能力。这也使得 $\omega$ 的作用为针对不同的搜索问题,调整算法全局和局部搜索能力的平衡。

如果没有第二部分,即 $\varphi_1 = 0$,则粒子没有认知能力,也就是"只有社会模型"。在粒子的相互作用下,有能力达到新的搜索空间。它的收敛速度比标准版本更快,但对复杂问题,则比标准版本更容易陷入局部最优点。

如果没有第三部分,即 $\varphi_2 = 0$,则粒子间没有社会共享信息,也就是"只有认知"模型。因为个体间没有交互,一个规模为 $M$ 的群体等价于 $M$ 个单个粒子的运行,因而得到最优解的概率非常小。

3. 参数设置

早期的实验将 $\omega$ 固定为 1.0,$\varphi_1$ 和 $\varphi_2$ 固定为 2.0,因此 $V_{max}$ 成为唯一需要调节的参数,通常设为每维变化范围 10% ~ 20%。Suganthan 的实验表明,$\varphi_1$ 和 $\varphi_2$ 为常数时可以得到较好的解,但不一定必须为 2。

这些参数也可以通过模糊系统进行调节。Shi 和 Eberhart 提出一个模糊系统来调节 $\omega$,该系统包括 9 条规则,有两个输入和一个输出。一个输入为当前代的全局最好适应值,另一个输入为当前的 $\omega$;输出为 $\omega$ 的变化。每个输入和输出定义了 3 个模糊集,结果显示该方法能显著提高平均适应值。

粒子群优化算法初始群体的产生方法与遗传算法类似。可以随机产生,也可以根据问题的固有知识产生。群体的初始化虽然也是影响算法性能的一个方面,但 Angeline 对不对称的初始化进行了实验,发现 PSO 只是略微受影响。粒子群优化算法的种群的大小根据问题的规模而定,同时要考虑运算的时间。

粒子的适应度函数根据具体问题而定,将目标函数转换成适应度函数的方法与遗传算法类似。

在基本的粒子群优化算法中,粒子的编码使用实数编码方法。这种编码方法在求解连续的函数优化问题时十分方便,同时对粒子的速度求解与粒子的位置更新也很自然。

## 7.3 量子粒子群优化算法

在经典力学中,粒子通过位置向量 $x_i$ 和速度向量 $v_i$ 来描述粒子的运动轨迹,粒子在牛顿力学确定的轨迹下移动。而在量子力学中是没有确定的轨迹的,因为根据海森堡不确定性原理,位置向量 $x_i$ 和速度向量 $v_i$ 是不可能同时确定的。因此,在粒子群算法中的个体加入量子行为,将会丰富算法中种群的多样性,提高算法的全局搜索能力。孙俊(Sun J)等受到量子空间中粒子运动的启发,于 2004 年提出了一种能够保证全局收敛的具有量子行为的量子粒子群优化(quantum-behaved particle swarm optimization,QPSO)算法,其中建立基于量子 $\delta$ 势阱的量子粒子群模型,粒子以一定的概率到达任何量子空间位置,即 QPSO 算法同样以一定的概率在搜索空间中的任何位置产生一个新的解,这个策略能够避免粒子落入局部最优。

量子粒子群优化算法是基于吸引子的进化算法,更适合于连续优化问题,具有全局收敛性、收敛速度快、寻优能力强等特点。

### 7.3.1 基本量子粒子群优化算法

在量子粒子群优化算法中,粒子不再被描述为位置向量 $x_i$ 和速度向量 $v_i$,而是采用波函数(wave-function)来表示。根据粒子群优化算法中粒子收敛性分析,种群中每个个体必定存在以 $p_i$ 为中心的吸引势。基于量子理论,在 $p_i$ 点吸引势中建立 $\delta$ 势阱。

在量子搜索空间中,种群中粒子的变化遵循薛定谔方程(Schrödinger equation):

$$\frac{2m}{h^2}\left[E+\gamma\delta(x-p_i)\psi\right]+\frac{\mathrm{d}^2\psi}{\mathrm{d}(x-p_i)^2}=0 \tag{7.2}$$

式(7.2)中,$m$ 为每个个体的质量,$h$ 为普朗克常量,$E$ 为种群中每个个体的能量。

粒子的波函数 $\psi$ 为

$$\psi(x-p_i)=\frac{1}{\sqrt{L}}\exp\left(-\frac{|x-p_i|}{L}\right) \tag{7.3}$$

式(7.3)中,波函数 $\psi$ 是时间和坐标的复函数,代表三维空间中每个个体的位置向量信息。$|\psi|^2$ 称为概率密度函数。

波函数的自变量 $x$ 是粒子的位置信息,因变量 $y$ 是概率值,等于 $y$ 模长的平方,表示粒子在该位置的概率是多少。波函数是用来预测概率的,因为微观世界里描述物体运动都是用概率来描述,而不是确定的。

种群中粒子出现在点位置 $p_i$ 的概率密度函数为

$$Q(x-p_i)=|\psi(x-p_i)|^2=\frac{1}{L}\exp\left(-2\frac{|x-p_i|}{L}\right) \tag{7.4a}$$

其中,$p_i$ 为每个粒子历史的最好位置。式(7.3)给出了粒子在量子空间中的定态波函数。定态是具有一定能量的状态。

参数 $L$ 称为 $\delta$ 势阱的特征长度,定义为

$$L(t+1)=2\beta\times|p_i-x(t)| \tag{7.4b}$$

$L$ 指出了微粒的搜索空间范围。$\beta$ 称为收缩-扩张因子,用来控制粒子的收敛速度,取值是介于 $(0,1)$ 之间的随机分布数,不同的 $\beta$ 影响算法的收敛速度,一般取 $\beta$ 的值为

$$\beta = \frac{(1.0 \sim 0.5) \times (MAXITER - t)}{MAXITER} + 0.5 \tag{7.4c}$$

其中,$MAXITER$ 为最大迭代次数,$t$ 为当前迭代次数。

为了求解群体中个体的精确位置信息,将量子状态塌缩到经典状态,即将个体从搜索空间过渡到解空间,由概率密度函数通过蒙特卡罗(Monte Carlo)方法计算得到粒子位置

$$x(t) = p_i \pm \frac{L}{2} \ln\left(\frac{1}{u}\right) \tag{7.5a}$$

$$u = rand(0,1) \tag{7.5b}$$

式(7.5)中,$u$ 是 $(0,1)$ 之间的均匀分布随机数。

孙俊在量子粒子群优化算法中引入平均最优位置(mean best position,mbest),$mbest$ 为所有粒子的中心:

$$mbest = \sum_{i=1}^{M} \frac{p_i}{M} = \left( \sum_{i=1}^{M} \frac{pbest_{i1}}{M}, \sum_{i=1}^{M} \frac{pbest_{i2}}{M}, \cdots, \sum_{i=1}^{M} \frac{pbest_{id}}{M} \right) \tag{7.6}$$

其中,$M$ 是种群数目,$pbest_{i1}$ 是第 $i$ 个粒子的个体最优,$d$ 表示粒子的维度。

通过将所有粒子的中心 $mbest$ 取代每个粒子的最好位置 $p_i$,可以有效提高算法的全局搜索能力。

$$p_{id} = \mu pbest_i + (1-\mu) gbest \tag{7.7}$$

式(7.7)中,$p_{id}$ 为第 $i$ 个粒子最优位置,$\mu$ 为 $[0,1]$ 上的均匀随机数,当 $\mu = 0.5$,代表 $pbest_i$ 与 $gbest$ 的合成。

$\delta$ 势阱的特征长度 $L$ 表示为

$$L(t+1) = 2\beta \left| mbest - x(t) \right| \tag{7.8}$$

吸引子和特征长度有多种构造方法。在很多算法中,粒子的局部最优作为吸引子。粒子的当前位置和局部最优的距离、当前位置与局部最优的平均值的距离等都被尝试用来构建特征长度。

将式(7.8)代入参数 $L$,QPSO 算法的进化方程为

$$x_{id}(t+1) = \begin{cases} p_{id} + \beta \left| mbest - x_{id}(t) \right| \ln \dfrac{1}{u}, & \text{if } u < 0.5 \\ p_{id} - \beta \left| mbest - x_{id}(t) \right| \ln \dfrac{1}{u}, & \text{if } u \geq 0.5 \end{cases} \tag{7.9}$$

其中,$x_{id}(t+1)$ 为个体在第 $t+1$ 代的位置,式(7.9)实现对量子空间中粒子准确位置的测量。它是量子粒子群优化算法的核心迭代公式,通过不断更新吸引子 $p_i$ 和特征长度 $L$,实现了粒子按照量子力学的运动形式在整个决策空间的高效搜索。

量子粒子群优化算法的基本步骤如下:

步骤 1    初始化粒子群体。确定种群规模为 $M$,随机产生服从均匀分布的粒子的位置向量 $x_i(t) = (x_{i1}(t), x_{i2}(t), \cdots, x_{id}(t))$,其中 $i = 1, 2, \cdots, M$,个体位置向量均位于 $[x_{\min}, x_{\max}]$ 范围之内。

**步骤 2**　求 $pbest_i$ 和 $gbest$。设置个体历史最优值 $pbest_i = x_i$，计算每个粒子对应的适应度函数值，并将群体中适应度函数值最优的粒子设置为全局最优值 $gbest$。

**步骤 3**　根据公式(7.6)计算所有粒子的重心($mbest$)。

**步骤 4**　根据公式(7.7)来计算粒子的最优位置($p_{id}$)。

**步骤 5**　根据量子粒子群进化方程式(7.9)更新每个粒子的位置，产生新的种群。

**步骤 6**　计算个体历史最优值($pbest$)。根据适应度函数计算每一个微粒的适应度值，通过和个体的历史最优值比较，如果当前值优于个体历史最优值，则把当前值替换为个体最优值($pbest$)，否则不替换。

**步骤 7**　计算群体的历史最优值($gbest$)。计算所有微粒的适应值，并与当前的全局最优值($gbest$)比较，若当前值优于全局最优值，则把当前值替换为全局最优值($gbest$)。

**步骤 8**　粒子适应度值满足收敛条件或者达到最大迭代次数，则算法结束，否则跳转到 step2 继续迭代执行。

## 7.3.2　改进量子粒子群优化算法

基本量子粒子群优化算法虽然相对于粒子群优化算法具有更好的收敛性和全局搜索能力，但是在求解约束优化问题的时候，会产生大量的不可行解，破坏种群的多样性，导致算法陷入局部极值。为了克服算法的早熟和陷入局部最优，使用不同的概率分布函数产生随机数作为变异概率。

### 1. 三种概率分布函数

（1）正态分布

正态分布是具有两个参数 $\mu$ 和 $\sigma^2$ 的连续型随机变量的分布，第一参数 $\mu$ 是服从正态分布的随机变量的均值，第二个参数 $\sigma^2$ 是此随机变量的方差。正态分布记作 $N(\mu, \sigma^2)$。服从正态分布的随机变量的概率规律为取与 $\mu$ 邻近的值的概率大，而取与 $\mu$ 越远的值的概率越小；$\sigma$ 越小，分布越集中在 $\mu$ 附近，$\sigma$ 越大，分布越分散。正态分布的概率密度函数为

$$f(x) = \frac{1}{\sigma\sqrt{2\pi}} e^{-\frac{(x-\mu)^2}{2\sigma^2}} \tag{7.10}$$

（2）$\chi^2$ 分布

设随机变量 $X_1, X_2, \cdots, X_k$ 相互独立，并且都服从标准正态分布 $N(0,1)$，则随机变量 $\chi^2 = X_1^2 + X_2^2 + \cdots + X_k^2$ 的概率密度函数为

$$f_{\chi^2}(x) = \begin{cases} \dfrac{1}{2^{\frac{k}{2}} \Gamma\left(\dfrac{k}{2}\right)} x^{\frac{k}{2}-1} e^{-\frac{x}{2}}, & x > 0 \\ 0, & x \leq 0 \end{cases} \tag{7.11}$$

（3）$t$ 分布

设随机变量 $X$ 与 $Y$ 独立，并且 $X$ 服从标准正态分布 $N(0,1)$，$Y$ 服从自由度为 $k$ 的 $\chi^2$ 分布，则随机变量 $t = X\sqrt{\dfrac{k}{Y}}$ 的概率密度函数为

$$f_t(z) = \frac{\Gamma\left(\dfrac{k+1}{2}\right)}{\sqrt{k\pi}\,\Gamma\left(\dfrac{k}{2}\right)}\left(1+\frac{z^2}{k}\right)^{-\frac{k+1}{2}} \tag{7.12}$$

#### 2. 变异操作

（1）生成符合正态分布的随机数

产生 $U(0,1)$ 均匀分布的随机数 30 个，记为 $u_1,u_2,\cdots,u_{30}$；由于 $E(u_i)=\dfrac{1}{2}$，$D(u_i)=\dfrac{1}{12}$（$i=1,2,\cdots,30$）。根据中心极限定理，可以认为近似服从均值为 $\dfrac{1}{2}\times 30=15$，方差为 $\dfrac{30}{12}=2.5$ 的正态分布。

（2）对个体的每个维度产生在可行域区间内符合下列概率分布之一的可行解

① 正态分布

生成一个符合正态分布的随机数 $v$，变换 $x=\mu+\sigma v$，由正态分布的性质可知，它可以看作是来自正态分布 $N(\mu,\sigma^2)$ 的一个随机数。取 $\mu=\dfrac{X_{\max it}-X_{\min it}}{2}$。$\sigma$ 为可变参数，用于控制解在可行域范围内的分布情况。可行解 $X'_{it}=u+\sigma v$。

② $\chi^2$ 分布

生成 $k$ 个满足标准正态分布 $N(0,1)$ 的随机数（$Y_1,Y_2,\cdots,Y_k$），取 $\chi^2=Y_1^2+Y_2^2+\cdots+Y_k^2$。$k$ 为可变参数，用于控制解在可行域范围内的分布情况。可行解 $X'_{it}=\chi^2+\dfrac{X_{\max it}-X_{\min it}}{2}$。

③ $t$ 分布

生成 2 个满足标准正态分布 $N(0,1)$ 的随机数（$Y_1,Y_2$），取 $\chi^2=Y_1^2+Y_2^2$，生成一个符合正态分布的随机数 $X$，取 $t=X\sqrt{\dfrac{2}{Y}}$。可行解 $X'_{it}=t+\dfrac{X_{\max it}-X_{\min it}}{2}$。

（3）计算适应度

由前面所生成的个体 $X'=(x'_1,x'_2,x'_3,\cdots,x'_n)$ 在可行域区间内，符合概率分布。根据适应度公式计算个体的适应度 $f'(x)$。

（4）以一定的概率接受解

计算动态变异率

$$p_m = \frac{f'(x)-f(x)}{f(x)}+p_{\min} \tag{7.13}$$

其中，$f(x)$ 为原个体的适应度。$f'(x)$ 为变异操作后个体的适应度。依照概率 $\min\{1,p_m\}>random[0,1]$ 接受解，即将原个体 $X$ 替换为变异后的解 $X'$。上式表明若 $p_m>1$ 则表示 $X'$ 是个极好解，这个解必定被接受。

#### 3. 改进量子粒子群优化算法流程

基于概率分布的量子粒子群优化算法如图 7.4 所示。

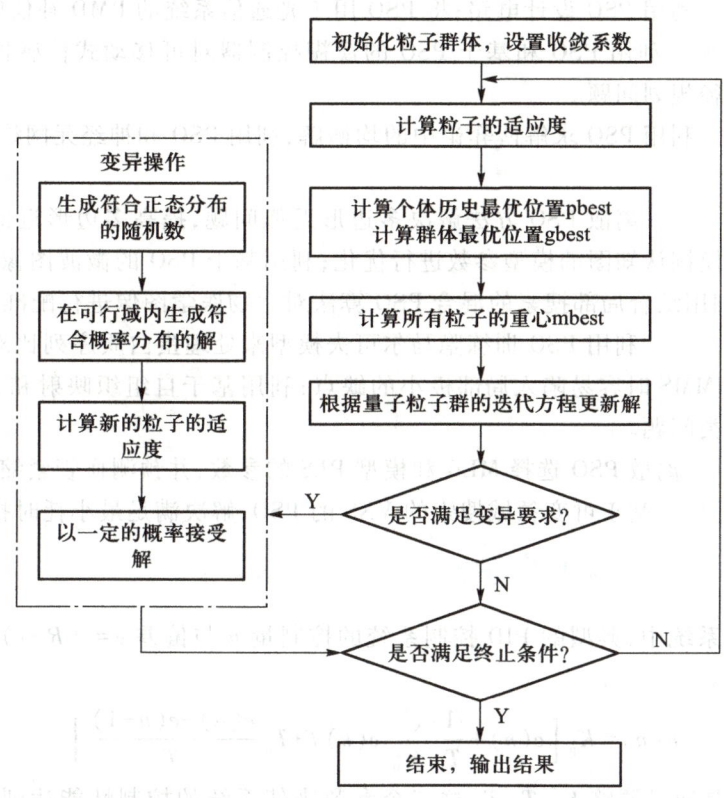

图 7.4　基于概率分布的量子粒子群优化算法流程图

# 7.4　粒子群优化算法的应用

## 7.4.1　粒子群优化算法应用领域

粒子群优化算法已在诸多领域得到应用,简单归纳如下:

(1)神经网络训练。利用 PSO 来训练神经元网络,将遗传算法与 PSO 结合来设计递归/模糊神经元网络等。利用 PSO 设计神经元网络是一种快速、高效并具有潜力的方法。

(2)化工系统领域。利用 PSO 求解苯乙烯聚合反应的最优稳态操作条件,获得了最大的转化率和最小的聚合体分散性;使用 PSO 来估计在化工动态模型中产生不同动态现象(如周期振荡、双周期振荡、混沌等)的参数区域,仿真结果显示提高了传统动态分叉分析的速度;利用 GP 和 PSO 辨识最优生产过程模型及其参数。

(3)电力系统领域。将 PSO 用于最低成本发电扩张 GEP 问题,结合罚函数法解决带有强约束的组合优化问题;利用 PSO 优化电力系统稳压器参数;利用 PSO 解决考虑电压安全的无功功率和电压控制问题;利用 PSO 算法解决满足发电机约束的电力系统经济调度问题;利用 PSO 解决满足开、停机热备约束的机组调度问题。

(4)机械设计领域。利用 PSO 优化设计碳纤维强化塑料;利用 PSO 对降噪结构进行最优化设计。

（5）通信领域。利用 PSO 设计电路;将 PSO 用于光通信系统的 PMD 补偿问题。

（6）机器人领域。利用 PSO 和基于 PSO 的模糊控制器对可移动式传感器进行导航;利用 PSO 求解机器人路径规划问题。

（7）经济领域。利用 PSO 求解博弈论中的均衡解;利用 PSO 和神经元网络解决最大利益的股票交易决策问题。

（8）图像处理领域。离散 PSO 方法解决多边形近似问题,提高多边形近似结果;利用 PSO 对用于放射治疗的模糊认知图的模型参数进行优化;利用基于 PSO 的微波图像法来确定电磁散射体的绝缘特性;利用结合局部搜索的混合 PSO 算法对生物医学图像进行配准。

（9）生物信息领域。利用 PSO 训练隐马尔可夫模型来处理蛋白质序列比对问题,克服利用 Baum-Welch 算法 HMMS 时容易陷入局部极小的缺点;利用基于自组织映射和 PSO 的混合聚类方法来解决基因聚类问题。

（10）医学领域。离散 PSO 选择 MLR 和模型 PLS 的参数,并预测血管紧缩素的对抗性。

（11）运筹学领域。基于可变领域搜索的 VNS 的 PSO,解决满足最小耗时指标的置换问题。

## 7.4.2 粒子群优化算法在 PID 参数整定中的应用

在计算机控制系统中,典型的 PID 控制系统的控制量 $u$ 与偏差 $e = (R-y)$ 之间满足以下差分方程:

$$u(n) = K_p \left[ e(n) + \frac{1}{T_i} \sum_{k=0}^{n} e(k) T + T_d \frac{e(n) - e(n-1)}{T} \right] \tag{7.14}$$

PID 控制器就是通过调整 $K_p$、$T_i$、$T_d$ 这三个参数来使系统的控制性能达到给定的要求。从最优控制的角度,就是在 $K_p$、$T_i$、$T_d$ 这三个变量的参数空间中,寻找最优的值使系统的控制性能达到最优。

$K_p$、$T_i$、$T_d$ 这三个变量的参数空间是很大的。手工整定法建立在经验的基础上,从根本上来说是一种试凑法,对较大的参数空间它往往难以找到较优的结果。而基于其他优化方法的一些解析法也常常因对象模型的不确定而难以得到全局最优解。为优化 PID 参数,可以选取如下函数作为评价控制性能的指标:

$$Q = \int_0^{\infty} t |e(t)| \, dt \tag{7.15}$$

### 1. 编码与初始种群

早期的粒子群优化算法使用二进制编码,存在码位长,转化为浮点数的精度等问题。现在一般都采用实数编码。这里用三维空间的一个粒子表示 PID 的三个参数。

在初始群体的生成上,首先根据经验估计出 PID 三个参数的取值范围,在此范围内采用随机生成的方式,使粒子群优化算法在整个可行解空间中进行搜索。

### 2. 适应度函数

由于 PID 参数优化是求目标函数 $Q$ 的极小值问题,因而需要将极小值问题转换为极大值问题,适应度函数可以取为

$$F = \frac{1}{\int_0^{\infty} t |e(t)| \, dt} \tag{7.16}$$

　　例如,采用 PID 控制器对被控对象进行控制,假定控制对象具有二阶惯性加延迟的模型,其传递函数为 $H(s) = \dfrac{e^{-0.4s}}{(0.3s+1)^2}$。假定采样周期选择 0.1 s,根据经验 $K_p$ 参数范围为 $(0,4)$,$T_i$ 参数范围为 $(0,1)$,$T_d$ 参数范围为 $(0,1)$。取粒子群种群规模为 20,迭代次数为 50,$c_1$ 的取值根据迭代的次数线性减小,初始值为 1.5,最终值 0.4。$\varphi_1 = \varphi_2 = 2$。

　　PID 参数粒子群优化算法寻优结果见表 7.1。为了说明粒子群优化算法的有效性,表中同时也给出了用单纯形法的寻优结果。

**表 7.1　优化结果及比较**

| 算法 | $K_p$ | $T_i$ | $T_d$ | $Q$ |
|---|---|---|---|---|
| 粒子群优化算法 | 0.629 32 | 0.593 49 | 0.237 15 | 4.842 32 |
| 单纯形法 | 0.630 57 | 0.594 81 | 0.237 03 | 4.868 18 |

## 7.4.3　粒子群优化算法求解车辆路径问题

　　PSO 非常适合于求解连续优化问题,求解性能远超 GA。PSO 虽然也适合于求解离散优化问题,但求解性能一般,而选择 GA 一般会更好。下面举例说明。

### 1. 车辆路径问题(VRP)的模型

　　车辆路径问题:假定配送中心最多可以用 $K(k=1,2,\cdots,K)$ 辆车对 $L(i=1,2,\cdots,L)$ 个客户进行运输配送,$i=0$ 表示仓库。每个车辆载重为 $b_k(k=1,2,\cdots,K)$,每个客户的需求为 $d_i(i=1,2,\cdots,L)$,客户 $i$ 到客户 $j$ 的运输成本为 $c_{ij}$(可以是距离、时间、费用等)。定义如下变量:

$$y_{ik} = \begin{cases} 1 & \text{客户 } i \text{ 由车辆 } k \text{ 配送} \\ 0 & \text{其他} \end{cases}$$

$$x_{ijk} = \begin{cases} 1 & \text{车辆 } k \text{ 从 } i \text{ 访问 } j \\ 0 & \text{其他} \end{cases}$$

则车辆路径问题的数学模型如下表示:

$$\min \sum_{k=1}^{K} \sum_{i=0}^{L} \sum_{j=0}^{L} c_{ij} x_{ijk} \tag{7.17a}$$

$$\sum_{i=1}^{L} d_i y_{ik} \leqslant b_k \ \forall k \tag{7.17b}$$

$$\sum_{k=1}^{K} y_{ik} = 1 \ \forall i \tag{7.17c}$$

$$\sum_{i=1}^{L} x_{ijk} = y_{jk} \ \forall j,k \tag{7.17d}$$

$$\sum_{j=1}^{L} x_{ijk} = y_{ik} \ \forall i,k \tag{7.17e}$$

$$\sum_{i,j \in S \times S} x_{ijk} \leqslant |S| - 1 \quad S \in \{1,2,\cdots,L\} \ \forall k \tag{7.17f}$$

$$x_{ijk} = 0 \text{ 或 } 1 \quad \forall i,j,k \tag{7.17g}$$

$$y_{ik} = 0 \text{ 或 } 1 \quad \forall i,k \tag{7.17h}$$

约束(7.17b)为每辆车的能力约束。约束(7.17c)保证每个客户都被服务。约束(7.17d)、(7.17e)保证客户是仅被一辆车访问。约束(7.17f)消除子回路。(7.17g)、(7.17h)表示变量的取值范围。

### 2. 编码与初始种群

对这类组合优化问题,编码方式、初始解的设置对问题的求解都有很大的影响。采用常用的自然数编码方式。对于 $K$ 辆车和 $L$ 个客户的问题,用从 1 到 $L$ 的自然数随机排列来产生一组初始解 $X = (x_1, x_2, \cdots, x_L)$。

### 3. 实验结果

粒子群优化算法的各个参数设置如下:种群规模 $P = 50$,迭代次数 $N = 1\,000$,$\omega_1$ 的初始值为 1,随着迭代的进行,线性减小到 0,$\varphi_1 = \varphi_2 = 1.4$,$p_C = 0.2$,$|V_{max}| \leqslant 100$。优化结果及其与遗传算法的比较如表 7.2 所示。其中,A-n32-k5 是选自 Augerat 实例集中的实验例子,表示 32 个用户、5 辆配送车。best 为搜索到的算法最优解。dev(%) 为算法最优解与当前已知最优解的偏差。

表 7.2   优化结果及其与遗传算法的比较

| 实例 | PSO | | GA | |
|---|---|---|---|---|
| | best | dev(%) | best | dev(%) |
| A-n32-k5 | 829 | 5.73 | 818 | 4.34 |
| A-n33-k5 | 705 | 6.65 | 674 | 1.97 |
| A-n34-k5 | 832 | 6.94 | 821 | 5.52 |
| A-n39-k6 | 872 | 6.08 | 866 | 5.35 |
| A-n44-k6 | 1 016 | 8.49 | 991 | 5.76 |
| A-n46-k7 | 977 | 6.89 | 957 | 4.7 |
| A-n54-k7 | 1 205 | 3.26 | 1 203 | 3.08 |
| A-n60-k9 | 1 476 | 9.01 | 1 410 | 4.13 |
| A-n69-k9 | 1 275 | 10 | 1 243 | 7.24 |
| A-n80-k10 | 1 992 | 12.98 | 1 871 | 6.12 |

从表 7.2 可见,对于这个离散优化问题,虽然 PSO 可以用,但求解性能不及 GA。

## 7.5   基本蚁群算法

蚁群算法(ant colony optimization, ACO)是一种基于种群的智能仿生类进化算法,由意大利科学家 Marco Dorigo 等受蚂蚁觅食行为的启发,在 20 世纪 90 年代初提出来的。它是继模拟退火算法、遗传算法、禁忌搜索算法、人工神经网络算法等启发式搜索算法后的又一种应用于组合优化问题的启发式搜索算法。研究表明,蚁群算法在解决离散组合优化方面具有良好的性能,并在多方面得到应用。

Marco Dorigo、V. Maniezzo 等人在观察蚂蚁觅食习性时发现,蚂蚁总能找到巢穴与食物之间的最短路径。经研究发现,蚁群觅食时总存在跟踪信息素(phero mone)和遗留信息素两种行为,即一方面蚂蚁会按照一定的概率沿着信息素较强的路径觅食,另一方面,蚂蚁会在走过的路上释放信息素,使得在一定范围内的其他蚂蚁能够觉察到并由此影响它们的行为。当一条路上的信息素越来越多,后来的蚂蚁选择这条路的概率也越来越大,从而进一步增加该路径的信息素强度,而其他路径上蚂蚁越来越少时,这条路径上的信息素会随着时间的推移逐渐减弱。这种选择过程称为蚂蚁的自催化过程,其原理是一种正反馈机制,所以蚂蚁系统也称为增强型学习系统。蚁群算法以信息素更新和概率转移作为基本操作,指导搜索方向。

20 世纪 90 年代后期,这种算法逐渐引起了很多研究者的注意,他们对算法做了各种改进并应用到其他领域。Dorigo 等提出了蚁群的算法框架,所有符合蚁群优化描述框架的蚂蚁算法都可称之为蚁群优化算法,或简称为蚁群算法。Gutgahr 首先证明了 ACO 类算法的收敛性。

## 7.5.1 基本蚁群算法模型

蚁群算法的第一个应用是著名的旅行商问题(TSP),M. Dorigo 等人充分利用了蚁群搜索食物的过程与旅行商问题之间的相似性,通过人工模拟蚂蚁搜索食物的过程,即通过个体之间的信息交流与相互协作最终找到从蚁穴到食物源的最短路径,来求解旅行商问题。下面用旅行商问题阐明蚁群系统的模型。蚁群算法可以应用于各种优化问题,甚至连续函数优化问题。

设 $m$ 是蚁群中蚂蚁的数量,给定 $n$ 个城市的集合,$d_{xy}(x,y=1,\cdots,n)$ 表示元素(城市) $x$ 和元素(城市) $y$ 之间的距离。欧几里得空间中,$d_{xy}=\sqrt{(X_x-X_y)^2+(Y_x-Y_y)^2}$。$\eta_{xy}$ 表示能见度,称为启发式信息,等于距离的倒数,即 $\eta_{xy}=\dfrac{1}{d_{xy}}$。$b_x(t)$ 表示时刻 $t$ 位于城市 $x$ 的蚂蚁的个数,$m=\sum\limits_{x=1}^{n}b_x(t)$。$\tau_{xy}(t)$ 表示 $t$ 时刻在 $xy$ 连线上残留的信息素,各条路径上初始时刻的信息素相等,为一个小的正常数,即 $\tau_{xy}(0)=C(const)$。

蚂蚁 $k(k=1,\cdots,m)$ 在运动过程中,根据各条路径上的信息素和启发信息决定转移方向。每只蚂蚁在 $t$ 时刻选择下一个城市,并在 $t+1$ 时刻到达那里。$P_{xy}^k(t)$ 表示在 $t$ 时刻蚂蚁 $k$ 选择从元素(城市) $x$ 转移到元素(城市) $y$ 的概率。

$P_{xy}^k(t)$ 由信息素 $\tau_{xy}(t)$ 和局部启发信息 $\eta_{xy}$ 共同决定,也称为随机比例规则(random-proportional rule)。

$$P_{xy}^k(t)=\begin{cases}\dfrac{[\tau_{xy}(t)]^\alpha[\eta_{xy}]^\beta}{\sum\limits_{w\in allowed_k(x)}[\tau_{xw}(t)]^\alpha[\eta_{xw}]^\beta} & if\quad w\in allowed_k(x)\\[4mm] 0 & 其他\end{cases}\qquad(7.18)$$

其中，$allowed_k(x)=\{1,2,\cdots,n\}-tabu_k(x)$，表示蚂蚁 $k$ 下一步允许选择的城市。$tabu_k(x)(k=1,2,\cdots,m)$ 记录蚂蚁 $k$ 当前所走过的城市。$\alpha$ 是信息素启发式因子，表示轨迹的相对重要性，反映了残留信息素浓度 $\tau_{xy}(t)$ 在指导蚁群搜索中的相对重要程度。$\beta$ 表示路径能见度的相对重要程度，即表示启发式信息的重要性。

$\alpha$ 值越大，该蚂蚁越倾向于选择其他蚂蚁经过的路径，该状态转移概率越接近于贪婪规则。当 $\alpha=0$ 时，就不再考虑信息素水平，算法就成为有多重起点的随机贪婪算法。而当 $\beta=0$ 时，算法就成为纯粹的正反馈的启发式算法。

随着时间的推移，以前留下的信息素逐渐挥发，用参数 $1-\rho$ 表示信息素挥发程度，其中，$\rho$ 为 $0\sim1$ 之间的常数。$\rho$ 越小，信息素挥发越快。蚂蚁完成一次循环，各路径上信息素浓度挥发规则可以取为

$$\tau_{xy}(t+1)=\rho\tau_{xy}(t)+\Delta\tau_{xy}(t) \tag{7.19}$$

$x$ 与 $y$ 之间路径上的信息素增量为

$$\Delta\tau_{xy}(t)=\sum_{k=1}^{m}\Delta\tau_{xy}^{k}(t) \tag{7.20}$$

其中，$\Delta\tau_{xy}(t)$ 为路径 $(x,y)$ 上 $t$ 到 $t+1$ 时刻信息素的增量，$\Delta\tau_{xy}^{k}(t)$ 为第 $k$ 只蚂蚁 $t$ 到 $t+1$ 时刻留在路径 $(x,y)$ 上信息素的增量。

根据具体算法的不同，$\Delta\tau_{xy}^{k}(t)$、$\Delta\tau_{xy}(t)$、$\tau_{xy}(t)$ 及 $P_{xy}^{k}(t)$ 的表达形式可以不同，要根据具体问题而定。

M. Dorigo 给出 $\Delta\tau_{xy}^{k}(t)$ 的三种不同模型。

第一种称为蚂蚁圈系统（ant-cycle system）。单只蚂蚁 $k$ 所访问路径上的信息素浓度更新规则为

$$\Delta\tau_{xy}^{k}(t)=\begin{cases}\dfrac{Q}{L_k} & \text{若第 }k\text{ 只蚂蚁在本次循环中从 }x\text{ 到 }y\\[2mm]0 & \text{否则}\end{cases} \tag{7.21}$$

$Q$ 为常数，$L_k$ 为优化问题的目标函数值，表示第 $k$ 只蚂蚁在本次循环中所走路径的长度。

第二种称为蚂蚁数量系统（ant-quantity system）：

$$\Delta\tau_{xy}^{k}(t)=\begin{cases}\dfrac{Q}{d_{xy}} & \text{若第 }k\text{ 只蚂蚁在本次循环中从 }x\text{ 到 }y\\[2mm]0 & \text{否则}\end{cases} \tag{7.22}$$

第三种称为蚂蚁密度系统（ant-density system）：

$$\Delta\tau_{xy}^{k}(t)=\begin{cases}Q & \text{若第 }k\text{ 只蚂蚁在本次循环中从 }x\text{ 到 }y\\[2mm]0 & \text{否则}\end{cases} \tag{7.23}$$

第一种模型利用的是整体信息，即蚂蚁完成一个循环后，更新所有路径上的信息，通常作为蚁群算法的基本模型。后两种模型利用的是局部信息，每走一步都要更新残留信息素的浓度，而非等到所有蚂蚁完成对所有 $n$ 个城市的访问以后。

比较上述三种方法,蚂蚁圈系统的效果最好,这是因为它利用的是全局信息 $Q/L_k$,而其余两种算法用的是局部信息 $Q/d_{xy}$ 和 $Q$。全局信息更新方法很好地保证了残留信息素不会无限累积。如果路径没有被选中,那么上面的残留信息素会随时间的推移而逐渐减弱,这使算法能"忘记"不好的路径。即使路径经常被访问也不会因为 $\Delta\tau_{xy}^k(t)$ 的累积,而产生 $\Delta\tau_{xy}^k(t)\gg\eta_{xy}(t)$ 使期望值的作用无法体现。这充分体现了算法中全局范围内较短路径(较好解)的生存能力,加强了信息正反馈性能,提高了系统搜索收敛的速度。因而,在蚁群算法中,通常采用蚂蚁圈系统作为基本模型。

## 7.5.2　蚁群算法的参数选择

从蚁群搜索最短路径的机理不难看到,算法中有关参数的不同选择对蚁群算法的性能有至关重要的影响,但其选取的方法和原则,目前尚没有理论上的依据,通常都是根据经验而定。

信息素启发因子 $\alpha$。它的大小反映了蚁群在路径搜索中随机性因素作用的强度。其值越大,蚂蚁选择以前走过的路径的可能性越大,搜索的随机性减弱,但当 $\alpha$ 过大时会使蚁群的搜索过早陷入局部最优。

期望值启发式因子 $\beta$。它的人小反映了蚁群在路径搜索中先验性、确定性因素作用的强度,其值越大,蚂蚁在某个局部点上选择局部最短路径的可能性越大。虽然搜索的收敛速度得以加快,但蚁群在最优路径的搜索过程中随机性减弱,易于陷入局部最优。蚁群算法的全局寻优性能,首先要求蚁群的搜索过程必须有很强的随机性;而蚁群算法的快速收敛性能,又要求蚁群的搜索过程必须要有较高的确定性。因此,$\alpha$ 和 $\beta$ 对蚁群算法性能的影响和作用是相互配合、密切相关的。

信息素挥发度 $1-\rho$。蚁群算法与遗传算法等各种模拟进化算法一样,也存在着收敛速度慢、易于陷入局部最优等缺陷。而信息素挥发度 $1-\rho$ 直接关系到蚁群算法的全局搜索能力及其收敛速度。由于信息素挥发度 $1-\rho$ 的存在,当要处理的问题规模比较大时,会使那些从来未被搜索到的路径(可行解)上的信息量减小到接近于 0,因而降低了算法的全局搜索能力。但当 $1-\rho$ 过大时,会使那些从未被搜索到的路径上的信息量减少到接近 0,所以以前搜索过的路径被再次选择的可能性也会过大,这会影响算法的随机性能和全局搜索能力。反之,通过减小信息素挥发度 $1-\rho$ 虽然可以提高算法的随机性能和全局搜索能力,但又会使算法的收敛速度降低。

对于旅行商问题,单个蚂蚁在一次循环中所经过的路径,表现为问题的可行解集中的一个解,$k$ 个蚂蚁在一次循环中所经过的路径,则表现为问题的可行解集中的一个子集。显然,子集越大(即蚁群数量多)越可以提高蚁群算法的全局搜索能力以及算法的稳定性。但蚂蚁数目增大后,会使大量的曾被搜索过的解(路径)上的信息素量的变化比较平均,信息素正反馈的作用不明显,搜索的随机性虽然得到了加强,但收敛速度减慢。反之,子集较小(即蚁群数量少),特别是当要处理的问题规模比较大时,会使那些从来未被搜索到的解(路径)上的信息素量减小到接近于 0,搜索的随机性减弱,虽然收敛速度加快,但会使算法的全局性能降低,算法的稳定性差,容易出现过早停滞现象。

在蚂蚁圈系统模型中,总信息素量 $Q$ 为蚂蚁循环一周时释放在所经过的路径上的信息素总量。总信息素量 $Q$ 越大,则在蚂蚁已经走过的路径上信息素的累积越快,可以加强蚁群搜索时的正反馈性能,有助于算法的快速收敛。由于在蚁群算法中各个算法参数的作用实际上是紧密结合的,其中对算法性能起着主要作用的应该是信息素启发式因子 $\alpha$、期望启发式因子 $\beta$ 和信息素残留常数 $\rho$ 等三个参数。总信息素量 $Q$ 对算法性能的影响则有赖于上述三个参数的配置,以及算法模型的选取。例如,在蚂蚁圈系统模型和蚂蚁密度系统模型中,总信息素量 $Q$ 对算法性能的影响显然有较大的差异。同样,信息素的初始值 $\tau_0$ 对算法性能的影响不是很大。

## 7.6　改进蚁群算法

### 7.6.1　蚂蚁-Q 系统

1995 年,意大利学者 M. Luca、M. Gambardella、M. Dorigo 提出了蚂蚁-Q 系统(ant-Q system)。该算法在 ACA 算法的随机比例规则基础上,在解构造过程中提出了伪随机比例状态迁移规则,从而能够实现解构造过程中知识探索和知识利用的平衡,并引入信息素局部更新过程,信息素局部更新规则引入了强化学习理论中的 Q 学习机制,此外在信息素的全局更新中采用了精英策略。随机数 $q \in [0,1]$,参数 $q_0 \in [0,1]$ 决定了蚁群在搜索时的知识利用与探索之间的权重差别。

$$y = \begin{cases} \arg \max_{w \in allowed_k(x)} \{ [HE(x,w)]^\alpha \cdot [AQ(x,w)]^\beta \} & if\ q \leqslant q_0 \\ Y & 其他 \end{cases} \tag{7.24}$$

根据式(7.24)计算概率分布:

$$P_k(x,y) = \begin{cases} \dfrac{[HE(x,y)]^\alpha \cdot [AQ(x,y)]^\beta}{\sum\limits_{w \in allowed_k(x)} \{ [HE(x,w)]^\alpha \cdot [AQ(x,w)]^\beta \}} & if\ w \in allowed_k(x) \\ 0 & 其他 \end{cases} \tag{7.25}$$

$AQ$ 值按照如下规则进行更新:

$$AQ(x,y) \leftarrow (1-\alpha)AQ(x,y) + \alpha \left( \Delta AQ(x,y) + \gamma \cdot \max_{w \in allowed_k(x)} AQ(x,w) \right) \tag{7.26}$$

$$\Delta AQ(x,y) = \begin{cases} \dfrac{w}{L_k} & if\ ant\ k\ goes\ from\ x\ to\ y \\ 0 & 其他 \end{cases} \tag{7.27}$$

### 7.6.2　蚁群系统

1996 年,Gambardella 和 Dorigo 又在 Ant-Q 算法的基础上,提出一种修正的蚁群算法,称之为蚁群系统(ant colony system, ACS),该算法可以看成 Ant-Q 算法的特例。它与前面提到的 ant-cycle system 算法的不同之处在于蚂蚁选择城市时遵循的规则不同,这里使用的是所谓的状态转移规则(state transition rule)

$$S_k = \begin{cases} \arg \max_{s \in j_k(r)} \left\{ \left[ \tau(r, s) \right]^{\alpha} \left[ \eta(r,s) \right]^{\beta} \right\} & q \leqslant q_0 \\ S & 其他 \end{cases} \tag{7.28}$$

$S_k$ 是序号为 $k$ 的蚂蚁所选中的下一个节点，$q$ 表示一个随机变量，$q_0$ 是一个适当选定的阈值。蚂蚁在选择下一个城市之前先进行一次随机试验得 $q$，若 $q < q_0$，则选择城市时按第一种情况，选择当前信息素浓度最大的路径。上式中的第一种情况表示若自变量不在蚂蚁 $k$ 的禁忌表 $J_k(r)$ 中，且令花括号中表达式最大，则整个表达式的值为该自变量的值，这称为知识利用，是非随机的方法（其余参数含义同前）。若 $q > q_0$，则按第二种情况随机选择变量 $S$，即采用基本蚁群算法的选择法，称为知识搜索，相当于遗传算法中的轮盘赌选择法。$S$ 的概率分布 $P_k(r,s)$ 与前述 ant-cycle algorithm 算法中的计算方法相同，参见公式（7.25）。从中可以看出，上述算法和以前算法的主要不同在于蚂蚁选择下一城市之前，多进行了一次随机试验，将选择情况分成"利用已知信息"和"探索"两类。

Dorigo 等讨论不同的蚁群初始分布对求解的影响，提出了所谓的精英策略（elitist strategy），以强化精英蚂蚁（发现迄今最好路径的蚂蚁）的影响。结果发现，对精英蚂蚁数而言有一个最优的范围：低于此范围，增加精英蚂蚁数可较早地发现更好的路径，高于此范围，精英蚂蚁会在搜索早期迫使寻优过程始终在次优解附近，导致性能变差。

### 7.6.3　最大-最小蚂蚁系统

最大-最小蚂蚁系统（max-min ant system，MMAS）是德国学者 Thomas Stutzle 等在 1997 年提出的。该算法在启动时将所有支路上的信息素浓度初始化为最大值 $\tau_{\max}$；为了更好地利用历史信息，每次迭代后按挥发系数 $\rho$ 降低信息素浓度，只有最佳路径上的支路才允许增加其信息素浓度并保持在高水平上，也就是用当前找到的最好解更新信息素来指引蚂蚁向更高质量的解空间搜索的贪婪策略。信息素可按公式（7.29）进行更新。

$$\tau(x,y) = \rho \cdot \tau(x,y) + \Delta\tau(x,y)^{\text{best}} \tag{7.29}$$

式中，$\Delta\tau(x,y)^{\text{best}} = \dfrac{1}{f(s^{\text{best}})}$。$f(s^{\text{best}})$ 表示该次迭代中的最优路径或是全局最优路径的代价函数。

为了避免算法过早收敛于局部最优解，将各条路径可能的信息素浓度限制于 $[\tau_{\min}, \tau_{\max}]$，超出这个范围的值将被强制设为 $\tau_{\min}$ 或 $\tau_{\max}$，可以有效地避免某条路径上的信息量远大于其余路径，使得所有的蚂蚁都集中到同一条路径上，从而使算法不再扩散。但是，只采用最大最小信息素浓度的限制，还不足以在较长的运行时间里消除停滞现象，因此，采用了让轨迹上信息素浓度的增加正比于 $\tau_{\max}$ 和当前浓度 $\tau(x,y)$ 之差的平滑机制，如式（7.30）所示，其中 $0 < \delta < 1$。

$$\tau'(x,y) = \tau(x,y) + \delta(\tau_{\max}(x,y) - \tau(x,y)) \tag{7.30}$$

### 7.6.4　自适应蚁群算法

自适应蚁群算法能根据判断搜索结果是否陷入局部收敛从而采用一种新的信息素更新策略，自适应动态调整陷入局部收敛的蚂蚁所经过路径上的信息素 $\rho$ 和信息素强度 $Q$，使得算法能更快地跳出局部收敛，防止"早熟"，同时对所有路径上的信息素取值限定范围，有利于算法的全局搜索。

### 1. 状态转移规则

第 $k$ 只蚂蚁由节点 $r$ 转移到节点 $s$ 的概率按式(7.31)计算,所得的概率记为 $P_{rs}^k$。

$$P_{rs}^k = \begin{cases} \dfrac{\tau_{ij}^{\alpha} \cdot \eta_{ij}^{\beta}}{\sum\limits_{i \in p} \tau_{ij}^{\alpha} \cdot \eta_{ij}^{\beta}} & p_{ij} < p_{imax} \\ 0 & 其他 \end{cases} \tag{7.31}$$

其中,$\tau_{ij}$ 表示节点 $r$ 到节点 $s$(其中 $s$ 表示第 $i$ 个工件的第 $j$ 道工序)的信息素,$\eta_{ij}$ 表示节点 $r$ 到节点 $s$ 的可见度,$p_{ij}$ 表示第 $i$ 个工件的第 $j$ 道工序,$p_{imax}$ 表示第 $i$ 个工件的最大工序,$\alpha$、$\beta$ 分别表示信息素和可见度的偏重系数,可见度 $\eta_{ij}$ 由公式(7.32)来计算。

$$\eta_{ij} = \frac{1}{t_{wait} + c} \tag{7.32}$$

其中,$t_{wait}$ 为在加工 $p_{ij}$ 前的等待时间。为了避免 $t_{wait} = 0$ 而使可见度趋于无限大,同时分母为 1 时,$\eta_{ij} = 1$,偏重系数 $\beta$ 不起作用,故在分母加上常数 $c$($c > 1$)以保证可见度对节点选择的影响,在算法具体实现时取 $c = 2$。经过式(7.31)计算后,再用轮盘赌方法从工件集中选择一个节点,并记下这个节点的起止时间,以便计算等待时间和最后完成所有工件的加工时间。

### 2. 判断是否发生局部收敛

各代所有蚂蚁爬行完毕后对所搜索到的最优解进行判断,看是否陷入局部收敛,判断方法如下:当连续几代最优蚂蚁搜索得到的路径相同时,算法即陷入了局部收敛,此时最优蚂蚁的爬行路径总长度相同,故可以认为当连续几代的最优蚂蚁爬行路径总长度相同时算法陷入了局部最优,在 job-shop 调度问题中即为连续几代搜索到的最大完工时间相同时发生局部收敛。

### 3. 自适应信息素挥发系数 $\rho$

当算法陷入局部收敛时,$\rho$ 不再为常数,而是随着连续最优解相同的代数的增大而增大,表达式如下:

$$\rho = \begin{cases} \rho_0 & n \leqslant n_0 + 1 \\ 1 - \dfrac{1 - \rho_0}{n - n_0} & n > n_0 + 1 \end{cases} \tag{7.33}$$

其中,$\rho_0$ 为初始挥发度,$n$ 为各代最优解连续相等的次数,$n_0$ 为大于 1 的整数。当 $n > n_0 + 1$ 时,$\rho$ 开始减小,$n$ 越大 $\rho$ 越小。算法具体实现时,$\rho_0$、$n_0$ 可以根据需要进行调节。

### 4. 自适应信息素强度 $Q(n)$

当算法陷入局部收敛时,采用时变函数 $Q(n)$ 来代替基本蚁群算法中调整信息素 $\Delta\tau_{ij}^k = Q/L_k$ 中为常数项的信息素强度 $Q$,即选择 $\Delta\tau_{ij}^k = Q(n)/L_k$,$Q(n)$ 随着人工蚂蚁搜索过程动态地调整,如下所示:

$$Q(n) = \begin{cases} Q_0 & n \leqslant n_0 \\ -Q_0 \times (n - n_0) & n > n_0 \end{cases} \tag{7.34}$$

其中,$Q_0$ 为初始信息素强度,可以根据需要调整。

### 5. 改进的信息素更新策略

信息素更新策略存在多种方式,如果对人工蚂蚁走过的全部路径上的信息素进行更新,则容易导致算法获得的结果振荡,不易收敛;若只是更新人工蚂蚁目前搜索到最优边上的信息素,则进一步加强了蚁群算法的正反馈作用,导致搜索过程迅速陷入局部最优解。

记 $l$ 为每代最优解对应的蚂蚁,蚂蚁总数为 $m$。为了进一步克服蚁群算法的上述问题,可以采用如下两种更新策略:

(1) 当算法未陷入局部最优时,采用全局更新和局部更新结合的策略,其中 $\rho$ 和 $Q$ 均为初始值:

步骤 1　全局更新,计算所有蚂蚁经过路径上的信息素增量:

$$\Delta\tau_{ij} = \sum_{k=1}^{m} \Delta\tau_{ij}^{k}, \quad \Delta\tau_{ij}^{k} = Q(n)/L_k, \quad Q(n)=Q_0, k=1,\cdots,m \tag{7.35}$$

$\Delta\tau_{ij}^{k}$ 为蚂蚁 $k$ 在经过路径上留下的信息素,$L_k$ 为蚂蚁 $k$ 经过路径长度,$\Delta\tau_{ij}$ 为所有经过路径 $ij$ 的蚂蚁留下的信息素总和。

步骤 2　局部更新,如果该代最优解为历代最优解,则调整蚂蚁 $l$ 经过路径上的信息素增量:

$$\Delta\tau_{ij(\text{new})}^{(l)} = \Delta\tau_{ij(\text{old})}^{(l)} + \Delta\tau_{ij}^{l}, \quad \Delta\tau_{ij}^{l} = Q(n)/L_l, \quad Q(n)=Q_0 \tag{7.36}$$

$\Delta\tau_{ij(\text{new})}^{(l)}$ 为经全局和局部更新后第 $l$ 只蚂蚁经过路径上的信息素增量,$\Delta\tau_{ij(\text{old})}^{(l)}$ 为全局更新后第 $l$ 只蚂蚁经过路径上的信息素增量,$\Delta\tau_{ij}^{l}$ 为蚂蚁 $l$ 在经过路径上留下的信息素。

步骤 3　更新所有蚂蚁经过路径上的信息素:

$$\tau_{ij(\text{new})} = (1-\rho)\tau_{ij(\text{old})} + \Delta\tau_{ij}, \quad \rho=\rho_0 \tag{7.37}$$

$\tau_{ij(\text{new})}$ 为此次循环后各路径上的信息素,$\tau_{ij(\text{old})}$ 为此次循环前各路径上的信息素,$\Delta\tau_{ij}$ 为全局和局部更新后各路径上的信息素增量。

(2) 当算法陷入局部最优时,仅采用全局更新策略。

步骤 1　计算除最优蚂蚁 $l$ 之外所有其他蚂蚁经过路径上的信息素增量:

$$\Delta\tau_{ij} = \sum_{k=1}^{m} \Delta\tau_{ij}^{k}, \quad \Delta\tau_{ij}^{k} = Q(n)/L_k, \quad Q(n)=Q_0, \quad k=1,\cdots,l-1,l+1,\cdots,m \tag{7.38}$$

步骤 2　计算蚂蚁 $l$ 经过的路径上的信息素增量:

$$\Delta\tau_{ij}^{(l)} = \Delta\tau_{ij}^{l}, \quad \Delta\tau_{ij}^{l} = Q(n)/L_l, \quad Q(n) = -Q_0 \times (n-n_0) \tag{7.39}$$

步骤 3　更新除蚂蚁 $l$ 之外所有其他蚂蚁经过路径上的信息素:

$$\tau_{ij} = (1-\rho)\tau_{ij} + \Delta\tau_{ij}, \quad \rho=\rho_0 \tag{7.40}$$

步骤 4　更新蚂蚁 $l$ 经过路径上的信息素:

$$\tau_{ij}^{(l)} = (1-\rho)\tau_{ij}^{(l)} + \Delta\tau_{ij}^{(l)}, \quad \rho = 1 - \frac{1-\rho_0}{n-n_0} \tag{7.41}$$

使用该策略后,在算法初期一般 $n \leq n_0$,未陷入局部收敛,此时采用全局更新和局部更新可以使最优路径上的信息量快速增加,算法收敛速度加快。当迭代到一定代数后,由于个别路径上的信息素迅速增加,解趋向于单一化,如果此时还不是我们所要求的满意解,迭代最优解就会相同,算法倾向于局部收敛,$n$ 不断增大,当 $n>n_0$ 时算法陷入局部收敛,此时自适应 $\rho,Q$ 使蚂蚁 $l$

经过路径即最优路径上的信息素挥发度增大,信息素增量 $\Delta \tau_{ij}^{(l)}$ 变为负值,并且搜索陷入局部收敛越深,$\rho$ 越大,$\left| \Delta \tau_{ij}^{(l)} \right|$ 越大,最优路径上的信息素减小越快。需要注意的是最优路径的信息素 $\rho$ 虽然随着 $n$ 的增加而减小,但绝对不会小于 0,当最优路径上的 $\rho$ 减小到不明显比其他路径上的 $\rho$ 大时蚂蚁就不会再选择该路径,因此最优路径发生变化,算法跳出局部收敛,先前最优路径上的 $\rho$ 不再减小。其他非蚂蚁 $l$ 经过路径上的信息素更新规则不变。这种信息素更新策略可以使解重新趋于多样化,算法快速跳出局部收敛。经过对 JSP 问题的仿真表明该方法比其他的算法更容易跳出局部收敛,搜索到更好的解。

### 6. 限定信息素的范围

通过缩小各路径信息素的差距,可以使算法有更好的全局收敛性。对各路径上的信息素进行限定,以防止某些路径上的信息素过大或过小而影响算法的全局收敛性。

改进自适应蚁群算法的流程如图 7.5 所示。

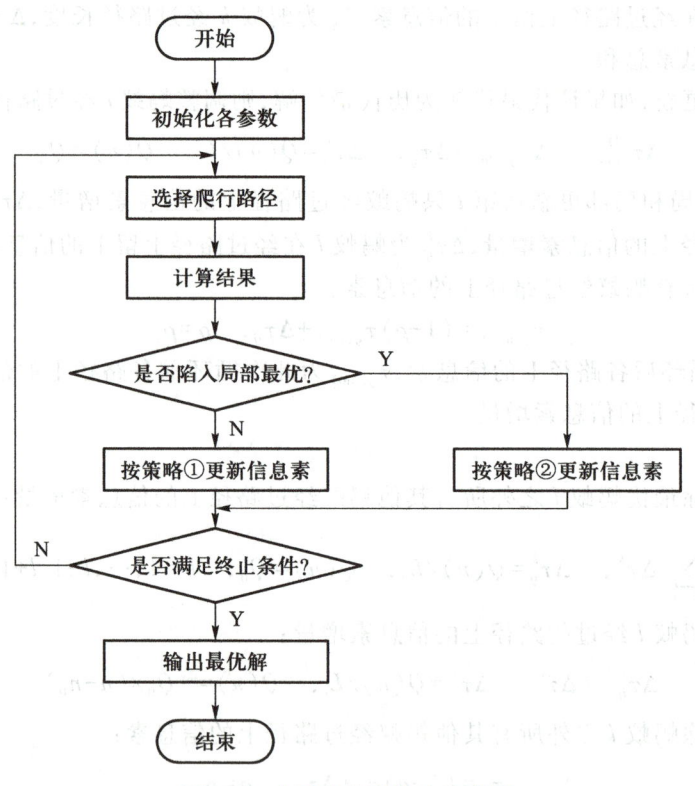

图 7.5   自适应蚁群算法流程图

## 7.7  蚁群算法的应用

柔性作业车间调度问题:某加工系统有 6 台机床,要加工 4 个工件,每个工件有 3 道工序,如表 7.3 所示。比如工序 $p_{11}$ 代表第一个工件的第一道工序,可由机床 1 用 2 个单元时间完成,或由机床 2 用 3 个单元时间完成,或由机床 3 用 4 个单元时间完成。

表 7.3　柔性作业车间调度事例

| 工序选择 | | 加工机床及加工时间 | | | | | |
|---|---|---|---|---|---|---|---|
| | | 1 | 2 | 3 | 4 | 5 | 6 |
| $J_1$ | $p_{11}$ | 2 | 3 | 4 | | | |
| | $p_{12}$ | | 3 | | 2 | 4 | |
| | $p_{13}$ | 1 | 4 | 5 | | | |
| $J_2$ | $p_{21}$ | 3 | | 5 | | 2 | |
| | $p_{22}$ | 4 | 3 | | 6 | | |
| | $p_{23}$ | | | 4 | | 7 | 11 |
| $J_3$ | $p_{31}$ | 5 | 6 | | | | |
| | $p_{32}$ | | 4 | | 3 | 5 | |
| | $p_{33}$ | | | 13 | | 9 | 12 |
| $J_4$ | $p_{41}$ | 9 | | 7 | 9 | | |
| | $p_{42}$ | | 6 | | 4 | | 5 |
| | $p_{43}$ | 1 | | 3 | | | 3 |

　　经算法运行 300 代后,得到最优解为 17 个单元时间。甘特图、历代最优解收敛图分别如图 7.6、图 7.7 所示。

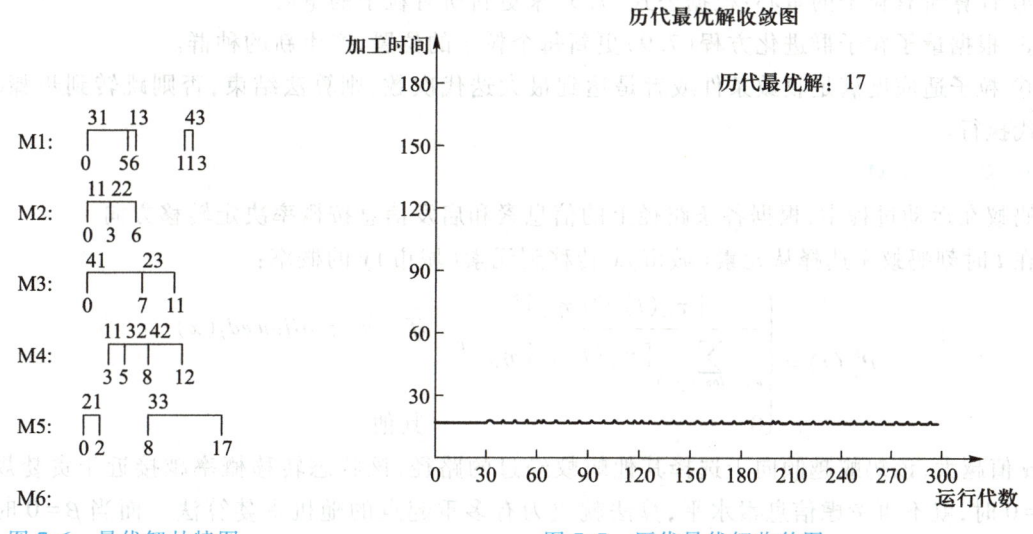

图 7.6　最优解甘特图　　　　　图 7.7　历代最优解收敛图

　　由图 7.6 可以看出机器 6 并没有加工任何工件。分析其原因为它虽然可以加工工序 $p_{23}$、

$p_{33}$、$p_{42}$、$p_{43}$，但从表 7.3 可知机器 6 的加工时间大于其他可加工机器，特别是 $p_{23}$、$p_{33}$ 的加工时间，因此机器 6 并未分到任何加工任务。

由图 7.7 可知，算法在 30 代以前就收敛到最优解，且各代最优解相差不大，可见算法较为稳定。

## 7.8　小结

### 1. 粒子群优化算法

① 初始化每个粒子，即在允许范围内随机设置每个粒子的初始位置和速度。

② 评价每个粒子的适应度，计算每个粒子的目标函数。

③ 设置每个粒子的 $P_i$。对每个粒子，将其适应度与其经历过的最好位置 $P_i$ 进行比较，如果优于 $P_i$，则将其作为该粒子的最好位置 $P_i$。

④ 设置全局最优值 $P_g$。对每个粒子，将其适应度与群体经历过的最好位置 $P_g$ 进行比较，如果优于 $P_g$，则将其作为当前群体的最好位置 $P_g$。

⑤ 根据式(7.1)更新粒子的速度和位置。

⑥ 检查终止条件。如果未达到设定条件(预设误差或者迭代的次数)，则返回第② 步。

### 2. 量子粒子群优化算法

① 确定种群规模和粒子维数，初始化粒子群体。

② 计算个体历史最优值：根据适应度函数计算每一个微粒的适应度值，通过和个体的历史最优值比较，如果当前值优于个体历史最优值，则把当前值替换为个体最优值，否则不替换。

③ 计算群体的历史最优值：计算所有微粒的适应值，并与当前的全局最优值比较，若当前值优于全局最优值，则把当前值替换为全局最优值。

④ 计算所有粒子的重心：根据公式(7.5)来更新所有粒子的重心。

⑤ 根据量子粒子群进化方程(7.9)更新每个粒子的位置，产生新的种群。

⑥ 粒子适应度满足收敛条件或者是达到最大迭代次数，则算法结束，否则跳转到步骤②继续迭代执行。

### 3. 基本蚁群算法

蚂蚁在运动过程中，根据各条路径上的信息素和启发信息按概率决定转移方向。

在 $t$ 时刻蚂蚁 $k$ 选择从元素(城市)$x$ 转移到元素(城市)$y$ 的概率：

$$P_{xy}^k(t) = \begin{cases} \dfrac{[\tau_{xy}(t)]^\alpha [\eta_{xy}]^\beta}{\sum\limits_{w \in allowed_k(x)} [\tau_{xw}(t)]^\alpha [\eta_{xw}]^\beta} & if \quad w \in allowed_k(x) \\ 0 & 其他 \end{cases}$$

$\alpha$ 值越大，该蚂蚁越倾向于选择其他蚂蚁经过的路径，该状态转移概率越接近于贪婪规则。当 $\alpha = 0$ 时，就不再考虑信息素水平，算法就成为有多重起点的随机贪婪算法。而当 $\beta = 0$ 时，算法就成为纯粹的正反馈的启发式算法。

各路径上信息素浓度消散规则为：$\tau_{xy}(t+1) = \rho \tau_{xy}(t) + \Delta \tau_{xy}(t)$

蚁群的信息素浓度更新规则为：$\Delta\tau_{xy}(t) = \sum_{k=1}^{m} \Delta\tau_{xy}^{k}(t)$

蚂蚁圈系统：$\Delta\tau_{xy}^{k}(t) = \begin{cases} \dfrac{Q}{L_k} & \text{若第 } k \text{ 只蚂蚁在本次循环中从 } x \text{ 到 } y \\ 0 & \text{否则} \end{cases}$

蚂蚁数量系统：$\Delta\tau_{xy}^{k}(t) = \begin{cases} \dfrac{Q}{d_{xy}} & \text{若第 } k \text{ 只蚂蚁在本次循环中从 } x \text{ 到 } y \\ 0 & \text{否则} \end{cases}$

蚂蚁密度系统：$\Delta\tau_{xy}^{k}(t) = \begin{cases} Q & \text{若第 } k \text{ 只蚂蚁在本次循环中从 } x \text{ 到 } y \\ 0 & \text{否则} \end{cases}$

## 思考题

7.1　群智能算法的基本思想是什么？

7.2　群智能算法的主要特点是什么？

7.3　列举几种典型的群智能算法，分析他们的主要优点、缺点。

7.4　简述群智能算法与进化算法的异同。

7.5　举例说明粒子群算法的搜索原理，并简要叙述粒子群算法有哪些特点。

7.6　简述粒子群算法位置更新方程中各部分的影响。

7.7　简述粒子群算法的流程。

7.8　为什么要对粒子群算法进行改进？一般有几种改进方法？

7.9　粒子群算法的寻优过程包含哪几个阶段？寻优的准则有哪些？

7.10　粒子群算法中的参数如何选择？

7.11　简述量子粒子群算法的流程。

7.12　举例说明蚁群算法的搜索原理，并简要叙述蚁群算法有哪些特点。

7.13　蚁群算法的寻优过程包含哪几个阶段？寻优的准则有哪些？

7.14　蚁群算法中的参数如何选择？

7.15　为什么要对蚁群算法进行改进？一般有几种改进方法？

# 第8章 机器学习

机器学习(machine learning)是一种构建模型实现自动化数据分析的方法,是人工智能中最具智能特征、最前沿的研究领域,一直受到人工智能及认知心理学家们的普遍关注,机器学习获得了较快的发展,特别是近年来深度学习使机器学习掀起了新的研究与应用热潮。机器学习与计算机科学、心理学等多种学科都有密切的关系,牵涉的面比较宽,而且许多理论及技术上的问题尚处于研究之中。

本章首先介绍机器学习的基本概念,特别是介绍监督学习、无监督学习和弱监督学习的概念,然后简要介绍线性回归、$K$-近邻、决策树、支持向量机和 $K$ 均值聚类等几种常用的经典机器学习方法。

## 8.1 机器学习的基本概念

### 8.1.1 学习

机器学习基本概念讲课视频▲

学习是人类具有的一种重要的智能行为,但至今还没有一个精确的、能被公认的学习的定义。这一方面是由于来自不同学科,例如神经学、认知心理学、计算机科学等的研究人员,分别从不同的角度对学习给出了不同的解释;另一方面,也是最重要的原因是学习是一个多侧面、综合性的心理活动,它与记忆、思维、知觉、感觉等多种心理行为都有着密切联系,使得人们难以把握学习的机理与实质,因而无法给出确切的定义。

目前,对"学习"的定义有较大影响的观点主要有:

① 学习是系统改进其性能的过程。这是西蒙(Simon)关于"学习"的观点。1980 年他在卡内基-梅隆大学召开的机器学习研讨会上做了"为什么机器应该学习"的发言。在此发言中,他把学习定义为:学习是系统中的任何改进,这种改进使得系统在重复同样的工作或进行类似的工作时,能完成得更好。这一观点在机器学习研究领域中有较大的影响。学习的基本模型就是基于这一观点建立起来的。

② 学习是获取知识的过程。这是专家系统研究人员提出的观点。由于知识获取一直是专家系统建造中的困难问题,因此他们把机器学习与知识获取联系起来,希望通过对机器学习的研究,实现知识的自动获取。

③ 学习是技能的获取。这是心理学家关于如何通过学习获得熟练技能的观点。人们通过大量实践和反复训练可以改进机制和技能,如像骑自行车、弹钢琴等都是这样。但是,学习并不只是获得技能,它只是学习的一个方面。

④ 学习是事物规律的发现过程。在 20 世纪 80 年代,由于对智能机器人的研究取得了一定的进展,同时又出现了一些发现系统,于是人们开始把学习看作是从感性知识到理性知识的认识过程,从表层知识到深层知识的转化过程,即发现事物规律、形成理论的过程。

综合上述各种观点,可以将学习定义为:学习是一个有特定目的的知识获取过程,其内在行为是获取知识、积累经验、发现规律;外部表现是改进性能、适应环境、实现系统的自我完善。

## 8.1.2 机器学习

机器学习使计算机能模拟人的学习行为,自动地通过学习获取知识和技能,不断改善性能,实现自我完善。

作为人工智能的一个研究领域,机器学习主要研究以下三方面问题:

① 学习机理。这是对人类学习机制的研究,即人类获取知识、技能和抽象概念的天赋能力。通过这一研究,将从根本上解决机器学习中的问题。

② 学习方法。研究人类的学习过程,探索各种可能的学习方法,建立起独立于具体应用领域的学习算法。机器学习方法的构造是在对生物学习机理进行简化的基础上,用计算的方法进行再现。

③ 学习系统。根据特定任务的要求,建立相应的学习系统。

从计算机算法角度研究机器学习问题,与生物学、医学和生理学,从生理、生物功能角度研究生物界,特别是人类学习问题有着密切的联系。最近国际上新兴的脑机交互(brain-computer interface,BCI)就是从大脑中直接提取信号,并经过计算机处理加以应用。

## 8.1.3 机器学习系统

### 1. 机器学习系统的定义

为了使计算机系统具有某种程度的学习能力,使它能通过学习增长知识、改善性能、提高智能水平,需要为它建立相应的学习系统。

能够在一定程度上实现机器学习的系统称为学习系统。

1973 年萨利斯(Saris)曾对学习系统给出如下定义:如果一个系统能够从某个过程或环境的未知特征中学到有关信息,并且能把学到的信息用于未来的估计、分类、决策或控制,以便改进系统的性能,那么它就是学习系统。

1977 年施密斯等人又给出了一个类似的定义:如果一个系统在与环境相互作用时,能利用过去与环境作用时得到的信息,并提高其性能,那么这样的系统就是学习系统。

### 2. 机器学习系统的条件和能力

由上述定义可以看出,一个学习系统应具有如下条件和能力。

### (1) 具有适当的学习环境

无论是在萨利斯的定义中还是在施密斯等人的定义中,都使用了"环境"这一术语。这里所说的环境是指学习系统进行学习时的信息来源。如果把学习系统比作学生,那么"环境"就是为学生提供学习信息的教师、书本及各种应用、实践的过程。没有环境,学生就无从学习与应用新知识。同样,如果没有环境,学习系统就失去了学习和应用的基础,不能实现机器学习。

对于不同的学习系统及不同的应用,环境一般都是不相同的。例如,当把学习系统用于专家系统的知识获取时,环境就是领域专家以及有关的文字资料、图像等;当把它用于博弈时,环境就是博弈的对手以及千变万化的棋局。

### (2) 具有一定的学习能力

环境只是为学习系统提供了学习及应用的条件。学习系统要从中学到有关信息,还必须有合适的学习方法及一定的学习能力,否则它仍然学不到知识,或者学得不好。这正如一个学生即使他有好的教师和教材,如果他没有掌握适当的学习方法或者学习能力不强,他仍然不能取得理想的学习效果一样。

学习过程是系统与环境相互作用的过程,是边学习、边实践,然后再学习、再实践的过程。就以学生的学习来说,学生首先从教师及书本那里取得有关概念和技术的基本知识,经过思考、记忆等过程把它变成自己的知识,然后在实践(如做作业、实验、课程设计等)中检验学习的正确性,如果发现问题,就再次向教师或书本请教,修正原来理解上的错误或者补充新的内容。学习系统的学习过程与此类似。它也通过与环境多次相互作用逐步学到有关知识,而且在学习过程中要通过实践验证、评价所学知识的正确性。一个完善的学习系统只有同时具备这两种能力,才能学到有效的知识。

### (3) 能应用学到的知识求解问题

学习的目的在于应用。在萨利斯的定义中,就明确指出了学习系统应"能把学到的信息用于未来的估计、分类、决策或控制",强调学习系统应该做到学以致用。事实上,如果一个人或者一个系统不能应用学到的知识求解遇到的现实问题,那他(它)也就失去了学习的作用及意义。

### (4) 能提高系统的性能

这是学习系统应达到的目标。通过学习,系统应能增长知识,提高技能,改善系统的性能,使它能完成原来不能完成的任务,或者比原来做得更好。例如对于博弈系统,如果它第一次失败了,那么它应能从失败中吸取经验教训,通过与环境的作用学到新的知识,做到"吃一堑,长一智",使得以后不重蹈覆辙。

### 3. 机器学习系统的基本模型

由以上分析可以看出,一个学习系统一般应该有环境、学习、知识库、执行与评价四个基本部分组成。各部分之间的关系如图 8.1 所示,其中,箭头表示信息的流向。

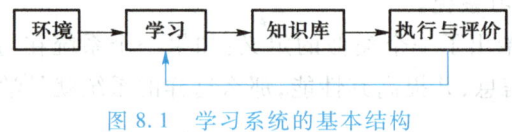

图 8.1    学习系统的基本结构

"环境"指外部信息的来源。它将为系统的学习机构提供有关信息。系统通过对环境的搜索取得外部信息,然后经分析、综合、类比、归纳等思维过程获得知识,并将这些知识存入知识库中。

"知识库"用于存储由学习得到的知识,在存储时要进行适当的组织,使它既便于应用又便于维护。

"执行与评价"实际上是由"执行"与"评价"这两个环节组成的。执行环节用于处理系统面临的现实问题,即应用学到的知识求解问题,如定理证明、智能控制、自然语言处理、机器人行动规划等;评价环节用于验证、评价执行环节执行的效果,如结论的正确性等。目前对评价的处理有两种方式:一种是把评价时所需的性能指标直接建立在系统中,由系统对执行环节得到的结果进行评价;另一种是由人来协助完成评价工作。如果采用后一种方式,则图 8.1 中可略去评价环节,但环境、学习、知识库、执行等环节是不可缺少的。

"学习"部分将根据反馈信息决定是否要从环境中索取进一步的信息进行学习,以修改、完善知识库中的知识。这是学习系统的一个重要特征。

### 8.1.4 机器学习的发展

关于机器学习的研究,可以追溯到 20 世纪 50 年代中期。当时人们从仿生学的角度研究人类大脑及神经系统的学习机理。但由于受到客观条件的限制,未能如愿。以后几经波折,直到 20 世纪 80 年代才获得了蓬勃发展。若以机器学习的研究目标及研究方法来划分,其发展过程可分为如下三个阶段。

#### 1. 神经元模型的研究

这一阶段始于 20 世纪 50 年代中期,主要是应用决策理论的方法研制可适应环境的通用学习系统(general purpose learning system)。它的基本思想是:如果给系统一组刺激、一个反馈源和修改自身组织的自由度,那么系统就可以自适应地趋向最优组织。这实际上是希望构造一个神经网络和自组织系统。

在此期间有代表性的工作是 1957 年罗森勃拉特(Rosenblatt F.)提出的感知器模型。它由阈值神经元组成,试图模拟动物和人脑的感知及学习能力。此外,这阶段最有影响的研究成果是塞缪尔研制的具有自学习、自组织、自适应能力的跳棋程序。该程序在分析了约 175 000 幅不同棋局后,归纳出了棋类书上推荐的走法,能根据下棋时实际情况决定走步的策略,准确率达到 48%。这是机器学习发展史上一次卓有成效的探索。

1969 年明斯基和佩珀特(Papert)发表了颇有影响的论著《感知机》(*Perceptron*),对神经元模型的研究作出了悲观的论断。明斯基在人工智能界的地位及影响以及神经元模型自身的局限性,致使对它的研究开始走向低潮。

#### 2. 符号学习的研究

这一阶段始于 20 世纪 70 年代中期。当时对专家系统的研究已经取得了很大成功,迫切要求解决知识获取问题。这一需求刺激了机器学习的发展,研究者们力图在高层知识符号表示的基础上建立人类的学习模型,用逻辑的演绎及归纳推理代替数值的或统计的方法。莫斯托夫(Mostow D. J.)的指导式学习、温斯顿(Winston)和卡鲍尼尔(Carbonell J. G.)的类比学习以及米切尔(Mitchell T. M.)等人提出的解释学习都是在这阶段提出来的。

#### 3. 连接学习的研究

这一阶段始于 20 世纪 80 年代。当时由于人工智能的发展与需求以及 VLSI 技术、超导技术、生物技术、光学技术的发展与支持,使机器学习的研究进入了更高层次的发展时期。当年从事神经元模型研究的学者们经过 10 多年的潜心研究,克服了神经元模型的局限性,提出了多层网络的学习算法,从而使机器学习进入了连接学习的研究阶段。连接学习是一种以非线性大规模并行处理为主流的神经网络的研究,特别是深度学习研究目前仍在继续进行之中。

在这一阶段中,符号学习的研究也取得了很大进展,它与连接学习各有所长,具有较大的互补性。连接学习适用于连续发音的语音识别及连续模式的识别;而符号学习在离散模式识别及专家系统的规则获取方面有较多的应用。现在人们已开始把两者结合起来进行研究。

1980年在卡内基-梅隆大学召开了第一届机器学习国际研讨会,以后每两年召开一次会议,探讨机器学习研究中的问题。1986年创刊了第一本机器学习杂志《机器学习》(*Machine Learning*),对机器学习的研究发挥了重要作用。该杂志的主编蓝利(Langley P.)在其发刊词中宣称,机器学习过去几年的发展已引起了人工智能及认知心理学界的极大兴趣,现在它已进入了一个令人鼓舞的发展时期。

机器学习是一个活跃的、充满生命力的研究领域,同时也是一个困难的、争议较多的研究领域。在这个领域中,新的思想、方法不断涌现,取得了令人瞩目的成就,但还存在大量未解决的问题,有广阔的研究前景。另外,由于机器学习与其他多种学科都有密切的联系,因此机器学习的研究还有待这些有关学科的研究取得进展。

机器学习的发展趋势表明,机器学习的技术水平和应用领域将可能超过专家系统,为人工智能的发展作出贡献。从目前的研究趋势来看,估计机器学习今后将在以下几个方面做更多的研究工作:

① 人类学习机制的研究。

② 发展和完善现有的学习方法,并开展新的学习方法的研究。例如知识发现和数据挖掘的研究。这是近年来发展最快的机器学习技术,使机器学习和应用进入一个崭新的发展时期。

③ 建立实用的学习系统,特别是多种学习方法协同工作的集成化系统的研究。

④ 机器学习的结构模型、计算理论、算法和混合学习的有关理论及应用的研究。

⑤ 泛化能力(generalization ability)表征了学习系统对新事件的适应性。泛化能力是机器学习关注的一个根本问题,是当前机器学习四大研究方向之首(Dietterichk T. G., AIMag, 1997)。

## 8.1.5 机器学习的分类

机器学习可从不同的角度,根据不同的方式进行分类。主要有:

### 1. 按系统的学习能力分类

机器学习可分为有监督学习与无监督学习、弱监督学习。这是当前最常用的分类方法。

有监督学习在学习时需要教师的示教或训练,这往往需要很大的工作量,甚至不可能实现。无监督学习是用评价标准来代替人的监督工作,一般效果比较差。

弱监督学习则结合有监督学习与无监督学习的优点,利用不完全的有标签数据进行有监督学习,同时利用大量的无标签数据进行无监督学习。弱监督学习方法主要有半监督学习、迁移学习和强化学习。

Yann LeCun有一个非常著名的比喻:"假设机器学习是一个蛋糕,强化学习是蛋糕上的一粒樱桃,监督学习是外面的一层糖衣,无监督学习才是蛋糕的糕体"。

### 2. 按学习方法分类

正如人们有各种各样的学习方法一样,机器学习也有多种学习方法。若按学习时所用的方法进行分类,机器学习可分为机械式学习、指导式学习、示例学习、类比学习、解释学习等。这是温斯顿在1977年提出的一种分类方法。

#### (1) 机械式学习(rote learning)

机械式学习又称为记忆学习,或者死记式学习,这是一种最简单、最原始的学习方法。机械式学习通过直接记忆或者存储外部环境所提供的信息达到学习的目的,并在以后通过对知识库的检索得到相应的知识直接用来求解问题。

（2）指导式学习（learning by being told）

指导式学习又称为嘱咐式学习或教授式学习。指导式学习由外部环境向系统提供一般性的指示或建议，系统把它们具体地转化为细节知识并送入知识库中。指导式学习是一种比较实用的学习方法，可用于专家系统的知识获取。它既可以避免由系统自己进行分析、归纳从而产生新知识所带来的困难，又无须领域专家了解系统内部知识表示和组织的细节。

（3）示例学习（learning from examples）

示例学习又称为实例学习或从例子中学习。人们要解决一个新问题，常常是将过去成功解决的类似的案例，用于求解新的问题。例如，医生在对某个病人做了检查后，会想到以前看过的病人的情况，找出几个在重要病症上相似的病人，将那些病人的诊断和治疗方案用于这个病人。这就是示例学习的基本思想。

示例学习是通过从外部环境中取得若干与某概念有关的例子，经归纳得出一般性概念的一种学习方法。在这种学习方法中，外部环境（教师）提供一组例子（正例和反例），然后从这些特殊知识中归纳出适用于更大范围的一般性知识，它将覆盖所有正例并排除所有反例。例如，如果我们用一批动物作为示例，并且告诉学习系统哪一个动物是"马"，哪一个动物不是，当示例足够多时，学习系统就能概括出关于"马"的概念模型，使自己能识别马，并且能把马与其他动物区别开来，这一学习过程就是示例学习。

（4）类比学习（learning by analogy）

类比是人类认识世界的一种重要方法，亦是诱导人们学习新事物、进行创造性思维的重要手段。类比学习就是通过类比，即通过对相似事物进行比较所进行的一种学习。例如，当人们遇到一个新问题需要进行处理，但又不具备处理这个问题的知识时，通常采用的办法是回忆一下过去处理过的类似问题，找出一个与目前情况最接近的处理方法来处理当前的问题。再如，当教师要向学生讲授一个较难理解的新概念时，总是用一些学生已经掌握且与新概念有许多相似之处的例子作为比喻，使学生通过类比加深对新概念的理解。像这样通过对相似事物进行比较所进行的学习称为类比学习。

（5）解释学习（explanation-based learning）

解释学习是 20 世纪 80 年代兴起的一种机器学习方法，是一种演绎学习方法。解释学习是通过运用相关的领域知识，对当前提供的单个问题求解实例进行分析，从而构造解释并产生相应知识的。目前，已经建立了一些解释学习系统，如米切尔等人研制的 LEX 和 LEAP 系统以及明顿（S. Minton）等人研制的 PRODIGY 系统等。

解释学习与前面讨论的归纳学习及类比学习不同，它不是通过归纳或类比进行学习，而是通过运用相关的领域知识及一个训练实例来对某一目标概念进行学习，并最终生成这个目标概念的一般性描述。该一般性描述是一个可形式化表示的一般性知识。

提出解释学习方法的主要原因是：

① 人们经常能从观察或执行的单个实例中得到一个一般性的概念及规则，这就为提出解释学习提供了可能性。

② 归纳学习虽然是人们常用的一种学习方法，但由于它在学习中不使用领域知识分析、判断实例的属性，而仅仅通过实例间的比较来提取共性，所以无法保证推理的正确性，而解释学习

因在其学习过程中运用领域知识对提供给系统的实例进行分析,避免了类似问题的发生。

③ 应用解释学习方法进行学习,有望提高学习的效率。

若按学习方法是否为符号表示来分类,则机器学习也可分为符号学习与非符号学习。下面首先讨论符号学习,关于非符号学习,即连接学习,将在后面进行介绍。

### 3. 按推理方式分类

若按学习时所采用的推理方式进行分类,则机器学习可分为基于演绎的学习及基于归纳的学习。

归纳学习是应用归纳推理进行学习的一类学习方法。按其有无教师指导可分为示例学习及观察与发现学习两种形式。

归纳推理是应用归纳方法所进行的推理,即从足够多的事例中归纳出一般性的知识。它是一种从个别到一般、从部分到整体的推理。由于在进行归纳时,多数情况下不可能考察全部有关的事例,因而归纳出的结论不能绝对保证它的正确性,只能以某种程度相信它为真。这是归纳推理的一个重要特征。例如,由"麻雀会飞""鸽子会飞""燕子会飞"……这样一些已知事实,有可能归纳出"有翅膀的动物会飞""长羽毛的动物会飞"等结论。这些结论一般情况下都是正确的,但当发现鸵鸟有羽毛、有翅膀,但却不会飞时,就动摇了上面归纳出的结论。这说明上面归纳出的结论不是绝对为真的,只能以某种程度相信它为真。它是一种主观不充分置信的推理。

归纳推理是人们经常使用的一种推理方法,人们通过大量的实践总结出了多种归纳方法,如:枚举归纳、联想归纳、类比归纳、逆推理归纳、消除归纳等。

基于演绎的学习是指以演绎推理为基础的学习。解释学习在其推理过程中主要用到演绎推理,因而可将它划入基于演绎的学习这一类。

演绎推理与归纳推理的主要差别:

(1) 演绎推理是从一般到个别的推理。它从当前已知或假设的事实出发,通过运用普遍适用的公理、规则及领域知识,逻辑地推出适合当前情况的结论;而归纳推理是从个别到一般的推理,它是由个别事例通过归纳推出一般性结论的。从认识发展的过程来看,两者的方向是相反的。

(2) 演绎推理是一种必然性推理,具有"保真性",即只要 $E \rightarrow H$ 为真且 $E$ 为真,则由肯定前件的假言推理规则必然地推出 $H$ 为真。因此,在演绎推理中,结论的正确性取决于前提是否正确以及推理形式是否符合逻辑规则。但归纳推理不具有保真性,它是一种或然性推理,或称它是一种"主观不充分置信"的推理。这是因为归纳推理通常是在事例不完全的情况下进行的。这就难免会漏掉某些与所得结论相悖的事例,从而使得归纳出来的一般性结论难以完全可信,只能以某种置信度为真,而且一旦出现了与所得结论相反的事例,就会否定原先归纳出的结论,使它变为假。

(3) 演绎推理的常用形式是三段论,由大前提和小前提经演绎推出的结论决不会超出前提所断定的范围,即由演绎推理所得到的结论是本来就蕴含在大前提的一般性知识之中的。这与数理逻辑中由公理推导定理类似。归纳推理是由个别事例推导一般性知识的,结论将适用于更大的范围。若从获取新知识的角度来看,演绎推理不能真正地获取新知识,而归纳推理可以获取新知识。

早期的机器学习系统一般都使用单一的推理方式,现在则趋于集成多种推理技术来支持学习。例如类比学习就既用到演绎推理又用到归纳推理,解释学习也是这样,只是因它演绎部分所占的比例较大,所以把它归入基于演绎的学习。

### 4. 按综合属性分类

随着机器学习的发展以及人们对它认识的提高,要求对机器学习进行更科学、更全面的分类。因而近年来有人提出了按学习的综合属性进行分类,它综合考虑了学习的知识表示、推理方法、应用领域等多种因素,能比较全面地反映机器学习的实际情况。用这种方法进行分类,不仅可以把过去已有的学习方法都包括在内,而且反映了机器学习的最近发展。

按照这种分类方法,机器学习可分为归纳学习、分析学习、连接学习以及遗传算法与分类器系统等。

分析学习是基于演绎和分析的学习。学习时从一个或几个实例出发,运用过去求解问题的经验,通过演绎对当前面临的问题进行求解,或者产生能更有效应用领域知识的控制性规则。分析学习的目标不是扩充概念描述的范围,而是提高系统的效率。

机器学习还有其他多种分类方法。例如,若按所学知识的表示方式分类,则机器学习可分为逻辑表示法学习、产生式表示法学习、框架表示法学习等;若按机器学习的应用领域分类,则机器学习可分为专家系统、机器人学、自然语言处理、图像识别、博弈、数学、音乐等。

## 8.1.6　监督学习、无监督学习、弱监督学习的概念

下面着重介绍按学习能力分类的机器学习方法。

### 1. 监督学习(有教师学习)

监督学习(supervised learning)的基本学习方法如图 8.2 所示。监督学习系统中根据"教师"提供的正确响应调整学习系统的参数和结构。简单地说,监督学习就是在已知输入和输出的情况下训练出一个模型,将输入映射到输出。典型的监督学习包括归纳学习、示例学习、支持向量机、BP 学习等。

监督学习是机器学习中最重要、最广泛使用的一类方法,已经发展出了数以百计的不同方法,占据了目前机器学习算法的绝大部分,但监督学习技术通过学习大量标记的训练样本来构建预测模型,在很多领域都获得了巨大的成功,但是由于数据标注的本身往往需要很高的成本,在很多任务上都很难获得全部真值标签这样的比较强的监督信息。

随着物联网与大数据等相关技术的飞速发展,收集大量的未标记样本已经相当容易,而获取大量有标记的样本则相对较为困难,往往需要大量的人力、物力。例如在医学图像处理当中,随着医学影像技术的发展,获取成像数据变得相对容易,但是对病灶等数据的标识往往需要专业的医疗知识,而要求医生进行大量的标注往往非常的困难。由于时间和精力的限制,在多数情况下,医学专家智能标注相当少的一部分图像,如何发挥半监督学习的优势在医学影像的分析中就尤为重要。另外,在大量的互联网应用当中,无标记的数据量是极为庞大甚至是无限的,但是要求用户对数据进行标注则相对困难,如何利用半监督学习技术在少量的用户标注的情况下,实现高效推荐、搜索、识别等复杂任务,具有重要的应用价值。

### 2. 无监督学习(无教师学习)

无监督学习(unsupervised learning)的基本学习方法如图 8.3 所示。无监督学习系统完全按照环境提供的数据的某些统计规律调节自身的参数或者结构(自组织),以表示出外部输入的某种固有特性。例如,聚类或者某种统计上的分布特征。无监督学习方法包括各种自组织学习方

法如聚类学习、自组织神经网络学习、自编码器等。

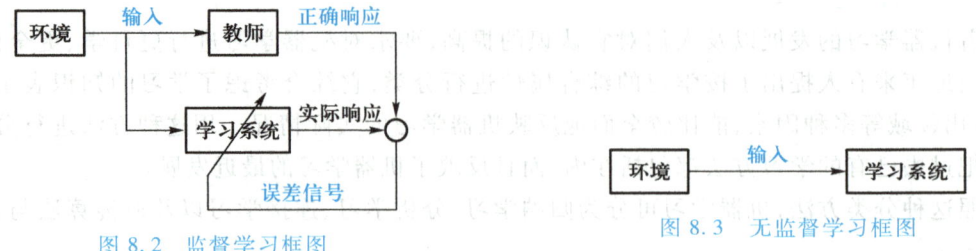

图 8.2　监督学习框图

图 8.3　无监督学习框图

无监督学习不需要人类进行数据标注,而是通过模型不断地自我认知、自我巩固,最后进行自我归纳来实现其学习过程,这对大数据分析尤为重要。但由于缺乏制定的标签,在实际应用中的性能往往存在很大的局限。

虽然目前无监督学习还处于研究阶段,但是机器学习未来的发展方向,正在引起越来越多的关注。2015 年,Yann LeCun、YoshuaBengio、Geoffrey Hinton 首次合作在 *Nature* 杂志撰文对深度学习的未来展望时指出:无监督学习对于重新点燃深度学习的热潮起到了促进作用。我们期望无监督学习在未来越来越重要,使我们能够通过观察发现世界的内在结构,而不是被告知每一个客观事物的名称。

### 3. 弱监督学习

针对监督学习和无监督学习各自的优缺点,研究人员提出了弱监督学习的概念。

弱监督学习中的数据标签允许是不完全的,即训练集中只有一部分数据是有标签的,而其余的数据甚至是绝大部分数据是没有标签的。

弱监督学习更接近人类的学习方式。例如,父母教一个婴儿认识猫,会指着一只小猫或者拿着一张猫的照片,告诉他这是"猫"。以后小孩遇到不同的猫或者猫的照片的时候,尽管父母不会一直告诉他们这也是"猫",但小孩会不断地自我发现、学习、调整自己对"猫"的认识,从而最终理解并认识什么是"猫"。

父母教婴儿认识猫是监督学习,但父母给小孩看的猫或者猫的照片是不完全的标签数据。小孩看到的其他不同的猫或者猫的照片,是无标签数据,小孩会不断地自我发现、学习、调整自己对"猫"的认识是无监督学习。如果仅仅用监督学习,则要求父母一次次反复地告诉机器学习模型什么是"猫",也许要高达数万甚至数十万次。很显然,弱监督学习的模式更加接近小孩的学习方式。

弱监督学习一方面降低了人工标记的工作量,同时又可以引入人类的监督信息在很大程度上提高无监督学习的性能,成为当前机器学习领域的重要研究方向,已经被广泛应用在自动控制、调度、金融、网络通信等领域,在认知、神经科学领域,强化学习也有重要研究价值。

弱监督学习涵盖的范围很广泛,可以说只要标注信息是不完全、不确切或者不精确的标记学习都可以看作是弱监督学习。下面仅介绍半监督学习、迁移学习和强化学习这三种典型的弱监督学习。

### (1) 半监督学习

半监督学习是一种典型的弱监督学习方法。在半监督学习中,只有少量有标注的数据,还有大量未标注的数据可供使用。因为仅仅学习这些少量有标注数据还不足以训练出好的模型，还需要用大量的无监督数据来改善模型性能。因此，半监督学习不仅最大限度地发挥有标注数据的作用，还从体量巨大、结构繁多的无标注数据中挖掘出隐藏的规律。半监督学习成为近年来机器学习领域比较活跃的研究方向，被广泛应用于社交网络分析、文本分类、计算机视觉和生物医学信息处理等领域。

近年来，随着大数据相关技术的飞速发展，容易收集大量的未标记数据，例如，在大量的互联网应用中，无标记的数据量是极为庞大甚至是无限的。而获取大量有标记的样本则相对较为困难，往往需要大量的人力、物力和财力。例如在医学图像处理中，随着医学影像技术的发展，容易获取成像数据，但是对病灶等数据的标识往往需要有经验的医生进行诊断。由于时间和精力的限制，医学专家只能标注相当少的一部分图像，所以，适合采用半监督学习进行医学影像分析。

（2）迁移学习

迁移学习侧重于将已经学习过的知识迁移应用到新的问题中。

我们通常所说的举一反三的能力就是迁移学习。比如我们学会了打羽毛球，再学打网球就会变得相对容易；我们学会了中国象棋，再学习国际象棋也会变得相对容易。对于计算机来说，我们同样希望机器学习模型在学习到一种能力之后，稍加调整就可用于一个新的领域。人类对举一反三的理论研究要追溯到 1901 年，心理学家桑代克和伍德沃思提出了学习迁移（transfer of learning）的概念。他们主要研究了人们学习某个概念时如何对学习其他概念产生迁移，这些理论对后来教育学的发展产生了重要影响。

1990 年以来，大量研究都涉及迁移学习的概念，如自主学习、终生学习、多任务学习、知识迁移等，但没有形成一个完整的迁移学习体系。直到 2010 年，提出了迁移学习的形式化定义，迁移学习成为机器学习中一个重要的分支领域。

随着大数据时代的到来，迁移学习变得越来越重要。我们现在可以很容易地获取大量的城市交通、视频监控、行业物流等不同类型的数据，互联网也在不断产生大量的图像、文本、语音等数据。但这些数据往往都是没有标注的。而现在很多机器学习方法都是有监督学习方法，需要以大量的标注数据为前提。如果我们能够将在标注数据上训练得到的模型，有效地迁移到这些无标注数据上，无疑具有重要的价值。

在迁移学习中，通常称有知识和数据标注的领域为源域，是要迁移的对象；而把最终要赋予知识、赋予标注的对象称作目标域。迁移学习的核心目标就是将知识从源域中迁移到目标域。目前迁移学习主要通过以下三种方式来实现：

① 样本迁移。在源域中找到与目标域相似的数据，并赋予其更高的权重，从而完成从源域到目标域的迁移。这种方法的优点是简单且容易实现，但是权重和相似度的选择往往高度地依赖经验，使得算法的可靠性降低。

② 特征迁移。通过特征变换将源域和目标域的特征映射到同一个特征空间中，然后再用经典的机器学习方法来求解。这种方法的优点是对大多数方法适用，而且效果较好，但是在实际问题中通常难以求解。

③ 模型迁移。假设源域和目标域共享模型参数，即将在源域中通过大量数据训练好的模型应用到目标域上。从源数据中挑选出和目标数据更相似的样本来参与训练，而剔除和目标数据不相似的样本。例如，在一个千万量级的标注样本集上训练得到了一个图像分类系统，在一个

新领域的图像分类任务中,可以直接用之前训练好的模型,再加上目标域的几万张标注样本进行微调,即可以得到很高精度的模型。模型迁移是目前最主流的迁移学习方法,可以很好地利用模型之间的相似度,具有广阔的应用前景。

迁移学习可以充分利用既有模型的知识,使得机器学习模型在面临新的任务时,只需要进行少量的微调即可完成相应的任务,具有重要的应用价值。目前,迁移学习已经在机器人控制、机器翻译、图像识别、人机交互等诸多领域获得了广泛的应用。

### (3) 强化学习(再励学习)

强化学习是弱监督学习的一类典型算法。强化学习算法理论的形成可以追溯到 20 世纪七八十年代,但是最近引起了广泛关注,特别是 2016 年 3 月,DeepMind 开发的 AlphaGo 利用强化学习算法击败了人类世界围棋冠军,成为解决通用人工智能的关键路径。目前,强化学习算法已经在游戏、机器人等领域中取得突出成果。

强化学习(reinforcement learning,RL)的基本学习方法如图 8.4 所示。监督学习是对每个输入模式都有一个正确的目标输出,而强化学习中外部环境对系统输出结果只给出评价信息(奖励或者惩罚),而不是正确答案,学习系统通过那些受惩的动作改善自身的性能。基于遗传算法的学习方法就是一种强化学习。

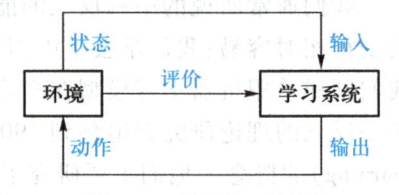

图 8.4　强化学习框图

与监督学习不同,强化学习中的智能体通过尝试来发现各个动作产生的结果。因为没有标注数据告诉机器应当做哪个动作,只能通过设置合适的奖励函数,使得机器学习模型在奖励函数的引导下,自主地学习到相应的策略。

强化学习的目标就是研究智能体在与环境的交互过程中,如何学习到一种行为策略,以最大化得到的累积奖赏。强化学习就是在训练的过程中,不断地尝试,错了就扣分,对了就奖励,从而得到在各个状态环境中最好的决策。

## 8.2　线性回归机器学习算法

### 8.2.1　线性回归问题

线性回归(linear regression)是利用数理统计中回归分析的方法,确定两种或者两种以上变量之间相互依赖的定量关系的一种统计分析方法,属于监督学习。

线性回归模型是一个超平面,即设系统的输入输出关系为下列线性关系:

$$y = \theta_1 x_1 + \theta_2 x_2 + \cdots + \theta_n x_n \tag{8.1}$$

其中,$y$ 是输出变量;$x_1, \cdots, x_n$ 是输入变量;$\theta_1, \cdots, \theta_n$ 是模型的参数,这些参数可能部分或全部未知。设对输入、输出进行 $m$ 次观测得到的数据为 $\{x_1(i), x_2(i), \cdots, x_n(i), y(i)\}, i = 1, 2, \cdots, m$。现在的问题是:怎样根据这些观测数据估计系统的参数 $\theta_1, \theta_2, \cdots, \theta_n$。

如果模型准确,测量数据也准确,则不难看出,只要 $n$ 组测量数据,构成下列线性方程组,解线性方程组就可唯一地确定系统参数 $\theta_1, \theta_2, \cdots, \theta_n$:

$$y(i) = \theta_1 x_1(i) + \theta_2 x_2(i) + \cdots + \theta_n x_n(i) \tag{8.2}$$

$$i = 1, 2, \cdots, n$$

若写成矩阵向量形式,则有

$$\boldsymbol{Y} = \boldsymbol{X}\boldsymbol{\theta} \tag{8.3}$$

式中

$$\boldsymbol{Y} = \begin{bmatrix} y(1) \\ y(2) \\ \vdots \\ y(n) \end{bmatrix}, \quad \boldsymbol{\theta} = \begin{bmatrix} \theta_1 \\ \theta_2 \\ \vdots \\ \theta_n \end{bmatrix}, \quad \boldsymbol{X} = \begin{bmatrix} x_1(1) & x_2(1) & \cdots & x_n(1) \\ x_1(2) & x_2(2) & \cdots & x_n(2) \\ \vdots & \vdots & & \vdots \\ x_1(n) & x_2(n) & \cdots & x_n(n) \end{bmatrix}$$

若测量数据使 $\boldsymbol{X}$ 非奇异,即 $\boldsymbol{X}$ 的逆矩阵存在,则系统参数为

$$\boldsymbol{\theta} = \boldsymbol{X}^{-1}\boldsymbol{Y} \tag{8.4}$$

但是,实际系统的模型总是近似的,测量输入、输出数据不会绝对精确,而且测量装置的误差、读数误差,以及系统中存在的随机误差都会使观测数据不能准确地反映系统特性。这些误差常常是随机的,我们通常用一随机变量 $e(i)$ 反映上述随机误差。这样,$m$ 组观测数据和系统参数间的关系可表示为

$$y(i) = \theta_1 x_1(i) + \theta_2 x_2(i) + \cdots + \theta_n x_n(i) + e(i) \tag{8.5}$$
$$i = 1, 2, \cdots, m$$

或表示为

$$\boldsymbol{Y} = \boldsymbol{X}\boldsymbol{\theta} + \boldsymbol{\varepsilon} \tag{8.6}$$

其中 $\boldsymbol{\varepsilon} = [e(1) \quad e(2) \quad \cdots \quad e(m)]^{\mathrm{T}}$ 为误差向量,又称残差。

由于残差的存在,不同的 $m$ 组观测数据会得出不同的参数 $\theta$ 值,这些 $\theta$ 值显然不是系统参数的真正值。线性回归机器学习的任务就是用统计的方法,从带有噪声的观测数据中,按照某种准则估计出最接近实际值的参数。最小二乘参数估计方法是广泛应用于工程界的线性回归机器学习方法。

## 8.2.2  最小二乘法

最小二乘法是数学家高斯于 1795 年提出的,当时高斯利用它确定出了天体星球的运行轨道参数。目前此法已被应用到许多领域,成为参数估计中最基本、最成熟的方法。

下面先以一个简单的例子来介绍最小二乘法的基本原理,然后进行一般性的讨论。

已知某输入与输出的样本数据成正比,即 $y = \theta x$。显然如果数据没有误差,则只要一个样本数据 $(x_1, y_1)$ 即可确定系数 $\theta$,即 $\theta = y_1/x_1$。当有噪声存在时,实际的样本输出数据为 $y = \theta x + \varepsilon$。最小二乘法就是使系统输出的估计值 $\hat{\theta} x(i)$ 与系统输出的实际测量值 $y(i)$ 之差的平方和最小,即

$$J_{\min} = \sum_{i=1}^{m} [y(i) - \hat{\theta} x(i)]^2 \tag{8.7}$$

对于任一个参数估计值 $\tilde{\theta}$,其残差平方和为

$$\tilde{J} = \sum_{i=1}^{m} [y(i) - \tilde{\theta} x(i)]^2$$

$$\frac{\partial \tilde{J}}{\partial \tilde{\theta}} = \sum_{i=1}^{m} 2[y(i) - \tilde{\theta} x(i)] \cdot [-x(i)]$$

当 $\hat{\theta}$ 是最小二乘估计时, $\tilde{J}$ 取得最小值。根据数学分析中熟知的结论,应有

$$\frac{\partial \tilde{J}}{\partial \tilde{\theta}}\bigg|_{\tilde{\theta}=\hat{\theta}} = -2\sum_{i=1}^{m} x(i)\left[y(i)-\hat{\theta}x(i)\right] = 0$$

因此

$$\sum_{i=1}^{m} x(i)y(i) - \hat{\theta}\sum_{i=1}^{m} x^2(i) = 0$$

所以,最小二乘估计 $\hat{\theta}$ 为

$$\hat{\theta} = \frac{\displaystyle\sum_{i=1}^{m} x(i)y(i)}{\displaystyle\sum_{i=1}^{m} x^2(i)}$$

下面讨论一般情况。设系统由下列多元静态线性数学模型描述:

$$y = \theta_1 x_1 + \theta_2 x_2 + \cdots + \theta_n x_n + \varepsilon \tag{8.8}$$

其中, $x_i$ 和 $y$ 都是可以测量得到的已知量,只是存在着系统噪声和测量噪声,它们总的效应用随机变量 $\varepsilon$ 来表示。

若对式(8.8)描述的线性关系代入 $m$ 个样本数据,则可得到 $m$ 个方程式:

$$y(1) = \theta_1 x_1(1) + \theta_2 x_2(1) + \cdots + \theta_n x_n(1) + e(1)$$
$$y(2) = \theta_1 x_1(2) + \theta_2 x_2(2) + \cdots + \theta_n x_n(2) + e(2) \tag{8.9}$$
$$\vdots$$
$$y(m) = \theta_1 x_1(m) + \theta_2 x_2(m) + \cdots + \theta_n x_n(m) + e(m)$$

写成矩阵向量形式,则有

$$Y = X\theta + \varepsilon \tag{8.10}$$

式中

$$Y = \begin{bmatrix} y(1) \\ y(2) \\ \vdots \\ y(m) \end{bmatrix}_{m\times 1}, \quad X = \begin{bmatrix} x_1(1) & x_2(1) & \cdots & x_n(1) \\ x_1(2) & x_2(2) & \cdots & x_n(2) \\ \vdots & \vdots & & \vdots \\ x_1(m) & x_2(m) & \cdots & x_n(m) \end{bmatrix}_{m\times n}, \quad \theta = \begin{bmatrix} \theta_1 \\ \theta_2 \\ \vdots \\ \theta_n \end{bmatrix}_{n\times 1}, \quad \varepsilon = \begin{bmatrix} e(1) \\ e(2) \\ \vdots \\ e(m) \end{bmatrix}_{m\times 1}$$

按照最小二乘法的原理,选择参数 $\theta$ 使残差的平方和为最小,即

$$\min J = \sum_{i=1}^{m} e^2(i) = \varepsilon^{\mathrm{T}}\varepsilon \tag{8.11}$$

因为

$$\varepsilon = Y - X\theta$$

所以

$$\begin{aligned} J &= (Y - X\theta)^{\mathrm{T}}(Y - X\theta) = (Y^{\mathrm{T}} - \theta^{\mathrm{T}}X^{\mathrm{T}})(Y - X\theta) \\ &= Y^{\mathrm{T}}Y - Y^{\mathrm{T}}X\theta - \theta^{\mathrm{T}}X^{\mathrm{T}}Y + \theta^{\mathrm{T}}X^{\mathrm{T}}X\theta \\ &= Y^{\mathrm{T}}Y - 2\theta^{\mathrm{T}}X^{\mathrm{T}}Y + \theta^{\mathrm{T}}X^{\mathrm{T}}X\theta \end{aligned}$$

为了求取 $\dfrac{\partial J}{\partial \theta}$,下面先给出矩阵微分的公式:

$$\frac{\mathrm{d}f(x)}{\mathrm{d}x} = \begin{bmatrix} \dfrac{\partial f}{\partial x_1} \\[2mm] \dfrac{\partial f}{\partial x_2} \\ \vdots \\ \dfrac{\partial f}{\partial x_n} \end{bmatrix} \tag{8.12}$$

$$\frac{\partial(\boldsymbol{X}^{\mathrm{T}}\boldsymbol{A})}{\partial \boldsymbol{X}} = \boldsymbol{A} \tag{8.13}$$

$$\frac{\partial(\boldsymbol{X}^{\mathrm{T}}\boldsymbol{A}\boldsymbol{X})}{\partial \boldsymbol{X}} = 2\boldsymbol{A}\boldsymbol{X} \tag{8.14}$$

应用上面公式得

$$\frac{\partial \boldsymbol{J}}{\partial \boldsymbol{\theta}} = -2\boldsymbol{X}^{\mathrm{T}}\boldsymbol{Y} + 2\boldsymbol{X}^{\mathrm{T}}\boldsymbol{X}\boldsymbol{\theta}$$

由最小二乘估计的定义，$\hat{\boldsymbol{\theta}}$ 应满足

$$\frac{\partial \boldsymbol{J}}{\partial \boldsymbol{\theta}}\bigg|_{\boldsymbol{\theta}=\hat{\boldsymbol{\theta}}} = -2\boldsymbol{X}^{\mathrm{T}}\boldsymbol{Y} + 2\boldsymbol{X}^{\mathrm{T}}\boldsymbol{X}\hat{\boldsymbol{\theta}} = 0$$

因此

$$\boldsymbol{X}^{\mathrm{T}}\boldsymbol{X}\hat{\boldsymbol{\theta}} = \boldsymbol{X}^{\mathrm{T}}\boldsymbol{Y} \tag{8.15}$$

若测量值构成的矩阵 $\boldsymbol{X}^{\mathrm{T}}\boldsymbol{X}$ 非奇异，则

$$\hat{\boldsymbol{\theta}} = (\boldsymbol{X}^{\mathrm{T}}\boldsymbol{X})^{-1}\boldsymbol{X}^{\mathrm{T}}\boldsymbol{Y} \tag{8.16}$$

由上式求得的 $\hat{\boldsymbol{\theta}}$ 称为参数 $\boldsymbol{\theta}$ 的最小二乘估计。由于估计值 $\hat{\boldsymbol{\theta}}$ 是在取得足够数据后一次计算出来的，所以称为一次完成法。

必须指出，当 $\boldsymbol{X}^{\mathrm{T}}\boldsymbol{X}$ 是奇异或接近奇异时，方程 $\boldsymbol{X}^{\mathrm{T}}\boldsymbol{X}\hat{\boldsymbol{\theta}} = \boldsymbol{X}^{\mathrm{T}}\boldsymbol{Y}$ 的解不唯一或解不稳定。一般通过选择合适的输入和取足够多的测量值（$m \gg n$）使 $\boldsymbol{X}^{\mathrm{T}}\boldsymbol{X}$ 非奇异。

### 8.2.3　最小二乘法的应用

用线性回归方程建立生产过程或系统静态模型，已在许多方面得到应用，下面举几个例子说明。

**例 8.1**　合成纤维抽丝工段，导丝盘的速度是影响丝的质量的重要参数，它和电流周波数有重要关系，由生产记录得到的数据如表 8.1 所示。

表 8.1　合成纤维抽丝工段实验记录

| 周波数 $x$/Hz | 49.2 | 50.0 | 49.3 | 49.0 | 49.0 | 49.5 | 49.8 | 49.9 | 50.2 | 50.2 |
|---|---|---|---|---|---|---|---|---|---|---|
| 导丝盘速度 $y$/m·min$^{-1}$ | 16.7 | 17.0 | 16.8 | 16.6 | 16.7 | 16.8 | 16.9 | 17.0 | 17.0 | 17.1 |

选择合适的曲线模型是一件不容易做到的事，需要靠人们对问题所属的专业知识的了解来确定。若专业上不清楚时，可用坐标纸描出点，从数学上加以选择。

根据表 8.1 所示实验记录,绘制 $x$-$y$ 图如图 8.5 所示。

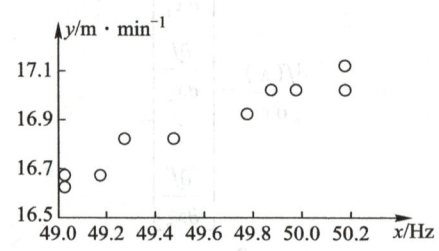

图 8.5    导丝盘的速度和电流周波数关系图

可见,$y$ 与 $x$ 之间近似为线性关系,所以,模型结构可以选择为

$$y = a + bx$$

由最小二乘法得

$$X^{\mathrm{T}} = \begin{bmatrix} 1 & 1 & 1 & 1 & 1 & 1 & 1 & 1 & 1 & 1 \\ 49.2 & 50.0 & 49.3 & 49.0 & 49.0 & 49.5 & 49.8 & 49.9 & 50.2 & 50.2 \end{bmatrix}$$

$$Y^{\mathrm{T}} = \begin{bmatrix} 16.7 & 17.0 & 16.8 & 16.6 & 16.7 & 16.8 & 16.9 & 17.0 & 17.0 & 17.1 \end{bmatrix}$$

$$\begin{bmatrix} a \\ b \end{bmatrix} = (X^{\mathrm{T}}X)^{-1}X^{\mathrm{T}}Y = \begin{bmatrix} 0.049 \\ 0.339 \end{bmatrix}$$

所以,导丝盘的速度和电流周波数的关系为

$$y = 0.049 + 0.339x$$

**例 8.2**    钢包容积和使用次数的数学模型。

出钢时盛钢水的钢包在使用过程中,由于钢液和炉渣对耐火材料的侵蚀使其容积不断增大。经过实验,钢包容积(用所盛钢水的重量表示)与使用次数的数据,如表 8.2 所示。

表 8.2    钢包容积 $y$ 和使用次数 $x$ 的实验记录

| $x$/次 | 2 | 3 | 4 | 5 | 6 | 7 | 8 | 9 |
|---|---|---|---|---|---|---|---|---|
| $y$/t | 6.42 | 8.20 | 9.58 | 9.50 | 9.70 | 10.00 | 9.93 | 9.99 |
| $x$/次 | 10 | 11 | 12 | 13 | 14 | 15 | 16 | |
| $y$/t | 10.49 | 10.59 | 10.60 | 10.80 | 10.60 | 10.90 | 10.76 | |

作数据的散点图,如图 8.6 所示。

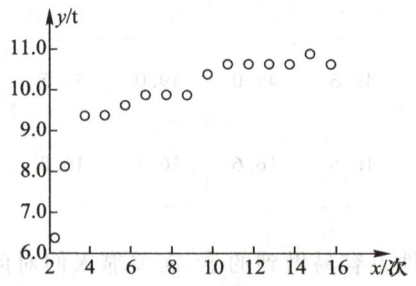

图 8.6    钢包容积与使用次数的实验数据散点图

由图 8.6 可见,$x$ 和 $y$ 成非线性关系,在最初使用时,容积增加很快,随着使用次数的增加,其容积变化缓慢下来,并趋于稳定。根据其特点,可以取双曲线模型或者指数模型表示使用次数与容积增长之间的关系。这些虽然是非线性模型,但通过变量代换可以将这种非线性模型参数估计问题转换成线性模型参数估计问题。

对一般的非线性模型,应由非线性最小二乘法估计如下:

（1）取双曲线模型: $\dfrac{1}{y} = a + b\dfrac{1}{x}$

令 $y' = \dfrac{1}{y}, x' = \dfrac{1}{x}$,则上式可以写成

$$y' = a + bx'$$

将表 8.2 中的实验数据经过变换,按最小二乘法,可得到

$$y' = 0.082\,3 + 0.131\,2x'$$

因此实际模型为

$$\frac{1}{y} = 0.082\,3 + 0.131\,2\frac{1}{x}$$

（2）取指数模型: $y = a\mathrm{e}^{\frac{b}{x}}$

两边取自然对数,得

$$\ln y = \ln a + \frac{b}{x}$$

令 $y' = \ln y, a' = \ln a, x' = \dfrac{1}{x}$,则有

$$y' = a' + bx'$$

由最小二乘法得 $a' = 2.457\,8, b = -1.110\,7$,因此

$$y = 11.679\,1\mathrm{e}^{-1.110\,7\frac{1}{x}}$$

对两种模型比较:

$$\sqrt{\sum_{i=1}^{m}(\varepsilon_i^{(\text{双})})^2} = 1.119$$

$$\sqrt{\sum_{i=1}^{m}(\varepsilon_i^{(\text{指})})^2} = 0.94$$

可见,指数模型优于双曲线模型。

## 8.3　K-近邻机器学习算法

### 8.3.1　K-近邻算法原理直观说明

K-近邻（K-nearest neighbor,KNN）算法是最简单的有监督机器学习算法之一,适用于多分类问题。KNN 分类的本质就是古语说的"近朱者赤,近墨者黑":输入的待分类数据的特征接近"朱"色的特征,就归入"赤"类;输入的待分类数据的特征接近"墨"色的特征,就归入"黑"类。

K-近邻算法的形象说明如图 8.7 所示。如何用 K-近邻算法将圆内的样本点归类为三角形还是归类为正方形？

选取 K = 3，即选取训练集中距离待预测样本点最近的 3 个样本点（如图中实线圆内）。可以看到实线圆中有 2 个点是三角形，只有 1 个点是正方形，因此，K-近邻算法将待预测样本点归类为三角形。如果选取 K = 10 时，即选取训练集中距离待预测样本点最近的 10 个样本点（如图中虚线圆内）。可以看到虚线圆中有 6 个正方形，4 个三角形，因此，K-近邻算法将待预测样本点归类为正方形。

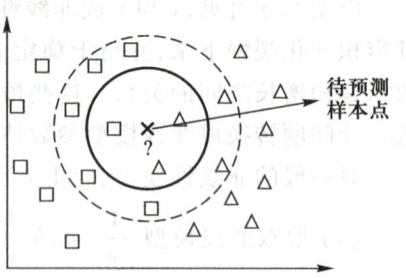

图 8.7    K-近邻算法示意

可见，上面选取不同的 K 可能会得到截然不同的结果，可见，K-近邻算法对参数 K 的选择非常敏感。一般 K 不超过 20，通常选择为奇数，这样可以避免两种模式的样本个数相等的情况。

### 8.3.2    K-近邻基本算法

K-近邻算法：给定一个训练样本集合，计算待分类样本和训练集中所有数据点的相似性，将相似性从小到大排列然后取前 K 个数据点，将前 K 个数据点中数量最多的类别作为待分类样本的类别。

现在的问题是如何比较两个数据点之间的相似性？

#### 1. 相似度

设两个向量 $X$ 和 $Y$，每个向量维度是 $n$ 维，表示为 $(x_1, x_2, \cdots, x_i, x_n)$，$(y_1, y_2, \cdots, y_i, y_n)$，则两个向量 $X$ 和 $Y$ 的余弦相似度定义为

$$sim(X, Y) = \cos\theta = \frac{\sum_{i=1}^{n} x_i y_i}{\sqrt{\sum_{i=1}^{n} x_i^2}\sqrt{\sum_{i=1}^{n} y_i^2}} \tag{8.17}$$

其中分子表示为两个向量的点积，分母表示为各自的长度的乘积。

余弦相似度是利用两个数据点的夹角余弦值表示这两个数据点之间的相似性，即表示这两个数据点是否具有相同的方向。余弦相似度与数据向量的长度无关，仅与向量的方向相关。余弦相似度值越接近 1，这两个数据向量之间的夹角越接近 0 度，表示两个数据向量相关性越大；余弦相似度值越接近 -1，这两个数据向量之间的夹角越接近 180 度，表示两个数据向量负相关；余弦相似度值越接近 0，这两个数据向量之间的夹角越接近 90 度，表示两个数据向量不相关。

#### 2. 距离度量

可以采用欧几里得距离、曼哈顿距离等度量，这两个度量分别定义为

（1）欧几里得距离

$$L = \sqrt{\sum_{i=1}^{n} (x_i - y_i)^2} \tag{8.18}$$

（2）曼哈顿距离

$$L = \sum_{i=1}^{n} |x_i - y_i| \tag{8.19}$$

KNN 算法的优点:简单且容易实现,支持多分类,并且不需要进行训练,可以直接用训练数据来实现分类。

KNN 算法的缺点:一是对参数的选择非常敏感。选取不同的参数,可能会得到完全不同的结果。二是计算量非常大,每次分类都需要计算未知数据和所有训练样本的距离,尤其当训练集非常大的时候,这个过程的计算量非常大。

### 8.3.3　K-近邻算法的应用举例

根据学生课程成绩、社会实践考核、计算机成绩、英语成绩,用 K-近邻算法判断这个学生就业的企业类型。

例 8.3　已知 9 个学生的课程成绩、社会实践考核、计算机成绩、英语成绩和就业企业类型如表 8.3 所示。现在根据 10 号学生的各科成绩预测他的就业企业类型。

表 8.3　学生课程成绩和就业企业类型关系

| 学生序号 | 课程成绩 | 社会实践考核 | 计算机成绩 | 英语成绩 | 就业企业类型 |
| --- | --- | --- | --- | --- | --- |
| 1 | 92 | 65 | 91 | 85 | 外企 |
| 2 | 91 | 95 | 91 | 95 | 外企 |
| 3 | 65 | 65 | 80 | 85 | 私企 |
| 4 | 76 | 85 | 72 | 65 | 私企 |
| 5 | 65 | 65 | 66 | 65 | 国企 |
| 6 | 66 | 95 | 93 | 65 | 私企 |
| 7 | 68 | 90 | 80 | 65 | 私企 |
| 8 | 87 | 90 | 73 | 95 | 外企 |
| 9 | 65 | 75 | 85 | 85 | 外企 |
| 10 | 82 | 65 | 68 | 65 | ? |

例如,利用相似度 $sim(x,y)$ 计算 10 号($82,65,68,65$)与前 9 个学生的成绩的相似度,然后将比对结果从小到大进行排序如表 8.4 所示。

表 8.4　相　似　度

| 学生序号 | 类别 | 10 号与其余学生成绩相似度 |
| --- | --- | --- |
| 6 | 私企 | 0.970 9 |
| 9 | 外企 | 0.980 6 |
| 7 | 私企 | 0.980 9 |
| 3 | 私企 | 0.981 5 |

续表

| 学生序号 | 类别 | 10 号与其余学生成绩相似度 |
|---|---|---|
| 8 | 外企 | 0.989 4 |
| 4 | 私企 | 0.991 1 |
| 2 | 外企 | 0.993 2 |
| 1 | 外企 | 0.993 8 |
| 5 | 国企 | 0.994 8 |

如果 $K$ 值取 1,则因为只有一个 6 号学生,所以 10 号学生就业企业类型确定为私企;如果 $K$ 值取 3,因为前 3 个学生就业的企业中有两个是私企,所以 10 号学生就业企业类型确定为私企;如果 $K$ 值取 5,因为 3 个为私企,2 个为外企,所以 10 号学生仍然确定为私企。

## 8.4   决策树机器学习算法

### 8.4.1   决策树

决策树(decision tree)代表对象属性与对象值之间的一种映射关系,是一类基于树结构进行决策的监督学习方法。

一棵决策树一般包含一个根结点、若干个内部结点和若干个叶结点。其中每个内部节点表示一个属性上的测试,每个分支代表一个测试输出,每个叶节点代表一种类别。

决策树的生成一般是一个递归过程,有三种情形导致递归返回:

① 无须划分:当前结点包含的样本全属于同一类别;

② 无法划分:当前属性集为空或是所有样本在所有属性上取值相同;

③ 不能划分:当前结点包含的样本集合为空。

例 8.4   水果数据集从颜色、形状、大小三方面的特征描述水果类别。已知训练数据如表 8.5 所示,每一行代表一个样本点,构造决策树对不同的样本进行分类。

表 8.5   水果数据集

| 编号 | 颜色 | 形状 | 大小 | 类别 |
|---|---|---|---|---|
| 1 | 红 | 球 | 一般 | 苹果 |
| 2 | 黄 | 弯月 | 一般 | 香蕉 |
| 3 | 红 | 球 | 小 | 樱桃 |
| 4 | 绿 | 椭球 | 大 | 西瓜 |
| 5 | 橘黄 | 球 | 一般 | 橘子 |

解   利用不同的叶结点对应颜色、形状、大小等不同属性,并分别进行测试,进而得到最终的叶结点,从而将所有样本根据其属性分成不同的类别。

水果数据集决策树如图 8.8 所示。

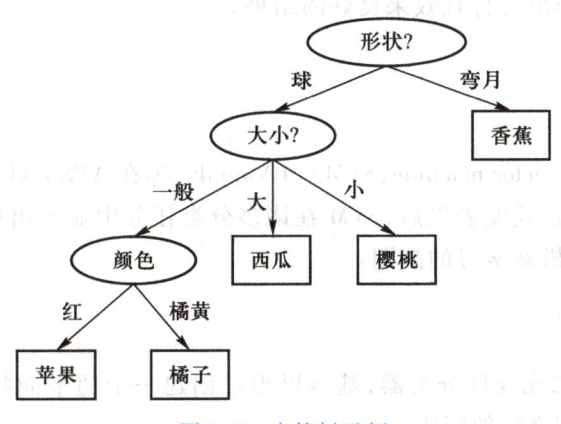

图 8.8　决策树示例

## 8.4.2　决策树的熵

从数据训练出决策树模型的过程叫作决策树学习。

构建决策树的过程是通过样本集的划分,使得决策树尽快达到熵最小状态,也就是确定性状态。构建决策树时划分属性的顺序选择影响决策树的性能。一般而言,随着划分过程不断进行,希望决策树的分支结点所包含的样本集的"纯度"(purity)越来越高,就是尽可能属于同一类别。

决策树学习的关键是如何选择最优划分属性。一般用熵(entropy)衡量结点的"纯度"。这样就可以根据熵值进行属性划分。在信息论与概率统计中,熵表示随机变量的不确定性程度。熵越大,变量的不确定程度越大,纯度越低;反之,熵越小,变量的不确定程度越小,纯度越高。如果样本集合内全部为单类样本,则熵最小。

熵由公式(8.20)定义:

$$H(X) = - \sum_{i=1}^{n} P(x_i) \log_b P(x_i) \tag{8.20}$$

其中,$n$ 为样本个数,$p(x_i)$ 是第 $i$ 个样本的概率,所有样本的概率之和为 1。$b$ 可以取 2、e 或 10,一般取 $b=2$。

熵 $H(X)$ 值越小,表示样本集合 $X$ 包含的信息越确定,即纯度越高。例如,投掷硬币一次,正面、反面的概率都是 0.5,那么这个结果的熵可以表示为

$$H(X) = -(0.5\log_2 0.5 + 0.5\log_2 0.5) = 1.0$$

如果硬币正反面重量不同,一面重一面轻,比如正面概率 0.2,反面概率 0.8,那么投掷一次这样的硬币的结果熵为

$$H(X) = -(0.2\log_2 0.2 + 0.8\log_2 0.8) = 0.721\ 9$$

因为反面的可能性更大,所以熵变小了,即不确定性变小了。

决策树是一种非线性模型,可用于解决二分类、多分类和回归问题。决策树易于理解和实现,具有很强的解释性,通过解释容易理解决策树所表达的意义。

决策树一般不需要准备大量的数据,并能够同时处理数据型和常规型属性,在相对短的时间内能够对大型数据源作出可行且效果良好的结果。

## 8.5　支持向量机

支持向量机(support vector machine,SVM)由 Vapnikd 等在 AT&T 贝尔实验室研发,属于监督学习算法。自从 1995 年正式发表以后,SVM 在诸多分类任务中显示出卓越性能,很快成为机器学习的主流技术,掀起了机器学习的高潮。

### 8.5.1　支持向量机的基本思想

SVM 是一种非概率二元线性分类器,基本思想是创建一个超平面将训练样本划分成两类,并尽可能最大化两个类别之间的间隔。

如图 8.9 所示是一个二维平面(超平面类似讨论),二维平面上有两种不同类型的点,分别用实心点和空心点来表示。支持向量机的目标就是通过求解超平面,将不同属性的点分开。注意:在二维平面上超平面只是一条直线。

对某个数据点进行分类,当它的间隔越大的时候,也就是离超平面越远的时候,分类的置信度越大。对于一个包含 $n$ 个点的数据集,可以定义它的间隔为所有 $n$ 个点的间隔值中最小的那个。于是,为了提高分类的置信度,我们希望所选择的超平面能够最大化这个间隔值,即最大间隔准则。

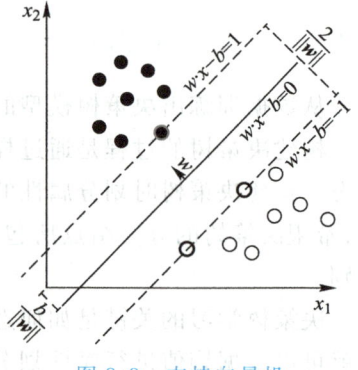

图 8.9　支持向量机

在图 8.9 中,距离超平面最近的这几个训练样本点被称为"支持向量"(support vector),两个异类支持向量到超平面的距离之和被称为"间隔"(margin)。支持向量机的目标就是找到具有"最大间隔"的划分超平面。

### 8.5.2　线性支持向量机

给定一组训练实例,每个训练实例被标记为属于两个类别中的一个。例如,在超平面一边的数据点所对应的 $y$ 记为 1,而在超平面另一边的数据点所对应的 $y$ 记为 $-1$。

SVM 训练算法通过寻求结构化风险最小来提高学习机泛化能力,实现经验风险和置信范围的最小化,建立一个将新的实例分配给两个类别之一的模型,从而达到在统计样本量较少的情况下,亦能获得良好统计规律的目的。

SVM 模型是将实例表示为空间中的点,这样映射就使得单独类别的实例被尽可能大的间隔分开。然后,将新的实例映射到同一空间,并基于它们落在间隔的哪一侧来预测所属类别。

线性 SVM 模型是一种二类分类模型,是特征空间上的间隔最大的线性分类器,即支持向量机的学习策略便是间隔最大化,最终可转化为一个凸二次规划问题的求解。

### 8.5.3　非线性支持向量机

线性支持向量机是假设训练样本是线性可分的,即存在一个超平面能将训练样本正确分类。然而,在现实任务中原始样本空间内可能并不存在一个能正确划分两类样本的超平面,如图 8.10(a)所示。很容易看出,实际上无法找到一个线性分类面(直线),将图中的实心样本和空心样本分开。

为了解决这类线性不可分问题,提出了诸多的解决办法,其中一个最重要的方法是核函数方法。核函数方法是通过选择一个核函数将数据映射到高维空间,使得在高维属性空间中有可能将训练数据实现超平面的分割。这种核函数方法避免了在原输入空间中进行非线性曲面分割计算的困难,而是将原始空间中线性不可分的问题转换为另一个空间中线性可分的问题。如图 8.10(b)所示,我们通过核函数变换将原来在二维平面上的点映射到三维空间上,显然这是线性可分的,我们再确定一个线性平面将图中的实心样本和空心样本分开。

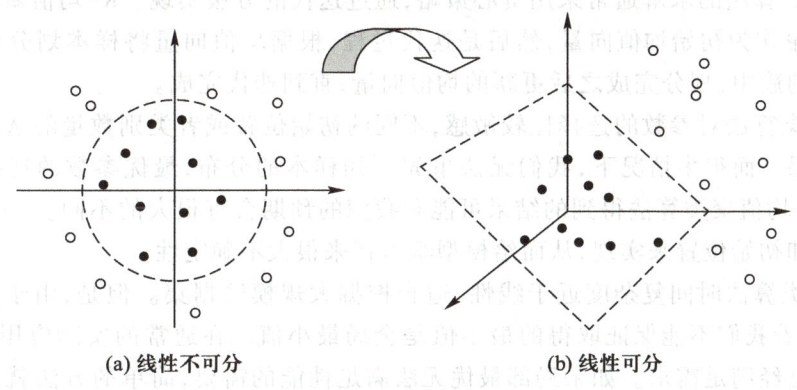

(a) 线性不可分　　　　　　　　　　(b) 线性可分

图 8.10　利用核方法将线性不可分映射到高维空间

由于核函数的良好性能,计算量只和支持向量的数量有关,而独立于空间的维度,在处理高维输入空间的分类时,这样的非线性扩展在计算量上并没有比原来有显著的增加。因此,核函数方法在当代的机器学习任务中有非常广泛的应用,尤其是在解决线性不可分问题当中,而不单单局限在支持向量机算法中。

## 8.6　*K*-均值聚类算法

聚类是无监督学习中最重要的一类算法,具有非常广泛的应用。

给定一个由样本点组成的数据集,这些样本的标记信息是未知的。数据聚类是通过对无标记训练样本的学习,将样本点划分成若干类,使得属于同一类的样本点非常相似,而属于不同类的样本点不相似。

可见,聚类结果事先是未知的,聚类过程仅能自动形成簇结构,簇所对应的概念语义需由使用者来把握和命名。

聚类是将样本集分为若干互不相交的子集,即样本簇。聚类算法的目标希望同一簇的样本尽可能彼此相似,即具有较高的类内相似度(intra-cluster similarity),同时不同簇的样本尽可能不同,即簇间的相似度(inter-cluster similarity)低。机器学习诞生以来,相关的研究者针对不同的问题提出了多种聚类方法,其中应用最广泛的是 *K*-均值(*K*-means)聚类算法。*K*-均值聚类算法无论是思想还是实现都比较简单。

$K$-均值聚类算法核心思想:如果将一组数据集聚成 $K$ 类,则先随机地选取 $K$ 个质心,然后计算每个样本到 $K$ 个质心的距离,将对应的样本分到最近的类中,然后计算各个类的平均值,重新确定各个类的质心。迭代这个过程,直到质心不再变化。

对于给定样本集合,$K$-均值聚类算法的目标函数是使得聚类簇内的平方误差最小化,即

$$E = \sum_{i=1}^{K} \sum_{x \in C_i} \| x - \mu_i \|_2^2, \tag{8.21}$$

其中,$K$ 是人为给定的簇的数量,$\mu_i$ 是簇 $C_i$ 的均值向量,$x$ 是对应的样本特征向量。

直观来看,这个误差刻画了簇内样本围绕簇均值向量的紧密程度,$E$ 值越小则簇内样本相似度越高。

$K$-均值聚类算法的求解通常采用贪心策略,通过迭代的方法实现。$K$-均值聚类算法首先随机选择 $K$ 个向量作为初始均值向量,然后是迭代过程,根据均值向量将样本划分到距离最近的均值向量所在的簇中,划分完成之后更新的均值向量,直到迭代完成。

$K$-均值聚类算法对参数的选择比较敏感,不同的初始位置或者类别数量的选择往往会导致完全不同的结果。而很多情况下,我们无法事先预知样本的分布,最优参数的选择通常也非常困难。因此,$K$-均值聚类算法得到的结果可能和我们的预期会有很大的不同。一般通过设置不同的模型参数和初始位置来实现,从而给模型学习带来很大不确定性。

$K$-均值聚类算法时间复杂度近于线性,适合挖掘大规模数据集。但是,由于损失函数是 $E$ 非凸函数,意味着我们不能保证取得的最小值是全局最小值。在通常的实际应用中,$K$-均值达到的局部最优已经满足需求。如果局部最优无法满足性能的需要,简单的方法就是通过不同的初始值来实现。

$K$ 的数量是模糊的,通常可以随机选取,或者也有一定的选取策略如肘部法预估 $K$ 值等。

## 8.7　小结

### 1. 机器学习

学习是一个有特定目的的知识获取过程,其内在行为是获取知识,积累经验,发现规律;外部表现是改进性能,适应环境,实现系统的自我完善。

机器学习使计算机能模拟人的学习行为,自动地通过学习获取知识和技能,不断改善性能,实现自我完善。机器学习主要研究学习机理、学习方法、学习系统三方面问题。

能够在一定程度上实现机器学习的系统称为学习系统。一个学习系统一般应该由环境、学习、知识库、执行与评价等四个基本部分组成。

### 2. 机器学习的分类

机器学习可分为监督学习、无监督学习与弱监督学习。

监督学习根据"教师"提供的正确响应调整学习系统的参数和结构。

无监督学习系统完全按照环境提供的数据的某些统计规律调节自身的参数或者结构(自组织),以表示出外部输入的某种固有特性。

弱监督学习中的数据标签允许是不完全的,即训练集中只有一部分数据是有标签的,而其余的数据甚至是绝大部分数据是没有标签的。

半监督学习是一种典型的弱监督学习方法。在半监督学习中,只有少量有标注的数据,还有大量未标注的数据可供使用。

迁移学习侧重于将已经学习过的知识迁移应用到新的问题中。

强化学习中外部环境对系统输出结果只给出评价信息(奖励或者惩罚),而不是正确答案,学习系统通过那些受惩的动作改善自身的性能。

### 3. 线性回归机器学习算法

线性回归是利用数理统计中回归分析的方法,确定两种或者两种以上变量之间相互依赖的定量关系的一种统计分析方法,属于监督学习。

最小二乘估计:$\hat{\boldsymbol{\theta}} = (\boldsymbol{X}^{\mathrm{T}}\boldsymbol{X})^{-1}\boldsymbol{X}^{\mathrm{T}}\boldsymbol{Y}$

### 4. $K$-近邻机器学习算法

给定一个训练样本集合,计算待分类样本和训练集中所有数据点的相似性,将相似性从小到大排列然后取前 $K$ 个数据点,将前 $K$ 个数据点中数量最多的类别作为待分类样本的类别。

### 5. 决策树机器学习算法

决策树代表对象属性与对象值之间的一种映射关系,是一类基于树结构进行决策的监督学习方法。

决策树的熵:$H(X) = -\sum_{i=1}^{n} P(x_i)\log_b P(x_i)$

### 6. 支持向量机

线性 SVM 模型是一种二类分类模型,是特征空间上的间隔最大的线性分类器,即支持向量机的学习策略便是间隔最大化,最终可转化为一个凸二次规划问题的求解。

非线性支持向量机是采用核函数方法,即通过选择一个核函数将数据映射到高维空间,使得在高维属性空间中有可能将训练数据实现超平面的分割。

### 7. $K$-均值聚类算法

如果将一组数据集聚成 $K$ 类,则先随机地选取 $K$ 个质心,然后计算每个样本到 $K$ 个质心的距离,将对应的样本分到最近的类中,然后计算各个类的平均值,重新确定各个类的质心。迭代这个过程,直到质心不再变化。

## 讨论题

8.1　什么是学习和机器学习?

8.2　试述机器学习系统的基本结构,并说明各部分的作用。

8.3　机器学习与人工智能是什么关系?

8.4　假设把桌子这个概念定义为一切具有大而平的顶部和至少有三条分开的腿的物体。试说明归纳算法如何学习这个概念,并给出一张桌子和其他近似物的描述序列。

8.5　比较有监督机器学习和无监督机器学习的优缺点。

8.6　线性回归机器学习的主要任务是什么?

8.7　简述 $K$-近邻机器学习算法及其优缺点。

8.8　简述决策树机器学习算法及其优缺点。

**8.9**　简述线性支持向量机机器学习算法及其优缺点。

**8.10**　简述解决非线性支持向量机机器学习算法的基本思想。

## 习题

**8.1**　在例 8.3 中，分别用欧式距离、曼哈顿距离表示数据的相似性，重新计算 10 号学生的就业企业类型。

**8.2**　向量 $A = (1,2,2,4)$，向量 $B = (1,1,1,1)$，计算向量 $A$ 和向量 $B$ 的余弦相似度、欧几里得距离、曼哈顿距离。

**8.3**　中国和巴西进行乒乓球比赛，历史上两队交手 64 次，中国队赢了 63 次，巴西队赢了 1 次，计算决策树的熵，并直观说明结果。

**8.4**　世界杯有 32 个球队比赛，如果每个球队实力水平完全均衡，计算决策树的熵，并直观说明结果。

# 第9章 专家系统

自 1968 年研制成功第一个专家系统 DENDRAL 以来,专家系统(expert system)技术发展非常迅速,已经应用到数学、物理、化学、医学、地质、气象、农业、法律、教育、交通运输、机械、艺术以及计算机科学本身,甚至渗透到政治、经济、军事等重大决策部门,产生了巨大的社会效益和经济效益,成为人工智能的重要分支。

下面首先介绍专家系统的产生与发展过程、基本概念,然后着重介绍专家系统的工作原理和建立专家系统的方法。最后介绍几个著名的实际专家系统形成的骨架系统以及专家系统开发环境。

## 9.1 专家系统的产生和发展

专家系统的第一个里程碑是斯坦福大学费根鲍姆等人和化学家勤德贝格合作,于 1968 年研制成功的分析化合物分子结构的专家系统——DENDRAL系统。此后,相继建立了各种不同功能、不同类型的专家系统。MYCSYMA 系统是由麻省理工学院(MIT)于 1971 年开发成功并投入应用的专家系统,用LISP 语言实现对特定领域的数学问题进行有效的处理,包括微积分运算、微分

专家系统的产生和
发展讲课视频▲

方程求解等。DENDRAL 和 MYCSYMA 系统是专家系统发展的第一阶段。这个时期专家系统的特点是高度的专业化,专门问题求解能力强,但结构、功能不完整,移植性差,缺乏解释功能。

20 世纪 70 年代中期,专家系统进入了第二阶段——技术成熟期,出现了一批成功的专家系统。具有代表性的专家系统是 MYCIN、PROSPECTOR、AM、CASNET 等系统。MYCIN 系统是美国斯坦福大学费根鲍姆等人研制的用于细菌感染性疾病的诊断和治疗的专家系统,能成功地对细菌性疾病作出专家水平的诊断和治疗。它是第一个结构较完整、功能较全面的专家系统。它第一次使用了知识库的概念,引入了可信度的方法进行不精确推理,能够给出推理过程的解释,用英语与用户进行交互。MYCIN 系统对形成专家系统的基本概念、基本结构起了重要的作用。PROSPECTOR 系统是由美国斯坦福研究所开发的一个探矿专家系统。由于它首次实地分析华盛顿某山区一带的地质资料,发现了一个钼矿,成为第一个取得显著经济效益的专家系统。CASNET 是一个与 MYCIN 几乎同时开发的专家系统,由拉特格尔(Rutger)大学开发,用于青光眼诊断与治疗。AM 系统是由斯坦福大学于 1981 年研制成功的专家系统。它能模拟人类进行概括、抽象和归纳推理,发现某些数论的概念和定理。

第二阶段的专家系统的特点是

① 单学科专业型专家系统。

② 系统结构完整,功能较全面,移植性好。

③ 具有推理解释功能,透明性好。

④ 采用启发式推理、不精确推理。

⑤ 用产生式规则、框架、语义网络表达知识。

⑥ 用限定性英语进行人-机交互。

20 世纪 80 年代以来,专家系统的研制和开发明显地趋向于商业化,直接服务于生产企业,产生了明显的经济效益。例如 1980 年 DEC 公司与卡内基-梅隆大学合作开发了专家系统 XCON,用于为 VAX 计算机系统制订硬件配置方案,节约资金近 1 亿美元。另一个重要发展是出现专家系统开发工具,从而简化了专家系统的构造。如骨架系统 EMYCIN、KAS、EXPERT,通用知识工程语言 OPS5、RLL,模块式专家系统工具 AGE 等。

苹果公司开发的语音识别接口专家系统 Siri(speech interpretation & recognition interface),目前广泛应用于 iPhone、iPad 及 iMac 等苹果系列产品中。

但一些复杂的专家系统开发仍然存在许多问题,例如:2013 年,IBM 与世界顶级肿瘤治疗与研究机构——MD 安德森癌症中心合作开发的癌症诊断与治疗的专家系统 Watson,用于辅助医生开展抗癌药物的临床测试。在 IBM 和 MD 安德森癌症中心这两大机构合作之初,福布斯杂志发表了题为《在 MD 安德森癌症中心,IBM Watson 解决了临床测试难题》的社论,对 Watson 寄予厚望。在当时看来,一扇新的大门正被人类打开,而支撑这一切的,正是 AI 与现代医疗技术的无缝结合。然而,4 年之后的 2017 年 7 月,福布斯杂志同样发表了一篇关于 Watson 的文章,但标题则是《Watson 是不是一个笑话?》,这表明 Watson 近几年进展缓慢、难以大用。Watson 系统面临的窘境,其实也是整个专家系统现状的缩影。造成专家系统发展乏力的因素有很多,主要原因在于,专家数据匮乏而昂贵,也就是知识获取成了问题。

目前,专家系统研制的目的不是研制 AI 专家代替人类专家,而是研制人类专家的 AI 助手。因此,专家系统将向更专业化的方向发展,针对具体需求进行开发。

## 9.2　专家系统的概念

### 9.2.1　专家系统的定义

专家系统是基于知识的系统,用于在某种特定的领域中运用领域专家多年积累的经验和专业知识,求解需要专家才能解决的困难问题。专家系统作为一种计算机系统,继承了计算机快速、准确的特点,在某些方面比人类专家更可靠、更灵活,可以不受时间、地域及人为因素的影响。

专家系统的奠基人斯坦福大学的费根鲍姆(E. A. Feigenbaum)教授,把专家系统定义为:"专家系统是一种智能的计算机程序,它运用知识和推理来解决只有专家才能解决的复杂问题。"也就是说,专家系统是一种模拟专家决策能力的计算机系统。

### 9.2.2　专家系统的特点

专家系统具有如下特点。

#### 1. 具有专家水平的专业知识

具有专家专业水平是专家系统的最大特点。专家系统具有的知识越丰富,质量越高,解决问题的能力就越强。

专家系统中的知识按其在问题求解中的作用可分为三个层次,即数据级、知识库级和控制级。数据级知识是指具体问题所提供的初始事实及在问题求解过程中所产生的中间结论、最终结论。数据级知识通常存放于数据库中。知识库级知识是指专家的知识。这一类知识是构成专家系统的基础。控制级知识也称为元知识,是关于如何运用前两种知识的知识,如在问题求解中的搜索策略、推理方法等。

### 2. 能进行有效的推理

专家系统的核心是知识库和推理机。专家系统要利用专家知识来求解领域内的具体问题,必须有一个推理机构,能根据用户提供的已知事实,通过运用知识库中的知识,进行有效的推理,以实现问题的求解。专家系统不仅能根据确定性知识进行推理,而且能根据不确定的知识进行推理。领域专家解决问题的方法大多是经验性的,表示出来往往是不精确的,仅以一定的可能性存在。此外,要解决的问题本身所提供的信息往往是不确定的。专家系统的特点之一就是能综合利用这些不确定的信息和知识进行推理,得出结论。

### 3. 具有启发性

专家系统除了能利用大量专业知识,还必须利用经验的判断知识来对求解的问题作出多个假设。依据某些条件选定一个假设,使推理继续进行。

### 4. 具有灵活性

专家系统的知识库与推理机既相互联系,又相互独立。相互联系保证了推理机利用知识库中的知识进行推理以实现对问题的求解;相互独立保证了当知识库作适当修改和更新时,只要推理方式没变,推理机部分可以不变,使系统易于扩充,具有较大的灵活性。

### 5. 具有透明性

在使用专家系统求解问题时,不仅希望得到正确的答案,还希望知道得到该答案的依据。专家系统一般都有解释机构(explanation facility),具有较好的透明性。解释机构可以向用户解释推理过程,回答用户"为什么(Why)""结论是如何得出的(How)"等问题。

### 6. 具有交互性

专家系统一般都是交互式系统,具有较好的人机界面。一方面它需要与领域专家和知识工程师进行对话以获取知识,另一方面它也需要不断地从用户那里获得所需的已知事实并回答用户的询问。

专家系统本身是一个程序,但它与传统程序又不同,主要体现在以下几个方面:

① 从编程思想来看,传统程序是依据某个确定的算法和数据结构来求解某个确定的问题,而专家系统求解的许多问题没有可用的数学方法,而是依据知识和推理来求解,即

$$传统程序 = 数据结构 + 算法$$
$$专家系统 = 知识 + 推理$$

这是专家系统与传统程序的最大区别。

② 传统程序把关于问题求解的知识隐含于程序中,而专家系统则将知识与运用知识的过程即推理机分离。这种分离使专家系统具有更大的灵活性,便于修改。

③ 从处理对象来看,传统程序主要是面向数值计算和数据处理,而专家系统面向符号处理。传统程序处理的数据是精确的,对程序的检索是基于模式的布尔匹配,而专家系统处理的数据

和知识大多是不精确的、模糊的,知识的模式匹配也多是不精确的。

④ 传统程序一般不具有解释功能,而专家系统一般具有解释机构,解释自己的行为。因为专家系统依赖于推理,它必须能够解释这个过程。解释器是专家系统特有的模块,也是与一般的计算机软件系统的区别之一。

⑤ 传统程序根据算法求解问题,每次都能产生正确的答案,而专家系统则像人类专家那样工作,一般能产生正确的答案,但有时也会产生错误的答案,这也是专家系统存在的问题之一。但专家系统有能力从错误中吸取教训,改进对某一问题的求解能力。

2016 年 3 月在韩国举行的谷歌 AlphaGo 对决世界围棋冠军李世石的比赛中,AlphaGo 连赢 3 局。在 13 日的第 4 局比赛的 78 手之前,全世界的人都认为 AlphaGo 必赢。但此后 AlphaGo 犯了一个连小学生都不应该犯的错误,导致了第 4 局比赛的失败。其实,这正是专家系统有时会产生错误答案的特点。

⑥ 从系统的体系结构来看,传统程序与专家系统具有不同的结构。关于专家系统的结构在后面将作专门的介绍。

## 9.2.3　专家系统的类型

若按专家系统的特性及功能分类,专家系统可分为 10 类,如表 9.1 所示。

表 9.1　专家系统类型

| 专家系统类型 | 解决的问题 |
| --- | --- |
| 解　释 | 根据感知数据推理情况描述 |
| 诊　断 | 根据观察结果推理系统是否有保障 |
| 预　测 | 指导给定情况可能产生的后果 |
| 设　计 | 根据给定的要求进行相应的设计 |
| 规　划 | 设计动作 |
| 控　制 | 控制整个系统的行为 |
| 监　督 | 比较观察结果和期望结果 |
| 修　理 | 执行计划来实现规定的补救措施 |
| 教　学 | 诊断、调整、修改学生行为 |
| 调　试 | 建议故障的补救措施 |

#### 1. 解释型专家系统

解释型专家系统能根据感知数据,经过分析、推理,从而给出相应解释。如化学结构说明、图像分析、语言理解、信号解释、地质解释、医疗解释等专家系统。代表性的解释型专家系统有 DENDRAL,PROSPECTOR 等。

#### 2. 诊断型专家系统

诊断型专家系统能根据取得的现象、数据或事实推断出系统是否有故障,并能找出产生故障的原因,给出排除故障的方案。这是目前开发、应用得最多的一类专家系统。如医疗诊断、机械故障诊断、计算机故障诊断等专家系统。代表性的诊断专家系统有 MYCIN,CASNET,PUFF (肺功能诊断系统),PIP(肾脏病诊断系统),DART(计算机硬件故障诊断系统)等。

### 3. 预测型专家系统

预测型专家系统能根据过去和现在的信息(数据和经验)推断可能发生和出现的情况。例如用于天气预报、地震预报、市场预测、人口预测、灾难预测等领域的专家系统。

### 4. 设计型专家系统

设计型专家系统能根据给定要求进行相应的设计。例如用于工程设计、电路设计、建筑及装修设计、服装设计、机械设计及图案设计的专家系统。对这类系统一般要求在给定的限制条件下能给出最佳的或较佳的设计方案。代表性的设计型专家系统有 XCON(计算机系统配置系统)、KBVLSI(VLSI 电路设计专家系统)等。

### 5. 规划型专家系统

规划型专家系统能按给定目标拟定总体规划、行动计划、运筹优化等,适用于机器人动作控制、工程规划、军事规划、城市规划、生产规划等。这类系统一般要求在一定的约束条件下能以较小的代价达到给定的目标。代表性的规划型专家系统有 NOAII(机器人规划系统)、SECS(制定有机合成规划的专家系统)、TATR(帮助空军制定攻击敌方机场计划的专家系统)等。

### 6. 控制型专家系统

控制型专家系统能根据具体情况,控制整个系统的行为,适用于对各种大型设备及系统进行控制。为了实现对控制对象的实时控制,控制型专家系统必须具有能直接接收来自控制对象的信息,并能迅速地进行处理,及时地作出判断和采取相应行动的能力。所以控制型专家系统实际上是专家系统技术与实时控制技术相结合的产物。代表性的控制型专家系统是 YES/MVS(帮助监控和控制 MVS 操作系统的专家系统)。

### 7. 监督型专家系统

监督型专家系统能完成实时的监控任务,并根据监测到的现象作出相应的分析和处理。这类系统必须能随时收集任何有意义的信息,并能快速地对得到的信号进行鉴别、分析和处理。一旦发现异常,能尽快地作出反应,如发出报警信号等。代表性的监督型专家系统是 REACTOR (帮助操作人员检测和处理核反应堆事故的专家系统)。

### 8. 修理型专家系统

修理型专家系统是用于制订排除某类故障的规划并实施排除的一类专家系统,要求能根据故障的特点制订纠错方案,并能实施该方案排除故障;当制订的方案失效或部分失效时,能及时采取相应的补救措施。

### 9. 教学型专家系统

教学型专家系统主要适用于辅助教学,并能根据学生在学习过程中所产生的问题进行分析、评价、找出错误原因,有针对性地确定教学内容或采取其他有效的教学手段。代表性的教学型专家系统有 GUIDON(讲授有关细菌传染性疾病方面的医学知识的计算机辅助教学系统)。

### 10. 调试型专家系统

调试型专家系统用于对系统进行调试,能根据相应的标准检测被检测对象存在的错误,并能从多种纠错方案中选出适用于当前情况的最佳方案,排除错误。

表 9.1 是根据专家系统的特性及功能对专家系统进行分类的。这种分类往往不是很确切，因为许多专家系统不止一种功能。还可以从另外的角度对专家系统进行分类。例如，可以根据专家系统的应用领域进行分类。

### 9.2.4  专家系统的典型案例

当前专家系统主要的应用领域有：医学、计算机系统、电子学、工程、地质学、军事、过程控制等。表 9.2 按应用领域列出了专家系统的典型应用。

表 9.2  典型领域的专家系统

| 领域 | 系统 | 功能 |
|---|---|---|
| 医学 | MYCIN | 细菌感染性疾病诊断和治疗 |
| | CASNET | 青光眼的诊断和治疗 |
| | PIP | 肾脏病诊断 |
| | INTERNIST | 内科病诊断 |
| | PUFF | 肺功能试验结果解释 |
| | ONCOCIN | 癌症化学治疗咨询 |
| | VM | 人工肺心机监控 |
| 地质学 | PROSPECTOR | 帮助地质学家评估某一地区的矿物储量 |
| | DIPMETER ADVISOR | 油井记录分析 |
| | DRILLING ADVISOR | 诊断和处理石油钻井设备的"钻头黏着"问题 |
| | MUD | 诊断和处理同钻探泥浆有关的问题 |
| | HYDRO | 水源总量咨询 |
| | ELAS | 油井记录解释 |
| 计算机系统 | DART | 计算机硬件系统故障诊断 |
| | RI/XCON | 配置 VAX 计算机 |
| | YES/MVS | 监控和控制 MVS 操作系统 |
| | PTRANS | 管理 DEC 计算机系统的建造和配置 |
| | IDT | 定位 PDP 计算机中有缺陷的单元 |
| 化学 | DENDRAL | 根据质谱数据来推断化合物的分子结构 |
| | MOLGEN | DNA 分子结构分析和合成 |
| | CRYSALIS | 通过电子云密度图推断一个蛋白质的三维结构 |
| | SECS | 帮助化学家制订有机合成规划 |
| | SPEX | 帮助科学家设计复杂的分子生物学的实验 |
| 数学 | MACSYMA | 数学问题求解 |
| | AM | 从基本的数学和集合论中发现概念 |
| 工程 | SACON | 帮助工程师发现结构分析问题的分析策略 |
| | DELTA | 帮助识别和排除机车故障 |
| | REACTOR | 帮助操作人员检测和处理核反应堆事故 |

续表

| 领域 | 系统 | 功能 |
|---|---|---|
| 军事 | AIRPLAN | 用于航空母舰周围的空中交通运输计划的安排 |
| | HASP | 海洋声呐信号识别和舰艇跟踪 |
| | TATR | 帮助空军制订攻击敌方机场的计划 |
| | RTC | 通过解释雷达图像进行舰船分类 |

## 9.3　专家系统的工作原理

### 9.3.1　专家系统的一般结构

由专家系统的定义可知,专家系统的主要组成部分是知识库和推理机。实际专家系统的功能和结构可能彼此有些差异,但完整的专家系统一般应包括人机接口、推理机、知识库、综合数据库、知识获取机构和解释机构六部分。各部分的关系如图 9.1 所示。

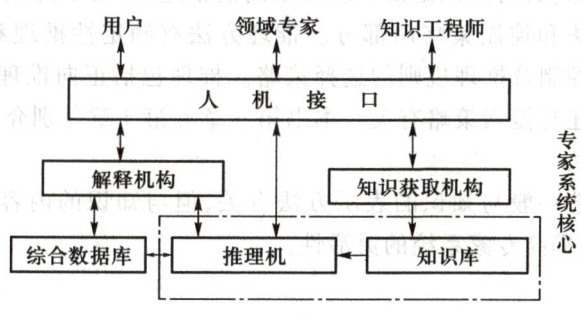

图 9.1　专家系统的一般结构

专家系统的核心是知识库和推理机,其工作过程是根据知识库中的知识和用户提供的事实进行推理,不断地由已知的事实推出未知的结论即中间结果,并将中间结果放到数据库中,作为已知的新事实进行推理,从而把求解的问题由未知状态转换为已知状态。在专家系统的运行过程中,会不断地通过人机接口与用户进行交互,向用户提问,并向用户作出解释。

下面分别对专家系统的各个部分进行简单介绍。

### 9.3.2　知识库

知识库(knowledge base)主要用来存放领域专家提供的专门知识。知识库中的知识来源于知识获取机构,同时它又为推理机提供求解问题所需的知识。

#### 1. 知识表示方法的选择

要建立知识库,首先要选择合适的知识表达方法。对同一知识,一般都可以用多种方法进行表示,但其效果却不同。应从能充分表示领域知识、能充分有效地进行推理、便于对知识的组织维护和管理、便于理解与实现等四个方面选择知识表示方法。本书介绍了一阶谓词逻辑、产生式、框架、语义网络、知识图谱、状态空间、模糊逻辑、神经网络、遗传编码等知识表示方法。

### 2. 知识库的管理

知识库管理系统负责对知识库中的知识进行组织、检索、维护等。专家系统中任何其他部分要与知识库发生联系，都必须通过该管理系统来完成。这样可实现对知识库的统一管理和使用。

在进行知识库维护时，还要保证知识库的安全性。必须建立严格的安全保护措施，以防止由于操作失误等主观原因使知识库遭到破坏，造成严重的后果。一般知识库的安全保护也可以像数据库系统那样，通过设置口令验证操作者的身份，对不同操作者设置不同的操作权限等技术来实现。

## 9.3.3　推理机

推理机（reasoning machine）的功能是模拟领域专家的思维过程，控制并执行对问题的求解。它能根据当前已知的事实，利用知识库中的知识，按一定的推理方法和控制策略进行推理，直到得出相应的结论为止。

已知事实和知识是构成推理的两个基本要素。已知事实又称为证据，用以指出推理的出发点及推理时应该使用的知识；而知识是使推理得以向前推进，并逐步达到最终目标的依据。

推理机包括推理方法和控制策略两部分。推理方法有确定性推理和不确定性推理。控制策略主要指推理方法的控制及推理规则的选择策略。推理包括正向推理、反向推理和正反向混合推理。推理策略一般还与搜索策略有关。本书第3章和第4章分别介绍了基本的确定性推理方法和不确定性推理方法。

推理机的性能与构造一般与知识的表示方法有关，但与知识的内容无关，这有利于保证推理机与知识库的独立性，提高专家系统的灵活性。

## 9.3.4　综合数据库

综合数据库（global database）或动态数据库，又称为黑板，主要用于存放初始事实、问题描述及系统运行过程中得到的中间结果、最终结果等信息。

在开始求解问题时，综合数据库中存放的是用户提供的初始事实。综合数据库的内容随着推理的进行而变化，推理机根据综合数据库的内容从知识库中选择合适的知识进行推理并将得到的中间结果存放于综合数据库中。综合数据库中记录了推理过程中的各种有关信息，又为解释机构提供了回答用户咨询的依据。

综合数据库中还必须具有相应的数据库管理系统，负责对数据库中的知识进行检索、维护等。

从计算机技术角度，知识库和综合数据库都是数据库。它们所不同的是：知识库的内容在专家系统运行过程中是不改变的，只有知识工程师通过人机接口进行管理。而综合数据库在专家系统运行过程中是动态变化的，不仅可以由用户输入数据，而且推理的中间结果也会改变其内容。

## 9.3.5　知识获取机构

知识获取（knowledge acquisition）是建造和设计专家系统的关键，也是目前建造专家系统的

"瓶颈"。知识获取的基本任务是为专家系统获取知识,建立起健全、完善、有效的知识库,以满足求解领域问题的需要。

知识获取通常是由知识工程师与专家系统中的知识获取机构共同完成的。知识工程师负责从领域专家那里抽取知识,并用适用的方法把知识表达出来,而知识获取机构把知识转换为计算机可存储的内部形式,然后把它们存入知识库。在存储过程中,要对知识进行一致性、完整性的检测。

不同专家系统的知识获取的功能与实现方法差别较大,有的系统则采用自动获取知识的方法,而有的系统则采用非自动或半自动的知识获取方法。

(1)非自动知识获取(人工移植)

非自动知识获取也称为人工移植。在这种方式中,知识获取分两步进行,首先由知识工程师从领域专家或有关的技术文献那里获取知识,然后再由知识工程师用某种知识编辑软件输入到知识库中。

非自动方式是专家系统建造中用得较为普遍的一种知识获取模式。在非自动知识获取模式中,知识工程师起着关键的作用。

(2)自动知识获取

所谓自动知识获取是指系统具有获取知识的能力。它不仅可以直接与领域专家对话,从专家提供的原始信息中学习到专家系统所需的知识,还能从系统自身的运行实践中总结、规划出新的知识,发现知识中可能存在的错误,不断自我完善,建立起性能优良、知识完善的知识库。为达到这一目的,它应具有识别语言、文字、图像的能力,具备理解、分析、归纳的能力,以及从运行实践中学习的能力。在知识库初步建成投入使用后,随着应用向纵深发展,知识库的不完善性就会逐渐暴露出来。此时知识的自动获取系统应不断地总结经验教训,从运行实践中学习,产生新的知识,纠正可能存在的错误,不断进行知识库的自我完善。

(3)半自动知识获取

自动知识获取是一种理想的知识获取方式,涉及人工智能的多个领域,例如模式识别、自然语言理解、机器学习等,对硬件亦有较高的要求。这几年在自然语言理解、机器学习方面的研究已取得了较大的进展。因此,在建造知识获取系统时,应充分利用这些成果,逐渐向知识的自动获取过渡,提高其智能程度。事实上,在近些年建造的专家系统中,不同程度地做了这方面的尝试与探讨。在非自动知识获取的基础上增加了部分学习功能,使系统能从大量事例中归纳出某些知识。由于这样的系统不同于纯粹的非自动知识获取,但又没有达到完全自动知识获取的程度,因而称之为半自动知识获取。

## 9.3.6 人机接口

人机接口(interface)是专家系统与领域专家、知识工程师、一般用户之间进行交互的界面,由一组程序及相应的硬件组成,用于完成输入输出工作。知识获取机构通过人机接口与领域专家及知识工程师进行交互,更新、完善、扩充知识库;推理机通过人机接口与用户交互,在推理过程中,专家系统根据需要不断向用户提问,以得到相应的事实数据,在推理结束时会通过人机接口向用户显示结果;解释机构通过人机接口与用户交互,向用户解释推理过程,回答用户问题。

在输入或输出过程中,人机接口需要内部表示形式与外部表示形式的转换。在输入时,它将把领域专家、知识工程师或一般用户输入的信息转换成系统的内部表示形式,然后分别交给相应的机构去处理;输出时,它将把系统要输出的信息由内部形式转化为人们易于理解的外部形式显示给用户。

在不同的专家系统中,由于硬件、软件环境不同,接口的形式与功能有较大的差别。随着计算机硬件和自然语言理解技术的发展,有的专家系统已经可以用简单的自然语言与用户交互,但有的系统只能通过菜单方式、命令方式或简单的问答方式与用户交互。

### 9.3.7    解释机构

解释机构(explanator)回答用户提出的问题,解释系统的推理过程。解释机构由一组程序组成。它跟踪并记录推理过程,当用户提出的询问需要给出解释时,它将根据问题的要求分别作相应的处理,最后把解答用约定的形式通过人机接口输出给用户。

上面讨论的专家系统的一般结构只是专家系统的基本形式。实际上,在具体建造一个专家系统时,随着系统要求的不同,可以在此基础上做适当修改。

## 9.4    专家系统的建立

专家系统是人工智能中一个正在发展的研究领域,虽然目前已建立了许多专家系统,但是尚未形成建立专家系统的一般方法。下面简单介绍专家系统的一般建立过程。

### 9.4.1    骨架系统的概念

专家系统是一个计算机软件系统,但与传统程序又有区别,因为知识工程与软件工程在许多方面有较大的差别,所以专家系统的开发过程在某些方面与软件工程类似,但某些方面又有区别。例如,软件工程的设计目标是建立一个用于事物处理的信息处理系统,处理的对象是数据,主要功能是查询、统计、排序等,其运行机制是确定的;而知识工程的设计目标是建立一个辅助人类专家的知识处理系统,处理的对象是知识和数据,主要的功能是推理、评估、规划、解释、决策等,其运行机制难以确定。另外从系统的实现过程来看,知识工程比软件工程更强调渐进性、扩充性。因此,在设计专家系统时软件工程的设计思想及过程虽可以借鉴,但不能完全照搬。

专家系统的研制和开发是一件复杂、困难、费时的工作。为了提高专家系统设计和开发的效率,缩短研制周期,就需要使用专家系统开发工具,以便于提供系统设计和开发的计算机辅助手段和环境。

专家系统的一个特点是知识库与系统其他部分的分离,知识库是与求解的问题领域密切相关的,而推理机等则与具体领域独立,具有通用性。为此,人们将描述领域知识的规则等从原系统中"挖掉",只保留其知识表示方法和与领域无关的推理机等部分,就得到了一个专家系统的骨架系统,因为它保留了原有系统的主要框架。

骨架系统是由已有的成功的专家系统演化而来的。它抽出了原系统中具体的领域知识,而保留了原系统的体系结构和功能,再把领域专用的界面改为通用界面。

在骨架系统中,知识表示模式、推理机制都是确定的。利用骨架系统作为开发工具,只要将新的领域知识用骨架系统规定的模式表示出来并装入到知识库中就可以了。

### 9.4.2 EMYCIN 骨架系统

EMYCIN 系统是由 MYCIN 系统抽去原有的医学领域知识,保留骨架而形成的系统。

MYCIN 系统是由斯坦福大学 1972 年开始研制的用于对细菌感染性疾病进行诊断和治疗的专家系统。MYCIN 的功能是帮助内科医生诊断细菌感染疾病,并给出建议性的诊断结果和处方。MYCIN 系统是将产生式规则从通用问题求解的研究转移到解决专门问题的一个成功的典范,在专家系统的发展中占有重要的地位,许多专家系统就是在它的基础上建立起来的。

MYCIN 系统的结构如图 9.2 所示。从图中可以看出,MYCIN 系统主要由咨询、解释和知识获取三个模块以及知识库、动态数据库组成。它采用产生式规则表达知识、目标驱动的反向推理控制策略,特别适合开发领域咨询、诊断型专家系统。

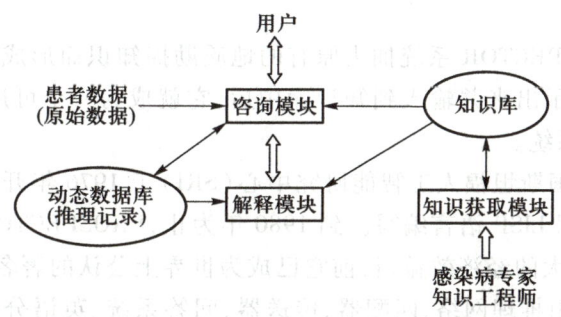

图 9.2　MYCIN 系统结构图

EMYCIN 系统具有 MYCIN 系统的全部功能,如

① 解释程序。系统可以向用户解释推理过程。

② 知识编辑程序及类英语的简化会话语言。EMYCIN 系统提供了一个开发知识库的环境,使得开发者可以使用比 LISP 更接近自然语言的规则语言来表示知识。

③ 知识库管理和维护手段。EMYCIN 系统提供的开发知识库的环境,还可以在进行知识编辑及输入时进行语法、一致性、是否矛盾和包含等检查。

④ 跟踪和调试功能。EMYCIN 系统还提供了有价值的跟踪和调试功能,试验过程中的状况都被记录并保留下来。

EMYCIN 系统的工作过程分两步。第一步为专家系统建立过程。在该过程中,首先知识工程师输入专家知识,知识获取和知识库构造模块把知识形式化,并对知识进行语法和语义检查,建立知识库。然后知识工程师调试并修改知识库。知识库调试正确后,一个用 EMYCIN 系统构造的专家系统即可交付使用。第二步为咨询过程。在该过程中,咨询用户提出目标假设,推理机制根据知识库中的知识进行推理,最后提出建议,作出决策,并通过解释模块向用户解释推理过程。

EMYCIN 系统已用于建造医学、地质、工程、农业和其他领域的诊断型专家系统。图 9.3 列出了借助于 EMYCIN 系统开发的一些专家系统。

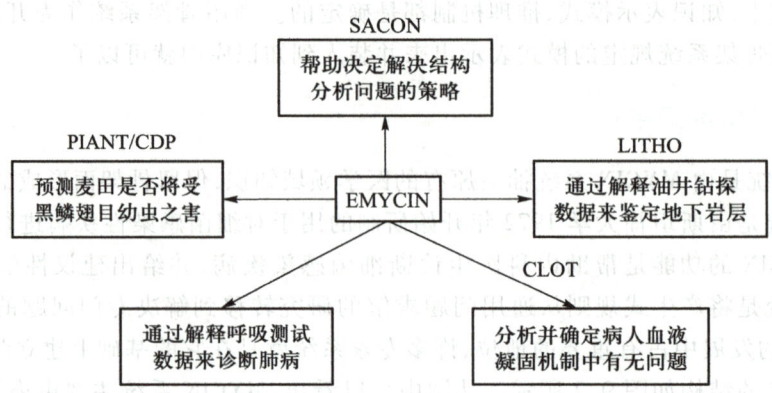

图 9.3　EMYCIN 系统的应用

### 9.4.3　KAS 骨架系统

KAS 系统是由 PROSPECTOR 系统抽去原有的地质勘探知识而形成的。当把某个领域知识用 KAS 所要求的形式表示出来并输入到知识库中后,它就成为一个可用 PROSPECTOR 的推理机构来求解问题的专家系统。

PROSPECTOR 是美国斯坦福人工智能研究中心(SRI)于 1976 年开始研制的著名的地质勘探专家系统。该系统采用 LISP 语言编写。到 1980 年为止,PROSPECTOR 探测到价值 1 亿美元的矿物淀积层,带来了巨大的经济效益,目前它已成为世界上公认的著名专家系统之一。

PROSPECTOR 系统由推理网络、匹配器、传送器、问答系统、英语分析器、解释系统、网络编译程序和知识获取系统组成。其系统结构如图 9.4 所示。

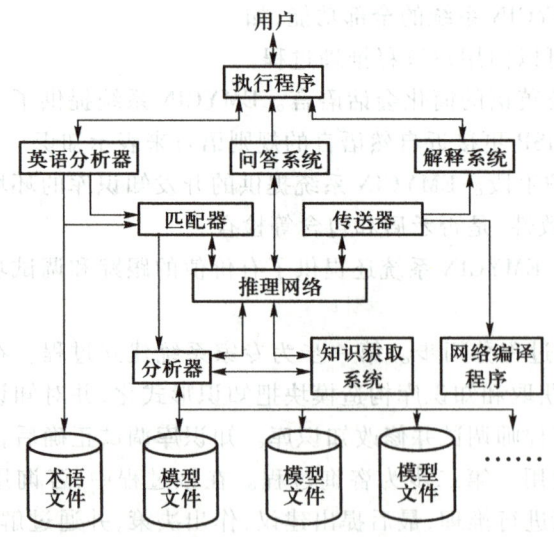

图 9.4　PROSPECTOR 系统的总体结构

PROSPECTOR 系统用语义网络表达知识。知识库由模型文件库和术语文件库组成,推理机具有层次结构,采用"从顶至底"的目标驱动推理控制策略,采用似然推理、逻辑推理、上下文推理相结合的推理方法。

KAS 系统采用产生式规则和语义网络相结合的知识表达方法及启发式正反向混合推理控制策略。KAS 系统在推理过程中的推理方向是不断改变的,其推理过程大致为:在 KAS 系统提示下,用户以类似自然语言的形式输入信息,KAS 系统对其进行语法检查并将正确的信息转换为语义网络,然后与表示成语义网络形式的规则的前提条件相匹配,从而形成一组候选目标,并根据用户输入的信息使各候选目标得到不同的评分。接着 KAS 系统从这些候选的目标中选出一个评分最高的候选目标进行反向推理,只要一条规则的前提条件不能被直接证实或被否定,则反向推理就一直进行下去。当有证据表明某个规则的前提条件不可能有超过一定阈值的评分时,就放弃沿这条路线进行的推理,而选择其他的路线。

KAS 系统提供了一些辅助工具如知识编辑系统、推理解释系统、用户回答系统、英语分析器等,用来开发和测试规则和语义网络。

KAS 系统具有一个功能很强的网络编辑程序和网络匹配程序。网络编辑程序可以用来把用户输入的信息转化为相应的语义网络,并可用来检测语法错误和一致性等。网络匹配程序用于分析任意两个语义网络之间的关系,看其是否具有等价、包含、相交等关系,从而决定这两个语义网络是否匹配,同时它还可以用来检测知识库中的知识是否存在矛盾、冗余等。

KAS 系统适用于开发解释型专家系统。其典型应用如图 9.5 所示。

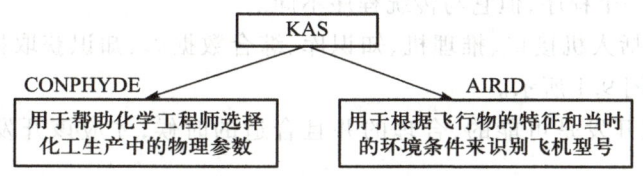

图 9.5　KAS 系统的应用

以上讨论了两种典型的骨架系统。用骨架系统开发领域专家可以大大减少开发的工作量。但也存在一定的问题,主要问题是骨架系统只适用于建造与之类似的专家系统,因其推理机制和控制策略是固定的,所以局限性较大,灵活性差。

### 9.4.4　专家系统开发环境

专家系统开发环境又称为专家系统开发工具包,它可为专家系统的开发提供多种方便的构件,例如知识获取的辅助工具、适用各种不同知识结构的知识表示模式、各种不同的不确定推理机制、知识库管理系统以及各种不同的辅助工具、调试工具等。目前,国内外已有的专家系统开发环境有 AGE、KEE 等。这里只简单地介绍 AGE。

AGE 是斯坦福大学研制的一个专家系统开发环境。它是一种典型的模块组合式开发工具。AGE 为用户提供了一个通用的专家系统结构框架,并将该框架分解为许多在功能和结构上较为独立的组件部件。这些组件已预先编制成标准模块存在系统中。应用 AGE 已经开发了一些专家系统,主要用于医疗诊断、密码翻译、军事科学方面。

可以用多种程序设计语言开发专家系统。PROLOG 和 LISP 是两种最主要的人工智能程序设计语言。

用 LISP、PROLOG 编写的专家系统一般难以嵌入用其他语言编写的程序。

为了克服 LISP、PROLOG 运行速度慢、可移植性差、解决复杂问题能力差等问题,1984 年美国航空航天局约翰逊空间中心推出 CLIPS(C Language Intergrated Production System),它是一个基于 Rate 算法的前向推理语言,用标准 C 语言编写,具有较高移植性、扩展性、知识表达能力和成本低等特点。

选择人工智能语言的一个重要原因是它提供了一些工具。由于可移植性、效率和速度等原因,许多专家系统工具,现在都用 Python、C/C++、Java 等语言编写。由于面向对象程序设计语言以其类、对象、继承等机制,与人工智能的知识表示、知识库等产生了自然的联系,因而,现在面向对象语言也成为一种人工智能程序设计语言。面向对象的程序设计也被广泛地用于人工智能程序设计,特别是专家系统程序设计。

## 9.5　小结

专家系统是基于知识的系统,用于在某种特定的领域中运用领域专家多年积累的经验和专业知识,求解需要专家才能解决的困难问题。

专家系统具有专家水平的专业知识,能进行有效的推理,具有启发性、灵活性、透明性、交互性等特点。

专家系统本身是一个程序,但它与传统程序不同。

专家系统一般包括人机接口、推理机、知识库、综合数据库、知识获取机构和解释机构六部分。各部分的关系如图 9.1 所示。

只有在专家系统开发是可能的、合理的并且合适的时候,才应该开发求解这个问题的专家系统。

骨架系统抽出了已成功应用的专家系统中具体的领域知识,而保留了原系统的体系结构和功能,再把领域专用的界面改为通用界面。在骨架系统中,知识表示模式、推理机制都是确定的。利用骨架系统作为开发工具,只要将新的领域知识用骨架系统规定的模式表示出来并装入到知识库中就可以了。

## 思考题

9.1　什么是专家系统,它有哪些基本特征?

9.2　专家系统由哪几部分组成? 各部分的功能和结构如何?

9.3　专家系统与传统程序有何不同和相似之处?

9.4　专家系统设计中要注意哪些问题?

9.5　简述专家系统的开发过程。

9.6　专家系统的主要类型和主要的应用领域有哪些?

9.7　描述专家系统中常用的正向推理和反向推理的算法流程。

# 第 10 章　人工神经网络及其应用

　　人工神经网络（artificial neural network, ANN）是一个将大量简单处理单元广泛连接而组成的人工网络，是对人脑或生物神经网络若干基本特性的抽象和模拟。神经网络理论为许多问题的研究提供了一条新的思路，目前已经在模式识别、机器视觉、语音识别、机器翻译、图像处理、联想记忆、自动控制、信号处理、软测量、决策分析、智能计算、组合优化问题求解、数据挖掘等方面获得成功应用。

　　神经网络的研究已经获得许多成果，提出了大量的神经网络模型和算法。2024 年 10 月 8 日，瑞典皇家科学院宣布 2024 年诺贝尔物理学奖授予美国普林斯顿大学约翰·J·霍普菲尔德（John J. Hopfield）和加拿大多伦多大学杰弗里·E·辛顿（Geoffrey E. Hinton），表彰他们从 20 世纪 80 年代起就开展了与物理学相关的人工神经网络的重要工作，使用人工神经网络进行机器学习的基础性发现和发明。

　　本章首先介绍生物神经元的数学模型和人工神经网络及其学习的概念，然后着重介绍最基本、最典型、应用最广泛的 BP 神经网络和 Hopfield 神经网络及其在模式识别、联想记忆、软测量、智能计算、组合优化问题求解等方面的应用，为后面章节介绍深度学习奠定基础。

## 10.1　神经元与神经网络

### 10.1.1　生物神经元的结构

　　现代人的大脑内约有 $10^{11}$ 个神经元，每个神经元与其他神经元之间约有 1 000 个连接，这样，大脑内约有 $10^{14}$ 个连接。人的智能行为就是由如此高度复杂的组织产生的。浩瀚的宇宙中，也许只有包含数千亿颗星球的银河系的复杂性能够与大脑相比。早在 1904 年，生物学家就已经发现了神经元的结构。

神经元结构与模型讲课视频▲

　　从生物控制与信息处理的角度看，生物神经元构造如图 10.1 所示。

　　神经元（neuron）的主体部分为细胞体（soma）。细胞体由细胞核（cell neuclear）、细胞质、细胞膜等组成。每个细胞体都有一个细胞核，进行呼吸和新陈代谢等许多生化过程。神经元还包括树突（dendrite）和一条长的轴突（axon）。由细胞体向外伸出的最长的一条分支称为轴突即神经纤维。轴突末端部分有许多分支，称为轴突末梢（axonterminal）。典型的轴突有 1 cm 长，是细胞体直径的 100 倍。一个神经元通过轴突末梢与 10 到 10 万个其他神经元相连接，组成一个复杂的神经网络。轴突是用来传递和输出信息的，其端部的许多轴突末梢为信号输出端子，将神经冲动传给其他神经元。由细胞体向外伸出的其他许多较短的分支称为树突。树突相当于细胞的输入端，树突的全长各点都能接收其他神经元的冲动。神经冲动只能由前一级神经元的轴突末梢传向下一级神经元的树突或细胞体，不能进行反方向的传递。

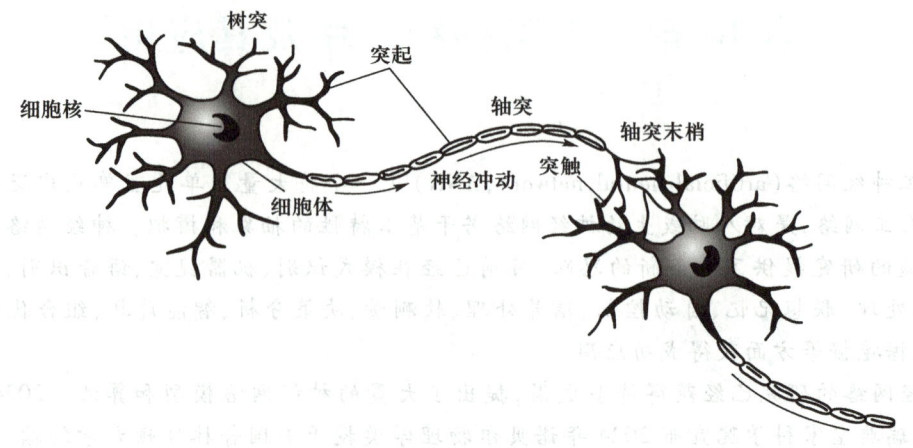

图 10.1    生物神经元构造

神经元具有两种常规工作状态:兴奋与抑制状态,即满足"0-1"律。当传入的神经冲动使细胞膜电位升高超过阈值时,细胞进入兴奋状态,产生神经冲动并由轴突输出;当传入的冲动使膜电位下降低于阈值时,细胞进入抑制状态,没有神经冲动输出。

### 10.1.2    神经元数学模型

早在 1943 年,美国神经和解剖学家麦克洛奇(W. S. McCulloch)和数学家皮兹(W. Pites)就提出了神经元的数学模型(M-P 模型),从此开创了神经科学理论研究的时代,影响深远,是当前兴起的深度学习大模型的源头。从 20 世纪 40 年代开始,根据神经元的结构和功能不同,先后提出的神经元模型有几百种之多。下面介绍神经元的一种数学模型,它由三部分组成,即加权求和、线性动态系统和非线性函数映射,如图 10.2 所示。

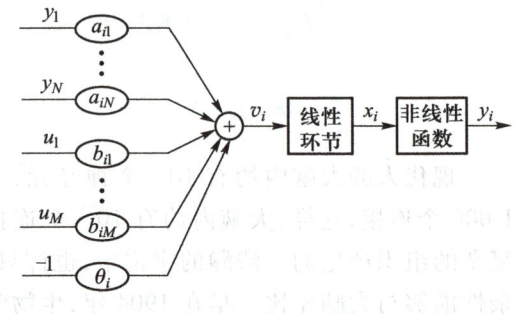

图 10.2    神经元数学模型

图 10.2 中,$y_i(t)$ 为第 $i$ 个神经元的输出,$\theta_i$ 为第 $i$ 个神经元的阈值($i=1,2,\cdots,N$);$u_k(t)$($k=1,2,\cdots,M$)为外部输入;$a_{ij}$,$b_{ik}$ 为权值。

加权求和

$$v_i(t) = \sum_{j=1}^{N} a_{ij} y_j(t) + \sum_{k=1}^{M} b_{ik} u_k(t) - \theta_i \tag{10.1}$$

将式(10.1)记为矩阵形式

$$V(t) = AY(t) + BU(t) - \theta \tag{10.2}$$

式中,$A = \{a_{ij}\}_{N \times N}$,$B = \{b_{ik}\}_{N \times M}$,$V = [v_1, \cdots, v_N]^T$,$Y = [y_1, \cdots, y_N]^T$,$U = [u_1, \cdots, u_M]^T$,$\theta = [\theta_1, \cdots, \theta_N]^T$。

线性环节的传递函数描述为

$$X_i(s) = H(s) V_i(s) \tag{10.3}$$

式中,$H(s)$ 通常取为 $1, \dfrac{1}{s}, \dfrac{1}{Ts+1}, e^{-Ts}$ 及其组合等。

最常用的非线性激活函数有以下几种。

(1) 阶跃函数

$$f(x_i) = \begin{cases} 1 & x_i \geqslant 0 \\ 0 & x_i < 0 \end{cases} \tag{10.4a}$$

或

$$f(x_i) = \begin{cases} 1 & x_i \geqslant 0 \\ -1 & x_i < 0 \end{cases} \tag{10.4b}$$

(2) S 型函数

它具有平滑和渐近性,并保持单调性,是最常用的非线性函数。最常用的 S 型函数为 Sigmoid 函数

$$f(x_i) = \frac{1}{1 + e^{-\alpha x_i}} \tag{10.5}$$

对于需要神经元输出在 $[-1,1]$ 区间时,S 型函数可以取双曲线正切函数(hyperbolic tangent function)

$$f(x_i) = \frac{1 - e^{-\alpha x_i}}{1 + e^{-\alpha x_i}} \tag{10.6}$$

式中,$\alpha$ 可以控制其斜率。

Sigmoid 函数的缺点是在输入的绝对值大于某个阈值后,过快进入饱和状态(即函数值趋于 1 或者-1,而不再有显著的变化),出现梯度消失情况,即梯度会趋于 0,在实际模型训练中会导致模型收敛缓慢,性能不够理想。因此,在一些现代网络结构中,逐渐为 ReLU 等类模型的激活函数取代。

(3) ReLU 函数

2011 年,格洛罗特(Xavier Glorot)等提出的 ReLU(rectified linear units)是近年来深度学习研究中广泛使用的一个激活函数。ReLU 不是一个光滑曲线,而是一个很简单的分段线性函数,即

$$f(x_i) = \begin{cases} 0 & x_i < 0 \\ x_i & x_i \geqslant 0 \end{cases} \tag{10.7}$$

ReLU 函数尽管形式简单,但在实际应用中没有饱和问题,运算速度快,收敛效果好,在卷积神经网络等深度神经网络中效果很好。

## 10.1.3　神经网络的结构与工作方式

### 1. 神经网络的结构

神经网络是由众多简单的神经元连接而成的一个网络。尽管每个神经元结构、功能都不复杂,但神经网络的行为并不是各单元行为的简单相加,网络的整体动态行为是极为复杂的,可以组成高度非线性动力学系统,从而可以表达很多复杂的物理系统,表现出一般复杂非线性系统的特性(如不可预测性、不可逆性、多吸引子、可能出现混沌现象等)和作为神经网络系统的各种性质。神经网络具有大规模并行处理能力和自适应、自组织、自学习能力以及分布式存储等特点,在许多领域得到了成功的应用,展现了非常广阔的应用前景。

神经网络的结构
与工作方式讲课
视频▲

众多的神经元的轴突和其他神经元或者自身的树突相连接,构成复杂的神经网络。根据神经网络中神经元的连接方式可以划分为不同类型的结构。目前人工神经网络主要有前馈型和反馈型两大类神经网络。

（1）前馈型

前馈型神经网络中,各神经元接受前一层的输入,并输出给下一层,没有反馈。前馈网络可分为不同的层,第 $i$ 层只与第 $i-1$ 层输出相连,输入与输出的神经元与外界相连。后面着重介绍的 BP 神经网络就是一种前馈型神经网络。

（2）反馈型

在反馈型神经网络中,存在一些神经元的输出经过若干个神经元后,再反馈到这些神经元的输入端。最典型的反馈型神经网络是 Hopfield 神经网络。它是全互联神经网络,即每个神经元和其他神经元都相连。

**2. 神经网络的工作方式**

当满足兴奋条件时,神经网络中的神经元就会改变为兴奋状态,当不满足兴奋条件时,它就会改变为抑制状态。如果神经网络中各个神经元同时改变状态,则称为同步(synchronous)工作方式;如果是一个一个地改变状态,即当某个神经元改变状态时,其他神经元保持状态不变,称为异步(asynchronous)工作方式。神经网络在不同的工作方式下的性能有些差异。

## 10.1.4    神经网络的学习

神经网络方法是一种知识表示方法和推理方法。神经网络知识表示方法与谓词、产生式、框架、语义网络等完全不同。谓词、产生式、框架、语义网络等方法是知识的显式表示,例如,在产生式系统中知识独立地表示为一条规则。神经网络知识表示是一种隐式的表示方法。在这里,将某一问题的若干知识通过学习表示在同一网络中。

神经网络的学习是指调整神经网络的连接权值或者结构,使输入输出具有需要的特性。

1944 年加拿大心理学家赫布(Donald Hebb)提出了改变神经元连接强度的 Hebb 学习规则。Hebb 学习规则启发于“条件反射”机理,已经得到了神经细胞学习的证实。由于 Hebb 学习规则的基本思想很容易被接受,得到了较为广泛的应用,至今仍在各种神经网络模型的研究中起着重要的作用。但近年来神经科学的许多发现都表明,Hebb 学习规则并没有准确反映神经元在学习过程中突触变化的基本规律。

Hebb 学习规则:当某一突触两端的神经元同时处于兴奋状态,那么该连接的权值应该增强。用数学方式描述调整权值 $w_{ij}$ 的方法为

$$w_{ij}(k+1) = w_{ij}(k) + \alpha y_i(k) y_j(k) \quad (\alpha > 0) \tag{10.8}$$

式中,$w_{ij}(k+1)$ 为权值的下一步值;$w_{ij}(k)$ 为权值的当前值。

1957 年,受 Hebb 学习规则的启发,美国康奈尔航空实验室(Cornell aeronautical laboratory)的计算科学家弗兰克·罗森布拉特(Frank Rosenblatt)提出了由两层神经元组成的神经网络,并将其命名为“感知器”(perceptron)。不同于 M-P 模型,感知器模型可以从样例中学习,并采用梯度下降法自动更新参数。激活函数采用阶跃函数,即输入大于 0 时,输出 1,其余输出 -1。1962

年罗森布拉特在理论上证明了,单层神经网络在处理线性可分的模式识别问题时,可以做到收敛。

后来,罗森布拉特因"感知器"而名声大振,纽约时报等很多新闻媒体都报道了他的研究成果。但罗森布拉特的高调,引起了连接主义的奠基人、图灵奖得主明斯基的不满。他在会议上与罗森布拉特争辩,认为神经网络并不能解决所有问题。

经过充分的理论研究,1969 年,明斯基和同事西摩尔·派普特(Seymour Papert)合作撰写了学术著作《感知器:计算几何导论》(*Perceptrons:An Introduction to Computational Geometry*)。书中指出,感知器存在两个关键问题难以解决:

① 单层神经网络无法解决不可线性分割的问题,例如无法实现简单的**异或**门电路(XOR circuit)。

② 利用当时最先进的计算机也没有足够计算力,完成多层感知器训练所需的超大计算量。

鉴于明斯基的学术地位(1969 年,刚刚获得计算机科学界最高奖项——图灵奖),他的论断直接就把人工智能的研究送进一个长达近二十年的低潮,史称"人工智能冬天(AI winter)"。感知器的失败,导致人工神经网络研究的日渐式微。

感知器之所以无法解决"非线性可分"问题,原因就是作为一个单层神经网络的感知器,结构过于简单。简单的结构,表征的能力就不强。如果想提升网络表征能力,网络结构势必要向复杂网络进发。按照这个思路,可以在输入层和输出层之间,添加几层神经元,将其称之为隐含层(hidden layer,亦有文献称为"隐藏层""隐层"),形成多层感知器模型,但当时没有相应的学习算法。

1974 年,哈佛大学博士生保罗·沃波斯(Paul Werbos)在博士论文中首次提出了通过误差的反向传播(back propagation,BP)来训练多层感知器。令人遗憾的是,沃波斯的研究并没有得到应有的重视。原因很简单,那时正值神经网络研究的低潮期,反向传播网络的研究显然不合时宜。

直到十多年后的 1986 年,加拿大多伦多大学教授杰弗里·辛顿(Geoffrey Hinton)和大卫·鲁梅尔哈特(David Runelhart)等人重新设计了 BP 算法,在多层感知器中使用 Sigmoid 激活函数代替原来的阶跃函数,以"人工神经网络"模仿大脑工作机理,唤醒了沉睡多年的人工智能研究。

## 10.2　BP 神经网络及其学习算法

### 10.2.1　BP 神经网络的结构

BP 神经网络(back propagation neural network)就是多层前向网络,其结构如图 10.3 所示。

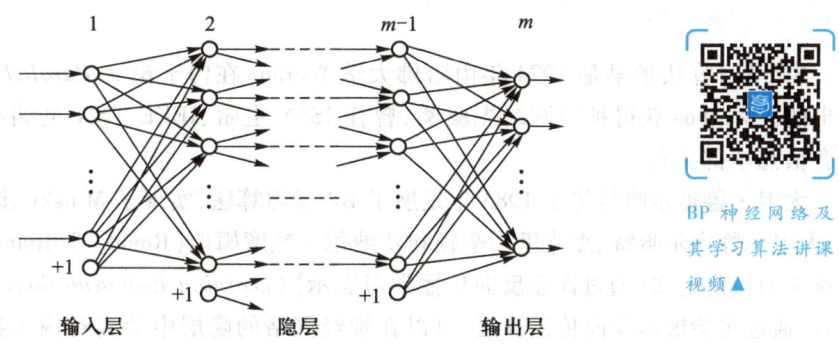

BP 神经网络及
其学习算法讲课
视频 ▲

图 10.3　BP 神经网络结构

设 BP 神经网络具有 $m$ 层。第一层称为输入层,最后一层称为输出层,中间各层称为隐层。标上"+1"的圆圈称为偏置单元。没有其他单元连向偏置单元(bias units)。偏置单元没有输入,它的输出总是 +1。输入层起缓冲存储器的作用,把数据源加到网络上,因此,输入层的神经元的输入输出关系一般是线性函数。隐层中各个神经元的输入输出关系一般为非线性函数。隐层 $k$ 与输出层中各个神经元的非线性输入输出关系记为 $f_k(k=2,\cdots,m)$。由第 $k-1$ 层的第 $j$ 个神经元到第 $k$ 层的第 $i$ 个神经元的连接权值为 $w_{ij}^k$。并设第 $k$ 层中第 $i$ 个神经元输入的总和为 $u_i^k$,输出为 $y_i^k$,则各变量之间的关系为

$$y_i^k = f_k(u_i^k)$$
$$u_i^k = \sum_j w_{ij}^{k-1} y_j^{k-1} \tag{10.9}$$
$$k = 2, \cdots, m$$

当 BP 神经网络输入数据 $X=[x_1,x_2,\cdots,x_{p_1}]^{\mathrm{T}}$(设输入层有 $p_1$ 个神经元),从输入层依次经过各隐层结点,可得到输出数据 $Y=[y_1^m,y_2^m,\cdots,y_{p_m}^m]^{\mathrm{T}}$(设输出层有 $p_m$ 个神经元)。因此,可以把 BP 神经网络看成一个从输入到输出的非线性映射。

给定 $N$ 组输入输出样本为 $\{X_{si},Y_{si}\}$,$i=1,2,\cdots,N$。如何调整 BP 神经网络的权值,使 BP 神经网络输入为样本 $X_{si}$ 时,神经网络的输出为样本 $Y_{si}$。这就是 BP 神经网络的学习问题。可见,BP 算法是一种有教师学习算法。

要解决 BP 神经网络的学习问题,关键是解决两个问题:

第一,是否存在一个 BP 神经网络能够逼近给定的样本或者函数。

下述定理可以回答这个问题。

**定理 10.1**(Kolmogorov 定理)　给定任意 $\varepsilon > 0$,对于任意的连续函数 $f$,存在一个三层前向神经网络,其输入层有 $p_1$ 个神经元,中间层有 $2p_1+1$ 个神经元,输出层有 $p_m$ 个神经元,它可以在任意 $\varepsilon$ 平方误差精度内逼近 $f$。

上述定理不仅证明了映射网络的存在,而且说明了映射网络的结构。就是说,总存在一个结构为 $p_1 \times (2p_1+1) \times p_m$ 的三层前向神经网络能够精确地逼近任意的连续函数 $f$。但对多层 BP 神经网络,如何合理地选取 BP 网络的隐层数及隐层的结点数,目前尚无有效的理论和方法。

第二,如何调整 BP 神经网络的权值,使 BP 神经网络的输入与输出之间的关系与给定的样本相同。BP 学习算法给出了具体的调整算法。

### 10.2.2　BP 学习算法

BP 学习算法最早是 1974 年由哈佛大学 Werbos 在博士论文 *Parallel Distributed Processing* 中提出的。Werbos 获得神经网络先驱奖,曾任 ISSN 主席、IEEE TNN 主编和美国自然科学基金委员会信息学部主任。

大卫·鲁梅尔哈特等于 1985 年发展了 BP 学习算法,实现了 Minsky 多层感知器的设想。1986 年,大卫·鲁梅尔哈特、杰弗里·辛顿和罗纳德·威廉姆斯(Ronald Williams)联名发表了具有里程碑意义的经典论文《通过误差反向传播学习表示》(*Learning Representations by Back-propagating Errors*),通过实验展示反向传递算法,可以在神经网络的隐层中学到对输入数据的有效表达。

BP 学习算法是通过反向学习过程使误差最小,因此选择目标函数为

$$\min J = \frac{1}{2} \sum_{i=1}^{p_m} (y_i^m - y_{si})^2 \qquad (10.10)$$

即选择神经网络权值使期望输出 $y_{si}$ 与神经网络实际输出 $y_i^m$ 之差的平方和最小。这种学习算法实际上是求目标函数 $J$ 的极小值,约束条件是式(10.9),可以利用非线性规划中的"最快下降法",使权值沿目标函数的负梯度方向改变,因此,神经网络权值的修正量为

$$\Delta w_{ij}^{k-1} = -\varepsilon \frac{\partial J}{\partial w_{ij}^{k-1}} \qquad (\varepsilon > 0) \qquad (10.11)$$

式中,$\varepsilon$ 为学习步长。

下面推导 BP 学习算法。求解公式(10.11)的困难是求偏导数 $\dfrac{\partial J}{\partial w_{ij}^{k-1}}$,由复合函数的链式求导法则,得

$$\frac{\partial J}{\partial w_{ij}^{k-1}} = \frac{\partial J}{\partial u_i^k} \frac{\partial u_i^k}{\partial w_{ij}^{k-1}} = \frac{\partial J}{\partial u_i^k} \frac{\partial}{\partial w_{ij}^{k-1}} \Big( \sum_j w_{ij}^{k-1} y_j^{k-1} \Big) = \frac{\partial J}{\partial u_i^k} y_j^{k-1}$$

记

$$d_i^k = \frac{\partial J}{\partial u_i^k} \qquad (k = 2, \cdots, m)$$

则

$$\Delta w_{ij}^{k-1} = -\varepsilon d_i^k y_j^{k-1} \qquad (k = 2, \cdots, m) \qquad (10.12)$$

下面推导计算 $d_i^k$ 的公式

$$d_i^k = \frac{\partial J}{\partial u_i^k} = \frac{\partial J}{\partial y_i^k} \frac{\partial y_i^k}{\partial u_i^k} = \frac{\partial J}{\partial y_i^k} f_k'(u_i^k)$$

下面分两种情况求 $\dfrac{\partial J}{\partial y_i^k}$。

① 对输出层(第 $m$ 层)的神经元,即 $k = m$,$y_i^k = y_i^m$,由误差定义式得

$$\frac{\partial J}{\partial y_i^k} = \frac{\partial J}{\partial y_i^m} = y_i^m - y_{si} \qquad (10.13)$$

则

$$d_i^m = (y_i^m - y_{si}) f_m'(u_i^m) \qquad (10.14)$$

② 若 $i$ 为隐单元层 $k$,则有

$$\frac{\partial J}{\partial y_i^k} = \sum_l \frac{\partial J}{\partial u_l^{k+1}} \frac{\partial u_l^{k+1}}{\partial y_i^k} = \sum_l w_{li}^k d_l^{k+1}$$

则

$$d_i^k = f_k'(u_i^k) \sum_l w_{li}^k d_l^{k+1} \qquad (10.15)$$

综上所述,BP 学习算法可以归纳为

$$\Delta w_{ij}^{k-1} = -\varepsilon d_i^k y_j^{k-1} \qquad (10.16a)$$

$$d_i^m = (y_i^m - y_{si}) f_m'(u_i^m) \qquad (10.17a)$$

$$d_i^k = f_k'(u_i^k) \sum_l d_l^{k+1} w_{li}^k \quad (k = m-1, \cdots, 2) \tag{10.18a}$$

若取 $f_k(\cdot)$ 为 S 型函数,即

$$y_i^k = f_k(u_i^k) = \frac{1}{1+e^{-u_i^k}}$$

则

$$\frac{\partial y_i^k}{\partial u_i^k} = f_k'(u_i^k) = \frac{e^{-u_i^k}}{[1+e^{-u_i^k}]^2} = y_i^k(1-y_i^k)$$

BP 学习算法可以归纳为

$$\Delta w_{ij}^{k-1} = -\varepsilon d_i^k y_j^{k-1} \tag{10.16b}$$

$$d_i^m = y_i^m(1-y_i^m)(y_i^m - y_{si}) \tag{10.17b}$$

$$d_i^k = y_i^k(1-y_i^k) \sum_l w_{li}^k d_l^{k+1} \quad (k = m-1, \cdots, 2) \tag{10.18b}$$

从以上公式可以看出,求第 $k$ 层的误差信号 $d_i^k$,需要上一层的 $d_l^{k+1}$。因此,误差函数的求取是一个始于输出层的反向传播的递归过程,所以称为反向传播(back propagation,BP)学习算法。通过多个样本的学习,修改权值,不断减少偏差,最后达到满意的结果。

### 10.2.3　BP 学习算法的实现

BP 学习算法的程序框图如图 10.4 所示。

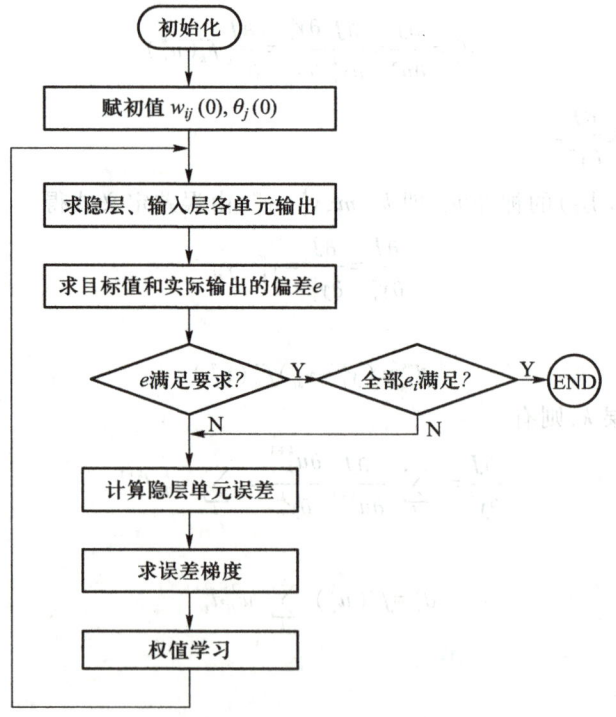

图 10.4　BP 学习算法程序框图

在 BP 学习算法实现时,还要注意下列问题:

① 训练数据一般需要进行预处理。预处理过程包含一系列的线性的特征比例变换,将所有的特征变换到[0,1]或者[-1,1]区间内,使得在每个训练集上,每个特征的均值为 0,并且具有相同的方差。预处理过程也称为尺度变换(scaling),或者规格化(normalization)。

② 后处理过程。当应用神经网络进行分类操作时,通常将输出值编码成所谓的名义变量,具体的值对应类别标号。在一个两类分类问题中,可以仅使用一个输出,将它编码成一个二值变量(例如+1,-1)。当具有更多的类别时,应当为每个类别分配一个代表类别决策的名义输出值。例如,对于一个三类分类问题,可以设置三个名义输出,每个名义输出取值为{+1,-1},对应的各个类别决策为{+1,-1,-1},{-1,+1,-1},{-1,-1,+1}。利用阈值可以将神经网络的输出值变换成为合适的名义输出值。

③ 初始权值的影响及设置:和所有梯度下降算法一样,初始权值对 BP 神经网络的最终解有很大的影响。虽然全部设置为 0 显得比较自然,但从式(10.18)可以看出这将导致很不理想的结果。如果输出层的权值全部为 0,则反向传播误差也将为 0,输出层前面的权值将不会改变。因此,一般以一个均值为 0 的随机分布设置 BP 神经网络的初始权值。

## 10.3 BP 神经网络的应用

### 10.3.1 BP 神经网络在模式识别中的应用

模式识别主要研究用计算机模拟生物、人的感知,对模式信息,如图像、文字、语音等,进行识别和分类。传统人工智能的研究部分地显示了人脑的归纳、推理等智能。但是,对于人类底层的智能,如视觉、听觉、触觉等方面,现代计算机系统的信息处理能力还不如一个幼儿园的孩子。

神经网络模型模拟了人脑神经系统的特点:处理单元的广泛连接,并行分布式信息储存、处理,自适应学习能力等。神经元网络的研究为模式识别开辟了新的研究途径。与模式识别的传统方法相比,神经网络方法具有较强的容错能力、自适应学习能力、并行信息处理能力。

例 10.1 设计一个三层 BP 网络对数字 0 至 9 进行分类。训练数据如图 10.5 所示,测试数据如图 10.6 所示。

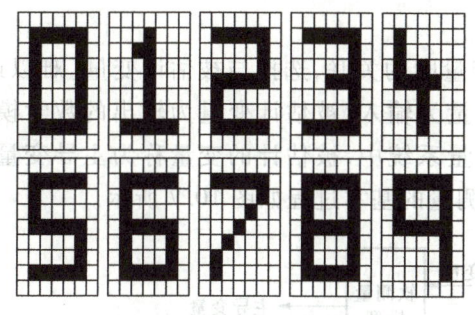

图 10.5 数字分类训练数据

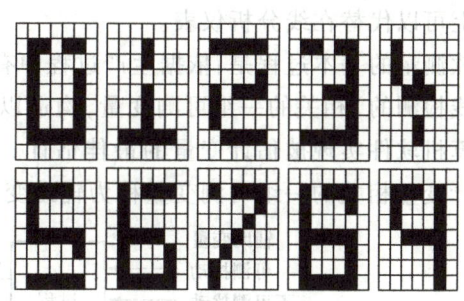

图 10.6 数字分类测试数据

解 该分类问题有 10 类,且每个目标向量应该是这 10 个向量中的一个。目标值由数字 1

BP 神经网络在
模式识别中的应
用讲课视频▲

至 9 的 9 个向量中的一个表示,0 是由所有结点的输出全为 0 来表示。每个数字用 9×7 的网格表示,灰色像素代表 0,黑色像素代表 1。将网格表示为 0 或者 1 的长位串。位映射由左上角开始向下直到网格的整个一列,然后重复其他列。

例如,数字"1"的网格的数字串为{0,0,0,0,0,0,0,0,0,0;0,0,0,0,0,0,0,0, 1,0;0,0,1,0,0,0,0,0,1,0;0,1,1,1,1,1,1,1,0;0,0,0,0,0,0,0,1,0;0,0,0,0, 0,0,0,1,0;0,0,0,0,0,0,0,0,0,0}。

选择网络结构为 63-6-9。9×7 个输入结点,对应上述网格的映射。9 个输出结点对应 10 种分类。使用的学习步长为 0.3。训练 1 000 个周期,如果输出结点的值大于 0.9,则取为 1,如果输出结点的值小于 0.1,则取为 0。

当训练成功后,对如图 10.6 所示测试数据进行测试。图 10.6 所示测试数据都有一个或者多个位丢失。测试结果表明:除了 8 以外,所有被测的数字都能够被正确地识别。对于数字 8,第 8 个结点的输出值为 0.41,而第 6 个结点的输出值为 0.53,表明第 8 个样本网络是模糊的,可能是数字 6,也可能是数字 8,但也不完全确信是两者之一。实际上,人识别这个数字时也会发生这种错误。

## 10.3.2    BP 神经网络在软测量中的应用

BP 神经网络在软
测量中的应用讲
课视频▲

### 1. 软测量技术

在工业过程中,为了保证产品的质量和生产的连续平稳,需要对与品质密切相关的过程变量进行实时监控,然而常常存在一些重要的变量无法或难以用传感器直接检测,例如,化学反应器的产品质量、发酵罐的菌体浓度等都是很难在线测量的。有时,这类变量可以采用在线分析仪直接测量,但需要很大的设备投资,并且会有很大的滞后。对于这类变量可以采用软测量方法进行间接测量。

软测量是利用一些可测变量去估计推测那些难以测量的变量。

软测量技术基于 20 世纪 70 年代布罗西洛(Brosillow)提出的推断控制,近年来,软测量技术在理论研究和工业应用方面都取得了较大进展。理论研究已经历了从线性到非线性、从静态到动态、从无校正到有校正功能的过程。它能够连续计算那些不可测或难以检测的参数,在一定程度上可以代替在线分析仪表。

软测量的基本过程是:依据生产过程中有关的变量间的关联,选择与被估计变量(难以或无法在线检测的)相关的一组可测变量,构造以可测变量为输入、被估计变量为输出的数学模型,用计算机软件实现被估计变量的最佳估计。在软测量系统中,被估计的变量称为主导变量,与被估计变量相关的一组可测变量称为辅助变量。软测量的基本过程如图 10.7 所示。

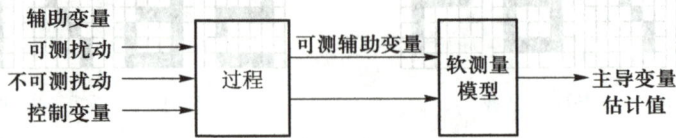

图 10.7    软测量的基本过程

这类数学模型及相应的计算机软件被称为软测量器或软仪表。软测量的输出可作为控制系统的被控变量或反映过程特征的工艺参数,为优化控制与决策提供基础。

软测量系统的设计主要有:主导变量和辅助变量的选择,软测量模型的建立,数据采集与处理等。

**辅助变量的选择**。辅助变量的选择对主导变量的估计有重要的影响。辅助变量的选择包括变量类型、变量数量和检测点位置的选择。这三个方面是互相关联、互相影响的,不但由过程特性决定,还受设备价格和可靠性、安装和维护的难易程度等外部因素制约。辅助变量数目的下限是被估计的变量数,而最佳数目则与过程的自由度、测量噪声以及模型的不确定性有关。辅助变量的选择确定了软测量的输入信息矩阵,因而直接决定了软测量模型的结构和输出。

**数据采集与处理**。测量数据通过安装在现场的传感器、变送器等仪表获得,受到仪表精度、测量原理和测量方法、生产环境的影响,测量数据都不可避免地含有误差,甚至有严重的误差。如果将这些数据直接用于软测量,则很难得到正确的主导变量估计值。因此,必须对原始数据进行预处理(数据校正和数据变换)以得到精确可靠的数据。这是软测量成败的关键,具有十分重要的意义。

**软测量模型的建立**。软测量模型是软测量技术的核心。它不同于一般意义上的数学模型,它主要是通过辅助变量来获得对主导变量的最佳估计。目前已经提出了许多建模方法,例如,基于过程机理分析的机理建模方法、基于实验数据的系统辨识方法等。事实上,实际过程的输入和输出的关系可能是复杂的,很难用一个简单的函数表示,特别是很难弄清楚数据中输入和输出的关系。BP 神经网络能够逼近任意复杂函数,具有学习功能,非常适合于作为软测量模型,可以从实验数据中"学习"到这个关系。

下面以污水处理质量指标检测为例,介绍神经网络的软测量方法。

### 2. 污水处理过程神经网络软测量模型

随着现代工业的迅猛发展,工业污水对人类赖以生存的水资源的破坏越来越大,污水处理成为国内外迫切需要解决的问题。近几年来水处理过程控制成为国内外的研究热点。但是,由于目前检测污水质量指标的传感器实时性差、误差大、价格昂贵,许多方法采用开环控制,或者选择其他间接指标进行控制,影响了控制效果。因此,在线检测污水质量指标成为提高控制质量的关键。

随着能够检测污水生物处理过程参数的检测仪器的发展,很多研究人员对污水生物处理中各种底物(C、N、P)和各种检测参数之间的变化规律进行了研究,试图采用间接指标实现反馈控制。但由于这些关系的复杂性,很难基于机理分析方法给出确切的关系。下面运用 BP 神经网络实现污水处理质量指标软测量。

污水所含的污染物质千差万别,主要指标有物理、化学、生物三大类。从水体有机污染物看,其主要危害是消耗水中溶解氧。一般采用生物化学需氧量(BOD)、化学需氧量(COD)等指标来反映水中需氧有机物的含量。污水中的氮(N)、磷(P)虽为植物营养元素,但过多的 N、P 进入天然水体却易导致富营养化。因此,BOD、COD、N 和 P 是反映水质好坏的重要指标。污水中 COD 特别是 BOD 的测定方法较为烦琐且耗时很长,使测出结果的时间严重滞后实际运行的时间,不能及时反应实际情况。目前,虽然出现了 COD 浓度在线检测仪,但仍存在滞后、较大误差及价格昂贵等问题。

对于污水的监测和处理已经提出了许多方法。目前广泛使用的是序批式活性污泥法（SBR），SBR 法由曝气池、沉淀池、污泥回流和剩余污泥排除几个系统组成，如图 10.8 所示。

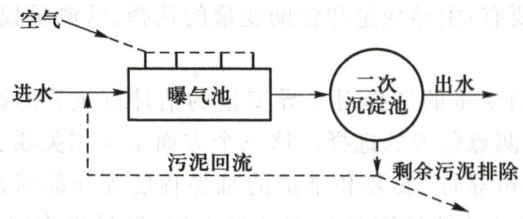

图 10.8　序批式活性污泥法的基本流程

污水和回流的活性污泥一起进入曝气池形成混合液，通过曝气设备充入空气，空气中的氧溶入污水使混合液产生好氧代谢反应，使混合液得到足够的搅拌而呈悬浮状态，然后流入沉淀池，混合液中的悬浮固体在沉淀池中沉淀下来和水分离，流出沉淀池的就是净化水。沉淀池中的污泥大部分回流，成为回流污泥。回流污泥的目的是使曝气池内保持一定的悬浮固体浓度，也就是保持一定的微生物浓度。

在 SBR 法中，根据出水 BOD（或 COD）浓度的变化来调节控制反应（曝气）时间固然是最具有保证的方法。国内外的学者曾采用 ORP、DO、PH 或污泥浓度 MLSS 来间接控制污水处理过程，但这些单个的控制参数在动态的污水处理过程中仍未取得好的效果。单独使用 ORP，有时由于污水性质或 DO 的差异、特征点不明显，而且 ORP 过于敏感，小的误差会带来控制的不稳定；而单独使用 DO、PH 或 MLSS 则不能反映处理的整个过程（有机物、氮和磷的去除）。因此，必须联合这三者作为控制参数才能做到高效节能，取得最满意的效果。

综合上述分析，可以选择 BOD、COD、N 和 P 作为软测量模型的主导变量，选择 ORP、DO、PH 和 MLSS 作为辅助变量。

利用人工神经网络的软测量技术，建立一个三层 BP 神经网络，如图 10.9 所示。它采用能够在线检测的 ORP、DO、PH 和 MLSS 作为系统输入信号，实现污水的 COD、BOD、N 和 P 等参数的软测量，从而估计进水水质，决定曝气量大小、反应时间，控制出水水质，实现对污水处理过程的实时控制。

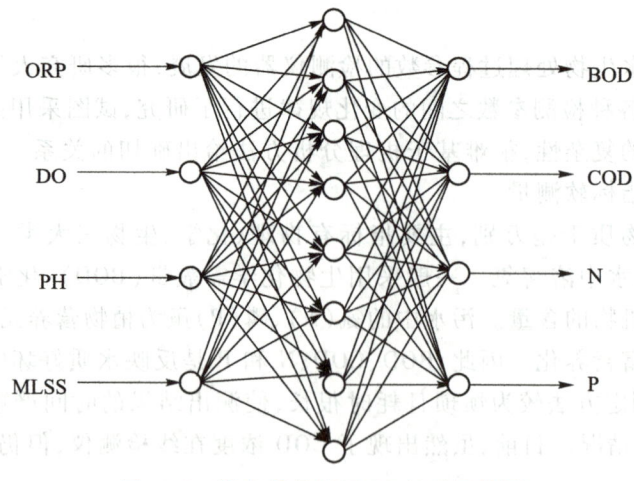

图 10.9　污水质量指标 BP 神经网络图

　　根据污水处理质量指标神经网络软测量的要求,对实际污水处理运行过程的一些分析仪表得到的实验数据进行处理,可以得到反映污水处理质量指标复杂关系的实验数据,将其作为 BP 神经网络的训练数据,对神经网络进行训练。训练好的 BP 神经网络作为软测量仪表,能够实时估计污水的 COD、BOD、N、P 等参数,有效地解决污水处理质量的实时估计问题。

　　基于 BP 神经网络的污水处理软测量系统,能够实现污水的 COD、BOD、N、P 等参数的实时测量,估计处理的污水的水质,从而决定曝气量大小、反应时间,控制出水水质,实现各种活性污泥法过程的实时反馈控制,提高污水处理系统的可靠性和节约能耗,具有重要的理论意义和应用价值。

## 10.4　Hopfield 神经网络及其改进

　　从 20 世纪 60 年代初到 80 年代初,神经网络的研究处于“冰河期”,到了 20 世纪 80 年代中期,美国加州理工学院生物物理学家约翰·霍普菲尔德在神经网络建模及应用方面的开创性成果,在世界范围内重新掀起了神经网络的研究热潮。

　　1982 年和 1984 年,霍普菲尔德先后提出离散型 Hopfield 神经网络和连续型 Hopfield 神经网络,引入“计算能量函数”的概念,给出了网络稳定性判据,尤其是给出了 Hopfield 神经网络的电子电路实现,为神经计算机的研究奠定了基础,同时开拓了神经网络用于联想记忆和优化计算的新途径,从而有力地推动了神经网络的研究。这两种模型是目前最重要的神经优化计算模型之一。

离散型 HNN 讲课
视频 ▲

### 10.4.1　离散型 Hopfield 神经网络

　　Hopfield 神经网络(HNN)是全互联反馈神经网络,它的每一个神经元都和其他神经元相连接。

　　具有 $N$ 个神经元的离散型 Hopfield 神经网络 HNN,可由一个 $N{\times}N$ 阶矩阵 $\boldsymbol{w}=[w_{ij}]_{N{\times}N}$ 和一个 $N$ 维列向量 $\theta=[\theta_1,\theta_2,\cdots,\theta_N]^\mathrm{T}$ 所唯一确定,记为 $N=(w,\theta)$,其中,$w_{ij}$ 为从第 $j$ 个神经元的输出到第 $i$ 个神经元的输入之间的连接权值,表示神经元 $i$ 与 $j$ 的连接强度,且 $w_{ji}=w_{ij}$,$w_{ii}=0$;$\theta_i$ 表示神经元 $i$ 的阈值。若用 $v_i(k)$ 表示 $k$ 时刻神经元所处的状态,那么神经元 $i$ 的状态随时间变化的规律(又称演化律)为

　　二值硬限器(binary hardlimiters):

$$v_i(k+1)=\begin{cases}1 & u_i(k)\geqslant 0 \\ 0 & u_i(k)<0\end{cases} \tag{10.19}$$

或者为双极硬限器:

$$v_i(k+1)=\begin{cases}1 & u_i(k)\geqslant 0 \\ -1 & u_i(k)<0\end{cases} \tag{10.20}$$

式中

$$u_i(k)=\sum_{\substack{j=1 \\ j\neq i}}^{n} w_{ij}v_j(k)-\theta_i \quad (1\leqslant i\leqslant N) \tag{10.21}$$

Hopfield 神经网络可以是同步工作方式,也可以是异步工作方式。即神经元更新既可以同步(并行)进行,也可以异步(串行)进行。在同步进行时,神经网络中所有神经元的更新同时进行。在异步进行时,在同一时刻只有一个神经元更新,而且这个神经元在网络中每个神经元都更新之前不会再次更新。在异步更新时,神经元的更新顺序可以是随机的。

Hopfield 神经网络中的神经元相互作用,不断演化。如果神经网络在演化过程中,从某一时刻开始,神经网络中的所有神经元的状态不再改变,则称该神经网络是稳定的。

Hopfield 神经网络是高维非线性动力学系统,可能有若干个稳定状态。从任一初始状态开始运动,总可以达到某个稳定状态。这些稳定状态可以通过改变各个神经元之间的连接权值而得到。

稳定性是 Hopfield 神经网络的最重要的特性,下面分析 Hopfield 神经网络的稳定性。

Hopfield 神经网络是一个多输入多输出带阈值的二态非线性动力学系统,所以,类似于李雅普若夫稳定性分析方法,在 Hopfield 神经网络中,也可以构造一种 Lyapunov 函数,在满足一定的参数条件下,该函数值在网络运行过程中不断降低,最后趋于稳定的平衡状态。Hopfield 引入这种能量函数作为网络计算求解的工具,因此,常常称它为计算能量函数。

离散型 Hopfield 神经网络的计算能量函数定义为

$$E = -\frac{1}{2} \sum_{i=1}^{N} \sum_{\substack{j=1 \\ j \neq i}}^{N} w_{ij} v_i v_j + \sum_{i=1}^{N} \theta_i v_i \tag{10.22}$$

式中,$v_i$,$v_j$ 是各个神经元的输出。

下面考察第 $m$ 个神经元的输出变化前后,计算能量函数 $E$ 值的变化。设 $v_m = 0$ 时的计算能量函数值为 $E_1$

$$E_1 = -\frac{1}{2} \sum_{i=1}^{N} \sum_{\substack{j=1 \\ j \neq i}}^{N} w_{ij} v_i v_j + \sum_{i=1}^{N} \theta_i v_i \tag{10.23}$$

将 $i = m$ 项分出来,并注意到 $v_m = 0$

$$E_1 = -\frac{1}{2} \sum_{\substack{i=1 \\ i \neq m}}^{N} \sum_{\substack{j=1 \\ j \neq i}}^{N} w_{ij} v_i v_j + \sum_{\substack{i=1 \\ i \neq m}}^{N} \theta_i v_i \tag{10.24}$$

类似地,当 $v_m = 1$ 时的计算能量函数值为 $E_2$,则有

$$E_2 = -\frac{1}{2} \sum_{\substack{i=1 \\ i \neq m}}^{N} \sum_{\substack{j=1 \\ j \neq i}}^{N} w_{ij} v_i v_j + \sum_{\substack{i=1 \\ i \neq m}}^{N} \theta_i v_i - \sum_{\substack{j=1 \\ j \neq m}}^{N} w_{mj} v_j + \theta_m \tag{10.25}$$

当神经元状态由 0 变为 1 时,计算能量函数 $E$ 值的变化量 $\Delta E$ 为

$$\Delta E = E_2 - E_1 = -\left( \sum_{\substack{j=1 \\ j \neq m}}^{N} w_{mj} v_j - \theta_m \right) \tag{10.26}$$

由于此时神经元的输出由 0 变为 1,因此满足神经元兴奋条件

$$\sum_{\substack{j=1 \\ j \neq m}}^{N} w_{mj} v_j - \theta_m > 0 \tag{10.27}$$

由式(10.26),得 $\Delta E < 0$。

当神经元状态由 1 变为 0 时,计算能量函数 $E$ 值的变化量 $\Delta E$ 为

$$\Delta E = E_1 - E_2 = \sum_{\substack{j=1 \\ j \neq m}}^{N} w_{mj} v_j - \theta_m \tag{10.28}$$

由于此时神经元的输出由 1 变为 0,因此

$$\sum_{\substack{j=1 \\ j \neq m}}^{N} w_{mj} v_j - \theta_m < 0 \tag{10.29}$$

也得 $\Delta E < 0$。

综上所述,神经元状态变化时总有 $\Delta E < 0$,这表明神经网络在运行过程中能量将不断降低,最后趋于稳定的平衡状态。

关于离散型 Hopfield 神经网络的稳定性,早在 1983 年就由科恩(Cohen)与葛劳斯伯格(S. Grossberg)给出了稳定性的证明。Hopfield 等又进一步证明,只要连接权值构成的矩阵是非负对角元的对称矩阵,该网络就具有串行稳定性;若该矩阵为非负定矩阵,则该网络就具有并行稳定性。

### 10.4.2　连续型 Hopfield 神经网络及其 VLSI 实现

离散型 Hopfield 神经网络中的神经元与生物神经元的差别较大,因为生物神经元的输入输出是连续的,而且,生物神经元存在时滞。1984 年,Hopfield 又提出一种连续时间神经网络模型,在这种网络中,神经元的状态可以取 0 至 1 之间的任一实数值。

连续型 HNN 讲课
视频 ▲

连续型 Hopfield 神经网络的电子线路实现如图 10.10 所示。

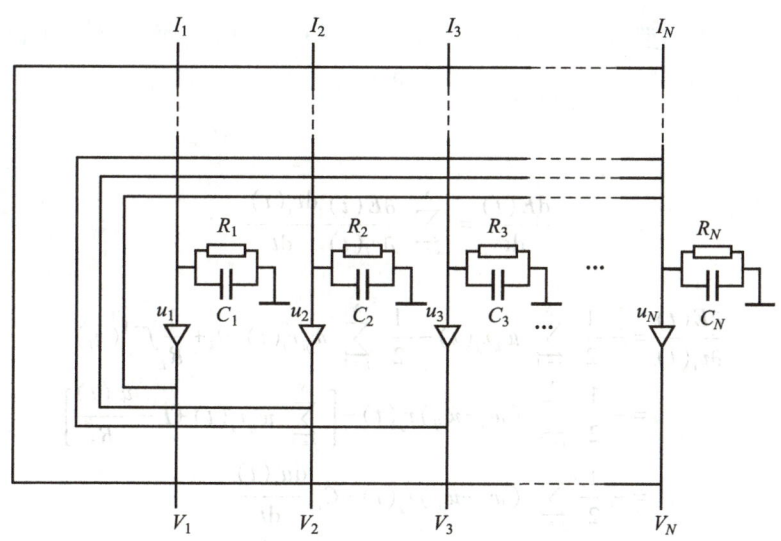

图 10.10　连续型 Hopfield 神经网络电子线路

其中,每一个神经元由电阻 $R_i$ 和电容 $C_i$ 以及具有饱和非线性特性的运算放大器模拟,输出 $v_i$ 同时还反馈至其他神经元,但不反馈自身。$u_i$ 表示神经元 $i$ 的膜电位状态;$v_i$ 表示它的输出;

$C_i$ 表示细胞膜输入电容;$R_i$ 表示细胞膜的传递电阻;电阻 $R_i$ 电容 $C_i$ 并联模拟了生物神经元输出的时间常数;而输出 $v_i$ 对 $u_j(j=1,2,\cdots,N)$ 的影响则模拟了神经元之间互连的突触特性;运算放大器模拟神经元的非线性特性。

由基尔霍夫电流定律,连续型 Hopfield 神经网络动力学系统方程为

$$\frac{1}{R_i}u_i+C_i\frac{\mathrm{d}u_i}{\mathrm{d}t}=I_i+\sum_{j=1}^{N}w_{ij}v_j \qquad (10.30)$$

$$v_i=f(u_i)=\frac{1}{1+\mathrm{e}^{-\frac{2u_i}{u_0}}} \quad (i=1,2,\cdots,N)$$

式中,$I_i$ 为施加在第 $i$ 神经元上的偏置电流,表示系统外部的输入;$w_{ij}=\dfrac{1}{R_{ij}}$ 模拟神经元 $j$ 与 $i$ 之间互连的突触特性;$f(u_i)$ 是放大器的非线性饱和特性,近似于 S 型函数。

连续型 Hopfield 神经网络模型,在简化了生物神经元性质的同时,重点突出了以下重要特性:

① 神经元作为一个输入输出变换,其传输特性具有 S 特性。

② 细胞膜具有时空整体作用。

③ 神经元之间存在大量的兴奋和抑制性连接,这种连接主要是通过反馈来实现的。

④ 具有既代表产生动作电位的神经元,又代表按渐进方式工作的神经元的能力。

因此,连续型 Hopfield 神经网络准确地保留了生物神经网络的动态和非线性特征,有助于理解大量神经元之间的协同作用是怎样产生巨大的计算能力的。

连续型 Hopfield 神经网络的计算能量函数 $E(t)$ 定义为

$$E(t)=-\frac{1}{2}\sum_{i=1}^{N}\sum_{j=1}^{N}w_{ij}v_i(t)v_j(t)-\sum_{i=1}^{N}v_i(t)I_i+\sum_{i=1}^{N}\frac{1}{R_i}\int_0^{v_i(t)}f^{-1}(v)\mathrm{d}v \qquad (10.31)$$

定理 10.2    对于连续型 Hopfield 神经网络,若 $f^{-1}(\cdot)$ 为单调递增的连续函数,$C_i>0$,$w_{ij}=w_{ji}$,则 $\dfrac{\mathrm{d}E(t)}{\mathrm{d}t}\leqslant 0$;当且仅当 $\dfrac{\mathrm{d}v_i(t)}{\mathrm{d}t}=0$,$(1\leqslant i\leqslant N)$ 时,$\dfrac{\mathrm{d}E(t)}{\mathrm{d}t}=0$。

证明

$$\frac{\mathrm{d}E(t)}{\mathrm{d}t}=\sum_{i=1}^{N}\frac{\partial E(t)}{\partial v_i(t)}\frac{\mathrm{d}v_i(t)}{\mathrm{d}t} \qquad (10.32)$$

而

$$\begin{aligned}
\frac{\partial E(t)}{\partial v_i(t)}&=-\frac{1}{2}\sum_{j=1}^{N}w_{ij}v_j(t)-\frac{1}{2}\sum_{j=1}^{N}w_{ji}v_j(t)-I_i+\frac{1}{R_i}f^{-1}(v_i)\\
&=-\frac{1}{2}\sum_{j=1}^{N}(w_{ji}-w_{ij})v_j(t)-\left[\sum_{j=1}^{N}w_{ij}v_j(t)+I_i-\frac{u_i(t)}{R_i}\right]\\
&=-\frac{1}{2}\sum_{j=1}^{N}(w_{ji}-w_{ij})v_j(t)-C_i\frac{\mathrm{d}u_i(t)}{\mathrm{d}t}\\
&=-\frac{1}{2}\sum_{j=1}^{N}(w_{ji}-w_{ij})v_j(t)-C_i\frac{\mathrm{d}f^{-1}(v_i)}{\mathrm{d}t}\\
&=-\frac{1}{2}\sum_{j=1}^{N}(w_{ji}-w_{ij})v_j(t)-C_i\frac{\mathrm{d}f^{-1}(v_i)}{\mathrm{d}v_i}\frac{\mathrm{d}v_i}{\mathrm{d}t}
\end{aligned} \qquad (10.33)$$

将式(10.33)代入式(10.32),得

$$\frac{dE(t)}{dt} = \sum_{i=1}^{N} \frac{\partial E(t)}{\partial v_i(t)} \frac{dv_i(t)}{dt}$$

$$= -\frac{1}{2} \sum_{i=1}^{N} \sum_{j=1}^{N} (w_{ji} - w_{ij}) v_j(t) \frac{dv_i(t)}{dt} - \sum_{i=1}^{N} C_i \frac{df^{-1}(v_i)}{dv_i} \left(\frac{dv_i}{dt}\right)^2 \quad (10.34)$$

由于 $w_{ij} = w_{ji}$, $C_i > 0$ 和 $f^{-1}(\cdot)$ 为单调递增,即有 $\dfrac{df^{-1}(v_i)}{dv_i} > 0$,所以从式(10.34)得

$$\frac{dE(t)}{dt} = -\sum_{i=1}^{N} C_i \frac{df^{-1}(v_i)}{dv_i} \left(\frac{dv_i}{dt}\right)^2 \leq 0 \quad (10.35)$$

从式(10.35)可见,若 $\dfrac{dv_i}{dt} = 0$,则 $\dfrac{dE(t)}{dt} = 0$;反之,若 $\dfrac{dE(t)}{dt} = 0$,则必须满足 $\dfrac{dv_i}{dt} = 0$。

证毕。

上面的定理表明,Hopfield 神经网络的能量函数的值随着时间的推移总是在不断地减少,神经网络趋于某一平衡状态,平衡点就是 $E(t)$ 的极小值点;反之亦然。这说明 Hopfield 神经网络的演变过程就是在 $[0,1]^N$ 空间内寻找极小值稳定点(吸引子)的过程,并在达到这些点后稳定下来。因此,这种神经网络同样具有自动求极小值的计算功能。

无论是离散型 Hopfield 神经网络,还是连续型 Hopfield 神经网络,虽然理论上都能够收敛到极值点,但一般都不能收敛到最优点。为了解决这一问题,下面介绍随机神经网络和混沌神经网络。

### 10.4.3 随机神经网络

在 Hopfield 神经网络中,神经元状态为 1 是根据其输入是否大于阈值确定的,是确定性的。而在随机神经网络中,神经元状态为 1 是随机的,服从一定的概率分布。例如,服从玻尔兹曼(Boltzmann)、高斯(Gaussian)、柯西(Cauchy)等分布等,从而构成玻尔兹曼机、高斯机、柯西机等随机机。

随机神经网络讲课视频▲

下面主要以玻尔兹曼机为例,介绍随机神经网络。

1985 年,加拿大多伦多大学教授杰弗里·辛顿等人借助统计物理学的概念和方法,提出了一种随机 Hopfield 神经网络,称为玻尔兹曼机神经网络模型。玻尔兹曼机是离散型 Hopfield 神经网络的一种变形,通过对离散型 Hopfield 神经网络加以扰动,使其以概率的形式表达,而网络的模型方程不变,只是输出值类似于玻尔兹曼分布以概率分布取值。玻尔兹曼机是按玻尔兹曼概率分布动作的神经网络。

离散型 Hopfield 神经网络的输出为

$$v_i(k+1) = \text{sgn}\left(\sum_{\substack{j=1 \\ j \neq i}}^{N} w_{ij} v_j(k) - \theta_i\right) \quad (10.36)$$

对于玻尔兹曼机,设内部状态为

$$I_i = \sum_{\substack{j=1 \\ j \neq i}}^{N} w_{ij} v_j(k) - \theta_i \quad (10.37)$$

神经元 $i$ 输出值为 0 和 1 时的概率分别为 $p_i(0)$ 和 $p_i(1)$，即

$$p_i(1) = \frac{1}{1+e^{-I_i/T}}$$

$$p_i(0) = 1 - p_i(1) \tag{10.38}$$

式中，$T$ 为类似温度的扰动。

从式（10.38）可见，当 $T$ 较大时，$p_i(0)$ 和 $p_i(1)$ 几乎相等；当 $T$ 较小时，两概率值将由系统内部状态决定。因此，在系统运行时，先将 $T$ 置于较大值以使系统能够跃过能量较大的状态来避免陷入局部极小，然后将 $T$ 值逐渐减小，从而使系统最终收敛到全局能量最小的状态。这与模拟退火算法的机制几乎一样。应用模拟退火算法的 Hopfield 神经网络，实际上就是一种最基本的玻尔兹曼机。由式（10.38）可知，$I_i$ 越大，$p_i(1)$ 越大，神经元变为 1 的可能性越大。

设神经网络由 $N$ 个神经元构成，每个神经元服从二态规律，即只取 0，1 两种状态，且假定神经元之间的连接权矩阵是对称的。在网络中，当神经元的输入加权和发生变化时，将引起神经元状态的更新，这种更新在各个神经元之间是非同步的，可用概率分析方法描述。设 $\Delta E_i = E(v_i=0) - E(v_i=1)$，那么，神经元状态 $v_i$ 为 1 的概率 $P_i$ 服从玻尔兹曼分布。

与 HNN 相类似，玻尔兹曼机的能量函数定义为

$$E = -\frac{1}{2} \sum_i \sum_{j \neq i} w_{ij} v_i v_j + \sum_i v_i \theta_i \tag{10.39}$$

式中，$v_i$ 和 $\theta_i$ 分别是神经元 $i$ 的状态和阈值；$w_{ij}$ 为连接权。首先按下式计算神经元 $i$ 状态转换时网络能量的变化

$$\Delta E_i = \sum_j w_{ij} v_j - \theta_i \tag{10.40}$$

然后，依据 $\Delta E_i$ 的大小，将神经元 $i$ 以概率

$$p_i = \frac{1}{1+\exp\left(-\dfrac{\Delta E_i}{T}\right)} \tag{10.41}$$

改变为状态 1。

上式中，$T$ 为温度。此式表明：在很高的温度下（$T \gg 1$），$p_i$ 将接近于 0.5，神经元行为具有随机性；在同一温度下，$\Delta E_i$ 较大时，状态为 1 的概率增大；在温度很低时，随机性将趋于消失，此时玻尔兹曼机性能与确定性网络相同。

与玻尔兹曼机相似，高斯机可以由连续 Hopfield 神经网络获得。高斯机的动态特性与连续型 Hopfield 神经网络类似，只不过在每个神经元处加入了一个随机变量，从而有

$$\frac{\mathrm{d}u_i}{\mathrm{d}t} = \sum_{j=1}^{N} w_{ij} v_j + I_i + \eta \tag{10.42}$$

式中，$\eta$ 是一个均值为 0 的高斯随机变量，它的方差为 $\sigma = cT$，$c$ 是常数，$T$ 是温度。加入随机扰动的目的是使网络能够跳出局部最小值。

将高斯机中的高斯随机变量（白噪声）用柯西随机变量（有色噪声）取代，可以得到柯西机，也称为快速模拟退火。由于采用了有色噪声，增加了网络接受一个代价变大转移的可能性，因而增加了它跳出局部最小值的能力。

随机 Hopfield 神经网络是连续型 Hopfield 神经网络的一种变形,即在每个输入上加入扰动。设扰动参数为 $T$,扰动幅度用 $T$ 与神经元自身电位的函数 $q(u_i,u_o)$ 的乘积表示,模型方程为

$$C_i \frac{\mathrm{d}u_i}{\mathrm{d}t} = -\frac{u_i}{R_i} + \sum_j T_{ji}v_j + I_i + \sqrt{2Tq(u_i,u_o)}\, u_i \tag{10.43}$$

当 $T$ 加大时,扰动也加大。当有关神经元正要完全兴奋或者完全抑制时,表现在 $q(u_i,u_o)$ 和 $v_i$ 上扰动也加大。这样系统就有足够的时间选择兴奋或者抑制的状态。当系统冷却时,网络将会收敛到全局能量最小的状态。

## 10.4.4 混沌与混沌神经网络

### 1. 混沌

混沌神经网络讲课视频▲

混沌是自然界中一种较为普遍的非线性现象,其行为看似混乱复杂且类似随机,却存在精致的内在规律性。混沌具有以下独特性质:① 随机性,即混沌具有类似随机变量的杂乱表现;② 遍历性,即混沌能够不重复地历经一定范围内的所有状态;③ 规律性,即混沌是由确定性的迭代式产生的。介于确定性和随机性之间,混沌具有丰富的时空动态,系统动态的演变可导致吸引子的转移。

混沌学的研究热潮开始于 20 世纪 70 年代初期。1963 年,洛伦茨(Lorenz E. N.)在分析气候数据时发现:初值十分接近的两条曲线的最终结果会相差很大,从而获得了混沌的第一个例子;1975 年,李天岩(Li T. Y.)和约克(Yorke J. A.)给出一种混沌的数学定义,使"混沌"一词首先出现在科技文献中。混沌的发现,对科学的发展具有深远的影响。

近年来,混沌控制、混沌同步和混沌神经网络受到了广泛关注。混沌神经网络除了广泛应用于组合优化领域,还用于联想记忆、语音识别、二维物体识别、保密通信、人眼运动机制模拟等。

### 2. 混沌神经元

1987 年,弗里曼(Freeman)首先提出了混沌神经元的概念。混沌神经元是构造混沌神经网络的基本单位,混沌神经网络的研究起源于并基于混沌神经元的研究。在混沌神经元的研究中,振荡子(oscillator)是一种典型的研究对象,因为振荡子或它们的组合可表现出丰富的混沌动力学行为。

混沌神经元模型可以用如下差分方程表示

$$u(k+1) = Ku(k) - g(v(k)) + I(k) - \theta$$
$$v(k+1) = f(u(k+1)) \tag{10.44}$$

式中,$v(k+1)$,$u(k+1)$ 分别表示在时刻 $k+1$ 的神经元输出和内部状态;$I(k)$ 为时刻 $k$ 的神经元外部输入;$K$ 为参数($0 \leqslant K \leqslant 1$);$\theta$ 为阈值;$f$ 为神经元的输出函数;$g$ 为神经元输出与不应性之间关系的函数。

### 3. 混沌神经网络

受混沌神经元的启发,通过在 Hopfield 神经网络中引入混沌动态,1990 年,Aihara 等提出了第一个混沌神经网络模型(chaotic neural network,CNN)。次年,Inoue 等利用两个混沌振荡子耦合成一个神经元的方法,构造出一个混沌神经计算机,这个模型在求解 TSP 问题中取得了良好的效果。1992 年,Nozawa 基于欧拉离散化的 Hopfield 神经网络,通过增加一个大的自反馈项,得到了一个与 Aihara 等提出的类似的 CNN 模型。

混沌的遍历性特点可作为 Hopfield 神经网络避免陷入局部极小的一种优化机制,这与模拟退火的概率性劣向转移和禁忌搜索的禁忌表检验存在明显的区别。由于反馈型的 Hopfield 神经网络正是神经网络与非线性动力学行为的良好结合,因而 Hopfield 结构可作为研究混沌神经网络的基础网络模型。近年来,人们通过各种各样的方法在 Hopfield 神经网络的基础上构造出了性能各异的混沌神经网络。归纳起来,主要有以下三种:

(1) 基于模拟退火策略的自抑制混沌神经网络

1995 年,Chen 等提出的暂态混沌神经网络(transient chaotic neural network,TCNN)模型如下:

$$v_i(k) = f(u_i(k)) = \frac{1}{1 + e^{-u_i(k)/\varepsilon}}$$

$$u_i(k+1) = Ku_i(k) + \alpha \left[ \sum_{j \neq i}^N w_{ij}v_j(k) + I_i \right] - z_i(k)[v_i(k) - I_0] \tag{10.45}$$

$$z_i(k+1) = (1-\beta)z_i(k)$$

式中,$v_i(k)$ 为神经元 $i$ 的输出;$u_i(k)$ 为神经元 $i$ 的内部状态;$w_{ij}$ 为神经元 $j$ 到神经元 $i$ 的连接权,且 $w_{ij} = w_{ji}$;$I_i$ 为神经元 $i$ 的输入偏置电流;$\alpha$ 为神经元输入的比例参数;$K(0 \leqslant K \leqslant 1)$ 为神经薄膜的衰减因子;$z_i(k)$ 为自反馈连接权;$\beta(0 \leqslant \beta \leqslant 1)$ 为 $z_i(k)$ 的衰减因子;$I_0$ 为正的参数;$\varepsilon(\varepsilon > 0)$ 为输出函数的效率参数。

这种网络基于模拟退火的策略,利用自抑制反馈项 $z_i(k)(v_i(k) - I_0)$ 产生混沌,具有如下特点:

① 网络具有暂态混沌特性。

以求解如下非线性函数为例:

$$E(x_1, x_2) = (x_1 - 0.7)^2 [(x_2 + 0.6)^2 + 0.1] + (x_2 - 0.5)^2 [(x_1 + 0.4)^2 + 0.15]$$

当神经元各参数为:$\varepsilon = 150$、$K = 1.0$、$\alpha = 0.015$、$\beta = 0.01$、$I_0 = 0.5$、$z(0) = [0.082, 0.082]$ 时,单个神经元的输出 $x_1(k)$ 和自反馈连接权 $z_1(k)$ 随迭代步数 $k$ 的演化过程如图 10.11 所示。从图中可看出,在状态演化的初始阶段存在混沌特性,它是一种倍周期倒分叉过程:随着 $z_i(k)$ 的指数衰减,这种分叉过程会很快结束,使每个这样的神经元都表现出暂态混沌特性。

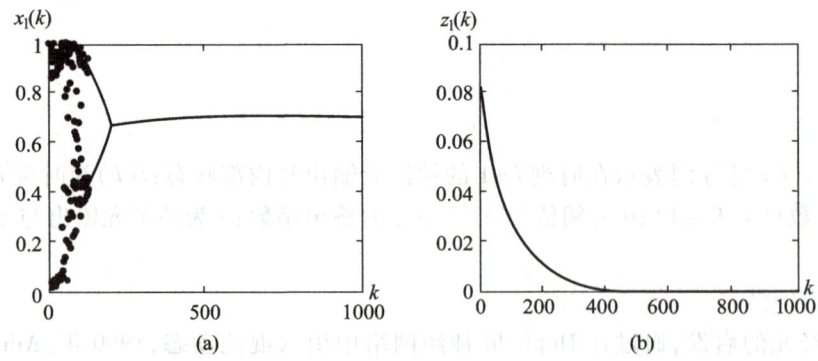

图 10.11　单个神经元的输出 $x_1(k)$ 和自反馈连接权 $z_1(k)$ 的演化过程

② 网络能演化到一个稳定状态。

当 $z_i(k)$ 按指数衰减到一定值时,倒分叉过程结束,使网络状态的奇异吸引子到达一个稳定平衡点。此时，TCNN 逐渐趋于 CHNN。根据 CHNN 的特性可知，网络最终将收敛到一个稳定状态。

③ 搜索区域为一分形结构。

④ 具有混沌退火机制。

$z_i(k)$ 对应着模拟退火中的温度，控制网络的混沌收敛行为和倒分叉速度。这种混沌退火不仅在搜索效率上，而且在计算速度上都比随机模拟退火有明显的优点，因为其搜索空间比随机模拟退火要小得多。

⑤ TCNN 是一种广义的混沌神经网络。

从状态演化来看，它与 CHNN 和混沌神经网络（CNN）都有着密切的联系。当 $z_i(k)$ 为常数时，TCNN 就变成 CNN；当 $z_i(k)=0$ 时，TCNN 就退化为 HNN。

⑥ 网络既可求解 0-1 问题，也可求解连续非线性优化问题。

**（2）基于加大时间步长的混沌神经网络**

考虑 CHNN 的欧拉离散化：

$$u_i(t+\Delta) = \left(1-\frac{\Delta}{\tau}\right)u_i(t) + \Delta\left[\sum_j^N w_{ij}v_j(t) + I_i\right] \tag{10.46}$$

1998 年，Wang 和 Smith 根据上式，采用加大时间步长来产生混沌，即首先令式（10.46）的开始时间步长很大，然后随着网络的迭代逐渐减小时间步长 $\Delta$，例如采用指数衰减规则

$$\Delta(t+1) = (1-\beta)\Delta(t) \tag{10.47}$$

式中，$0<\beta<1$。这样，网络以混沌状态开始，经过一个倒分叉过程，最终收敛于稳定状态。系统收敛时，使混沌神经网络的能量函数最小。

**（3）引入噪声的混沌神经网络**

1995 年，Hayakawa 等在离散化的 CHNN 中加入混沌噪声，并用来求解 TSP。他们的混沌神经网络定义如下：

$$u_i(t+\Delta) = \left(1-\frac{\Delta}{\tau}\right)u_i(t) + \Delta\left[\sum_j^N w_{ij}v_j(t) + I_i\right]$$
$$v_i(t) = f(u_i(t) + A\eta_i(t)) \tag{10.48}$$

式中，$A$ 是混沌噪声 $\eta_i(t)$ 的倍增；$f(\cdot)$ 是 $\varepsilon=1$ 的 Sigmoid 激活函数。不同初值的混沌噪声连接到每个神经元，就产生 Logistic 映射

$$z_i(t+1) = az_i(t)[1-z_i(t)] \tag{10.49a}$$

从而得到如下的非线性序列

$$\eta_i(t) = \frac{z_i(t) - <z>_t}{\sigma_z} \tag{10.49b}$$

式中，$\sigma_z$ 是序列的标准偏差；$<z>$ 是 $z_i$ 的平均值。在每步迭代中，为了判断解的可行性，引入状态变量的偏差

$$v_{ij}^d = \begin{cases} 1 & v_{ij} > \sum_i^N \sum_j^N v_{ij}(t)/N \times N \\ 0 & \text{其他} \end{cases} \tag{10.49c}$$

并调整式（10.49a）中 Logistic 映射的参数 $a$ 和式（10.48）中放大器因子 $A$。

## 10.5 Hopfield 神经网络的应用

Hopfield 神经网络的许多应用都是利用 Hopfield 神经网络能够收敛到它的一个稳定状态这个特性。例如,利用 Hopfield 神经网络的稳定状态能够实现联想记忆、优化等应用。下面简单介绍基于 Hopfield 神经网络的联想记忆与优化方法。

### 10.5.1 Hopfield 神经网络在联想记忆中的应用

Hopfield 神经网络
的应用讲课视频▲

如果将网络的一个稳态作为一个记忆样本,那么以后当给这个网络一个适当的激励时,网络能够收敛到和输入模式最为相似的样本模式。初态朝稳态的收敛过程便是寻找记忆样本的过程。初态可以认为是给定样本的部分信息,网络改变的过程可以认为是从部分信息找到全部信息,从而实现了联想记忆的功能。

Hopfield 神经网络联想记忆过程,就是非线性动力学系统朝某个稳定状态运行的过程。这就需要调整连接权值使得所要记忆的样本作为 Hopfield 神经网络的能量局部极小点。Hopfield 神经网络联想记忆过程分为学习和联想两个阶段。在给定样本的条件下,调整连接权值,使得存储的样本成为 Hopfield 神经网络的稳定状态。这就是学习阶段。联想是指在已经调整好权值不变的情况下,给出部分不全或者受了干扰的信息,按照动力学规则改变神经元的状态,使神经网络最终变到某个稳定状态。

实现 Hopfield 神经网络联想记忆的关键是网络到达记忆样本能量函数极小点时,决定网络的神经元间连接权值 $w_{ij}$ 和阈值 $\theta_i$ 等参数。下面介绍按照 Hebb 学习规则设计 Hopfield 神经网络的连接权值。

设给定 $m$ 个样本 $x^{(k)}(k=1,2,\cdots,m)$, $x_i^{(k)}$ 表示第 $k$ 个样本中的第 $i$ 个元素。记 $w_{ij}$ 是神经元 $i$ 到神经元 $j$ 的权值。

当神经元输出 $x_i \in \{-1,+1\}$ 时,

$$w_{ij} = \begin{cases} \sum_{k=1}^{m} x_i^{(k)} x_j^{(k)} & i \neq j \\ 0 & i = j \end{cases} \tag{10.50a}$$

或者

$$w_{ij}(k) = w_{ij}(k-1) + x_i^{(k)} x_j^{(k)} \qquad (k=1,2,\cdots,m) \tag{10.50b}$$

$$w_{ij}(0) = 0 \qquad\qquad w_{ii} = 0$$

当神经元输出 $x_i \in \{0,1\}$ 时,

$$w_{ij} = \begin{cases} \sum_{k=1}^{m} (2x_i^{(k)} - 1)(2x_j^{(k)} - 1) & i \neq j \\ 0 & i = j \end{cases} \tag{10.51a}$$

或者

$$w_{ij}(k) = w_{ij}(k-1) + (2x_i^{(k)} - 1)(2x_j^{(k)} - 1) \qquad (k=1,2,\cdots,m) \tag{10.51b}$$

$$w_{ij}(0) = 0 \qquad\qquad w_{ii} = 0$$

显然,按照上面公式设计的网络连接权值满足对称条件。可以证明,按照上面公式设计的网络连接权值时,Hopfield 神经网络的稳定状态是给定样本。

依据上述算法的联想记忆功能,可用于模式识别。但当样本多且彼此相近时,容易引起混淆。在网络结构与参数一定的条件下,要保证联想功能的正确实现,网络所能存储的最大的样本数,称为网络的记忆容量。网络的记忆容量不仅与神经元个数有关,还与连接权的设计、要求的联想的范围大小、样本的性质等有关。当网络要求存储的样本模式是两两正交的,可以有最大的记忆容量。

**例 10.2**　设计基于 Hopfield 神经网络的分类器。

**解**　当人看见苹果和橘子的时候,虽然和以前见过的不完全一样,但通过自联想能力仍然能够识别。利用 Hopfield 神经网络的联想特性,能够设计苹果和橘子的分类器,如图 10.12 所示。输送带将苹果和橘子传送给外形、质地、质量三个传感器检测,Hopfield 神经网络根据传感器检测结果识别,如果识别结果是苹果,则执行器就将这个苹果放进苹果筐,否则放进橘子筐。

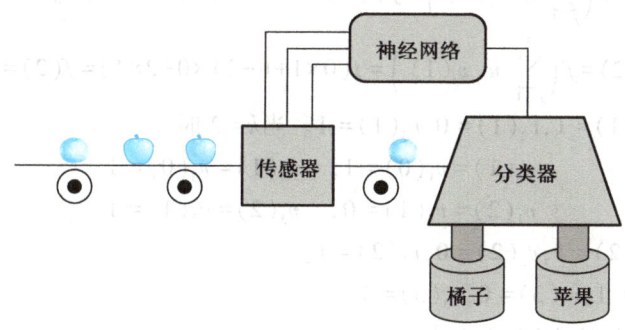

图 10.12　基于 Hopfield 神经网络的分类器

传感器检测结果为 1 或者 0,其意义如表 10.1 所示。

表 10.1　分类特征编码

| 类别 | 1 | 0 |
| --- | --- | --- |
| 外形 | 圆 | 椭圆 |
| 质地 | 光滑 | 粗糙 |
| 质量 | <300 g | ≥300 g |

三个传感器输出表示为[外形,质地,质量],则标准橘子表示为:$\boldsymbol{x}^{(1)} = [1,0,1]^{\mathrm{T}}$;标准苹果表示为:$\boldsymbol{x}^{(2)} = [0,1,0]^{\mathrm{T}}$。

(1) 设计 DHNN 结构

设计有三个神经元的 Hopfield 神经网络如图 10.13 所示。三个神经元的阈值都为 0。

(2) 设计连接权矩阵

$$w_{ij} = \begin{cases} \sum_{k=1}^{2} (2x_i^{(k)} - 1)(2x_j^{(k)} - 1) & i \neq j \\ 0 & i = j \end{cases}$$

$$w_{ji} = w_{ij} \quad i = 1, 2, \cdots, n \quad j = 1, 2, \cdots, n$$

$$w_{12} = (2 \times 1 - 1) \times (2 \times 0 - 1) + (2 \times 0 - 1) \times (2 \times 1 - 1) = -1 - 1 = -2$$

$$w_{21} = w_{12} = -2$$

$$w_{23} = (2 \times 0 - 1) \times (2 \times 1 - 1) + (2 \times 1 - 1) \times (2 \times 0 - 1) = -1 - 1 = -2$$

$$w_{32} = w_{23} = -2$$

$$\boldsymbol{W} = \begin{bmatrix} 0 & -2 & 2 \\ -2 & 0 & -2 \\ 2 & -2 & 0 \end{bmatrix}$$

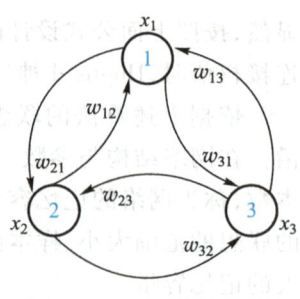

图 10.13  3 个神经元的
Hopfield 神经网络

（3）测试

测试用例：$[1,1,1]^{\mathrm{T}}$，取初始状态：$v_1(0)=1, v_2(0)=1, v_3(0)=1$。神经元状态调整次序取为：$2 \rightarrow 1 \rightarrow 3$。当 $k=1$ 时

$$v_2(1) = f\left( \sum_{j=1}^{3} w_{2j} v_j(0) \right) = f((-2) \times 1 + 0 \times 1 + (-2) \times 1) = f(-4) = 0$$

$$v_1(2) = f\left( \sum_{j=1}^{3} w_{1j} v_j(1) \right) = f(0 \times 1 + (-2) \times 0 + 2 \times 1) = f(2) = 1$$

神经元状态调整为：$v_1(1)=1, v_2(1)=0, v_3(1)=1$。当 $k=2$ 时

$$v_1(1) = v_1(0) = 1, \quad v_3(1) = v_3(0) = 1$$

$$v_2(2) = v_2(1) = 0, \quad v_3(2) = v_3(1) = 1$$

神经元状态调整为：$v_1(2)=1, v_2(2)=0, v_3(2)=1$。

类似地，有：$v_1(3)=1, v_2(3)=0, v_3(3)=1$。

可见输入 $[1,1,1]^{\mathrm{T}}$，输出 $[1,0,1]^{\mathrm{T}}$。

### 10.5.2  Hopfield 神经网络优化方法

Hopfield 神经网
络优化方法讲课
视频▲

如果将网络的稳态作为一个优化问题的目标函数的极小点，那么神经网络的初态朝稳态的收敛过程便是优化计算的过程。该优化计算是在网络演化过程中自动完成的。

1985 年霍普菲尔德和塔克（D. W. Tank）应用神经网络方法求解旅行商问题这一著名的组合优化难题获得成功，引起了世界各国学者的广泛重视。他们的工作不仅对研究神经网络理论具有重要意义，也为组合优化问题求解开辟了新的途径。

#### 1. 基本思想

无论是离散型 Hopfield 神经网络模型还是连续型 Hopfield 神经网络模型，能量函数都表征了网络的动力学演化过程，并揭示了该演化过程与网络稳定状态之间的内在联系。因此，Hopfield 能量函数极小化过程表示了神经网络从初始状态到稳定状态的演化过程。通常，约束优化问题的求解过程实际上就是目标函数的极小化过程，选择合适的能量函数使其最小值对应于问题的最优解。因此，目标函数达到局部极小或者全局最小，相应的解为约束优化问题的局部最优解或者全局最优解。如果将目标函数与能量函数相联系，并通过能量函数将约束优化问题的解映射到神经网络的一个稳定状态上去，那么，就可以利用神经网络的演化过程来实现优

化计算。这就是应用神经网络解决优化问题的基本思想。

用神经网络方法求解优化问题的关键是如何把待求解的优化问题映射为一个神经网络。一般可以将求解的组合优化问题的每一个可行解用换位矩阵(permutation matrix)表示。

另一个关键问题是构造能量函数,使其最小值对应于问题的最优解。它决定了一个特定问题是否能够用神经网络方法求解。目前还没有直接将约束优化问题映射为神经网络的方法,通常采用优化理论中的拉格朗日(Lagrange)函数和乘子法,即利用优化问题的目标函数和约束条件构造相应的能量函数。一般使用在计算能量函数 $E$ 中添加一些违反约束条件的惩罚项的简单方法,用罚函数法写出求解优化问题的能量函数,即

$$E = \sum_{i=1}^{m} C_i E_i + C_0 E_0 \tag{10.52}$$

式中,$E_i$ 是违背约束条件的惩罚函数;$E_0$ 是优化的目标函数;$C_i$ 和 $C_0$ 为平衡 $E_i$ 和 $E_0$ 在总能量函数中的作用的比例常数,且如果最小化 $E_0$,则 $C_0 > 0$;如果最大化 $E_0$,则 $C_0 < 0$。

显然,神经网络和能量函数的形式不是唯一的,如何设计出更好的映射方法及其能量函数构造方法是一个重要的课题。

### 2. 一般步骤

基于上述基本思想,用神经网络方法求解优化问题的一般步骤为

① 将求解的优化问题的每一个可行解用换位矩阵表示。

② 将换位矩阵与由 $n$ 个神经元构成的神经网络相对应:每一个可行解所对应的换位矩阵的各元素与相应的神经元稳态输出相对应。

③ 构造能量函数,使其最小值对应于优化问题的最优解,并满足约束条件。

④ 用罚函数法构造目标函数,与 Hopfield 神经网络的计算能量函数表达式相等,确定各连接权 $w_{ij}$ 和偏置参数 $I_i$ 等。

⑤ 给定网络初始状态和网络参数 $A, B, C, D$ 等,使网络(可以是计算机模拟)按动态方程运行,直到达到稳定状态,并将它解释为优化问题的解。

Hopfield 神经网络模型与初始状态有关,例如在 TSP 问题中,原则上可选 $v_{xi}^0 = 1/n$ 为每个神经元的初始值,因为它满足 $\sum_x \sum_i v_{xi}^0 = n$。但由于相同长度的等价路径有 $2n$ 条,系统无法从中抉择,所以要加一定的噪声值($\pm 0.1 v_{xi}^0$)来打破这种平衡。

当在计算机上实现上述演化时,需要离散化。此时,$\Delta t$ 的选择很重要,$\Delta t$ 太大可能导致离散后的算法与原连续算法有很大差异,甚至不收敛;$\Delta t$ 太小则迭代次数太多,计算时间长。可以证明,只要 $\Delta t$ 选取得合理,上述算法一定收敛。如果不加其他条件,收敛到的解不一定对应有效的访问路径,可能是不可行解。有些人在理论上对此进行了分析(Aiyer, S. V. B. 等,1990; Gee, A. H. 等,1993),提出了一些改进方法。这些方法的缺点是使权系数的表达式复杂化,降低了收敛速度。

鉴于神经网络动力学性质的复杂性,神经网络优化计算方面仍有许多问题需要进一步深入研究。目前存在的主要问题有:

① 计算结果的不稳定性。

② 系数 $A$、$B$、$C$、$D$ 的确定。

③ 能量函数存在大量局部极小值,求解结果不能保证为最优解。

### 3. Hopfield 神经网络优化方法求解 TSP

旅行商问题(traveling salesman problem,TSP)或者邮递员路径问题:有 $n$ 个城市,其相互间的距离,或者旅行成本为已知,求合理的路线使每个城市都访问一次,且总路径(或者总成本)为最短。

对于 TSP,一条访问路径可以用一个换位矩阵表示。以 5 个城市为例,如表 10.2 所示换位矩阵表示访问 5 个城市的路径顺序为 $C_3 \rightarrow C_1 \rightarrow C_5 \rightarrow C_2 \rightarrow C_4 \rightarrow C_3$,其路径总长度为

$$l = d_{c_3 c_1} + d_{c_1 c_5} + d_{c_5 c_2} + d_{c_2 c_4} + d_{c_4 c_3}$$

表 10.2 用换位矩阵表示访问次序

| | 1 | 2 | 3 | 4 | 5 |
|---|---|---|---|---|---|
| $C_1$ | 0 | 1 | 0 | 0 | 0 |
| $C_2$ | 0 | 0 | 0 | 1 | 0 |
| $C_3$ | 1 | 0 | 0 | 0 | 0 |
| $C_4$ | 0 | 0 | 0 | 0 | 1 |
| $C_5$ | 0 | 0 | 1 | 0 | 0 |

如果下标 $x, y$ 表示城市,$i$ 表示第 $i$ 次访问,则路径长度可以表示为下列一般形式

$$l = \frac{1}{2} \sum_x \sum_{y \neq x} \sum_i d_{xy} v_{xi} v_{y,i+1} + \frac{1}{2} \sum_x \sum_{y \neq x} \sum_i d_{xy} v_{xi} v_{y,i-1} \tag{10.53}$$

$$= \frac{1}{2} \sum_x \sum_{y \neq x} \sum_i d_{xy} v_{xi} (v_{y,i+1} + v_{y,i-1})$$

式中,$d_{xy}$ 表示城市 $x, y$ 之间的距离;$v_{xi}$ 表示换位矩阵中的第 $x$ 行第 $i$ 列的元素,其值为 1 时表示第 $i$ 步访问城市 $x$,其值为 0 时表示第 $i$ 步不访问城市 $x$。

在表 10.2 中,各行各列只能有一个元素为 1,其余都是 0,否则它表示一条无效的路径。每列中只有一个元素为 1,表示每次只访问一个城市,表示为

$$\sum_x v_{xi} = 1 \quad \forall i \tag{10.54}$$

每行中只有一个元素为 1,表示每个城市必须且只能访问一次,可以表示为

$$\sum_i v_{xi} = 1 \quad \forall x \tag{10.55}$$

综合上述讨论,TSP 可以表示为如下优化问题:

$$\min l = \frac{1}{2} \sum_x \sum_{y \neq x} \sum_i d_{xy} v_{xi} (v_{y,i+1} + v_{y,i-1})$$

$$st. \quad \sum_x v_{xi} = 1 \quad \forall i \tag{10.56}$$

$$\sum_i v_{xi} = 1 \quad \forall x$$

用罚函数法,将上述约束优化问题表示为下列无约束优化问题:

$$J = \frac{A}{2}\sum_{x}\sum_{i}\sum_{j\neq i}v_{xi}v_{xj} + \frac{B}{2}\sum_{i}\sum_{x}\sum_{y\neq x}v_{xi}v_{yi} + \frac{C}{2}\left(\sum_{x}\sum_{i}v_{xi}-n\right)^2 + \tag{10.57}$$

$$\frac{D}{2}\sum_{x}\sum_{y\neq x}\sum_{i}d_{xy}v_{xi}(v_{y,i+1}+v_{y,i-1})$$

令式(10.57)与 Hopfield 神经网络的计算能量函数相等,比较同一变量两端的系数,可得第 $x$ 行第 $i$ 列位置上的神经元与第 $y$ 行第 $j$ 列位置上的神经元之间的连接权值为

$$W_{xi,yj} = -A\delta_{xy}(1-\delta_{ij}) - B\delta_{ij}(1-\delta_{xy}) - C - Dd_{xy}(\delta_{j,i+1}+\delta_{j,i-1}) \tag{10.58}$$

$$I_{xi} = Cn$$

式中

$$\delta_{ij} = \begin{cases} 1 & i=j \\ 0 & \text{其他} \end{cases}$$

Hopfield 神经网络的动态方程为

$$\frac{\mathrm{d}u_{xi}}{\mathrm{d}t} = -\frac{u_{xi}}{\tau} - \frac{\partial E}{\partial v_{xi}} \tag{10.59}$$

$$= -\frac{u_{xi}}{\tau} - A\sum_{j\neq i}v_{xj} - B\sum_{y\neq x}v_{yi} - C\left(\sum_{x}\sum_{i}v_{xi}-n\right) - D\sum_{y\neq x}d_{xy}(v_{y,i+1}+v_{y,i-1})$$

$$v_{xi} = f(u_{xi}) = \frac{1}{2}\left[1+\tanh\left(\frac{u_{xi}}{u_0}\right)\right]$$

求解上式,直到收敛,可以得到神经网络的稳态解。在演化过程中,有些神经元的输出 $v_{xi}$ 逐渐增大到 1,而有些神经元的输出 $v_{xi}$ 逐渐减少到 0,最后收敛到稳定状态,所以,神经元输出 0 或者 1。

## 10.6 Hopfield 神经网络优化方法求解 JSP

### 10.6.1 作业车间调度问题

作业车间调度问题(job-shop scheduling problem,JSP)是一类满足任务配置和顺序约束要求的资源分配问题,可以描述为

给定一个作业(工件)的集合和一个机器的集合,每个作业包括多道工序,每道工序需要在一台给定的机器上非间断地加工一段时间;每台机器一次最多只能加工一道工序,调度就是把工序分配给机器上某个时间段,使加工完成时间最短。

Hopfield 神经网络优化方法求解 JSP讲课视频▲

正如 1967 年 Conway 等在《生产调度理论》(*Theory of Scheduling*)一书中所说的那样:"一般作业车间调度问题是一个迷人的挑战性问题。尽管问题本身描述非常容易,但是朝着问题求解的方向做任何的推进都是极端困难的。"JSP 是一个非常难解的组合优化问题,即使对于单台机器加工问题,如果有 $n$ 个作业而每个作业只考虑加工时间以及与操作序列有关的安装时间,则这个问题就和 $n$ 个城市的 TSP 等价。因此,虽然对于 JSP 的研究已经有几十年的历史,提出了许多最优化求解方法,但至今尚未形成系统的理论与方法。

神经网络优化方法能够非常自然地实现并行计算,成为目前生产调度研究的热点之一。Foo

S. Y. 和 Y. Takefuji 在 1988 年最早提出用 Hopfield 神经网络求解 JSP，是一个比较有影响的方法。但由于没有包括 JSP 的全部约束条件，所以不能保证得到可行调度解。本书作者给出了 JSP 的所有约束条件及其换位矩阵表示，提出了新的包括所有约束条件的计算能量函数表达式，得到相应的 JSP 的 Hopfield 神经网络结构与权值解析表达式，能够保证神经网络稳态输出为可行的调度方案。为了避免 Hopfield 神经网络容易收敛到局部极小，从而产生非法调度解的缺点，将模拟退火算法应用于 Hopfield 神经网络求解。

### 10.6.2　JSP 的 Hopfield 神经网络及其求解

#### 1. JSP 的换位矩阵表示

在下面的讨论中，用三元组 $(i,j,k)$ 表示作业 $i$ 的工序 $j$ 在机器 $k$ 上执行。

选择 JSP 的换位矩阵具有 $mn$ 行 $(mn+1)$ 列，行和列分别对应一种工序。矩阵的元素 $P_{ij}(i=1,2,\cdots,mn;j=0,1,2,\cdots,mn)$ 的值只取 "1" 和 "0"，表示 "工序 $(i,j,k)$ 依赖于另一工序 $(p,q,r)$" 的命题，命题成立时记为 "1"，否则记为 "0"。矩阵中的第 1 列表示一种 "工序 $(i,j,k)$ 不依赖于任何别的工序" 的命题，即在 0 时刻启动的工序，同样按命题成立与否将其元素记为 "1" 或 "0"。

$n$ 作业 $m$ 机器 JSP 的工序必须满足以下约束条件：

条件 1　各工序应服从优先顺序关系。任一工序可以依赖于另一个工序，也可以不依赖于任何工序（如在 0 时刻启动的工序）。

条件 2　所有工序不允许自依赖和互依赖。

条件 3　允许在 0 时刻启动的工序数不超过 $m$。即在 $n>m$ 时，在 0 时刻启动的工序数应为 $m$。

条件 4　在同一时刻启动的同一作业的工序不多于一个。

条件 5　在同一时刻同一机器上启动的工序不多于一个。

由上述 JSP 的约束条件，可以得到换位矩阵元素的一些约束。换位矩阵的任一行都严格含有一个 "1" 元素，其余均为 "0"。这个约束称为换位矩阵的行约束。整个换位矩阵共有 $mn$ 个 "1" 元素，这个约束称为换位矩阵的全局约束。

根据条件 1，各工序应服从优先顺序关系，就是说，工序 $(i,j,k)$ 在工序 $(p,q,r)$ 前面，即 $i=p$，$j<q$，则相应的矩阵元素为 "0"。根据条件 2，所有工序不允许自依赖，所以，换位矩阵的元素 $P_{i,i+1}(i=1,2,\cdots,mn)$ 为 "0"。而所有工序不允许互依赖，所以，$P_{ij}$ 和 $P_{i-1,j+1}(i=1,2,\cdots,mn;j=1,2,\cdots,mn)$ 不能同时为 "1"。这个约束称为换位矩阵的非对称约束。

根据条件 3，在 $n>m$ 时，换位矩阵的第 1 列中元素应该有 $m$ 个 "1" 元素。这个约束称为换位矩阵的列约束。在 0 时刻各个作业的第一个工序允许启动，而其他工序不允许启动，所以，对工序 $(i,j,k)$，如果 $j\geqslant2$，则第 1 列中对应的元素为 0。

根据条件 4，把换位矩阵的每列分成 $n$ 组，每组有同一个作业的 $m$ 个工序，每一组不多于 1 个为 1 的元素。同理，根据条件 5 把换位矩阵的每列分成 $m$ 组，每组有同一个机器上的 $n$ 个工序，每一组不多于 1 个为 1 的元素。

从上面的讨论可见，在换位矩阵中，除了一定为 0 的元素，在其他位置可以任意设置一些满足行约束、列约束、非对称约束和全局约束的 "1"，都表示了 JSP 的一种可行调度方案。

#### 2. JSP 计算能量函数

采用 Hopfield 神经网络求解 JSP 的基本方法是基于上述换位矩阵，用 $mn\times(mn+1)$ 个神经元阵列组成 Hopfield 网络。$(x,i)$ 表示对应换位矩阵中 $x$ 行 $j$ 列的神经元。神经元的开启和关闭状态与矩阵元素"1"和"0"相对应。构造计算能量函数 $E$，使其极小值对应于 JSP 的解。根据 JSP 的特点，构造如下 JSP 计算能量函数：

$$E = \frac{A}{2} \sum_{x=1}^{mn} \sum_{i=1}^{mn+1} \sum_{\substack{j=1 \\ j \neq i}}^{mn+1} v_{xi} v_{xj} + \frac{B}{2} \left( \sum_{x=1}^{mn} \sum_{i=1}^{mn+1} v_{xi} - mn \right)^2 + \frac{C}{2} \sum_{\substack{i \geq 2 \\ i \neq x+1}}^{mn+1} \sum_{\substack{x=1 \\ x \neq i-1}}^{mn} v_{xi} v_{i-1,x+1} +$$

$$\frac{D_1}{2} \left( \sum_{x=1}^{mn} v_{x1} - m \right)^2 + \frac{D_2}{2} \sum_{k_1=1}^{m} \sum_{k_2=1}^{m} \sum_{\substack{k_3=1 \\ k_3 \neq k_2}}^{m} v_{k_2+(k_1-1)m,i} v_{k_3+(k_1-1)m,i} +$$

$$\frac{D_3}{2} \sum_{k_1=1}^{m} \sum_{k_2=1}^{n} \sum_{\substack{k_3=1 \\ k_3 \neq k_2}}^{n} v_{k_1+(k_2-1)m,i} v_{k_1+(k_3-1)m,i} \tag{10.60}$$

式中，$v_{xi}$ 表示与矩阵中 $(x,i)$ 位置相对应的神经元的输出状态。

上式中的第一项为行约束，当且仅当每行中均不含有多于一个"1"元素，其余元素均为"0"时，第一项才为零；第二项为全局约束，当且仅当整个矩阵中有 $mn$ 个"1"元素时，第二项才为零；第三项为换位矩阵的非对称约束，当且仅当换位矩阵中（不包括第 1 列）关于对角线对称的两个元素不同时为 1，第三项才为零；第四项为换位矩阵的第 1 个列约束，当且仅当换位矩阵第一列中含有 $m$ 个"1"元素，其余元素均为"0"时，第四项才为零；第五项为换位矩阵的第 2 个列约束，当且仅当换位矩阵的每一列的 $n$ 组中均不含有多于一个"1"元素，而其余元素均为"0"时，式中第五项才为零；第六项为换位矩阵的第 3 个列约束，当且仅当换位矩阵的每一列的 $m$ 组中均不含有多于一个"1"元素，而其余元素均为"0"时，式中第六项才为零。

$A$、$B$、$C$、$D_1$、$D_2$、$D_3$ 为正常数，都是与优化问题有关的，可以为任意的正常数。$A$ 为对应行抑制的连接系数；$B$ 为全局抑制变量，用于限制仅有 $mn$ 个神经元处于激活状态；$C$ 为非对称约束抑制变量。常数 $D_1$、$D_2$、$D_3$ 为三个列约束抑制变量。

用 Hopfield 神经网络求解著名的旅行商问题（TSP）时，由于其计算能量函数中不仅包含了所有的约束条件，而且也包含了路径函数，所以得到的是最优解。上述 JSP 计算能量函数中，不包含处理时间最短等目标函数，所以，当网络处于稳定状态，计算能量函数 $E=0$ 时，该状态只保证是一个可行的调度，但不一定是最优调度。

### 3. Hopfield 神经网络的参数

连续型 Hopfield 神经网络的计算能量函数 $E$ 定义为

$$E = -\frac{1}{2} \sum_{i=1}^{N} \sum_{j=1}^{N} w_{ij} v_i v_j - \sum_{i=1}^{N} v_i I_i + \sum_{i=1}^{N} \frac{1}{R_i} \int_0^{v_i} f^{-1}(v) \, dv \tag{10.61}$$

令 JSP 能量函数式（10.60）与连续 Hopfield 神经网络的能量函数式（10.61）相等，可确定神经元 $(x,i)$ 与神经元 $(y,j)$ 之间的连接权 $w_{xi,yj}$ 与神经元 $(x,i)$ 的偏置电流 $I_{xi}$ 分别为

$$w_{xi,yj} = -A\delta_{xy}(1-\delta_{ij}) - B - C\delta_{y(i-1)}\delta_{j(x+1)}(1-\delta_{i1})(1-\delta_{xy})(1-\delta_{ij}) -$$

$$D_1 \delta_{i1} \delta_{j1} - \sum_{k_1=1}^{m} \sum_{k_2=1}^{m} \sum_{\substack{k_3=1 \\ k_3 \neq k_2}}^{m} D_2 \delta_{x[k_2+(k_1-1)m]} \delta_{y[k_3+(k_1-1)m]} -$$

$$\sum_{k_1=1}^{m} \sum_{k_2=1}^{n} \sum_{\substack{k_3=1 \\ k_3 \neq k_2}}^{n} D_3 \delta_{x[k_1+(k_2-1)m]} \delta_{y[k_1+(k_3-1)m]} \tag{10.62}$$

$$I_{xi} = Bmn + D_1 m\delta_{i1} \tag{10.63}$$

$$\delta_{ij} = \begin{cases} 1, & i=j \\ 0, & i \neq j \end{cases}$$

如果 Hopfield 神经网络没有自反馈,则 $w_{xi,xi} = 0$。

对上述换位矩阵中那些一定为 0 的元素对应的神经元提供负偏置电流,是为了对这些神经元进行强抑制,使这些神经元在稳态输出时为 0,能量函数则为最小值 0,从而使神经网络输出满足约束条件。

**4. Hopfield 神经网络的运动方程**

将连接权和偏置电流代入 Hopfield 网络的运动方程,可以得到表示 JSP 的 Hopfield 神经网络的运动方程为

$$
\begin{aligned}
c_{xi} \frac{\mathrm{d}u_{xi}}{\mathrm{d}t} = & -\frac{u_{xi}}{r_{xi}} - A \sum_{\substack{j=1 \\ j \neq i}}^{mn+1} v_{xj} - B \sum_{y=1}^{mn} \sum_{j=1}^{mn+1} v_{yj} - \\
& C v_{(i-1)(x+1)} (1-\delta_{i1})(1-\delta_{x(i-1)})(1-\delta_{i(x+1)}) - \\
& D_1 \sum_{y=1}^{mn} v_{y1} \delta_{i1} - D_2 \sum_{k_1=1}^{n} \sum_{k_2=1}^{m} \sum_{\substack{k_3=1 \\ k_3 \neq k_2}}^{m} v_{[k_3+(k_1-1)m]i} \delta_{x[k_2+(k_1-1)m]} - \\
& D_3 \sum_{k_1=1}^{m} \sum_{k_2=1}^{n} \sum_{\substack{k_3=1 \\ k_3 \neq k_2}}^{n} v_{[k_1+(k_3-1)]i} \delta_{x[k_1+(k_2-1)m]} + I_{xi}
\end{aligned}
\tag{10.64}
$$

根据上面的动力学方程,可以在计算机上模拟神经网络求解 JSP。用连续型 Hopfield 神经网络时,神经元的输出 $v_{xi}$ 在 $[0,1]$ 区间变化,但在连续演变过程中,少数神经元的输出将逐渐增大,其他则逐渐减少,最后收敛到符合 JSP 的输出值要求为 0 或者 1 的状态,从而产生一个稳定的换位矩阵,表示了一个可行调度方案。

**5. 成本树**

神经网络稳定时,将换位矩阵中输出为 "1" 的神经元编码组成 $m$ 棵成本树(cost function tree),它们表示了 JSP 的解。成本树中结点代表操作 $(i,j,k)$,有向链代表操作间的依赖关系,链上的权代表操作的处理时间(成本)。每棵树的顶端结点(根结点)代表处理时间为零的空(NULL)操作。换位矩阵中全为 0 的那些列,对应的操作是叶结点,第一列("0" 列)为 1 的元素所在行对应的那些操作是根结点。

构造成本树的方法很简单。首先选择第 "0" 列中为 "1" 的那些行对应的操作,作为各个成本树中的第一个结点,然后搜索这个操作所对应的列,如果该列中某个元素为 "1",则这个元素所在行对应的操作作为下一个结点。以此类推,直到一列中的元素全为 "0",这个成本树结束。但用该方法构造的成本树有时会出现死锁调度。为了防止死锁调度,这里给出成本树构造算法如下:

**步骤 1**　根据换位矩阵,构造成本树。即选择第 "0" 列中为 "1" 的操作作为各个成本树中的第一个结点,然后搜索该操作所在的列,如果某个元素为 "1",则这个元素对应的操作作为下一个结点。以此类推,直到一列中的元素全为 "0"。

**步骤 2**　计算成本树上各操作 $(i,j,k)$ 的开始时间 $S_{ijk}$ 和结束时间 $E_{ijk}$。首先给 $S_{ijk}$ 和 $E_{ijk}$ 赋

初值 $0(i=1,2,\cdots,n;j=1,2,\cdots,m;k=1,2,\cdots,m)$，其中 $m$ 是机器数，$n$ 是工件数；然后搜索各棵树，从第一个结点到最后一个结点，其中第一个结点的开始时间为 0，后一结点的开始时间为前一结点的结束时间，各结点的结束时间为其开始时间加上其加工时间。

**步骤 3** 判断是否出现死锁调度，即如果 $tree\_sum>\min\{m,n\}$（其中 $tree\_sum$ 表示成本树的棵数），则出现死锁调度。

**步骤 4** 调整死锁调度。令死锁调度中一个操作的开始时间为一很小的常数，同时删除该操作依赖前一操作的关系，然后再计算死锁调度中各操作的开始时间和结束时间，得到成本树。

全部作业的总处理时间，可通过计算叶结点至根结点的路径成本来确定。

### 6. 甘特图

由于用 HNN 求解 JSP 时，其能量函数没有包括各操作的处理时间，故直接由成本树求得的甘特图（Gantt chart）往往会发生重叠。这里给出计算机求解甘特图的算法，具体步骤如下：

**步骤 1** 根据换位矩阵，计算成本树上各操作的开始时间和结束时间，并给出相应的甘特图，即确定甘特图中各机器上各作业的加工顺序及各作业的开始时间和结束时间。

**步骤 2** 判断甘特图中每台机器上各作业的开始时间是否发生重叠，即按作业加工顺序检查每台机器上各作业的开始时间，如果同一机器上一作业的开始时间大于前一作业的结束时间，则发生重叠，那么该作业的开始时间要调整为前一作业的结束时间，而且该作业的后续作业也要进行调整，即后续作业的开始时间调整为原开始时间加上该作业调整前后的增量时间。

**步骤 3** 按操作顺序检查每一作业的各操作的开始时间，如果同一作业的一操作的开始时间大于前一操作的结束时间，即发生重叠，则该操作的开始时间调整为前一操作的结束时间，而且该操作的后续操作的开始时间调整为原开始时间加上该操作调整前后的增量时间。

**步骤 4** 重复 step2 和 step3，直至甘特图中同一机器上各作业的开始时间和同一作业的各操作的开始时间都不发生重叠为止。为防止死循环，设置最大重复次数 $N$，其中 $N$ 为一正整数。

采用上述甘特图求解算法求得的甘特图中不会出现重叠。

## 10.6.3 作业车间生产调度举例

下面给出一个 2 作业 3 机器的 JSP 例子。机器分配如表 10.3 所示，加工时间分配如表 10.4 所示。根据表 10.3，可得所有的操作为：111，122，133，213，221，232。对应的换位矩阵如表 10.5 所示，表中已经给出一定为 0 的那些元素。

Hopfield 神经网络由 6 行 7 列的神经元矩阵组成，设常数 $A=500$、$B=100$、$C=200$、$D_1=500$、$D_2=300$、$D_3=300$，偏置电流矩阵如表 10.6 所示。随机设置网络的初始状态，然后求解网络动态方程式（10.64），当网络稳定时，可以得到一些计算能量函数为 0 的换位矩阵，如表 10.7 所示就是其中一种结果。

<table>
<tr><td colspan="4" align="center">表 10.3 机 器 分 配</td></tr>
<tr><td rowspan="2">作业</td><td colspan="3" align="center">工序</td></tr>
<tr><td>1</td><td>2</td><td>3</td></tr>
<tr><td>1</td><td>1</td><td>2</td><td>3</td></tr>
<tr><td>2</td><td>3</td><td>1</td><td>2</td></tr>
</table>

<table>
<tr><td colspan="4" align="center">表 10.4 加工时间分配</td></tr>
<tr><td rowspan="2">作业</td><td colspan="3" align="center">工序</td></tr>
<tr><td>1</td><td>2</td><td>3</td></tr>
<tr><td>1</td><td>5</td><td>8</td><td>2</td></tr>
<tr><td>2</td><td>7</td><td>3</td><td>9</td></tr>
</table>

表 10.5　换 位 矩 阵

| | 0 | 111 | 122 | 133 | 221 | 232 | 213 |
|---|---|---|---|---|---|---|---|
| 111 | | 0 | 0 | 0 | | | |
| 122 | 0 | | | 0 | | | 0 |
| 133 | 0 | | | 0 | | | |
| 221 | 0 | | | | | 0 | 0 |
| 232 | 0 | | | | | | 0 |
| 213 | | | | | 0 | 0 | 0 |

表 10.6　神经网络偏置电流矩阵

| | 0 | 111 | 122 | 133 | 221 | 232 | 213 |
|---|---|---|---|---|---|---|---|
| 111 | −1 600 | 0.1 | 0.1 | 0.1 | −600 | −600 | −600 |
| 122 | 0.1 | −600 | 0.1 | 0.1 | −600 | −600 | −600 |
| 133 | 0.1 | −600 | −600 | | −600 | −600 | −600 |
| 221 | 0.1 | −600 | −600 | −600 | 0.1 | 0.1 | −600 |
| 232 | 0.1 | −600 | −600 | −600 | −600 | 0.1 | −600 |
| 213 | −1 600 | −600 | −600 | −600 | 0.1 | 0.1 | 0.1 |

表 10.7　计算能量函数为 0 的换位矩阵

| | 0 | 111 | 122 | 133 | 221 | 232 | 213 |
|---|---|---|---|---|---|---|---|
| 111 | 1 | 0 | 0 | 0 | 0 | 0 | 0 |
| 122 | 0 | 1 | 0 | 0 | 0 | 0 | 0 |
| 133 | 0 | 0 | 1 | 0 | 0 | 0 | 0 |
| 221 | 0 | 0 | 0 | 0 | 0 | 0 | 1 |
| 232 | 0 | 0 | 1 | 0 | 0 | 0 | 0 |
| 213 | 1 | 0 | 0 | 0 | 0 | 0 | 0 |

　　根据表 10.7 所示换位矩阵可以画出对应的成本树,如图 10.14 所示。根据图 10.14 所示的成本树可以绘制出相应的甘特图,如图 10.15 所示。从图 10.15 所示甘特图可见,上述 2 工件 3 机器 JSP 的最大完成时间为 22 个单元时间。

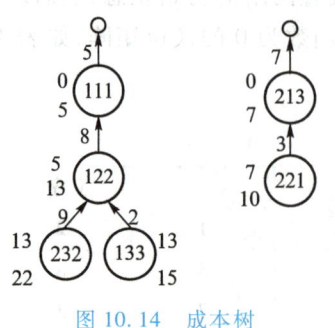

图 10.14　成本树

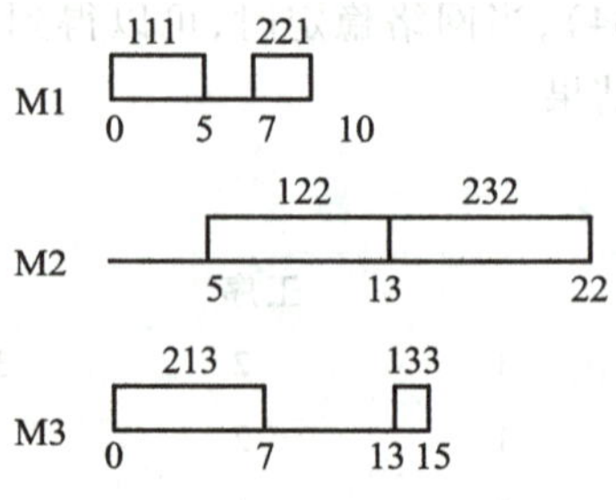

图 10.15　甘特图

下面再给出一个 4 作业 3 机器的 JSP 例子。表 10.8 给出机器分配情况,表 10.9 给出各工序需要的加工时间。

<table>
<tr><td colspan="4">表 10.8　机器分配情况</td></tr>
<tr><td rowspan="2">作业</td><td colspan="3">工序</td></tr>
<tr><td>1</td><td>2</td><td>3</td></tr>
<tr><td>1</td><td>1</td><td>2</td><td>3</td></tr>
<tr><td>2</td><td>3</td><td>1</td><td>2</td></tr>
<tr><td>3</td><td>1</td><td>3</td><td>2</td></tr>
<tr><td>4</td><td>2</td><td>3</td><td>1</td></tr>
</table>

<table>
<tr><td colspan="4">表 10.9　各工序的加工时间</td></tr>
<tr><td rowspan="2">作业</td><td colspan="3">工序</td></tr>
<tr><td>1</td><td>2</td><td>3</td></tr>
<tr><td>1</td><td>5</td><td>8</td><td>2</td></tr>
<tr><td>2</td><td>7</td><td>3</td><td>9</td></tr>
<tr><td>3</td><td>1</td><td>7</td><td>10</td></tr>
<tr><td>4</td><td>4</td><td>11</td><td>7</td></tr>
</table>

根据表 10.8 得所有的工序为:111,122,133,213,221,232,311,323,332,412,423,431。因此,Hopfield 神经网络由 12 行 13 列的神经元矩阵组成。神经网络偏置电流矩阵如表 10.10 所示。

表 10.10　神经网络偏置电流矩阵

| | 0 | 111 | 122 | 133 | 213 | 221 | 232 | 311 | 323 | 332 | 412 | 423 | 431 |
|---|---|---|---|---|---|---|---|---|---|---|---|---|---|
| 111 | $I$ | −0.1 | −0.1 | −0.1 | $I$ | $I$ | $I$ | $I$ | $I$ | $I$ | $I$ | $I$ | $I$ |
| 122 | −0.1 | $I$ | −0.1 | −0.1 | $I$ | $I$ | $I$ | $I$ | $I$ | $I$ | $I$ | $I$ | $I$ |
| 133 | −0.1 | $I$ | $I$ | −0.1 | $I$ | $I$ | $I$ | $I$ | $I$ | $I$ | $I$ | $I$ | $I$ |
| 213 | $I$ | $I$ | $I$ | $I$ | −0.1 | −0.1 | −0.1 | $I$ | $I$ | $I$ | $I$ | $I$ | $I$ |
| 221 | −0.1 | $I$ | $I$ | $I$ | $I$ | −0.1 | −0.1 | $I$ | $I$ | $I$ | $I$ | $I$ | $I$ |
| 232 | −0.1 | $I$ | $I$ | $I$ | $I$ | $I$ | −0.1 | $I$ | $I$ | $I$ | $I$ | $I$ | $I$ |
| 311 | $I$ | $I$ | $I$ | $I$ | $I$ | $I$ | $I$ | −0.1 | −0.1 | −0.1 | $I$ | $I$ | $I$ |
| 323 | −0.1 | $I$ | $I$ | $I$ | $I$ | $I$ | $I$ | $I$ | −0.1 | −0.1 | $I$ | $I$ | $I$ |
| 332 | −0.1 | $I$ | $I$ | $I$ | $I$ | $I$ | $I$ | $I$ | $I$ | −0.1 | $I$ | $I$ | $I$ |
| 412 | $I$ | $I$ | $I$ | $I$ | $I$ | $I$ | $I$ | $I$ | $I$ | $I$ | −0.1 | −0.1 | −0.1 |
| 423 | −0.1 | $I$ | $I$ | $I$ | $I$ | $I$ | $I$ | $I$ | $I$ | $I$ | $I$ | −0.1 | −0.1 |
| 431 | −0.1 | $I$ | $I$ | $I$ | $I$ | $I$ | $I$ | $I$ | $I$ | $I$ | $I$ | $I$ | −0.1 |

神经网络偏置电流 $I_{xi}=I=2\,400$;负偏置电流 $I_-$ 取为 $-0.1$;取常数 $A=500,B=200,C=200$,$D_1=500,D_2=300,D_3=300$;随机设置神经元初始状态;然后求解网络运动方程,可以得到表示 JSP 的调度方案的一些换位矩阵。如表 10.11 表示一个可行的调度方案。

由换位矩阵得到成本树组成如下:

$$\{0 \xleftarrow{5} 111 \xleftarrow{1} 311\}$$

$$\{0 \xleftarrow{5} 111 \xleftarrow{8} 122 \xleftarrow{9} 232 \xleftarrow{10} 332\}$$

$$\{0 \xleftarrow{4} 412\}$$

$$\{0 \xleftarrow{7} 213 \xleftarrow{7} 323 \xleftarrow{11} 423 \xleftarrow{2} 133\}$$

$$\{0 \xleftarrow{7} 213 \xleftarrow{7} 323 \xleftarrow{11} 423 \xleftarrow{7} 431\}$$

$$\{0 \xleftarrow{7} 213 \xleftarrow{3} 221\}$$

表 10.11 换 位 矩 阵

|  | 0 | 111 | 122 | 133 | 213 | 221 | 232 | 311 | 323 | 332 | 412 | 423 | 431 |
|---|---|---|---|---|---|---|---|---|---|---|---|---|---|
| 111 | 1 | 0 | 0 | 0 | 0 | 0 | 0 | 0 | 0 | 0 | 0 | 0 | 0 |
| 122 | 0 | 1 | 0 | 0 | 0 | 0 | 0 | 0 | 0 | 0 | 0 | 0 | 0 |
| 133 | 0 | 0 | 0 | 0 | 0 | 0 | 0 | 0 | 0 | 0 | 0 | 1 | 0 |
| 213 | 1 | 0 | 0 | 0 | 0 | 0 | 0 | 0 | 0 | 0 | 0 | 0 | 0 |
| 221 | 0 | 0 | 0 | 0 | 1 | 0 | 0 | 0 | 0 | 0 | 0 | 0 | 0 |
| 232 | 0 | 0 | 1 | 0 | 0 | 0 | 0 | 0 | 0 | 0 | 0 | 0 | 0 |
| 311 | 0 | 1 | 0 | 0 | 0 | 0 | 0 | 0 | 0 | 0 | 0 | 0 | 0 |
| 323 | 0 | 0 | 0 | 0 | 1 | 0 | 0 | 0 | 0 | 0 | 0 | 0 | 0 |
| 332 | 0 | 0 | 0 | 0 | 0 | 0 | 1 | 0 | 0 | 0 | 0 | 0 | 0 |
| 412 | 1 | 0 | 0 | 0 | 0 | 0 | 0 | 0 | 0 | 0 | 0 | 0 | 0 |
| 423 | 0 | 0 | 0 | 0 | 0 | 0 | 0 | 0 | 1 | 0 | 0 | 0 | 0 |
| 431 | 0 | 0 | 0 | 0 | 0 | 0 | 0 | 0 | 0 | 0 | 0 | 1 | 0 |

或者用图 10.16 表示成本树。

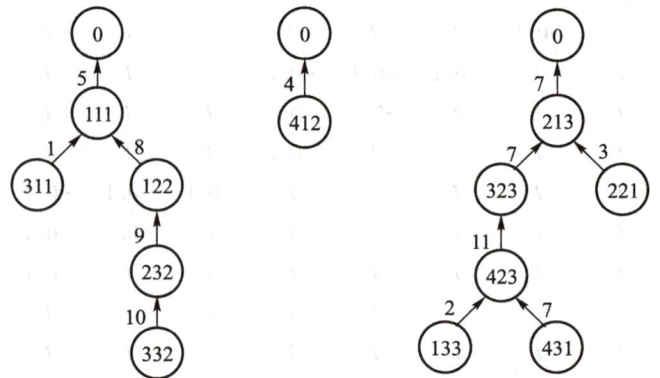

图 10.16 成本树

相应的甘特图如图 10.17 所示,可以看出,最后完成时间为 32。

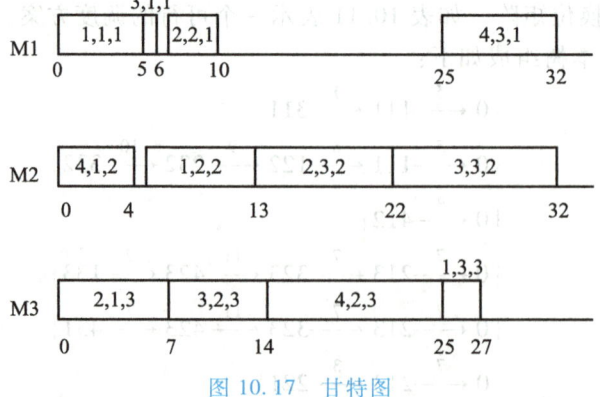

图 10.17 甘特图

需要指出的是,采用上面介绍的基于 Hopfield 神经网络的方法,得到的很多结果很可能是局部极小点,这时 $E \neq 0$,表示得到的是一个非法的调度方案。为了解决这个问题,可以采用基于随机神经网络和混沌神经网络的生产调度方法。

### 10.6.4　基于随机神经网络的生产调度方法

上述方法将作业调度问题映射为对应的 Hopfield 神经网络,使可行调度对应于计算能量函数的最小值 0。但根据神经网络理论,由于计算能量函数存在着大量的局部极小,导致上述 JSP 的神经网络的稳定输出常常是局部最优解,相应的计算能量函数不是最小值 0,根据 JSP 的计算能量函数的定义可知,不完全满足换位矩阵的约束,相应的神经网络输出肯定不是一个可行调度解。

为了解决这一问题,可以把模拟退火方法应用于 Hopfield 神经网络求解,即在系统寻优过程中,利用神经元状态更新的随机性,允许向较差方向搜索,以跳出局部极小。经多次寻查后,最终使系统稳定于能量最低状态,使神经网络收敛到计算能量函数的最小值 0,从而使神经网络输出是一个可行调度解。

下面根据改进 Metropolis 方法,给出一种求解 JSP 的基于模拟退火的神经网络算法。

（1）初始化

设置初始温度 $T_0 \leftarrow T_{max}$、合适的输入偏置电流、凝结温度 $T_{min}$、温度下降速率 $r$、在每个温度点的循环处理次数 $k$。

（2）随机爬山

对每个神经元 $i$,由求解网络方程计算输出电压。由网络稳定状态集组成成本树,求出最大成本变化量 $\Delta cost_i$。

若 $\Delta cost_i < 0$,则转去（3）;否则计算能量变化量

$$\Delta E_i = \sum_j w_{ij} v_j + \theta_i \tag{10.65}$$

若 $\Delta E_i < 0$,则令

$$\Delta E_i \leftarrow \Delta E_i + \Delta cost_i \tag{10.66}$$

否则,令

$$\Delta E_i \leftarrow \Delta E_i - \Delta cost_i \tag{10.67}$$

计算概率

$$p_i = \frac{1}{1 + \exp\left(-\dfrac{\Delta E_i}{T}\right)} \tag{10.68}$$

选择均匀分布随机数 $RAND$,若 $P_i > RAND$,则令神经元 $i$ 的状态为"1",否则,令 $i$ 为"0"。重复该步骤 $k$ 次。

（3）退火/收敛检验

令 $T_n \leftarrow (r)^n T_{max}$,若 $T_n \geqslant T_{min}$,则转去（2）;否则停止。

在理论上,模拟退火算法只有在初始温度 $T_{max}$ 充分高,温度下降足够慢,在每个温度点下循环处理无限多次,并在 $T \rightarrow 0$ 时,才能收敛于全局最优解,但导致计算时间大大增加。目前虽然

提出了快速模拟退火、并行模拟退火等多种改进算法,但也没有完全解决局部极小问题。如何更好地解决这一问题,仍是神经优化计算理论中值得深入研究的重要问题之一。

例如,仍以前面介绍过的一个 4 作业 3 机器的 JSP 为例,机器分配和各工序需要的加工时间如表 10.8 和表 10.9 所示。可以设置模拟退火算法搜索参数为:$T_{max} = 100$,$T_{min} = 0.18$,$r = 0.9$,每个温度上的循环次数 $k = 5$,时间步长 $h = 0.000\,01$,温度减少步数 $n = 5$。其他参数与前面用神经网络的相同。根据上面介绍的步骤容易得到表示可行调度的换位矩阵,具体过程不再赘述。

## 10.7    小结

### 1. 人工神经网络的概念

神经元的数学模型由加权求和、线性动态系统和非线性函数映射三部分组成。

前馈型神经网络中,各神经元接受前一层的输入,并输出给下一层,没有反馈。

在反馈型神经网络中,存在一些神经元的输出经过若干个神经元后,再反馈到这些神经元的输入端。最典型的反馈型神经网络是 Hopfield 神经网络。它是全互联神经网络。

### 2. BP 神经网络的学习

神经网络的学习是指调整神经网络的连接权值或者结构,使输入输出具有需要的特性。

Hebb 学习规则:当某一突触两端的神经元同时处于兴奋状态,那么该连接的权值应该增强。

存在一个三层 BP 神经网络,可以逼近任意的连续函数。BP 学习算法可以归纳为式(10.16)~式(10.17)。

### 3. Hopfield 神经网络及其改进

Hopfield 神经网络可能有若干个稳定状态。从任一初始状态开始运动,总可以达到某个稳定状态。这些稳定状态可以通过改变各个神经元之间的连接权值得到。

连续 Hopfield 神经网络的电子线路实现如图 10.10 所示。

对于连续型 Hopfield 神经网络,若 $f^{-1}(\cdot)$ 为单调递增的连续函数,$C_i > 0$,$w_{ij} = w_{ji}$,则 $\dfrac{dE(t)}{dt} \leq 0$。

在随机神经网络中,神经元状态为 1 是随机的,服从一定的概率分布。例如,服从玻尔兹曼(Boltzmann)、高斯(Gaussian)、柯西(Cauchy)分布等,从而构成玻尔兹曼机、高斯机、柯西机等随机机。

通过在 Hopfield 神经网络中引入混沌动态,可以构造性能各异的混沌神经网络模型:基于模拟退火策略的自抑制混沌神经网络、基于加大时间步长的混沌神经网络、引入噪声的混沌神经网络等。

### 4. Hopfield 神经网络的应用

如果将 Hopfield 神经网络的稳态作为一个联想记忆问题的样本,那么初态朝稳态的收敛过程便是联想记忆的过程。

如果将 Hopfield 神经网络的稳态作为一个优化问题的目标函数的极小点,那么初态朝稳态的收敛过程便是优化计算的过程。

## 思考题

**10.1** 为什么说人工神经网络是一个非线性系统? 如果 BP 神经网络中所有结点都为线性函数,那么,BP 神经网络还是一个非线性映射系统吗?

**10.2** 简述人工神经网络的知识表示形式和推理机制,试举例说明。

**10.3** BP 学习算法是什么类型的学习算法? 它主要有哪些不足?

**10.4** Hopfield 神经网络分为哪两类? 两者的区别是什么?

**10.5** Hopfield 神经网络优化方法的基本步骤和主要特点是什么?

**10.6** Hopfield 神经网络与 BP 神经网络的结构有什么不同?

## 习题

**10.1** 一个全连接的前向神经网络具有 6 个源结点,2 个隐层,一个隐层有 4 个神经元,另一个隐层有 3 个神经元,1 个输出神经元。构造这个神经网络的结构图。

**10.2** 给定样本为 $X = [1, -1, 1]$,$Y = [1, 1]$,选 $\varepsilon = 0.1$,BP 神经网络的初始权值矩阵选为

$$W_1 = \begin{bmatrix} 1 & 1 & 1 \\ 2 & 0 & 2 \\ 3 & 3 & -3 \end{bmatrix} \qquad W_2 = \begin{bmatrix} 1 & -1 & 1 \\ 0 & 1 & 1 \end{bmatrix}$$

如习题 10.2 图所示。

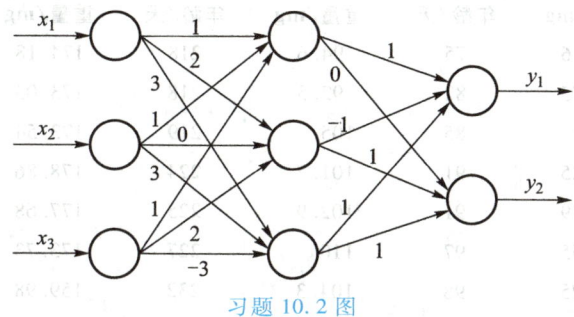

习题 10.2 图

隐层和输出层的神经元的输入输出非线性函数取为 $f(x) = \dfrac{2}{1+e^{-x}} - 1$。试用 BP 学习算法计算权值的调整过程。

**10.3** 已知下列函数:

(1) $f(x) = \dfrac{1}{x}, 1 \le x \le 100$

(2) $f(x) = \lg x, 1 \le x \le 10$

(3) $f(x) = e^{-x}, 1 \le x \le 10$

(4) $f(x) = \sin x, 1 \le x \le \dfrac{\pi}{2}$

利用 BP 学习算法及 Sigmoid 函数,对上面的函数完成如下工作:

（1）获取两组数据，一组作为训练集，一组作为测试集；

（2）利用训练集，训练一个单隐层的网络；

（3）利用测试集检验训练结果，改变隐层神经元个数，研究它对逼近效果的影响。

10.4    用三层 BP 神经网络解决字母 T 和 L 的识别问题。如习题 10.4 图所示，每个字母用 3×3 的二维二值图表示，令黑方格为 1，白方格为 0，每个字母有 4 个样本，包括字母正常位置及旋转 90°、180°和 270°的图像，希望输入不同的位置的 T 时，网络输出为 1，而输入不同的位置的 L 时，网络输出为 0。用 BP 学习算法求出权系数和阈值。（建议：选择网络结构为 9−3−1。隐单元非线性函数为 $f(x) = \dfrac{2}{1+e^{-\alpha x}} - 1$，输出单元非线性函数为 $f(x) = \dfrac{1}{1+e^{-\alpha x}}$。）

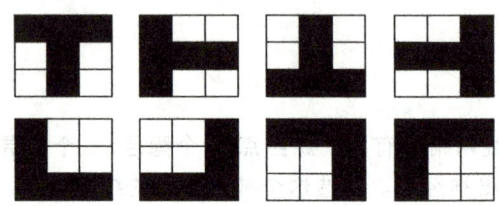

习题 10.4 图

10.5    澳大利亚野兔眼睛晶状体的重量与其年龄的关系如习题 10.5 表所示。不能用一个单值函数表示之间的关系。相反，利用一个负指数可将这个数据集的一个非线性最小平方模型表示如下：

习题 10.5 表    澳大利亚野兔眼睛晶状体重量与其年龄的关系

| 年龄/天 | 重量/mg | 年龄/天 | 重量/mg | 年龄/天 | 重量/mg | 年龄/天 | 重量/mg |
|---|---|---|---|---|---|---|---|
| 15 | 21.66 | 75 | 94.6 | 218 | 174.18 | 338 | 203.23 |
| 15 | 22.75 | 82 | 92.5 | 218 | 173.03 | 347 | 188.38 |
| 15 | 22.3 | 85 | 105 | 219 | 173.54 | 354 | 189.7 |
| 18 | 31.25 | 91 | 101.7 | 224 | 178.86 | 357 | 195.31 |
| 28 | 44.79 | 91 | 102.9 | 225 | 177.68 | 375 | 202.63 |
| 29 | 40.55 | 97 | 110 | 227 | 173.73 | 394 | 224.82 |
| 37 | 50.25 | 98 | 104.3 | 232 | 159.98 | 513 | 203.3 |
| 37 | 46.88 | 125 | 134.9 | 232 | 161.29 | 535 | 209.7 |
| 44 | 52.03 | 142 | 130.68 | 237 | 187.07 | 554 | 233.9 |
| 50 | 63.47 | 142 | 140.58 | 246 | 176.13 | 591 | 234.7 |
| 50 | 61.13 | 147 | 155.3 | 258 | 183.4 | 648 | 244.3 |
| 60 | 81 | 147 | 152.2 | 276 | 186.26 | 660 | 231 |
| 61 | 73.09 | 150 | 144.5 | 285 | 189.66 | 705 | 242.4 |
| 64 | 79.09 | 159 | 142.15 | 300 | 186.09 | 723 | 230.77 |
| 65 | 79.51 | 165 | 139.81 | 301 | 186.7 | 756 | 242.57 |
| 65 | 65.31 | 183 | 153.22 | 305 | 186.8 | 768 | 232.12 |
| 72 | 71.9 | 192 | 145.72 | 312 | 195.1 | 860 | 246.7 |
| 75 | 86.1 | 195 | 161.1 | 317 | 216.41 | | |

$$Y = 233.846[1 - \exp(-0.006\,042x)] + \varepsilon$$

其中,$\varepsilon$ 是误差项。利用反向传播算法,设计一个 BP 神经网络,能够为这个数据集提供一个非线性最小平方逼近。与上述最小平方模型比较结果。

**10.6** 如果要设计一个 BP 神经网络,根据花瓣的颜色与形态对一组桂花树进行品种分类,并将任意一棵桂花树分配到这些类别的一类中。现在有一个包含 300 个样本的数据集,这些样本取自 4 种主要品种类别的桂花树:金桂,银桂,月桂,紫桂。数据集中的每一种植物用描述花的特征的 5 个变量来表示:萼片长度、萼片宽度、花瓣长度、花瓣宽度和花瓣颜色。萼片长度的取值范围为 $4.3 \sim 7.9$ cm,萼片宽度的取值范围为 $2.0 \sim 4.4$ cm,花瓣长度的取值范围为 $1.0 \sim 6.9$ cm,花瓣宽度的取值范围为 $0.1 \sim 2.5$ cm,花瓣颜色分为红色、白色、金黄色与黄白色。先将数据集里的桂花数据进行归一化,然后随机地划分为包含 250 个样本的训练集和包含 50 个样本的测试集。

(1) 确定该 BP 神经网络的输入层神经元个数,并说明对应的输入信息。

(2) 确定该 BP 神经网络的输出层神经元个数,举例说明对应的输出信息,并给出输出层神经元的非线性函数。

**10.7** 已知只有 3 个神经元的离散 Hopfield 神经网络的权值矩阵为

$$W = \begin{bmatrix} 0 & -\dfrac{2}{3} & \dfrac{2}{3} \\[2mm] -\dfrac{2}{3} & 0 & -\dfrac{2}{3} \\[2mm] \dfrac{2}{3} & -\dfrac{2}{3} & 0 \end{bmatrix}$$

3 个神经元的阈值取为 0。因为有 3 个神经元,所以有 $2^3 = 8$ 个状态。试计算验证:$(1, -1, 1)$ 和 $(-1, 1, -1)$ 是稳定状态,其他状态都会收敛到与之邻近的稳定状态上。

**10.8** 已知有 4 个神经元的离散 Hopfield 神经网络的权值矩阵为

$$W = \begin{bmatrix} 0 & 3.4 & 2.8 & -3.1 \\ 3.4 & 0 & 4.7 & -1.2 \\ 2.8 & 4.7 & 0 & -5.9 \\ -3.1 & -1.2 & -5.9 & 0 \end{bmatrix}$$

4 个神经元的阈值取为 $(6.3, -4.3, -2.5, -9.6)$。任意给定一个初始状态 $V(0) = \{1, 0, 1, 0\}$,计算这个状态的能量,确定一个稳定状态。

**10.9** **异或**(Exclusive-OR)(XOR)问题可以用 4 条产生式规则表示:

IF $x_1 = 0$ AND $x_2 = 0$  THEN  $y = 0$

IF $x_1 = 0$ AND $x_2 = 1$  THEN  $y = 1$

IF $x_1 = 1$ AND $x_2 = 0$  THEN  $y = 1$

IF $x_1 = 1$ AND $x_2 = 1$  THEN  $y = 0$

验证**异或**问题可以表示为习题 10.9 图所示的神经网络:其中 $f(x) = \begin{cases} 1, & x \geq \theta \\ 0, & x < \theta \end{cases}$。

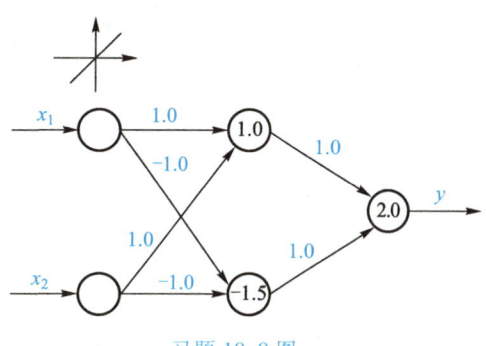

习题 10.9 图

**10.10**  早期的人工神经网络多使用 Sigmoid 函数作为激活函数,在输入较小或较大的时候,函数会趋于平缓,梯度会趋近为 0,即出现梯度消失问题。求取 Sigmoid 函数的导数,分析造成梯度消失的原因。

**10.11**  为了避免 Sigmoid 导致的梯度消失现象,可以选择使用 ReLU 函数代替 Sigmoid 函数。求 ReLU 函数的导数,分析造成梯度消失的原因。

**10.12**  使用 Python 编程或用深度学习框架(如 TensorFlow、Keras 等)实现卷积神经网络,并在手写字符识别数据集 MNIST 上进行试验测试。

# 第 11 章　深度学习与生成式人工智能

深度学习得益于高性能计算和大数据技术的快速发展,使机器学习取得突破性进展。深度学习算法能够发现大数据中的复杂结构,掀起了人工智能研究与应用的热潮。

本章首先介绍动物视觉机理和深度学习的提出,然后介绍目前广泛应用的卷积神经网络、胶囊网络、循环神经网络、长短期记忆神经网络以及生成对抗网络、自编码器、受限玻尔兹曼机等生成式人工智能算法。

## 11.1　动物视觉机理与深度学习的提出

BP 学习算法于 1991 年被指出存在梯度消失(vanishing gradient)问题,成为影响 BP 神经网络发展的主要原因,使神经网络的发展进入第二次低潮。

BP 神经网络以数值作为输入。如果要处理图像相关的信息,则要先从图像中提取特征。随着神经网络的层数加深,训练过程存在严重的"梯度扩散(gradient diffusion)"现象,即网络的输出结果通过反向传播,当到达最前面的几层时,梯度会逐渐消失,不能指引网络权值的训练,从而导致网络训练过程不能收敛。因此,BP 学习算法一般只能用于浅层网络结构(通常等于 3)的学习,这就限制了 BP 学习算法的数据表征能力,影响了在诸多工程领域中的应用。此外,由于 BP 学习算法依赖于梯度调参,也容易陷入局部最优解。许多研究通过很多数学和工程技巧来增加神经网络隐层的层数,也就是深度,所以相应的神经网络称为深度神经网络(deep neural networks,DNN),相应的学习算法被称为深度学习(deep learning,DL)。

神经网络的层数越多、权值越多,训练量越大,甚至难以完成。如何减少神经网络的权值数量,从而减少训练量是一个非常重要的问题。幸运的是,全连接 DNN 训练后很大一部分的权值很小,例如,在语音识别中使用的典型 DNN 中有 70% 的权重小于 0.1。因此,可以移除具有很小权重的连接,减少模型尺寸,从而加速模型训练。关键是训练之前哪些连接可以移除?生物学的研究给了有益的启示。

1958 年,著名神经生物学家大卫·休伯尔(David H. Hubel)与托斯坦·威泽尔(Torsten N. Wiesel)在研究猫的脑皮层中,不同视觉神经元与瞳孔所受到刺激之间存在某种对应关系,由此发现了一种方向性选择细胞的神经元细胞,从而揭示了"视觉系统信息分层处理"的机制。用于局部敏感和方向选择的神经元时发现,动物大脑皮层对视觉信息的处理是分级、分层进行的。正是这个重要的生理学发现,使得二人获得了 1981 年的诺贝尔医学奖。这个重要科学发现的意义,并不限于生理学领域,它也间接促成了在五十年后人工智能的突破性发展。因为休伯尔和威泽尔等人对大脑的"深入认识",启迪了计算机科学家,为科研人员从"观察大脑"到"重现大脑"搭起了桥梁。

1980 年,日本学者福岛邦彦(Kunihiko Fukushima)模拟生物视觉系统,提出了一种带有卷积和池化操作的多层人工神经网络,称为"神经认知机"(neocognitron)模型,其中没有采用 BP 学习算法进行训练,而是采用无监督学习方式进行训练。神经认知机是卷积神经网络的雏形,但当时没有引起重视。

自此之后,很多计算机科学家先后对"神经认知机"做了深入研究和改进,但效果不尽如人意。直到 1990 年,在 AT&T 贝尔实验室工作的美国纽约大学杨立昆(Yann LeCun)等,将 BP 学习算法应用于福岛邦彦等人提出的架构,从而奠定了现代卷积神经网络的结构,被认为是第一个真正意义上的卷积神经网络。基于 CNN 的工作原理,杨立昆等将卷积神经网络应用于手写邮政编码的识别并获得了很大的成功,将错误率下降到 5% 左右。但人们很快发现,CNN 性能严重受限于当时的大环境:既没有大规模训练数据,又没有强大的计算能力,所以当时 CNN 通常只能用于小于 7 层的浅层网络结构,识别性能也不高。特别是 CNN 基于 BP 学习算法,同样也存在严重的梯度消失问题。当 CNN 网络做大之后,大量网络参数的更新,没有相应的计算能力与之匹配,导致了训练过于耗时。直到 20 世纪,大规模的训练数据和高效的计算能力这两个制约 CNN 应用与发展的瓶颈得以大大缓解。因此,深度卷积神经网络(deep convolutional neural networks, DCNN)的研究再次火爆起来。

直到 2006 年,杰弗里·辛顿(Geoffrey Hinton)教授和他的同事们提出了一种称为深度信念网络(deep belief network,DBN)的多层网络并进行了有效训练。根据生物学的重要发现,又提出了一种通过多层神经网络进行数据降维的方法,正式提出了深度学习的概念,发表在著名学术刊物《科学》上,指出梯度消失的问题可以采用无监督训练对权值进行初始化,再使用有监督训练进行微调的方法解决。主要给出了两个重要结论:

(1)具有多个隐层的人工神经网络具有更好的特征学习能力,每一层特征的抽取都是前一层的抽象,学习到的特征更好地刻画了数据。深度学习分层预训练的本质,就是对输入数据进行逐级抽象,符合生物大脑的认知过程。大脑在认知过程中,会逐层将看到的视觉图像或听到的声波信号逐层抽象,最终抽象成语义符号。

(2)通过逐层初始化的"逐层预训练"(layer-wise pre-training),可以找到一个接近最优解的神经网络权值,然后再通过"微调"(fine-tuning)对整个网络进行优化训练,从而大幅减少训练多层神经网络所需的时间。与传统的人工神经网络学习需要人工提取特征不同,深度学习实现特征的自动抽取,从输入层开始,到中间为数众多的隐层,再到输出层的判断,所有层的特征提取都无须人工干预。

2011 年,格洛罗特(Xavier Glorot)等提出了修正线性单元(rectified linear unit,ReLU)激活函数,取代 Sigmoid 函数,有效解决深度学习梯度消失的问题。ReLU 是目前使用最广泛的激活函数之一。

2012 年,辛顿和他的学生亚历克斯·克里泽夫斯基(Alex Krizhevsky)等,提出了 8 层的神经网络 AlexNet,它引入了 ReLU 激活函数,并使用了随机失活(dropout)等技术防止过拟合,同时抛弃了逐层训练的方式,使用 GPU 进行加速,直接在两块 Nvidia GTX580 GPU 上训练网络。

2012 年,辛顿为了证明卷积神经网络的效果,和他的学生亚历克斯·克里泽夫斯基参加 ImageNet 图像识别大赛(ILSVRC),使用了深度卷积神经网络 AlexNet 进行图像分类,一举夺得分类任务冠军,其错误率比采用传统浅层模型的第二名降低了惊人的 10.9%。这些成功应用掀起了深度学习的新浪潮,各种深度学习模型先后涌现。

深度学习是一种端到端学习(end-to-end learning)的机制,在给定输入数据后,可以自动提取其最具区别力的特征,挖掘数据内部的隐含关系。

　　深度学习的提出也得益于高性能计算和大数据技术的快速发展。如图形处理器（graphics processing unit，GPU）、大规模集群直接支撑了深度神经网络的训练。深度学习是一个数据驱动（data-driven）的计算模型，它需要使用大量数据进行训练。目前，海量、高增长率和多样化的信息为大规模深度神经网络训练提供了充分的数据。

　　下面首先介绍应用广泛的卷积神经网络。

## 11.2　卷积神经网络

### 11.2.1　卷积神经网络的结构

　　卷积神经网络（convolutional neural networks，CNN）是一种具有局部连接、权值共享等特性的前馈神经网络。

　　卷积神经网络是一种多层神经网络，每层由多个二维平面组成，而每个平面由多个独立神经元组成。卷积神经网络的一般结构如图 11.1 所示。

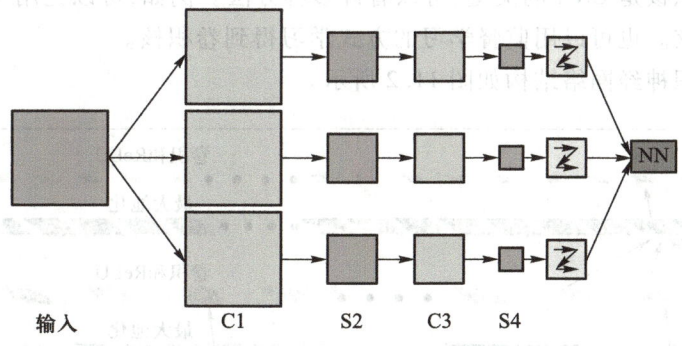

图 11.1　卷积神经网络的结构示例

　　卷积神经网络的输入层通常是一个矩阵，例如一幅图像的像素组成的矩阵。因此，不需要人工提取识别图像的特征，而是让神经网络自动完成特征提取。

　　C 层为特征提取层，称为卷积层，对输入图像进行卷积，提取该局部的特征。

　　S 层是特征映射层，称为池化层（pooling）或者下采样层（subsampling），对提取的局部特征进行综合。网络的每个计算层由多个特征映射组成，每个特征映射为一个平面，平面上所有神经元的权值相等。特征映射结构采用 Sigmoid 函数作为激活函数，使得特征映射具有位移不变性。

　　CNN 中的每一个卷积层 C 都紧跟着一个求局部平均用于二次提取特征的池化层 S。C、S 层中的每一层都由多个二维平面组成，每一个二维平面是一个特征图（feature map）。这种特有的两次特征提取结构能够容许识别过程中输入样本有较严重的畸变。卷积层同时对其输入使用多个卷积核，使之能够检测到输入的多个特征。

　　在图 11.1 中，输入图像通过和三个卷积核（convolution kernel）（也称滤波器（filter））和可加偏置进行卷积，卷积后在 C1 层产生三个特征图。C1 层的三个特征图分别通过池化，对特征图中每组的像素再进行求和、加权、加偏置，得到 S2 层的三个特征图。这三个特征图通过卷积得到 C3 层的三个特征图。与前面类似，池化得到 S4 层的三个特征图。最后，S4 层的特征图光栅化后，变成向量。这个向量输入到传统的全连接神经网络（fully connected networks）FCNN 中进行进一步的分类,得到输出。在同一个特征图中,所有的神经元具有相同的参数(权值和阈值),但是不同的特征图可能有不同的参数。

图 11.1 中的 C1、S2、C3、S4 层中的所有特征图都可以用"像素×像素"定义图像大小。由于这些特征图组成了神经网络的卷积层和池化层,这些特征图中的每一个像素恰恰就代表了一个神经元。每一层所有特征图的像素个数,就是这层网络的神经元个数。

卷积神经网络由一定数量的卷积层、池化层和全连接层交叉堆叠组成。一般情况下,卷积层和池化层的数量相同,且池化层在卷积层之后组成一个卷积块。在多个卷积块堆叠之后,输出将会在改变矩阵或者张量大小后输入连续的一层或者多层全连接层。这里的全连接层与 BP 神经网络的结构相同,主要功能是对卷积层或者池化层输出的特征图(二维)进行降维,输出一维的数据,最终送到输出层进行分类或者回归。

如果处理的是黑白图片,卷积核是一个二维数组;如果处理的是彩色图片,卷积核是一个三维数组,或者三个二维数组,每个数组对应红色、绿色和蓝色(RGB)波长的光。

卷积核的值是神经网络的参数,是在反向传播过程中学习得到的。

设计合适的卷积核是 CNN 的关键,可以有许多种方法。例如,可以先用一小块图像聚类,将聚类中心作为卷积核。也可以用监督学习的方式学习得到卷积核。

一个典型的卷积神经网络结构如图 11.2 所示。

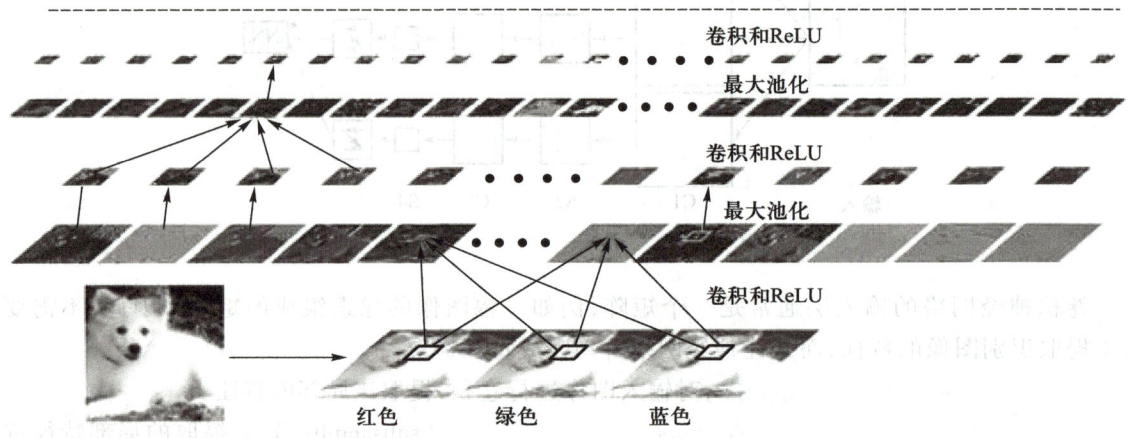

图 11.2 典型卷积神经网络结构

最初的几个阶段是由卷积层和池化层组成,特征图中的每一个单元通过卷积核的权值,连接到上一层的特征图的一个局部块,得到一个局部加权和,然后传给一个非线性函数,如 ReLU。

卷积和池化过程如图 11.3 所示。

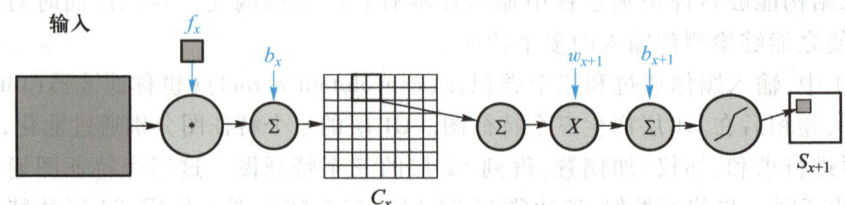

图 11.3 卷积和池化过程

卷积过程:用一个可以训练的卷积核 $f_x$ 去卷积一个输入图像(第一阶段是输入图像,其他各阶段就是特征图了,但本质上仍然是图像),然后加上一个偏置 $b_x$,得到卷积层 $C_x$。在一个特征图中的全部单元经过相同的卷积核,不同层的特征图使用不同的卷积核。使用这种结构出于两方面的原因:首先,在数组数据中,比如图像数据,附近的值经常是高度相关的,具有明显的局部特征。其次,在一个地方出现的某个特征,也可能出现在别的地方,所以不同位置的单元可以共享权值。在数学上,对特征图进行的是一个卷积操作。这也是卷积神经网络名称的由来。

通过在通道的卷积输出中添加不同的偏置值,可以使程序给一个卷积通道的权值不同。因此,在卷积层上的偏置变量的数量等于输出通道的数量。

池化过程:邻域几个像素(如图 11.3 中 4 个像素)通过池化变为一个像素,然后通过标量 $w_{x+1}$ 加权,加偏置 $b_{x+1}$,再通过一个 Sigmoid 函数,产生一个缩小的特征图 $S_{x+1}$。池化层的作用是在语义上把相似的特征合并起来,减少表达的维度以及保持数据平移的不变性。

池化极大地提高了网络的统计效率,它可以仅保留少量的统计特征而舍弃原始像素,从而进一步减小输入深度神经网络的规模。

在卷积神经网络上进行反向传播算法和在一般的深度网络上是一样的,可以让所有卷积核中的全部权值得到训练。

CNN 把提取特征、池化和传统的神经网络整合成一个新的网络。CNN 是深度学习的基础,已经成为当前众多科学领域的研究热点之一,特别是在模式分类领域,由于避免了对图像的复杂前期预处理,可以直接输入原始图像,避免了传统识别算法中复杂的特征提取和数据重建过程,因而得到了更为广泛的应用,特别是成为当前图像处理领域的研究热点。

CNN 是为识别位移、缩放及其他形式扭曲不变性的二维图形而特殊设计的一种多层感知器。卷积神经网络更像生物神经网络,具有权值共享网络结构,降低了网络模型的复杂度,减少了权值的数量。由于 CNN 的特征检测层通过训练数据进行学习,所以在使用 CNN 时,避免了通常由人完成的显式的特征抽取,可以由 CNN 自动地完成隐式地从训练数据中进行学习。另外,同一特征映射面上的神经元权值相同,网络可以并行学习,这也是卷积神经网络的一大优势。卷积神经网络以其局部权值共享的特殊结构在语音识别和图像处理方面有着独特的优越性,特别是多维输入向量的图像可以直接输入到网络这一特点避免了特征提取和分类过程中数据重建的复杂度。

下面首先介绍卷积神经网络中的卷积运算,然后分别介绍卷积神经网络使用的 4 个关键技术:局部连接、权值共享、多卷积核以及池化。

## 11.2.2　卷积神经网络的卷积运算

卷积(convolutional)源自拉丁文"convolvere",其含义就是"卷在一起(roll together)",是数学上的一个重要的运算,由于其具有丰富的物理、生物、生态等意义,所以具有非常广泛的应用。卷积运算分为离散卷积运算与连续卷积运算、二维离散卷积运算与二维连续卷积运算。

下面介绍卷积神经网络中用到的二维离散卷积运算方法。

在图像处理中,采用卷积运算对输入图像或 CNN 上一层的特征图进行变换,也就是特征抽取,得到新的特征。这就是为什么卷积之后的结果被称为"特征图"的原因。

一幅灰度图片可以用一个像素矩阵表示。矩阵中的每个数字的取值范围为 $[0,255]$。0 表示黑色,255 表示白色,其他灰度为介于 0 到 255 的整数。这个范围是存储图像信息的效率和人眼的敏感度之间的折中。因为 256 之内的值正好可以用一个字节表达,而我们人眼只能区分有限数量的相同颜色的灰度值。如果是彩色图片,则用 RGB 三个像素矩阵共同表示。如(255,0,0)表示红色,(218,112,214)表示淡紫色。每个像素矩阵称为通道,因此,灰度图像为单通道,彩色图像为 3 通道。在数学上,把这样的 3 通道数据矩阵称为三阶张量(tensor)。张量的长度和宽度即像素矩阵行数和列数分别为图像的分辨率,通道数称为高度。

人类通过长期的进化,当眼睛看到图像时大脑就自动提取出很多用以识别类别的特征。但对计算机而言,从一系列的数字矩阵提取特征不是一件简单的事情。在计算机的"眼睛"里,图像是数字矩阵,那么提取图像的特征实际上就是对数字矩阵进行运算,其中非常重要的运算就是卷积。卷积运算可以表示为

$$G[m,n]=(f*h)[m,n]=\sum_j\sum_k h[j,k]f[m-j,n-k] \qquad (11.1)$$

其中,卷积核用 $h$ 表示,输入图像用 $f$ 表示。

为计算简单起见,考虑一个给定 5×5 的像素值的矩阵,它的像素值仅为 0 或 1(实际灰度图像的像素值的范围是 0~255)。卷积核是一个 3×3 的矩阵,其中的值也是 0 或 1(实际上可以是其他值),如图 11.4 所示。

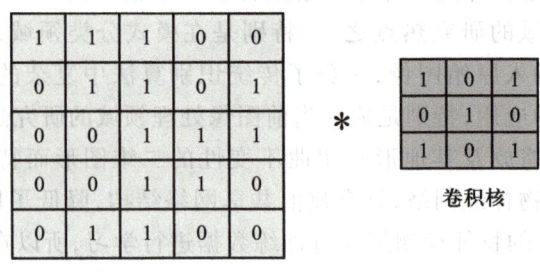

**输入矩阵**    **卷积核**

图 11.4    输入矩阵和卷积核

用卷积核矩阵在输入矩阵上从左到右、从上到下滑动,每次滑动 $s$ 个像素,滑动的距离 $s$ 称为步幅(stride)。卷积特征矩阵是输入矩阵和卷积核矩阵重合部分的内积,即卷积特征矩阵每个位置上的值是重合部分两个矩阵间的相应元素乘积之和。因此,卷积特征矩阵称为特征图。

例如,卷积特征矩阵中第一行的第一个元素为(1×1+1×0+1×1)+(0×0+1×1+1×0)+(0×1+0×0+1×1)=2+1+1=4,如图 11.5(a)所示。然后向右移动一格(设步幅 $s$=1),可以得到卷积特征矩阵中第一行的第二个元素为(1×1+1×0+0×1)+(1×0+1×1+1×0)+(0×1+1×0+1×1)=1+1+1=3,如图 11.5(b)所示。再向右移动一格,可以得到卷积特征矩阵第一行的第一个元素为 4,如图 11.5(c)所示。

卷积核矩阵移至最左边并往下移一格(如图 11.5(d)所示),同样计算可以得到 2。以此类推,这里不赘述。

很显然,卷积特征矩阵比原来的输入矩阵维数低。如果希望得到的卷积特征矩阵维数和原来的输入矩阵维数一样,可以在原输入矩阵四周进行 0 填充,扩大输入矩阵的维数。这种操作称

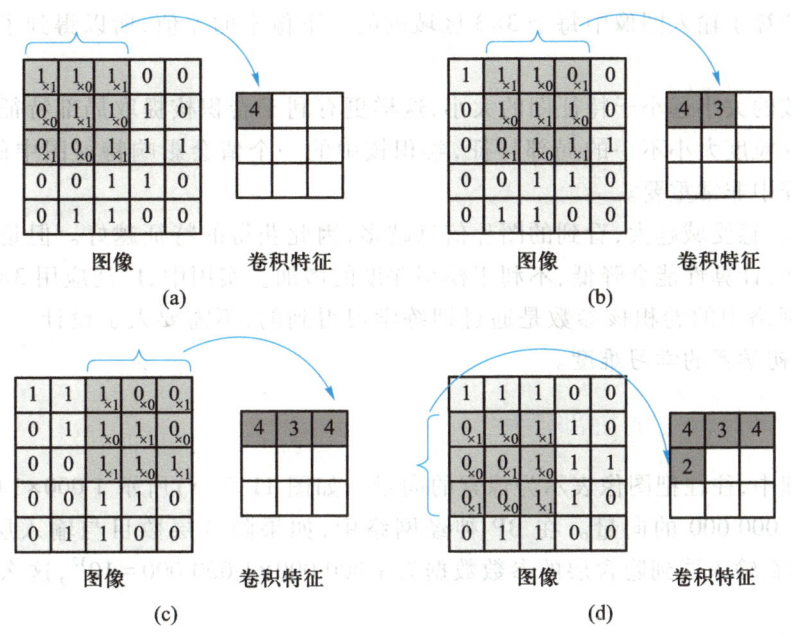

图 11.5　矩阵卷积运算

为补零(zero padding)。例如,在上面这个例子中,可以在原输入矩阵四周进行 0 填充,扩大输入矩阵的维数为 7×7,这样经过 3×3 的卷积核卷积后,可以得到维数为 5×5 的卷积特征矩阵。

　　引入零填充操作来保持特征图的大小,有助于深层网络的搭建,否则,经过大量的卷积操作后,特征图的不断缩小会影响到网络深度的增加。另外,通过零填充操作可以更好地利用当前层的输入特征图的边缘信息,使卷积核能够更好地提取输入特征,提升模型的性能。研究表明,零填充操作对语音识别非常重要。

　　一个神经元只会在收到特定感受野刺激的时候才会被激活。因此,神经网络结构可以不像 BP 神经网络一样,连接两层之间的所有神经元,而是采用局部连接形式的网络结构。

　　在卷积神经网络中,卷积核的设计非常重要。卷积核的定义:

$$filter\_width \times filter\_height \times filter\_channels \to filter\_types \qquad (11.2)$$

　　其中,$filter\_width$ 是卷积核的宽;$filter\_height$ 是卷积核的高;$filter\_channels$ 是卷积图像的通道数;$filter\_types$ 是卷积核的种类。

　　例如,5×5×3→20:卷积核宽、高各为 5 个像素,卷积通道数为 3,共 20 种卷积核。

　　在卷积核和输入图像矩阵进行卷积过程中,图像中的所有像素点会被线性变换组合,得到图像的一些特征。例如,分别用图 11.6(a)、(b)两个卷积核,可以分别得到输入图像的竖向边缘和横向边缘。

　　在没有边缘的比较平坦的区域,像素值的变化比较小,而横向边缘上下两侧的像素差异明显,竖向边缘左右两侧的像素差异比较大。在(a)中,用三行 1,0,−1 组成的卷积核和输入图像卷积实际是计算了输入图像中每个 3×3 区域内的左右像素的差值,所以得到了输入图像的竖向边缘。在(b)中,用三列 1,0,−1 组成的卷积核和输入图

$$\begin{bmatrix} 1 & 0 & -1 \\ 1 & 0 & -1 \\ 1 & 0 & -1 \end{bmatrix} \qquad \begin{bmatrix} 1 & 1 & 1 \\ 0 & 0 & 0 \\ -1 & -1 & -1 \end{bmatrix}$$

(a)　　　　(b)

图 11.6　卷积核

像卷积实际是计算了输入图像中每个 3×3 区域内的上下像素的差值,所以得到了输入图像的横向边缘。

一般卷积核的大小远小于特征图的大小,这样更有利于卷积核提取局部特征。不同的卷积核大小可以提取粒度大小不一的局部特征,卷积核中的一个值会影响特征图中的每个元素,这在反向传播过程中非常重要。

卷积核越大,感受域越大,看到的图片信息越多,因此获得的特征越好。但是大的卷积核会导致计算量大增,计算性能会降低,不利于模型深度的增加。实用中,广泛应用 3×3 卷积核。

卷积神经网络中的卷积核参数是通过训练学习得到的,不需要人工设计。因此,这里给定卷积核,以降低初学者的学习难度。

### 11.2.3　卷积神经网络的局部连接

在图像处理中,往往把图像表示为像素的向量。如图 11.7(a)所示 1 000×1 000 的图像,可以表示为一个 1 000 000 的向量。在 BP 神经网络中,如果隐含层数目与输入层一样,即也是 1 000 000 时,那么输入层到隐含层的参数数据为 1 000 000×1 000 000 = $10^{12}$,这么多的权值参数很难训练。

人对外界的认知是从局部到全局的,而图像的空间联系也是局部的像素联系较为紧密,而距离较远的像素相关性则较弱。视觉皮层的神经元就是局部接收信息的,这些神经元只受某些特定区域刺激的响应。因而,每个神经元不是对全局图像进行感知,而只对局部进行感知,然后在更高层将局部的信息综合起来得到全局信息。这样可以减少神经元之间的连接数,从而减少神经网络需要训练的权值参数的个数。

如图 11.7(b)所示,假如局部感受域是 10×10,隐层每个感受域只需要和这 10×10 的局部图像相连接,所以 100 万个隐层神经元就只有一亿个连接,即 $10^8$ 个参数,比原来减少了 4 个数量级,但需要训练的参数仍然很多,可以进一步简化。

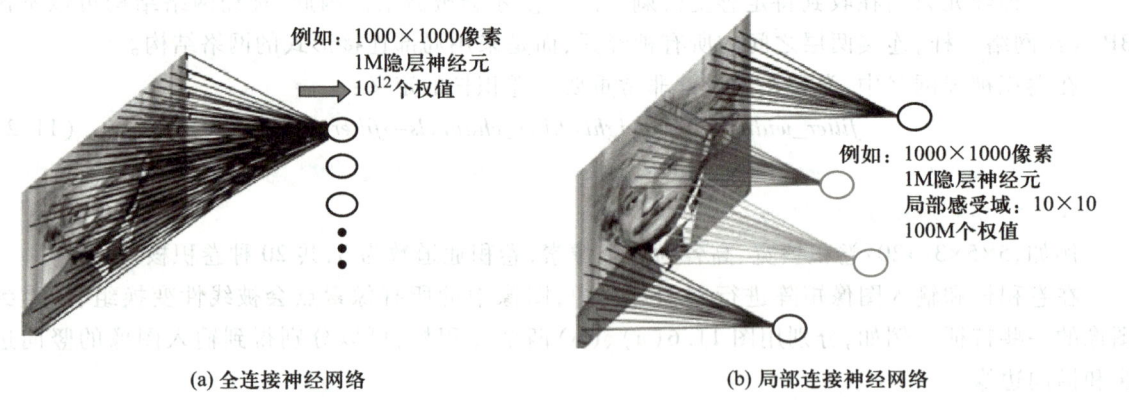

(a) 全连接神经网络　　　　　　　　　　(b) 局部连接神经网络

图 11.7　卷积神经网络的局部连接

### 11.2.4　卷积神经网络的权值共享

特征图中所有神经元共享参数能够显著减少模型中的参数量,更重要的是使 CNN 一旦学会了识别某个位置上的某个模式,它就可以在任何地方识别该模式,而传统的 DNN 学会识别某个位置上的某个模式,它只能在特定位置识别该模式。

CNN 受生物学里面的视觉系统结构启发,每个映射面上的神经元共享权值,因而减少了网络自由参数的个数。

隐含层的每一个神经元如果只和 10×10 个像素连接,也就是说每一个神经元存在 $10×10=100$ 个连接权值参数。如果将每个神经元的 100 个参数设置成相同,就只有 100 个参数了。不管隐层的神经元个数有多少,两层间的连接都只有 100 个参数,这就是卷积神经网络的权值共享。上述讨论未考虑每个神经元的偏置部分,所以共享权值个数需要加 1,这也是同一种卷积核所共享的。

权值共享隐含的原理则是:图像的一部分的统计特性与其他部分是一样的。这也意味着在这一部分学习的特征也能用在另一部分上,所以对于这个图像上的所有位置,都能使用同样的学习特征。

更直观一些,当从一个大尺寸图像中随机选取一小块,比如说 8×8 作为样本,并且从这个小块样本中学习到了一些特征,这时可以把从这个 8×8 样本中学习到的特征,应用到这个图像的任意地方中去。特别是,可以用从 8×8 样本中所学习到的特征跟原本的大尺寸图像作卷积,从而对这个大尺寸图像上的任一位置获得一个不同特征的激活值。

每张特征图上神经元的数目和输入图的宽($width$)、高($height$),卷积核的宽($filter\_width$)、高($filter\_height$)、步长($stride$)均有关,且等于原图上可取的卷积区域的数目。一般情况下,需要按下面的公式来算。设特征图的宽、高分别是 $n$ 和 $m$,则

$$n = \frac{width - filter\_width}{stride} + 1$$

$$m = \frac{height - filter\_height}{stride} + 1 \tag{11.3}$$

### 11.2.5　卷积神经网络的多卷积核

上面所述只有 100 个参数时,表明只有 1 个 $100 * 100$ 的卷积核,显然,特征提取是不充分的。卷积神经网络的多卷积核就是添加多个不同卷积核分别提取不同的特征。每个卷积核都会将原图像生成为另一幅图像。如图 11.8 所示 2 个卷积核,生成了两幅图像,这两幅图像可以看作是一张图像的不同的通道。

图 11.9 展示了在四个通道上的卷积操作。用 2 个卷积核生成 2 个通道。其中需要注意的是,四个通道上每个通道对应 1 个卷积核,先将 $w^1$ 忽略,只看 $w^0$,那么在 $w^0$ 的某位置($i,j$)处的值,是由四个通道上($i,j$)处的卷积结果相加然后再取激活函数值得到的。

$$h_{ij}^k = \tanh((w^k * x)_{ij} + b_k) \tag{11.4}$$

在图 11.9 由 4 个通道卷积得到 2 个通道的过程

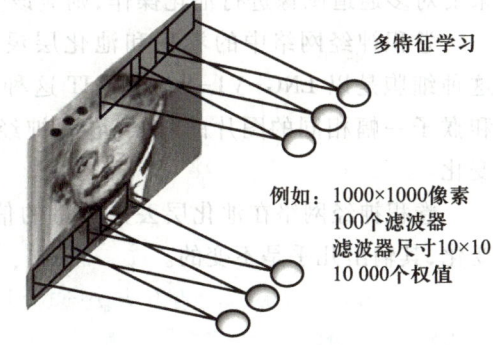

多特征学习

例如:1000×1000像素
100个滤波器
滤波器尺寸10×10
10 000个权值

图 11.8　卷积神经网络的多卷积核

中,参数的数目为 $4×2×2×2$ 个,其中 4 表示 4 个通道,第一个 2 表示生成 2 个通道,最后的 $2×2$ 表示卷积核大小。

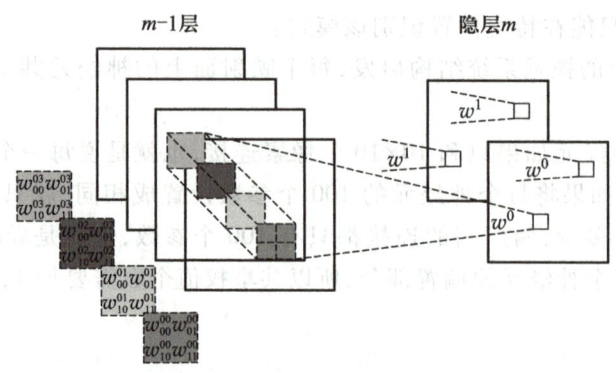

图 11.9　四个通道上的卷积操作

　　使用卷积核的一个常见错误是设置的尺寸太大。通常用多个卷积核堆叠到一起。例如,用两个 3×3 的卷积核堆叠到一起的效果和一个 9×9 的卷积核相同,但减少了很多计算量。

## 11.2.6　卷积神经网络的池化

　　池化层又称为子采样层,可以减少参数量,不仅减少计算量,而且能够防止过拟合,使模型能够更好地学习数据特征。

　　通过卷积获得了特征之后,如果直接利用这些特征训练分类器,计算量是非常大的。例如:对于一个 96×96 像素的图像,假设已经学习得到了 400 个定义在 8×8 输入上的特征,每一个特征和图像卷积都会得到一个 $(96-8+1)×(96-8+1) = 7\,921$ 维的卷积特征,由于有 400 个特征,所以每个样本都会得到一个 $7\,921×400 = 3\,168\,400$ 维的卷积特征向量。学习一个超过 300 万特征输入的分类器是非常困难的,并且容易出现过拟合。

　　为了解决这个问题,采用池化操作。池化操作使用某位置相邻输出的总体统计特征作为该位置的输出。例如,可以计算图像一个区域上的某个特定特征的平均值(或最大值)。这些聚合的统计特征不仅具有低得多的维度(相比使用所有提取得到的特征),同时还会改善结果(不容易过拟合)。池化(pooling)分为平均池化(average pooling)或者最大池化(max pooling)方法。如果要对多通道图像进行池化操作,则应该分别对每个通道进行池化。

　　卷积神经网络中的卷积和池化层灵感来源于视觉神经科学中的简单细胞和复杂细胞。这种细胞是以 LNG-V1-V2-V4-IT 这种层级结构形成视觉回路的。当给一个卷积神经网络和猴子一幅相同的图片的时候,卷积神经网络展示了猴子下颞叶皮质中随机 160 个神经元的变化。

　　卷积神经网络在池化层丢失大量的信息,从而降低了空间分辨率,导致了对于输入微小的变化,其输出几乎是不变的。

　　最大池化简单地从池化区域中选择最大值作为最终响应值,虽然保留了高频分量,如图像的边缘信息,但对噪声信息非常敏感,并且在训练中极易出现过拟合。

　　平均池化对池化区域的所有值取平均,因为考虑了区域中的所有信息,有效地降低了噪声信息的影响,但平滑了图像,导致高频信息丢失。

　　卷积核的参数不是人为设定的,而是通过 BP 学习算法得到的。卷积神经网络的训练与 BP

神经网络的训练类似。卷积神经网络也可以通过误差反向传播算法来训练。在 CNN 中,只有卷积层中有需要学习的参数(卷积核与偏置项),因此,只需要计算卷积层中参数的梯度。模型结构、大小一般是人工调整的。

### 11.2.7　卷积神经网络的训练

#### 1. 卷积神经网络的训练步骤

设卷积核个数、卷积核大小以及网络架构已经确定,而且不会在训练过程中改变,通过训练只会确定卷积神经网络的权重、偏置值。卷积神经网络的训练步骤如下:

① 将权重、偏置等网络训练参数初始值设置为随机数。

② 将训练图像作为输入,进行卷积层、ReLU、池化层以及全连接层的前向传播,并计算每个类别的对应输出概率。

③ 计算输出层的总误差:$-\sum(目标概率\times\log_b(输出概率))$。

④ 使用 BP 学习算法计算总误差相对于所有参数的梯度,并用梯度下降法或者其他优化算法更新所有参数的值,以使输出误差最小。

#### 2. 卷积神经网络卷积层的训练

为了实现卷积层的训练,首先将卷积层转化为多层神经网络的形式,如图 11.10 所示。

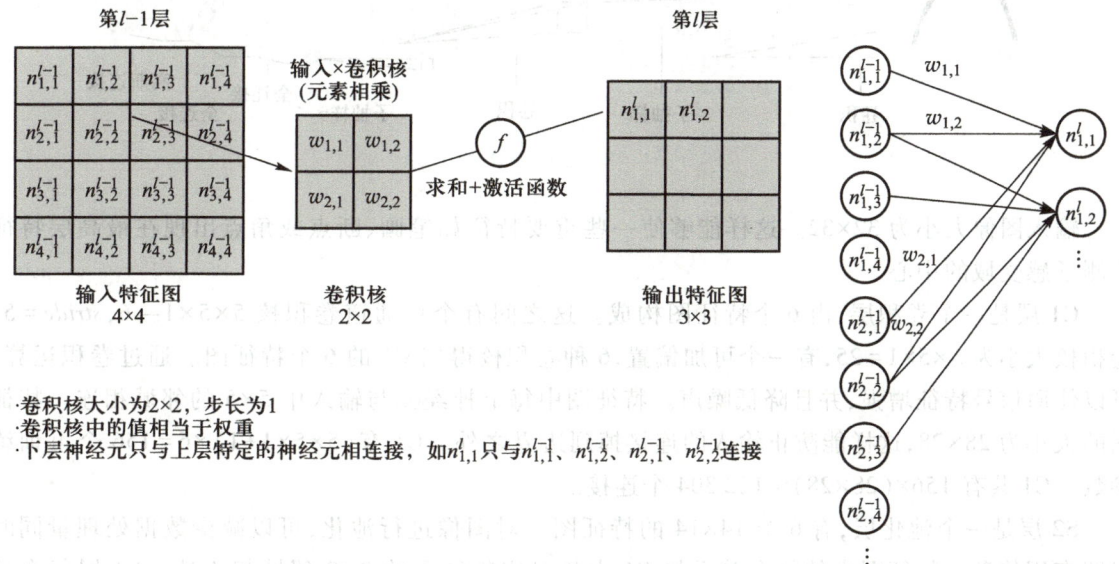

图 11.10　4 个通道上的卷积操作

计算每一个神经元的误差项,从而计算每个神经元连接权重的梯度,然后使用反向传播算法进行训练。

#### 3. 卷积神经网络池化层的训练

池化过程没有需要学习的参数,因此,对池化层的训练仅仅是将误差项传递到上一层,而不需要计算梯度。

## 11.3 典型的卷积神经网络

### 11.3.1 卷积神经网络 LeNet

LeNet 是最经典的人工神经网络模型之一。一种典型的手写数字识别系统的卷积网络是杨立昆(Yann LeCun)于 1998 年提出的 7 层卷积神经网络 LeNet-5。美国大多数银行当年用它识别支票上面的手写数字,达到了商用地步,说明该算法具有很高的准确性。

现在普遍地把 LeNet-5 作为卷积神经网络的源头,但其实当时由于 SVM 迅速崛起,卷积神经网络并没有引起广泛关注。LeNet-5 虽然层次不多,严格意义上并不算深度学习,但它的功能齐全,特别是增加层次就可以实现深度神经网络,所以是学习深度卷积神经网络的基础。

LeNet-5 共有 7 层,不包含输入层,每层都包含可训练参数(连接权重),如图 11.11 所示。

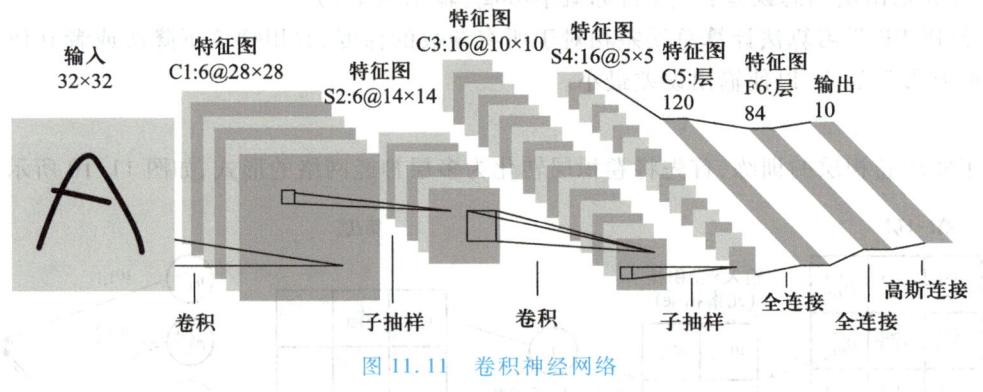

图 11.11 卷积神经网络

输入图像大小为 32×32。这样能够使一些重要特征如笔画、断点或角点出现在最高层特征监测子感受域的中心。

C1 层是一个卷积层,由 6 个特征图构成。这之间有个单通道卷积核 5×5×1→6, *stride* = 5。卷积核大小为 5×5×1=25,有一个可加偏置,6 种卷积核得到 C1 的 6 个特征图。通过卷积运算,可以使原信号特征增强,并且降低噪声。特征图中每个神经元与输入中 5×5 的邻域相连。特征图的大小为 28×28,这样能防止输入的连接掉到边界之外。C1 有 (5×5×1+1)×6 = 156 个可训练参数。C1 共有 156×(28×28) = 122 304 个连接。

S2 层是一个池化层,有 6 个 14×14 的特征图。对图像进行池化,可以减少数据处理量同时保留有用信息。特征图中的每个单元与 C1 中相对应特征图的 2×2 邻域相连接。C1 层每个单元的 4 个输入相加,乘以一个可训练参数,再加上一个可训练偏置可得到 S2 层。每个单元的 2×2 感受域并不重叠,因此 S2 中每个特征图的大小是 C1 中特征图大小的 1/4(行和列各 1/2)。S2 层有 6×(1+1) = 12 个可训练参数和 14×14×6×(2×2+1) = 5880 个连接。

C3 层也是一个卷积层。它同样通过 5×5 的卷积核去卷积层 S2,然后得到的特征图 map 就只有 10×10 个神经元,但是它有 16 种不同的卷积核,所以就存在 16 个特征映射。

这里需要注意的是:C3 中的每个特征映射并不都连接到 S2 中的所有特征映射,将连接的数量保持在合理范围内,而且使不同的特征图有不同的输入,迫使它们抽取不同的特征。这里用组合模拟人的视觉系统,底层的结构构成上层更抽象的结构,例如边缘构成形状或者目标的部分。

例如,C3 的前 6 个特征图以 S2 中 3 个相邻的特征图子集为输入。接下来 6 个特征图以 S2 中 4 个相邻特征图子集为输入。后续 3 个特征图以不相邻的 4 个特征图子图为输入,最后 1 个特征图以 S2 中所有特征图为输入。这样 C3 层有 1516 个可训练参数和 151 600 个连接。

S4 层是一个下采样层,由 16 个 5×5 大小的特征图构成。特征图中的每个单元与 C3 中相应特征图的 2×2 邻域相连接,跟 C1 和 S2 之间的连接一样。S4 层有 32×[16×(1+1)] 个可训练参数(每个特征图有 1 个因子和 1 个偏置)和 2 000 个连接。

C5 层是一个卷积层,有 120 个特征图。每个单元与 S4 层的全部 16 个单元的 5×5 邻域相连。由于 S4 层特征图的大小也为 5×5,同卷积核一样,故 C5 特征图的大小为 1×1:这构成了 S4 和 C5 之间的全连接。C5 层有 120×(16×5×5+1)= 48 120 个可训练连接。

根据输出层的设计,F6 有 84 个单元,与 C5 层全相连,有 10 164×[84×121×(120+1)] 个可训练参数。如同经典神经网络,F6 层计算输入向量和权重向量之间的点积,再加上 1 个偏置,然后将其传递给 Sigmoid 函数产生单元 $i$ 的一个状态。

输出层由欧氏径向基函数(euclidean radial basis function)单元组成,每类一个单元,每个有 84 个输入。径向基函数是一个取值仅仅依赖于离原点距离的实值函数,欧氏距离是其中一个实例,即每个输出 RBF 单元计算输入向量和参数向量之间的欧式距离。输入离参数向量越远,RBF 输出的越大。假设 $x, x_0 \in \mathbf{R}^N$,以 $x_0$ 为中心,$x$ 到 $x_0$ 的径向距离为半径所形成的 $\|x-x_0\|$ 构成的函数系满足 $K(x)=0$,$\|x-x_0\|$ 称为径向基函数。常用的径向基函数有高斯分布函数等。

### 11.3.2　卷积神经网络 AlexNet

真正使 CNN 获得广泛关注的事件是 2012 年辛顿教授组织的 AlexNet 在 ImageNet 上的巨大优势获胜,引发深度学习的热潮。

AlexNet 是由辛顿和他的两位学生克里泽夫斯基(Alex Krizhevsky)、苏茨科维(Ilya SutsKever)在 2012 年提出的卷积神经网络模型,其名称来自论文第一作者的名字 Alex。斯坦福大学李飞飞等建设了 ImageNet 数据集,并开展了基于该数据集的图像识别竞赛 ILSVRC。

AlexNet 的结构如图 11.12 所示。

AlexNet 主要由 5 个卷积层和 3 个全连接层组成,最后一个全连接层通过 Softmax 函数最终产生的结果作为输入图像在 1000 个类别上的得分。

因此,与 5 层的 LeNet 相比,8 层的 AlexNet 是更深的卷积神经网络。另外,与 LeNet 中使用 Softmax 函数作为激活函数不同,AlexNet 首次使用了 ReLU 函数作为激活函数。AlexNet 还使用了数据增强、随机失活(dropout)等技术抑制过拟合现象。由于当时的显卡存储容量有限,因此,AlexNet 的卷积运算使用了两块 GTX580 显卡,也是该模型的首创。

引爆深度学习在计算机视觉领域应用热潮的 AlexNet 即是 LeNet-5 网络的扩展和改进,而后来的 GoogLeNet、VGG、ResNet、DenseNet 等深度模型在基本结构上都是 CNN,只是在网络层数、卷积层结构、非线性激活函数、连接方式、Loss 函数、优化方法等方面有了新的发展。特别地,ResNet 通过跨层跳连(shortcut 结构),使得优化非常深的模型成为可能。

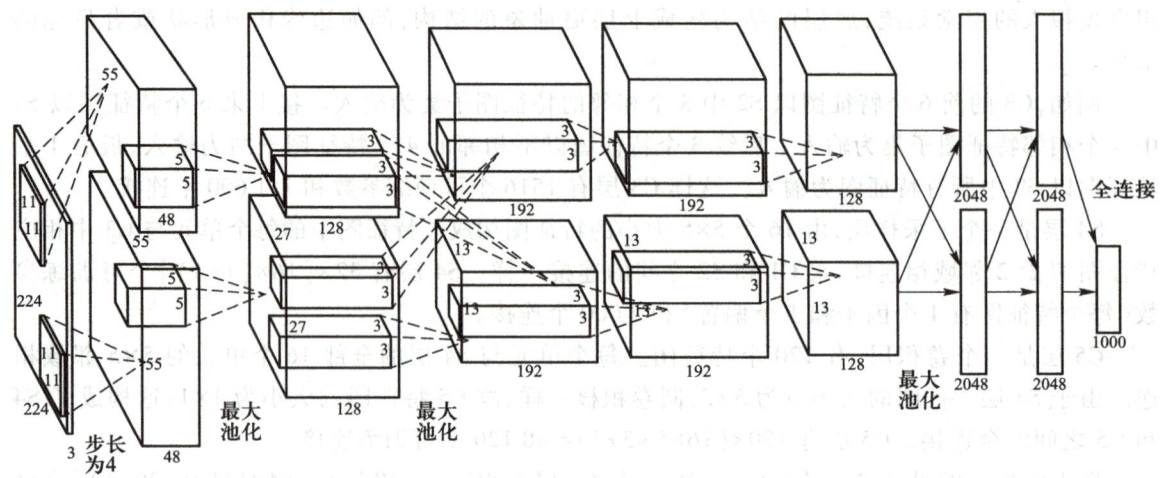

图 11.12　AlexNet 的结构

### 11.3.3　卷积神经网络的实现与应用

　　CNN 的卷积层需要大量的内存,特别是在训练期间,因为反向传播的方向传递需要在正向传递期间计算所有的中间值。如果训练因为内存不足而崩溃,可以尝试减少批次尺寸、步幅或者删除几个图层降低维度,例如,一个使用 5×5 卷积核的卷积层,输出 200 个大小为 150×100,步幅为 1、Padding 值为 SAME 的特征图。

　　如今的深度神经网络架构有 10～20 层、上百万个权值以及几十亿个连接。图形处理器(graphics processing unit,GPU)虽然有强大的计算能力,适合于加速深度神经网络训练,但深度神经网络具有深层结构、数千万参数需要学习,导致训练非常耗时,需要采用数据并行技术加速 DNN 训练。对微信语音识别应用,在模型收敛速度和模型性能上都取得了有效提升。实验结果表明,相比单 GPU 4.6 倍加速比,数十亿样本的训练数天收敛,测试集字错率降低约 10%。目前基于此框架训练的模型成功上线到微信语音输入法、微信语音开放平台和微信语音消息转文字。

　　卷积神经网络很容易在芯片或者现场可编程门阵列(FPGA)中高效实现,许多公司比如 NVIDIA、Mobileye、Intel、Qualcomm 以及 Samsung,正在开发卷积神经网络芯片,以使智能机、相机、机器人以及自动驾驶汽车中的实时视觉系统成为可能。

　　20 世纪 90 年代以来,基于卷积神经网络出现了大量的应用。最开始是用时延神经网络来做语音识别以及文档阅读。一个比较原始的 1D 卷积神经网络被称为时延神经网络,可以被用来识别语音以及简单的单词。这个文档阅读系统使用一个被训练好的卷积神经网络和一个概率模型,这个概率模型实现了语言方面的一些约束。20 世纪 90 年代末,这个系统被美国用在超过 10% 的支票阅读上。后来,微软开发了基于卷积神经网络的字符识别系统以及手写体识别系统。

　　21 世纪开始,卷积神经网络就被成功地大量用于检测、分割、物体识别以及图像的各个领域。这些应用都使用了大量的有标签的数据,比如交通信号识别,生物信息分割,面部探测,文本、行人以及自然图形中的人的身体部分的探测。近年来,卷积神经网络的一个重大成功应用是人脸识别。

2012 年的 ImageNet 竞赛使计算机视觉以及机器学习团队开始重视卷积神经网络。卷积神经网络被用在上百万张网络图片数据集，这个数据集包含了 1000 个不同的类。该结果比当时最好的方法几乎降低了一半的错误率。目前，卷积神经网络几乎用于全部的识别和探测任务中。

11.3 节阅读文献▲

## 11.4 胶囊网络

针对卷积神经网络训练数据需求大、环境适应能力弱、可解释性差、数据分享难等不足，2017 年 10 月，杰弗里·辛顿教授等在"神经信息处理系统大会（conference and workshop on neural information processing systems，NIPS）"这个机器学习的顶级会议上发表论文，提出了新型神经网络结构——胶囊网络（capsule networks，简称 Caps Net）。

### 11.4.1 胶囊网络的基本思想

胶囊（capsule）是一个包含多个神经元的载体，每个神经元表示了图像中出现的特定实体的各种属性。这些属性可以包括许多不同类型的实例化参数（instantiation parameter），例如姿态（位置、大小、方向）、变形、速度、色相、纹理等。它的输出数值大小就是实体存在的概率。

胶囊网络用向量神经元（vector neuron，VN）的向量输出代替传统标量神经元（scalar neuron，SN）的标量输出，可以表示更丰富的内容，从而能够识别更加复杂多变的场景。特别是胶囊网络具有一定的可解释性，为深度学习提供了一种新的神经网络结构及方法。与卷积神经网络的工作机理相比，胶囊网络更接近于人类大脑的工作方式。胶囊网络擅长处理不同类型的视觉刺激，在视频中人类行为定位、医学图像目标分割、文本分类等任务上都取得更好的效果。胶囊网络有可能会取代目前常用的卷积神经网络。

胶囊网络的核心思想：胶囊不是传统神经网络中的一个神经元，而是一组神经元。胶囊里封装的检测特征的相关信息是以向量的形式存在的，其输入输出均为高维的活动向量（activity vector），胶囊的输入是一个向量，用一组神经元来表示多个特征。通过归一化处理，向量的"长度"可表示检测实体存在的概率，也就是向量的输出数值大小；向量的"方向"表示检测实体的各个属性，也就是向量的各个维度信息。

### 11.4.2 胶囊网络的基本结构

胶囊网络是一种新的神经网络架构。一个浅层胶囊网络 CapsNet 结构如图 11.13（a）所示。这个结构只有 4 层，即输入层、两个卷积层和一个全连接层。输入层就是数字图片本身。后面三层分别记作 Conv1、PrimaryCaps 和 DigitCaps。虽然这个 CapsNet 的网络架构的层数并不多，但由于它利用了向量神经元和动态路由等技术，导致其性能与深层卷积神经网络差不多。

胶囊网络还有一个全连接层。胶囊网络和全连接网络的连接方式一样，前一层每一个胶囊神经单元都会和后一层每一个胶囊神经单元相连，如图 8.28（b）所示。胶囊网络的每一个连接也有权重。在全连接神经网络中，每一个神经元都是标量，所以每个权重都只是一个标量。但在胶囊网络中，每一个胶囊神经元都是向量，所以每个胶囊神经元的权值 $W$ 也应该是一个向量。$W$ 仍然可以采用 BP 学习算法更新。

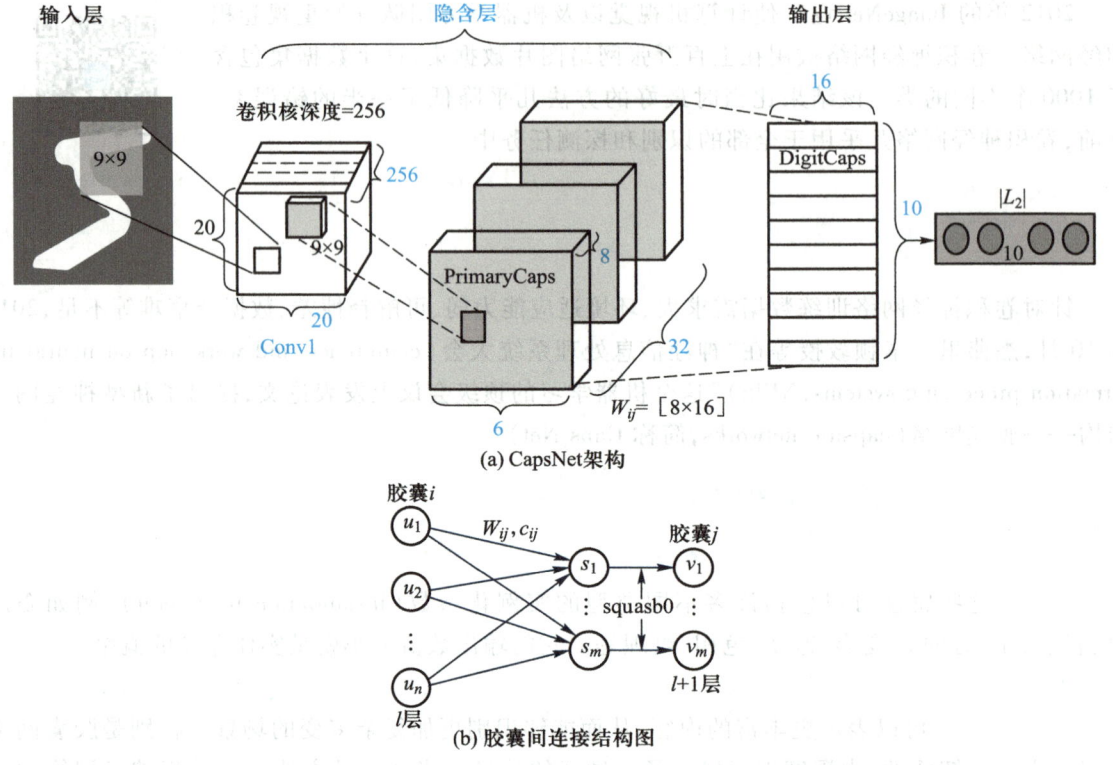

图 11.13　CapsNet 结构示意图

图 11.13(a)是一个简单的 CapsNet 架构,其中输入是一张 28×28 的手写字的图片。Conv1 是一个标准的卷积层,有 256 个通道,每个通道均用 9×9 的卷积核,将输入层图片中的像素亮度转化成局部特征输出,作为 Conv1 层的输入。该层的激活函数是 ReLU。由于一层卷积神经网络不足以抽取到合适的特征,因此,在 Conv1 之后,CapsNet 又加了一个卷积层 Primary Capsules(简称 PrimaryCaps),称为初级胶囊层。

PrimaryCaps 是一个卷积的胶囊层,包含 32 个胶囊。PrimaryCaps 才是胶囊真正开始的地方。该层使用 9×9 的卷积核对 ReLU Conv1 做卷积操作,并将其调整成适用于 CapsNet 的向量神经元层 PrimaryCaps(每个输出都是 8 维向量),而不是以往的标量神经元。PrimaryCaps 到 DigitCaps 层的传播也就是 CapsNet 和以往操作的最大区别。在 PrimaryCaps 层中,参与卷积操作的对象不再是单个神经元,而是粒度更大的神经胶囊。因此,可以将 PrimaryCaps 理解为"胶囊版本"的卷积层。

DigitCaps 层是胶囊网络的全连接层,称为高级胶囊层。这一层里胶囊个数对应分类任务的目标类别数,每个胶囊对应的向量长度代表某一类别所能呈现的不同状态及其存在的概率。例如要识别的是 10 类数字(0~9),因此该层的胶囊个数共有 10 个,每个胶囊表示的向量中元素的个数为 16,代表着不同状态下的同一个数字。每个胶囊接受一个 6×6×32 的 8 维向量作为输入,通过 $W_{ij}$ 将 8 维输入空间映射到 16 维胶囊输出空间。因为拓扑结构为全连接,所以每个胶囊都会接受前一层(即 PrimaryCaps)所有胶囊的输出。对这 10 个向量求模,求得模值最大的那个向量代表的就是图片概率最大的那个分类。

　　在胶囊网络中,用向量模的大小衡量某个实体出现的概率,模值越大,概率越大。因此 Caps-Net 更适合去检测那些重叠在一起的图片。比如在人脸识别中,每个胶囊都代表着一个检测任务,最后的输出层只要 2 个胶囊,即分别检测的是“脸”和“不是脸”。中间层的胶囊都负责检测一些更低级特征的任务,比如鼻子、眼睛、嘴巴等,还有一些如耳环、眼镜等。这些中间层的胶囊要把激活值输出给下一层的胶囊,例如输出给“脸”和“不是脸”这两个胶囊。胶囊更倾向于选择和自己最接近也是最相似的输出胶囊或者关系最大的胶囊,例如,“眼睛”“鼻子”“嘴”这一类的胶囊应该比选择“脸”的胶囊的概率更大,而选择“不是脸”的胶囊的概率更小。而“眼镜”这一类的胶囊就应该选择“不是脸”的胶囊的概率更大,而选择“脸”的胶囊的概率更小。

### 11.4.3　胶囊网络的学习运算

#### 1. 胶囊网络计算

　　胶囊网络与全连接神经网络的输入即线性加权求和类似,但是在线性加权求和阶段上多加了一个耦合系数 $c_{ij}$。胶囊网络的输入 $s_j$ 由公式(11.5)进行向量加权求和得到

$$s_j = \sum_i c_{ij}\hat{u}_{j\mid i}, \quad \hat{u}_{j\mid i} = W_{ij}u_i \tag{11.5}$$

　　其中,$u_i$ 是上一层胶囊网络的输出,$W_{ij}$ 是上一层某一个胶囊神经元连接到后一层的某一个神经元的权值,$c_{ij}$ 称为耦合系数。$\hat{u}_{j\mid i}$ 称为低层胶囊 $i$ 对高层胶囊 $j$ 的预测向量,用耦合系数 $c_{ij}$ 与低层所有预测向量相乘并累加到 $s_j$。

　　根据下面归一化指数函数或称 softmax 函数计算 $c_{ij}$:

$$c_{ij} = \frac{\exp(b_{ij})}{\sum_k \exp(b_{ik})} \tag{11.6}$$

　　可见,每个权重是一个小于 1 的非负值,所有权重 $c_{ij}$ 的总和等于 1,所以,$c_{ij}$ 符合概率的概念。

　　胶囊网络之间的权值更新机制采用了相似度评价指标,通过计算预测向量 $\hat{u}$ 与激活向量 $v$ 之间的相似度 $b$ 来确定低层胶囊与高层胶囊的相关性,相似度越高,则两个胶囊越相关。根据下面公式计算 $b_{ij}$:

$$b_{ij} \leftarrow b_{ij} + \hat{u}_{j\mid i} \cdot v_j \tag{11.7}$$

　　在前向传播线性求和 $s$ 的过程中,把 $W$ 设计成随机值,$b$ 初始化为 0,可以得到耦合系数 $c$,$u$ 就是上一层胶囊网络的输出,有了这三个值,就可以得到下一层的 $s$。

　　在全连接神经网络中,CNN 选择的激活函数通常为 Sigmoid,tanh 等。但在胶囊网络中,Hinton 构造了新的非线性激活函数 squash:

$$v_j = \frac{\parallel s_j \parallel^2}{1 + \parallel s_j \parallel^2} \frac{s_j}{\parallel s_j \parallel} \tag{11.8}$$

　　非线性激活函数 squash 也称为压缩函数,前一部分是输入向量线性求和 $s$ 的缩放尺度,后一部分是线性求和 $s$ 的单位向量。该激活函数主要功能是使得 $v_j$ 的长度不超过 1,而且保持 $v_j$ 和 $s_j$ 同方向。

#### 2. 动态路由算法

　　采用迭代动态路由(iterative dynamic routing)算法确定权重 $b$ 的算法为

---

procedure 1 routing algorithm.

---

1：procedure ROUTING$(\hat{u}_{j\mid i}, r, l)$

2：　　for all capsule $i$ in layer $l$ and capsule $j$ in layer$(l+1)$：$b_{ij} \leftarrow 0$.

3：　　for $r$ iterations do

4：　　　　for all capsule $i$ in layer $l$：$c_i \leftarrow$ softmax$(b_i)$　　　　　$\triangleright$ softmax computes Eq. 11.6

5：　　　　for all capsule $j$ in layer$(l+1)$：$s_j \leftarrow \sum_i c_{ij} \hat{u}_{j\mid i}$

6：　　　　for all capsule $j$ in layer$(l+1)$：$v_j \leftarrow$ squash$(s_j)$　　　$\triangleright$ squash computes Eq. 11.8

7：　　　　for all capsule $i$ in layer $l$ and capsule $j$ in layer$(l+1)$：$b_{ij} \leftarrow b_{ij} + \hat{u}_{j\mid i} \cdot v_j$

　　　　return $v_j$

---

上面通过几次迭代,根据高级胶囊的输出逐步调整低级胶囊输出给高级胶囊的分布,最后会达到一种理想的分布。

在胶囊网络中用动态路由算法代替了卷积神经网络中的池化,提取了更多的有用信息。

迭代动态路由算法具体过程如下:

第 1 行:计算过程用到的所有输入到 $l$ 层的输出 $\hat{u}_{j\mid i}$,路由迭代次数 $r$。Hinton 在论文中设置迭代次数为 3。

第 2 行:定义 $b_{ij}$ 是 $l$ 层向量神经元 $VN_i$ 应该连接 $l+1$ 层向量神经元 $VN_j$ 的可能性。设置 $b$ 的初始值为 0,使 $c$ 为均匀分布。

第 3 行:执行第 4~7 行 $r$ 次。

第 4 行:对 $l$ 层的 $VN_i$,将 $b_{ij}$ 用 softmax 转化成概率 $c_{ij}$,这里 softmax 函数是非负数而且总和为 1,致使 $c$ 是一组概率变量。

第 5 行:对 $l+1$ 层的 $VN_j$,加权求和 $s_j$,是低层所有 $VN$ 的"共识"输出。

第 6 行:对 $l+1$ 层的 $VN_j$,压缩 $s_j$ 得到 $v_j$。squash 确保向量 $s_j$ 的方向不变,但长度不超过 1,因为长度代表 $VN$ 具有给定特征的概率。

第 7 行:用 $\hat{u}_{j\mid i}$ 和 $v_j$ 的点积更新 $b_{ij}$,其中前者是 $l$ 层 $VN_i$ 对 $l+1$ 层 $VN_j$ 的"个人"预测,而后者是所有 $l$ 层 $VN$ 对 $l+1$ 层 $VN_j$ 的"共识"预测:当两者相似,点积就大,$b_{ij}$ 就变大,低层 $VN_i$ 连接高层 $VN_j$ 的可能性就变大;当两者相异,点积就小,$b_{ij}$ 就变小,低层 $VN_i$ 连接高层 $VN_j$ 的可能性就变小。

### 3. 损失函数

除了耦合系数 $C$ 是通过动态路由更新的,整个网络其他的卷积参数和 capsule 内的 $W$ 都需要根据损失函数进行更新。采用的损失函数和 SVM 的损失函数比较类似,即最大化正负样本到超平面的距离,表达式如下:

$$L_c = T_c \max(0, m^+ - \| v_c \|)^2 + \lambda(1 - T_c) \max(0, \| v_c \| - m^-)^2 \tag{11.9}$$

其中,$c$ 是分类;$T_c$ 是分类的指示函数($c$ 类存在为 1,不存在为 0);$m^+$ 为上界,惩罚假阳性(false positive),即预测 $c$ 类存在但真实不存在,识别出来但错了;$m^-$ 为下界,惩罚假阴性(false negative),即预测 $c$ 类不存在但真实存在,没识别出来;$\lambda$ 是比例系数,调整两者比重。$\lambda$ 是为了减小那些图片中没有出现过的数字类别的损失,防止一开始损失过大,导致全部的输出值都在收缩。

总的损失是各个样例损失之和。Hinton 等人论文中 $m^+ = 0.9, m^- = 0.1, \lambda = 0.5$，表明：如果 $c$ 类存在，$\| v_c \|$ 不会小于 $0.9$；如果 $c$ 类不存在，$\| v_c \|$ 不会大于 $0.1$。即损失最终希望正例样本预测为 $0.9$，超过就没必要继续提高了；负例样本预测为 $0.1$，低于 $0.1$ 就没必要继续下降了。

#### 4. 重构网络

重构是用预测的类别 capsule 向量，即模值最大的向量重新构建出该类别代表的实际图像。Hinton 等人使用额外的重构损失来促进 DigitCaps 层对输入数字图片进行编码。重构网络的架构如图 11.14 所示。

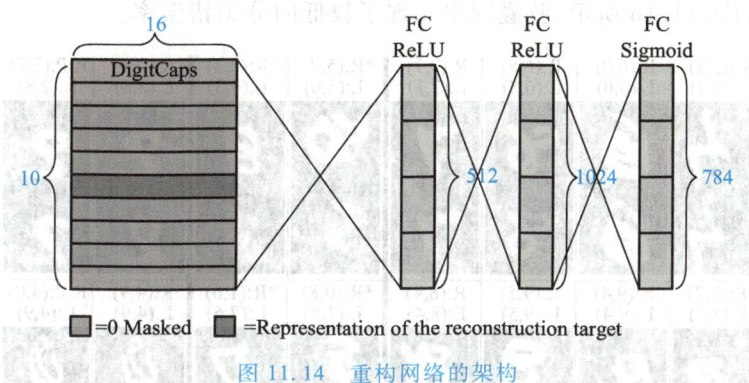

图 11.14　重构网络的架构

图 11.14 展示了胶囊网络顶层的包含三个全连接层的网络解码器。它由两个全连接的 ReLU 层加上一个全连接的 Sigmoid 层组成，该解码器输出 784 个数字，对应重构图像的像素个数（图像是 $28 \times 28 = 784$ 像素）。这一过程的损失函数通过计算 FC Sigmoid 层的输出图像与原始图像像素点的欧氏距离而构建。

### 11.4.4　胶囊网络测试结果

胶囊网络在手写数字图像数据集 MNIST 上达到了比已有算法更好的性能。部分实验结果如图 11.15 所示。

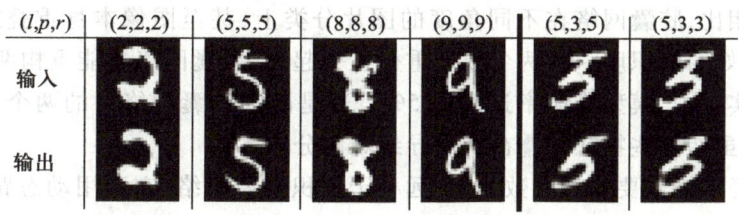

图 11.15　MNIST 实验结果

在图 11.15 中，$l$ 代表标签，$p$ 代表预测值，$r$ 为重构出的图片。其中左边四列是预测正确的结果。从图中可以看到重构出来的图像形状、位置和输入极其类似，这说明胶囊网络起到了良好的作用，即一个 capsule 的确包含了物体的多个信息：特征、位置、大小等。而后面两列是预测失败的结果。其实，这种图即使是人眼也会看错。

为了测试胶囊网络的泛化能力，使用 MNIST 测试集（对数字大小、粗细、位置做了部分改变）

对同时训练 capsule 和 CNN,然后将有重叠的不同手写数字组的 AFFNIST 数据集(这个数据集中的样本都是经过小幅度变化后的 MNIST 样本)用于测试。用一个训练过的测试准确率为99.23%的 capsule 模型做测试,得到准确率为 79%。而一个实现相似准确度为 99.22%的传统CNN 模型只能达到 66%的准确率。实验结果表明胶囊网络在有重叠数字的 AFFNIST 数据集上获得了比 CNN 好得多的结果。

另外,动态路由可以被看作是一种并行的注意机制,它允许在同一层的每个胶囊去关注低一层上的一些激活胶囊并忽略其他的胶囊。这应该允许模型去识别图像中的多目标,即使这些目标重叠。在识别数字高度重叠的数据集 MultiMNIST 上(该数据集两个数字的边框范围平均有80%是重合的),如图 11.16 所示,胶囊网络实现了较低的分类错误率。

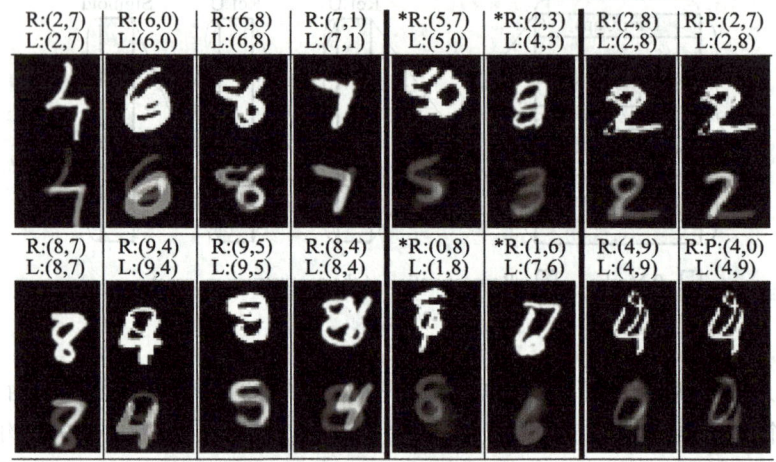

图 11.16 MultiMNIST 图片(上排)和由 CapsNet 重构后的结果(下排)

在图 11.16 中,"R"=重构后的结果;"L"=标注。例如,对第一个样例(左上角)的预测是准确的,重构的结果也对。但是在第五个例子里,预测(5,7)是错的,不是标注(5,0)。因此,5 被正确地重构了,但是 0 没有。这可以看出由于不同的胶囊各自工作,在一个识别结果中用到的特征并不会影响到另一个识别结果,不受重叠的影响。

和其他模型相比,胶囊网络在不同角度的图片分类上,甚至图像本身重叠或者丢失了部分信息,仍然有着良好的辨识度。当两个数字重叠在一起时,胶囊网络也能重构两个数字。Hinton在数字重叠分类实验中,模型错误率达到了 5%。这是因为胶囊网络中的两个向量能完整表达两个数字的特征,虽然有些特征重叠在一起导致难以分辨。

使用胶囊神经网络需要的训练数据量,远小于卷积神经网络,它采用动态路由协议算法,仅使用三层网络便可表现出很出色的性能,能够与深度卷积神经网络相当。胶囊网络还解决了卷积神经网络存在的信息丢失、视角变化等问题。

由于胶囊网络具有分别处理不同属性的能力,相比于 CNN 可以提高对图像变换的鲁棒性,在图像分割中也会有出色的表现。胶囊网络使用向量表征某个类别实例的各方面属性,能够通过矩阵乘法建模的方式更好地利用空间信息。

11.4 节阅读文献▲

胶囊网络相对于卷积网络的工作机理更接近人脑的工作方式。胶囊网络的研究虽然刚刚开始,但已经展现了广阔的应用前景。

### 11.4.5　胶囊网络研究新进展

2019 年,牛津大学博士生 Adam R. Kosiorek 等提出了堆叠胶囊自动编码器(stacked capsule autoencoders,SCAE),这是他在谷歌大脑实习期间完成的研究成果。深度学习创始人、图灵奖得主 Hinton 亲自指导了这项研究,担任论文的通讯作者,并称赞它是一种非常好的胶囊网络新版本。

SCAE 在无标签数据上训练时捕获整体和部分之间的空间关系,自我监督和归纳偏差在更高效的学习中扮演了重要的角色,可以无监督地学习图像中的特征,所以,SCAE 是一个无监督胶囊网络。神经编码器通过解码器的反向传播进行训练,推测物体胶囊的位置和姿势。

SCAE 主要由三部分组成:

① 集群胶囊自编码器(clusters capsule autoencoder,CCAE):用二维点表示零件,并且把它们的坐标作为系统的输入。

② 部件胶囊自编码器(part capsule autoencoder,PCAE):先将输入的对象图片分割成连续的部件,推测它们的姿态后,通过仿射变换学习模板,使用姿势来构建新的输入。

③ 目标胶囊自编码器(object capsule autoencoder,OCAE):尝试将发现的部件和它们的姿势组成更小的对象集合,它可以通过每个部件进行预测,从而解释每个部件的姿态,从而发现潜在的结构。

SCAE 在 SVHN 的无监督分类上达到了目前最先进的水平(55%),在 MNIST 上达到了接近最先进水平(98.5%)。但 SCAE 目前还不能够处理图像中多次出现相同类型的部件,在 CIFAR-10、ImageNet 等数据集上准确率也不如 CNN。

## 11.5　循环神经网络

### 11.5.1　循环神经网络的概念

BP 神经网络和卷积神经网络等前馈神经网络都是从输入层到隐藏层再到输出层,所以在计算机视觉领域取得了巨大成功,但对于很多序列数据建模问题中却无法处理。例如,要预测句子的下一个单词是什么,一般需要用到前面的单词,因为一个句子中前后单词并不是独立的。例如,$x_{t-1}$,$x_t$,$x_{t+1}$ 是输入,$y_{t-1}$,$y_t$,$y_{t+1}$ 是输出,如果输入"我是中国",即 $x_{t-1}$ = 我,$x_t$ = 是,$x_{t+1}$ = 中国,那么 $y_{t-1}$ = 是,$y_t$ = 中国这两个词,需要预测下一个词最有可能是什么? 我们可以想到 $y_{t+1}$ 应该是"人"的概率比较大。

如果我们希望前面距离任意远的网络输入对之后的输出产生影响,可以使用循环神经网络。由于语言正具有这样的特性,因此,RNN 通常用于与语言相关的任务,特别是语言建模。这里假设输入是当前单词 $w_i$ 的嵌入向量,预测词 $w_{i+1}$,损失是标准交叉熵损失。

循环神经网络起源于著名诺贝尔物理学奖得主霍普菲尔德于 1982 年提出的 Hopfield 神经网络。Hopfield 神经网络具有递归特性,每一个神经元的输入来自其他所有神经元的输出,它的输出又传递给其他所有的神经元,但自身没有反馈连接。

1986 年,乔丹(Michael I. Jordan)提出了第一个真正意义上的循环神经网络 Jordan network,实现了序列数据的回归,从而开启了循环神经网络的研究。1990 年,埃尔曼(Jeffrey L. Elman)简化了 Jordan network 的结构,提出 Elman network,成为目前循环神经网络的主流形式。

在某种意义上,RNN 是前馈神经网络的对立面。RNN 中的输出也是输入的一部分,正是这个循环使其成为 RNN 而非前馈神经网络。就是说,RNN 是一个有向循环图,而前馈神经网络是有向非循环图。

循环神经网络(recurrent neural network,RNN)是一种对序列数据建模的神经网络,即一个序列当前的输出与前面的输出也有关,会对前面的信息进行记忆并应用于当前输出的计算中。因此,RNN 适合处理和预测序列数据。

RNN 的结构如图 11.17 所示。

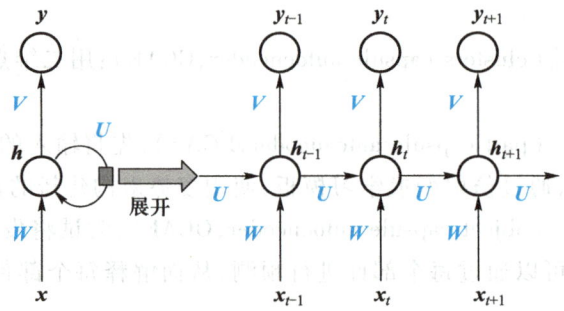

图 11.17　RNN 的结构图

在图 11.17 中,每个圆圈可以看作是一个单元,而且每个单元做的事情也是一样的,因此可以折叠成左半图的形式。

RNN 整体结构就是其中一个单元网络结构重复使用的结果,所以称为循环神经网络。相比普通的神经网络,循环神经网络的不同之处在于:RNN 的隐藏层之间的节点是有连接的,并且隐藏层的输入不仅包括输入层的输出还包括上一时刻隐藏层的输出。这使得 RNN 可以通过循环反馈连接保留前面所有时刻的信息,这赋予了 RNN 的记忆功能。这些特点使得 RNN 非常适合用于对时序信号的建模。

### 11.5.2　循环神经网络的训练

循环神经网络的训练是一种基于时间的反向传播算法(back propagation through time,BPTT)。

BPTT 算法是针对循环层设计的训练算法,它的基本原理和 BP 学习算法是一样的,也包含同样的三个步骤:

① 前向计算每个神经元的输出值。

② 反向计算每个神经元的误差项值,它是误差函数 $E$ 对神经元 $j$ 的加权输入的偏导数。

③ 计算每个权值的梯度。用随机梯度下降算法更新权值。

假设时刻为 $t$ 时,输入为 $x_t$,隐层状态为 $h_t$。$h_t$ 不仅和当前时刻的输入 $x_t$ 有关,也和上一个时刻的隐层状态 $h_{t-1}$ 有关。

$$z_t = Uh_{t-1} + Wx_t + b \tag{11.10}$$

$$h_t = f(z_t) \tag{11.11}$$

或者

$$h_t = f(Uh_{t-1} + Wx_t + b) \tag{11.12}$$

其中,$z_t$ 为隐层的输入;$f(g)$ 是非线性激励函数;$U$ 为状态-状态权重矩阵;$W$ 为状态-输入权重矩阵;$b$ 为偏置。

在一般神经网络中,每一个网络层的参数不是共享的。而在 RNN 中,所有层均共享同样的参数 $W$、$U$、$b$,只是输入不同,因此大大地减少了网络中需要学习的参数。

### 11.5.3 循环神经网络的递归过程

从循环神经网络的结构特征可以看出,它适合解决与时间序列相关的问题。可以将一个序列上不同时刻的数据依次传入循环神经网络的输入层,而输出可以是对序列中下一个时刻的预测,也可以是对当前时刻信息的处理结果。循环神经网络要求每一个时刻都有一个输入,但是不一定每一个时刻都需要有输出。

循环神经网络可以往前看获得任意多个输入值,其递归推导方法如式(11.13)所示,即 RNN 的输出层 $y_t$ 和隐藏层 $h_t$ 的计算方法:

$$y_t = g(Vh_t) \tag{11.13}$$

如果反复把式(11.12)代入到式(11.13),得

$$
\begin{aligned}
y_t &= g(Vh_t) \\
&= g(Vf(Wx_t + Uh_{t-1} + b_t)) \\
&= g(Vf(Wx_t + Uf(Wx_{t-1} + Uh_{t-2} + b_{t-1}) + b_t)) \\
&= g(Vf(Wx_t + Uf(Wx_{t-1} + Uf(Wx_{t-2} + Uh_{t-3} + b_{t-2}) + b_{t-1}) + b_t)) \\
&= g(Vf(Wx_t + Uf(Wx_{t-1} + Uf(Wx_{t-2} + Uf(Wx_{t-3} + L)) + b_{t-2}) + b_{t-1}) + b_t))
\end{aligned}
\tag{11.14}
$$

从上述递归推导可以看出,RNN 的输出层 $y$ 和输入 $x_t$ 的前 $t$ 个时刻都有关。

### 11.5.4 长短期记忆神经网络

循环神经网络的主要缺点是长期依赖问题。最有效的解决方法是进行选择性遗忘,同时也进行有选择的更新。1997 年,霍克莱特(Sepp Hochreiter)& 施密德胡伯(Jurgen Schmidhuber)提出的长短期记忆神经网络(long short-term memory neural network, LSTM),是一种 RNN 特殊的类型,使用"累加"的形式计算状态,这种累加形式导致导数也是累加形式,因此避免了梯度消失,得到了广泛应用。

LSTM 的性能几乎总是优于 RNN,但训练需要更长时间。LSTM 的目标是通过训练 RNN 记住主要内容,忘记其他琐碎细节,提高 RNN 对过去事件的记忆。

所有循环神经网络都有一个重复结构的模型形式。在标准的 RNN 中,重复的结构是一个简单的循环体,如图 11.18 所示。然而 LSTM 的循环体是一个拥有四个相互关联的全连接前馈神经网络的复制结构,如图 11.19 所示。

LSTM 利用三个门(gate)操作来管理和控制神经元的状态信息。

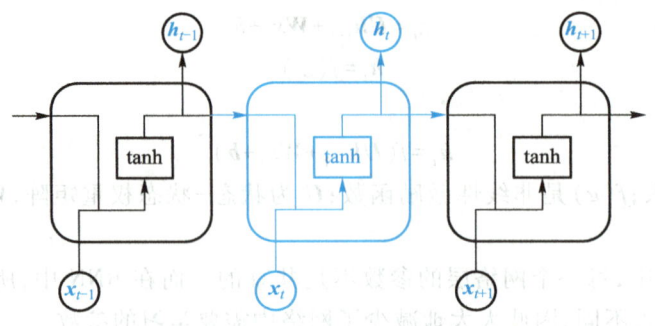

图 11.18　循环神经网络重复结构图

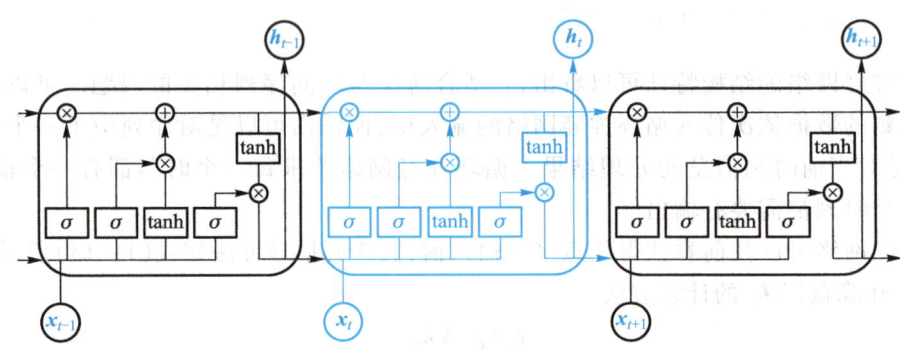

图 11.19　LSTM 结构图

### (1) 遗忘门

LSTM 的第一步是用遗忘门(forget gate layer)确定从上一个时刻的状态中丢弃什么信息。

遗忘门是一个具有 Sigmoid 全连接的前馈神经网络,如图 11.20 所示。遗忘门的输入是 $h_{t-1}$ 和 $x_t$ 组成的向量,输出是向量 $f_t$。向量 $f_t$ 是由 1 和 0 组成,1 表示能够通过,0 表示不能通过。其函数式为

$$f_t = \sigma(W_f[h_{t-1}, x_t] + b_f) \tag{11.15}$$

### (2) 输入门

LSTM 的第二步用输入门(input gate layer)确定哪些输入信息要保存到神经元的状态中。

输入门由两个前馈神经网络组成,如图 11.21 所示。第一个有 Sigmoid 层的全连接前馈神经网络,决定哪些值将被更新;第二个有 tanh 层的全连接前馈神经网络,其输出是一个向量 $C_t$,$C_t$ 向量可以被添加到当前时刻的神经元状态中;最后根据两个神经网络的结果创建一个新的神经元状态。其函数关系为

$$i_t = \sigma(W_i[h_{t-1}, x_t] + b_i) \tag{11.16}$$

$$\tilde{C}_t = \tanh(W_C[h_{t-1}, x_t] + b_c) \tag{11.17}$$

### (3) 状态控制

第三步就可以更新上一时刻的状态 $C_{t-1}$ 为当前时刻的状态 $C_t$ 了。

通过第一步的遗忘门得到的控制向量,过滤掉一部分 $C_{t-1}$ 信息,如图 11.22 所示的乘法操作;通过第二步的输入门根据输入向量计算新状态,通过这个新状态和 $C_{t-1}$ 状态构建一个新的状态 $C_t$,如图 11.22 所示的加法操作。其函数关系为

$$C_t = f_t * C_{t-1} + i_t * \tilde{C}_t \tag{11.18}$$

（4）输出门

最后一步就是用输出门（output gate layer）确定神经元的输出向量 $h_t$。LSTM 的输出门如图 11.23 所示。

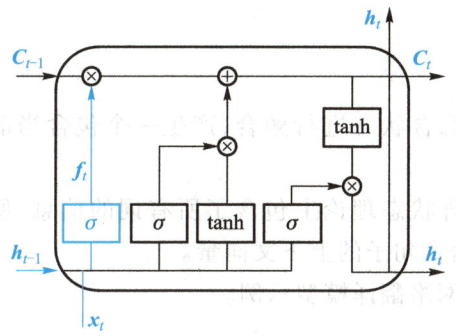

图 11.20　LSTM 的遗忘门

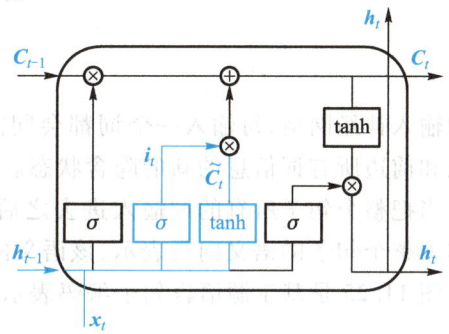

图 11.21　LSTM 的输入门

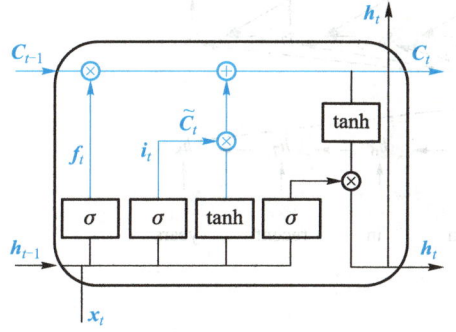

图 11.22　LSTM 状态控制图

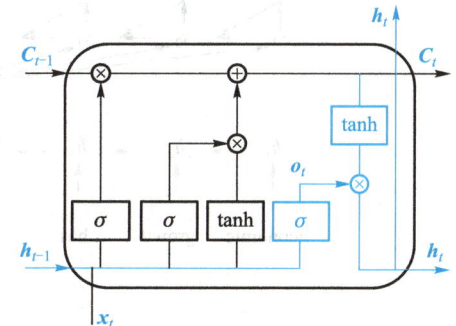

图 11.23　LSTM 的输出门

首先通过 Sigmoid 层生成一个过滤向量；然后通过一个 tanh 函数计算当前时刻的 $C_t$ 状态向量，即将向量每个值的范围变换到 $[-1,1]$ 之间。其函数关系为

$$o_t = \sigma(W_0[h_{t-1}, x_t] + b_0) \tag{11.19}$$

$$h_t = o_t \tanh(C_t) \tag{11.20}$$

### 11.5.5　基于循环神经网络的机器翻译

循环神经网络是一种对序列数据建模的神经网络，成为常用的对句子进行编码的神经网络。

例如，给定源语言句子"Economic growth has slowed down in recent years."。如图 11.24 所示，循环神经网络在每个时刻，根据上一个时刻的隐含层 $h_{t-1}$、当前的输入 $x_t$，生成当前时刻的隐含状态 $h_t$，并基于当前的隐含状态预测当前时刻的输出。

首先将句子里的第一个词"Economic"输入循环神经网络，产生第一个隐含状态 $h_1$，此时隐含状态 $h_1$ 便包含了第一个词"Economic"的信息。下一步输入第二个词"growth"，循环神经网络将第二个词的信息同第一个隐含状态 $h_1$ 进行融合，产生第二个隐含状态 $h_2$，如此则第二个隐含状态 $h_2$ 便包含了前两个词"Economic growth"的信息。用同样的方法依次将源语言句子里所有

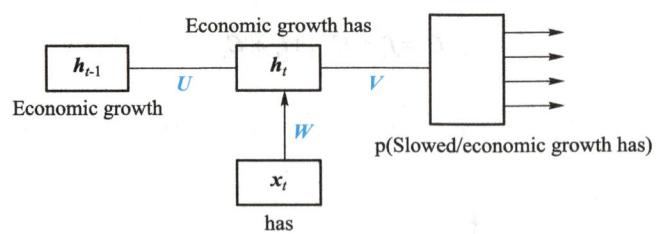

图 11.24    循环神经网络示例

的词输入神经网络,每输入一个词都会同前一时刻的隐含状态进行融合,产生一个包含当前词信息和前边所有词信息的新的隐含状态。

当把整个句子所有的词输入进去之后,最后的隐含状态理论上包含了所有词的信息,便可以作为整个句子的语义向量表示,该语义向量称为源语言句子的上下文向量。

图 11.25 是基于源语言句子编码表示的循环神经网络翻译模型示例。

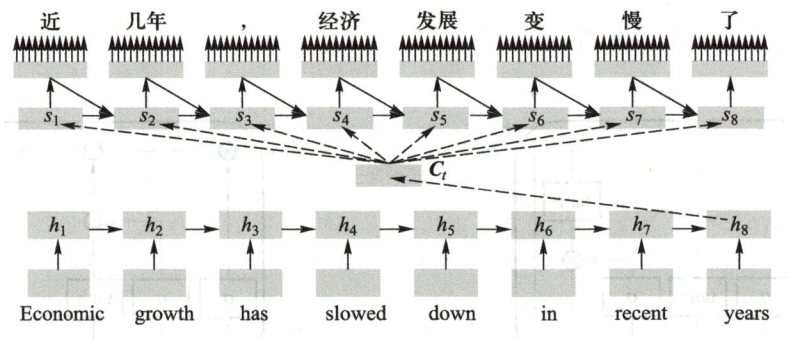

图 11.25    循环神经网络翻译模型示例

编码器将源语言句子编码为一个源语言句子的上下文向量,解码器的任务是根据编码器生成的该上下文向量,生成目标语言句子的符号化表示。

给定源语言的上下文向量,解码器循环神经网络首先产生第一个隐含状态 $s_1$,并基于该隐含状态预测第一个目标语言词"近",然后第一个目标语言词"近"会被作为下一个时刻的输入,连同第一个隐含状态 $s_1$ 以及上下文向量 $C_t$,来产生第二个隐含状态 $s_2$,该隐含状态 $s_2$ 包含了目标语言句子第一个词"近"的信息和源语言句子的信息,并用来预测目标语言句子第二个词"几年"。第二个目标语言词"几年"会被再次作为输入来产生第三个隐含状态,如此循环下去,直到预测到一个句子的结束符</S>为止。

神经机器翻译是模拟人脑的翻译过程,近年来发展非常迅速,目前已经远远超过统计机器翻译,成为机器翻译的主流技术。目前,神经机器翻译领域主要研究如何提升训练效率、编解码能力以及双语对照的大规模数据集。

目前,网络上涌现了很多神经机器翻译的开源实现,例如 GroundHog。

## 11.6    生成对抗网络

深度学习的模型可大致分为判别模型和生成模型,此前,深度学习取得的成果主要集中在判别模型。判别模型是将一个高维的感官输入映射为一个类别标签。研究生成模型不多的主要原因是对深度神经网络使用最大似然估计时,遇到了麻烦的概率计算问题,而 GAN 的提出则巧妙地绕过了这个问题。

　　著名物理学家 Richard 指出,要想真正理解一样东西我们必须能够把它创造出来。因此,要想让机器理解现实世界,并基于此进行推理与创造,从而实现真正的人工智能,必须使机器能够通过观测现实世界的样本,学习其内在统计规律,并基于此生成类似样本,这种能够反映数据内在概率分布规律并生成全新数据的模型,称为生成模型。

　　生成对抗网络中有两个角色:生成器和判别器。金庸武侠小说《射雕英雄传》里描写的"老顽童"周伯通,被困在桃花岛期间创造了"左右互搏"之术,即用自己的左手跟自己的右手打架,在左右手互搏过程中提高自己的功力。生成对抗网络基本原理类似于"左右互搏"之术。生成器类似于左手扮演攻方,判别器类似于右手扮演守方。造假币技术和验钞技术也一样,生成器扮演造假币的机器造出以假乱真的假钞,判别器扮演验钞机判别是不是假钞。造假币技术和验钞技术在对抗中提高各自的生成和判别能力。

## 11.6.1　生成对抗网络的基本原理

　　生成方法是机器学习方法中一个重要分支,涉及对数据显式或隐式变量的分布假设和对分布参数的学习,基于学习得到的模型采样出新样本。生成模型则是通过上述生成方法学习得到的模型,概念图如图 11.26 所示。

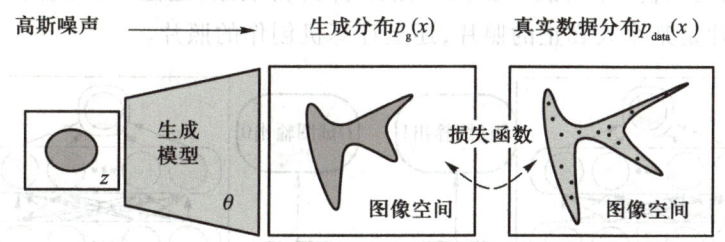

图 11.26　参数化生成模型概念图

　　在图 11.26 中,每个黑点分别表示采样于真实数据分布 $p_{\text{data}}(x)$ 的一张图像,参数化生成模型将一个高斯噪声矢量 $z$ 映射为一个生成概率分布 $p_{\text{g}}(x)$,通过优化损失函数调整参数 $\theta$ 使生成概率分布 $p_{\text{g}}(x)$ 尽可能逼近真实数据分布 $p_{\text{data}}(x)$ 从而准确解释真实数据。

　　生成网络把随机点变成与数据集相似的图片。这些随机点是从一个潜在空间中随机抽取的。生成网络其实就是一个实现点到点变换的函数,把潜在点空间中的点变成图像空间中的点。生成网络生成的点称为生成点。生成网络将潜在空间中的分布变换为图像空间中的分布,称为生成分布,所以生成网络也称为生成器。

　　生成模型是一个极具挑战的机器学习问题,首先,对真实世界进行建模需要大量先验知识,建模的好坏直接影响生成模型的性能;其次,真实世界的数据往往非常复杂,简单的函数很难把这些随机点恰好都变到真实图像的位置,所以需要非常复杂的模型,拟合模型所需计算量往往非常庞大,甚至难以承受。针对上述两大困难,当时还在蒙特利尔大学读博士的伊恩·古德费洛(Ian J. Goodfellow)于 2014 年提出一种新型生成模型——生成对抗网络(generative adversarial network,GAN)。

传统生成模型往往采用最大似然函数作为损失函数,而 GAN 则在生成模型之外引入一个判别模型,通过两者之间的对抗训练达到优化目的。生成对抗网络是属于无监督学习的一种深度学习模型,通过让"生成模型"和"判别模型"两个神经网络以相互博弈的方式进行学习。

生成对抗网络 GAN 的核心思想源于博弈论的纳什均衡。在二元零和博弈中,博弈双方的利益之和为零或一个常数,即一方有所得,另一方必有所失。基于这个思想,GAN 的框架中包含一对相互对抗的模型:生成器和判别器。判别器的目的是正确区分真实数据和生成数据,从而最大化判别准确率;生成器则是尽可能逼近真实数据的潜在分布。为了在博弈中胜出,二者需不断提高各自的判别能力和生成能力,优化的目标就是寻找二者间的纳什均衡。这类似于造假钞和验假钞的博弈。生成器类似于造假钞的机器,希望制造出尽可能以假乱真的假钞,而判别器类似于验钞机,希望尽可能鉴别是否为假钞。造假钞的人和警察双方在博弈中,不断提升各自的能力。对应于 GAN 来说,就是生成模型恢复了训练数据的分布(生成了和真实数据一模一样的样本),判别模型判别准确率为 50%,也就是相当于乱猜。这时两个网络都得到利益最大化,于是不再改变自己的策略,即不再更新自己的权值。

## 11.6.2　生成对抗网络的结构

生成对抗网络是由生成网络(generative network)和判别网络(discriminative network)两部分构成的,如图 11.27 所示。其中前者就是随机生成观测数据,例如"创作"出某个人的照片,而后者就负责辨别数据的真伪,即判别一张图片是来自真实数据,还是由生成网络"伪造"的数据。例如,判断一张照片是某个人真正的照片,还是计算机创作的照片。

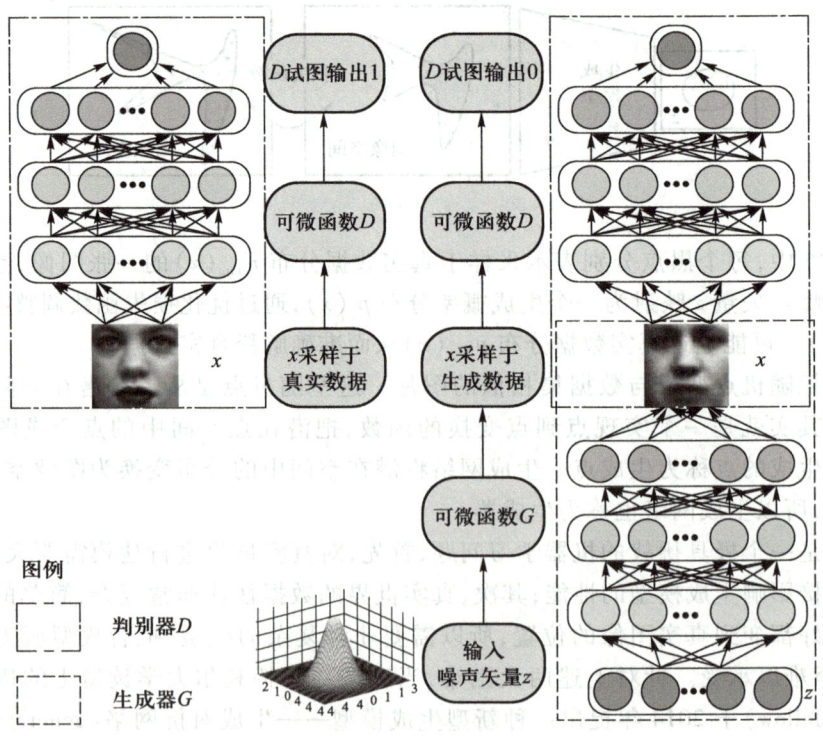

图 11.27　GAN 示意图

生成器(图 11.27 中虚线框内的多层感知机)的输入是一个来自常见概率分布的随机噪声矢量 $z$,输出是计算机生成的伪数据;判别器(图 11.27 中点画线框内的多层感知机)的输入是图片 $x$,$x$ 可能采样于真实数据,也可能采样于生成数据,判别器的输出是一个标量,用来代表 $x$ 是真实图片的概率,即当判别器认为 $x$ 是真实图片时输出 1,反之输出 0。判别器和生成器不断优化,当判别器无法正确区分数据来源时,可以认为生成器捕捉到真实数据样本的分布。

生成对抗网络是一类算法,其中,生成器和判别器可以是卷积神经网络等深度神经网络,也可以是 BP 神经网络等。

### 11.6.3 生成对抗网络的目标函数

该算法的目标是令生成器生成与真实数据几乎没有区别的样本,即一个造假一流的生成模型。从数学意义来说,即将随机变量生成为某一种概率分布,也可以说概率密度函数为相等的 $p_g(x) = p_{data}(x)$,这正是数学上证明生成器高效性的策略:即定义一个最优化问题,其中最优生成器($G$)满足 $p_g(x) = p_{data}(x)$。如果我们知道求解的 $G$ 最后会满足该关系,那么我们就可以合理地期望神经网络通过典型的随机梯度下降方法训练就能得到最优的 $G$。

那如何求解这个最优化问题呢?正如前面介绍的验钞机和假币的关系,定义最优化问题可以由以下两部分组成。首先我们需要定义一个判别器 $D$ 以判别样本是不是从 $p_{data}(x)$ 分布中取出来的,因此有

$$E_{x \sim p_{data}(x)}\left[\log(D(x))\right] \tag{11.21}$$

其中,$E$ 指代取期望。这一项是根据对数损失函数而构建的。最大化这一项相当于令判别器 $D$ 在 $x$ 服从于 data 的概率密度时能准确地预测 $D(x) = 1$,即

$$D(x) = 1, when\ x \sim p_{data}(x) \tag{11.22}$$

另外一项是企图欺骗判别器的生成器 $G$。该项根据对数损失函数来构建,即

$$E_{z \sim P_z(z)}\left[\log(1-D(G(z)))\right] \tag{11.23}$$

如果最大化该项的值,则需要令均值 $D(G(z)) \approx 0$,也就是说对于从生成器产生的数据不能"欺骗"判别器。将这两项的值相加,判别器的目标即最大化下面的值:

$$E_{x \sim p_{data}(x)}\left[\log(D(x))\right] + E_{z \sim P_z(z)}\left[\log(1-D(G(z)))\right] \tag{11.24}$$

给定生成器 $G$,其代表了判别器 $D$ 正确地识别了真实和伪造数据点。给定一个生成器 $G$,上式所得出来的最优判别器可以表示为 $D_G$,定义价值函数为

$$\min_G \max_D V(G,D) = E_{x \sim p_{data}(x)}\left[\log(D(x))\right] + E_{z \sim P_z(z)}\left[\log(1-D(G(z)))\right] \tag{11.25}$$

最终我们可以将最优化问题表述为

$$D_G = \arg \max_D V(G,D) \tag{11.26}$$

目标函数(11.26)在

$$D_G^*(x) = \frac{p_{data}(x)}{p_{data}(x) + p_g(x)} \tag{11.27}$$

取得最优解。其中,$p_{data}(x)$ 代表真实图像的分布,$p_g(x)$ 代表随机噪声的分布。

从式(11.27)可见,GAN 对两个概率分布密度化值进行估计,而不是基于马尔科夫链或者对变分下界进行近似,这是 GAN 与其他生成模型的关键区别。

### 11.6.4    生成对抗网络的训练

GAN 不需要标注大量的数据即可进行训练。GAN 的训练过程包括两个相互交替的阶段：一个是固定生成网络，用来训练判别网络；另一个是固定判别网络，用来训练生成网络。两个网络相互对抗的过程，就是各自网络参数不断调整的过程，而参数的调整过程就是学习过程。

固定生成网络，训练判别网络。在训练判别网络时，通过不断给它输入两种类别的图片，并标注不同的分值。一类图片是生成网络生成的图片，另一类是真实图片。将生成图片和真实图片组成一个二分类的数据集，训练判别网络。将生成图片和实际图片分别输入到判别网络，如果输入图片是来自真实数据集，则输出为 1。如果输入图片来自生成网络，则输出为 0。通过这样的训练，来提高判别网络的甄别能力，同时给生成网络进一步训练提供信息。

固定判别网络，训练生成网络。持续地在潜空间中生成一些随机数据，用生成网络将这些数据变换为生成图片，分值越高，说明图片越逼真。将这些图片输入到判别器中，得到“这个图片为真实图片”的概率，概率越大，说明图片越逼真。例如 0.5，它表示这个图片有 50% 的概率来自真实数据集，也有 50% 的概率来自生成网络。生成网络利用这些信息调整生成网络参数，使得后面生成出来的图片更接近实际图片。理想情况下，最终博弈的结果是 $D(x) = D(G(z)) = 0.5$。

当判别器判定生成样本 $G(z)$ 为 0，真实样本 $x$ 为 1 时，生成器 $G$ 的梯度为 0。如果使用 $E_z[\log D(G(z))]$ 作为 $G$ 的损失函数优化，可能引起梯度消失问题。在理想的情况中，生成器 $G$ 和判别器 $D$ 的“能力”碾压生成器 $G$ 时，两者难以博弈。

GAN 在训练中也容易出现一些问题，训练过程具有强烈的不稳定性，实验结果随机，难以复现，具体表现在：

① 训练过程难以收敛，经常出现振荡。

② 训练收敛，但是出现模式崩溃（model collapse）。用数据集训练，训练后的 GAN 模型只能生成训练数据集中部分数据，而失去其他模式。例如，用 MNIST 数据集训练 GAN 模型，但只能生成十个数字中的某一个或者几个。其主要原因是深度神经网络只能逼近连续映射，而传输映射本身是具有间断点的非连续映射。目前已经提出了一些改进算法。

③ 训练收敛，但是 GAN 还会生成一些没有意义或者现实中不可能出现的图片。

## 11.7    自编码器

### 11.7.1    基本自编码器

深度学习的最简单的一种方法是利用人工神经网络的特点，人工神经网络（ANN）本身就是具有层次结构的系统，如果给定一个神经网络，假设其输出与输入是相同的，然后训练调整其参数，得到每一层中的权重。自然地，就得到了输入 I 的几种不同表示（每一层代表一种表示），这些表示就是特征。

自编码器讲课视频 ▲

自编码器（auto-encoder）又称自动编码器，就是一种尽可能复现输入信号的神经网络。为了实现这种复现，自编码器就必须捕捉可以代表输入数据的最重要的因素，就像 PCA 那样，找到可以代表原信息的主要成分。自编码器是一种无监督学习方法。由无监督预训练和有监督调优两个阶段构成,是许多深度学习算法的思想基础。

神经网络中自编码器的起源已经难以探寻了。Goodfellow 等人 2014 年编写的教材引用了 Yann LeCun 的博士论文作为该算法最早的参考文献。

自编码器是一种函数,要求其输出几乎与输入相同,这个函数由神经网络实现。为了让这个函数不是简单的复制,常采用降维的方式。编码过程也称为下采样(downsampling),因为它缩小了图像大小,而解码过程称为上采样(upsampling)。

自编码器的目标函数为

$$L = \sum_{n=1}^{N} \| x_n - g(f(x_n)) \|^2 \tag{11.28}$$

由于使用自编码器是为了得到更有效的数据表示,因此,在其训练结束后,只保留编码器。

具体过程简单地说明如下:

### (1) 给定无标签数据,用无监督学习学习特征

像 BP 神经网络学习的是样本,称为是有标签的。BP 算法根据当前神经网络的实际输出和样本输出之间的差去改变前面各层的参数,直到收敛。但现在只有样本输入,没有样本输出,称为无标签的。

如图 11.28 所示,为了实现机器学习,将样本数据输入到编码器就会得到一个编码,这个编码也就是样本输入的一种表示。为了验证这个编码表示就是样本输入,将这个编码器的输出输入到解码器。如果解码器输出的信息和输入样本信息相似(理想情况下相同),说明这个编码是合适的。所以,可以通过调整编码器和解码器的参数,使得重构误差最小,这时候就得到了样本输入的编码表示了。因为是无标签数据,所以误差就是直接重构后与原输入相比较得到的。

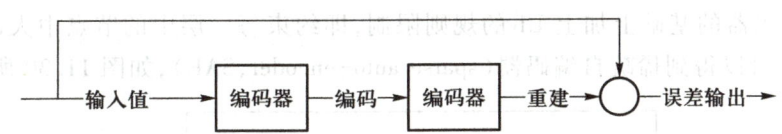

图 11.28　非监督学习的实现过程

### (2) 通过编码器产生特征,然后逐层训练下一层

上面得到了原输入信号的第一层编码。第二层训练方式可以类似于第一层的训练,如图 11.29 所示就是将第一层输出的编码当成第二层的输入信号,同样最小化重构误差,就会得到第二层的参数,并且得到第二层输入的编码,也就是原输入信息的第二个表达了。依此类推,其他各层按照同样的方法训练。

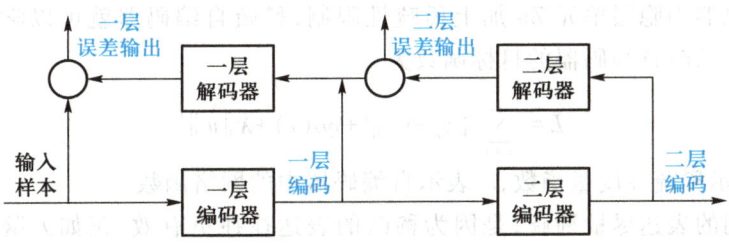

图 11.29　二层编码解码过程

自编码器变体讲
课视频▲

**（3）有监督微调**

经过上面的训练,可以得到很多层的编码。每一层都会得到原始输入的不同表达,而且越来越抽象了,就像人的视觉系统一样。

上面介绍的自编码器能够获得代表输入的特征,这个特征可以最大程度上代表原输入信号,但还不能用来分类数据。它只是学会了如何重构或复现它的输入。或者说,它只是学习。为了实现分类,可以在最后一个编码器的后面添加一个分类器(例如 BP 神经网络、SVM 等),然后通过标准的多层神经网络的监督训练方法(梯度下降法)去训练这个分类器。

目前自编码器的应用主要有两个方面:一是数据去噪,即通过自编码器将原图像当中的噪声去除。该方法通过引入合适的损失函数,使得模型可以学习到在受损的输入情况下依然可以获得良好的特征表达的能力,进而恢复对应的无噪声输入。二是数据的降维,即通过对隐特征加上适当的维度和稀疏性约束,使得自编码器可以学习到低维的数据投影。例如,假设输入和输出层都有 100 个神经元,隐层只有 50 个神经元,通过自编码器就可以只用隐含层的 50 个神经元找到 100 个输入层数据的特点,能够保证输出数据和输入数据大致一致,从而实现了降维的目标。目前,自编码器已成功应用于降维和信息检索等任务中。

### 11.7.2 自编码器的变体

对自编码器加上一些约束条件可以得到一些新的深度学习算法。

#### 1. 稀疏自编码器

若中间隐层 Zn 的维度 M 大于输入样本的维度 D,并且要求 Zn 尽量稀疏,则称该编码器为稀疏自编码器,其优点是有很高的可解释性,并同时进行了隐式的特征选择。

如果在自编码器的基础上加上 L1 的规则限制,即约束每一层中的节点中大部分都要为 0,只有少数不为 0,可以得到稀疏自编码器(sparse auto-encoder,SAE),如图 11.30 所示。

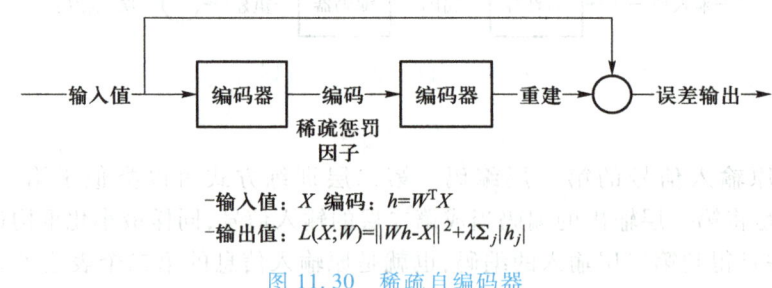

－输入值：$X$ 编码：$h=W^{\mathrm{T}}X$
－输出值：$L(X;W)=\|Wh-X\|^2+\lambda\Sigma_j|h_j|$

图 11.30 稀疏自编码器

通过给自编码器中隐层单元 Zn 加上稀疏性限制,稀疏自编码器就可以学习到样本数据中一些有用的结构。稀疏自编码器的目标函数为

$$L=\sum_{n=1}^{N}\|x_n-x_{n'}\|^2+\eta\rho(z)+\lambda\|w\|^2 \tag{11.29}$$

其中,$\rho(z)$ 表示稀疏性度量函数,$w$ 表示自编码器中的网络函数。

限制每次得到的表达尽量稀疏,是因为稀疏的表达往往更有效,正如人脑视觉信息处理系统中,某个输入只是刺激人脑中某些神经元,其他大部分神经元是受到抑制的。

### 2. 降噪自编码器

如图 11.31 所示,降噪自编码器(denoising auto-encoders,DAE)是在自编码器的基础上,将噪声加入训练数据,让自编码器学习去除这种噪声而获得实际输入。降噪自编码器可以通过梯度下降法去训练。将输入图像的特征分布添加可变数量的噪声(如二项式噪声、高斯噪声),把源输入变为损坏的噪声输入,然后去训练 DAE 对输入去噪,找到通过的潜在向量,重构原始输入图像。

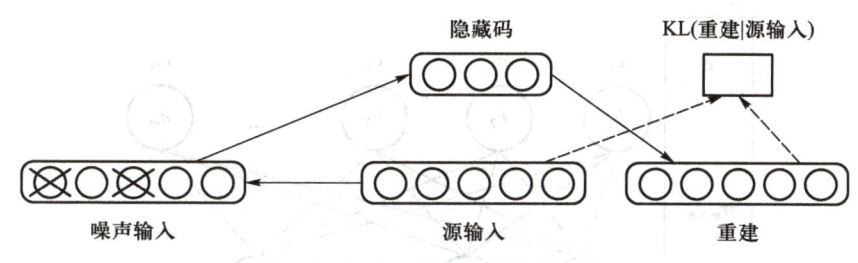

图 11.31　降噪自编码器

## 11.8　受限玻尔兹曼机

受限玻尔兹曼机是一种具有随机性的生成型神经网络。由于受限玻尔兹曼机只具有两层结构,严格说来并不是一种真正的深度学习模型,但可以用它作为基本模块来构造自编码器、深层信念网络、深层玻尔兹曼机等许多深度学习模型。

下面介绍受限玻尔兹曼机(restricted Boltzmann machine,RBM)的深度学习模型。

受限玻尔兹曼机
讲课视频▲

### 11.8.1　能量模型和概率分布

玻尔兹曼网络是一种随机网络,网络节点的取值状态是随机的,从贝叶斯网的观点来看,要描述整个网络,需要用三种概率分布来描述系统,即联合概率分布、边缘概率分布和条件概率分布。从贝叶斯网的观点看,受限玻尔兹曼网络可以看作一个双向的有向图,即从输入层节点可以计算隐层节点取某一种状态值的概率,反之亦然。

能量函数是描述整个系统状态的一种测度。系统越有序或者概率分布越集中,系统的能量越小。反之,系统越无序或者概率分布越趋于均匀分布,则系统的能量越大。能量函数的最小值,对应于系统的最稳定状态。模拟退火算法就是在高温中试图跳出局部最小。

在马尔科夫随机场(MRF)中能量模型主要扮演着两个作用:一是全局解的度量(目标函数);二是能量最小时的解(各种变量对应的配置)为目标解。

RBM 的能量函数的定义如下:

$$E(\boldsymbol{v},\boldsymbol{h})= -\sum_{j=1}^{n}\sum_{i=1}^{m}w_{ij}h_{i}v_{j} - \sum_{j=1}^{m}b_{j}v_{j} - \sum_{i}c_{i}h_{i} \qquad (11.30)$$

这个能量函数表明:每个可视节点和隐藏节点之间的连接结构都有一个能量,通俗来说就是可视节点的每一组取值和隐藏节点的每一组取值都有一个能量,如果可视节点的一组取值(也就是一个训练样本的值)为 (1,0,1,0,1,0),隐藏节点的一组取值(也就是这个训练样本编码后的值)为 (1,0,1),然后分别代入上面的公式,就能得到这个连接结构之间的能量。

## 11.8.2　RBM 的网络结构

一个普通的 RBM 网络结构如图 11.32 所示。

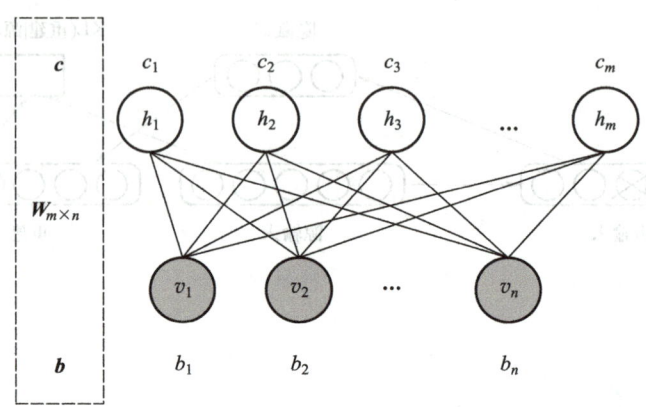

图 11.32　RBM 网络结构图

假设 RBM 各观测变量之间相互独立,各隐藏层变量之间也相互独立,将观测变量和隐藏变量用完全二部图表示。二部图又叫二分图,是图论中的一种特殊模型,是指顶点集可分割为两个互不相交的子集,并且图中每条边依附的两个顶点都分属于这两个互不相交的子集。

以上的 RBM 网络结构有 $n$ 个可视节点和 $m$ 个隐藏节点,其中每个可视节点只和 $m$ 个隐藏节点相关,和其他可视节点是独立的,也就是这个可视节点的状态只受 $m$ 个隐藏节点的影响,对于每个隐藏节点也是,只受 $n$ 个可视节点的影响,这个特点使得 RBM 的训练简单化。

RBM 网络有几个参数,一个是可视层与隐藏层之间的权重矩阵 $W_{m \times n}$,一个是可视节点的偏移量 $b = (b_1, b_2 \cdots, b_n)$,一个是隐藏节点的偏移量 $c = (c_1, c_2 \cdots, c_m)$,这几个参数决定了 RBM 网络将一个 $n$ 维的样本编码成一个什么样的 $m$ 维的样本。

根据能量函数定义可视节点和隐藏节点的联合概率为

$$p(\boldsymbol{v}, \boldsymbol{h}) = \frac{\mathrm{e}^{-E(\boldsymbol{v}, \boldsymbol{h})}}{\sum_{\boldsymbol{v}, \boldsymbol{h}} \mathrm{e}^{-E(\boldsymbol{v}, \boldsymbol{h})}} \tag{11.31}$$

上式表明,一个可视节点的一组值(一个状态)和一个隐藏节点的一组值(一个状态)发生的概率 $p(\boldsymbol{v}, \boldsymbol{h})$ 是由能量函数来定义的。在统计热力学上,当系统和它周围的环境处于热平衡时,一个基本的结果是状态 $i$ 发生的概率为

$$p_i = \frac{1}{Z} \times \mathrm{e}^{-\frac{E_i}{k_b \times T}} \tag{11.32}$$

其中,$E_i$ 表示系统在状态 $i$ 时的能量,$T$ 为开尔文绝对温度,$k_b$ 为玻尔兹曼常数,$Z$ 为与状态无关的常数。这个概率是一个特殊的 Gibbs 分布。根据上述联合概率可以得到一些条件概率

$$p(\boldsymbol{v}) = \frac{\sum_{\boldsymbol{h}} \mathrm{e}^{-E(\boldsymbol{v},\boldsymbol{h})}}{\sum_{\boldsymbol{v},\boldsymbol{h}} \mathrm{e}^{-E(\boldsymbol{v},\boldsymbol{h})}}, \qquad p(\boldsymbol{h}) = \frac{\sum_{\boldsymbol{v}} \mathrm{e}^{-E(\boldsymbol{v},\boldsymbol{h})}}{\sum_{\boldsymbol{v},\boldsymbol{h}} \mathrm{e}^{-E(\boldsymbol{v},\boldsymbol{h})}}$$

$$p(\boldsymbol{v}\,|\,\boldsymbol{h}) = \frac{\mathrm{e}^{-E(\boldsymbol{v},\boldsymbol{h})}}{\sum_{\boldsymbol{v}} \mathrm{e}^{-E(\boldsymbol{v},\boldsymbol{h})}}, \qquad p(\boldsymbol{h}\,|\,\boldsymbol{v}) = \frac{\mathrm{e}^{-E(\boldsymbol{v},\boldsymbol{h})}}{\sum_{\boldsymbol{h}} \mathrm{e}^{-E(\boldsymbol{v},\boldsymbol{h})}} \tag{11.33}$$

记 $\boldsymbol{\theta} = (\boldsymbol{W}, \boldsymbol{b}, \boldsymbol{c})$ 表示 RBM 中的参数,可将其视为把 $\boldsymbol{W}$、$\boldsymbol{b}$、$\boldsymbol{c}$ 中的所有分量拼接起来得到的长向量。此外,为了便于讨论,我们假定 RBM 中所有神经元均为一值的,即 $\forall i,j$,有 $v_i, h_j \in \{0,1\}$。这样的 RBM 也称为 Binary RBM。

### 11.8.3　RBM 网络的特征学习过程

假设每个节点取值都在集合 $\{0,1\}$ 中,即 $\forall i,j, v_i \in \{0,1\}, h_j \in \{0,1\}$。一个训练样本 $x$ 取值为 $x = (x_1, x_2, \cdots, x_n)$,根据 RBM 网络,可以得到这个样本的 $m$ 维的编码后的样本 $y = (y_1, y_2, \cdots, y_m)$,这 $m$ 维的编码也可以认为是抽取了 $m$ 个特征的样本。$m$ 维编码后的样本是按照下面的规则生成的:对于给定的 $\boldsymbol{x} = (x_1, x_2, \cdots, x_n)$,隐藏节点的第 $j$ 个特征的取值为 1 的概率为 $p(h_j = 1\,|\,\boldsymbol{v}) = \sigma\left(\sum_{i=1}^{n} w_{ij} \times v_i + c_j\right)$,其中 $v_i$ 的取值就是 $x_i$,$h_j$ 的取值就是 $y_j$,也就是说,编码后的样本 $\boldsymbol{y}$ 的第 $j$ 个位置的取值为 1 的概率是 $p(h_j = 1\,|\,\boldsymbol{v})$。所以,生成 $y_j$ 的过程为

① 根据 $\boldsymbol{x}$ 的值计算概率 $p(h_j = 1\,|\,\boldsymbol{v}) = \sigma\left(\sum_{i=1}^{n} w_{ij} \times v_i + c_j\right)$,其中 $v_i$ 的取值就是 $x_i$ 的值。

② 然后产生一个 0 到 1 之间的随机数,如果它小于 $p(h_j = 1\,|\,\boldsymbol{v})$,$y_j$ 的取值就是 1,否则就是 0。

反过来,已知一个编码后的样本 $\boldsymbol{y}$,要得到原来的样本 $\boldsymbol{x}$,即解码过程,跟上面过程类似,过程如下:

① 根据 $\boldsymbol{y}$ 的值计算概率 $p(v_i = 1\,|\,\boldsymbol{h}) = \sigma\left(\sum_{j=1}^{m} w_{ji} h_j + b_i\right)$,其中 $h_j$ 的取值就是 $y_j$ 的值。

② 产生一个 0 到 1 之间的随机数,如果它小于 $p(v_j = 1\,|\,\boldsymbol{h})$,$x_i$ 的取值就是 1,否则就是 0。

RBM 的作用主要有

① 对数据进行编码,然后由监督学习方法进行分类或回归。

② 得到权重矩阵和偏移量,供 BP 神经网络初始化训练。因为神经网络也是要训练一个权重矩阵和偏移量,但如果直接用 BP 神经网络,初始值选不好的话,往往会陷入局部极小值。实际应用结果表明,直接把 RBM 训练得到的权重矩阵和偏移量作为 BP 神经网络初始值,得到的结果会非常好。

③ RBM 估计联合概率 $p(\boldsymbol{v}, \boldsymbol{h})$,如果把 $\boldsymbol{v}$ 当作训练样本,$\boldsymbol{h}$ 当成类别标签(隐藏节点只有一个的情况,能得到一个隐藏节点取值为 1 的概率),就可以利用贝叶斯公式求 $p(\boldsymbol{h}\,|\,\boldsymbol{v})$,然后就可以进行分类,类似朴素贝叶斯、LDA、HMM。说得专业点,RBM 可以作为一个生成模型(generative model)使用。

④ RBM 直接计算条件概率 $p(\boldsymbol{h}\,|\,\boldsymbol{v})$,如果把 $\boldsymbol{v}$ 当作训练样本,$\boldsymbol{h}$ 当成类别标签(隐藏节点只有一个的情况,能得到一个隐藏节点取值为 1 的概率),RBM 可以作为一个判别模型(discriminative model）使用。

### 11.8.4　基于 RBM 的深度网络结构

如果把 RBM 的隐层数增加,可以得到深度玻尔兹曼机（deep Boltzmann machine,DBM）。

如果在靠近可视层的部分使用贝叶斯信念网络即有向图模型,而在远离可视层的部分使用 RBM,可以得到深信度网络（deep belief nets）。

深度学习正在取得重大进展,解决了人工智能界的尽最大努力很多年仍没有进展的问题。它已经被证明,它能够发现高维数据中的复杂结构,因此它能够被应用于科学、商业和政府等领域。目前已经在图像识别、语音识别、预测潜在的药物分子的活性、分析粒子加速器数据、重建大脑回路、预测在非编码 DNA 突变对基因表达和疾病的影响等领域取得比传统机器学习方法更好的结果。特别是在自然语言理解的各项任务中产生了非常可喜的成果,尤其是主题分类、情感分析、自动问答和语言翻译。

深度学习算法需要采集到充分大的高维数据样本,才能缓解复杂模型的过度学习（overfitting）。深度学习的另一局限性是可解释性不强,即很难对深度学习算法在具体问题上给出具体解释。

11.8 节阅读文献▲

## 11.9　小结

#### 1. 卷积神经网络

卷积神经网络是一个多层的神经网络,每层由多个二维平面组成,每个平面由多个独立神经元组成。特征提取层 C 代表对输入图像进行滤波后得到的所有组成的层。特征映射层 S 代表对输入图像进行下采样得到的层。

卷积神经网络使用 4 个关键技术来利用自然信号的属性:局部连接、权值共享、多卷积核以及池化的使用。

#### 2. 神经胶囊网络

神经胶囊网络中胶囊不是传统神经网络中的一个神经元,而是一组神经元,其输入输出均为高维的活动向量,通过归一化处理,向量的“长度”可表示检测实体存在的概率,也就是向量的输出数值大小;向量的“方向”表示检测实体的各个属性,也就是向量的各个维度信息,表示的内容丰富,便于识别更加复杂多变的场景。

#### 3. 循环神经网络

循环神经网络（RNN）是一种对序列数据建模的神经网络,非常适合于对自然语言等时序信号的建模。

#### 4. 长短期记忆神经网络

长短期记忆神经网络（LSTM）是一种 RNN 特殊的类型,使用“累加”的形式计算状态,避免了梯度消失问题。

LSTM 主要利用遗忘门、输入门、输出门操作来管理和控制神经元的状态信息。

#### 5. 生成对抗网络

生成对抗网络中包含生成器和判别器。使用对抗训练机制对生成器和判别器两个神经网络同时进行训练。

生成器的输入是一个来自常见概率分布的随机噪声矢量,输出是计算机生成的伪数据。

判别器的输入是图片(可能采样于真实数据,也可能采样于生成数据),判别器的输出是一个标量,用来代表是真实图片的概率。

#### 6. 自编码器

自编码器是一种尽可能复现输入信号的神经网络。给定无标签数据,用无监督学习学习特征。通过编码器产生特征,然后逐层训练下一层。在最后一个编码器的后面添加一个分类器,然后通过标准的多层神经网络的监督训练方法训练。

#### 7. 受限玻尔兹曼机

受限玻尔兹曼机是一种随机网络,网络节点的取值状态是随机的。从输入层节点可以计算隐层节点取某一种状态值的概率,反之亦然。用能量函数作为系统状态的一种测度。

## 思考题

11.1　简述卷积神经网络的起源与发展。

11.2　简述卷积神经网络的主要组成部分及其功能。

11.3　简述卷积神经网络的学习机理。

11.4　简述卷积神经网络的结构。

11.5　什么是卷积神经网络中的局部连接?

11.6　什么是卷积神经网络中的权值共享?

11.7　为什么要采用多卷积核?

11.8　什么是卷积神经网络中的池化? 常用的有哪些方法? 池化过程有什么缺点?

11.9　简述胶囊网络的结构。

11.10　简述胶囊网络的特点。

11.11　简述循环神经网络的结构和基本原理。

11.12　简述长短期记忆神经网络的结构和基本原理。

11.13　简述生成对抗网络的结构和基本原理。

11.14　简述生成对抗网络的目标函数。

11.15　为什么生成对抗网络中的生成网络能够生成以假乱真的图片?

11.16　简述自编码器的原理。

11.17　简述受限玻尔兹曼机的原理。

## 习题

11.1　早期的人工神经网络多使用 Sigmoid 函数作为激活函数,在输入较小或较大的时候,函数会趋于平缓,梯度会趋近为 0,即出现梯度消失问题。求取 Sigmoid 函数的导数,分析造成梯度消失的原因。

11.2　为了避免 Sigmoid 导致的梯度消失的现象,可以选择使用 ReLU 函数代替 Sigmoid 函数。求

ReLU 函数的导数,分析造成梯度消失的原因。

11.3    编程(使用 python)实现(或用深度学习框架如 TensorFlow、Keras 等)实现卷积神经网络,并在手写字符识别数据集 MNIST 上进行试验测试。

11.4    设计一个三层 BP 神经网络对字母 a、b、c、d 进行分类,每个字母图像用 10×10 的网格表示。该 BP 神经网络的输出要求是一个二进制数,分别对应字母图像。

(1)计算输入层的神经元个数,并描述对应的信息。

(2)计算输出层的神经元个数,并描述对应的信息。

(3)给出 BP 神经网络输出层神经元的非线性函数。

# 第 12 章　大语言模型及其应用

　　大语言模型引领了人工智能生成内容(artificial intelligence generated content,AIGC)快速发展,使得"无生命"的人工智能成了越来越多内容生成的源头。AIGC 在生成式人工智能模型、训练数据的基础上,利用大语言模型可以生成具有一定创意和质量的作品,涵盖文本、图像、音频、视频、代码等生成的多个领域。

　　本章首先介绍大语言模型的发展与应用、大语言模型提示工程、知识蒸馏技术,然后简要介绍大语言模型的核心注意力机制和 Transformer,最后分别简要介绍生成式人工智能在图像处理、机器翻译、语音识别、视频生成等领域中的应用案例。

## 12.1　大语言模型

### 12.1.1　大语言模型的概念与发展

　　大语言模型(large language model,LLM)简称大模型(large model),是指在人工智能领域,特别是在深度学习领域中,参数量非常大的人工神经网络模型,能够在大量的文本数据上进行训练,能够学习到数据的复杂特征,可以执行多种更复杂、更抽象的任务,包括自然语言处理、文本总结、翻译、语音识别、情感分析等,以及理解和生成人类语言。

　　参数是神经网络中用于计算和存储信息的基本元素,它们在训练过程中不断调整以适应数据。因此,大模型的最重要特征是其参数数量的规模。大模型是一种人工神经网络模型,具有参数量大、训练数据量大、计算能力要求高、泛化能力强、应用广泛等特点。通过增加网络的深度和宽度,以及使用更多的神经元,大模型可以提供更强大的计算能力,从而更好地学习和理解数据,包括文本、图像、语音等多种类型的数据。

　　事实上,2013 年之前提出的 CNN/RNN/LSTM 是大模型的基础。2013 年 Google 提出的高效训练向量模型 Word2Vec 非常流行,直到 2018 年 Google 推出基于 Transformer 架构的具有 3.4 亿个参数的预训练语言模型 BERT。2017 年 Google 提出的 Transformer 中引入了自注意力机制和位置编码,改进了 RNN 和 LSTM 不可并行计算的缺陷。

　　2018 年 6 月 OpenAI 发布 GPT-1 大模型,具有 1.1 亿个参数。2018 年 11 月 OpenAI 发布 GPT-2 大模型,具有 15 亿个参数。2019 年 6 月 10 日 OpenAI 发布 GPT-3 大模型,具有 1 750 亿个参数,并向部分合作伙伴提供了访问权限。2019 年 9 月 OpenAI 开放了 GPT-2 大模型的全部代码和数据,并发布了更高级的版本。2020 年 5 月 OpenAI 宣布推出 GPT-3 大模型的 beta 版本,该模型拥有 1750 亿个参数。2022 年 11 月 30 日 OpenAI 通过 GPT-3.5 系列大型语音模型微调而成的全新对话式通用人工智能模型 ChatGPT 正式发布,将大模型的发展推向又一个高潮。

　　2023 年 3 月 15 日 OpenAI 推出了多模态大模型 GPT-4,不仅能够阅读文字,还能识别图像,并生成文本结果,现已接入 ChatGPT 向 Plus 用户开放。ChatGPT 的名字是由两部分组成的；Chat 即"聊天"；GPT 为英文"generative pre-trained transformer"的首字母缩写，意即"生成式预训练转换器"。ChatGPT 是由 OpenAI 开发的一个人工智能聊天机器人程序。ChatGPT 的技术关键是使用了"人类反馈强化学习"RLHF 进行训练。它可以理解人类输入的文字，并根据文字的提问和指令，以文字的方式输出答案和反馈，从而实现借助自然语言的多轮次的人机对话。

2023 年 11 月 OpenAI 公司发布处理速度更快、费用更低的 GPT-4 Turbo 模型。2024 年 2 月 OpenAI 公司发布文生视频大模型 Sora，能够准确理解用户指令中所表达的需求，并以视频的形式进行展示。用户通过提出要求，Sora 可以创建长达 60 秒的文生视频，其中包含高度详细场景、复杂摄像机运动以及充满活力的多个角色。由 Sora 创作的视频不仅包含复杂的场景和多个角色，而且对角色的动作、瞳孔、睫毛、皮肤纹理进行了细节刻画。

2024 年 5 月 14 日凌晨 OpenAI 发布的"Magic（魔法）"包括：ChatGPT 新 UI、桌面版 GPT 以及 GPT-4o。GPT-4o 是一个全能的多模态大模型，o 表示全能模型（omni model），可以接收文本、音频和图像的任意组合作为输入，并实时生成文本、音频和图像的任意组合输出。GPT-4o 对音频输入的反应最短时间为 232ms，平均时间为 320ms，实现近乎自然的语音交互，以往产品的反应平均时间为 2s 以上。特别是它能够与人类共情，即能够识别人类感情，并作出有感情的反应。GPT-4o 可以应用于各种场所，如智能客服、在线教育、医疗咨询、智慧康养等。

## 12.1.2　大语言模型的特点

大模型规模庞大，例如，ChatGPT3 有 96 层、12288 个隐层维度、1750 亿个参数，帮助它们学习语言数据中的复杂模式。大模型参数量的增加带来了训练和推理的复杂度，需要更多的存储和计算资源以及计算时间。因此，大模型通常需要使用高性能计算机和大规模计算集群来进行训练，也需要使用各种优化算法加速训练过程和提高模型的准确率。大模型需要通过海量数据及高质量标注语料库进行训练。大模型很难在单个 GPU 上进行预训练，需要使用 GPU 集群进行分布式训练。大模型基于 Transformer 架构进行构建，由多层神经网络架构叠加而成。

与传统的小模型相比，大模型更能够捕捉到数据的细节及其复杂的特征，因此在处理复杂任务上有明显优势。大模型能够解决更加复杂和具有挑战性的任务，极大地提升了人工智能的应用能力，大模型的应用非常广泛。

在自然语言处理领域中，大模型可以用于机器翻译、文本生成、对话系统等任务并取得了显著的成果，如 BERT、GPT 等大模型可以用于文本的语义理解、情感分析、机器翻译等任务。这些大模型能够学习语言的上下文信息和语义特征，从而提高自然语言处理的准确性和效果。在语音识别领域中，大模型可以用于语音识别、语音合成、语音转换等任务。

在图像处理领域中，大模型可以用于图像分类、目标检测、图像生成等任务。在计算机视觉领域中，ResNet、InceptionV3 等大模型在图像分类、对象检测等任务上表现出色。这些大模型能够提取图像中的视觉特征，并进行准确的分类和识别。使用大模型的推荐系统通过对用户行为数据的分析和学习，能够更好地理解用户的喜好和行为模式，对用户的兴趣和需求进行更准确的推荐。

### 12.1.3 大语言模型提示工程

提示词对于大模型的生成结果和质量具有重要影响,选择合适的提示词被称为提示工程。一个好的提示词可以帮助模型更好地理解用户的意图,并生成更符合意图的结果。提示词是一种优化和改进大模型生成性能的重要方法。这种方法不是对大模型参数进行修改或者重新训练,而是针对特定任务的了解通过特殊设计的提示词引导模型生成更好的结果。

提示(prompt)在大语言模型出现前就已经存在了,是用户向计算机程序传入的一个/组指令,以引导其朝着用户的期望进行响应或行动。在大语言模型时代,提示一般指用户与大语言模型互动的文本,如问题、指令或闲聊。

大语言模型提示工程(prompt engineering)又称提示语工程,是一种利用大语言模型进行自然语言处理任务的新方法,通过开发与优化提示词,从而让大模型输出预期结果的过程,可以实现如摘要、问答、翻译等多种任务。

大语言模型提示工程包括提示工程原则、自动提示生成、用例调查、基础设施、安全和最后的思考。

提示语工程提示顺序、样例选择和模型校准对性能有显著影响。如何写出好的提示? 提示语工程的三个关键点:

① 前提条件:明确自己的需求。

② 核心工作:开发与优化提示词。

③ 目标:让大模型返回用户期望的结果。

为了能够提高模型输出效率,可以按照下列提示词框架编写提示词:

① 指令(instruction):明确描述模型需要执行的任务,指令应简洁、明确,确保模型能理解任务的目标和要求。

② 背景信息(context):提供给模型的上下文信息,可以帮助模型更好地理解任务和生成响应,背景知识可以包括任务的背景、目的、相关知识和其他相关信息。

③ 输入数据(input data):输入数据是可选的,如果模型不需要特定的输入数据,可以省略此部分内容。

④ 输出引导(output indicator):要求模型如何组织和呈现输出结果。

大语言模型提示工程是技巧性很强的工作,有待在运用大模型的实践中逐渐提高。

### 12.1.4 知识蒸馏技术

大模型开发面临一个非常重要的实际问题:在有限的算力资源下,如何以低成本快速训练大语言模型?

2006 年,Bucilua 等首次提出通过模型压缩技术迁移大型或者集成模型中的信息去训练小型模型时,精度不会显著下降。2015 年,Hinton 等发表论文 *Distillation the Knowledge in a Neural Network* 正式提出知识蒸馏(knowledge distillation)的概念,目前已经成为一种常用的模型压缩方法。

知识蒸馏的结构如图 12.1 所示。

图 12.1 中,教师模型是已经训练完成的大型模型,学生模型是小型待训练的模型。

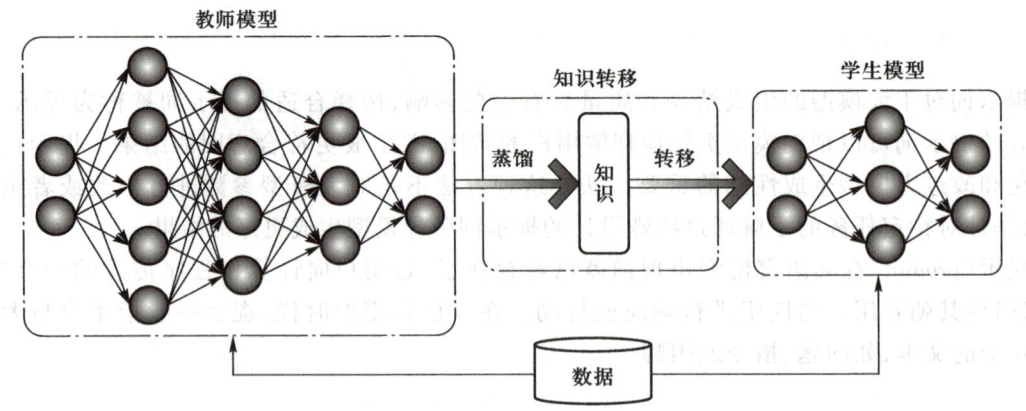

图 12.1　知识蒸馏的结构

知识蒸馏是将教师模型中的知识"蒸馏"到学生模型中去,其本质就是在训练小型学生模型时,用大型教师模型指导,从而实现知识的传递。

对于一个分类任务,训练数据集中的标签称为 Hard label,教师模型的预测概率输出为 Soft label。Hard label 是在训练集中,除了正标签,其他负标签都是 0。Transformer 代表用来调整 Soft label 平滑程度的超参数。

知识蒸馏的主要目标是教会学生模型如何更好地泛化新的数据。因此,知识蒸馏方法不仅能够学习到正确的分类结果,而且可以通过学习教师模型的输出结果学习到数据之间的复杂关系和不确定性,为学生模型提供了更为丰富的信息。Soft label 的概率发布熵越大,表明其包含的信息量越大,训练学生模型的效果越好。在输出结果中,每个类别基本上都分配到一定的概率,从而提供更为丰富的信息。

如果学生模型能够同时参考教师模型的输出和实际标签值,就可以有效降低被教师模型的偶然错误所误导的可能性,并能够学习教师模型的泛化能力。

给定教师模型,知识蒸馏方法的一般步骤如下:

① 在温度 $T$ 下,教师模型产生 Soft label。这些标签中包含了模型对各个类别的概率预测。

② 使用 Soft label 和 Hard label 同时训练学生模型。在这个过程中,学生模型不仅需要学习如何正确分类样本,还要模仿教师模型的概率输出结果。

③ 当模型训练完成后,设置温度 $T$ 为 1,模型在不受温度干扰的情况下进行推理。

高温蒸馏过程中的目标函数的损失值由蒸馏损失(distill loss)和学生损失(student loss)加权得到。其中,蒸馏损失对应学生模型输出结果与教师模型输出结果之间的差异。学生损失对应学生模型在温度 $T$ 为 1 的情况下,输出结果与真实标签之间的差异。

2025 年 2 月 6 日,李飞飞等斯坦福大学和华盛顿大学的 AI 研究团队宣布:通过蒸馏技术,仅用不到 50 美元的云计算费用训练出了一个名为 s1 的人工智能推理模型。s1 是通过蒸馏技术从谷歌的 Gemini2.0 中 Flash Thinking Experimental 模型中提炼出来的,使用 16 个英伟达 H100GPU 训练了 26 分钟。该模型在数学和编程能力测试中表现与 OpenAI 的 o1 和国产大模型 DeepSeek 的 r1 等推理模型相似,而以低训练成本的 DeepSeek 的 r1(训练成本只有国际同级别大模型的 1/70)的训练成本还需要 560 万美元,因此使用蒸馏技术极大地降低了大语言模型的训练费用。

## 12.1.5　国内外主要大模型平台

在当今人工智能领域,多模态大模型已成为研究和应用的热点。本节将介绍几个具有代表性的多模态大模型:ChatGPT、百度文心一言、华为盘古、阿里云通义千问和腾讯混元。ChatGPT是基于 OpenAI 开发的 GPT 模型,能够进行自然语言生成和理解。华为盘古是华为公司推出的大型预训练模型,具有强大的自然语言理解和生成能力。阿里云通义千问是阿里云推出的多模态大模型,能够理解和生成自然语言文本,同时还能处理图像和视频数据。腾讯混元是腾讯公司推出的大型预训练模型,能够进行自然语言理解和生成,同时也具备图像和视频处理能力。这些多模态大模型的出现,为人工智能的应用带来了更多的可能性,同时也推动了人工智能技术的发展。

### 1. ChatGPT

ChatGPT 是由 OpenAI 开发的基于 GPT(generative pretrained transformer)的聊天机器人程序,于 2022 年 11 月 30 日发布。

GPT 模型是一种采用 Transformer 结构的生成模型,通过预训练学习大量文本数据中的语言规律,然后可以根据输入的上下文生成自然的文本回复。ChatGPT 不仅能通过理解和学习人类的语言流畅地与用户对话、回答问题,还能写诗,撰写邮件、视频脚本、文案、翻译、代码,写论文等任务。ChatGPT 的训练数据来源于互联网上的大量文本,因此,它能够涵盖多种语言风格和文化背景知识。

### 2. 百度文心一言

百度文心一言是基于飞桨深度学习平台的知识增强大模型。文心一言能够与人对话互动、回答问题、协助创作,在提升生活品质和工作效率方面,特别是在资料查询,撰写工作总结、工作计划、发言稿、新闻稿、作文、课程大纲、教案,翻译,出题,编程(含校对、比对)等方面具有很大作用。

文心大模型对话类产品具有广泛的适用性,用户将生成式 AI 作为办公助手、休闲娱乐和内容创作。百度文库基于文心大模型升级为一站式 AI 内容获取和创作平台,推出了智能 PPT、智能写作、思维导图、研究报告、拍图生文等上百项多模态 AI 内容创作能力。

智能体作为 AI 应用的主流形态之一,将在各行各业中发挥越来越重要的作用,成为连接用户与服务的新桥梁。文心智能体技术的突破,促进了文心大模型能力全面提升,充分释放大模型潜力,加速应用爆发,比如代码智能体、个人助手等。

### 3. 华为盘古

华为盘古系统是面向企业市场的分布式存储系统,旨在满足企业日益增长的存储需求。盘古系统是具有高可靠性、高性能、易管理的分布式存储系统,能够应用于企业数据中心、云计算平台、分布式存储集群、数据仓库和分析等应用场景,为企业提供稳定、高效的存储服务,能够灵活扩展,兼容性强,数据安全。

盘古大模型采用了 [5+N+X] 三层架构:L0 层包括 5 个基础大模型,涵盖自然语言处理、视觉、多模态、预测以及科学计算等领域;L1 层是针对特定行业,提供通用或定制化的行业大模型;L2 层为特定应用场景提供细化模型服务。

盘古大模型包含 7 大应用场景:盘古 NLP 大模型用于内容生成和理解;盘古 CV 大模型用于

图像分类、分割和检测,具备模型按需抽取能力;盘古多模态大模型结合语言与视觉信息,支持图像生成和理解等应用;盘古预测大模型基于 Transformer 架构,用于销售预测、财务异常检测等;盘古科学计算大模型能够解决气象、医药等领域的科学计算问题;盘古气象大模型实现秒级天气预报,精度超越传统方法;盘古药物分子大模型能够加速药物研发过程。

#### 4. 阿里云通义千问

阿里云通义千问是同时能处理图像和视频数据的超大规模的多模态大模型。它具有多轮对话、文案创作、逻辑推理、多模态理解、多语言支持的能力。“通义”表示模型能够理解各种语言的意思,“千问”表示模型能够回答各种问题。通义千问具有多模态理解能力,能够理解和生成自然语言文本,能够处理图像、音频等多种类型的数据。它是面向企业级应用的深度学习平台,为开发者提供一站式、高性能的深度学习解决方案。通义千问平台具备强大的计算能力、丰富的模型库和易用的开发工具,安全可靠,能够灵活部署,助力企业加速创新,提升业务价值。

通义千问拥有丰富的预训练模型库,涵盖自然语言处理、计算机视觉、语音识别等多个领域。通义千问支持自定义模型训练,满足个性化需求,为企业提供了丰富的预训练模型、强大的计算资源和易用的开发工具,在智能客服、图像识别、语音识别、推荐系统和文本分析等领域具有广泛的应用前景。

通义千问能够通过自然语言处理技术,实现智能客服系统的构建,处理大量客户咨询,提供实时、精准的回答,提升客户满意度。企业可以使用通义千问平台计算机视觉功能,实现产品图片的自动分类和标签生成,提高运营效率。通义千问支持语音识别技术,可应用于企业会议记录、智能语音助手等领域。通过实时语音转文字功能,企业可以节省会议记录时间,提高工作效率。通义千问推荐系统可根据用户行为和喜好,构建个性化的推荐系统,为用户提供个性化商品推荐、内容推荐等服务,提升用户体验。

#### 5. 腾讯混元

腾讯混元能够进行自然语言理解和生成,同时也具备图像和视频处理能力。它是一套面向企业级应用的混合云解决方案,帮助企业实现灵活、高效的云计算部署。腾讯混元解决方案充分考虑了企业级应用的特点,具备高度的可扩展性、稳定性和安全性。

混元平台结合了腾讯云丰富的产品体系和技术优势,提供一站式、跨平台的云计算服务,助力企业应对日益多样化的业务需求。混元平台支持多种云计算部署模式,包括公有云、私有云、混合云等,满足企业不同场景下的需求。同时,混元还支持与其他云服务和第三方服务的无缝集成,构建强大的生态系统。混元平台可以帮助企业构建智能化的 IT 基础设施,实现大规模数据的存储、处理和分析,助力企业挖掘数据价值,实现数字化转型,支持企业构建智能应用。

#### 6. 深度求索 DeepSeek

深度求索人工智能基础技术研究有限公司于 2004 年 12 月 26 日发布了开源大模型 DeepSeek-V3,2025 年 1 月 20 日正式发布。DeepSeek-V3 运用了多项先进技术,大幅提升了模型的性能和训练效率,在多个基准测试中,DeepSeek-V3 在数学、代码、推理等许多方面均具有很好的性能,特别是在后训练阶段使用了强化学习技术,在仅有极少标注数据的情况下,极大地提升了模型推理能力,大幅度地降低了训练成本,其成本不足知名大模型的二十分之一,引起国际上强烈反响。

DeepSeek 能够直接面向用户或者支持开发者,提供智能文本生成与创作、语义理解、编程与代码生成等功能,支持联网搜索与深度思考模式,同时支持文件上传,能够扫描读取文件与图片中的内容。

文本生成与创作包括:文本创作(如:文章故事诗歌等写作、营销文案、剧本或者对话设计、社交媒体内容)、摘要与改写(论文与报告的长文本摘要和简化、多语言翻译)、结构化生成(表格、列表生成、代码注释、文档撰写等)。

语义理解包括:语义分析(语义解析、评论等情感分析、客服对话与用户查询等意图识别、人名地点事件等实体提取)、文本分类(新闻分类等主题标签生成、网络垃圾内容检测)、知识推理(逻辑问题解答、因果分析)。

编程与代码生成包括:代码生成(生成代码片段、自动补全与注释生成)、代码调试(错误分析与修复建议、代码性能优化提示)、技术文档处理(API 文档生成、代码库解释与示例生成)。

除此之外,还有一些大语言模型,如:科大讯飞星火、Kimi Chat、蓝心、智谱清言、百川大模型、豆包、天工、商汤商量、360 智脑等。

## 12.2 注意力机制

2017 年,Google 公司 Ashish Vaswani 等人提出了 Transformer,它使用自注意力结构取代了循环神经网络的结构。与之前的循环神经网络相比,Transformer 的最大优点是可以并行计算,效率更高,加快了训练速度。Transformer 基于编码器-解码器(encoder-decoder)结构,编码部分由多个编码器组成,解码部分也由多个解码器组成。采用 Transformer 在机器翻译任务上达到了当时最好的实验结果。

下面首先介绍注意力机制,之后介绍 Transformer 以及基于 Transformer 的 BERT、GPT 等预训练大模型,最后介绍 Transformer 的主要应用。

### 12.2.1 编码器-解码器结构

首先介绍编码器-解码器结构,它最初是利用神经网络进行机器翻译的基本方法,又被称为序列到序列模型(sequence to sequence,Seq2Seq)。在训练过程中,大模型将输入的单词以向量的形式传递给神经网络,然后通过网络的编码解码和自注意力机制,建立起每个单词之间联系的权重。在机器翻译中,源语言和目标语言的长度一般并不相等,如源语言的长度为 $n$,目标语言的长度为 $m$,那么往往 $n \neq m$,而编码器-解码器结构则可以有效地对这类输入序列和输出序列不等长的问题进行建模。简单来说,基于编码器-解码器结构的模型首先利用编码器对源语言输入序列 $c$ 进行编码,形成一个语义向量 $c$,然后利用解码器对 $c$ 进行解码,最终得到目标语言输出序列 $y$,如图 12.2 所示。

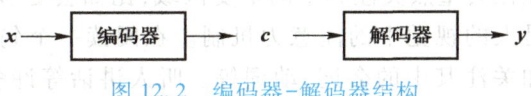

图 12.2 编码器-解码器结构

下面讨论编码器和解码器。编码器得到语义向量 $c$ 的方法有很多。一种最简单的方法是直接将最后一个隐态作为语义向量:

$$c = h_n \tag{12.1}$$

也可以对最后的隐态进行一个 $\sigma(\cdot)$ 变换得到语义向量：

$$c = \sigma(h_n) \tag{12.2}$$

或对所有的隐态进行 $\sigma(\cdot)$ 变换得到语义向量：

$$c = \sigma(h_1, h_2, \cdots, h_n) \tag{12.3}$$

得到语义向量 $c$ 后，解码器常采用两种方法：一种是将语义向量 $c$ 作为解码器的初始状态输入，如图 12.3 所示。

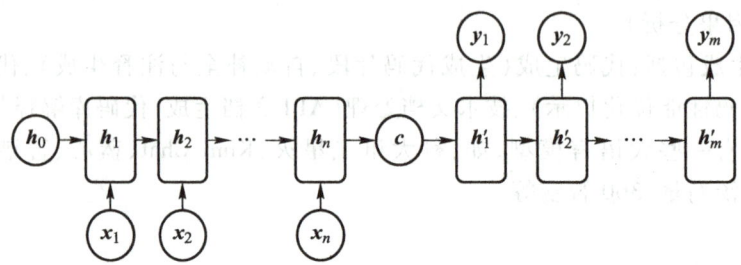

图 12.3　采用语义向量 $c$ 作为初始输入的编码器-解码器结构

另一种则是将语义向量 $c$ 作为解码器的每一步输入，如图 12.4 所示。

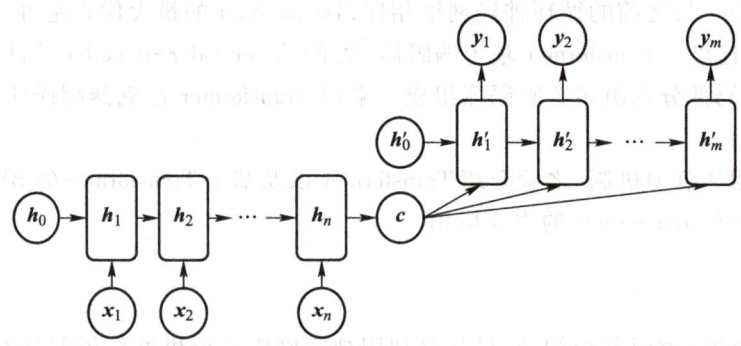

图 12.4　采用语义向量 $c$ 作为每一步输入的编码器-解码器结构

可以看出，编码器-解码器结构会将任意长度的输入编码成一个固定长度的语义向量 $c$。因此，如果要准确地对源语言进行翻译，则语义向量 $c$ 应包含源语言输入序列的所有信息。但是，如果源语言输入序列比较长，这种结构可能会导致固定长度的语义向量 $c$ 无法存储全部的语义信息，而注意力机制的提出则解决了这个问题。

## 12.2.2　注意力机制

人们在观察图像时，往往会重点关注其中的重要区域，比如会更多地关注图像中的前景，而不是重点关注背景，这就是人的视觉中的注意力机制。在阅读一个句子时，句子中各个词的关注度也是不同的，例如更加关注其中的名词、动词等。听人讲话等许多场合都是如此。这就是人类的注意力机制。

注意力机制（attention mechanism）最早由巴达诺夫（Dzmitry Bahdanau）等人提出，最初被用于神经机器翻译任务。我们许多时候既期望网络能够看到全局，但是更期望网络能够聚焦到重点信息上。比如在做自然语言处理时,句子中的一个词往往不是独立的,和它上下文相关,但是和上下文中不同的词的相关性是不同的,所以我们在处理这个词时,在看到它的上下文的同时也要更加聚焦与它相关性更高的词,这就要用到常说的注意力机制。注意力机制本质上提供了一种对输入数据进行权重分配的方案。

注意力机制一般分为全局注意力、局部注意力和自注意力三种。

### 1. 全局注意力

全局注意力是指解码器端的注意力计算时要考虑编码器输入序列中所有的序列,如图 12.5 中的注意力就是全局注意力。

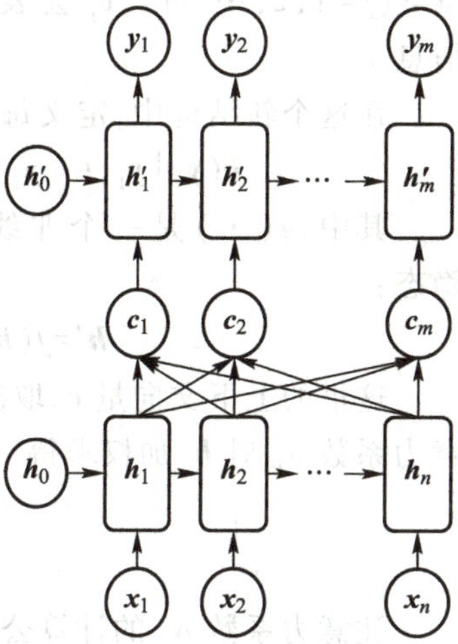

### 2. 局部注意力

局部注意力是指解码器端的注意力计算时仅考虑编码器端输入序列中的部分序列。首先预估一个对齐位置 $P_i$,然后在 $P_i$ 左右大小为 $D$ 的窗口范围内来取序列进行注意力计算,如图 12.6 所示。

局部注意力中语义向量的计算方式如下:

$$c_i = \sum_{j=p_i-D}^{p_i+D} \alpha_{i,j} \boldsymbol{h}_j \tag{12.4a}$$

$$\alpha_{i,j} = \frac{\exp(e_{ij})}{\sum\limits_{k=p_i-D}^{p_i+D} \exp(e_{ik})} \exp\left[-\frac{(j-p_i)^2}{2\left(\frac{D}{2}\right)^2}\right] \tag{12.4b}$$

$$e_{ij} = \boldsymbol{h}_i'^{\mathrm{T}} \cdot \boldsymbol{W}_\alpha \cdot \boldsymbol{h}_j \tag{12.4c}$$

$$P_i = \boldsymbol{T}_x \cdot \mathrm{Sigmoid}(\boldsymbol{V}_p^r \tanh(\boldsymbol{W}_p \boldsymbol{h}_j')) \tag{12.4d}$$

图 12.5　全局注意力

其中,$P_i$ 是对齐位置,$D$ 是窗口范围,$\alpha_{i,j}$ 是注意力系数,$\boldsymbol{T}_x$ 是编码器端的向量表示,$\boldsymbol{W}_\alpha$、$\boldsymbol{W}_p$ 和 $\boldsymbol{V}_p^r$ 是可学习的参数。

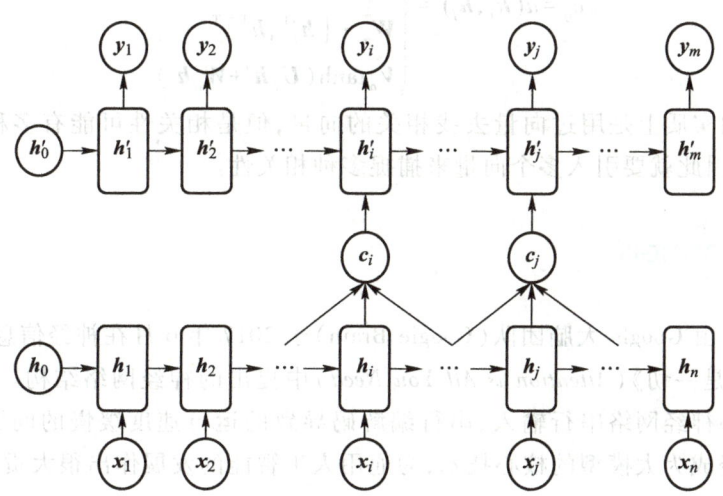

图 12.6　局部注意力

### 3. 自注意力

自注意力是指让模型注意到整个输入中不同部分之间的相关性。自注意力机制是 Transformer 模型的核心。

引入了注意力机制的编码器-解码器结构如图 12.7 所示。

可以看出，在解码过程中，每一步使用的是不同的语义向量 $c_j(j=1,2,\cdots,m)$，$c_j$ 会表达与当前输出 $y_j$ 更相关的语义信息。

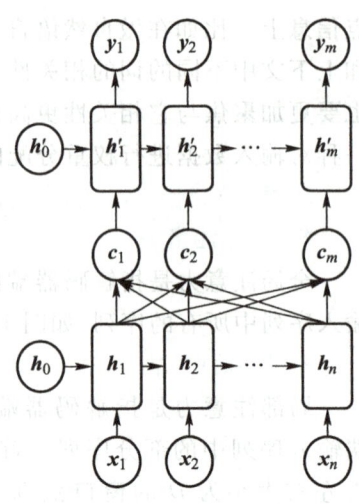

在这个新结构中，定义每个输出的条件概率为

$$p(y_i \mid y_1,\cdots,y_{i-1},x) = g(y_{i-1}, h'_i, c_i) \tag{12.5}$$

其中，$g(\cdot)$ 是一个非线性函数，$h'_i$ 为解码器 RNN 中的隐态：

$$h'_i = f(h'_{i-1}, y_{i-1}, c_i) \tag{12.6}$$

图 12.7　引入注意力机制的
编码器-解码器结构

这里的上下文向量 $c$，取决于编码器状态序列，通过使用注意力系数 $\alpha_{ij}$ 对 $h_j$ 加权求得

$$c_i = \sum_{j=1}^{r_s} \alpha_{ij} h_j \tag{12.7}$$

注意力系数 $\alpha_{ij}$ 的计算公式如下：

$$\alpha_{ij} = \frac{\exp(e_{ij})}{\displaystyle\sum_{k=1}^{r_x} \exp(e_{ik})} \tag{12.8}$$

而计算注意力系数的函数主要有以下几种：

$$e_{ij} = a(h'_i, h_j) = \begin{cases} {h'_i}^{\mathrm{T}} \cdot h_j \\ {h'_i}^{\mathrm{T}} \cdot W_\alpha \cdot h_j \\ W_\alpha \cdot [{h'_i}^{\mathrm{T}}, h_j^{\mathrm{T}}]^{\mathrm{T}} \\ V_\alpha \tanh(U_\alpha h'_i + W_\alpha h_j) \end{cases} \tag{12.9}$$

自注意力机制实质上是用过向量去找相关的向量，但是相关性可能有多种，一个只能找到一种相关的向量，因此就要引入多个向量来捕捉多种相关性。

## 12.3　Transformer

Transformer 是由 Google 大脑团队（Google Brain）于 2017 年 6 月在神经信息处理大会上发表的论文《注意力就是一切》（*Attention is All You Need*）中提出的神经网络结构。该结构最初的设计目的是解决循环神经网络串行输入、串行编解码导致的运行速度缓慢的问题，提升机器翻译的效率。现在已经成为大模型的核心技术，为通用人工智能的发展作出很大贡献。

### 12.3.1　Transformer 的结构

Transformer 的结构如图 12.8 所示，它由编码器和解码器两部分组成，每个部分包含若干个

模块。其中,编码器负责理解输入,为每个输入构造对应的语义表示。解码器负责以自回归的方式逐个生成输出序列中的元素。

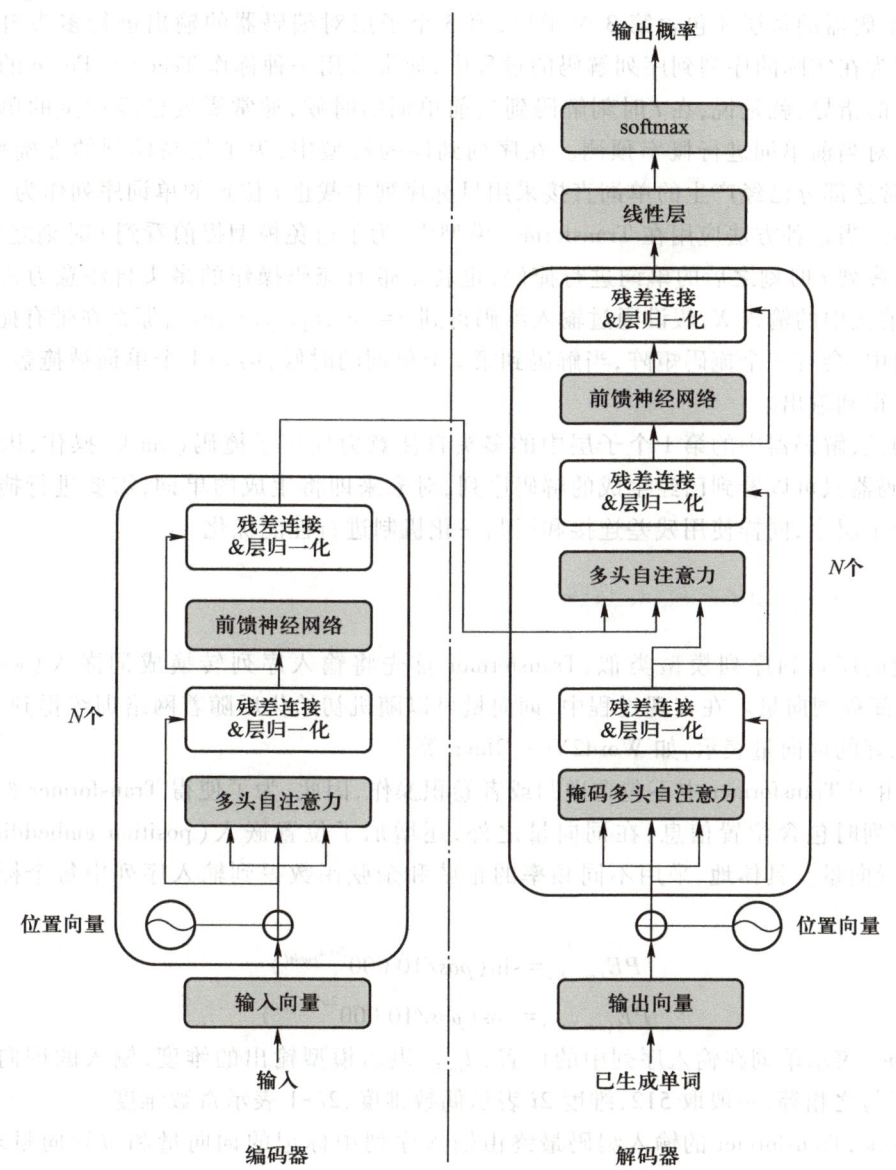

图 12.8　Transformer 的结构

Transformer 的编码器由 6 个相同的层堆叠而成,每个层包含两个子层,分别是多头自注意力层和前馈神经网络层。其中,多头自注意力是 Transformer 的核心。此外,在两个子层中,Transformer 使用残差连接(residual connection)和层归一化(layer normalization,LN)机制进行性能优化。这样一来,编码器中每一层的输出可以表示为

$$output = LayerNorm(X + SubLayer(X))  \tag{12.10}$$

其中，$X$ 表示输入，$SubLayer$ 表示多头自注意力子层或者前馈神经网络子层，$LayerNorm(\cdot)$ 表示层归一化。

此外，Transformer 的解码器也是由 6 个相同的层堆叠而成的。与编码器中每层的两个子层不同的是，解码器的每层还包含第 3 个子层，第 3 个子层对编码器的输出进行多头自注意力计算。这是因为在实际的序列到序列解码的过程中，通常采用一种称作 Teacher-Force 的方法进行解码过程中的指导，就是说，在 $t$ 时刻解码到当前单词的时候，通常需要已经产生的单词作为输入历史信息对当前单词进行概率预测。在序列到序列模型中，为了提高模型的准确率，减少累积错误，通常这部分已经产生的单词直接采用目标序列中截止 $t$ 位置的单词序列作为 Teacher 进行生成指导。当这种方法应用在 Transformer 模型中，为了避免模型提前看到 $t$ 时刻之后的单词，需要对输入序列 $t$ 时刻之后的单词进行掩码，也就是带有掩码操作的多头自注意力机制。具体来说，对于前文中的输入 $X$，假设通过输入编码得到 $e = \{e_1, e_2, e_3, e_4, e_5\}$，那么在带有掩码的多头注意力机制中，会有一个掩码矩阵，当解码到第 $i$ 个单词的时候，第 $i+1$ 个单词被掩盖，继而进行后面的操作得到输出。

不同的是，解码器中的第 1 个子层中的多头自注意力使用了掩码（mask）操作，因此在解码过程中，解码器只可以看到已经生成的解码序列，对未来即将生成的单词，需要进行掩码。在解码器的三个子层中，同样使用残差连接和层归一化机制进行性能优化。

## 12.3.2　Transformer 的输入编码

与其他的序列到序列模型类似，Transformer 首先将输入序列转换成词嵌入（word embedding）向量，简称词向量。在实现过程中，词向量可以随机初始化后随着网络训练得到，也可以加载预先训练好的词向量表示，如 Word2Vec、Glove 等。

然而，由于 Transformer 中不包含递归或者卷积操作，因此，为了使得 Transformer 架构能够在编码输入序列时包含位置信息，在词向量之外，还增加了位置嵌入（position embedding，PE）向量，简称位置向量。具体地，采用不同频率的正弦和余弦函数得到输入序列中每个标记的位置向量：

$$PE_{(pos, 2i)} = \sin(pos/10\,000^{2i/d_{model}}) \tag{12.11}$$

$$PE_{(ms, 2i+1)} = \cos(pos/10\,000^{2i/d_{model}}) \tag{12.12}$$

其中，$pos$ 表示单词在输入序列中的位置，$d_{model}$ 表示模型输出的维度，输入的词向量和位置向量的维度与之相等，一般取 512，维度 $2i$ 表示偶数维度，$2i+1$ 表示奇数维度。

这样一来，Transformer 的输入编码最终由输入序列中标记的词向量和位置向量求和得到。举例说明，假设输入序列为 $x = (x_1, x_2, x_3, x_4)$，序列对应的词向量为 $w = (w_1, w_2, w_3, w_4)$，位置向量为 $p = (p_1, p_2, p_3, p_4)$，那么输入序列在 Transformer 中的输入编码为 $e = (e_1, e_2, e_3, e_4)$，其中 $e_i = w_i + p_i$，如图 12.9 所示。

大模型将输入的每句话中的每个单词与已经编码在模型中的单词进行相关性的计算，并把相关性又编码叠加在每个单词中，能够更好地理解和生成自然文本，并表现出一定的逻辑推理能力。

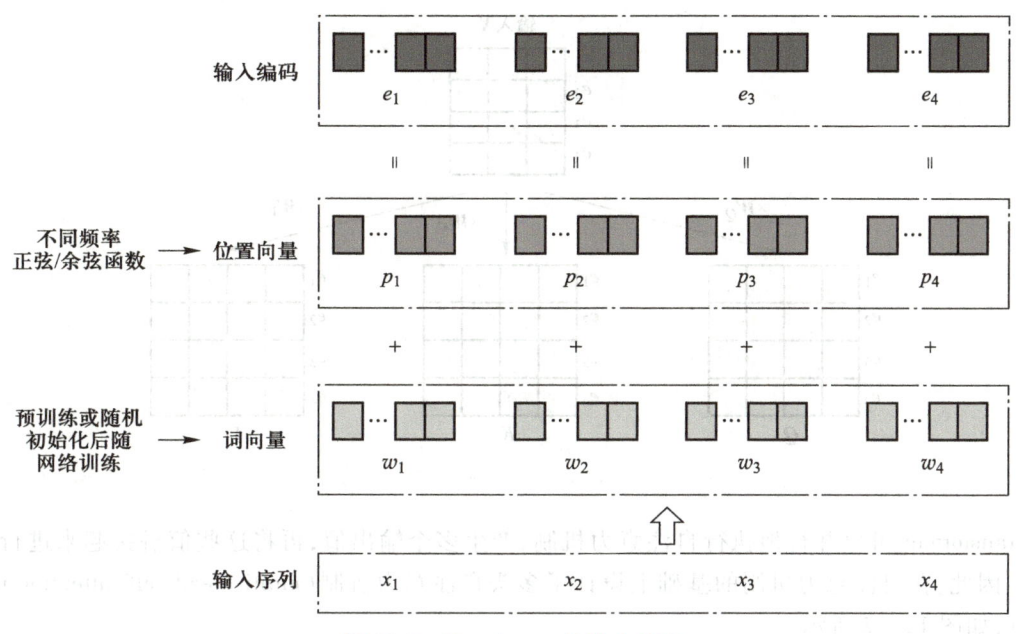

图 12.9　Transformer 的输入编码

## 12.3.3　Transformer 中的多头自注意力机制

　　注意力机制可以被描述为给定一个查询(query)和一组键(key)值(value)向量对,计算这个查询和键向量之间的权重系数,然后使用这个权重系数对值向量进行加权平均,得到最终输出向量的过程。

　　在 Transformer 中,提出了一种可缩放的点积注意力(scaled dot-product attention),也就是自注意力。该注意力机制的输入由查询向量 $\boldsymbol{Q}$,维度为 $d_k$ 的键向量 $\boldsymbol{K}$ 和维度为 $d_v$ 的值向量 $\boldsymbol{V}$ 构成。接下来,计算查询向量 $\boldsymbol{Q}$ 和键向量 $\boldsymbol{K}$ 的点积(矩阵相乘),并除以 $\sqrt{d_k}$ 进行缩放,之后在编码器中直接跳过掩码操作,而在解码器中需要进行掩码操作,最后使用 $softmax$ 函数来获得值向量 $\boldsymbol{V}$ 的权重系数,再与值向量 $\boldsymbol{V}$ 进行矩阵相乘得到最终结果。自注意力机制的总体计算流程如图 12.10 所示。

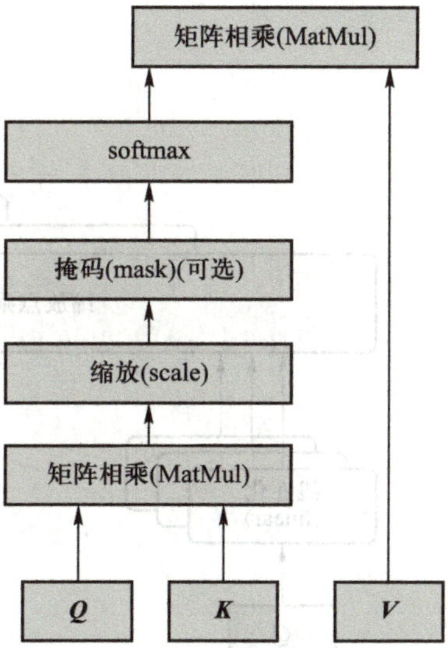

　　具体地,在实践中,首先将输入 $\boldsymbol{X}$ 分别通过线性变换向量 $\boldsymbol{W}_Q$、$\boldsymbol{W}_K$ 和 $\boldsymbol{W}_v$ 映射成查询向量 $\boldsymbol{Q}$、键矩阵 $\boldsymbol{K}$ 和值矩阵 $\boldsymbol{V}$,如图 12.11 所示。

　　接着,按照如下公式计算得到注意力输出:

图 12.10　自注意力机制整体流程

$$Attention(\boldsymbol{Q},\boldsymbol{K},\boldsymbol{V}) = \text{softmax}\left(\frac{\boldsymbol{Q}\boldsymbol{K}^{\mathrm{T}}}{\sqrt{d_k}}\right)\boldsymbol{V} \tag{12.13}$$

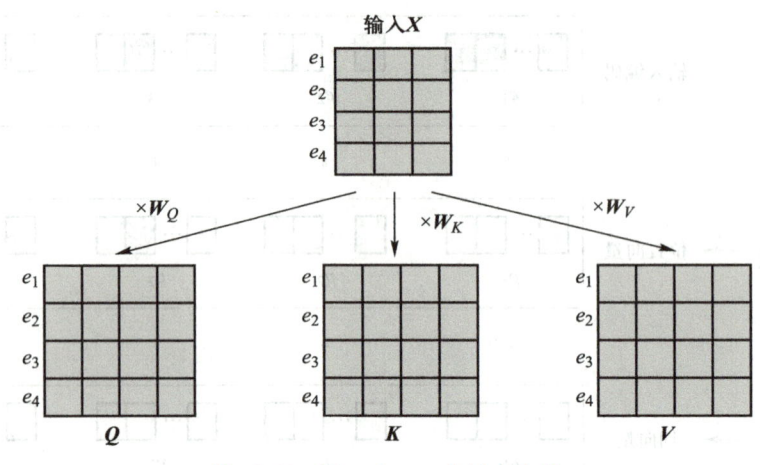

图 12.11 Transformer 的输入向量

Transformer 可以并行地执行自注意力机制,产生多个输出值,再将这些值拼接起来进行再次投影。因此,在自注意力机制的基础上设计了多头自注意力机制(multi-head self-attention mechanism),如图 12.12 所示。

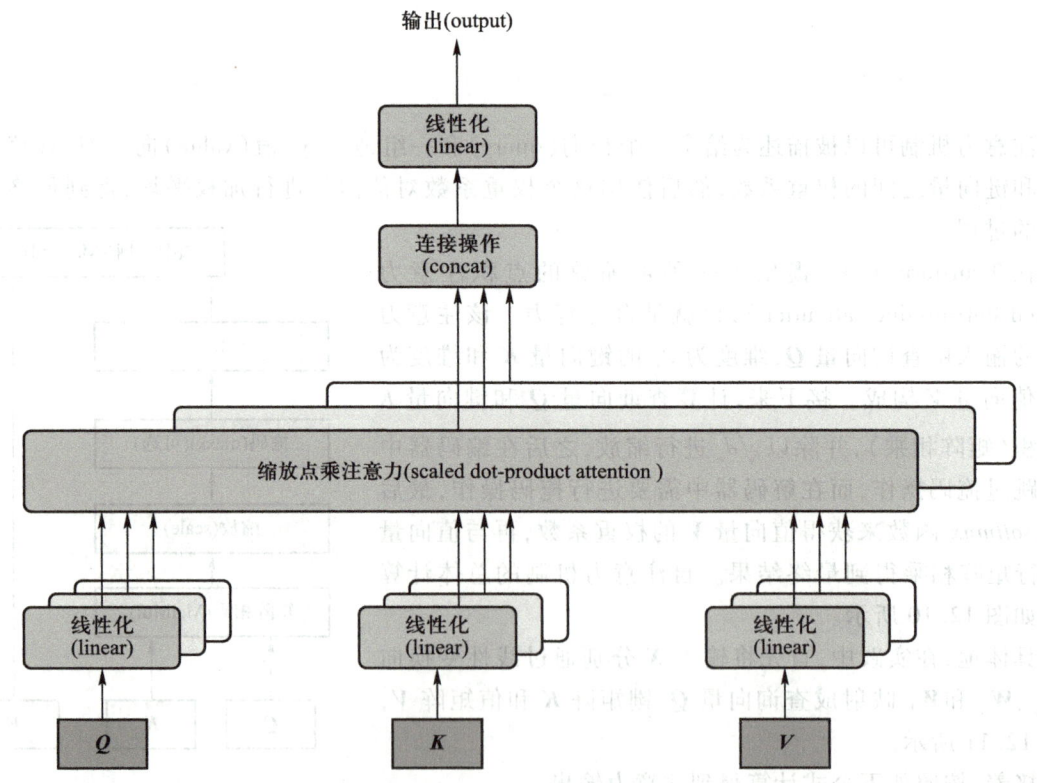

图 12.12 多头自注意力机制

多头自注意力机制是将自注意力机制中的注意力机制进行多次并行运算,每次运算都是一个不同的"头",从而提高了模型对不同语义信息的学习能力。每个注意力头都会计算出一组注意力权重,并用于对输入序列进行加权求和,从而生成多个新的表示向量。这些向量最终被连接在一起,形成一个更丰富和抽象的表示。

多头自注意力机制(hh 头)的计算公式如下:

$$MultiHead(\boldsymbol{Q},\boldsymbol{K},\boldsymbol{V}) = concat(head_1,\cdots,head_h)\boldsymbol{W}^O \tag{12.14}$$

其中,$head_i = Attention(\boldsymbol{Q}\boldsymbol{W}_i^Q,\boldsymbol{K}\boldsymbol{W}_i^K,\boldsymbol{V}\boldsymbol{W}_i^V)$,$\boldsymbol{W}_i^Q$,$\boldsymbol{W}_i^K$,$\boldsymbol{W}_i^V$ 和 $\boldsymbol{W}^O$ 是可学习的参数,$\boldsymbol{W}_i^Q \in \mathbf{R}^{d_{model} \times d_k}$,$\boldsymbol{W}_i^K \in \mathbf{R}^{d_{model} \times d_k}$,$\boldsymbol{W}_i^V \in \mathbf{R}^{d_{model} \times d_v}$,$\boldsymbol{W}^O \in \mathbf{R}^{hd_v \times d_{model}}$。通常,取 $h = 8$,那么 $d_k = d_v = \dfrac{d_{max}}{h} = \dfrac{512}{8} = 64$。

在多头自注意力机制中,每个头的参数都是独立的,因此可以学习不同的语义表示。Transformer 在处理不同种类的任务时,可以通过多头自注意力机制同时学习多个方面的信息,从而提高模型的表现和泛化能力。

# 12.4　生成式人工智能在图像处理中的应用

生成模型 GAN 可以生成一些图像和视频,以及生成一些自然语句和音乐等。目前,GAN 应用最成功的领域是生成以假乱真的图像和视频、三维物体模型等,生成各种图像、数字、人脸等,如图像风格迁移、图像翻译、图像修复、图像上色、人脸图像编辑以及构成各种逼真的室内外场景,从物体轮廓恢复物体图像等。

生成对抗网络最先被应用于图像处理领域,后被推广到语音处理和自然语言处理等。与语音处理和图像处理不同,自然语言的生成结果是离散序列,从而导致梯度没法从判别模型直接传到生成模型。

## 12.4.1　人工智能在图像处理中的应用案例

### (1) 超分辨率

在许多应用场合,需要把低分辨率图像重建为高清图像。超分辨率(super resolution)是把低分辨率图像重建为高清图像的技术。

在机器学习中,实现超分辨率需要用成对样本对系统进行训练:一个是原始高清图像,另一个是降采样后的低分辨率图像。低分辨率图像输入到生成器,重建出高分辨率图像。目标函数由对抗损失函数和内容损失函数共同构成,其中,对抗损失函数通过训练判别器区分真实图片和由生成器进行超分辨重构的图片,通过峰值信噪比和结构相似性等指标对重建图像进行评估,然后,重建图片和原始图片输入到判别器,判断哪一幅是原始图像。

### (2) 图像修复

Denton 等将 GAN 应用到图像修复,以图像缺失部分的周边像素为条件训练生成式模型,生成完整的修复图像。利用对抗思想训练判别器对真实样本和修复样本进行判断。经对抗训练后,生成器所生成的修复图像与遮挡区块周边是连贯的,而且是符合语义的。

人脸图像去遮挡是图像修复的延伸应用,Zhao 等训练判别器区分真实无遮挡人脸图像和基于有遮挡图像而复原的人脸图像,能有效移除人脸图像中的遮挡物并用于人脸识别。

### (3) 图像风格迁移

GAN 除了能够生成高质量的自然图像(例如手写字体、卧室、人眼和人脸等),还能生成抽象的艺术作品。

### （4）图像翻译

GAN 还可应用于根据地图生成航拍图像、根据轮廓图像生成照片、根据白天图像生成对应夜景等，大大增加了生成图像的多样性。由 Google 开发的 AI 算法 AutoDraw，可以根据艺术家制作的草图制作艺术作品。它基于自动完成原则工作，根据草图或艺术家的轮廓猜测所需的输出并提供艺术作品选项。人工智能将速度、效率和精度的古老技术原则带入艺术创作领域。

除了从二维图像到二维图像的翻译，Gadelha 等提出的 PrGAN 能够以一种完全无监督的训练方式将给定的一系列甚至是一张 2D 图像翻译为该物体的 3D 体素形状和深度信息。

## 12.4.2　根据提示词生成图像

艺术和创意是人类思想的专属领域？艺术将是人工智能正在"攻占"的下一个领域。人工智能已经闯入艺术和创意，在制作音乐、诗歌、歌曲、艺术品方面取得令人震惊的成绩。音乐作曲家、画家或诗人等艺术家可以依靠 AI 来产生基本输出，然后可以将输出进行扩展或巩固。人工智能能够协助艺术家提高生产力和产出，加快创作来改变艺术产业。

GAN 可以将文本翻译成图像。给计算机输入一段文字描述，计算机自动生成与文字描述相近的图片。相比从图像到图像的转换，从文本到图像的转换困难得多，一方面因为以文本描述为条件的图像分布往往是高度多模态的，有太多的例子符合文本描述的内容，符合同样文本描述的生成图像之间差别可能很大。另一方面，虽然从图像生成文字也面临着同样问题，但由于文本能按照一定语法规则分解，因此，从图像生成文本是一个比从文本生成图像更容易定义的预测问题。

通过 GAN 的生成器和判别器分别进行文本到图像、图像到文本的转换，二者经过对抗训练后能够生成以假乱真的图像。通过对输入变量进行可解释的拆分，能改变图像的风格、角度和背景。当然，目前所合成的图像尺寸依然较小，该研究的下一步工作是尝试合成像素更高的图像和增加文字所描述的特征数量。根据文本创作图像的方法可以验证生成模型模拟真实数据样本的性能。

2018 年 7 月，英国举办机器人艺术比赛 RobotArt，展示机器人研究领域的工程师如何开发会作画的机器人，即机器人像画家一样拿画笔作画，而不是在电脑中生成图像。比赛规则明确要求"上颜料或作画的动作必须由机器人系统使用一支或多支真实的画笔进行"。全球 19 个机器人团队共提交 100 多幅作品。

# 12.5　生成式人工智能在机器翻译中的应用

## 12.5.1　自然语言理解的概念与发展历史

### 1. 自然语言理解的概念

计算机能够理解、处理自然语言，是计算机技术的一项重大突破。自然语言理解（natural language understanding）的研究在应用和理论两个方面都具有重大的意义。比尔·盖茨曾说过"语言理解是人工智能皇冠上的明珠"。

由于自然语言的多义性、上下文相关性、模糊性、非系统性、环境相关性等,关于自然语言理解至今尚无一致的定义。

从微观角度,自然语言理解是指从自然语言到机器内部的一个映射。

从宏观角度,自然语言理解是指机器能够执行人类所期望的某种语言功能。这些功能主要包括如下几方面:

(1) 回答问题:计算机能正确地回答用自然语言输入的有关问题。

(2) 文摘生成:机器能产生输入文本的摘要。

(3) 释义:机器能用不同的词语和句型来复述输入的自然语言信息。

(4) 翻译:机器能把一种语言翻译成另外一种语言。

**2. 自然语言理解的发展历史**

自然语言理解的研究历程,可以分为下列几个时期。

**(1) 萌芽时期**

自然语言理解的研究可以追溯到 20 世纪 40 年代末和 50 年代初期。随着第一台计算机在 1946 年问世,英国的 A. Donald Booth 和美国的 W. Weaver 就开始了机器翻译方面的研究。美国、苏联等国展开的俄、英互译研究工作开启了自然语言理解研究的早期阶段。在这一时期, M. Chomsky 提出了形式语言和形式文法的概念,把自然语言和程序设计语言置于相同的层面, 用统一的数学方法来解释和定义。M. Chomsky 建立的转换生成文法 TG 在语言学界引起了很大的轰动,使得语言学的研究进入了定量研究的阶段。Chomsky 所建立的文法体系,仍然是目前自然语言理解中文法分析所必须依赖的文法体系。但是,Chomsky 的理论还不能处理极其复杂的自然语言问题。

由于 50 年代单纯地使用规范的文法规则,再加上当时计算机处理能力的低下,使得机器翻译工作没有取得实质性进展。

**(2) 以关键词匹配技术为主的时期**

从 20 世纪 60 年代开始,已经产生一些自然语言理解系统,用来处理受限的自然语言子集。 这些人机对话系统可以作为专家系统、办公自动化及信息检索等系统的自然语言人机接口,具有很大的实用价值。但这些系统,大都没有真正意义上的文法分析,而主要依靠关键词匹配技术来识别输入句子的意义。1968 年,B. Raphael 在美国 MIT 完成的语义信息检索系统 SIR,能记住用户通过英语告诉它的事实,然后对这些事实进行演绎,回答用户提出的问题。J. Weizenbaum 在美国 MIT 设计的 ELIZA 系统,能模拟一位心理医生(机器)同一位患者(用户)的谈话。在这些系统中,事先存放了大量包含某些关键词的模式,每个模式都与一个或多个解释(又叫响应式)相对应。系统将当前输入的句子同这些模式逐个匹配,一旦匹配成功便立即得到了这个句子的解释,而不再考虑句子中那些非关键词成分对句子意义的影响。匹配成功与否只取决于语句模式中包含的关键词及其排列次序,非关键词不能影响系统的理解。所以,基于关键词匹配的理解系统并非真正的自然语言理解系统,它既不懂文法,又不懂语义,只是一种近似匹配技术。这种方法的最大优点是允许输入的句子不一定要遵循规范的文法,甚至可以是文理不通的。这种方法的主要缺点是技术的不精确性,往往会导致错误的分析。

**(3) 以句法-语义分析技术为主的时期**

20 世纪 70 年代后,自然语言理解的研究在句法-语义分析技术方面取得了重要进展,出现了若干有影响的自然语言理解系统。例如,1972 年美国 BBN 公司 W. Woods 负责设计的 LUNAR,是第一个允许用户用普通英语同计算机对话的人机接口系统,用于协助地质学家查找、比较和评价阿波罗 11 飞船带回来的月球标本的化学分析数据;同年,T. Winograd 设计的 SHEDLU 系统,是一个在"积木世界"中进行英语对话的自然语言理解系统,把句法、推理、上下文和背景知识灵活地结合于一体,模拟一个能够操纵桌子上一些积木玩具的机器人手臂,用户通过人-机对话方式命令机器人放置那些积木块,系统通过屏幕给出回答并显示现场的相应情景。

(4) 基于知识的自然语言理解发展时期

20 世纪 80 年代后,自然语言理解研究借鉴了许多人工智能和专家系统中的思想,引入了知识的表示和推理机制,使自然语言处理系统不再局限于单纯的语言句法和词法的研究,提高了系统处理的正确性,从而出现了一批商品化的自然语言人机接口和机器翻译系统。例如美国人工智能公司(AIC)生产的英语人-机接口 Intellect,美国弗雷公司生产的 Themis 人-机接口。在自然语言理解研究的基础上,机器翻译走出了低谷,出现了一些具有较高水平的机器翻译系统,例如,美国的 META 系统,欧共体在美国乔治伦敦大学开发的机译系统 SYSTRAN 的基础上,成功地实现了英、法、德、西、意及葡等多语对译。

(5) 基于大规模语料库的自然语言理解发展时期

由于自然语言理解中知识的数量巨大,特别是由于它们高度的不确定性和模糊性,要想把处理自然语言所需的知识都用现有的知识表示方法明确表达出来是不可能的。为了处理大规模的真实文本,研究人员提出了语料库语言学(corpus linguistics)。语料库语言学认为语言学知识的真正源泉是来自生活中大规模的资料,我们的任务是使计算机能够自动或半自动地从大规模语料库中获取处理自然语言所需的各种知识。

20 世纪 80 年代,英国 Leicester 大学 Leech 领导的 UCREL 研究小组,利用已带有词类标记的语料库,经过统计分析得出了一个反映任意两个相邻标记出现频率的"概率转移矩阵"。他们设计的 CLAWS 系统依据这种统计信息(而不是系统内存储的知识),对 LOB 语料库的一百万词的语料进行词类的自动标注,准确率达 96%。

目前市场上已经出现了一些可以进行一定自然语言处理的商品软件,但要让机器能像人类那样自如地运用自然语言,仍是一项长远而艰巨的任务。

### 3. 语言处理过程的层次

语言虽然表示成一连串文字符号或一串声音流,但其内部是一个层次化的结构,从语言的构成中就可以清楚地看出这种层次性。文字表达的句子的层次是"词素→词或词形→词组或句子",而声音表达的句子的层次是"音素→音节→音词→音句",其中每个层次都受到文法规则的制约。因此,语言的处理过程也应当是一个层次化的过程。

许多现代语言学家把语言处理过程分为四个层次:词法分析、句法分析、语义分析和语用分析。虽然这样划分的层次之间并非是完全隔离的,但这种层次化的划分更好地体现了语言本身的构成,并在一定程度上使得自然语言处理系统的模块化成为可能。

(1) 词法分析是从句子中切分出单词,找出词汇的各个词素,从中获得单词的语言学信息并确定单词的词义。

不同的语言对词法分析有不同的要求,例如,英语和汉语就有较大的差距。在英语等语言中,因为单词之间是以空格自然分开的,切分一个单词很容易,所以找出句子的各个词汇就很方便。词法分析可以从词素中获得许多有用的语言学信息,这些信息对于句法分析是非常有用的。

(2)句法分析主要有两个作用:一是对句子或短语结构进行分析,以确定构成句子的各个词、短语之间的关系以及各自在句子中的作用等,并将这些关系用层次结构加以表达;二是对句法结构进行规范化。

分析自然语言的方法主要分为两类:乔姆斯基(N. Chomsky)在 1950 年根据形式文法中所使用的规则集提出的乔姆斯基形式文法等基于规则的方法和基于统计的方法。

(3)语义分析是把分析得到的句法成分与应用领域中的目标表示相关联。

句法分析后还不能理解所分析的句子,至少还需要进行语义分析。简单的做法就是依次使用独立的句法分析程序和语义解释程序。但这样做使得句法分析和语义分析相分离,在很多情况下无法决定句子的结构。

(4)语用分析就是研究语言所存在的外界环境对语言使用所产生的影响。语用分析是自然语言理解中的更高层次。

#### 4. 语料库及其特征

传统的句法-语义分析主要是基于规则的方法。由于自然语言理解的复杂性,各种知识的数量巨大,而且具有高度的不确定性,利用规则不可能完全准确地表达理解自然语言所需的各种知识。单纯依靠规则方法曾经使机器翻译一度陷入低谷。因此,1990 年 8 月在赫尔辛基召开的第 13 届国际计算机语言学大会上,提出了处理大规模真实文本是自然语言理解的主要目标。

20 世纪 90 年代,自然语言理解的研究在基于规则的技术中引入语料库的方法,其中包括统计方法、基于实例的方法和通过语料加工手段使语料库转化为语言知识库的方法等。使用统计的方法,使机器翻译的正确率达到 60%,汉语切分的正确率达到 70%,汉语语音输入的正确率达到 80%。许多研究人员相信,基于语料库的统计模型(如 n-gram 模型、Markov 模型、向量空间模型)不仅能胜任词类的自动标注任务,而且也能够应用到句法和语义等更高层次的分析上,从而有希望解决大规模真实文本处理这一非常困难的课题,对基于规则的自然语言处理系统提供了一种很有效的补充机制。

下面以 WordNet 为例来说明语料库中包括什么样的语义信息。WordNet 是 1990 年由 Prin-ceton 大学的 Miller 等人设计和构造的。一部 WordNet 词典包含将近 95 600 个词形(51 500 单词和 44 100 搭配词)和 70 100 个词义,分为名词、动词、形容词、副词和虚词 5 类。在 WordNet 词典中,按语义而不是按词性来组织词汇信息,名词有 57 000 个,含有 48 800 个同义词集,分成 25 类文件,平均深度为 12 层。最高层为根概念,不含有固有名词。

传统的词典通常是把各类不同的信息放入一个词汇单元中加以解释,包括拼音、读音、词形变化及派生词、词根、短语、时态变换的定义及说明、同义词、反义词、特殊用法注释,偶尔还有图示或插图,包含着相当可观的信息存储。但是,传统词典不太适合自然语言理解的需求。例如,对于名词"树",传统的词典一般解释为:一种大型的、木制的、多年生长的、具有明显树干的植物。基本上是上位词加上辨别特征,但还缺少许多构造性信息。

WordNet 是按一定结构组织起来的语义类词典,主要特征如下:

(1)整个名词组成一个继承关系。WordNet 有着严格的层次关系,一个单词可以把它所有前辈的一般性的上位词的信息都继承下来,可以提供全局性的语义关系,具有 IS-A 关系。

（2）动词是一个语义网。表达动词的意义对任何词汇语言学来说都是困难的。WordNet 不做成分分析，而是进行关系分析，讨论动词间的纵向关系，即词汇蕴含关系。

为了研究自然语言理解，首先需要研究大规模真实语料库的建立和大规模、信息丰富的机读词典的编制方法。规模为几万、十几万甚至几十万的词，含有丰富的信息（如包含词的搭配信息、文法信息等）的计算机可用词典，是自然语言处理系统的基础。需要深入研究采用什么样的词典结构，包含词的哪些信息，如何对词进行选择，如何以大规模语料为资料建立词典，即如何从大规模语料中获取词等。

书面汉语不同于英语、法语、德语等印欧语言，词与词之间没有空格。在汉语自然语言处理中，凡是涉及句法、语义的研究，都要以词为基本单位来进行。词是汉语文法和语义研究的中心问题，也是汉语自然语言处理的关键问题。目前，对大规模汉语语料库的加工主要包括自动分词和标注，包括词性标注和词义标注。

目前，我国主要的 8 大语料库有：国家现代汉语语料库、国家语委现代汉语语料库、树图数据库、语料库语言学在线、北京大学中国语言学研究中心 CCL 语料库检索系统、北京大学《人民日报》标注语料库、北京语言大学语料库、清华大学汉语均衡语料库。

## 12.5.2　机器翻译方法概述

人类对机器翻译（machine translation，MT）系统的研究开发已经持续了 50 多年。起初，机器翻译系统主要是基于双语字典进行直接翻译的，几乎没有句法结构分析。直到 20 世纪 80 年代，一些机器翻译系统采用了间接方法。在这些方法中，源语言文本被分析转换成抽象表达形式，随后利用一些程序，通过识别词结构（词法分析）和句子结构（句法分析）解决歧义问题。其中有一种方法将抽象表达设计为一种与具体语种无关的"中间语言"，可以作为许多自然语言的中介。这样，翻译就分成两个阶段：从源语言到中间语言，从中间语言到目标语言。另一种更常用的间接方法是将源语言表达转化成为目标语言的等价表达形式。这样，翻译便分成三个阶段：分析输入文本并将它表达为抽象的源语言；将源语言转换成抽象的目标语言；最后生成目标语言。

机器翻译系统可以分成下列几种类型：

（1）直译式机器翻译系统

直译式机器翻译系统（direct translation MT systems）通过快速的分析和双语词典，将原文译出，并且重新排列译文的词汇，以符合译文的句法。直译式翻译系统如图 12.13 所示。

大多数著名的大型机器翻译系统本质上都是直译式系统，如 Systran、Logos 和 Fujitsu Atlas；其次是改进的直译式系统，这些系统与其父辈不同，是高度模块化的系统，很容易被修改和扩展。例如著名的 Systran 系统在开始设计时只能完成从俄文到英文的翻译，但现在已经可以完

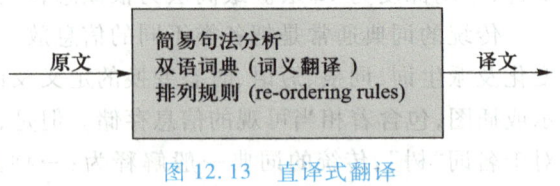

图 12.13　直译式翻译

成很多语种之间的互译。Logos 开始只针对德语到英语的翻译，而现在可以将英语翻译成法语、德语、意大利语，以及将德语翻译成法语和意大利语。只有 Fujitsu Atlas 系统至今仍把自己局限于英日、日英的翻译。

（2）规则式机器翻译系统

规则式机器翻译系统（rule-based MT systems）是先分析原文内容，产生原文的句法结构，再转换成译文的句法结构，最后再生成译文。基于规则翻译系统通过识别、标注兼类多义词的词类，对多义词意义进行排歧；对某些同类词性的多义词再按其词法规则不同消除歧义。规则式机器翻译系统如图 12.14 所示。

当前主流的机器翻译还都是基于规则的机器翻译系统。

（3）中介语式机器翻译系统

中介语式机器翻译系统（inter-lingual MT systems），类似转换式系统，但会先生成一种中介的表达方式，而非特定语言的结构；再由中介的表达式，转换成译文。程序语言的编译常采取此策略。中介语式机器翻译系统如图 12.15 所示。

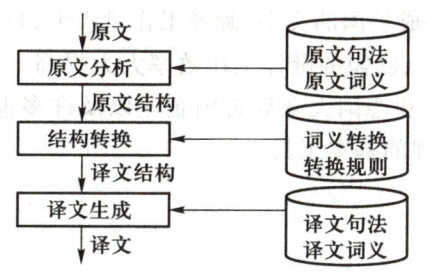

图 12.14　规则式机器翻译系统

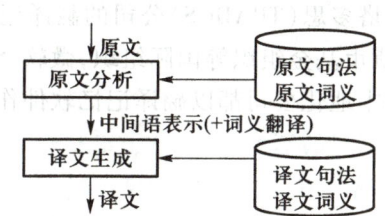

图 12.15　中介语式机器翻译系统

最重要的大型机"转换型"机器翻译系统是 METAL。20 世纪 80 年代初期，德国西门子公司提供了大部分资金支持开发 METAL，直到 80 年代末才面市。目前最有名的两个"转换型"系统是 Grenoble 的 Ariane 和欧共体资助的 Eurotra。Ariane 有望成为法国国家机器翻译系统；而 Eurotra 无疑是最复杂的机器翻译系统之一，经过西欧许多国家数百名研究人员近 10 年的努力，目前仍未能开发出实用系统。80 年代末，日本政府出资支持开发用于亚洲语言之间互译的中间语言系统，中国、泰国、马来西亚和印度尼西亚等国的研究人员均参加了这一研究。

（4）知识库式机器翻译系统

翻译经常是需要除词汇之外的各种知识。知识库式机器翻译系统（knowledge-based MT systems）是建立一个翻译需要的知识库，构成翻译专家系统。但由于知识库的建立十分困难，因此目前此类研究多半有限定范围，并且使用知识获取工具（knowledge acquisition），自动或半自动地大量收集相关知识，以充实知识库的内容。

（5）统计式机器翻译系统

1994 年，IBM 公司的 A. Berger，P. Brown 等发表了著名的论文 *The candide System of Machine Translation*。他们用统计方法和各种不同的对齐技术，给出了统计式机器翻译系统（statistics-based MT systems）Candide。

源语言中任何一个句子都可能与目标语言中某些句子相似，这些句子的相似程度可能都不相同，统计式机器翻译系统能找到最相似的句子。

（6）范例式机器翻译系统

范例式机器翻译系统（example-based MT systems）的构想十分简单，就是将过去的翻译结果当成范例，产生一个范例库。在翻译一段文字时，参考范例库中近似的例子，并处理差异处。

实际的机器翻译系统往往是混合式机器翻译系统(hybrid MT systems),即同时采用多种翻译策略,以达到正确翻译的目标。

范例式机器翻译就是对被翻译的源语句通过翻译实例数据库检索出要翻译的目标语句。范例式机器翻译系统主要包括两部分工作:一是建立翻译实例数据库,二是翻译的操作检索算法。

(7) 翻译记忆

由于目前还没有一种机器翻译产品的效果能让人满意,对于专业翻译来说,目前广泛采用翻译记忆(translation memory,TM)技术。与期望完全替代人工翻译的机器翻译技术不同,翻译记忆实际只是起辅助翻译的作用,也就是计算机辅助翻译(computer aided translation,CAT)。

翻译记忆是一种通过计算机软件来实现的专业翻译解决方案,与机器翻译有着本质的区别。以欧盟为例,每天都有大量的文件需要翻译成各成员国的文字,翻译工作量极大,自 1997 年采用德国塔多思(TRADOS)公司的翻译记忆软件以来,欧盟的翻译工作效率大大提高。如今,欧盟、国际货币基金组织等国际组织,微软、SAP、Oracle 和德国大众等跨国企业以及许多世界级翻译公司和本地化公司都以翻译记忆软件作为信息处理的基本工具。

翻译记忆的基本原理是:用户利用已有的原文和译文,建立起一个或多个翻译记忆库,在翻译过程中,系统将自动搜索翻译记忆库中相同或相似的翻译资源(如句子、段落等),给出参考译文,使用户避免无谓的重复劳动,只需专注于新内容的翻译。翻译记忆库同时在后台不断学习和自动储存新的译文,变得越来越"聪明"。

由于翻译记忆实现的是原文和译文的比较和匹配,因此能够支持多语种之间的双向互译。以德国塔多思公司为例,该公司的产品基于 UNICODE(统一字符编码),支持 55 种语言。

(8) 神经机器翻译

神经机器翻译(neural machine translation,NMT)通过使用深度神经网络中学习源语言和目标语言之间的映射关系,生成目标语言的翻译结果,是目前机器翻译领域的主流模型。Transformer 使机器翻译取得重大突破,之后基于 Transformer 建立的 BERT、GPT 等更是使自然语言处理达到全新高度。

## 12.6  生成式人工智能在语音识别中的应用

### 12.6.1  语音识别的概念

用语音实现人与计算机之间的交互,主要包括语音识别(speech recognition)、自然语言理解和语音合成(speech synthesis)。语音识别是完成语音到文字的转换。自然语言理解是完成文字到语义的转换。语音合成是将文本转换为语音,用语音方式输出文本表示信息。

现在已经有许多场合允许使用者用语音对计算机发命令,但是,目前还仅仅是使用有限词汇的简单句子,计算机还无法接受复杂句子的语音命令,而需要研究基于自然语言理解的语音识别技术。

相对于机器翻译,语音识别是更加困难的问题。机器翻译系统的输入通常是印刷文本,计算机能清楚地区分单词和单词串,而语音识别系统的输入是语音,其复杂度要大得多。口语有很多的不确定性。人与人交流时,往往是根据上下文提供的信息猜测对方所说的是哪一个单词,还可以根据对方使用的音调、面部表情和手势等来得到很多信息。特别是说话者会经常更正所说过的话,而且会使用不同的词来重复某些信息。

按照服务对象划分,语音识别系统可以是只针对某个用户的,称为特定人工作方式。如果系统是针对任何人的,则称为非特定人工作方式。

通俗地说,特定人的语音识别是要识别说话人是谁,又称为说话人识别。而非特定人语音识别是要识别说的什么话。

语音识别技术主要包括特征提取知识、模式匹配准则以及模型训练技术三个方面。本节将简单介绍语音识别的基本内容,包括语音信号的采集与处理、特征参数的提取与识别等。

将人工智能应用于音频处理和音频生成的研究,促进了自动语音识别和原创音乐作品的发展。

## 12.6.2 语音信号采集与预处理

语音识别过程包括从一段连续声波中采样,将每个采样值量化,得到声波的压缩数字化表示。采样值位于重叠的帧中,对于每一帧,抽取出一个描述频谱内容的特征向量。然后,根据语音信号的特征识别语音所代表的单词。

### 1. 语音信号采集

语音信号采集是语音信号处理的前提。语音通常通过话筒输入计算机。话筒将声波转换为电压信号,然后通过 A/D 装置(如声卡)进行采样,从而将连续的电压信号转换为计算机能够处理的数字信号。

目前多媒体计算机已经非常普及,声卡、音箱、话筒等已是 PC 机的必备之物。其中声卡是计算机对语音信号进行加工的重要部件,它具有对信号滤波、放大、A/D 和 D/A 转换等功能。而且 Windows 附件的娱乐中带有录音机工具,通过它可以驱动声卡采集语音信号并保存为语音文件。

对于现场环境不好,或者空间受到限制,特别是对于许多专用设备,目前广泛采用基于单片机、DSP 芯片的语音信号采集与处理系统。

### 2. 语音信号预处理

语音信号在采集后首先要进行滤波、A/D 变换、预加重(pre-emphasis)和端点检测等预处理,然后才能进入识别、合成、增强等实际应用。

滤波的目的有两个:一是抑制输入信号各频域分量中频率超出 $f_s/2$ 的所有分量($f_s$ 为采样频率),以防止混叠干扰。二是抑制 50 Hz 的电源工频干扰。因此,滤波器应该是一个带通滤波器。

A/D 变换是将语音模拟信号转换为数字信号。A/D 变换中要对信号进行量化,量化不可避免地会产生误差。量化后的信号值与原信号值之间的差值为量化误差,又称为量化噪声。

由于语音信号的平均功率谱声门激励和口鼻辐射影响,高频端在 800 Hz 以上按 6 dB/倍频程衰减,所以求语音信号频谱时,频率越高相应的成分越小,高频部分的频谱比低频部分的难求,为此要在预处理中进行预加重处理。预加重处理的目的是提升高频部分,使信号的频谱变得平坦,保持在低频到高频的整个频带中,能用同样的信噪比求频谱,以便于频谱分析。

端点检测是从包含语音的一段信号中确定出语音的起点和终点。有效的端点检测不仅能使处理时间减到最小,而且能排除无声段的噪声干扰。目前主要有两类方法:利用语音信号的时域特征方法是利用音量和过零率进行端点检测,计算量小,但对气音造成误判。不同的音量计算也会造成检测结果不同。利用语音信号的频域特征方法是用声音的频谱的变异数和熵检测,计量较大。

### 12.6.3   语言信号特征参数提取

人说话的频率在 10 kHz 以下(每秒 10 000 个周期)。根据香农采样定理,为了使采样数据包含所需单词的信息,计算机每秒得到的样本数量应是需要记录的最高语音频率的两倍以上。一般将信号分割成若干块,信号的每个块称为帧,为了保证可能落在帧边缘的重要信息不会丢失,应该使帧有重叠。例如,当使用 20 kHz 的采样频率时,标准的一帧为 10 ms,包含 200 个采样值。

话筒等语音输入设备可以采集到声波波形,如图 12.16 所示。虽然这些声音的波形包含了所需单词的信息,但用肉眼观察声波的波形得不到多少信息。所以,需要从采样数据中抽取那些能够帮助辨别单词的特征信息。在语音识别中,常用线性预测编码(1inear predictive coding, LPC)技术抽取语音特征。线性预测分析的基本思想是:语音信号采样点之间存在相关性,可用过去的若干采样点线性组合预测现在和将来的采样点值。线性预测系数可以通过使预测信号和附加真实信号之间的均方误差最小来唯一确定。

语音线性预测系数作为语音信号的一种特征参数,已经广泛应用于语音处理的各个领域。

根据傅里叶变换理论,一段声波可以表示为正弦波的组合,每个正弦波都有频率与振幅。傅里叶变换可以用来识别组成声波时影响最大的频率,抽取出的频率集合称为频谱。

声波有两个主要特征:振幅和频率。声波的采样数据可以绘制成一个 $x-y$ 平面图,$x$ 轴表示时间,$y$ 轴表示振幅,如图 12.16 所示。在图 12.16 中,声波波形由 3 个正弦波组成,但用肉眼很难分辨。为了能够看清楚声波中包含的主要频率波形,通常将采样信号经过傅里叶变换得到相应的频谱,再从频谱中看出波形中不同音素相匹配的主控频率组成部分。它们的振幅和频率都显示于图 12.17 所示的频谱中,这段频谱是由数字化采样经过傅里叶变换得到的。频谱中有 3 个峰值,每个峰值都在正弦波的频率中心。

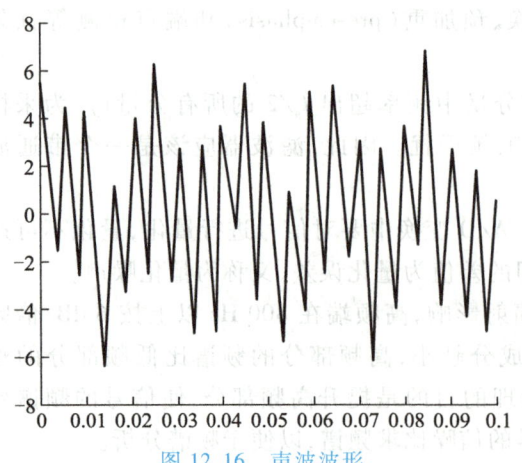

图 12.16   声波波形          图 12.17   声波频谱

语音处理包括从一段连续声波中采样,将每个采样值量化,产生一个波的压缩数字化表示。采样值位于重叠的帧中,对于每一帧,抽取出一个描述频谱内容的特征向量。然后,音素的可能性可通过每帧的向量来计算。

## 12.6.4　向量量化

向量量化(vector quantization,VQ)技术是 20 世纪 70 年代后期发展起来的一种数据压缩和编码技术。经过向量量化的特征矢量也可以作为后面隐马尔可夫模型中的输入观察符号。

在标量量化中整个动态范围被分成若干个小区间,每个小区间有一个代表值,对于一个输入的标题信号,量化时落入小区间的值就用这个代表值代替。因为这时的信号量是一维的标量,所以叫标量量化。而向量量化的概念是用线性空间的观点,把标量改为一维的向量,对向量进行量化,和标量量化一样把向量空间分成若干个小区域,每个小区域寻找一个代表向量,量化时落入小区域的向量就用这个代表向量代替。

向量量化的基本原理:将若干个标量数据组成一个向量(或者是从一帧语音数据中提取的特征向量)在多维空间给予整体量化,从而可以在信息量损失较小的情况下压缩数据量。

## 12.6.5　识别

当提取声音特征集合以后,就可以识别这些特征所代表的单词。本节重点关注单个单词的识别。识别系统的输入是从语音信号中提出的特征参数,如 LPC 预测编码参数,当然,单词对应于字母序列。语音识别所采用的统计方法一般有模板匹配法、随机模型法和概率语法分析法三种。这三种方法都是建立在最大似然决策贝叶斯(Bayes)判决的基础上的。

### (1) 模板(template)匹配法

在训练阶段,用户将词汇表中的每一个词依次说一遍,并且将其特征矢量作为模板存入模板库。在识别阶段,将输入语音的特征矢量序列依次与模板库中的每个模板进行相似度比较,将相似度最高者作为识别结果输出。

### (2) 随机模型法

随机模型法突出的代表是隐马尔可夫模型(hidden Markov model,HMM)。可以使用 HMM 的概率参数来对似然函数进行估计与判决,从而得到识别结果。

马尔可夫模型是俄国数学家 Markov 在 1907 年研究俄国文学家普希金作品《奥涅金》中不同音的出现规律时所提出的一个数学模型。它是研究概率随时间传递的一种方法。

如果一个过程的"将来"仅仅依赖"现在",而不依赖"过去",则此过程称为马尔可夫过程。时间和状态都是离散的马尔可夫过程称为马尔可夫链。

隐马尔可夫模型是马尔可夫模型的一个拓展形式,是表示序列可能出现的一种方法。所谓的"隐"是指马尔可夫模型的状态集合观测不到。

语音信号可以看成一种信号过程,它在足够短的时间段上的信号特征近似于稳定,而总的过程可看成依次相对稳定的某一特性过渡到另一特性。HMM 则用概率统计的方法来描述这样一种时变的过程。20 世纪 80 年代至今美国在语音识别方面进行的一些重大研究项目,都采取以 HMM 为基本框架的统计途径,其中包括 AT&T 公司、Bell 实验室 L. R. Rabiner 等在连接数字识别和语音响应(voice response)等方面的工作、IBM 公司 F. Jelinek 等在语音打字机方面所做的工作。

### （3）概率语法分析法

这种方法是用于大长度范围的连续语音识别。语音学家通过研究不同的语音语谱图及其变化发现，虽然不同的人说相同语音时，相应的语谱及其变化有种种差异，但是总有一些共同的特点足以使他们区分于其他语音，也即语音学家提出的"区别性特征"。另外，人类的语言要受词法、语法、语义等约束，人在识别语音的过程中充分应用了这些约束以及对话环境的有关信息。于是，将语音识别专家提出的"区别性特征"与来自构词、句法、语义等语用约束相互结合，就可以构成一个"由底向上"或"自顶向下"的交互作用的知识系统，不同层次的知识可以用若干规则来描述。

### （4）基于人工神经网络的语音识别方法

2012 年，等使用深度神经网络进行语音识别，相比于传统的高斯混合模型和隐马尔可夫模型，语音识别错误率下降了 20%～30%，取得了突破性的进展。基于人工神经网络的语音识别方法是目前语音识别的主流技术和研究热点。特别是深度学习方法近年来在智能语音领域得到了广泛应用，取得了突出效果。

基于深度学习的语音识别方法是通过深度神经网络模型的非线性建模能力，建立源说话人和目标说话人之间的映射关系，实现说话人个性信息的转换。由于深度神经网络具有较强的处理高维数据的能力，所以可以直接使用原始高维的谱包络特征训练模型，能够提高转换语音的话音质量。目前用于语音识别研究的比较典型的深度神经网络包括：受限玻尔兹曼机、深度置信神经网络、长短时记忆递归神经网络、深度卷积神经网络等。

## 12.7    生成式人工智能在视频生成中的应用

### 12.7.1    生成式人工智能典型应用案例

GAN 能从静态照片中生成多帧视频。首先，识别静态图片的对象，然后，生成 32 帧的视频，这些生成视频中对象的动作非常合乎常理。这种对动作的预测能力是机器未来融入人类生活的关键，因为这使机器能辨别什么动作于人于己都是没有伤害的。

#### 1. 实时 3D 变脸技术

南加州大学的 Pinscreen 团队以 GAN 等技术实现实时 3D 变脸技术。输入一张实验者的照片，GAN 变脸软件能够生成实验者的 3D 视频，并且通过软件控制 3D 视频中人物的动作，例如，眨眼、张嘴、微笑等。用生成的实验者的 3D 视频代替实验者本人能够通过刷脸测试。为了防止变脸技术造成的信息安全，美国国防部开发了 AI 侦测工具，识别是实验者本人的视频，还是计算机生成的实验者视频，反变脸精度达到 99%。

2019 年 8 月 30 日晚，一款 AI 换脸软件在社交媒体刷屏，用户只需要一张正脸照就可以将视频中的人物替换为自己的脸。许多 App 都用手机号+面部图像注册登录。不少人担心 AI 换脸软件会被不法分子利用，通过技术合成完成刷脸支付等。

#### 2. 人工智能主持人

2018 年 11 月，在乌镇第五届世界互联网大会上，新华社对外宣布：中国首个"人工智能主持人"正式上岗。2019年2月19日新华社又发布站立式合成主播上岗。

真正的主持人主持一段节目,用3D扫描仪收集节目的视觉数据,计算机生成的主持人化身看上去与其真正的主持人真假难辨。采集真正的主持人的嗓音作为深度学习的输入数据,然后人工智能会学习嗓音特征,并能生成新的内容——说话或者唱歌,并记录主体的行为和动作等个人数据,由此就可以再现他们的说话模式和性格特点。特别是计算机生成的主持人以真正的主持人的嗓音用真正的主持人根本不会讲的语言生成内容,例如不仅能够讲中文,而且能够讲英语、日语或韩语等各种语言。

### 12.7.2　视频生成大模型

2024年2月16日,OpenAI发布视频生成模型Sora。通过用户提出要求,Sora可以创建长达60s的文生视频,其中包含高度详细场景、复杂摄像机运动以及充满活力的多个角色。

2024年5月14日凌晨,OpenAI发布"Magic(魔法)"包括:ChatGPT新UI、桌面版GPT以及GPT-4o。

2024年9月13日凌晨,OpenAI发布"o1系列"预览模型。o1模型是GPT-5中关键的一步。GPT-4智力水平类似于高中生智能,GPT-5智力水平则是从"高中生跃升至博士"的成长。在通用复杂推理过程中,每次回答要花更长时间思考,就像人类思考解决问题的过程一样。参加国际奥数竞赛,GPT-4o只能拿到13%的分数,而o1可拿到83%的分数。特别是参加编程比赛Codeforces,GPT-4o只有11%,而o1拿到89%的成绩。像人类程序员一样,在写代码前把整个流程思考一遍,再动手输出代码。

## 12.8　生成式人工智能在语言处理中的应用

由于图像和视频数据的取值是连续的,可直接应用梯度下降对可微的生成器和判别器进行训练,而语言生成模型中的音节、字母和单词等都是离散值,难以直接应用到基于梯度的生成对抗网络。目前,人工智能不仅广泛用于体裁比较固定的写新闻写作,而且能够进行诗歌写作等文学创作。

12.8节阅读文献 ▲

### 12.8.1　人工智能新闻系统

2014年3月17日清晨,梦乡中的洛杉矶市民被轻微的地面晃动惊醒。地震发生后不到3分钟,《洛杉矶时报》就报道了这次地震,不但提及了地震台网观测到的详细数据,还给出了旧金山区域近10天的地震观测情况。人们十分惊讶,为什么这则新闻如此神速?其实这要归功于人工智能新闻系统。在地震发生的瞬间,人工智能系统从地震台网的数据接口中获得地震信息,然后飞速生成英文报道全文。刚刚从睡梦中惊醒的记者看见屏幕上的报道文稿,快速审回,署名后点击发布,这则新闻就在第一时间面世了。

2011年,思科公司的工程师罗比·艾伦创办了Automated　Insights人工智能小公司,公司名称首字母为AI,专门开发写作程序,用机器自动撰写新闻稿件。2013年,机器自动撰写的新闻稿件已达3亿篇,超过所有主要新闻机构的稿件产出量。2014年,更是超过10亿篇。

2014年,Automated Insights公司的技术为美国和加拿大的上市公司撰写营收业绩报告。目前,自动撰写的营收业绩报告近 3700 篇,是同时段手工数量的 12 倍。

2016 年,美联社将自动新闻扩展到体育领域,从美国职业棒球联盟的赛事入手,大大减轻人类记者和编辑的劳动强度。

## 12.8.2　人工智能写作系统

人工智能写作系统具有较强的语言生成能力,能够根据提示词撰写电子邮件、博客文章或其他中长篇内容,并加以提炼和润色。还有内容摘要生成能力,能够将长文章、新闻报道、研究报告、公司文档甚至客户历史记录汇总成根据输出格式定制长度的完整文本。例如,"学习强国"中刊登了一篇《中国教育报》上的文章《ChatGPT 与名师同写作文》。

作文题目:阅读下面的材料,根据要求写作。

冲浪是冲浪者站在冲浪板上驾驭海浪的水上运动,已被列为 2024 年巴黎奥运会的正式比赛项目。在惊涛骇浪之上翱翔,需要具备以下条件:海浪够高够大,且在冲浪者可驾驭的范围内;冲浪板尺寸合适,能被冲浪者灵活操控;冲浪者有足够的勇气,也有良好的身体素质。当今世界正经历百年未有之大变局,我国正处于实现中华民族伟大复兴的关键时期。在时代的浪潮中,我们应该如何做好一名冲浪者?

请结合材料写一篇文章,体现你的感悟与思考。要求:选准角度,确定立意,明确文体,自拟标题;不要套作,不得抄袭;不得泄露个人信息;不少于 800 字。

深圳市特级教师陈继英点评:ChatGPT 生成的《做好时代的冲浪者》"能够根据命题题意,从材料分解出做好时代冲浪者的'五个必备条件',而且每段都有分论点,然后加以一一阐述,层次清晰,可以和大部分高三学生打个平手。"深圳第二外国语学校语文教师、国家"万人计划"教学名师龚志民的文章《审时而冲,量力而浪,合身择板,顺势而为》则是"令人拍案叫绝"。

## 12.8.3　人工智能诗歌创作系统

人工智能不仅广泛用于体裁比较固定的新闻写作,而且能够进行诗歌等文学创作。2016 年,谷歌的工程师让人工智能系统学习了一些英语诗歌创作基本格式,然后用 2865 篇爱情诗歌进行训练,人工智能系统就写出一首首情感小诗。例如,"没有人见过他/这让我想哭泣/这让我觉得不安/没有人见过他/这让我想微笑/痛苦曾经难以忍受/人们曾经无语/那个男人喊了出来/那个老人说/那个男人问。"

"早春江上雨初晴,杨柳丝丝夹岸莺。画舫烟波双桨急,小桥风浪一帆轻。"谁能想到,这是人工智能诗歌创作系统以"早春"为关键词创作的一首诗。"九歌"由清华大学计算机科学与技术系孙茂松教授团队于 2015 年 9 月历时三年研发而成。2017 年 4 月在中央电视台《机智过人》公开亮相,把机器人创作的诗歌与文艺青年创作的诗歌放在一起让专家们辨别,结果机器人创作的诗歌更像人创作的。2017 年 9 月九歌 V1.0 正式上线。

九歌人工智能诗歌创作系统输入了 30 多万首唐朝以来的古诗作为语料库,利用深度学习模型让计算机学习。除了输入诗句平仄、押韵规定,并未人为给出任何规则,而是让计算机自己学习古诗中的"潜规则"。孙茂松教授说:"每首古诗像一串项链,项链上的珠子就是字词。深度学习模型先把项链彻底打散,然后通过自动学习,将每颗珠子与其他珠子的隐含关联赋予不同权重。作诗时,再将不同珠子重穿成新项链。"

## 12.9　生成对抗网络在生物医疗中的应用

人工智能在生物医疗中的应用是最有前景和最有价值的领域。

### (1) 医学影像识别

基于深度学习等人工智能技术的 X 光、核磁、CT、超声等医疗影像多模态大数据的分析技术,提取二维或三维医疗影像隐含的疾病特征。例如,黑色素瘤识别:将 1 万张有标记的影像交给机器学习,然后让 3 名医生和计算机一起看另外的 3 000 张。人的识别精度为 84%,计算机的识别精度达到 97%。

Schlegl 等将 GAN 用于医学图像的异常检测,通过学习健康数据集的特征能抽象出病变特征,例如,能够检测到测试样本中的视网膜积液,而这在训练样本集中并没有出现过。

### (2) 药物匹配

Insilico Medicine 的研究人员提出了一种运用 GAN 进行药物匹配的方法。我们的目标是训练生成器,以尽可能精确地从一个药物数据库中对现有药物进行按病取药的操作。经过训练后,可以使用生成器获得一种以前不可治愈的疾病的药方,并使用判别器确定生成的药方是否治愈了特定疾病。

### (3) 蛋白质结构预测

Alpha 系横扫世界围棋棋坛后,破解生命谜题再突破。2020.12.1 国际蛋白质结构预测竞赛(CASP)宣布:谷歌 DeepMind 研制的 AlphaFold2(阿尔法佛),精确预测了单体蛋白质的三维结构。2021 年 8 月 DeepMind 在 nature 上公布 AlphaFold2 精确预测了来自人类和 20 种其他生物共 35 万种蛋白质的三维结构。

2024 年 10 月 9 日,瑞典皇家科学院宣布 2024 诺贝尔化学奖:AI 预测蛋白质结构里程碑突破,破解了蛋白质惊人结构的密码。其中,一半授予美国华盛顿大学西雅图分校大卫·贝克,奖励他在"计算蛋白质设计"方面的贡献;另一半共同授予 Google DeepMind 首席执行官戴密斯·哈萨比斯和 Google DeepMind 高级研究科学家约翰·M·詹伯,奖励他们在"蛋白质结构预测"方面的贡献。

人工智能是信息世界的革命,信息技术的变革浪潮依次发生在信息量更高、信息密度更大的领域:第一阶段,文字——GPT3(2019.6);第二阶段,声音——Whisper(2020.12);第三阶段,图像——DALL-E3(2023.9);第四阶段,影像——Sora(2024.2);第五阶段,综合——GPT-4o(2024.5)。因此,人工智能的发展符合人类信息时代的迭代发展规律。

## 12.10　小结

### 1. 大语言模型

大语言模型(LLM)是指在人工智能领域,特别是在深度学习领域中,参数量非常大的人工神经网络模型,能够在大量的文本数据上进行训练,能够学习到数据的复杂特征,可以执行多种更复杂、更抽象的任务。

大模型基于 Transformer 架构进行构建,由多层神经网络架构叠加而成。

大语言模型提示工程是一种利用大语言模型进行自然语言处理任务的新方法,通过开发与优化提示词,从而让大模型输出预期结果的过程,可以实现如摘要、问答、翻译等多种任务。

大语言模型提示工程包括提示工程原则、自动提示生成、用例调查、基础设施、安全和最后的思考。

知识蒸馏是将教师模型中的知识"蒸馏"到学生模型中去,其本质就是在训练小型学生模型时,用大型教师模型指导,从而实现知识的传递。

### 2. 编码器-解码器结构

有效地对这类输入序列和输出序列不等长的问题进行建模。

利用 encoder 对源语言输入序列 $c$ 进行编码,形成一个语义向量 $c$,然后利用 decoder 对 $c$ 进行解码,最终得到目标语言输出序列 $y$。

### 3. 注意力机制

一般分为全局注意力、局部注意力和自注意力三种。

全局注意力是指解码器端的注意力计算时要考虑编码器端输入序列中所有的序列。

局部注意力是指解码器端的注意力计算时仅考虑编码器端输入序列中的部分序列。

自注意力是指让模型注意到整个输入中不同部分之间的相关性。自注意力机制是 Transformer 模型的核心。

### 4. Transformer

Transformer 的结构由编码器和解码器两部分组成。

Transformer 编码器将输入序列转换成词嵌入向量(简称词向量)。在实现过程中,词向量可以随机初始化后随着网络训练得到,也可以加载预先训练好的词向量表示。

Transformer 可以并行地执行自注意力机制,产生多个输出值,再将这些值拼接起来进行再次投影。因此,在自注意力机制的基础上设计了多头自注意力机制。

### 5. 生成式人工智能的应用

GAN 应用最成功的领域是计算机视觉,包括图像和视频生成,如图像翻译、图像超分辨率、图像修复、图像上色、人脸图像编辑以及视频生成等。

## 思考题

12.1 简述大语言模型的概念与特点。

12.2 什么是提示词工程?

12.3 为什么要进行知识蒸馏?

12.4 简述知识蒸馏的一般结构。

12.5 简述注意力机制的主要结构与分类。

12.6 简述 Transformer 的主要结构及其各部分的主要功能。

12.7 简述 Transformer 的输入编码机制。

12.8 简述 Transformer 的自注意力机制。

12.9 使用工具 Groundhog 和 WMT2017 的中英机器翻译评测数据集进行神经机器翻译训练,并在测试集上进行评估。

# 附录　人工智能实验指导书

## 实验 1　产生式系统实验

### 一、实验目的
熟悉产生式表示法,掌握产生式系统的运行机制,以及基于规则推理的基本方法。

### 二、实验内容
设计并编程实现一个小型产生式系统(如分类、诊断等类型)。编程语言不限,如 Python 等。

### 三、实验要求
1. 具体应用领域自选,具体系统名称自定。
2. 用产生式规则作为知识表示,利用产生式系统实验程序,建立知识库,分别运行正、反向推理。

### 四、实验报告要求
1. 编辑知识库,通过输入规则或修改规则等,建立规则库。
2. 建立事实库(综合数据库),输入多条事实或结论。
3. 运行推理,包括正向推理和反向推理,给出相应的推理过程、事实区和规则区。
4. 总结实验心得体会。

## 实验 2　洗衣机模糊推理实验

### 一、实验目的
理解模糊逻辑推理的原理及特点,掌握应用模糊推理方法的应用。

### 二、实验内容
采用 Python 或 Matlab 7.0 的 Fuzzy Logic Tool 设计洗衣机洗涤时间的模糊控制。

### 三、实验要求
已知人的操作经验为

> "污泥越多,油脂越多,洗涤时间越长";
> "污泥适中,油脂适中,洗涤时间适中";
> "污泥越少,油脂越少,洗涤时间越短"。

模糊推理规则如附表 2.1 所示。

附表 2.1　洗衣机的模糊推理规则表

| 污泥量 $x$ | 油脂量 $y$ | 洗涤时间 $z$ |
|:---:|:---:|:---:|
| SD | NG | VS |
| SD | MG | M |

续表

| 污泥量 $x$ | 油脂量 $y$ | 洗涤时间 $z$ |
|---|---|---|
| SD | LG | L |
| MD | NG | S |
| MD | MG | M |
| MD | LG | L |
| LD | NG | M |
| LD | MG | L |
| LD | LG | VL |

其中 SD(污泥少)、MD(污泥中)、LD(污泥多)、NG(油脂少)、MG(油脂中)、LG(油脂多)、VS(洗涤时间很短)、S(洗涤时间短)、M(洗涤时间中等)、L(洗涤时间长)、VL(洗涤时间很长)。

(1)假设污泥、油脂、洗涤时间的论域分别为[0,100]、[0,100]和[0,120],设计相应的模糊推理系统,给出输入、输出语言变量的隶属函数图,模糊控制规则表和推论结果立体图。

(2)假定当前传感器测得的信息为 $x_0$(污泥)= 60, $y_0$(油脂)= 70,采用模糊决策,给出模糊推理结果。

### 四、实验报告要求

1. 按照实验要求,给出相应结果。

2. 分析隶属度、模糊关系和模糊规则的相互关系。

3. 总结实验心得体会。

## 实验 3 汽车控制模糊推理实验

### 一、实验目的

理解模糊逻辑推理的原理及特点,熟练应用模糊推理。

### 二、实验内容

采用 Matlab 7.0 的 Fuzzy Logic Tool 设计汽车控制模糊推理系统。

### 三、实验要求

假设两汽车均为理想状态,即 $\dfrac{Y(s)}{U(s)} = \dfrac{4}{s^2 + 2\times0.7\times2s + 4}$,$Y$ 为速度,$U$ 为油门控制输入。

(1)设计模糊推理系统控制 2 号汽车由静止启动,追赶 200 m 外时速 90 km 的 1 号汽车并与其保持 30 m 的距离。

(2)在 25 时刻 1 号汽车速度改为时速 110 km 时,仍与其保持 30 m 距离。

(3)在 35 时刻 1 号汽车速度改为时速 70 km 时,仍与其保持 30 m 距离。

模糊推理规则如附表 3.1 所示,其中 $r = \sqrt{e^2 + \dot{e}^2}$, $\theta = \tan\dfrac{\dot{e}}{e}$, $r$、$\theta$ 和油门控制 $u$ 的论域分别为

$[0,1]$、$[-3,3]$ 和 $[-1,1]$。

附表 3.1 模糊推理规则表

| $\theta\backslash r$ | NB | ZE | PB |
|---|---|---|---|
| PB | ZE | NM | NB |
| PM | ZE | PM | PB |
| ZE | ZE | PM | PB |
| NM | ZE | NM | NB |
| NB | ZE | NM | NB |

$r$ 的隶属函数如附图 3.1 所示。

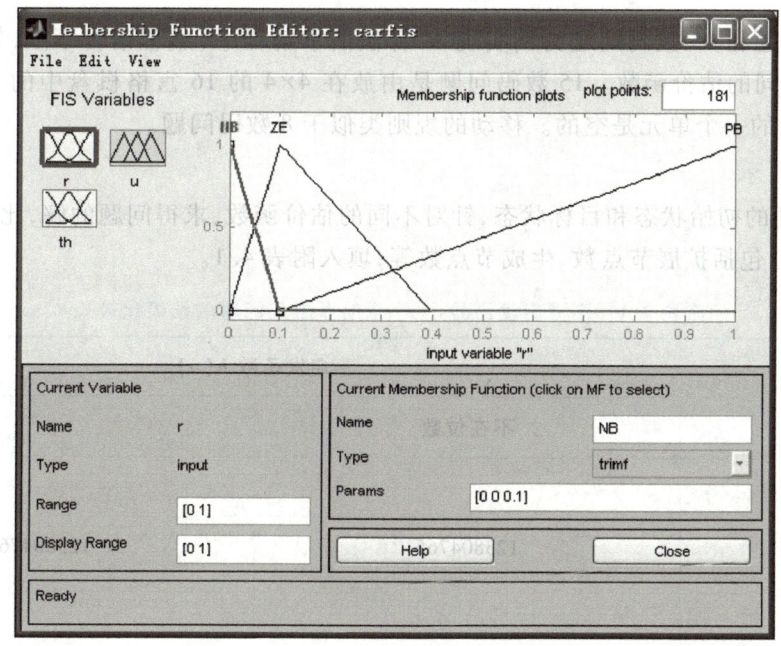

附图 3.1 $r$ 的隶属函数图

(1) 如附图 3.2 所示,设计两输入一输出的模糊推理系统作为 2 号汽车的模糊控制器,其中输入为误差 $e$ 和误差的变化 $\dot{e}$,输出为 1 号汽车的油门控制 $u$,采用面积等分法反模糊化,给出输入、输出语言变量的隶属函数图,模糊控制规则表,推论结果立体图和模糊推理的动态仿真环境图。

(2) 用 SIMULINK 仿真两车追赶的模糊控制系统,给出目标车(1 号汽车)的速度曲线图,以及追赶车(2 号汽车)的速度曲线图和与目标车(1 号汽车)相对距

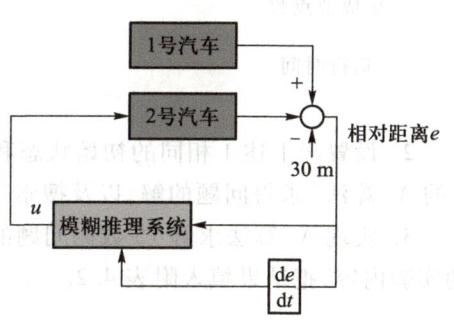

附图 3.2 两车追赶的模糊推理系统框图

离变化图。

## 四、实验报告要求

1. 按照实验要求,给出相应结果。
2. 分析隶属度、模糊关系和模糊规则的相互关系。
3. 总结实验心得体会。

# 实验 4　A* 算法求解八数码问题实验

## 一、实验目的

熟悉和掌握启发式搜索的定义、估价函数和算法过程,并利用 A* 算法求解 N 数码难题,理解求解流程和搜索顺序。

## 二、实验内容

以 8 数码问题和 15 数码问题为例实现 A* 算法的求解程序(编程语言不限,如 Python 等),要求设计两种不同的估价函数。15 数码问题是由放在 4×4 的 16 宫格棋盘中的 15 个数码(1-15)构成,棋盘中的一个单元是空的。移动的规则类似于 8 数码问题。

## 三、实验要求

1. 设置相同的初始状态和目标状态,针对不同的估价函数,求得问题的解,比较它们对搜索算法性能的影响,包括扩展节点数、生成节点数等,填入附表 4.1。

附表 4.1　不同启发函数 $h(n)$ 求解 8 数码问题的结果比较

|  | 启发函数 $h(n)$ | |
|---|---|---|
|  | 不在位数 |  |
| 初始状态 |  |  |
| 目标状态 | 123804765 | 123804765 |
| 最优解 |  |  |
| 扩展节点数 |  |  |
| 生成节点数 |  |  |
| 运行时间 |  |  |

2. 设置与上述 1 相同的初始状态和目标状态,用宽度优先搜索算法(即令估计代价 $h(n)=0$ 的 A* 算法)求得问题的解,以及搜索过程中的扩展节点数、生成节点数,填入附表 4.1。

3. 实现 A* 算法求解 15 数码问题的程序,设计两种不同的估价函数,然后重复上述 1 和 2 的实验内容,把结果填入附表 4.2。

附表 4.2 不同启发函数 $h(n)$ 求解 15 数码问题的结果比较

| | 启发函数 $h(n)$ | |
|---|---|---|
| | 不在位数 | |
| 初始状态 | | |
| 目标状态 | | |
| 最优解 | | |
| 扩展节点数 | | |
| 生成节点数 | | |
| 运行时间 | | |

## 四、实验报告要求

1. 分析不同的估价函数对 A* 算法性能的影响。

2. 根据宽度优先搜索算法和 A* 算法求解 8 数码和 15 数码问题的结果,分析启发式搜索的特点。

3. 画出 A* 算法求解 N 数码问题的流程图。

4. 总结实验心得体会。

# 实验 5 A* 算法求解迷宫寻路问题实验

## 一、实验目的

熟悉和掌握 A* 算法实现迷宫寻路功能,要求掌握启发式函数的编写以及各类启发式函数效果的比较。

## 二、实验内容

寻路问题常见于各类游戏中角色寻路、三维虚拟场景中运动目标的路径规划、机器人寻路等多个应用领域。迷宫寻路问题是在以方格表示的地图场景中,对于给定的起点、终点和障碍物(墙),如何找到一条从起点开始避开障碍物到达终点的最短路径。

假设在一个 $n×m$ 的迷宫里,入口坐标和出口坐标分别为 $(1,1)$ 和 $(5,5)$,每一个坐标点有两种可能:0 或 1,其中 0 表示该位置允许通过,1 表示该位置不允许通过。

如地图:

```
0 0 0 0 0
1 0 1 0 1
0 0 1 1 1
0 1 0 0 0
0 0 0 1 0
```

最短路径应该是

　　A　B　0　0　0

　　1　C　1　0　1

　　E　D　1　1　1

　　F　1　J　K　L

　　G　H　I　1　M

即：$(1,1)-(1,2)-(2,2)-(3,2)-(3,1)-(4,1)-(5,1)-(5,2)-(5,3)-(4,3)-(4,4)-(4,5)-$ $(5,5)$

以寻路问题为例实现 A* 算法的求解程序（编程语言不限，如 Python 等），要求设计两种不同的估价函数。

### 三、实验要求

1. 画出用 A* 算法求解迷宫最短路径的流程图。

2. 设置不同的地图，以及不同的初始状态和目标状态，记录 A* 算法的求解结果，包括最短路径、扩展节点数、生成节点数和算法运行时间。

3. 对于相同的初始状态和目标状态，设计不同的启发式函数，比较不同启发式函数对迷宫寻路速度的提升效果，包括扩展节点数、生成节点数和算法运行时间。

### 四、实验报告要求

1. 画出 A* 算法求解迷宫最短路径问题的流程图。

2. 分析不同启发式函数 $h(n)$ 对迷宫寻路求解的速度提升效果。

3. 分析 A* 算法求解不同规模迷宫最短路径问题的性能。

4. 总结实验心得体会。

## 实验 6　遗传算法求函数最大值实验

### 一、实验目的

熟悉和掌握遗传算法的原理、流程和编码策略，并利用遗传求解函数优化问题，理解求解流程并测试主要参数对结果的影响。

### 二、实验内容

采用 Python 或 Matlab 7.X 的遗传算法工具箱求解函数最大值的程序。

### 三、实验要求

1. 用遗传算法求解下列函数的最大值，设定求解精度到 15 位小数。

$$f(x,y)=\frac{6.452(x+0.125y)\left[\cos(x)-\cos(2y)\right]^2}{\sqrt{0.8+(x-4.2)^2+2(y-7)^2}}+3.226y$$

$$x\in[0,10],\quad y\in[0,10]$$

（1）设计及选择上述问题的编码、选择操作、交叉操作、变异操作以及控制参数等，填入附表 6.1。

附表 6.1　遗传算法参数的选择

| 编码 | 编码方式（population type） | |
|---|---|---|
| 种群参数 | 种群规模（population size） | |
| | 初始种群的个体取值范围（initial range） | |
| 选择操作 | 个体选择概率分配策略（fitness scaling） | |
| | 个体选择方法（selection function） | |
| 最佳个体保存 | 优良个体保存数量（elite count） | |
| 交叉操作 | 交叉概率（crossover fraction） | |
| | 交叉方式（crossover function） | |
| 变异操作 | 变异概率（mutation probability） | |
| | 变异方式（mutation function） | |
| 停止参数 | 最大迭代步数（generations） | |
| | 最大运行时间限制（time limit） | |
| | 最小适应度限制（fitness limit） | |

（2）使用相同的初始种群，设置不同的种群规模，如 5、20 和 100，初始种群的个体取值范围为[0,10]，其他参数同附表 6.1，然后求得相应的最佳个体、最佳适应度、平均适应度，填入附表 6.2，分析种群规模对算法性能的影响。

附表 6.2　不同的种群规模的 GA 运行结果

| 种群规模 | 最佳适应度 | 平均适应度 | 最佳个体 | |
|---|---|---|---|---|
| | | | $x$ | $y$ |
| 5 | | | | |
| 20 | | | | |
| 100 | | | | |

（3）设置种群规模为 20，初始种群的个体取值范围为[0,10]，选择不同的选择操作、交叉操作和变异操作，其他参数同附表 6.1，然后独立运行算法 10 次，完成附表 6.3，并分析比较采用不同的选择策略、交叉策略和变异策略的算法运行结果。

附表 6.3　不同的选择策略、交叉策略和变异策略的算法运行结果

| 遗传算法参数设置（gaoptimset） | | | 1 | 2 | 3 | 4 |
|---|---|---|---|---|---|---|
| 选择操作 | 个体选择概率分配 FitnessScalingFcn | Rank（排序）@ fitscalingrank | √ | √ | | √ |
| | | Proportional（比率）@ fitscalingprop | | | √ | |

续表

| 遗传算法参数设置（gaoptimset） | | | 1 | 2 | 3 | 4 |
|---|---|---|---|---|---|---|
| 选择操作 | 个体选择 SelectionFcn | Roulette（轮盘赌选择）@ selectionroulette | √ | √ | | √ |
| | | Tournament（锦标赛选择）@ selectiontournament | | | √ | |
| 交叉操作 | 单点交叉 @ crossoversinglepoint | | √ | | √ | √ |
| | 两点交叉 @ crossovertwopoint | | | √ | | |
| 变异操作 | Uniform（均匀变异）@ mutationuniform | | √ | √ | √ | |
| | Gaussian（高斯变异）@ mutationgaussian | | | | | √ |
| 最佳适应度 | | | | | | |
| 最差适应度 | | | | | | |
| 平均适应度 | | | | | | |

2. 用遗传算法求解下面 Rastrigin 函数的最小值，设定求解精度到 15 位小数。
$$f(x_1, x_2) = 20 + x_1^2 + x_2^2 - 10(\cos 2\pi x_1 + \cos 2\pi x_2)$$

（1）设计上述问题的编码、选择操作、交叉操作、变异操作以及控制参数等，填入附表 6.4，并给出最佳适应度值和最佳个体图。

附表 6.4 遗传算法参数的选择

| 编码 | 编码方式（population type） | |
|---|---|---|
| 种群参数 | 种群规模（population size） | |
| | 初始种群的个体取值范围（initial range） | |
| 选择操作 | 个体选择概率分配策略（对应 fitness scaling） | |
| | 个体选择方法（selection function） | |
| 最佳个体保存 | 优良个体保存数量（elite count） | |
| 交叉操作 | 交叉概率（crossover fraction） | |
| | 交叉方式（crossover function） | |
| 变异操作 | 变异概率（mutation probability） | |
| | 变异方式（mutation function） | |
| 停止参数 | 最大迭代步数（generations） | |
| | 最大运行时间限制（time limit） | |
| | 最小适应度限制（fitness limit） | |
| | 停滞代数（stall generations） | |
| | 停滞时间限制（stall time limit） | |

（2）设置种群的不同初始范围，例如[1,1.1]、[1,100]和[1,2]，画出相应的最佳适应度值和最佳个体图，比较分析初始范围及种群多样性对遗传算法性能的影响。

（3）设置不同的交叉概率（crossover fraction = 0,0.8,1），画出无变异的交叉（crossover fraction = 1）、无交叉的变异（crossover fraction = 0）以及交叉概率为 0.8 时最佳适应度值（best fitness）和平均适应度值图，分析交叉和变异操作对算法性能的影响。

### 四、实验报告要求

1．画出遗传算法的算法流程图。

2．根据实验内容，给出相应结果以及结果分析。

3．总结遗传算法的特点，并说明适应度函数在遗传算法中的作用。

4．总结实验心得体会。

## 实验 7　遗传算法求 TSP 问题实验

### 一、实验目的

熟悉和掌握遗传算法的原理、流程和编码策略，理解求解 TSP 问题的流程并测试主要参数对结果的影响。

### 二、实验内容

用遗传算法求解不同规模的 TSP 问题。编程语言不限，如 Python 等。

### 三、实验要求

1．用遗传算法求解不同规模（如 10 个城市，20 个城市，100 个城市）的 TSP 问题，把结果填入附表 7.1。

附表 7.1　遗传算法求解不同规模的 TSP 问题的结果

| 城市规模 | 最佳适应度 | 最差适应度 | 平均适应度 | 平均运行时间 |
| --- | --- | --- | --- | --- |
| 10 | | | | |
| 20 | | | | |
| 100 | | | | |

2．对于同一个 TSP 问题（如 10 个城市），设置不同的种群规模（如 10,20,100）、交叉概率（0,0.5,0.85,1）和变异概率（0,0.15,0.5,1），把结果填入附表 7.2。

附表 7.2　不同的种群规模、交叉概率和变异概率的求解结果

| 种群规模 | 交叉概率 | 变异概率 | 最佳适应度 | 最差适应度 | 平均适应度 | 平均运行时间 |
| --- | --- | --- | --- | --- | --- | --- |
| 10 | 0.85 | 0.15 | | | | |
| 20 | 0.85 | 0.15 | | | | |
| 100 | 0.85 | 0.15 | | | | |
| 100 | 0 | 0.15 | | | | |

续表

| 种群规模 | 交叉概率 | 变异概率 | 最佳适应度 | 最差适应度 | 平均适应度 | 平均运行时间 |
|---|---|---|---|---|---|---|
| 100 | 0.5 | 0.15 | | | | |
| 100 | 1 | 0.15 | | | | |
| 100 | 0.85 | 0 | | | | |
| 100 | 0.85 | 0.5 | | | | |
| 100 | 0.85 | 1 | | | | |

3. 设置种群规模为 100,交叉概率为 0.85,变异概率为 0.15,然后增加 1 种变异策略(如相邻两点互换变异、逆转变异或插入变异等)和 1 种个体选择概率分配策略(如按线性排序或者按非线性排序分配个体选择概率)用于求解同一 TSP 问题(如 10 个城市),把结果填入附表 7.3。

附表 7.3　不同的变异策略和个体选择概率分配策略的求解结果

| 变异策略 | 个体选择概率分配 | 最佳适应度 | 最差适应度 | 平均适应度 | 平均运行时间 |
|---|---|---|---|---|---|
| | | | | | |
| | | | | | |
| | | | | | |

## 四、实验报告要求

1. 画出遗传算法求解 TSP 问题的流程图。

2. 分析遗传算法求解不同规模的 TSP 问题的算法性能。

3. 对于同一个 TSP 问题,分析种群规模、交叉概率和变异概率对算法结果的影响。

4. 增加 1 种变异策略和 1 种个体选择概率分配策略,比较求解同一 TSP 问题时不同变异策略及不同个体选择分配策略对算法结果的影响。

5. 总结实验心得体会。

# 实验 8　差分进化算法求函数最优解实验

## 一、实验目的

熟悉和掌握差分进化的基本概念,并利用差分进化算法求最优解。掌握染色体编码方式、种群初始化方法、差分进化操作(包括交叉和变异),重点理解和掌握差分进化更新过程。掌握差分进化的更新迭代过程。理解差分进化与遗传算法之间的异同。

## 二、实验内容

测试函数:

$$G(x_1, x_2, \cdots, x_D) = \sum_{i=1}^{D} \frac{x_i^2}{4\,000} - \prod_{i=1}^{D} \cos \frac{x_i}{\sqrt{i}} + 1;$$

其中，$D$ 为变量维度，$x_i \in [-600, 600]$，$\forall i = 1, 2, \cdots, D$

1. 要求利用差分进化算法实现对不同维度的变量空间求测试函数最优解。

2. 设计不同的变异、交叉方式研究对算法的影响。

### 三、实验要求

1. 使用 Python 编写差分进化算法代码，设定算法所需参数：变量空间维度 $D$、种群规模 $n$、迭代次数 $T$、交叉概率 $cr$、变异概率 $mr$。

2. 记录每一代种群的最优个体的适应度值，使用 matplotlib 可视化最优个体适应度值随种群迭代的变化曲线。理解并分析种群收敛过程。

### 四、实验报告要求

1. 按照实验要求，给出相应结果。

2. 分析差分进化的更新方式和收敛过程。

3. 对比差分进化和遗传算法的优劣。

4. 总结实验心得体会。

## 实验 9　量子进化算法求函数最优解实验

### 一、实验目的

熟悉和掌握量子位和量子进化的基本概念，并利用量子进化算法求最优解。掌握染色体编码方式、种群初始化方法、量子观测的方法和含义、量子进化操作（包括交叉和变异），重点理解和掌握量子更新过程，例如量子**异或**门、量子 Hadamard 变换门等各种量子门。掌握量子进化的更新迭代过程。理解量子进化与遗传算法之间的异同。

### 二、实验内容

测试函数：

$$f(x) = \sum_{i=1}^{D} \frac{x_i^2}{4\,000} - \prod_{i=1}^{D} \cos \frac{x_i}{\sqrt{i}} + 1;$$

其中，$D$ 为变量维度，$x_i \in [-600, 600]$，$\forall i = 1, 2, \cdots, D$

要求利用量子进化算法实现对不同维度的变量空间求测试函数最优解。

### 三、实验要求

1. 使用 Python 编写量子进化算法代码，设定算法所需参数：变量空间维度 $D$、种群规模 $n$、迭代次数 $T$、交叉概率 $cr$、变异概率 $mr$。

2. 记录每一代种群的最优个体的适应度值，使用 matplotlib 可视化最优个体适应度值随种群迭代的变化曲线。理解并分析种群收敛过程。

### 四、实验报告要求

1. 按照实验要求，给出相应结果。

2. 分析量子进化的更新方式和收敛过程。

3. 对比量子进化和遗传算法的优劣。

4. 总结实验心得体会。

## 实验 10 粒子群算法求函数最小值实验

### 一、实验目的

熟悉和掌握粒子群算法的原理、流程,并利用粒子群算法求解函数优化问题,理解求解流程并测试主要参数对实验结果的影响。

### 二、实验内容

用粒子群算法求解函数优化问题。

### 三、实验要求

用粒子群求解下列函数的最小值。

测试函数:

$$f(x) = \sum_{i=1}^{D} \frac{x_i^2}{4\ 000} - \prod_{i=1}^{D} \cos \frac{x_i}{\sqrt{i}} + 1;$$

其中,$D$ 为变量维度,$x_i \in [-600, 600]$,$\forall\, i = 1, 2, \cdots, D$

(1) 使用 Python 编写粒子群算法代码,并给出该适应度函数的定义方法。

(2) 记录每一代种群的全局最优个体 g_best 的适应度值,使用 matplotlib 可视化 g_best 适应度值随种群迭代的变化曲线。理解并分析种群收敛过程。

(3) 设置不同的加速度常量,求得相应的最佳适应度、平均适应度,填入附表 10.1,比较并分析 PSO 社会模型、PSO 认知模型等对算法性能的影响。

附表 10.1  不同加速度的 PSO 运行结果

| $\varphi_1$ | $\varphi_2$ | 最佳适应度 | 平均适应度 |
|---|---|---|---|
| 2 | 0 | | |
| 0 | 2 | | |

## 实验 11 量子粒子群算法求函数最优解实验

### 一、实验目的

熟悉和掌握量子粒子群的概念及流程,并利用量子粒子群算法求最优解。理解量子粒子群更新粒子位置的基本理论,包括收缩-扩张因子的定义、粒子位置的计算方法、平均最优位置的计算方法、粒子最优位置的计算方法、量子空间中粒子精确位置的测量方法、全局最优粒子的搜索及更新方法,掌握量子粒子群算法的更新迭代流程。

## 二、实验内容

测试函数：

$$f(x) = \sum_{i=1}^{D} \frac{x_i^2}{4\,000} - \prod_{i=1}^{D} \cos \frac{x_i}{\sqrt{i}} + 1;$$

其中，$D$ 为变量维度，$x_i \in [-600,600]$，$\forall\, i = 1,2,\cdots,D$

要求利用量子粒子群算法实现对不同维度的变量空间求测试函数最优解。

## 三、实验要求

1. 使用 Python 编写量子粒子群算法代码，设定算法所需参数：变量空间维度 $D$、种群规模 $n$、迭代次数 $T$。

2. 记录每一代种群的全局最优个体 g_best 的适应度值，使用 matplotlib 可视化 g_best 适应度值随种群迭代的变化曲线。理解并分析种群收敛过程。

## 四、实验报告要求

1. 按照实验要求，给出相应结果。

2. 分析量子粒子群的更新方式和收敛过程。

3. 对比量子粒子群和粒子群的优劣。

4. 总结实验心得体会。

# 实验 12  蚁群算法求最短路径实验

## 一、实验目的

熟悉和掌握蚁群算法的原理、流程和算法模型，并利用蚁群算法求解最短路径问题，理解求解流程并测试主要参数对结果的影响。

## 二、实验内容

编写基于蚁群算法求解 TSP 问题的程序，算出 20 个城市和 50 个城市之间的最短距离。

## 三、实验要求

1. 编写基于蚁群算法求解 TSP 问题的程序，给出 20 个城市的坐标信息，求解最短路径；将输入数据换为 50 个城市的坐标，求解最短路径。

2. 对于同一个 TSP 问题，设置不同的参数（信息素启发式因子 $\alpha$，期望启发式因子 $\beta$，信息素残留常数 $\rho$，蚁群规模等），分析不同的参数对蚁群算法的影响。

3. 讨论三种不同的 $\Delta\tau_{xy}^{k}(t)$ 模型，分析哪种模型的效果最佳。

## 四、实验报告要求

1. 画出蚁群算法求解 TSP 问题的流程图。

2. 针对同一个 TSP 问题，分析不同的参数对于蚁群算法效果的影响。

3. 分析蚁群算法和遗传算法的区别与联系及优缺点。

4. 总结实验心得体会。

## 实验 13　BP 神经网络分类 MNIST 数据集实验

### 一、实验目的

熟悉掌握 BP 神经网络的定义,了解网络中各层特点,并利用 BP 神经网络对 MNIST 数据集分类。

### 二、实验内容

编写 BP 神经网络分类软件,编程语言不限,如 Python 等。以 MNIST 数据集为数据,实现对 MNIST 数据集分类的操作,其中 MNIST 数据集有 10 类,分别为手写数字 0~9。

### 三、实验要求

1. 用 MNIST 数据集训练编写的网络,要求记录每次迭代的损失值。

2. 改变神经网络参数,观察分类准确率。思考网络层数多少对分类准确率的影响。

3. 改变神经网络参数,观察分类准确率。思考网络大小分类准确率影响。

### 四、实验报告要求

1. 按照实验要求,给出相应结果。

2. 分析网络层对网络的影响。

3. 分析卷积核大小对网络的影响。

4. 总结实验心得体会。

## 实验 14　Hopfield 神经网络的优化计算实验

### 一、实验目的

掌握连续 Hopfield 神经网络的结构和运行机制,理解连续 Hopfield 神经网络用于优化计算的基本原理,掌握连续 Hopfield 神经网络用于优化计算的一般步骤。

### 二、实验内容

编写基于连续 Hopfield 神经网络求解 TSP 问题的程序(编程语言不限,如 Python、VC++6.0)。

### 三、实验要求

1. 编写基于连续 Hopfield 神经网络求解 TSP 问题的程序,给出 15 个城市和 20 个城市的求解结果(包括最短路径和最佳路线),分析连续 Hopfield 神经网络求解不同规模 TSP 问题的算法性能。

2. 对于同一个 TSP 问题(例如 15 个城市的 TSP 问题),设置不同的网络参数,分析不同参数对算法结果的影响。

### 四、实验报告要求

1. 画出连续 Hopfield 神经网络求解 TSP 问题的流程图。

2. 根据实验内容,给出相应结果及分析。

3. 总结连续 Hopfield 神经网络和遗传算法用于 TSP 问题求解时的优缺点。

4. 总结实验心得体会。

## 实验 15　卷积神经网络分类 MNIST 数据集实验

### 一、实验目的

熟悉掌握卷积神经网络的定义,了解网络中卷积层、池化层等各层特点,并利用卷积神经网络对 MNIST 手写数字数据集进行分类。

### 二、实验内容

编写卷积神经网络分类软件,编程语言不限,如 Python 等。以 MNIST 数据集为数据,实现对 MNIST 数据集分类的操作,其中 MNIST 数据集有 10 类,分别为手写数字 0~9。

### 三、实验要求

1. 从网上下载 MNIST 数据集,训练编写的网络,要求记录每次迭代的损失值。

2. 改变卷积神经网络卷积层和池化层数,观察分类准确率。思考网络层数的多少对分类准确率的影响。

3. 改变卷积神经网络卷积核大小,观察分类准确率。思考网络卷积核大小对分类准确率的影响。

### 四、实验报告要求

1. 按照实验要求,给出相应结果。

2. 分析卷积层和池化层数对网络的影响。

3. 总结实验心得体会。

## 实验 16　采用胶囊网络分类 MNIST 数据集实验

### 一、实验目的

熟悉掌握胶囊网络的定义,了解网络中胶囊、动态路由等特点,并利用胶囊神经网络对 MNIST 数据集进行分类。

### 二、实验内容

以 MNST 数据集为数据,实现对 MNIST 数据集分类的操作,其中 MNIST 数据集有 10 类,分别为手写数字 0~9。编程语言不限,如 Python 等。

### 三、实验要求

1. 从网上下载 MNIST 数据集,训练你所编写的网络,要求记录每次迭代的损失值。

2. 改变胶囊网络中胶囊的参数,观察损失值和分类准确率。思考参数的改变对分类准确率的影响。

3. 去掉重构层以及重构损失,观察损失值和分类准确率。思考为什么要增加重构层来加快训练。

### 四、实验报告要求

1. 按照实验要求,给出相应结果。

2. 分析胶囊参数对网络的影响。

3. 分析重构层对网络的影响。

4. 总结实验心得体会。

## 实验 17　生成对抗网络生成数字图像实验

### 一、实验目的

熟悉和掌握生成对抗网络的定义、生成器和判别器,并利用生成对抗网络生成数字图像。理解网络模型的对抗过程。

### 二、实验内容

编写生成对抗网络生成数字图像软件,编程语言不限,如 Python 等。以 MNIST 数据集为数据,用 GAN 实现手写数字 5 的图像生成。

### 三、实验要求

1. 从网上下载 MNIST 数据集,训练你所编写的网络,要求记录每次迭代生成器和判别器的损失函数值。

2. 每隔固定代数生成一次图片,比较随代数增加图像的清晰程度。思考在一定清晰程度后图像清晰度不再变化的原因。

### 四、实验报告要求

1. 按照实验要求,给出相应结果。

2. 分析 GAN 中生成器和判别器的关系。

3. 总结实验心得体会。

# 参 考 文 献

## 读者意见反馈

为收集对教材的意见建议,进一步完善教材编写并做好服务工作,读者可将对本教材的意见建议通过如下渠道反馈至我社。

咨询电话　400-810-0598

反馈邮箱　gjdzfwb@pub.hep.cn

通信地址　北京市朝阳区惠新东街 4 号富盛大厦 1 座　高等教育出版社总编辑办公室

邮政编码　100029

## 防伪查询说明

用户购书后刮开封底防伪涂层,使用手机微信等软件扫描二维码,会跳转至防伪查询网页,获得所购图书详细信息。

防伪客服电话　(010)58582300